CHATEAUBRIAND

DU MÊME AUTEUR

Nouveau savoir-vivre, Perrin, 2014.

Un début à Paris, Via Romana, 2013.

Le Goût d'autrui. Portraits anecdotiques, Via Romana, 2010.

Richard Burton, PUF, 2009.

Gare Saint-Charles: souvenirs, 1949-1957, Via Romana, 2009.

Petit dictionnaire des idées mal reçues, Via Romana, 2007. Prix Renaissance, 2009.

Une éducation manquée: souvenirs, 1931-1949, Perrin, 2005 ; rééd. Via Romana, 2009.

L'Abbé Mugnier: le confesseur du Tout-Paris, Perrin, 2003 ; coll. « Tempus », 2017.

Un prince 1900: Ferdinand Bac, Perrin, 2002.

La Comtesse de Ségur, née Rostopchine, Perrin, 1999. Prix de la biographie de la ville d'Hossegor.

Ferdinand de Lesseps, Perrin, 1998. Prix de la Société de Géographie. Grand prix de la Fondation Napoléon. Prix des Ambassadeurs.

Au bon patriote: nouvelles, Plon, 1996. Prix du Rotary-Club de Paris.

Chateaubriand, Perrin, 1995 ; coll. « Tempus », 2004. Prix de l'ASALA. Prix de l'ANF. Prix du Pen-Club.

Philippe Jullian: un esthète aux Enfers, Plon, 1993. Prix Oscar Wilde.

Proust, Perrin, 1991. Grand prix de la biographie de l'Académie française. Prix Marcel Proust. Prix du Printemps.

La Double Vie de la duchesse Colonna: 1836-1879, la chimère bleue, Perrin, 1988.

La Princesse Bibesco, 1886-1973, Perrin, 1986. Prix des cent libraires de Normandie.

Madame de Staël, Perrin, 1983, 2008, 2017 ; Presses Pocket, 1984 ; coll. « Tempus », 2011. Bourse Goncourt de la biographie. Grand prix des lectrices d'*Elle*.

Echec à Bonaparte: Louis-Edmond de Phélippeaux, 1767-1799, en collaboration avec Robert Grouvel, Perrin, 1979. Couronné par l'Académie française.

Necker ou la Faillite de la vertu, Perrin, 1978. Prix du Cercle de l'Union ; coll. « Tempus », 2017.

Histoire de l'émigration: 1789-1814, Grasset, 1975 ; Perrin, 1984. Couronné par l'Académie française. Prix du Nouveau Cercle.

Service de France, Emile-Paul, 1972.

Le Tour de Jules Verne en quatre-vingts livres, Julliard, 1969 ; Perrin, 2000. Prix de l'académie de Bretagne.

Le Grand Mourzouk: pamphlet, Julliard, 1969.

George III, Berger-Levrault, 1966.

Les Secrets du gotha, Julliard, 1964 ; rééd. Perrin, 2012.

Un joli train de vie: roman, Julliard, 1962. Prix Cazes.

Iphigénie en Thuringe: nouvelles, Julliard, 1960.

Ghislain de Diesbach

CHATEAUBRIAND

PERRIN

© Perrin, 1998 et 2004 pour les précédentes éditions;
2018 pour cette nouvelle édition.
Perrin, un département d'Edi8

Editions Perrin
12, avenue d'Italie
75013 Paris
Tél.: 01 44 16 09 00
Fax: 01 44 16 09 01

ISBN: 978-2-262-07592-7

Dépôt légal: juin 2018
Composition: Soft Office

En souvenir de Gabriel Girod de l'Ain.

Esquisse d'un portrait

Avec Napoléon et Talma, Chateaubriand fut l'un des plus grands acteurs de son époque, en ce sens qu'il a toujours occupé la scène, y cherchant des succès en tout genre et justifiant le mot de Lamennais : « Il est, à lui seul, toute une comédie[1]. » Alors qu'il a reproché à l'empereur tombé d'avoir simulé jusqu'aux passions qu'il n'avait pas, lui, au contraire, a tenté de faire croire au public qu'il n'en éprouvait aucune et n'agissait que pour fuir son insurmontable ennui. Dans le drame imaginé de sa vie, il a tenu tous les emplois – voyageur, écrivain, opposant de marque, ambassadeur, ministre, polémiste, amant célèbre et pilier de la foi : « M. de Chateaubriand était un génie, dira Lamartine, mais c'était aussi un rôle plus qu'un homme ; il lui fallait plusieurs costumes devant la postérité[2]. » A sa mort, il laissera le livret de la pièce et par la sonorité de la phrase et les harmonies du style il fera de ses *Mémoires*, son ultime représentation, un grandiose opéra, préfiguration du *Crépuscule des dieux*.

S'il n'a pas mis son génie dans sa vie, dont il avoue parfois les contradictions et les échecs, du moins l'a-t-il déployé tout entier dans l'art de la conter pour la rendre conforme à l'idée qu'il s'en était fait, et surtout à celle que devaient s'en faire les générations futures. Introduisant le tragique dans son existence et le mêlant familièrement à tous ses actes, il en a imprégné les *Mémoires d'outre-tombe* à travers lesquels on entend, comme le roulement du canon de Waterloo, résonner le glas d'une civilisation qu'il croit destinée à périr avec lui.

En contrepoint de ce chant funèbre, il annonce des temps nouveaux, ceux du nivellement social et de la démocratie universelle, un instant retardés par Napoléon, mais qui se profilent à l'horizon, telles des hordes d'Attila, pour anéantir le vieux monde auquel, malgré sa foi dans l'avenir, il appartient plus qu'il ne le croit. Ce sentiment de fatalité finit par en faire un homme fatal, persuadé tout le premier qu'il porte malheur à ceux qui s'attachent à lui, et même aux empires, dont il prophétise l'écroulement avec un sombre plaisir.

En ces temps troublés où se sont succédé plus de dix régimes, il n'a guère varié, fidèle à ses principes plutôt qu'à ses princes. Républicain par individualisme et conscience de sa valeur, royaliste par point d'honneur et chrétien par tradition, il est surtout d'une farouche indépendance, impatient de toute entrave à sa supériorité intellectuelle. En dépit de ses protestations de fidélité, il admet difficilement d'obéir à un souverain, à moins d'être son mentor : «M. de Chateaubriand est un homme qu'on ne s'acquiert qu'en se mettant complètement sous sa tutelle, écrit Mme de Boigne, et encore s'ennuierait-il bientôt de conduire dans une route facile. Il appellerait cela suivre une ornière et voudrait se créer des obstacles pour avoir l'amusement de les franchir[3].» Ce pouvoir politique, inlassablement poursuivi pendant trente ans, il le veut moins pour la satisfaction de gouverner que comme consécration de son talent d'écrivain, car il croit les hommes de lettres, lorsqu'ils sont faits comme lui, destinés par leur nature à guider la pauvre humanité. Pour lui, la vraie récompense du talent, ce n'est pas l'Académie, mais un ministère, et non un des moindres, puisqu'il juge l'Instruction publique indigne de lui. Lorsqu'il recevra celui des Affaires étrangères, il ne cessera de s'émerveiller de ses propres capacités, vantant à Mme de Duras et Mme Récamier la promptitude de son coup d'œil, la sûreté de son jugement, la qualité de ses instructions. Rien ne l'embarrasse et, comme il l'écrit avec désinvolture à Mme de Duras : «Avec un peu d'indifférence et d'orgueil, on se tire de tout[4].»

Ses contemporains montrent moins de confiance, sinon en ses talents, du moins dans sa persévérance à les appliquer : «M. de Chateaubriand, écrira Barante, qui n'avait pas une véritable vocation pour les affaires, ne les aimait que comme mouvement d'esprit, comme un intérêt vif dans la vie, un succès plutôt qu'une occupation suivie[5].» Ce sera également l'opinion de Guizot qui laissera dans ses *Mémoires* un excellent portrait de Chateaubriand, l'un des enthousiasmes de sa jeunesse avant de l'aimer moins, et même point du tout : «Ambitieux comme chef de parti et indépendant comme un enfant perdu ; épris de toutes les grandes choses et susceptible, jusqu'à la souffrance, pour les petites ; insouciant sans mesure dans les intérêts communs de la vie, mais passionnément préoccupé, sur la scène du monde, de sa personne comme de sa gloire, et plus froissé des moindres échecs que satisfait des triomphes les plus éclatants[6].»

Ce qui contraste avec ce désir effréné du pouvoir est le dégoût qu'il en affiche une fois qu'il l'a obtenu, écrivant et répétant à satiété qu'il n'aspire qu'à la solitude et l'oubli, qu'il ne souhaite qu'une chaumière auprès de Paris, une cellule à Rome : « Oui, commente un jour M. de Salvandy, M. de Chateaubriand veut une cellule, mais sur un théâtre[7]. » A Louis XVIII et Charles X, il apparaît plus dangereux qu'utile et tous deux s'efforcent de le reléguer dans une ambassade où, à peine installé, il se comporte en souverain, adressant à Paris des lettres dont la forme et le fond justifient le soin pris à l'éloigner. S'opposant aux tenants de l'Ancien Régime, il parle au nom d'une liberté de droit divin, elle aussi, et se veut près de Louis XVIII, puis de son frère, ce que sa femme est auprès de lui : une conscience impitoyable, une bouche disant la vérité. Il a trop de hauteur et de sûreté de soi pour ce rôle ; il donne trop de conseils, souligne avec trop de pertinence, et d'impertinence, les fautes du régime et se montre étonné qu'on ne lui sache aucun gré de ses remontrances, surtout lorsque l'événement lui a donné raison. En prévoyant les dangers, il semble les avoir suscités : « Il y a de la révolte à prévoir la révolte », affirmait Anne d'Autriche, et pour maints royalistes *ultras*, il fait figure de révolutionnaire. Il n'a certes pas causé la chute des Bourbons en 1830, mais, en dénonçant les erreurs du gouvernement, il a donné à ses ennemis des arguments et presque une caution qu'ils ont utilisés.

Plus antiministériel qu'*ultra*, il est ennemi naturel de tout pouvoir qu'il ne partage pas et, pourrait-on ajouter, qu'il ne domine pas. C'est le vrai motif de son opposition à Napoléon, outragé que celui-ci ne l'ait jamais prié d'exercer à ses côtés une espèce de magistrature de la pensée. Il partage avec Pozzo di Borgo, Corse passé au service de la Russie, le sentiment que la Providence a commis une monstrueuse injustice en donnant à Napoléon ce qui aurait pu revenir à l'un ou à l'autre. Après avoir vu en Bonaparte un sauveur et lui avoir dédié, pour attirer son regard, la deuxième édition du *Génie du christianisme*, il se scandalise qu'un si grand esprit ne l'associe pas à son œuvre ; ainsi passe-t-il de l'admiration au doute et du doute au ressentiment. Napoléon, qui n'entend pas laisser les gens de lettres croître et bavarder au pied de son trône, veut cantonner Chateaubriand dans son domaine, étonné à son tour de cette prétention à en sortir pour se mêler de politique. En voyant qu'il ne peut séduire le maître, Chateaubriand décide alors de s'en faire redouter. Il écrit avec simplicité : « Si Napoléon en avait fini avec les rois, il n'en avait pas fini avec moi[8]. » De son côté, l'empereur confie à Metternich : « Vingt fois M. de Chateaubriand s'est offert à moi… Je me suis refusé à ses services, c'est-à-dire à le servir… [s'il fait de l'opposition], c'est parce que je ne veux pas l'employer[9]. » L'opposition lui convient mieux, d'ailleurs, que l'adulation, et, comme il l'avoue un jour à Marcellus, c'est là son véritable élément : « Il me faut un adversaire, n'importe où[10]. »

Se dresser contre Napoléon, c'est se grandir d'autant. Il le fait prudemment, sans risquer grand-chose en dépit de ses dires, et il saura toujours se poser en victime alors que l'empereur a multiplié les bons procédés à son égard. C'est au fur et à mesure que le pouvoir deviendra plus libéral qu'il sévira plus durement contre lui. Alors que Napoléon a pardonné certaines incartades et l'impose à l'Académie, sous Louis XVIII la police saisira un de ses livres et la monarchie de Juillet le jettera en prison. L'amertume éprouvée de cette persécution imaginaire, haineusement exprimée dans *De Buonaparte et des Bourbons*, s'adoucira au fil du temps et un jour viendra, où, navré du mercantilisme et de la médiocrité de la monarchie bourgeoise, il regrettera celui que Mme de Staël appelait un « Robespierre à cheval » et lui rendra un bel hommage en disant qu'avec lui s'éteignit « le plus puissant souffle de vie qui jamais anima l'argile humaine[11] ».

*

Les rapports de Chateaubriand avec le souverain du Ciel sont moins tumultueux qu'avec les rois de la terre. Il n'oubliera jamais le service rendu à Dieu en écrivant le *Génie du christianisme*, ouvrage important, non par sa valeur intrinsèque, aujourd'hui fort éventée, mais par son opportunité, car venu à point illustrer le réveil du sentiment religieux en France après une des pires périodes que l'Eglise ait connues. Pour certains hommes, et c'est le cas de Chateaubriand, le succès n'est que leur heureuse coïncidence avec leur époque, une façon de sentir les aspirations d'un peuple ou d'une génération, et de savoir les traduire en un langage inconnu jusqu'alors. Le *Génie du christianisme* en est un frappant exemple en rendant son prestige à la religion qui avait été la risée des philosophes des Lumières. Chateaubriand ouvre ainsi la voie à ce catholicisme mondain dont Mme Swetchine et Mme de La Ferronnays seront les protagonistes puis au catholicisme social des Lacordaire et des Montalembert, tout en réhabilitant l'art chrétien dans lequel l'école romantique trouvera une de ses sources d'inspiration.

Sa foi personnelle est un des mystères de cette religion restaurée, mystère assez épais pour avoir donné lieu à nombre d'ouvrages sur la sincérité de cette conversion. Le fameux « J'ai pleuré et j'ai cru » lui paraîtra si douteux qu'il le supprimera dès la deuxième édition. « Il croit qu'il croit », dit de lui un sceptique, et Sismondi note en 1813 dans son *Journal* : « Il croit nécessaire aux autres et à lui-même de croire. »

Epicurien à l'imagination catholique, écrit Sainte-Beuve, il restera prisonnier de la réputation que lui a valu le *Génie du christianisme*, obligé jusqu'à sa mort d'assumer sans ferveur une foi peu compatible avec son tempérament sensuel, individualiste et imprégné de paganisme. Il le fera néanmoins avec dignité, parfois avec quelque ostentation, mais sans jamais vouloir se risquer dans les discussions théologiques où son ami Lamennais, ce réprouvé de l'Eglise, essaiera de l'entraîner. Il s'en tient aux principes essentiels, tout en se révélant hardi sur certains points, notamment lorsqu'il préconise, au lieu du latin, le français dans les cérémonies du culte ou prévoit que l'Eglise évoluera en s'adaptant aux transformations politiques et sociales des siècles futurs.

Etranger aux vertus évangéliques, il appartient à l'Ancien Testament plutôt qu'au Nouveau, car il a des Patriarches d'Israël les fureurs, le sens prophétique et le goût des lamentations. Vindicatif et rancunier, il observe la loi du talion et ne laisse jamais une offense impunie : « Si l'on vous donne un soufflet, dit-il, rendez-en quatre, n'importe la joue[12] ! »

Il a, malgré tout, de la générosité, en se souvenant de ses années de misère à Londres : « J'ai l'air un peu rude, avoue-t-il à son ami Frisell, je tiens cela de mon père ; il faut que je donne et que je soulage, comme ma mère[13]. » Il le fait parfois avec prodigalité, donnant plus que ne le voudrait la circonstance : « Ah ! laissez-moi, répond-il à qui s'en étonne, c'est la plus belle manière d'être chrétien ; l'aumône est plus aisée que la pénitence », et marquant ainsi son indifférence à l'égard de l'argent, il précise une autre fois : « Je suis comme un condamné qui prodigue ce qui ne lui servira plus dans une heure[14]. »

*

L'argent constitue pour lui, et pour ses biographes, un problème insoluble. Il en a gagné beaucoup, mais en a dépensé plus encore, on ne sait à quoi, ni comment. Il a un train de vie modeste, avec une seule charge, écrasante il est vrai : l'Infirmerie Marie-Thérèse, fondée par sa femme et qui semble avoir été pour celle-ci le moyen le plus spirituel de se venger des infidélités du « sublime volage ». De son adolescence à sa mort, il aura toujours manqué d'argent et n'aura pas cessé d'en résumer. Les sommes considérables reçues de ses éditeurs, de Napoléon et de Louis XVIII qui, vraisemblablement, payèrent plusieurs fois ses dettes, les secours apportés par des amis généreux, comme la duchesse de Duras, ne suffisent pas à guérir cette plaie d'argent, dont s'irrite son amour-propre. Il en éprouve de l'amertume envers ses amis plus fortunés, enviant Champlâtreux à Molé, Lonné à Mme d'Orglandes et Coppet à Mme de Staël, s'étonnant d'ailleurs que celle-ci, riche des millions de Necker, se soucie d'écrire au lieu d'admirer la vue des Alpes. Il ne joue lui-même au châtelain que brièvement avec la Vallée-aux-Loups, maison de campagne aux portes de Paris, aussi simple et guère plus vaste que ne le sera Longwood à Sainte-Hélène.

Ses besoins d'argent vont de pair avec une âpreté de désintéressement qui est sa plus grande volupté. Il en donne une preuve éclatante en 1830, lorsqu'il abandonne traitements et pensions plutôt que de prêter serment à Louis-Philippe. Le geste est beau, fort applaudi, guère imité. Il lui coûte cher, mais il est de ces hommes qui estiment ne jamais payer trop cher le plaisir de mépriser quelqu'un. Fort de ce dépouillement volontaire, il donne avec encore plus de hauteur ses leçons de morale politique, mais il gémit en même temps sur son honnêteté d'une façon qui laisserait à penser qu'on ne lui en a pas offert un prix suffisant. En réalité, il n'attache aucune importance à l'argent : c'est la raison pour laquelle il en réclame sans vergogne et en dépense sans compter[15].

Ce dont il est assoiffé, c'est de gloire et d'applaudissements pour apaiser cet insatiable orgueil qui l'a fait surnommer par Julien Gracq « le Grand Paon ». De la vanité enfantine à l'orgueil luciférien, il parcourt toute la gamme, alliant la fierté du grand seigneur au mépris du hobereau pour tout ce qui n'est pas sa race et son champ, le sentiment de supériorité de l'écrivain vis-à-vis de ceux qui n'écrivent pas à celui des gens du monde à l'égard des plumitifs, l'amour-propre ombrageux de l'honnête homme à une espèce de morgue qui fait dire à certains qu'il y a du parvenu en lui. Lorsque de sa tour d'ivoire il toise les peuples et les rois, il les regarde tous comme de pauvres hommes et les distingue à peine les uns des autres.

Cet extraordinaire enivrement de soi-même, il l'exprime avec simplicité, comme la chose la plus naturelle du monde, émaillant ses lettres, ses discours, ses divers ouvrages, de louanges de sa propre personne en attendant de se montrer dans ses *Mémoires* comme un parangon de toutes les vertus civiques, un phénix de savoir et de compétence. Cet étalage un peu naïf cache une humiliation secrète, un manque d'aisance, une timidité qui viennent de son éducation provinciale et de la sauvagerie de son adolescence. Il ne se sent jamais tout à fait l'égal des grands seigneurs à qui leur naissance et leurs façons tiennent souvent lieu d'esprit et de capacités, qu'il voit préférer aux siennes, ce qui accroît son aigreur à leur encontre... « J'ai toujours remarqué chez ce petit gentilhomme de province, puisque l'auteur veut bien s'intituler ainsi, autant de haine que de mépris pour les grands seigneurs de Versailles[16] », observe Marcellus.

Autre source d'humiliation : alors que son frère est entré par son mariage avec la petite-fille de Malesherbes dans la haute société parisienne, il n'a lui-même épousé qu'une provinciale intelligente, certes, et même trop, mais qui ne lui a rien apporté, ni fortune, ni belles alliances, ni relations, rien de ce dont un homme a besoin pour faire carrière ou seulement être secondé. Il prend sa revanche de cette union médiocre avec une série de maîtresses, réelles ou supposées, plus égéries que maîtresses d'ailleurs, mais toutes choisies avec discernement pour lui faire oublier sa femme et le venger de ce mariage. Ces « Madames », comme les a surnommées Mme de Chateaubriand, tiennent par leur père ou leur mari au monde de la Cour, par leur mère à celui de la finance, et possèdent cette aisance que donne une grande position, confortée par de jolis revenus. La plupart se sont jetées à sa tête et c'est pour cela qu'il n'est guère à leurs pieds, les traitant parfois durement, faisant d'elles autant de factotums zélés, chargés d'aider à sa carrière et de servir sa renommée. Il n'aura eu d'attachement durable que pour Mme Récamier, qu'il a rendue aussi malheureuse que beaucoup de ses devancières, avouant un jour à Ampère qu'il « n'est pas susceptible d'affection, mais d'habitude[17] ». Marcellus, qui s'est fait l'Eckermann de son illustre patron, remarquera en lisant les *Mémoires d'outre-tombe* : « L'auteur, qui parle si bien de ses affections envers les morts, les exprimait bien faiblement aux vivants ; et il a été aimé bien plus qu'il n'aimait lui-même[18]. »

*

Il séduit moins par ses succès d'auteur, bien que ceux-ci lui valent tous les suffrages féminins, que par sa façon de se présenter comme un être exceptionnel, unique en son genre : « Ne prenez pas modèle sur moi, mon cher ami, dit-il un jour à Marcellus, car je ne ressemble à personne. Ma destinée n'a rien de commun avec les autres destinées. Je vais toujours seul, je ne sais où… Je ne suis point un homme comme un autre… Il faut donc ne pas me juger comme un autre individu, mais plutôt comme une âme en dehors de la société[19]. » Quelle femme résisterait à cette tentation ? Il faut aimer ce qu'on ne verra pas deux fois.

Cet orgueil, que Vitrolles compare à celui de Belzébuth, éclate à chaque page des *Mémoires d'outre-tombe*, nouveau Taj Mahal élevé à l'être qu'il a le plus aimé : un Chateaubriand idéal, plus grand que Bonaparte, ayant reçu de Dieu un royaume infini, celui de l'esprit, alors qu'à son rival n'a été départi que l'éphémère empire du monde. Ce Chateaubriand, conçu dans le mélancolique isolement de Combourg, instruit par l'expérience américaine et forgé par les épreuves de l'exil, tôt familiarisé avec l'histoire et mêlé aux plus grands personnages de son temps, est donc un être extraordinaire, à qui rien ne survient qui ne soit extraordinaire aussi. En faisant le récit de son existence, il en présente chaque incident comme un événement historique ou un signe du destin, précurseur d'un événement plus considérable encore, allant jusqu'à s'imaginer que son sort personnel influe sur le cours de l'histoire et attribuant la mort d'Alexandre Ier à « la tristesse éprouvée par le tsar en apprenant son renvoi du ministère[20] ». Cette glorieuse exaltation est tempérée par le souvenir que tout est poussière, encore qu'il sache faire de cette cendre une poudre d'or qui nimbe certaines pages de cette lumineuse mélancolie des soleils couchants du Lorrain.

Sur ses *Mémoires*, et sur sa vie, s'étend comme un suaire un immense ennui dont il fait sa parure en y cherchant aussi cette inspiration qui lui fournit, pour la plupart des chapitres, des conclusions sépulcrales. Faisant allusion à René, ce héros du désenchantement, Custine écrit à Rahel Varnhagen von Ense le 26 mai 1817 : « Il a ouvert un asile à l'orgueil et à la vanité dans la rêverie et la mélancolie. » Mais alors que René se consume en bâillant sa vie et en soupirant sur des malheurs imaginaires, Chateaubriand, qui ne reconnaîtra jamais pour siens les enfants tristes nés de René, mène à bien tant de tâches qu'il paraît avoir, sinon plusieurs vies, du moins la vitalité de plusieurs hommes.

Il y a du Bonaparte en lui par cette ardeur au travail, cette aptitude à tout embrasser d'un coup d'œil, à tout comprendre en un mot et à tout exprimer en phrases fulgurantes ou en formules césariennes. De son rival, il a l'endurance physique et peut rester quinze ou seize heures à écrire ou en passer autant à courir la poste avec la célérité d'un conquérant, sans prendre de repos et vivant de peu. A cet égard, son voyage en Orient, sans grands moyens matériels, représente une prouesse. A l'instar de Napoléon, il a contre lui tous les grands écrivains de son temps, même Hugo revenu de son admiration première et plus agacé par l'homme que par l'auteur, et il a pour lui tous les petits, papillons ou frelons attirés par le flambeau de sa gloire et s'y brûlant parfois.

Romancier médiocre en dépit d'une vive imagination, sans doute parce que cette imagination est introvertie, il est en revanche un remarquable historien auquel ont manqué le temps de parfaire son œuvre et des lecteurs capables de l'apprécier. Dans ce domaine il est un novateur et le fondateur de cette école historique du XIXe siècle qui, rompant avec les méthodes habituelles, ranimera suffisamment le passé pour montrer qu'il est fait avec des êtres de chair et de sang, et non avec des statues. Un essai comme celui sur *Les Quatre Stuarts* représente le modèle achevé de ce nouveau genre et montre l'évolution de son talent, car l'historien, puis le polémiste ont peu de points communs avec l'élégiaque auteur du *Génie du christianisme*. La haine et le mépris l'inspirent mieux que l'amour du prochain, ou même celui de Dieu. Sa puissance d'indignation fait de lui un redoutable imprécateur et par sa plume de pamphlétaire il s'assure alors une espèce de royauté, gagnant un public différent de celui de ses livres. Là, il est vraiment à son affaire en courtisant la plus désirable des maîtresses : l'opinion. «Disposer de l'opinion publique, écrit-il en 1819, maîtriser les esprits, remuer les âmes, étendre ce pouvoir à tous les lieux, à tous les temps, il n'y a point d'empire comparable à celui-là[21]. » C'est en se rangeant du côté, non des victimes, mais des mécontents que son génie prend son essor et le porte au sommet de ce Parnasse où, en 1789, il demandait aux Lebrun-Pindare et aux Parny de l'introduire.

Champion de la liberté de la presse, disposant des imprimeurs et des journaux, il la défend avec une opiniâtreté qui fait de lui un état dans l'Etat et lui vaut, avec l'auréole du martyre, une réputation plus grande encore. Ennemi de la Révolution, tout en acceptant celle-ci comme fait historique et niant la possibilité d'un retour à l'Ancien Régime, il est moins un chef de parti que l'étendard de l'opposition. Par la qualité de la réflexion morale et politique, ses pamphlets survivent à l'actualité qui les a provoqués. Ils ont acquis cette intemporalité propre aux chefs-d'œuvre et jamais son talent n'est plus naturel que dans ce genre d'exercice, où, pressé par la circonstance, il n'a pas le temps de poser, de céder à la vanité de se mettre en scène ou à la modestie de se chercher des répondants à travers l'histoire.

En effet, cet orgueilleux a des accès de touchante humilité, surprenants chez un écrivain de son envergure. Ingouvernable en politique et n'écoutant personne, hors soi-même et sa susceptibilité blessée, il a des moments de doute et ne se sent jamais assez grand pour se présenter seul devant la postérité. Aussi surcharge-t-il les *Mémoires d'outre-tombe*, inlassablement retravaillés, d'une érudition fastidieuse afin de se valoriser. En chaque endroit où son destin le conduit, en quelque situation qu'il se trouve, il lui faut presque toujours évoquer, pour le lieu, d'augustes personnages qui l'y ont précédé ou y ont vécu, pour la circonstance, d'illustres précédents, appelant à son secours l'histoire et la légende, l'Evangile et la mythologie, les auteurs anciens et même les plus infimes des modernes.

C'est son naturel, si rare et n'apparaissant que par distraction, qui donne à son œuvre sa puissante originalité. A la fin de sa vie, conscient d'avoir trop écrit, il confie à son secrétaire qu'il voudrait détruire la moitié de son œuvre et n'en laisser qu'une douzaine de volumes : « Alors, dit-il, ce serait du Chateaubriand[22]. » Heureusement, même dans ses textes les moins intéressants, surgit toujours une phrase, un mot, une idée qui portent la marque du véritable Chateaubriand, celui qui, selon l'expression de Gabriel Matzneff, « met sa griffe sur le moindre de ses feuillets[23] », comme également sur les écrits des autres, remodelés par ses soins pour étoffer certains de ses ouvrages, car tout doit servir à sa gloire, jusqu'à son affectation de mépriser cette gloire, qui n'est chez lui qu'une vanité de plus.

Cet appétit de gloire, étonnant chez un gentilhomme et un écrivain célébré comme le premier de son temps, augmente avec l'âge et fournit à Talleyrand, devant qui l'on disait que Chateaubriand devenait sourd, l'occasion d'un de ses meilleurs mots : « Il se croit sourd depuis qu'il n'entend plus parler de sa gloire. » Mme Récamier s'épuise à lui en donner l'illusion en faisant de son salon une caisse de résonance où les échos de Paris sont amplifiés par son zèle et celui des commensaux, d'autant plus empressés à entretenir cette gloire qu'une partie en rejaillit sur eux.

Avec moins d'universalité qu'un Goethe et moins d'originalité qu'un Byron, il reste une des figures marquantes du XIXe siècle et en aurait peut-être été la première s'il avait fait son profit de ce mot de Louis XVIII à son sujet : « Qu'il est grand quand il ne se met pas devant lui ! »

1

Un cadet sans importance
1768-1783

Du large, en cinglant vers la côte, on n'aperçoit de Saint-Malo qu'un rocher sombre au ras des flots, puis, à mesure que le navire approche, on voit le rocher devenir casemate et bientôt la casemate éclore en imposantes demeures, hérissées de cheminées hautes comme des mâts. Une fois débarqué, on pourrait se croire à bord d'un gigantesque galion à l'ancre, avec des rues étroites comme des coursives et des parapets, battus par la mer, semblables à des rambardes ; l'impression persiste en passant devant des rez-de-chaussée aux portes béantes, bourrés comme des cales de produits exotiques dont l'arôme épicé se mêle au relent de la saumure, à l'odeur du varech et du goudron.

Dans cette ville austère, aux façades de granit, grouille une population pittoresque, affairée, dont la couleur des habits, et parfois celle de la peau, contraste avec les murs gris, avec le pavé luisant d'embruns. Dans ces hôtels patriciens qui ressemblent à de grands coffres-forts, s'entassent suffisamment d'effets de banque et d'or pour que les négociants malouins puissent prêter de l'argent au Trésor royal ou même, en cas de guerre, offrir à la Couronne un navire armé.

Entièrement reconstruite au XVIIIᵉ siècle après un incendie, cette cité maritime est désormais à l'abri du feu comme elle l'est aussi des Anglais par le chapelet d'îlots qui défendent sa rade et par ses remparts sur lesquels, après le couvre-feu, on lâche les fameux dogues, animaux sauvages et quasi mythologiques. Moins vaste et moins opulente que Gênes ou Venise, Saint-Malo est une ville à part, hors nature, avec ses maisons sans jardins et ses rues sans équipages. La simplicité de son architecture, imposée par la singularité de sa situation, rappelle un peu celle de Genève et, malgré la ferveur de son catholicisme, on y a surtout, comme dans la cité de Calvin, le culte de l'argent. Le nom fameux des Magon, compact comme un lingot, dur à l'oreille, doux à l'esprit lorsqu'on sait son poids financier, s'il est moins harmonieux que celui de Montmorency, n'est pas prononcé dans la ville avec moins de considération. Des filles d'armateurs ou de grands négociants sont d'ailleurs recherchées par la plus haute noblesse et Mlle Locquet de Granville est devenue duchesse de Broglie en attendant que Louise Magon de Boisgarin entre dans une famille régnante en épousant le prince Eugène de Savoie-Carignan.

Un esprit d'indépendance et orienté vers l'extérieur donne aux Malouins un tempérament presque républicain, et leurs notables, sans dédaigner les faveurs royales, regardent plus volontiers vers l'Amérique ou les Indes que vers Paris et Versailles. S'enrichir, vite, par tous moyens, tel est leur premier souci ; obtenir des lettres d'anoblissement est le second. Beaucoup d'armateurs heureux ou de négociants prospères n'attendent pas la sanction du roi pour ajouter à leur patronyme un nom de terre afin de se distinguer de leurs nombreux cousins, car ces familles sont prolifiques. Malgré les vanités qui les agitent ou les rivalités qui les opposent, ces bourgeois entreprenants et calculateurs font preuve, en cas de danger, d'une étonnante solidarité due non seulement à leur sens des affaires, mais à cette insularité de Saint-Malo qui maintient entre eux une certaine égalité, celle de marins embarqués sur le même navire. A bord de cette ville, entourée par la mer de trois côtés, on vit au jour le jour, sans nostalgie du passé, l'esprit tourné vers le large et vers l'avenir.

*

En comparaison de ces Malouins, bien curieux paraît un certain M. de Chateaubriand, aventureux sinon aventurier, âpre au gain comme un parvenu, mais enivré de sa noblesse et prêt à tous les sacrifices pour restaurer sa maison dans sa grandeur passée. Méprisant les gens de finance et les traitants, sans répugner pourtant à entrer dans leurs combinaisons, n'aimant personne, à l'exception de ses ancêtres et d'une hypothétique postérité, d'humeur féodale et de goûts simples, voire mesquins, parcimonieux à l'excès, mais prodigue à l'occasion, quand son honneur est en jeu ; respectant Dieu comme « le gentilhomme d'en haut », mais ignorant le roi de France – un étranger –, c'est un homme farouche et frondeur, peu facile à vivre et ne vivant que pour une seule idée, un seul but : rendre aux Chateaubriand leur position perdue. Sa Bible est une généalogie à laquelle il travaille sans cesse et ses parchemins lui sont aussi chers que ses livres de compte.

En effet, rien de plus illustre et de plus ancien, de plus noble et de mieux allié que jadis la maison de Chateaubriand, une des premières de Bretagne et possédant une des neuf pairies qui donnent le droit de présider les états de ce duché. On trouve un Chateaubriand à la bataille de Hastings en 1066, un autre à la première croisade, un autre encore à Bouvines en 1214. Geoffroy IV de Chateaubriand participe à la septième croisade ; il est fait prisonnier avec Saint Louis à Mansourah et sans doute est-il passé pour mort, car son retour imprévu cause une telle surprise à sa femme qu'elle en meurt de saisissement. En récompense de sa bravoure et de sa fidélité, il a reçu de Saint Louis le droit de substituer aux plumes de paon qui figuraient sur son écu les fleurs de lys royales, en remplaçant la devise *Je sème l'or* par *Mon sang teint les bannières de France*.

Bien que très fier de son blason, Chateaubriand, dans une lettre adressée en 1834 à un admirateur, Kozlov, en contestera l'origine, écrivant que les fleurs de lys n'ont pas été accordées à son lointain aïeul par Saint Louis, mais qu'elles ornaient l'écu des Chateaubriand déjà trente ans avant la bataille de Mansourah. Partisans et adversaires de l'écrivain s'accorderont pour reconnaître que l'un et l'autre écu convenaient parfaitement à Chateaubriand, les plumes de paon symbolisant son orgueil, les fleurs de lys sa fidélité hargneuse aux Bourbons, et la devise *Je sème l'or* son incapacité à gérer ses finances. Quoi qu'il en soit, ces fleurs de lys conféraient aux Chateaubriand de l'époque une grandeur presque souveraine, expliquant leurs alliances avec de grandes maisons de France et les dynasties d'Angleterre, de Chypre et d'Aragon.

De cette gloire, il ne restait au début du XVIIIᵉ siècle qu'un souvenir assez vague et le nom lui-même, encore connu en Bretagne, était ignoré à Paris. Cette injustice ne cessera d'irriter l'écrivain qui souffrira d'être éclipsé par des gens de cour auxquels leur nom ouvrait toutes les portes et, souvent, tenait lieu d'intelligence et de talent. Dans son *Analyse raisonnée de l'histoire de France*, il déplorera le monopole exercé par l'entourage immédiat du souverain sur l'histoire réelle du royaume en la confisquant à son profit : « [...] C'est toujours une centaine d'hommes de la banlieue de Paris qui, tantôt chevaliers, tantôt valets décorés, deviennent les personnages de la nation ; héros domestiques dont la gloire avait le vol du chapon autour des antichambres de leur seigneur... les autres nobles, cantonnés au loin dans leurs châteaux, restèrent ignorés... Il est arrivé qu'une centaine de noms ont rempli les fastes nationaux dans la monarchie féodale ; au lieu des annales de France, vous ne lisez réellement que celles du duché de France, et pour ainsi dire des voisins du roi[1]. »

Au fil du temps, la grande position des Chateaubriand s'était amoindrie avec des rôles de plus en plus modestes, des alliances de moins en moins brillantes et un patrimoine attaqué à chaque génération par l'usage établi en Bretagne qui faisait qu'un tiers en était réparti entre les cadets. Ainsi les domaines s'étaient-ils peu à peu morcelés pour ne laisser aux Chateaubriand, à l'orée du siècle, que des lambeaux de terre où une famille avait bien du mal à vivre et où ses membres mettaient souvent la main à la charrue.

C'était le cas de Jacques-François de Chateaubriand, grand-père de l'écrivain, exploitant une ferme, appelée manoir, dans la vallée de la Rance, à six lieues de Dinan. Il avait épousé, en 1713, Péronnelle Lamour de Lanjégu qui lui avait donné un enfant chaque année. Bien que beaucoup fussent morts en bas âge, le domaine ne suffisait pas à nourrir les survivants. Aussi Jacques-François avait-il augmenté ses revenus en acceptant la charge de sénéchal de Lattay, dérisoire en comparaison des postes occupés jadis par les siens. Des douze enfants qu'il avait eus en quatorze ans, il ne restait à sa mort, en 1729, que quatre fils ; François, qui végétera pieusement comme curé de Mérignac jusqu'en 1776 ; René-Auguste, à qui l'écrivain devra le jour ; Pierre, né en 1727, père, entre autres enfants, de l'agent royaliste Armand de Chateaubriand, fusillé en 1809, et qui mourra dans une prison de Saint-Malo pendant la Terreur ; enfin, Joseph, né en 1728, un marin et aussi un lettré, disparu en 1773 sans avoir fait beaucoup parler de lui. Le destin de René-Auguste est si remarquable et influencera si fortement celui de son fils qu'il faut l'évoquer un peu plus longuement.

En 1729, à 11 ans, il part pour Brest, espérant, malgré le grand nombre de candidats, être reçu comme cadet dans la marine royale. Il a besoin d'argent pour acheter des livres, et surtout pour vivre ; il manque de recommandations. Sa mère vend ses dentelles et son alliance afin de réunir la somme exigée, mais, ne connaissant personne, hors ses voisins, elle ne sait à qui s'adresser pour le recommander en haut lieu et lui obtenir, sans l'acheter, une commission d'enseigne. Un Chateaubriand ne pouvant servir comme simple matelot, René-Auguste se voit contraint de renoncer à la *Royale* et rentre au logis, humilié par cet échec, mais il ne veut pas, comme sa mère le souhaiterait, labourer son champ et sombrer dans la paysannerie. Si la marine du Roi lui est fermée, celle du commerce est ouverte, à condition de négliger les préjugés de caste et d'avoir assez de volonté pour gravir, à la force du poignet, les échelons de la hiérarchie.

Toutefois, avant de choisir cette voie, il aurait tenté une dernière expérience militaire en ralliant le corps de quinze cents volontaires envoyé par le cardinal Fleury au comte de Plélo, ambassadeur de France au Danemark, pour secourir Stanislas Leczynski, le roi contesté de Pologne, assiégé à Dantzig par les Russes. L'expédition, qui aurait nécessité quinze mille hommes et non quinze cents, s'était soldée par un échec sanglant. Plélo y avait trouvé la mort, et Stanislas y avait perdu définitivement sa couronne. Fait prisonnier, René-Auguste serait parvenu à se faire échanger, puis rapatrier. C'est du moins ce qu'il contera plus tard à ses enfants, ajoutant qu'instruit par cette mésaventure il n'en avait été que plus résolu à chercher fortune sur mer.

Ce qui est certain, en revanche, est sa présence à Saint-Malo vers la même époque. Il y acquiert dans les bureaux d'un négociant des notions de commerce et de droit, puis il sert en qualité d'enseigne à bord d'un terre-neuvas. Il fait trois campagnes fertiles en incidents puisqu'une année il naufrage à proximité de l'Espagne et, une autre, échoue en Italie. Son opiniâtreté lui vaut de passer officier en 1740, mais cinq ans plus tard il n'est toujours que simple premier lieutenant avec une maigre solde. La guerre de Succession d'Autriche lui offre enfin l'occasion de commencer sa fortune et d'adoucir son humiliation de ne pas appartenir à la *Royale* en l'assimilant, par la course, à la marine de guerre.

La course est un brigandage élégant, source d'honneurs et de profits, car les capitaines, autorisés par le roi à courir sus à l'ennemi, ne déclarent qu'une partie de leurs prises à l'administration et celle-ci a trop besoin d'argent pour ne pas fermer les yeux sur certains à-côtés de ce trafic. Le métier, d'ailleurs, ne va pas sans risque. Au mois de mars 1747, René-Auguste et son frère Pierre, qu'il a pris avec lui, sont capturés à bord du *Tigre* et incarcérés à Plymouth, où René-Auguste passe deux mois avant de regagner la France. Il prend du galon, devient capitaine le 30 juin 1747 et repart, mais cette fois pour les îles où il se livre à de fructueuses opérations, pousse jusqu'à Québec et rallie Saint-Malo avec une cargaison d'huile et de peaux de castor. En 1748, après la signature de la paix qui met fin à la course, il offre ses services aux armateurs nantais, reçoit le commandement de la *Nafya* puis de la *Brillante*, avec Pierre comme second, et continue le commerce avec les Antilles. En 1754, il commande un navire négrier, l'*Apollon*, pour transporter des Noirs de la côte d'Afrique à Saint-Domingue, alors la plus riche des colonies françaises, expédition qui lui rapporte un bénéfice de trente mille livres.

Désormais, il est sur le chemin de la fortune et, revenu à Saint-Malo, il y fonde sa propre maison, tout en s'associant aux puissants Magon, la première dynastie commerçante de Saint-Malo, et aux Espivent de la

Villesboisnet, les grands négociants-armateurs nantais. Il a des navires à lui, ainsi que des parts sur d'autres vaisseaux, ce qui compense les risques. En trois ans, de 1761 à 1764, il gagne au moins soixante mille livres et, après le traité de 1763 mettant fin à la guerre de Sept Ans, il réussit à réaliser un nouveau gain de cent mille livres en trois ans, malgré la cessation de la course.

Ces capitaux relativement importants lui permettraient une grande aisance, mais René-Auguste a la nostalgie de la féodalité comme les anoblis du XIXe siècle auront celle de l'Ancien Régime, et après son mariage, en 1753, il a fait la folie d'acheter le château de Combourg, gouffre dans lequel il a englouti tout le bénéfice de ses expéditions maritimes. L'achat de Combourg révèle en lui non un homme de son siècle et un négociant avisé, mais un romantique avant la lettre, un amateur de vieilles murailles, de tours et de créneaux, comme certains esthètes anglais le seront bientôt, faisant restaurer, voire édifier des châteaux médiévaux, tels le duc de Norfolk, celui d'Arundel, le duc d'Argyll celui d'Inveraray, Horace Walpole l'abbaye de Strawberry Hill, ou encore William Beckford Fonthill Abbey. A cette époque, en France, on ne songe qu'à jeter bas les vieux castels et les antiques places fortes, incommodes à vivre, pour les remplacer par des demeures accueillantes, aux façades largement déployées, aux vastes salons, aux toits à la Mansart ou même à l'italienne. C'est ce que font les Bagneux à Quintin, les Gouvello à Kerlévénant, les Robien à Robien.

Combourg, d'aspect aussi gracieux et hospitalier que la tour du Temple à Paris, semble une illustration pour un de ces fameux romans noirs qui, trente ans plus tard, feront les délices et l'effroi du public anglais avant de rencontrer en France un succès presque aussi grand. Quatre tours massives enserrent une cour, gaie comme un puits. Leurs murailles, comme celles des corps de logis qui les relient, sont faites pour soutenir des sièges. Quand il brille, le soleil larde quelques rayons à travers de rares meurtrières ; les chambres sont lugubres, sans lumière et sans le moindre confort, et de plus fort éloignées les unes des autres, ce qui ne favorise guère l'intimité. La salle des gardes, bien que sombre, est assez vaste pour y faire évoluer une compagnie de lansquenets. Cette forteresse, édifiée en 1037 par l'archevêque de Dol, passée ensuite à la famille de Combourg, puis à celle de Soligné en 1340, échue en 1506 aux Chateaugiron-Malestroit, héritée en 1553 par les Coëtquen, est finalement devenue, par le mariage d'une Coëtquen avec un Duras, un des fiefs de cette maison ducale.

Forteresse et refuge à l'occasion, Combourg ne s'était jamais illustré dans les annales mondaines. Point de vie de société, hors des foires annuelles dans le bourg ; point de grands souvenirs historiques, hors celui de la duchesse de Chevreuse, une des héroïnes de la Fronde, passée par là en gagnant Saint-Malo pour s'embarquer, fuyant les sbires de Mazarin. Elle avait laissé à Combourg ses bijoux qu'un Chateaubriand de la branche de Beaufort avait apportés à l'un de ses hommes de confiance, au nom prédestiné de Montrésor, que Mazarin avait rapidement fait coffrer.

A demi abandonné, Combourg était pour le duc de Duras une lourde charge et surtout un constant déplaisir, car le domaine, assez mal administré, ne lui rapportait guère que des procès. Le bourg lui-même, en contrebas du château, compte environ cinq mille âmes, si l'on peut employer ce mot pour des habitants aux visages mornes et butés qui ne semblent exister que par habitude et s'appauvrissent de plus en plus, ruinés par les famines, les intempéries et les exigences croissantes du fisc. Il y a un monde entre Saint-Malo, où la mer est source inépuisable de richesse, et la campagne environnante où la terre nourrit de plus en plus mal ceux qui la cultivent. L'Anglais Arthur Young, qui visitera la France à la fin du règne de Louis XVI, tracera un tableau désolant de cette partie de la Bretagne à laquelle il trouvera « un aspect sauvage », ajoutant : « ... l'agriculture n'y est pas plus avancée que chez les Hurons... le peuple y est presque aussi sauvage que le pays, et la ville de Combourg, une des places les plus sales et les plus rudes que l'on puisse voir : des maisons de terre sans vitres, et un pavé si rompu qu'il arrête les passants... Cependant, il s'y trouve un château, et il est même habité. Qui est ce M. de Chateaubriand, propriétaire de cette habitation, qui a des nerfs assez forts pour résider au milieu de tant d'ordures et de pauvreté[2] ? »

Cette petite ville misérable, où les enfants, vêtus de loques, sont plus pitoyables que s'ils étaient tout nus, précise Young, est la capitale d'une seigneurie regroupant une dizaine de paroisses avec fermes, moulins, bois, étangs et chasses, le tout régi par une maîtrise des Eaux et Forêts, une capitainerie des Chasses et un contrôle des Aides. Malgré cet appareil judiciaire et la multiplicité des droits attachés à la qualité de comte de Combourg, la seigneurie ne vaut pas – et loin de là – trois cent soixante-dix mille livres que l'a payée, le 3 mai 1761, René-Auguste de Chateaubriand. Il est vrai que, après avoir versé la plus grande partie de la somme, il mettra longtemps à s'acquitter du solde et obtiendra une réduction du prix de vente en reprenant à son compte une série de procès intentés au duc de Duras. Même en lui consentant cette diminution, le duc de Duras a fait une excellente affaire et le nouveau seigneur de Combourg une bien mauvaise, en dépit des quelque soixante-dix à quatre-vingt mille livres que lui rapportent les droits sur les cinq foires qui se tiennent annuellement à Combourg. Mais sa vanité y trouve son compte et il goûte enfin le plaisir d'être un féodal, comme ses aïeux du XIII⁰ siècle. Il va s'imaginer, ou son fils le croira, qu'il n'a fait que recouvrer une terre ancestrale, où jadis régnèrent les Chateaubriand, alors que ceux-ci ne l'ont jamais possédée.

Réalisation d'un rêve d'exilé plutôt que d'une ambition de parvenu, Combourg est pour René-Auguste une revanche âprement savourée, mais vivre en ces lieux sinistres constituera pour sa femme une épreuve encore plus difficile à supporter que l'humeur atrabilaire du châtelain et les maternités successives qu'il lui a infligées pour faire reverdir l'arbre généalogique, assez dépouillé depuis l'extinction des autres branches.

En 1753, au retour d'un voyage aux îles avec déjà suffisamment d'argent pour s'établir, René-Auguste avait épousé Apolline de Bédée, d'un nom moins grand que le sien, mais issue d'une famille plus riche et surtout plus civilisée. Mlle de Bédée n'était plus toute jeune, ayant atteint sa vingt-septième année ; elle manquait de beauté, assez noiraude, avec des traits sans finesse, mais elle avait de beaux yeux noirs, de la vivacité d'esprit, de jolies manières et un grand fond de piété. Sa mère, une Ravenel de Boisteilleul, avait été élevée à Saint-Cyr, sous les yeux de Mme de Maintenon, et en avait rapporté une certaine culture ainsi qu'une connaissance approfondie du *Grand Cyrus*, le roman célèbre de Mlle de Scudéry. Cela lui donnait un ton qui tranchait sur celui de la province et faisait d'elle un parti honorable. Elle habitait Bourseul, un petit village auprès de Plancoët, et, vraisemblablement, c'était François de Chateaubriand, alors curé de Bourseul, qui avait déniché pour son frère cet oiseau rare, assorti d'une dot de quatre mille livres fournie par une tante célibataire, Mlle de Ravenel.

Ainsi que beaucoup de ses contemporains, René-Auguste de Chateaubriand regarde Combourg comme sa véritable épouse et sa femme comme le moyen d'assurer la transmision de ce patrimoine en lui donnant assez de mâles pour espérer pouvoir en garder deux ou trois en vie jusqu'au moment de lui succéder. Dévote et soumise aux volontés de Dieu, Mme de Chateaubriand avait enfanté avec une régularité admirable, en s'efforçant de déjouer les mystérieux desseins d'une Providence acharnée à lui ravir les enfants qu'elle mettait au monde. Sur les dix qui lui étaient nés, six devaient néanmoins survivre, et certains jusqu'à un âge avancé puisque Mme de Chateaubourg mourra dans sa quatre-vingt-huitième année, Mme de Marigny à 90 ans et l'écrivain lui-même, à 80.

*

Six filles et trois garçons ont précédé Chateaubriand dans la maison paternelle. Une des filles, l'aînée, Bénigne, est morte peu après sa naissance, ainsi que la dernière, Anne-Marie. Quatre ont survécu : Marie-Anne, née en 1760, qui deviendra Mme de Marigny ; une autre, Bénigne, née en 1761, d'abord comtesse de Québriac, puis comtesse de Chateaubourg ; Julie, née en 1763, qui sera Mme de Farcy et mourra presque en odeur de sainteté ; Lucile, née en 1764, la plus célèbre et qui, parmi tous ses malheurs, aura celui d'épouser M. de Caud. Quant aux garçons, Geoffroy et Auguste, ils sont morts en bas âge, mais Jean-Baptiste, né en 1759, a survécu, pour périr en 1794 sur l'échafaud.

Les Chateaubriand habitent alors l'hôtel de la Giclais, appartenant à M. Magon de Boisgarin, rue aux Juifs, à quelques pas de la tour Quiquengrogne. M. de Chateaubriand a ses bureaux sur la rue, au rez-de-chaussée. Au premier étage se trouvent les pièces de réception ; au deuxième, les chambres. C'est dans celle de ses sœurs que le futur écrivain vient au monde, un 4 septembre 1768, alors que la tempête se déchaîne et que des paquets de mer martèlent inlassablement les remparts. Ce mauvais temps a commencé à la fin du mois d'août et semble avoir atteint son maximum d'intensité pendant cette nuit du 3 au 4 septembre, au point que les reliques de saint Malo ont été exposées tandis que des prières publiques étaient ordonnées à la cathédrale Saint-Vincent.

Celui qui sera successivement voyageur, soldat, poète, romancier, ambassadeur, ministre, pamphlétaire, historien, chef d'école et aurait pu se vanter d'avoir eu plusieurs vies, se plaindra jusqu'à sa mort d'être venu au monde et, chétif à sa naissance, de n'avoir pas disparu prématurément comme ses deux frères aînés. « Que ne me laissait-on mourir ? gémira-t-il dans ses *Mémoires d'outre-tombe*. Il entrait dans les conseils de Dieu d'accorder au vœu de l'obscurité et de l'innocence la conservation des jours qu'une vaine renommée menaçait d'atteindre et que devaient troubler tant de passions[3]. » Mieux : il regrettera d'être né dans une famille jadis illustre et dont il ressuscitera le nom pour le rendre immortel. Réfugié, après les orages de sa vie, dans son pavillon de l'Infirmerie Marie-Thérèse, non loin de l'hospice des Enfants-Trouvés, il écrira, un jour qu'il entendait les bêlements des chèvres destinées à nourrir les nouveau-nés : « Ah ! si j'avais été jeté comme eux dans les bras de saint Vincent de Paul ! Né d'une faiblesse, obscur et inconnu comme elle, je serais aujourd'hui quelque ouvrier sans nom, n'ayant rien à démêler avec les hommes, ne sachant ni pourquoi, ni comment j'étais venu à la vie ; ni pourquoi ni comment je dois en sortir[4]. »

Réflexion singulière de la part d'un homme qui, après avoir négli-gemment indiqué qu'il se souciait peu de généalogie et laissait au lecteur de ses Mémoires le soin de la retrouver dans les ouvrages du père Anselme et de Moréri, en «dit autant et mieux sur sa généalogie que tous les historiographes bretons[5]», observera malicieusement son ami Marcellus. Ce sont là coquetteries et contradictions d'un grand esprit qui en aura bien d'autres, mais il est un point dont il ne démordra pas et sur lequel il reviendra sans cesse en écrivant ses Mémoires: le parallèle qui s'impose entre Napoléon et lui, au point qu'il finira par lier son destin à celui du Corse abhorré, mais à la déification duquel il ne sera pas le dernier à contribuer.

Longtemps Chateaubriand croira qu'il est né le 4 octobre, jour de la Saint-François, ce qui faisait coïncider sa date d'anniversaire avec celle de sa fête; il croira Napoléon né comme lui en 1768 et donc étranger, puisque conçu avant la réunion officielle de la Corse à la France. Dans ces deux naissances, il verra, comme dans l'apparition de deux comètes, le signe de bouleversements futurs et pourra écrire, en récapitulant sa vie: «Deux nouveaux empires, la Prusse et la Russie, m'ont à peine devancé d'un demi-siècle sur la terre; la Corse est devenue française à l'instant où j'ai paru; je suis arrivé au monde vingt jours après Bonaparte. Il m'amenait avec lui. J'allais entrer dans la marine en 1783 quand la flotte de Louis XVI surgit à Brest; elle apportait les actes de l'état civil d'une nation éclose sous les ailes de la France. Ma naissance se rattache à la naissance d'un homme et d'un peuple; pâle reflet que j'étais d'une immense lumière[6].» Au lieu de voir dans ces événements, dont il fausse à dessein la chronologie, un simple hasard, il en fera autant de causes dont il serait l'effet, tout en laissant parfois entendre qu'il a ainsi infléchi le cours de l'histoire. Il ne sera pas loin de penser, comme Pozzo di Borgo, que Napoléon, par une erreur de la Providence, a eu le destin qui lui revenait.

En attendant que ces événements ébranlent le monde et en changent la face, il n'y a dans l'hôtel de la Giclais qu'un frêle enfant qu'il faut se hâter de baptiser pour qu'il meure chrétien si Dieu doit le rappeler à lui. Il a pour parrain son frère aîné, Jean-Baptiste, et pour marraine la comtesse de Plouër, fille du maréchal de Contades et d'une Magon de la Lande, ce qui explique son intimité avec les Chateaubriand. Il reçoit d'eux les prénoms de François-René. Sur ses véritables prénoms, il sera plus tard aussi incertain que sur sa date de naissance et prendra, lors de son mariage, ceux de François-Auguste-René, puis il signera François-Auguste Chateaubriand ses premières œuvres, abandonnant René après la publication du roman de ce nom, afin de ne pas être confondu avec son héros.

Aussitôt baptisé, il est mis en nourrice à Plancoët, le pays d'origine de sa mère, et se croira pour cela l'objet d'un exil injuste, comme si sa présence avait été une gêne ou un ennui. Dans son application à dramatiser tout ce qui le touche, il oublie les conditions dans lesquelles sont alors élevés les enfants de la noblesse, et même ceux de la bourgeoisie. Les jeunes nobles ont moins un père et une mère qu'une famille à laquelle ils se rattachent, et des serviteurs qui leur sont attachés. Les vieux arbres généalogiques ne sont que troncs, branches et rameaux ; on n'y inscrit pas les feuilles. Aussi les nouveau-nés, à une époque où tant meurent au berceau, ne comptent guère aux yeux de leurs géniteurs, obsédés par le souci de transmettre la terre et le nom. Au lieu de pleurer sur un enfant mort en bas âge, ses parents se hâtent d'en faire un autre.

Il est donc naturel que François-René soit expédié chez sa grand-mère où il peut jouir à la fois du bon air de la campagne et d'un lait meilleur que serait celui de sa mère, épuisée par tant de maternités. La première nourrice à laquelle on le confie étant venue à manquer de lait, une seconde est trouvée, qui vient d'avoir un fils et dispose d'assez de lait pour deux. Malgré cela, François-René dépérit, si bien que la brave femme, inquiète, le voue à Notre-Dame de Nazareth dont le sanctuaire est situé non loin de Plancoët, promettant que si son nourrisson survit, il portera jusqu'à 7 ans les couleurs de la Vierge, le bleu et le blanc. Notre-Dame de Nazareth exauce cette prière et l'enfant se rétablit.

Il passe trois ans à Plancoët, et lorsqu'il regagne Saint-Malo, en 1771, ce n'est pas sa mère qui s'occupe de lui mais une paysanne appelée familièrement « la Villeneuve », du nom de son village natal. Thérèse Leux, de son vrai nom, lui sert de mère adoptive et ne le quitte pas, le tenant contre elle d'un bras lorsqu'elle vaque aux tâches de la maison, le déposant dans un coin si elle ne peut le garder avec elle et le reprenant ensuite avidement pour le couvrir de baisers, avec cette gloutonnerie de tendresse des cœurs simples. Comme pour ceux-ci la nourriture est le plus précieux des biens, et le poids signe de bonne santé, elle le gave de rogatons, allant jusqu'à lui donner du vin, bref, elle le gâte outrageusement, tirant de la complaisance de l'enfant à se laisser adorer le pronostic d'un bon caractère : « Ce n'est pas celui-là qui sera fier ! marmonne-t-elle, heureuse de se voir rendre ses caresses. Qui a bon cœur ! qui ne rebute point les pauvres gens ! »

Effectivement, son protégé l'adore et un jour que Mme de Chateaubriand, pour une raison qu'on ignore, a décidé de la renvoyer, François-René en témoigne un si profond désespoir qu'il refuse de manger et qu'on est obligé de la garder. La pauvre femme aurait été bien déçue si elle avait pu lire dans les Mémoires de son pupille cette phrase un peu dédaigneuse : «Mes sympathies d'enfant pour la Villeneuve furent bientôt dominées par une amitié plus digne[7].»

Sevré, fortifié, volontaire et parfois rageur, il est devenu assez grand pour recevoir les rudiments d'instruction nécessaires à un gentilhomme, même destiné à rester un cadet de maison. D'ailleurs, ce personnage de mince importance peut en prendre au cas où son aîné disparaî-trait ; il lui succéderait alors comme héritier, passant de l'ombre où il est relégué à l'éclat du titre qu'il devra porter. Dans ces maisons aristocratiques, les cadets constituent des réserves de mâles empêchant l'extinction du nom ; on les tient sous le boisseau, attendant de les produire, et, à tout hasard, on les instruit.

François-René se voit donc confié, ainsi que sa sœur Lucile, aux demoiselles Couppart, deux vieilles filles bossues vêtues de noir qui, à coups de règle, enseignent les mystères de l'alphabet. Lucile et lui se montrent rétifs et accumulent les punitions. Lorsque les sœurs tapent, François-René les griffe. Les bossues se plaignent à Mme de Chateaubriand ; celle-ci se plaint à son mari qui ne s'émeut pas : tous les chevaliers de Chateaubriand, lui dit-il en pensant à certains oncles ou cousins un peu déclassés, sont des «fouetteurs de lièvres, des ivrognes et des querelleurs». Voilà l'enfant furieux d'être assimilé à ces hontes familiales et d'autant plus humilié qu'on lui donne en exemple son frère, en qui les siens voient un héros, un futur Caton. Il n'aimera jamais ce frère, auquel il sert de repoussoir, et s'il déplorera sa mort tragique, il le fera moins en regrettant la disparition d'un proche qu'en s'indignant des excès de la Terreur. Excédé par les remontrances et les lugubres pronostics dont il est l'objet, il se montre alors disposé, dira-t-il, à faire tout le mal qu'on attend de lui.

Après avoir ânonné l'alphabet chez les sœurs Couppart, il entre chez un maître d'écriture, M. Desprès, qui lui fait copier toujours le même poème où figure une faute de français ; cela lui fait prendre en horreur le texte et le maître, d'autant plus que celui-ci veut lui inculquer les beautés de la langue en le battant et en lui prodiguant les épithètes les plus malsonnantes, notamment celle de tête d'achôcre qui lui paraît d'autant plus injurieuse que la signification lui en échappe.

Mâles ou femelles, ignorants ou grossiers, aucun de ces professeurs ne vaut pour l'enfant l'école naturelle que représente la mer, partout présente à Saint-Malo, source de richesse et de gloire, mais aussi tombeau anonyme et mouvant de ceux qu'elle a vaincus et dont parfois, mêlés à des épaves, elle rejette les cadavres sur la grève. Chateaubriand assurera en avoir vu beaucoup dans son enfance ; il suffit d'un seul pour frapper l'esprit d'un être imaginatif et lui donner, avec l'attrait du lointain, la curiosité de l'au-delà, de ce Dieu vengeur qu'implorent les marins dans les tempêtes et qu'invoquent leurs épouses, certains soirs, dans cette cathédrale où les offices se déroulent comme de somptueuses féeries. L'histoire, il l'apprend avec celle de fabuleux voyages ou de récits d'aventures dans des pays aux noms étranges ; la géographie, il la devine en voyant chez son père, ou chez des amis de celui-ci, non seulement cartes et mappemondes, mais ces étoffes, ces porcelaines ou ces gravures teintées qui lui donnent une vision, naïve et embellie, des villes de l'Inde ou des ports de la Chine.

En 1775, François-René, qui vient d'avoir 7 ans, se rend au mois de septembre à Plancoët pour y être relevé du vœu jadis fait par sa nourrice. Réputée dans tout le pays par les miracles qu'on lui prête, Notre-Dame de Nazareth est une vierge rustique, découverte dans un champ par un laboureur. Edifié en 1649, son sanctuaire n'est pas gothique, ainsi que Chateaubriand l'écrira, mais l'atmosphère en est assez ténébreuse et les ex-voto y sont assez abondants pour frapper l'esprit. La cérémonie lui laissera une vive impression, vraisemblablement embellie par le souvenir. Arrivé en habits blancs et bleus, il les quitte pour en revêtir d'autres, de couleur violette, et, entre sa nourrice et son frère de lait, il écoute avec attention une homélie du célébrant qui, plein de tact, fait allusion aux grandeurs de sa famille, au compagnon de Saint Louis à Mansourah, et souhaite à son descendant d'aller un jour en pèlerinage aux Lieux saints.

A Plancoët, rien n'a changé depuis sa prime enfance. Sa grand-mère habite toujours avec sa sœur, Mlle de Boisteilleul, une grande maison fort simple appartenant aux Dominicaines, à mi-côte en allant de Plancoët à Notre-Dame de Nazareth. Mme de Bédée a seulement un peu vieilli, et surtout grossi au point qu'il faut la porter lorsqu'elle veut se déplacer. Sa sœur se dessèche au contraire et trotte, active, à travers le logis, veillant à tout. Les deux sœurs sont à l'image de ces vies provinciales, uniformes et grises, où le temps passe imperceptiblement, sans aucun événement qui en marque les étapes : la jeunesse y succède à l'enfance et la vieillesse à la maturité sans qu'un jour eût été différent de celui qui l'a précédé, si bien que ces vieilles dames, dans ces lieux dont elles n'ont jamais bougé, gardent presque intactes leur innocence et leurs illusions de petites filles. Elles ont pour voisines des demoiselles de Villedeneu, trois sœurs unies dans un commun célibat. Averties par des coups frappés contre le mur mitoyen de leurs cheminées respectives, ces trois vestales viennent chaque après-midi jouer aux cartes avec Mme de Bédée, occasion pour ces dames de se quereller comme des pensionnaires au couvent.

Parfois surgit à l'improviste, et toujours bruyamment, Antoine de Bédée, dit le comte de La Bouëtardais, frère de Mme de Chateaubriand. Il est si gros, lui aussi, qu'on l'a surnommé Bédée l'Artichaut, alors que son frère, très maigre et d'humeur moins joviale, a été baptisé Bédée l'Asperge. M. de La Bouëtardais renouvelle agréablement l'atmosphère de la maison, risquant des plaisanteries un peu fortes et donnant à ces femmes privées d'hommes l'illusion d'une présence masculine. L'œil et l'oreille attentifs, François-René perçoit que son oncle est loin d'être un homme de tout repos. Bon vivant, c'est un prodigue, mangeant son fonds avec son revenu, assurera son neveu, ce qui ne l'empêchera pas de quitter la France avec suffisamment d'argent pour passer conforta-blement douze années d'émigration à Jersey. Cet ancien conseiller au Parlement tient table ouverte à Monchoix, un beau manoir tout neuf, bâti quelque vingt ans plus tôt et toujours rempli d'une joyeuse société. On y mange, on y boit, on y fait de la musique, on y danse, on y est « en liesse du matin au soir ». Mme de La Bouëtardais, née Ginguené, qui tient, ou essaie de tenir, les cordons de la bourse, a beau protester contre cette dissipation, on ne l'écoute guère et on la laisse mêler ses plaintes aux grognements de son sanglier apprivoisé, aux abois de son chien préféré, aux miaulements de ses chats.

Un peu plus loin, François-René aura bientôt un autre oncle, Pierre de Chateaubriand, qui, après avoir longtemps navigué avec son frère, s'est associé avec lui pour diverses opérations, assez fructueuses elles aussi pour lui permettre d'acheter le château du Val-Guildo, sur l'Arguenon. Chateaubriand n'en parlera pas dans ses Mémoires et, s'il y a vraisemblablement séjourné, il ne conservera que le seul souvenir de l'hospitalier Monchoix, écrivant : « Quand j'arrivais de la maison paternelle, si sombre et si silencieuse, à cette maison de fêtes et de bruit, je me trouvais dans un paradis[8]. »

*

En 1771, les Chateaubriand avaient quitté l'hôtel de la Giclais pour emménager à l'hôtel Hay, dit aussi Maison White, en face de la porte Saint-Vincent. M. de Chateaubriand y avait établi ses comptoirs au rez-de-chaussée, sa famille au premier étage. Dans la nuit du 16 au 17 février 1776, un incendie ravagera l'immeuble et obligera ses occupants à se réfugier dans leur ancienne demeure de la rue aux Juifs où ils passeront un an avant de regagner l'hôtel Hay.

Celui-ci, en dépit de la tristesse qu'y fait régner M. de Chateaubriand, est égayé par la présence, à l'étage au-dessus du leur, d'un jeune garçon qui achèvera sa brève carrière en héros de Plutarque, acceptant de sacrifier sa vie plutôt que de manquer à sa parole. En attendant de finir comme Régulus, Joseph Gesril du Papeu, dit familièrement Joson, exerce une influence assez diabolique sur son jeune voisin, l'entraînant dans des équipées bien faites pour consterner M. et Mme de Chateaubriand tandis que les Gesril du Papeu, parents trop indulgents, ne font qu'en rire.

Gesril est son aîné d'un an et demi, différence importante à cet âge et rehaussant son prestige. Il a sur ses camarades cette emprise habituelle aux mauvais sujets sur des garçons n'ayant pas la même force de caractère ou simplement la même vigueur physique. Sa réputation de cancre et de risque-tout impressionne les timides, enhardit les autres ; c'est un meneur, applaudi de ses camarades, redouté des maîtres et des parents. Non content d'inciter les autres à s'affronter pour des vétilles, il excite les combattants, se fait juge des pugilats dans lesquels il se garde d'intervenir, enchanté du spectacle. Il lève à l'occasion des bandes de garnements avec lesquels il écume la grève et s'y livre à des jeux parfois dangereux. Un jour, il invente de passer en courant sur un parapet de granit entre les lames qui le balaient régulièrement avec une telle violence que, si l'on manque son coup, on est soit fracassé contre le mur, soit emporté par la vague. Une autre fois, il fait jucher sa troupe, où il a enrôlé quelques filles, sur une rangée de pieux plongeant dans la mer et soudain, poussant brutalement son voisin, il fait s'abattre toute la file. Après avoir vacillé, chacun reprend son équilibre en s'appuyant sur celui ou celle assis à sa droite, mais François-René, en s'abattant sur sa voisine, renverse celle-ci qui, dernière de la rangée, n'a personne sur qui s'appuyer. Une des précieuses héritières des grands Magon se trouve ainsi précipitée dans les flots. On la repêche et elle accuse évidemment François-René de l'avoir poussée. Le courroux des domestiques accourus retombe sur lui et non sur l'auteur de la plaisanterie. Pris en chasse par les bonnes, il leur échappe et se réfugie chez lui où il soutient contre elles un véritable siège : bravement, la Villeneuve défend son jeune maître et repousse l'ennemi tandis que Gesril, replié à l'étage, arrose les assaillants de brocs d'eau et les bombarde avec des pommes cuites. Un autre jour encore, Gesril et lui, ayant provoqué deux mousses en leur criant : « A l'eau, les canards ! », trouvent cette fois à qui parler. Les mousses ripostent à coups de pierres et mettent en fuite les deux garçons. François-René manque y perdre une oreille et, mal raccommodé par Gesril, fait piteuse mine en se présentant, le soir, au repas familial.

Ce dernier incident détermine les Chateaubriand à séparer leur cadet de cet infernal compagnon qui ne peut qu'achever de le pervertir : «Gesril a été mon premier ami, dira Chateaubriand; tous les deux mal jugés dans notre enfance, nous nous liâmes par l'instinct de ce que nous pouvions valoir un jour[9].» Le meilleur moyen d'arracher leur fils à ce mauvais génie est de le mettre en pension, mais avant de le faire entrer au collège, à Dol, M. de Chateaubriand veut qu'il séjourne à Combourg où lui-même, abandonnant ses affaires, vient de s'installer définitivement.

Un matin de printemps 1777, Mme de Chateaubriand, sans entrain car elle a Combourg en détestation, ses quatre filles et son fils cadet s'entassent dans une vieille berline à huit chevaux. De Jean-Baptiste, il n'est pas question; âgé de 18 ans, il doit être à Rennes pour ses études de droit. On chemine à travers des landes mélancoliques, on traverse Dol, en jetant un coup d'œil sur le collège où François-René sera bientôt captif, et l'on arrive en fin de journée devant ce Combourg que l'enfant découvre avec émerveillement, impressionné par l'aspect grandiose du lieu comme par l'inhabituelle bonne humeur de son père, heureux de jouer devant les siens au seigneur féodal. Combourg lui inspirera quelques-unes des pages les plus célèbres des *Mémoires d'outre-tombe* et contribuera, par son atmosphère, à la formation de son caractère, à l'éveil de sa vocation, mais dès ce premier séjour il trouve l'endroit moins enchanteur que son père ne le croit : «Partout silence, obscurité et visage de pierre, voilà le château de Combourg», écrira-t-il en conclusion de sa description de la forteresse qu'une de ses sœurs déclarera, de son côté, «lugubre comme une prison d'Etat».

Il y reste une quinzaine de jours, le temps de se familiariser avec le cadre et les fantômes qui le hantent, puis il part pour Dol avec le principal du collège, l'abbé Portier, venu prendre livraison de cette nouvelle recrue. La séparation ne se fait pas sans larmes, et l'on peut légitimement penser que les premiers jours d'internat n'en seront pas exempts, car il n'a que 9 ans, et, même s'il se plaint dans ses Mémoires du manque de tendresse de ses parents à son égard, il y a des habitudes de vie domestique et des affections, comme celle de sa sœur Lucile, auxquelles un enfant de cet âge ne peut s'arracher sans avoir, pendant quelque temps, le cœur bien gros.

*

Situé un peu en dehors de Dol et formé par deux bâtiments en équerre, le collège est dirigé par les pères eudistes, maîtres exigeants mais consciencieux qui s'appliquent autant à instruire leurs élèves qu'à les éduquer. Comme le jeune Chateaubriand est plutôt en retard pour son âge, il est confié à deux ecclésiastiques chargés de lui faire rattraper le temps perdu. Leurs soins portent rapidement leurs fruits car, à en croire l'intéressé, après s'être mis rapidement au niveau de ses camarades, il les a surpassés : « Des qualités que ma première éducation avait laissées dormir s'éveillèrent au collège. Mon aptitude au travail était remarquable, ma mémoire extraordinaire. Je fis des progrès rapides en mathématiques où j'apportais une clarté de conception qui étonnait l'abbé Leprince. Je montrai en même temps un goût décidé pour les langues. Le rudiment, supplice des écoliers, ne me coûta rien à apprendre ; j'attendais l'heure des leçons de latin avec une sorte d'impatience, comme un délassement de mes chiffres et de mes figures de géométrie. En moins d'un an, je devins fort cinquième. Par une singularité, ma phrase latine se transformait si naturellement en pentamètre que l'abbé Egault m'appelait *l'Elégiaque*, nom qui me pensa rester parmi mes camarades[10]. »

Pour l'empêcher de perdre cet acquis pendant les vacances, l'abbé Leprince le suivra comme précepteur à Combourg et veillera spécialement sur lui tout le temps qu'il passera au collège de Dol avant d'entrer, en 1781, à celui de Rennes.

C'est à Dol qu'il fait sa première communion, cérémonie que des scrupules de conscience lui font appréhender, car il doit se soumettre à une épreuve, esquivée jusque-là : celle d'une confession sincère. Il vient d'avoir 11 ans, l'âge des mauvaises lectures, des mauvaises pensées, voire, si l'on a le sang chaud, des actes inavouables.

Dans ses Mémoires, Chateaubriand évoquera l'effet dévastateur que produisit en lui la lecture de certains livres, non pas ceux que l'Eglise appelait alors de « mauvais livres », mais des ouvrages inscrits au programme et qu'il suffisait de lire d'un autre œil, avec une autre disposition d'esprit, pour y découvrir, cachées sous la rebutante carapace du latin, des tentations inconnues ou des peintures troublantes. Les Pères prenaient soin, pourtant, de voiler ces peintures, et Chateaubriand dira, dans *La Vie de Rancé*, qu'on leur expliquait ainsi l'équivoque églogue d'Alexis et du pasteur Corydon : « C'était un écolier indocile qui refusait d'écouter les paroles de son affectueux maître[11]. » Pour celui qui cherche un objet à des passions encore indéterminées, tout est bon : le livre le plus innocent cesse de l'être et la peinture la plus chaste, au-dessus d'un autel, peut devenir source de volupté. Ainsi François-René a-t-il trouvé dans un *Horace* non expurgé, mais aussi dans Lucrèce, des situations qui l'émeuvent au point qu'un jour son maître, étonné de l'accent avec lequel il traduit un passage, lui arrache l'ouvrage et le renvoie aux racines grecques, moins dangereuses pour l'âme.

Ses mauvaises pensées lui sont venues aussi d'un ouvrage intitulé les *Confessions mal faites*. En détaillant tous les péchés recensés, de pareils manuels, au lieu d'en inspirer l'horreur, en donnent la curiosité, parfois le goût. A la gravité des châtiments prévus pour certaines fautes, on peut rêver sur les plaisirs dont ils sont la contrepartie et penser qu'on ne paie pas en vain un tel prix. Se rappelant ces conflits de l'âme et de la chair qui lui ouvraient alors des perspectives sur un paradis peuplé de houris et un enfer plein de supplices, Chateaubriand écrira : « Frappé à la fois au moral et au physique, je luttais avec mon innocence contre les orages d'une passion prématurée et les terreurs de la superstition[12]. »

De cette lutte, et des occasions nombreuses où il a succombé, il n'a rien dit à personne, et surtout pas à son confesseur, l'abbé Delaunay, supérieur du séminaire des Eudistes. Comme beaucoup de pénitents, il n'avoue que des peccadilles, sans doute en les exagérant ou en les multipliant pour faire le compte et en être quitte avec ces modestes aveux, sans s'arrêter au sixième commandement. Fin connaisseur de l'âme, et surtout de celle des adolescents, l'abbé n'est pas dupe ; il insiste, avec un regard soupçonneux qui bouleverse son pénitent, mais celui-ci ne fléchit pas. Lorsque enfin luit le jour fatal où il doit se confesser avant la cérémonie, il défaille à la pensée de ses mensonges et de la communion sacrilège qu'il fera le lendemain, mais il ne se résout pas à franchir l'obstacle. Alors que l'abbé Delaunay, résigné, mais non convaincu, va lui donner l'absolution, il s'écrie, presque malgré lui : « Je n'ai pas tout dit ! » et l'abbé, voyant la vérité prête à surgir, l'embrasse en lui disant : « Allons, cher fils, courage ! » Il y a là, dans les *Mémoires d'outre-tombe*, une page infiniment plus belle et plus touchante que toutes celles du *Génie du christianisme*. On ne peut décrire la scène avec plus de tact et même d'esprit, car, en achevant le récit de cette confession difficile, il ajoute : « Je ne parus plus le même à mes maîtres et à mes camarades ; je marchais d'un pas léger, la tête haute, l'air radieux, dans tout le triomphe du repentir[13]. »

Cette confession, digne de saint Augustin, fut, dira Chateaubriand, le révélateur des passions qui déjà l'agitaient sans qu'il en fût conscient, mais que l'abbé Delaunay avait pressenties, avouant que, s'il a su plus tard peindre « avec quelque vérité les entraînements du cœur mêlés aux syndérèses chrétiennes », il le devait au hasard qui lui « fit connaître en même temps deux empires ennemis[14] ». Et, songeant à ce que lui avait dit l'abbé après ses aveux, il rendra hommage à la perspicacité de son confesseur : « C'est le premier homme qui ait pénétré le secret de ce que je pouvais être. Il devina mes futures passions ; il ne me cacha pas ce qu'il croyait voir de bon en moi, mais il me prédit aussi mes maux à venir[15]. » Huit jours après cette première communion, pour laquelle Mme de Chateaubriand était venue tout exprès de Saint-Malo, il quitte le collège de Dol pour continuer ses études à celui de Rennes et s'y préparer à l'examen de garde marine, qu'il doit subir à Brest.

Ce nouveau collège, où il entre au mois d'octobre 1781 après des vacances à Combourg, a été fondé par les Jésuites en 1705 et, depuis le renvoi de la Compagnie en 1762, il est dirigé par des prêtres diocésains. L'abbé Fayolle, le principal, est assisté de professeurs distingués comme l'abbé de Chateaugiron, l'abbé Augustin Germé, le seul à prêter le serment constitutionnel en 1791, l'abbé Marchand. Distingués aussi sont certains anciens élèves, tels Geoffroy, Ginguené, le chevalier de Parny qui commencent à se faire un nom dans la république des Lettres. A Rennes, il aura, pendant l'année qu'il y passera, des camarades destinés à laisser une trace dans l'histoire : Moreau, le futur général, et Picot de Limoëlan, auteur de l'attentat de la rue Saint-Nicaise, en 1799, contre le Premier consul.

Chateaubriand partage sa chambre avec Limoëlan, Saint-Riveul, qui sera une des premières victimes de la Révolution, et peut-être aussi Gesril du Papeu, guère assagi depuis les jeux qu'il organisait sur la grève de Saint-Malo. Ceux que l'on pratique au collège de Rennes ou, plus précisément, dans le jardin des Bénédictins pour échapper aux surveillants, trahissent un fond de sauvagerie sous le vernis de l'éducation chrétienne. N'a-t-on pas inventé de se battre avec des compas de mathématiques emmanchés au bout de cannes et de poursuivre le combat, où chacun risque d'être éborgné, jusqu'à ce que l'un des jouteurs s'avoue vaincu ?

Comme à Dol, François-René, en dépit de son caractère ombrageux, s'impose assez vite à ses nouveaux camarades et, très fier de cet ascendant sur eux, se délivre un nouveau satisfecit : « Cette souplesse de mon intelligence, écrira-t-il, se retrouvait dans les choses secondaires. J'étais habile aux échecs, adroit au billard, à la chasse, au maniement des armes ; je dessinais passablement ; j'aurais bien chanté, si l'on eût pris soin de ma voix. Tout cela, joint au genre de mon éducation, à une vie de soldat et de voyageur, fait que je n'ai point senti mon pédant, que je n'ai jamais eu l'air hébété ou suffisant, la gaucherie, les habitudes crasseuses des hommes de lettres d'autrefois, encore moins la morgue et l'assurance, l'envie et la vanité fanfaronne des nouveaux auteurs[16]. » En l'absence d'un autre témoignage que le sien sur ces années d'étude et de formation, il faut bien lui faire crédit et croire effectivement que ses talents lui valent des admirateurs. En revanche, et contrairement à ce qu'il affirme, il passe un peu plus d'un an, et non pas deux, à Rennes, d'où il rejoindra Brest au mois de janvier 1783 pour y subir cet examen de garde marine.

*

Pendant toutes ses années de collège, il est revenu chaque été à Combourg, y menant une existence aussi formatrice à certains égards que l'instruction reçue de ses maîtres. Son premier séjour lui avait laissé un souvenir assez lugubre et les suivants renforcent cette impression, tout en y ajoutant ces détails qui lui feront tracer des portraits inoubliables de sa famille ou lui permettront d'évoquer les paysages de Combourg de manière à communiquer au lecteur la nostalgie qu'il en éprouvera lui-même au cours de son existence.

Dès son entrée en possession de Combourg, M. de Chateaubriand a commencé par prendre le titre de comte de Combourg, car la terre a été érigée en comté par Henri III, puis il s'est attaché à remettre en valeur un domaine assez négligé par le duc de Duras, presque toujours absent et, de surcroît, fort endetté. Cette reprise en main a été mal appréciée de ses vassaux, habitués non seulement à ne plus guère payer leurs redevances mais à braconner dans les bois et à pêcher dans les étangs. L'exactitude exigée par le nouveau seigneur dans le paiement des divers droits, son ingéniosité à en ressusciter d'anciens, tombés en désuétude, et enfin son esprit tracassier, lui ont aliéné les cœurs. Du coup, on oublie ce qu'il fait en même temps pour le bien du pays, par exemple en important du blé d'Amsterdam pendant une famine ou bien en essayant d'acclimater dans les landes environnantes des Acadiens chassés du Canada par les Anglais. S'il se montre intransigeant à l'égard de ses débiteurs et de ses tenanciers, il sait aussi les protéger contre les exactions du fisc, et si son âpreté peut choquer parfois, il faut se rappeler qu'il a reconstitué lui-même sa fortune en débutant comme simple marin. Il sait le prix de l'argent, lorsqu'il faut le gagner soi-même, et, pour les hommes de sa trempe, infatigables, endurcis, la force de volonté devient progressivement autoritarisme et souvent tyrannie. Il est de ceux qui, ayant beaucoup fait, regardent les autres comme des incapables.

Pour comprendre son acharnement à réviser le chartier de Combourg et faire revivre d'anciens droits, il ne faut pas oublier que l'évolution économique au cours du XVIIIe siècle a provoqué non seulement une hausse des prix mais une dévaluation de la monnaie. Tous ceux qui vivent de rentes fixes s'en trouvent lésés, alors qu'affairistes et financiers y trouvent matière à s'enrichir davantage encore. Un tel déséquilibre explique l'amertume d'une caste appauvrie qui, voyant sa condition empirer, revendique hautement ses droits, non par orgueil, mais pour vivre, et le mécontentement d'une bourgeoisie dont le désir d'ascension sociale et d'accession au pouvoir se heurte à une panoplie d'usages surannés et de règles absurdes. Il est surprenant toutefois de voir le châtelain de Combourg qui, par son ancienne activité, avait suivi le mouvement du siècle et refait fortune, assuré désormais de pouvoir mieux vivre que bien d'autres gentilshommes, tourner brusquement le dos à un avenir meilleur pour se remettre au rang de la noblesse appauvrie.

Par l'importance que son châtelain se donne et le train de vie modeste qu'il y mène, Combourg rappelle un peu le château du baron de Thunder-ten-tronck, dans le *Candide* de Voltaire. Au lieu du nombreux personnel qui serait nécessaire afin de servir dignement un tel maître et sa famille, il n'y a que quatre domestiques et un cocher ; la meute est réduite à un chien ; les écuries ne renferment que deux vieilles juments. M. de Combourg entend chaque dimanche la messe dans sa chapelle et n'honore l'église paroissiale de sa présence qu'une fois l'an, pour y faire ses Pâques.

Le château ne contient qu'un mobilier sommaire et sans grand raffinement. L'inventaire, établi à la mort de M. de Chateaubriand, révèle qu'il correspond au tiers de ce que l'on trouve habituellement dans les châteaux bretons de cette importance. Il est vrai que le maître de maison reçoit peu, quelques officiers en manœuvres aux environs, des magistrats passant par là pour aller à Rennes ou en revenir et, chaque semaine, les notables de Combourg. Ceux-ci sont pour la plupart des bourgeois qui, à force de persévérance et d'économie, atteignent par achat de charge à une noblesse que d'autres, vrais gentilshommes, mais très appauvris, se voient menacés de perdre en travaillant pour subsister. La montée des uns croise le déclin des autres. C'est le cas de M. de La Morandais, gentilhomme de bonne souche, obligé de se faire régisseur des terres de Combourg.

Outre M. de La Morandais, le seigneur de Combourg accueille à sa table quelques autres familiers : M. Potelet, ancien capitaine aux Indes et contant volontiers ses campagnes, mais avec une rusticité de manières et un ton qui révoltent son hôte ; M. de Launay de la Bliardière, ancien procureur fiscal, devenu entrepreneur des fermes du roi à Combourg et auteur d'une nombreuse postérité ; Me René Petit, également procureur fiscal ; Me Julien Le Corvaisier, receveur des droits ; MM. Pinot de Petitbois et de Trémaudan, anciens capitaines de Dragons ; l'abbé Chalmel, qui dessert la chapelle du château, et l'abbé Sevin, curé de Combourg, bref un cercle assez hétéroclite de commensaux, allant de la basoche à l'armée, de la noblesse terrienne à l'Eglise, et composant à M. de Chateaubriand une petite cour assez semblable à celle où, en Westphalie, Voltaire avait fait grandir Candide.

Pour rompre la routine des jours, il n'y a guère que les foires annuelles, notamment l'Angevine, ou le passage d'étrangers au pays, comme ces officiers d'état-major venus souvent déjeuner ou dîner à Combourg pendant les deux camps de Paramé en 1778 et 1779. Entendant le duc de Saint-Simon, le marquis de Wignacourt ou le marquis de Causans, gens de haute volée, parler devant lui de Paris et de la cour, François-René en conçoit d'inquiètes curiosités : « Je devenais triste, avouera-t-il, je cherchais à deviner ce que c'était que la société ; je découvrais quelque chose de confus et de lointain ; mais bientôt je me troublais. Des tranquilles régions de l'innocence, en jetant les yeux sur le monde, j'avais des vertiges, comme lorsqu'on regarde la terre du haut de ces tours qui se perdent dans le ciel[17]. » En dehors de ces festivités, pendant lesquelles M. de Chateaubriand renonce à sa parcimonie coutumière, l'existence s'écoule monotone et triste, assombrie par la morosité du maître de maison qui se communique à son entourage. Si bavarde en général, Mme de Chateaubriand se tait devant lui, se dédommageant, dira son fils, « par une espèce de tristesse bruyante entrecoupée de soupirs qui interrompent seuls la tristesse » de son mari.

Le portrait que Chateaubriand a laissé de son père est si connu qu'il serait vain de le citer une fois de plus, mais il convient d'y apporter quelques retouches dont la plus importante est due à Chateaubriand lui-même. Il s'agit d'un passage omis lors de la rédaction définitive des *Mémoires d'outre-tombe*, vraisemblablement « parce que le sentiment qui s'en dégage, écrit Geoffroy de La Tour du Pin, contredit de façon absolue ce qu'il dit de son père ». Dans les *Mémoires de ma vie*, version primitive des *Mémoires d'outre-tombe* et restée longtemps inédite, ce texte est placé après la description des soirées de Combourg, dans la grande salle où, à la lueur d'une seule bougie, M. de Chateaubriand, taciturne et agité, arpente la pièce avec une régularité de métronome, ignorant la présence des siens jusqu'au moment où, percevant des chuchotements, il fonce vers eux pour leur demander d'un ton sévère : « De quoi parliez-vous ? »

« Un seul incident, écrit Chateaubriand, variait ces soirées qui figureraient dans un roman du XIe siècle. Il arrivait que mon père, interrompant sa promenade, vînt quelquefois s'asseoir au foyer pour nous faire l'histoire de la détresse de son enfance et des traverses de sa vie… J'écoutais avidement mon père. Lorsque j'entendais cet homme si dur à lui-même regretter de n'avoir pas fait assez pour sa famille, se plaindre en paroles courtes, mais amères, de sa destinée, lorsque je le voyais, à la fin de son récit, se lever brusquement, s'envelopper dans son manteau, recommencer sa promenade, presser d'abord ses pas, puis les ralentir, en les réglant sur les mouvements de son cœur, l'amour filial remplissait alors mes yeux de larmes, je repassais dans mon esprit les chagrins de mon père ; et il me semblait que les souffrances endurées par l'auteur de mes jours n'auraient dû tomber que sur moi[18]… »

Ni Chateaubriand ni la postérité qui verra le seigneur de Combourg avec les yeux de son fils, n'ont été justes à son égard. M. de Chateaubriand est certes un homme d'un commerce difficile, mais il a redoré son blason sans faire un de ces mariages d'argent grâce auxquels toute la haute noblesse, à Paris, s'efforce de soutenir un train qui la ruine. L'âpreté avec laquelle il perçoit ses redevances sent plus le procureur que l'aristocrate, et il a tellement pris goût à la procédure et aux paperasseries qu'il a fini par se transformer en tabellion, mais il n'en est pas moins un homme estimable et plus humain que son fils ne l'a décrit.

Lorsque Chateaubriand lira chez Mme Récamier des passages de ses Mémoires, ultérieurement publiés dans la *Revue des Deux-Mondes*, ses sœurs seront choquées par le portrait de leur père. Elles échangeront leurs impressions sur le texte avant de supplier leur frère d'adoucir son évocation. «Ce pauvre frère n'a pas connu, ni su apprécier notre père, écrira le 2 juin 1834 Mme de Marigny à Mme de Chateaubourg, il a quitté la maison paternelle jeune, il ne se souvient que de la sévérité avec laquelle mon père a pu le reprendre : sévérité qu'il méritait pour son peu d'application, car c'était un franc polisson dans son enfance ; il ne se souvient donc que de la terreur qu'il lui inspirait à cet âge, et quand la raison est venue, n'étant point avec notre père, il n'a pu apprécier ni sa bonté, ni son mérite. Ce passage de ses Mémoires m'a fait de la peine. Il est fait pour lui nuire. Comment n'y a-t-il pas pensé ? »

Mme de Marigny interviendra énergiquement auprès de son frère en lui rappelant que l'auteur du *Génie du christianisme* doit donner l'exemple de la piété filiale. Il lui promettra de «changer quelques tableaux», mais il ne se laissera pas influencer, jugeant que le caractère posthume de ses Mémoires le dispense de tous ménagements. Navrée de n'avoir pu le persuader, Mme de Chateaubourg, intervenue à son tour, écrira le 15 juillet 1834 à Mme de Marigny : «Je suis fâchée que mon frère persévère à trouver l'article qui concerne mon père dans ses

Mémoires bien comme il est. Il est possible que ses flatteurs le lui aient dit, mais ils l'ont trompé et il n'a pas l'approbation des gens sensés et de ceux qui connaissent les commandements de Dieu et les pratiquent : outre cela, tourner en ridicule sa famille, c'est s'y tourner soi-même. »

Quels qu'aient été le caractère et les mœurs de M. de Chateaubriand, il est certain que Combourg n'est pas une résidence enchanteresse. Mme de Chateaubriand s'y sent prisonnière et regarde comme une libération les quelques semaines qu'elle est autorisée à passer chaque année à Saint-Malo où elle dispose d'un pied-à-terre, rue des Grands-Degrés. On comprend que ses filles aient cherché elles aussi à fuir cette solitude, par la seule échappatoire possible, le mariage. Les deux aînées se sont mariées vite et sans trop regarder à l'âge du futur ni à l'authenticité ou l'ancienneté de sa noblesse, en épousant le même jour, le 11 janvier 1780, Marie-Anne, François Geffelot, comte de Marigny par courtoisie, Bénigne, le comte de Québriac, de vingt ans plus âgé qu'elle et qui mourra trois ans après. La troisième, Julie, épouse en 1782 Annibal de Farcy, chevalier en attendant de s'intituler comte. La double cérémonie nuptiale du 11 janvier 1780, dans l'étroite chapelle de Combourg, a provoqué un déluge de larmes. Mère et filles ont pleuré à l'envi, et Chateaubriand gardera un tel souvenir de cette scène qu'il y verra l'origine de son aversion pour cette façon de solenniser un acte aussi peu gracieux que la perpétuation de l'espèce : « Je fus étonné de cette douleur : je la comprends aujourd'hui. Je n'assiste pas à un baptême ou un mariage sans sourire amèrement ou sans éprouver un serrement de cœur. Après le malheur de naître, je n'en connais pas de plus grand que celui de donner le jour à un homme[19]. »

*

Au mois de janvier 1783, après quelque temps passé à Combourg, François-René de Chateaubriand part pour Brest et, là, descend rue de Siam dans une pension fréquentée par des étudiants. Son oncle, le chevalier de Ravenel de Boisteilleul, brigadier des armées navales, le présente au comte d'Hector, commandant le port de Brest, et à diverses personnalités, mais aucune de celles-ci ne s'intéressera suffisamment à cet obscur cadet pour lui procurer le brevet d'aspirant que Jean-Baptiste lui avait laissé entrevoir. Il demeure simple soupirant, suivant l'expression du temps, et prépare ses examens afin d'obtenir par ses talents ce que la faveur ne lui a pas valu.

Comme depuis son arrivée à Brest il pleut à seaux, il vente à démâter la flotte, il n'a rien d'autre à faire qu'à se plonger dans ses livres. Un correspondant resté anonyme écrit le 13 mars 1783 à M. de Chateaubriand : «J'ai eu le plaisir de voir M. votre fils avec M. de Ravenel. Tout va bien. L'enfant travaille bien et avec fruit, ce qu'il n'avait pas fait le premier mois… au dire de ses maîtres ; on ne peut mettre ni plus d'aptitude ni plus de désir de réussir… Surtout, Monsieur, entretenez le zèle et la volonté. »

La guerre d'Indépendance américaine touche à sa fin ; la cessation des hostilités avec la Grande-Bretagne entraîne une réduction des effectifs de la flotte et l'on n'a plus besoin de nouvelles recrues. François-René a donc peu d'espoir de réussir, ce qui ne l'incite guère à travailler, maintenant que cette carrière se ferme devant lui. Son humeur s'en ressent ; il fraie peu avec ses camarades, ne cherche pas à être reçu dans la société locale et s'enferme dans un noble isolement. Il passe une partie de son temps à flâner sur le port dont l'activité, stimulée par cinq années de guerre, offre au profane un merveilleux spectacle. Mieux qu'à Saint-Malo, il peut à Brest admirer ces navires de haut bord qui, pareils avec leur voilure à de grands glaciers mobiles, évoluent, majestueux et légers malgré leur masse, à la surface des eaux, chacun portant à son bord un monde en réduction, avec l'enfer dans sa cale et le ciel au sommet de ses mâts, un monde où des hommes, avec leurs vices et leurs faiblesses, mais aussi leur courage et leur héroïsme, ont des destinées hors de la loi commune. Rien de plus beau que de voir, au soleil couchant, certains vaisseaux courir sur leur erre et virer lentement, réfléchissant sur leurs voiles toute la lumière de ces fins d'après-midi et s'immobiliser, baignant dans une poussière d'or, comme s'ils irradiaient à leur tour les rayons de soleil qu'ils avaient captés.

Plus grandiose encore est le tableau que constitue, le 1ᵉʳ avril 1783, la triomphale entrée de l'escadre de la Motte-Picquet, venant de Cadix, et Chateaubriand n'oubliera jamais cette vision de la flotte, accueillie par les vivats des curieux et les salves des canons des forts : « Rien ne m'a donné une plus haute idée de l'esprit humain », écrira-t-il en évoquant ce retour.

Alors qu'il végète à Brest, incertain de son avenir, il prend soudain la décision de tout abandonner pour rentrer à Combourg. Dans ses *Mémoires*, il attribuera cette décision, et sa soudaineté, à ses retrouvailles avec Gesril. En assistant à l'entrée dans la rade de l'escadre du marquis de Vaudreuil, arrivant d'Amérique, il aurait vu débarquer d'un des navires un jeune officier qui lui aurait sauté au cou et qu'il aurait à peine reconnu tant les voyages et une blessure l'avaient changé : c'était Gesril qui, après les premières effusions, ne s'était pas attardé, quittant Brest aussitôt pour revenir chez lui. Or, Gesril du Papeu n'a pas fait la campagne d'Amérique et vient seulement de réussir son examen de garde marine. En outre, il semblerait que Chateaubriand n'était déjà plus à Brest le 17 juin, jour de l'arrivée de l'escadre de Vaudreuil. Mais François-René a certainement revu souvent son ancien camarade et a pu se laisser persuader par celui-ci d'abandonner Brest pour chercher fortune ailleurs, à moins qu'il n'ait, romanesquement, attribué à l'influence de Gesril, qui a tant compté pour lui, une décision prise dans un moment de doute et de mélancolie.

Une chose est certaine : il tombe à Combourg « comme des nues », mais n'y essuie pas les reproches auxquels il s'attendait. Son père se contente de hocher la tête « comme pour dire : voilà une belle équipée ! » ; sa mère l'embrasse en soupirant, Lucile avec des transports de joie. Il ne lui reste plus qu'à terminer ses humanités, non à Rennes, mais à Dinan, dans un collège où il retrouve des fils de notables malouins. Près des remparts et dominant la vallée de la Rance, le collège, assez récent, est installé dans l'ancien couvent des Bénédictines dont les cellules servent de chambres aux élèves. Il est dirigé par l'abbé Puel de Saint-Simon, qui assure la classe de rhétorique, assisté de l'abbé Rouillac, théologien réputé. François-René est recommandé à l'abbé Duhamel, qui veillera particulièrement sur lui.

L'enseignement vaut largement celui de Rennes. A Dinan, il perfectionne son latin, qu'il prétend mieux parler que ses maîtres, et y glane des connaissances d'hébreu. Parmi ses camarades, un seul laissera un nom dans l'histoire : Broussais, avec qui, au printemps, il va parfois se baigner dans la Rance où, un jour, le futur praticien est mordu « par d'ingrates sangsues imprévoyantes de l'avenir ». Tout en partageant les jeux des autres élèves, et notamment des parties de barres, il aime, ainsi qu'à Brest, faire de longues promenades aux alentours. De temps en temps, il revient à Combourg et se rend aussi à Monchoix, chez son oncle La Bouëtardais, où, avec ses cousines Marie, Flore et Caroline, il ébauche des amourettes et surtout apprend à danser, talent indissociable alors de la condition de gentilhomme.

On ne sait pas grand-chose, à l'exception de ce qu'il en dira, de l'unique année passée par Chateaubriand au collège de Dinan. A l'automne 1784, au lieu de poursuivre ses études, il demeure à Combourg et va y connaître, ainsi qu'il l'avouera, « deux années de délire ».

2

Le puits de solitude
1784-1788

Combourg paraît encore plus triste et plus grand depuis le départ de trois des sœurs de François-René, dont l'une, Mme de Québriac, vient de perdre son mari et son fils. La dernière, Lucile, sans renoncer à se marier un jour, a été reçue chanoinesse du chapitre de l'Argentière où ne sont admises que des demoiselles ayant leurs quartiers de noblesse en règle. Cet état intermédiaire entre le monde et le couvent est assorti d'un titre de comtesse et lui donne une relative indépendance. Elle n'en abuse pas, car elle vit en recluse à Combourg, priant beaucoup, rêvant plus encore. La Cendrillon qu'on habillait avec la défroque de ses aînées et à qui son appareil pour l'obliger à se tenir droite donnait l'air d'un chat pris au collet, sans être belle, est devenue intéressante avec ses grands yeux sombres, un teint fort blanc, des cheveux de druidesse et une élégance innée qui fait oublier la pauvreté de sa mise. Il est vrai qu'elle n'a guère d'occasions d'être coquette, car on reçoit de moins en moins à Combourg et les commenseaux de M. de Chateaubriand ne font guère attention à elle, habitués qu'ils sont à sa présence un peu fantomatique.

En vieillissant, le seigneur de Combourg n'a gagné ni en loquacité ni en bonne grâce ; il parle à peine aux siens et ne se met en frais de conversation que pour de rares visiteurs. Les soirées sont d'une tristesse à pleurer d'ennui et les histoires de revenants auxquelles se complaît Mme de Chateaubriand peu faites pour les égayer. Lorsque sonne enfin l'heure de se coucher, chacun gagne sa chambre en craignant d'en avoir un à ses trousses. Il faut un certain courage à François-René pour rejoindre la sienne, un bougeoir à la main, en passant par un dédale de corridors et d'escaliers qui aboutit à un chemin de ronde au bout duquel il est logé, sans communication possible avec les autres membres de sa famille ou les domestiques. En voyant son fils, au début, appréhender cette retraite nocturne, M. de Chateaubriand lui avait dit sarcastiquement : « Monsieur le Chevalier aurait-il peur ? » Le garçon s'était piqué au jeu et depuis il montait d'un pas résolu, encouragé par sa mère qui lui rappelait qu'avec la pensée de Dieu à l'esprit il ne pouvait rien lui arriver de mal. Plus tard, il sera reconnaissant à son père de l'avoir ainsi aguerri. Même s'il ne croit plus aux revenants et sait qu'il ne sera pas assassiné dans son lit, François-René passe souvent des nuits blanches dans cette chambre assaillie par les vents, glacée certains soirs par le clair de lune et transformée par les cris des corneilles ou des hirondelles en stridente volière. En dépit de son inconfort, car elle est froide et sommairement meublée, elle représente un refuge où il peut s'isoler, loin de l'œil inquisiteur de son père. En effet, M. de Chateaubriand, qui lui assure le gîte et la nourriture sans lui demander compte de son oisiveté, lui fait payer cette hospitalité en reproches muets, en blâme implicite et aussi en le forçant à respecter, à la minute près, les horaires imposés par lui aux siens.

Avec ce tyran, l'existence à Combourg est un mélange de contraintes et de grisants moments de liberté pendant lesquels François-René vagabonde à son gré, jusqu'à l'épuisement de ses forces, enivré de cette fatigue que procurent les longues marches sans but, à travers la lande, exposé au vent, au soleil, à la pluie, se vautrant dans la nature avec une sorte de frénésie. Pour donner un prétexte à ce vagabondage, il emporte un fusil, tiraillant un peu au hasard, embusqué au bord d'un étang, parfois dans l'eau jusqu'à mi-corps, guettant des vols de canards ou de sarcelles, puis il a pris goût à la pêche, mais il n'a pas tardé à se lasser de ces jeux. Il a remplacé le fusil par un livre et poussé si loin ses promenades qu'il assure être revenu certaines fois porté sur une claie par des valets, car il ne pouvait plus marcher. Ces randonnées sans but et sans frein constituent son unique occupation, apaisant l'ardeur de sa sensualité et nourrissant son esprit de paysages changeants, de visions du ciel à travers les arbres, de reflets de nuées sur l'eau, bonheurs fugitifs qu'il saura si bien évoquer plus tard, apprenant ainsi à voir dans la nature autre chose qu'un décor pour littérateurs champêtres.

Peu à peu se forme en lui, à partir de ses rêves et de ses visions, un monde irréel, construit à sa mesure, ou plutôt à sa démesure, et dans lequel, cédant à toutes les fantaisies de son imagination, il incarne à tour de rôle les personnages qu'il aimerait être ou bien modèle les femmes qu'il voudrait aimer, ou dont il voudrait être aimé. Dans ce délire, où rien n'est impossible, il atteint des cimes auxquelles l'arrache, en le faisant tomber de haut, la pensée du repas familial. La terreur d'arriver en retard le dégrise : il lui faut se hâter de regagner le château et, sans avoir eu le temps de se laver les mains ou de brosser son habit, il se glisse, hirsute et sale, à sa place, évitant le regard paternel.

Dans une très belle page des *Mémoires de ma vie*, page qu'il modifiera malheureusement lorsqu'il la retranscrira dans les *Mémoires d'outre-tombe*, il a parfaitement décrit ses tourments, ses chimères et cet enivrement dionysiaque en présence d'une Nature indifférente à laquelle il s'adresse comme à une mère consolatrice ou une amante idéale : « […] à peine retiré dans ma chambre, ouvrant ma fenêtre et fixant mes regards sur les nuages… les facultés de mon âme s'exaltaient jusqu'au délire ; je montais avec ma magicienne sur les nuages ; roulé dans ses cheveux, dans ses voiles, j'allais au gré des tempêtes agiter la cime des forêts, ébranler le sommet des montagnes ou tourbillonner sur les mers ; nageant, plongeant dans les espaces, descendant du trône de Dieu aux portes de l'abîme, les mondes étaient livrés à la puissance de mes amours : au milieu du désordre des éléments, je mariais avec ivresse la pensée du danger à celle du plaisir ; les souffles de l'aquilon ne m'apportaient que les soupirs de la volupté. Le murmure de la pluie m'invitait au sommeil sur le sein d'une femme ; les paroles que j'adressais à cette femme auraient rendu des sens à la vieillesse et réchauffé le marbre des tombeaux. Ignorant tout, sachant tout, à la fois vierge et amante, Eve innocente, Eve tombée, l'enchanteresse par qui me venait ma folie était un mélange ineffable de mystère et de passion. Je la plaçais sur un autel, et je l'admirais ; l'orgueil d'être aimé d'elle augmentait encore mon amour : marchait-elle ? je me prosternais pour être foulé sous ses pas, ou pour en baiser la trace ; je me troublais à son sourire ; je tremblais au seul son de sa voix ; je frissonnais de désir, si je touchais ce qu'elle avait touché, l'air exhalé de sa bouche humide pénétrait dans la moelle de mes os, coulait dans mes veines au lieu de sang, un seul de ses regards m'eût fait voler au bout de la terre ; quel désert ne m'eût suffi avec elle ? A ses côtés, l'antre des lions se fût changé en palais, et des milliers de siècles eussent été trop courts pour épuiser les feux dont je me sentais embrasé. A cette fureur de l'amour, se joignait une idolâtrie morale ; car par un autre jeu de mon imagination, cette Phryné aux lèvres de laquelle j'aurais voulu rester suspendu une éternité entière, cette bayadère séduisante qui m'attirait mollement sur ses genoux et m'enlaçait dans ses bras, était aussi pour moi la gloire et surtout l'honneur… Je trouvais à la fois dans ma création merveilleuse tous les enchantements des sens, et toutes les jouissances de l'âme. Accablé et comme submergé par ces doubles délices, je ne savais plus quelle était ma véritable existence ; j'étais homme et je n'étais plus homme. Je devenais le nuage, le vent, le bruit ! J'étais un pur esprit, un être aérien chantant la souveraine félicité ; je me dépouillais de ma nature pour me confondre avec la fille de mes désirs, pour me transformer en elle, pour toucher plus intimement la beauté, pour être à la fois la passion reçue et donnée, l'amour et l'objet de l'amour[1]. »

Cette créature imaginaire, et qu'il appellera plus tard sa Sylphide, aura une répercussion profonde sur toute son existence. Il en fera la compagne idéale, cherchant partout sa réplique, toujours déçu par les femmes dans lesquelles il croira trouver son incarnation, jusqu'à ce qu'il rencontre, à l'automne de sa vie, celle qui ressemblera le plus à son rêve.

*

A la campagne, l'amour est moins un sentiment qu'une occupation, surtout pour ceux à qui leur condition interdit de travailler tout en les obligeant à s'allier suivant leur fortune et leur rang. François-René de Chateaubriand est de ceux-là. Malheureusement, chez lui les exigences du cœur et de l'esprit sont aussi fortes que celles des sens. Alors que la plupart de ses semblables, hobereaux du voisinage ou fils de négociants malouins, résolvent aisément cette difficulté par des amours mercenaires ou des liaisons, en attendant un bon parti qui les fera rentrer dans l'ordre, François-René, prisonnier de ses rêves et de ses ambitions, ne connaît que les plaisirs et les souffrances d'un amour fictif, ignorant ou méprisant les diversions de la Vénus vulgaire. Il est devenu un chevalier de l'Idéal, aimant une créature issue tout entière de son cerveau, voluptueuse comme une odalisque, avec des pudeurs de vestale, alliant la sagesse et l'esprit de Christine de Pisan aux infortunes de Marie Stuart, car le malheur a de puissants attraits pour ceux qui aspirent à montrer leur belle âme. Cette passion pour un mythe ne l'empêche pas de connaître toutes les affres de l'amour : les désirs sans objet réel ne sont pas les moins violents, bien au contraire. Un demi-siècle après les songeries de Combourg, Emily Brontë, dans l'isolement d'un presbytère au milieu des landes éventées du Yorkshire, écrira un roman qu'elle aura vécu en esprit, l'imagination ayant suppléé à l'expérience.

Un jour se produit un incident qui le bouleverse en matérialisant quelques minutes son fantôme et le confirme dans l'idée qu'un amour réciproque est ici-bas le plus grand des bonheurs possibles. Alors que M. de Chateaubriand a chez lui des voisins venus le voir, un bruit attire l'attention des châtelains et de leurs invités qui se précipitent vers les fenêtres. Arrivé le premier devant une de celles-ci, François-René, en voulant céder la place à la jolie voisine, accourue elle aussi, se retourne et se trouve à peu près dans ses bras. Ce bref contact physique opère en lui une réaction violente en fixant définitivement ses désirs.

Ces rêveries auxquelles il s'abandonne avec tant de complaisance ont pris sur lui un tel empire qu'elles se transforment en hallucinations. Cette perpétuelle exaltation, entretenue par ses lectures comme par ses conversations avec Lucile, aggravée peut-être par des recours trop fréquents à des satisfactions faciles pour calmer cette ardeur sans emploi, finit par l'épuiser nerveusement. Sauf Lucile, il n'a personne à qui parler de cœur à cœur et, en pleine crise adolescente, il est seul avec ses rêves, indéfiniment ressassés, avec ses chimères de gloire et de passion qui se transforment en démons intérieurs. Dans ce vaste domaine où il erre à loisir, il est malgré tout prisonnier, retenu par l'autorité paternelle et le manque d'argent, prisonnier aussi de lui-même, enfermé dans une timidité qui tourne à la sauvagerie.

Ce mal de vivre, il le retrouve également chez Lucile, exaltée comme lui par la solitude, et qui s'est vraisemblablement composé, elle, un homme idéal auprès duquel tous les autres lui paraissent des rustres ou des caricatures. Une déception sentimentale – un certain M. de Malfillâtre qui ne s'était pas déclaré – avait accentué en elle une disposition à la mélancolie qui tourne à la misanthropie. Unis par cette communauté d'aspirations insatisfaites, confondus dans le même regret de ce qu'ils pourraient devenir s'ils en avaient les moyens et déplorant tous deux leur jeunesse inutile, le frère et la sœur se consument en regrets, passant tour à tour de l'enthousiasme à l'abattement et cherchant dans la littérature un divertissement à leur isolement moral, un remède à leur ennui.

Mièvres et précieuses, les pièces écrites alors par Lucile ressemblent par leur intention à des poèmes chinois, par leur expression à des incantations religieuses. Devenu célèbre, son frère y reconnaîtra, magnanime, « un mélange du génie grec et du génie germanique », alors que ces poèmes en prose ne rappellent en rien ceux de Callimaque et n'annoncent pas davantage les beaux accents, d'un vrai lyrisme, d'une Caroline von Günderode, mais comme celle-ci, comme Charlotte Stieglitz, autre héroïne du romantisme, elle trouvera dans une mort volontaire l'accomplissement de son destin. Sans doute est-ce par pressentiment que son frère voit en elle « un génie funèbre », un être étrange, inspiré, hanté par « des songes prophétiques » et qui, lorsque minuit sonne, entend des bruits qui lui annoncent « des trépas lointains ».

À défaut de talent, Lucile a du goût. Un jour, frappée d'entendre son frère évoquer la Nature avec des expressions originales, elle lui dit : « Tu devrais peindre tout cela… » Ces mots lui révèlent sa muse et lui découvrent de nouveaux horizons, ceux sur lesquels se lèveront ces « orages désirés » qui l'emporteront à travers les deux mondes. Paradoxalement, il commence alors par des vers, le plus conventionnel des langages, et le plus facile aussi pour les débutants, moins soucieux de chercher dans la prose un nouveau moyen d'expression que d'imiter les versificateurs à la mode, applaudis dans les salons.

Une rumeur d'inceste, accréditée au siècle suivant après la publication de *René,* reste attachée à cette intimité fraternelle. Autant qu'on puisse en juger, elle n'est fondée que sur des suppositions aucunement étayées, surtout si l'on tient compte de la phraséologie du temps qui donne aux sentiments les plus naturels un ton prêtant parfois à l'équivoque. Les dernières lettres de Lucile, en 1804, rappelant à son frère leur adolescence à Combourg, ne feront pas la moindre allusion à un autre lien qu'une profonde affection, à leur entraide contre une famille incompréhensive et un monde extérieur hostile. En cette période de leur vie, le frère et la sœur ressemblent à deux naufragés accrochés au même radeau et guettant la voile annonçant leur salut. Il faudra *René* pour éveiller les soupçons, et l'on peut gager que Chateaubriand, cédant au goût du siècle, a voulu dramatiser un épisode en partie autobiographique par un artifice de romancier. On peut même ajouter que, s'il y avait eu vraiment inceste, occasionnel ou à l'état seulement de désir, il aurait hésité à en faire le thème de ce récit. Qu'il ait d'ailleurs primitivement situé cette confession de René dans le *Génie du christianisme,* alors que Lucile vivait encore, est, s'il en était besoin, une preuve de son innocence, et non de son inconscience.

« Ingénieux à [s]e forger des souffrances », suivant sa propre expression, François-René en est arrivé au point où, ne pouvant plus les supporter, il n'y voit d'autre issue que le suicide. Un matin, il prend un vieux fusil de chasse, à la détente usée qui souvent part toute seule, et le charge de trois balles. Comme au fond du plus grand désespoir subsiste une lueur d'espérance, il décide de laisser au hasard, auquel il ne donne pas encore le nom de Dieu, de prononcer s'il doit vivre ou non. Au lieu de se tirer une balle dans la tête, ou au cœur, il introduit le canon du fusil dans sa bouche et frappe plusieurs fois le sol avec la crosse. Le coup ne part pas : il en conclut qu'il est destiné à vivre.

Comme pour accomplir ce que le fusil n'a pas fait, une forte fièvre alors le saisit et le tient plusieurs jours entre la vie et la mort. Il y a dans cette maladie autant de causes morales que physiques et le médecin appelé à son chevet ne s'y trompe pas. Après l'avoir examiné, puis avoir ordonné quelques remèdes, le docteur Chevetel ajoute la recommandation de changer de genre de vie. C'est la sagesse, et Mme de Chateaubriand en profite pour presser son fils de choisir enfin une carrière.

Après l'échec de Brest, il ne lui reste plus guère que l'état ecclésiastique, refuge habituel des cadets sans fortune. Son frère aîné, qui a des relations et déjà de l'influence, se dit en mesure de lui faire obtenir un bénéfice, c'est-à-dire un revenu lié à une charge ecclésiastique en général peu absorbante. Il devra néanmoins passer par le séminaire afin d'y acquérir les connaissances théologiques requises. Mme de Chateaubriand, qui connaît son fils et son indifférence en matière religieuse, le met en garde contre un choix dicté seulement par la nécessité. Il faut, dit-elle, avoir assez de religion pour justifier d'en vivre, et elle ajoute : « Car si je désire que vous embrassiez l'état ecclésiastique, j'aime mieux encore vous voir homme du monde que prêtre scandaleux[2]. »

Autant par orgueil – seul un évêché lui aurait convenu – que par honnêteté intellectuelle – il ne veut pas tromper Dieu –, il décline cette proposition et, pour échapper à Combourg, envisage une autre carrière : colon dans les forêts du Nouveau Monde, ou mercenaire au service d'un prince indien. La guerre d'Indépendance des Etats-Unis, les écrits faussement idylliques de Benjamin Franklin, les *Lettres d'un fermier américain* de Saint-John Crèvecœur ont, en mettant l'Amérique à la mode, ouvert aux innocents des perspectives de vie large et d'enrichissement rapide, illusions qui seront vite déçues, comme au siècle suivant celle des fondateurs de la nouvelle Icarie.

A ce désir, M. de Chateaubriand, qui a tant bourlingué, reconnaît son sang. Il encourage le projet, apaisant les inquiétudes de sa femme, et il intervient auprès de ses relations pour trouver à son fils un embarquement. D'après une lettre de l'armateur malouin Restif, ce serait Mme de Chateaubriand elle-même qui, lors d'un séjour à Saint-Malo, aurait effectué les démarches que l'on prête à son mari. M. Restif veut bien prendre le jeune homme à bord d'un de ses navires en partance pour l'île de France, à la condition que M. de Chateaubriand participe pour six mille livres dans la cargaison. C'est cher payer le passage, et le seigneur de Combourg lui répond, le 16 août 1785, qu'il n'a pas cette somme et, l'aurait-il, serait peu disposé à la risquer.

Pour essayer de trouver un navire et, à l'arrivée de celui-ci au port de destination, une embauche, François-René a passé environ deux mois à Saint-Malo. Rapidement rebuté par ce genre de démarches et fatigué de solliciter, il a transformé ce séjour en pèlerinage aux lieux de son enfance : l'hôtel où il est né, dix-sept ans plus tôt, est devenu une auberge et il a vu, avec un sentiment de profanation, les allées et venues des voyageurs ; dans le port, les navires qu'il admirait naguère sont remplacés par d'autres, plus modernes, et sur la plage où il polissonnait avec Gesril, ce sont d'autres enfants qui se livrent aux mêmes jeux ; enfin, la bonne Villeneuve, mariée tardivement à un plombier du nom d'Odap, est morte ou, du moins, il l'affirmera, alors que les érudits en doutent, mais cette disparition lui fournira, pour ses Mémoires, un émouvant contraste entre le lit où elle a rendu le dernier soupir et le berceau d'osier où il a poussé son premier cri, berceau qu'elle avait pieusement conservé en souvenir de lui. Pendant cette errance à travers tant de sites familiers, tout lui a été sujet à méditer sur la fugacité du temps, la fragilité des êtres et la vanité des choses humaines.

Alors qu'il s'éternise à Saint-Malo, une lettre de son père arrive, sèche et impérative, pour le rappeler d'urgence à Combourg, car son frère a obtenu pour lui un brevet de cadet volontaire au régiment de Navarre. C'est ce qu'il écrira dans ses Mémoires où, pour donner plus de relief et d'intensité à son récit, Chateaubriand supprimera les temps morts, rapprochant les événements, bousculant la chronologie. En fait, après avoir gaspillé son temps et l'argent de son père à Saint-Malo, puis avoir peut-être été jusqu'à Brest dans le but d'y trouver un passage, il s'en est tout bonnement retourné à Combourg où il a repris son existence oisive, occupée seulement du sombre plaisir de cultiver sa mélancolie.

*

L'atmosphère familiale, un peu plus pesante chaque année, s'alourdit encore avec l'attaque d'apoplexie qui, au mois de janvier 1786, frappe M. de Chateaubriand. Celui-ci s'en remet, gardant un bras paralysé, mais il a vu dans cette attaque un avertissement de mettre ses affaires en ordre. Au premier rang de ses préoccupations, il y a ce cadet sans emploi dont il faut à tout prix assurer l'avenir. C'est vraisemblablement pour satisfaire au vœu de son père que Jean-Baptiste de Chateaubriand a obtenu ce brevet de cadet au régiment de Navarre, en garnison à Cambrai.

Cette fois, il faut partir, et si la scène des adieux a été, elle aussi, dramatisée dans les *Mémoires d'outre-tombe*, il est probable qu'elle fut, malgré tout, empreinte de part et d'autre d'un certain attendrissement. La circonstance arrache à la parcimonie du vieux seigneur cent louis qu'il remet à son fils en les accompagnant de solennelles recommandations : « Je suis vieux et malade, ajoute-t-il, je n'ai pas longtemps à vivre. Conduisez-vous en homme de bien et ne déshonorez jamais notre nom[3]. » Cet aveu et cet appel font venir des larmes aux yeux du futur guerrier. Rien n'émeut tant que la révélation d'un sentiment humain chez ceux qui passent pour insensibles. C'est d'ailleurs de mauvais augure. En pensant qu'effectivement son père est marqué par la mort, François-René ne retient plus ses larmes et baise avec émotion sa main. Reprenant toute son autorité après cet instant de faiblesse, M. de Chateaubriand pousse son fils dehors, vers le cabriolet qui doit l'emporter. Là encore, Chateaubriand a précipité les événements, car après avoir appris le sort qu'on lui destine, il passe encore quelques jours à Combourg, sert de parrain au fils du jardinier, puis, ayant fait ses bagages, il part le 9 août 1786 pour Rennes.

Là, il descend chez un ami de sa famille, un conseiller au parlement de Bretagne, M. Duparquet-Louyer. Ce brave homme a cru bien faire en demandant pour lui à Mme Todon, épouse d'un marchand, une place dans la chaise de poste qu'elle a louée pour se rendre à Paris : on partagera les frais, ce qui ménagera la bourse du jeune homme. Au lieu d'être content, celui-ci se montre effarouché : voyager avec une femme, et jolie de surcroît ! Il se conduit en séminariste et non en militaire, habile à saisir l'occasion. Rencogné au fond de la voiture, il ne desserre pas les dents et ne se soucie même pas d'éviter à sa compagne de route les formalités courantes, la laissant discuter avec les postillons et régler les frais de poste ou de repas. La timidité le paralyse et, jusqu'à Paris, les deux voyageurs n'échangent pas un mot, lui renfrogné, elle étonnée, un sourire railleur aux lèvres. Lorsque la voiture les dépose à l'hôtel de l'Europe, auprès de la place des Victoires, Mme Todon, après l'avoir recommandé au portier, se retourne vers lui et le salue d'un goguenard : « Votre servante ! » accompagné d'une courte révérence, chef-d'œuvre de grâce et d'impertinence.

Le jeune provincial est si contrarié de sa sottise et si dépaysé par l'aspect de Paris qu'il croit que tout le monde a les yeux fixés sur lui, riant de sa gaucherie. Il va cacher sa honte dans la chambre qu'on lui a donnée, puis, seul avec sa malle, il inspecte les lieux ; la pièce est sale, le lit n'est pas fait. Il a faim, il a peur de l'inconnu, de l'avenir et il éprouve un tel sentiment d'abandon qu'il hésite à se jeter par la fenêtre ou repartir aussitôt pour la Bretagne. A ce moment un bruit de voix se fait entendre, s'amplifie, sa porte cède à une poussée, découvrant son frère et un gros homme essoufflé, bruyant, agité, un peu vulgaire, mais jovial, son cousin Annibal Moreau. Le cercle de solitude est brisé : le voilà sauvé, du moins pour ce jour-là. Mme Todon avait bon cœur et, devinant le désarroi de son compagnon, elle avait aussitôt fait prévenir Jean-Baptiste de Chateaubriand de l'arrivée de son cadet.

Il est donc sauvé, mais le cousin Moreau, un viveur sans préjugés, veut l'entraîner immédiatement dans un monde de perdition en le présentant à une certaine Mme de Chastenay[4]. La façon dont il en parle laisse à penser qu'elle n'est pas farouche et cela confirme le pudique adolescent, effrayé déjà par Mme Todon, dans l'idée que toutes les femmes à Paris sont sans mœurs et sans vertu. Jean-Baptiste calme un peu l'entreprenant Moreau en lui faisant observer que « le chevalier a sans doute besoin de repos ». Ils décident alors d'aller voir plutôt leur sœur Mme de Farcy, venue elle aussi à Paris consulter des médecins sur des maux sans doute imaginaires, car elle souffre uniquement d'un mal facile à diagnostiquer : comme Mme Necker, elle « a de l'antipathie pour les bocages » et s'ennuie à la campagne. Installée dans un couvent par décence, et peut-être aussi par économie, elle en sort beaucoup et mène une vie assez mondaine.

Après cette visite, on reconduit François-René à son hôtel, où Moreau lui fait donner une meilleure chambre et le laisse dîner seul. Le lendemain ce cousin serviable, autant qu'obstiné dans ses desseins, lui rappelle la présentation à Mme de Chastenay. Il faut se résigner. Après une visite sommaire de Paris qui, pour Moreau, tient tout entier dans le quartier mal famé du Palais-Royal, les deux cousins se rendent le soir chez la dame. Elle n'est plus de la première jeunesse, à peine de la seconde, mais les artifices de la toilette et la lumière des bougies ôtent dix, voire quinze ans à une femme, surtout si elle est aimable. Le gros Annibal commence par vanter les capacités de son jeune cousin avec une volubilité de maquignon exhibant sa bête, et Mme de Chastenay, voyant la confusion de l'intéressé, met fin à l'entretien, tout en priant François-René de revenir seul la voir le lendemain matin.

Lorsqu'il se retrouve le lendemain chez Mme de Chastenay, celle-ci, se disant un peu souffrante, le reçoit dans sa chambre et l'invite à s'asseoir sur son lit. Elle ne porte qu'un déshabillé assez léger qui laisse comprendre qu'elle n'est pas un dragon de vertu. François-René s'enhardit, parle un peu trop, s'en aperçoit à l'air étonné de la dame qui, en souriant, lui dit : « Nous vous apprivoiserons... », mais lorsqu'elle lui tend « la plus belle main du monde » en dégageant un bras nu, il n'ose y porter ses lèvres et profiter d'une avance à peine déguisée. Il s'enfuit, « tout troublé », et n'y retournera jamais. Le jour suivant, d'ailleurs, il quitte Paris pour Cambrai.

*

L'accueil de ses supérieurs et de ses camarades est infiniment moins troublant que celui de Mme de Chastenay, d'autant plus qu'il a été recommandé au major du régiment, le comte d'Andrezel, et sans doute aussi au colonel, le marquis de Mortemart. Tous deux se montrent bienveillants et même accommodants, car à peine est-il arrivé à Cambrai qu'il en repart en apprenant que son père est mort à Combourg le 6 septembre, emporté par une seconde attaque. La disparition du vieux seigneur lui donne un certain remords à son égard : il craint de l'avoir méconnu, et surtout de l'avoir déçu. Demeurés toujours étrangers l'un à l'autre, les rares points communs de leurs caractères étaient plus faits pour les diviser que pour les unir. Son exemple et ses bizarreries lui fournissent ample motif à réflexions pendant ce nouveau voyage effectué en compagnie du comte d'Andrezel, appelé à Paris pour recevoir une autre affectation.

Il arrive à Saint-Malo trop tard pour assister aux funérailles de son père, inhumé dès le 8 septembre dans l'église de Combourg, d'où la Révolution chassera ses ossements, mais à temps pour participer au second inventaire, celui des biens de Saint-Malo. Le premier, visant Combourg, a été fait le 12 par M. Labbé, notaire royal, qui a mis les scellés sur le château.

On ne connaît vraiment une famille, et surtout la sienne, qu'après l'avoir vue hériter. La réunion des Chateaubriand le 23 septembre offre à cet égard un spectacle édifiant : Jean-Baptiste, devenu chef de famille, parle en maître et ne souffre aucune objection. Suivant la coutume de Bretagne, il reçoit les deux tiers du patrimoine et s'oppose à ce que l'on mette les scellés sur l'appartement de Saint-Malo comme on l'a fait à Combourg. Or, sa mère entend maintenir ceux-ci car, en vertu d'une donation réciproque entre elle et son mari, elle a l'usufruit des biens du défunt. On discute, on s'échauffe et l'on parvient à un accord : les scellés seront partiellement levés à Combourg et Mme de Chateaubriand conservera son appartement de Saint-Malo. Combourg, placé sous la garde de Mlle de la Salle, restera finalement inhabité jusqu'à sa confiscation comme bien d'émigré.

Après cette réunion, François-René a-t-il rejoint Cambrai ou bien son congé a-t-il été prorogé ? Avec son art de brouiller les pistes et sa désinvolture en matière de chronologie, il ne donne dans ses Mémoires que de vagues indications, mais on peut penser qu'il a obtenu l'autorisation de rester en Bretagne et qu'il n'a rejoint son régiment que vers le mois de juin de l'année suivante. A cette époque, on sert par semestre, mais, en ce qui le concerne, son premier semestre à l'armée aura duré tout juste trois semaines.

A la fin de l'année 1786, il se rend à Fougères où ses sœurs sont grandement établies, d'autant plus que la ville est petite et que les rangs y sont mieux marqués. Elles y tiennent le haut du pavé. Marie-Anne habite avec son époux, M. de Marigny, un bel hôtel tout neuf et ils possèdent à deux lieues de là, près de Saint-Germain-en-Coglès, le château de Marigny dont le nom est venu s'ajouter à celui de Geffelot, puis s'y substituer. Bénigne, veuve du comte de Québriac, vient d'épouser en secondes noces le vicomte de Chateaubourg, mais elle a conservé l'hôtel de Québriac, à quelques pas de celui des Marigny, ce qui permet aux deux sœurs de se voir quotidiennement. M. de Chateaubourg a deux châteaux, celui de la Sécardais, construit vers 1760, près de Saint-Aubin-du-Cormier, et, quatre lieues plus loin, le vieux manoir du Plessis-Billet. Enfin Julie, Mme de Farcy, habite dans la Grande-Rue le bel hôtel de Farcy, mais elle est rarement à Fougères. Son mari n'a pas de château mais dispose de celui de son neveu, le marquis de Langan.

Ces trois dames, fort à leur aise, oublient dans les réceptions, les fêtes et les divertissements variés l'austérité de leur jeunesse à Combourg. Elles accueillent généreusement leurs cadets moins bien partagés, Lucile et François-René, qui séjournent chez l'une ou chez l'autre, obligés, malgré leur sauvagerie, de participer à ces mondanités. Au début, François-René semble les avoir appréciées, préférant d'ailleurs Marigny – un assez beau manoir Renaissance – à Bois-Février chez les Langan ou au Plessis-Billet, malgré son architecture médiévale. Il se mêle à la société locale, accepte de jouer la comédie, écrit des vers, tourne des madrigaux et, plus tard, pour se donner un air galant, feindra de tomber amoureux d'une «agréable laide», Victoire des Alleux, beaucoup plus âgée que lui, mais piquante et vive. Hélas! la demoiselle, au lieu de faire la prude, encouragera ses assiduités en lui signifiant qu'elle est prête à succomber. Une capitulation aussi brusque effraiera le soldat du Royal-Navarre qui battra en retraite, au grand dépit de Mlle des Alleux. Elle lui en gardera une tenace rancune jusqu'en 1858 puisqu'elle mourra centenaire.

Une des filles du marquis de Langan, qui verra souvent Chateaubriand à Bois-Février, a laissé sur lui un témoignage d'autant plus intéressant qu'il est un des rares de cette époque où, complètement inconnu, il n'attirait guère l'attention. Rappelant que son éducation «avait été entièrement négligée», Mlle de Langan, devenue Mme de Vaujuas, louera son goût des lettres et sa soif de savoir: «Je l'ai connu lorsque ce goût se déclarait en lui, écrira-t-elle. Il était aussi gai, aussi aimable qu'on peut l'être; il donnait une tournure originale à ce qu'il disait; il amusait d'un rien, de manière à ce que si quelqu'un eût voulu répéter ce qu'il avait dit, on n'y trouvait plus le même charme, car il existait plus dans ses expressions que dans ses pensées. Du reste, il était très bon, d'une société fort douce, aimant les enfants et s'en occupant avec toute sa sensibilité… J'ai souvent entendu dire à mon père, qui l'aimait beaucoup, que cette imagination ferait du bruit et que M. de Chateaubriand finirait par écrire[5]. »

Lors de ce premier séjour à Fougères, où il reviendra régulièrement jusqu'à la Révolution, il reçoit de son frère une lettre aussi surprenante que contrariante. Imitant leur père, Jean-Baptiste a l'intention de redonner du lustre aux Chateaubriand et, pour cela, il veut faire reconnaître l'ancienneté de leur maison en obtenant les honneurs de la Cour.

L'importance attachée aux honneurs de cour en cette fin de l'Ancien Régime est l'un des nombreux signes de cette réaction aristocratique à laquelle participait M. de Chateaubriand en faisant revivre à Combourg des droits féodaux tombés en désuétude. En raison du nombre des anoblissements récents et de celui, tout aussi grand, des usurpations de noblesse, une commission a été chargée par le roi de recenser les maisons d'origine chevaleresque et de séparer le bon grain de l'ivraie. Ce contrôle a commencé sous le règne de Louis XV et sous celui de Louis XVI il est devenu une véritable institution. Désormais, aucun gentilhomme ne peut être présenté à la Cour et avoir le droit de « monter dans les carrosses du roi » sans justifier d'une filiation ininterrompue prouvant une noblesse antérieure au XVe siècle. Les exceptions, dont le souverain reste juge, sont rares ; celle faite en faveur de Mme Du Barry a scandalisé la Cour. Cette discrimination, durement ressentie, écarte, outre les anoblis récents, tous ceux qui l'ont été au cours des règnes précédents, même pour des motifs très honorables ; elle rejette de la Cour les membres du Parlement, alors en faveur auprès de l'opinion publique, et la noblesse dite « de charge », pour réserver le monopole de Versailles à toutes les familles de vieille souche. Ce système a réveillé bien des ambitions au fond des châteaux, mis sur les dents les généalogistes, accablé de travail Chérin, celui du roi, chargé de vérifier les dossiers, et fait surgir de province d'étranges figures, portant des noms oubliés depuis trois siècles.

Être présenté devient la grande affaire et une source intéressante d'avantages divers. Un jeune homme présenté peut faire une splendide mésalliance en épousant la fille d'un financier heureux ou bien obtenir une charge, un régiment, un gouvernement de province. Ainsi s'est créée, à l'intérieur du second ordre, une caste à laquelle reviennent de droit places et pensions, honneurs et profits. Une grande charge est-elle libre, un gouvernement vient-il à vaquer ? Les postulants se hâtent d'accourir et, pour les départager, on examine en premier lieu, non leurs éventuelles capacités, mais leur position : « A-t-il été présenté ? » ou, s'il ne l'a pas été : « Appartient-il à une famille présentée ? » Tout est là, le reste n'est que bagatelle.

Jean-Baptiste de Chateaubriand l'a bien compris et s'il demande à son cadet de se faire présenter à la Cour, il le fait pour des motifs purement égoïstes. Passé du parlement de Bretagne, où il était conseiller, à Paris, où il vient d'acheter une charge de maître des requêtes, il ne peut être présenté, mais pour sa carrière il est utile, et même urgent, qu'un Chateaubriand le soit, car il est fiancé à Mlle de Rosanbo, petite-fille de Malesherbes, et apporter dans la corbeille de noces des honneurs de cour, dont un des siens a été l'objet, cela vaut toutes les dots. Cette alliance est pour lui fort avantageuse, car elle le fait entrer dans une famille puissante et riche à laquelle il ne manque rien, si ce n'est justement d'avoir été présentée.

François-René se montre assez peu disposé à répondre au désir de son frère. Il ne l'aime pas et ne l'a vraisemblablement jamais aimé, souffrant de l'injustice du sort qui a tout donné à Jean-Baptiste et l'a relégué, lui, au rôle obscur de cadet. On aurait aimé avoir de cet aîné, qui assume aussi consciencieusement son rôle, un portrait dans les *Mémoires d'outre-tombe*. Or, étrangement, mais d'une manière assez significative, Chateaubriand ne révélera rien de ses sentiments à son égard et n'en donnera même pas une description physique, ainsi qu'il l'a fait pour deux au moins de ses sœurs, Lucile et Julie de Farcy. Il ne le mentionnera que rarement dans ses Mémoires, sauf lorsqu'il a joué dans sa vie un rôle impossible à passer sous silence, comme cette présentation à la Cour ou leur émigration en 1792. En revanche, une fois cet aîné encombrant guillotiné, il tirera de son exécution une fierté douloureuse et presque un titre de gloire, en attendant de jeter sa tête en défi à ces Bourbons ingrats qui, une fois restaurés, oublieront tant de bons royalistes morts pour eux.

Jugeant incongru le vœu de son frère, il commence par refuser, ne se sentant pas fait pour affronter les regards des courtisans. Il met en avant plusieurs bonnes raisons que ses sœurs, dont il prend conseil, trouvent aussi mauvaises les unes que les autres. Il y va, lui disent-elles, de l'honneur et de l'intérêt de toute la famille : il doit se dévouer. Morigéné, tourmenté, prêché, cajolé, puis enfin persuadé, il part pour Paris.

*

Descendu au même hôtel que la première fois, il replonge avec amertume dans la solitude des grandes villes, errant dans la capitale à la recherche de fantômes du passé, lisant beaucoup, se risquant même à traduire la *Cyropédie* et l'*Odyssée,* ne se liant avec personne et se contentant, pour tout rapport humain, d'aller au théâtre. Pendant quelques semaines, il se complaît dans cette retraite hargneuse. Il est mal à son aise au milieu d'une société si différente de celle qu'il a connue et fait de nécessité vertu, affectant de fuir des plaisirs qui ne lui sont pas offerts avec assez d'insistance. S'il s'enferme aussi farouchement chez lui, c'est avec le secret espoir qu'on viendra l'en débusquer, en lui procurant ainsi, avec l'agrément d'une distraction, le plaisir de paraître faire une grâce en cédant. Heureusement, son frère veille, et même le surveille, en le conviant chaque jour à dîner pour lui faire raconter sa journée, puis il lui fait la leçon sur la conduite à tenir pour sa présentation à la Cour. Il faut reconnaître à Jean-Baptiste de Chateaubriand beaucoup de patience et de volonté dans ce rôle ingrat de mentor, car son élève est maussade, ennuyé, rétif. Un jour, agacé par cette morosité frondeuse, il lui déclare qu'il mourra « inconnu, inutile à lui-même et à sa famille ».

Arrive enfin le jour de sa présentation qui va lui rendre sa liberté tout en payant son frère du mal que celui-ci s'est donné. Le vieux maréchal de Duras, resté en bons termes avec les Chateaubriand, a bien voulu accepter de présenter ce cadet. Celui-ci, toujours de mauvaise humeur, trouvera au maréchal « un esprit si commun qu'il réfléchissait quelque chose de bourgeois sur ses belles manières ». Ces présentations constituent un divertissement pour les courtisans qui guettent le faux pas du débutant, sa maladresse ou son manque d'esprit ; s'il s'agit d'une femme, les autres femmes détaillent d'un œil critique sa toilette et surtout la manière dont elle se tire des trois révérences imposées par le protocole. Rares sont ceux qui triomphent de l'épreuve et ne se troublent pas devant les souverains.

La conjonction de Louis XVI et de Chateaubriand est celle d'hommes aussi timides l'un que l'autre, encore que Chateaubriand assure, en faisant le récit de sa présentation, que sa timidité avait soudain disparu et qu'il se sentait prêt à répondre au roi. Celui-ci, lorsqu'on lui nomme le chevalier, se contente de saluer de la tête, hésite un instant, comme s'il cherchait quelque chose à lui dire, et passe. En revanche, la reine est aimable. Elégante et même radieuse, « elle semblait enchantée de la vie », écrira-t-il. Elle fait aux présentés une révérence et leur adresse un sourire qui achève leur conquête.

La mauvaise grâce du roi a déçu François-René qui veut rentrer aussitôt à Paris. Vainement son frère insiste-t-il pour qu'il se rende au jeu de la reine où, dans ce décor moins intimidant, Louis XVI, assure-t-il, lui parlera. Le cadet ne veut rien entendre et regagne son hôtel. Il n'en a pourtant pas fini avec cette corvée, car il lui reste à suivre une chasse royale. Au petit matin du 19 février 1787, il retrouve Versailles avec trois autres présentés : deux messieurs de Saint-Marsault et le comte d'Hautefeuille. Le duc de Coigny, premier écuyer, les informe des usages et leur recommande instamment « de ne pas couper la chasse du roi », crime de lèse-majesté qui peut ruiner une carrière et vous laisser pour la vie la réputation d'un maladroit. C'est évidemment ce que fait Chateaubriand dont la jument, improprement appelée « l'Heureuse », s'emporte et, après avoir failli culbuter une jeune femme, ne s'arrête qu'auprès du roi, qui vient de tirer un chevreuil. Louis XVI manifeste en termes crus son mécontentement, puis s'adoucit en voyant l'air déconfit du novice. C'est à peu près ce que l'on peut conjecturer en confrontant les deux récits, un peu différents, que Chateaubriand a donnés de cette mésaventure. Il ne craindra d'ailleurs pas, dans son *Essai sur les révolutions*, de laisser entendre au lecteur qu'il était un familier de Versailles, écrivant à propos de cette ambition sans objet précis qu'il éprouvait dans sa jeunesse : « Elle m'a fait suivre autour de leurs palais, dans leurs chasses pompeuses, ces rois qui laissent après eux une longue renommée[6]... » Singulier pluriel...

Lorsqu'on n'est pas content de soi, on l'est rarement des autres. Vexé par sa maladresse et craignant d'en commettre une autre, il ne veut pas prolonger l'expérience. En dépit des objurgations de son frère, il refuse d'assister au débotté, gagne sa voiture et rentre à Paris, jurant qu'on ne l'y prendrait plus. Les deux frères durent se séparer froidement car Chateaubriand notera dans ses Mémoires que Jean-Baptiste ne s'opposa pas au départ d'un esprit si biscornu. Son frère a obtenu ce qu'il voulait : il appartient désormais à une famille présentée.

L'humiliation de n'avoir pas brillé à Versailles inspire à François-René un certain ressentiment à l'égard de tous ceux qui l'ont méconnu jusque-là, qui n'ont pas deviné, comme il l'écrira, « ce qu'il pouvait valoir ». Il conclura sa relation de ce nouveau séjour à Paris par ces lignes : « La société me parut plus odieuse encore que je ne l'avais imaginé : mais si elle m'effraya, elle ne me découragea pas ; je sentis confusément que j'étais supérieur à ce que j'avais aperçu. Je pris pour la Cour un dégoût invincible[7]... » ; et son ami Marcellus notera plus tard : « J'ai toujours remarqué chez ce petit gentilhomme de province, puisque l'auteur veut bien s'intituler ainsi, autant de haine que de mépris pour les grands seigneurs de Versailles[8]. »

En attendant de rejoindre son régiment, il retourne en Bretagne pour le règlement de la succession paternelle. L'opération se déroule à Combourg du 3 au 14 mars 1787 et donne lieu à des scènes plus vives encore que celles de Saint-Malo. Mme de Chateaubriand, ses deux fils et ses quatre filles sont là, les deux enfants mineurs accompagnés de leurs tuteurs, M. Gesbert de la Noë-Seiche, sénéchal de Combourg, pour François-René, M. des Bouillons de la Loriais, avocat au parlement de Bretagne, pour Lucile. On procède à un minutieux inventaire auquel rien n'échappe, jusqu'au plus vulgaire ustensile ménager, puis on passe aux livres de comptes. Mme de Chateaubriand renonce au bénéfice de la donation mutuelle en échange d'un douaire de huit mille livres.

Ainsi qu'il l'a été dit, les deux tiers du patrimoine reviennent au fils aîné, mais Mme de Chateaubourg et Mme de Marigny réclament un partage égal entre tous les enfants, prétextant que la fortune de leur père étant due au commerce, c'est l'usage roturier de la division par tête qui doit prévaloir. Cette prétention révolte les autres Chateaubriand, autant pour son âpreté que pour l'insulte infligée au nom. Il faut rappeler à ces dames que l'armement de navires, le négoce maritime et la traite ne font pas déroger : la fortune amassée par leur père et qui a permis l'achat de Combourg, fief noble, est donc noble elle aussi. Cette discussion vient surtout de ce que l'héritage est moins important qu'on ne l'espérait. Tout compte fait, il ne reste pas grand-chose à chacun, surtout après avoir rapporté les avances d'hoiries. Jean-Baptiste a été le plus gros bénéficiaire des largesses paternelles avec l'achat de sa charge de conseiller au parlement de Bretagne ; chacune des sœurs a reçu une dot. Bref, il y a si peu à partager que Jean-Baptiste, en grand seigneur, abandonne sur sa part une somme de cinq mille livres à son frère, et autant à chacune de ses sœurs, mais Lucile et François-René devront attendre leur majorité pour toucher leur part, administrée en attendant par leur aîné. Malgré cette générosité de leur chef de maison, ils ont tous l'impression d'avoir été spoliés.

N'ayant plus de foyer, François-René suit ses sœurs à Fougères, résigné à supporter la société d'une petite ville et alimentant les conversations par le récit de sa présentation dont il a désormais l'avantage, sans les inconvénients.

*

Au mois d'août 1787, il rallie Dieppe où le Royal-Navarre a été transféré. Là, comme à Fougères, la qualité de présenté accroît son prestige. Epris d'indépendance, il a peu de goût pour la vie de garnison, avec ses contraintes et sa routine, encore que la discipline en soit assez relâchée. L'uniforme de Royal-Navarre est aux couleurs de la Vierge :

blanc avec col, revers et parements bleu céleste ; boutons et galons de chapeau, or. Les plus fortunés y apportent des variations fantaisistes, assez mal appréciées du colonel. Comme dans les collèges où il est passé, Chateaubriand devient aussitôt, assure-t-il, *primus inter pares* et se délivre un nouveau certificat de supériorité intellectuelle : « Je ne subis aucune des épreuves à travers lesquelles les sous-lieutenants étaient dans l'usage de faire passer un nouveau venu ; je ne sais pourquoi on n'osa se livrer avec moi à ces enfantillages militaires. Il n'y avait pas quinze jours que j'étais au corps, qu'on me traitait comme un ancien. J'appris facilement le maniement des armes et la théorie ; je franchis mes grades de caporal et de sergent aux applaudissements de mes instructeurs. Ma chambre devint le rendez-vous des vieux capitaines comme des jeunes sous-lieutenants ; les premiers me faisaient faire leurs campagnes ; les autres me confiaient leurs amours[9]. » L'attraction ne semble pas avoir été réciproque et Chateaubriand ne paraît s'être lié avec aucun de ses camarades, à l'exception du galant La Martinière, un des sous-lieutenants qui le prennent pour confident, et parfois pour complice, de leurs amours.

On lui a confié des recrues qu'il entraîne sur la plage et le soir, oracle de ses camarades, il essaie sur eux la puissance de ses images ou la cadence de ses phrases, car il est convaincu maintenant que sa voie, vainement cherchée sur mer et dans le ciel, se trouve dans les lettres, encore que le Parnasse soit loin et ardue la route menant à son sommet. Pour devenir citoyen de la république des Lettres, il faut habiter Paris, car la province est un éteignoir de l'esprit. Le mariage de son frère est pour lui une occasion de s'y rendre. Il ne semble pas, cependant, avoir assisté à la célébration de cette union dont le contrat a été dressé le 25 novembre 1787. Des Chateaubriand, ne s'y trouvent que deux cousines éloignées de leur mère, Mmes de Roquefeuil et de Calan. Le duc de Rohan, par l'autorité qu'il exerce sur la noblesse bretonne, a remplacé avantageusement la famille absente. Il se peut que le nouveau comte de Chateaubriand, entré dans le grand monde parisien, ait jugé les siens trop peu décoratifs pour lui faire honneur.

Accompagné de ses sœurs Lucile et Julie, François-René de Chateaubriand est donc parti en cette fin d'année 1787 pour la capitale, estimant, non sans raison, qu'ils ne seront pas trop de trois, et même de quatre en comptant sur la position de leur frère aîné, pour conquérir Paris.

Malgré le mauvais souvenir qu'il a gardé de son dernier séjour, il peut espérer mieux de celui-ci. Les relations de Jean-Baptiste, celles de Julie de Farcy et, qui sait ? la beauté de Lucile peuvent l'aider à réussir. Julie de Farcy jouit d'une certaine situation dans le monde, ou du moins dans un certain monde, car pour elle le chemin du succès ne paraît pas avoir été la voie de la vertu.

Elle a commencé par se lier avec un fort honnête homme, inspecteur des Mines, M. Monnet, bel esprit aimant les lettres et très fier d'avoir correspondu avec Voltaire. Par M. Monnet, par les amis de celui-ci, elle a connu des écrivains qu'elle prend pour de grands hommes et même pour des hommes du monde, alors qu'ils appartiennent pour la plupart à cette bohème écrivaillante, mal contente et se mêlant de tout, même de gouvernement. Si son frère, écrivant ses Mémoires, la montre en reine applaudie dans les cercles les plus élégants, les contemporains ne signalent jamais, dans leurs lettres ou dans leurs propres Mémoires, cette aimable Julie de Farcy qui les aurait tous séduits par sa beauté, enchantés par son allure et ravis par ses improvisations poétiques. A quelles fêtes et chez qui va-t-elle, ornée de fleurs comme une bacchante et voilée comme une religieuse ? Serait-ce aux célébrations et aux voluptueuses orgies d'un culte auquel Lesbos ne serait pas étrangère ? Rien n'a transpiré de ces mystères et l'on ne peut imaginer ces plaisirs, vraisemblablement coupables, que par la violence de son repentir et la terrible expiation qu'elle s'infligera.

Le seul indice est une lettre adressée par le sieur Monnet, en 1791, à une amie, Mme du Theil, dans laquelle il écrit que Julie de Chateaubriand ayant été « recherchée par un officier de son pays qui avait de la fortune, elle eut la sottise de l'épouser. Je dis sottise, souligne-t-il, car la nature lui ayant donné tous les agréments de son sexe, s'était moquée d'elle et de ceux qui la rechercheraient en lui refusant le goût des hommes ; aussi n'a-t-elle fait avec son mari qu'un des plus détestables ménages que l'on puisse voir. S'étant vus trompés l'un et l'autre, ils se sont séparés sans bruit et sans scandale. M. de Farcy est allé rejoindre son régiment et elle, après avoir recueilli tout ce qu'elle a pu de sa petite fortune, est venue à Paris se livrer entièrement à ses goûts particuliers, et vivre parmi les gens de lettres[10]... ».

Ces gens de lettres qui papillonnent autour de Julie de Farcy, puis bientôt de Lucile, attirés par son étrange beauté, Chateaubriand les happe au passage et s'insinue dans leur société. Encore trop respectueux de la chose imprimée pour se montrer critique, il admire ingénument tout écrivain qui a les honneurs du *Mercure* et de l'*Almanach des Muses*. D'une modestie ombrageuse, où il entre plus d'orgueil inassouvi que de véritable humilité, il écoute ces beaux esprits qui lui paraissent profonds parce qu'ils médisent de l'ordre social, spirituels, parce qu'ils sont insolents, et enfin remplis de talent parce qu'ils n'en reconnaissent à personne, hormis eux-mêmes et leurs amis.

Entendre discourir Delisle de Sales, Carbon de Flins des Oliviers «plus chargé de noms que de lauriers», Ecouchard-Lebrun, que l'on ose comparer à Pindare, ou bien La Harpe et Ginguené, c'est un divertissement propre à impressionner un jeune provincial et lui donner le désir de les imiter jusqu'au jour où l'illusion se dissipe et lui montre, au lieu de ces brillants causeurs, des fantoches, agités du besoin de paraître et prêts à tout, même à se renier, pour échapper à l'obscurité. A cet égard, la Révolution ouvrira les yeux de Chateaubriand sur la valeur de ses amis. En écrivain qui a su trouver son style, il jugera sévèrement le leur, étonné d'avoir pu les admirer. En homme qui a vécu, voyagé, souffert, il dénoncera le ridicule achevé de ces minces personnages jouant les grands seigneurs des Lettres, haineux de toute supériorité, d'une paresse invincible et vivant sans scrupule en parasites. Il n'aura pas de traits assez piquants ni de mots assez durs pour stigmatiser ces faux grands hommes, et il en fera des portraits au noir qui, paradoxalement, constituent les seuls titres de ces rimailleurs ou de ces songe-creux à la postérité. Ainsi, après avoir pris Delisle de Sales pour un aigle, il exécutera sans pitié cet auteur qui s'est cru du génie au point d'avoir fait graver sur le socle de son buste, un des rares meubles de sa chambre, Dieu, l'homme, la nature, il a tout expliqué. A Flins, il réglera son compte en le montrant vivant au-dessus de ses moyens et un assidu client du mont-de-piété; il dénoncera malicieusement les complicités de Lebrun et de Ginguené se faisant valoir l'un l'autre: «Ginguené protégeait Lebrun comme un homme de talent, qui connaît le monde, protège la simplicité d'un homme de génie; Lebrun, à son tour, répandait ses rayons sur les hauteurs de Ginguené. Rien n'était plus comique que le rôle de ces deux compères se rendant, par un doux commerce, tous les services que se peuvent rendre deux hommes supérieurs dans des genres divers.» Mais afin que le lecteur ne se méprenne pas sur le sens du mot «supériorité», il ajoutera: «Lebrun était tout bonnement un faux monsieur de l'Empyrée», puis, après une description de son logis sordide, il achèvera par ce trait: «Ce n'est pas que Lebrun ne fût à son aise, mais il était avare et adonné aux femmes de mauvaise vie.»

Cette précision paraît curieuse lorsqu'on sait qu'il va bientôt courtiser Julie de Farcy, qui lui rira au nez, puis Lucile, un moment charmée par son empressement. Plus confiant dans la séduction de ses vers que dans celle de sa personne, en dépit d'une certaine allure et d'un regard impérieux, il accablera les deux sœurs de ses poèmes, commençant par des élégies pour passer à des pièces franchement licencieuses, comme pour les amener peu à peu des paroles aux actes.

*

La république des Lettres où François-René fait ses premières armes en se servant de celles des autres bourdonne alors de protestations contre le despotisme et d'appels au genre humain. Les écrivains pensionnés par le roi sont ceux qui critiquent le plus aigrement le pouvoir, moins par sincère horreur d'une prétendue tyrannie que par vanité, pour faire accroire que leur pension est une espèce de tribut payé par le monarque à leur puissance. Plus généreuse est cette pension, plus forte est leur arrogance et plus grande leur ingratitude. Quémandant sans vergogne et recevant sans rougir, ils rachètent l'humiliation d'avoir sollicité par une fierté qui conviendrait mieux à un général vainqueur qu'à un homme de lettres besogneux, persuadés, par l'impunité dont ils jouissent, qu'ils traitent avec le souverain d'égal à égal. Tous ceux à qui la reconnaissance devrait fermer la bouche déclament à l'envi contre l'arbitraire, un arbitraire qui, moins dur que vexatoire à l'occasion, donne la mesure de la faiblesse du pouvoir plutôt que celle de leur force. Les plus ardents réformateurs de l'ordre social sont les plus avides de ces prébendes dont ils réclament à grands cris la suppression. Un homme assez courageux pour exiger de supprimer les pensions d'autrui mérite amplement qu'on le récompense en augmentant la sienne. Beaucoup de ses législateurs de salon, voire de grenier, croient avoir raison parce que certains de leurs adversaires ont tort, et chacun s'obstine dans ses systèmes erronés, dans ses faux raisonnements, avec l'aigreur des amours-propres froissés ou celle des ambitions déçues.

Rapidement revenu de ses illusions, Chateaubriand jugera férocement ces Catons d'antichambre et ces Brutus de café dont la peur, jointe à la vanité, fera bientôt des assassins ou des victimes, celles-ci aussi peu dignes de pitié que leurs bourreaux, dont elles ont armé le bras.

De cette piétaille émergent deux écrivains de meilleur aloi pour lesquels Chateaubriand n'aura pas plus d'indulgence. L'un est Chamfort, « atteint de la maladie qui a fait les Jacobins », et, né de père inconnu, ne pardonnant pas aux hommes le hasard de sa naissance. Il n'a pourtant pas à se plaindre de l'humanité, recevant de tous côtés, touchant de « ces abominables gens de Cour » sept à huit mille livres de rentes. Tout en lui reconnaissant du talent, Chateaubriand estimera, un peu légèrement, que ses écrits ne lui survivront pas. En revanche, il envie ceux du chevalier de Parny, alors très à la mode et continuant de vivre en imagination sous le ciel de l'Inde ou les palmiers de l'île Bourbon avant de se muer en fougueux révolutionnaire, achetant son repos en trahissant ses idées.

En sortant des taudis de cette bohème, et des cafés où elle pérore, il est réconfortant de trouver chez le président de Rosanbo, rue de Bondy, et surtout chez M. de Malesherbes, rue des Martyrs, cette noble opulence et cette gravité des gens de robe, encore qu'il ne faille pas trop se fier au décor. Derrière la façade, on découvre des maîtres de maison assez différents de leurs austères aïeux. Au dire de Chateaubriand, le président de Rosanbo est «un modèle de légèreté». Bien que sans frivolité, M. de Malesherbes se montre acquis aux idées du jour et, sous une apparence patriarcale, il a des enthousiasmes de jeune homme ou des indignations de philosophe aigri contre le siècle.

Ce «Socrate des philosophes», comme l'appellera Lamartine, ressemble un peu à Benjamin Franklin, ce rusé Quaker, avec la même lourdeur de tournure et la même affectation de simplicité dans sa façon de s'habiller. Comme l'Américain, il est féru de botanique et de physique, curieux de tout, volontiers frondeur et critiquant aussi l'ordre social, tout en restant fort attaché à sa caste et à certains préjugés de naissance. Il a épousé une fille du fermier général Grimod, mais marié ses propres filles dans la bonne noblesse.

M. de Malesherbes est une belle âme, égarée dans la secte philosophique, et trop prompt à soupçonner le bien chez ceux qui, en prônant les Lumières, ont bouleversé la société qu'il était chargé de défendre. Directeur de la Librairie de 1750 à 1763, il avait cru à la liberté de presse et s'était efforcé d'adoucir les rigueurs de la censure en faveur des Encyclopédistes, allant jusqu'à dissimuler chez lui les exemplaires de l'ouvrage recherchés par la police pour les saisir. Célèbre alors par ses démêlés avec Helvétius, il avait écrit pour se justifier ses *Mémoires sur la librairie,* mais s'était peu à peu dégoûté des gens de lettres, espèce brouillonne et vindicative avec laquelle on ne pouvait composer qu'en lui cédant. Il avait mis ensuite sa vertu au service de la science et avait été tiré de ses études par Louis XVI qui, dans sa candeur, avait cru qu'un homme vertueux ferait un bon ministre. Or, avouera Malesherbes, «pour faire un bon ministre, l'instruction et la probité ne suffisent pas. Turgot et moi en avons été la preuve. Notre science était toute dans les livres ; nous n'avions aucune connaissance des hommes».

Il a 67 ans lorsque Chateaubriand lui est présenté. A côté du portrait qu'en fera celui-ci dans ses Mémoires, on peut citer celui tracé par Boissy d'Anglas qui le montre «avec son habit marron à grandes poches, ses boutons d'or, ses manchettes de mousseline, son jabot barbouillé de tabac, sa perruque ronde mal peignée et mise de travers». Les deux mémorialistes s'accordent pour reconnaître que, dès qu'il parle, «avec si peu d'affectation et de recherche, quoiqu'avec un si grand sens et tant d'érudition», on se sait en présence d'un homme supérieur. C'est la bonhomie de ses manières, sa franchise et son intérêt pour autrui qui mettent François-René à l'aise et réussissent à l'apprivoiser, mieux que ne l'aurait fait Mme de Chastenay. M. de Malesherbes, en ville ou à la campagne, exerce une large hospitalité, aimant être entouré de ses enfants et de ses petits-enfants, jouant volontiers avec ces derniers, et donnant au visiteur, dans son léger débraillé, l'image d'un père de famille à la Greuze. Pour François-René, M. de Malesherbes, héritier de la longue tradition parlementaire des Lamoignon, est d'abord un témoin qu'il interroge avidement. N'a-t-il pas connu Jean-Jacques Rousseau, son dieu en litté-rature et même, hélas ! en politique, n'en a-t-il pas été non seulement l'ami mais le confident, celui à qui le Genevois a écrit quatre lettres fameuses ? Il a connu Jussieu, corrigé Buffon, la plume à la main, voyagé à travers la France, la Suisse et la Hollande. Enfin, n'a-t-il pas été un personnage influent sous le précédent règne et n'a-t-il pas inauguré celui de Louis XVI qui l'a récemment rappelé, en 1787, mais a dû accepter sa démission ? Sans doute est-ce en conversant avec Malesherbes, en lui parlant de son projet avorté de s'établir au Canada comme colon que la première idée de son voyage en Amérique a été encouragée par l'ancien ministre, intéressé par le côté scientifique de l'aventure.

*

En attendant la réalisation de ce rêve américain, il lui faut quitter Paris pour songer encore une fois à trouver, sinon un emploi, du moins un état qui lui permette de vivre. Mis en congé avec demi-solde, le 17 mars 1788, il est réintégré le 10 septembre au régiment de Navarre, mais, au lieu de rejoindre son corps, il se rend à Saint-Malo pour s'y faire tonsurer.

Les avantages attachés à la qualité de présenté viennent de se concré-tiser grâce à l'entregent de son frère qui lui a obtenu un bénéfice de l'ordre de Malte, ce qui l'oblige à recevoir les premiers degrés de cléricature, mais sans avoir à prononcer de vœux. C'est un peu une pieuse comédie qui se joue le 16 décembre 1788 dans la cathédrale de Saint-Malo lorsque l'évêque, Mgr de Pressigny, lui coupe symboli-quement une mèche de cheveux et, en échange, lui remet un certificat pour faire valoir ses droits auprès de l'Ordre. Le prélat n'est pas dupe un instant et ne se serait pas prêté à ce jeu si Mme de Chateaubriand n'avait pas été une aussi bonne paroissienne, édifiant toute la ville par sa piété comme par sa charité.

Il profite de l'occasion pour accompagner sa mère à Combourg où Jean-Baptiste et sa femme ont annoncé leur venue. Il aide sa mère à remettre la demeure en état pour accueillir le jeune couple qui, d'ailleurs, ne viendra pas, peut-être retenu à Paris en raison des événements qui, en cette fin d'année 1788, obscurcissent l'horizon politique.

François-René s'en aperçoit lorsqu'il arrive à Rennes pour assister, le 29 décembre 1788, à l'ouverture des états de Bretagne. En raison des troubles qui ont à plusieurs reprises agité la province, et de ceux que l'on redoute avec l'effervescence accrue des esprits, le président de la noblesse, M. de Boisgelin, a convoqué dans la capitale bretonne le plus grand nombre possible de gentilshommes, insistant pour que viennent également ceux qui, n'ayant pas 25 ans, n'ont pas le droit de vote. On risque en effet d'avoir plus besoin de bras que de voix !

Les événements ne tardent pas à lui donner raison. Réunis dans le couvent des Cordeliers, les états s'ouvrent dans une atmosphère houleuse et dégénèrent vite en échanges injurieux. La noblesse a une supériorité très nette sur le tiers état, qui ne dispose que de quarante-neuf élus et quelque cent cinquante délégués sans mandat, venus épauler leurs élus. Suivant l'usage observé jusqu'alors, les délégués des trois ordres votent séparément, mais, le 30 décembre, le tiers état, préludant à ce qui se passera cinq mois plus tard à Versailles, réclame la double représentation pour lui et le vote par tête au lieu du vote par ordre. Ainsi lancé dans la voie des réformes, le tiers demande aussi la suppression des privilèges fiscaux de la noblesse et du clergé dont certains représentants, acquis aux idées libérales, ne sont pas hostiles à cette idée, mais les plus pauvres des élus de la noblesse, enragés à la perspective de voir disparaître le peu qui les distingue encore des simples paysans, protestent avec violence. Il est impossible d'aboutir à un accord et chaque parti campe sur ses positions jusqu'à ce qu'un ordre de la Cour, le 7 janvier 1789, suspende les séances pour un mois. Le tiers obéit et quitte la salle alors que la noblesse et le clergé, se méfiant de décisions prises à Versailles, opinent pour le maintien dans les lieux, tactique à laquelle le tiers aura recours au mois de juin 1789. Appelés par le tiers à la rescousse, quatre cents jeunes Nantais arrivent en ville, ameutent les passants et viennent assiéger le couvent : « Las d'être bloqués dans notre salle, écrira Chateaubriand, nous prîmes la résolution de saillir dehors, l'épée à la main ; ce fut un assez beau spectacle. Au signal de notre président, nous tirâmes nos épées tous à la fois, au cri de *Vive la Bretagne !* et, comme une garnison sans ressource, nous exécutâmes une furieuse sortie, pour passer sur le ventre des assiégeants. Le peuple nous reçut avec des hurlements, des jets de pierres, des bourrades de bâtons ferrés et des coups de pistolet. Nous fîmes une trouée dans la masse de ses flots qui se refermèrent sur nous. Plusieurs gentilshommes furent blessés, traînés, déchirés, chargés de meurtrissures et de contusions[11]. »

Dans ces échauffourées, Chateaubriand perd deux amis, Boishue et Saint-Riveul, premières victimes de la Révolution, occasion pour lui de réfléchir sur son sort – et sur celui du monde – s'il avait alors péri, ne laissant que deux lignes dans la généalogie de sa famille et une seule dans l'histoire de sa province : « Un gentilhomme, nommé Chateaubriand, fut tué en se rendant à la salle des états. »

La nouvelle réunion de ceux-ci, après leur suspension par la Cour, est fixée au 3 février 1789, mais l'agitation continue et les rassemblements populaires sont devenus si menaçants que le comte de Thiard, commandant militaire en Bretagne, obtient du roi la décision de suspendre l'assemblée *sine die*. La noblesse et le clergé se réunissent de leur côté, le tiers du sien, et tous trois, avant de quitter Rennes, votent séparément les nouveaux impôts. Ces émeutes ont fait si mauvaise impression à Versailles que Necker, redoutant la présence d'élus bretons aux futurs Etats généraux, en limite le nombre : quarante-quatre pour le tiers, vingt-deux pour chacun des deux autres ordres, donnant ainsi partiellement satisfaction au tiers. Mécontents, la noblesse et le clergé, réunis ultérieurement à Saint-Brieuc, décident de bouder les Etats généraux, pensant mettre ainsi le ministre dans l'embarras, mais Necker refuse de céder. Les Etats de Rennes ont été en quelque sorte une répétition avant la réunion des Etats généraux de 1789, mais personne n'a songé à en tirer un enseignement pour l'avenir.

Rentré à Saint-Malo, François-René y attend la prébende espérée de l'ordre de Malte et, pour s'occuper, il versifie. Il projette aussi un voyage à Saint-Domingue afin d'y récupérer des créances impayées trouvées dans l'héritage paternel. Au début du printemps 1789, il va faire un séjour à Fougères et noue une intrigue par lettres entre Lucile et un ami, Louis Châtenet, officier d'artillerie : « Moi, lui écrit-il, j'ai rempli tous mes engagements auprès de ma sœur, la déclaration est faite, elle t'attend de pied ferme pour continuer le roman ; je n'aurais pas mis autant d'empressement que toi dans mes aveux, mais je lui ai fait ton portrait et cela doit te suffire ; comme le dénouement te regarde, je t'invite à faire au plus tôt connaissance avec elle[12]. »

A Fougères, il reprend ses habitudes, mais il a changé depuis son dernier séjour à Paris ; il y a pris d'autres idées, qu'il croit supérieures à celles de la petite ville, et il le laisse un peu trop voir : « Il était toujours bon, spirituel, mais moins aimable, écrit Emilie de Langlan. Il avait une exaltation d'esprit que, loin de calmer, il voulait accroître. Il ne rêvait plus que de déserts, solitudes et méditations, se permettant à peine de sourire, et, emporté par son caractère gai, riant parfois de tout son cœur, malgré qu'il en eût… Il nous quittait souvent pour aller rêver sur les rochers et au bord des ruisseaux, où sûrement il épuisait toute sa mélancolie, car, au retour, il était fort gai et fort aimable en dépit de lui-même[13]. »

En fait, il s'ennuie à Fougères dont il a épuisé les ressources. Ce qu'il veut, c'est retourner à Paris, mais, assez curieusement, du moins s'il dit la vérité, pour mener une vie retirée, ce qui sera d'ailleurs un des leitmotivs de son existence. Alors qu'il a vanté au capitaine Châtenet les attraits de Lucile, il paraît sensible à ceux d'Emilie Châtenet, sœur du capitaine, et il envisage un ménage à quatre, en précisant au passage qu'une maîtresse est un mal nécessaire. Il ajoute aussi, en ce qui concerne Lucile, qu'elle est vierge et qu'il faut la ménager[14]. Le ton cavalier de cette lettre à Châtenet laisse à penser qu'il y a plus de forfanterie dans ces projets que de véritable intention de les réaliser. S'il veut aller à Paris, ce n'est pas, malgré ce qu'il prétend, pour s'y enterrer dans une chaumière à proximité de la capitale. Un peu plus tard, il écrit d'ailleurs à Châtenet qu'une fois à Paris il s'y établira vraisemblablement pour toujours. C'est compter sans la Révolution et les orages désirés qui vont bientôt l'emporter.

3

Le rêve américain
1789-1791

« Êtes-vous en doute d'avoir quelque génie ? avait un jour écrit Rousseau, alors un des maîtres à penser de Chateaubriand. Allez passer un an à Paris, et si vous en avez, vous le sentirez fermenter dans votre sein. »

Pour un jeune homme ayant de la curiosité d'esprit, un certain jugement et peu à perdre, Paris offre en 1789 un fascinant spectacle : celui de la décomposition d'une société, en attendant la dislocation du royaume et la chute d'une monarchie presque millénaire. L'ordre social ne se maintient plus que par un mélange assez singulier d'habitude et de peur, de paresse et de respect pour une institution si ancienne et si fortement établie qu'on croit pouvoir l'attaquer sans qu'elle s'écroule un jour, écrasant sous ses ruines assaillants et défenseurs. Les illusions sont si grandes qu'on est persuadé qu'un nouvel âge d'or surgira de l'abolition du passé et de la régénération de l'homme en l'affranchissant de toutes les règles, de tous les devoirs et même de tous les liens. On croirait voir des naufragés débarquant dans un El Dorado où il sera possible, au mépris de l'expérience et de la tradition, de construire un monde idéal en prenant Jean-Jacques Rousseau pour architecte et législateur, voire pour dieu. Sous la générosité prétendue des intentions se dissimulent les égoïsmes les plus féroces, les passions les plus effrénées comme les convoitises les plus âpres. La discorde et l'envie président, sous le masque de la tolérance et de la liberté, à l'ouverture des Etats généraux.

Il est malaisé de savoir si Chateaubriand a pu discerner, dès ce printemps 1789, les véritables mobiles sous l'hypocrisie des discours ou s'il n'a compris le système révolutionnaire qu'après en avoir vu les premiers effets, ainsi qu'on peut le penser par cet aveu : « La Révolution m'aurait entraîné, si elle n'eût débuté par des crimes ; je vis la première tête portée au bout d'une pique, et je reculai[1]. » Il sera, en tout cas, un des observateurs les plus lucides du phénomène, ouvrant ainsi la voie, non à Thiers ou à Mignet, mais à Taine et Albert Sorel.

Dès cette année 1789, il semble avoir compris que l'Ancien Régime ne peut continuer d'exister en tolérant une chose et son contraire, en étant toujours en contradiction avec ses intérêts comme ses principes. A l'instar du régime, l'homme du XVIIIe siècle agit sans mettre ses actes en accord avec ses opinions, cherchant dans l'égalité un moyen de s'émanciper de ce qui le gêne et dans la liberté celle d'imposer à autrui ses propres conceptions. A côté du nouveau monde auquel il rêvait en lisant Rousseau, un autre éclot sous ses yeux dont les prodromes sont déjà suffisamment alarmants pour provoquer d'aigres discussions entre M. de Malesherbes et les siens. Fatiguée de repos, ennuyée de sa prospérité, la France éprouve un besoin de changement qui se manifeste à tout propos, dans les mœurs et les usages, mais aussi dans le gouvernement dont la politique et les ministres changent au gré des variations de l'opinion. Evoquant plus tard cette fièvre de nouveauté dont la France est alors saisie, Chateaubriand écrira : « A cette époque, tout était dérangé dans les esprits et dans les mœurs, symptôme d'une révolution prochaine. Les magistrats rougissaient de porter la robe et tournaient en moquerie la gravité de leurs pères. Les Lamoignon, les Molé, les Séguier, les d'Aguesseau voulaient combattre et ne voulaient plus juger. Les présidentes, cessant d'être de vénérables mères de famille, sortaient de leurs sombres hôtels pour devenir femmes à brillantes aventures. Le prêtre, en chaire, évitait le nom de Jésus-Christ et ne pariait que du législateur des chrétiens ; les ministres tombaient les uns sur les autres ; le pouvoir glissait de toutes les mains. Le suprême bon ton était d'être Américain à la ville, Anglais à la Cour, Prussien à l'armée, d'être tout, excepté Français. Ce que l'on faisait, ce que l'on disait, n'était qu'une suite d'inconséquences. On prétendait garder des abbés commendataires, et l'on ne voulait point de religion ; nul ne pouvait être officier s'il n'était pas gentilhomme, et l'on déblatérait contre la noblesse ; on introduisait l'égalité dans les salons et les coups de bâton dans les camps[2]. »

Frappé de la démission des classes dirigeantes, il signalera la montée de cet esprit démagogique qui triomphe avec la demi-complicité du roi, toujours persuadé que ce qui se fait contre lui l'est pour le plus grand bien de ses sujets. Sur le rôle équivoque du souverain, accusé bientôt de trahison autant par les Jacobins que par les royalistes intransigeants, il aura ce jugement de bon sens : « Louis XVI n'était pas faux : il était faible ; la faiblesse n'est pas de la fausseté, mais elle en tient lieu et en remplit les fonctions ; le respect que doivent inspirer la vertu et le malheur du roi saint et martyr rend tout jugement humain presque sacrilège[3]. »

En dépit de cette réserve, il dénoncera la collusion inconsciente entre le monarque et ses sujets rebelles, collusion qui finira par donner à ceux-ci tout le pouvoir dont le roi, de concession en concession, s'est dépouillé : « Le peuple, métamorphosé en moine, s'était réfugié dans les cloîtres, et gouvernait la société par l'opinion religieuse ; le peuple, métamorphosé en collecteur et en banquier, s'était réfugié dans la finance, et gouvernait la société par l'argent ; le peuple, métamorphosé en magistrat, s'était réfugié dans les tribunaux, et gouvernait la société par la loi. Ce grand royaume de France, aristocrate dans ses parties ou ses provinces, était démocrate dans son ensemble, sous la direction de son roi, avec lequel il s'entendait à merveille et marchait presque toujours d'accord. C'est ce qui explique sa longue existence. Il y a toute une nouvelle histoire de France à faire, ou plutôt l'histoire de France n'est pas faite[4]. »

*

Chateaubriand et ses deux sœurs ne sont arrivés à Paris qu'à la fin du mois de juin, manquant ainsi l'ouverture des Etats généraux et certaines des scènes qui l'ont suivie. En route, ils ont rencontré, sinon ces fameux brigands qui ravageront les campagnes au mois de juillet, du moins des milices soupçonneuses, improvisées pour veiller à la sécurité publique et qui ne font que la troubler. A Paris, ils se sont logés dans un hôtel de la rue de Richelieu et, des fenêtres de leurs chambres, ils ont pu constater que les rues sont encore moins sûres que les grands chemins ; une émeute succède à l'autre et, après le renvoi de Necker, le 17 juillet, l'agitation devient révolte.

Chateaubriand assurera s'être trouvé à la prise de la Bastille, mais, d'après le récit qu'il en fait, il a seulement vu les vainqueurs de M. de Launay refluer dans les beaux quartiers. En revanche, il est témoin de la sinistre procession du 22 juillet, lorsque des bandes avinées défilent rue de Richelieu en portant les têtes coupées de Foullon et de Bertier. Attirés aux fenêtres par le bruit, les habitants de l'hôtel, épouvantés, s'empressent de les abandonner, tandis que l'hôtelier fait fermer la porte d'entrée. Seul Chateaubriand demeure à sa fenêtre, au premier étage, puisque les émeutiers, dira-t-il, ont approché de son visage les têtes de leurs victimes. « Brigands, est-ce comme cela que vous entendez la liberté ? » s'écrie-t-il, risquant de voir sa tête aller rejoindre celles de l'Intendant de Paris et de son beau-père. Excités par ce défi, les émeutiers tentent d'enfoncer la porte, qui résiste heureusement ; Lucile et Julie défaillent et les « poltrons de l'hôtel », ajoute Chateaubriand, lui reprochent de les avoir tous exposés.

De telles scènes se gravent à jamais dans son esprit, balayant les illusions qu'il a pu nourrir sur la nature humaine. Elles lui inspireront l'horreur de la foule et de la démagogie, au point que ce sentiment imprégnera non seulement sa doctrine et ses écrits politiques, mais également son œuvre romanesque. Ainsi, dans *Les Martyrs*, il stigmatisera les mauvais pauvres, frères de ceux qu'il a vus défiler dans les rues de Paris : « Satan rit des lamentations du pauvre qui réclame, au nom de ses haillons, le royaume du ciel : Insensé, lui dit-il, tu croyais donc que l'indigence suppléait à toutes les vertus ? Tu pensais que tous les rois étaient dans mon empire et tous tes frères autour de mon rival ? Vile et chétive créature, tu fus insolent, menteur, lâche, envieux du bien d'autrui, ennemi de tout ce qui était au-dessus de toi par l'éducation, l'honneur et la naissance, et tu demandes des couronnes ? Brûle ici avec l'opulence impitoyable, qui fit bien de t'éloigner d'elle, mais qui te devait un habit et du pain[5]. »

Conscient qu'il assiste à des événements extraordinaires, tels qu'on n'en a jamais vu, il erre à travers Paris, l'œil curieux, l'esprit de plus en plus critique et résolu à quitter, dès qu'il le pourra, ce royaume en folie. Il s'aperçoit que, « timide dans les salons », il se sent « hardi sur les places publiques », fait pour la solitude ou pour le forum. Cela le pousse à fréquenter l'Assemblée pour y suivre les débats, toujours passionnés, mais consternants par l'emphase des discours, l'utopie des vues ou des moyens, et surtout le ridicule achevé de la plupart des orateurs qui se prennent pour des héros de Plutarque. Ce ridicule, il le voit partout sans que personne, à part quelques bons esprits comme lui, songe à s'en étonner, tant les crimes dont il s'accompagne engendrent le respect. Après la confiscation des biens du clergé, il notera, comme aurait pu le faire un Debucourt ou un Boilly, le bouleversement introduit dans les mœurs par la suppression des ordres et la fermeture des couvents : « Le moine qui, le vendredi, portait sa robe noire ou blanche, portait le dimanche le chapeau rond et l'habit bourgeois ; le capucin, rasé, lisait le journal à la guinguette, et dans un cercle de femmes folles paraissait une religieuse gravement assise : c'était une tante ou une sœur mise à la porte de son monastère. La foule visitait ces couvents ouverts au monde, comme les voyageurs parcourent, à Grenade, les salles abandonnées de l'Alhambra, ou comme ils s'arrêtent, à Tibur, sous les colonnades du temple de la Sibylle[6]. »

Si de tels spectacles le scandalisent et souvent l'effraient, car ils annoncent des scènes encore plus violentes, la curiosité du futur historien l'emporte chez lui sur les dégoûts de l'aristocrate. Obscur, ignoré, perdu dans la foule, il a le sentiment de participer à un brutal et gigantesque enfantement, celui d'un monde dans lequel il se demande avec une certaine anxiété quelle sera sa place. Les salons, «participant au mouvement universel», en donnent une image à peine moins haute en couleur et lui offrent un autre champ d'observation. Les écrivains qu'il a connus l'année précédente, excités par les premiers succès populaires, ne cachent plus désormais leur hostilité à l'aristocratie et leur mépris pour la Cour, dont ils n'ont plus rien à espérer. Enthousiaste de la Révolution, La Harpe dénonce «la superstition qui transforme l'homme en bête, le fanatisme, qui en fait une bête féroce, et le despotisme, qui en fait une bête de somme». Flins, Parny, Ginguené, Chamfort, membres de la loge maçonnique des Sept Sœurs, parlent de la bonté du peuple avec des larmes dans la voix et attendent d'autres prodiges de cette bonté, libre enfin de se manifester.

Un des salons où l'on pérore avec le plus de jactance est celui du marquis de Villette où Chateaubriand voit pour la première fois Mirabeau. Il retrouvera celui-ci un soir, au Palais-Royal, à un banquet organisé par Le Chapelier, l'un des fondateurs du club breton. Ce soir-là, Mirabeau parle abondamment, et surtout de lui, remarque Chateaubriand, prompt à noter chez les autres les défauts qui sont les siens. Enfin, Mirabeau, après ses brillantes tirades, avise son jeune voisin de table et abaisse vers lui «ses yeux d'orgueil, de vice et de génie». Est-ce pour lui dire un mot aimable ou du moins lui demander son nom ? Il pose sa lourde main sur l'épaule de Chateaubriand et profère : «Ils ne me pardonneront jamais ma supériorité ! »

Devenu à son tour un homme supérieur, Chateaubriand se rappellera le grand orateur, et l'emprise de cette main, ajoutant sans modestie : «Eut-il un pressentiment de mes futuritions ? Pensa-t-il qu'il comparaîtrait un jour devant mes souvenirs[7] ? »

*

A la fin de l'année 1789, la capitale est toujours dans le même état d'effervescence. On vit dans un délire entretenu et souvent ravivé pour maintenir un climat d'insubordination. Chacun, las de son office ou de son métier, entend faire celui du voisin, persuadé qu'il y réussira mieux que lui, mais ne parvient qu'à mieux prouver son incompétence. On aboutit ainsi à une confusion générale, appelée par Chateaubriand d'une expression heureuse, « le genre humain en vacances ». Les Parisiens se conduisent comme des écoliers sans maîtres, insouciants du lendemain, tout à l'enivrement d'une liberté qu'ils croient avoir arrachée au plus atroce des tyrans.

Premier effet de cette liberté reconquise : on ne travaille plus guère et le chômage entraîné par la première vague d'émigration, après le 14 juillet, fournit une main-d'œuvre à l'émeute. Alors que les convois de blé sont interceptés, les greniers pillés, les notables arrêtés sous le moindre prétexte et les municipalités locales érigées en autant de petits gouvernements despotiques, les paysans, confondant droits féodaux, qui ont été abolis, et fermages cessent de payer les uns et les autres. Jean-Baptiste de Chateaubriand voit ainsi les revenus de Combourg, déjà insuffisants, chuter de soixante-dix mille livres à dix mille.

Quant à lui, il ne peut compter que sur une maigre solde, en attendant la prébende de Malte qui, avec la suppression des ordres religieux et la confiscation de leurs biens, ne lui sera jamais versée. On ne sait pas très bien de quoi il vit lorsqu'il n'est pas invité à des agapes littéraires. Plus tard, à Londres, il évoquera un de ces dîners, avec Fontanes, Ginguené, Flins, Parny, la femme de La Harpe et la maîtresse de Fontanes, flanquée de son mari. On avait fait grande chère et beaucoup bu, après quoi chacun avait payé son écot en déclamant un poème de sa composition. Grâce à ce commerce avec la gent littéraire, il fait publier, à la fin de l'année 1790, une pièce assez plate, *L'Amour à la campagne*, qui paraît dans l'*Almanach des Muses*, ce recueil dans lequel il verra un vivier de terroristes, car « la vanité des médiocrités en souffrance produisit, constatera-t-il, autant de révolutionnaires que l'orgueil blessé des culs-de-jatte et des avortons ; révolte analogue des infirmités de l'esprit et de celles du corps[8] ».

En attendant ces maigres lauriers, il lui faut trouver de l'argent car, en ce début de 1790, il doit payer d'urgence une dette d'honneur de cinq mille livres, sans doute une dette de jeu, mais on ignore en quelles circonstances il l'a contractée, comme on ignore aussi le nom du créancier. Celui-ci a fixé un délai de règlement qui ne lui laisse d'autre choix que de s'acquitter ou de se faire sauter la cervelle. Il ne dit rien de cette mésaventure à son frère et cherche un prêteur accommodant. Ce sauveur se présente avec Félix de La Morandais, fils de l'ancien régisseur de Combourg. Associé à un certain Gilles Piochon, La Morandais exploite une fabrique de bas dans les faubourgs d'Angers. A défaut d'argent, il donne à Chateaubriand un lot de bas à vendre, d'une valeur équivalant au montant de sa dette. Il lui remet aussi des échantillons pour allécher de futurs clients, en l'occurrence ses camarades du régiment de Navarre. En homme d'affaires prudent, La Morandais exige une caution, et Chateaubriand obtient celle d'un ami, Achard de Villerai, voisin de ses sœurs à Fougères et justement de passage à Paris où il est venu régler une succession.

Un premier lot de bas est livré chez Chateaubriand, 4, petite rue Saint-Roch, près de la rue de Cléry ; un autre, expédié en dépôt à l'hôtel Marigny à Fougères. Cette affaire, hâtivement conclue car il doit s'acquitter le 25 mars, l'oblige à une correspondance dont le style et l'orthographe trahissent son affolement ainsi qu'une rapide initiation aux pratiques commerciales. Il se rend à Fougères au mois d'avril et, vraisemblablement, y retourne à la fin du mois de juin pour y toucher le produit de ses ventes : il n'assiste donc pas à la fête de la Fédération, le 14 juillet, mascarade où Talleyrand, officiant à l'autel élevé au Champ de Mars, réussit à bafouer en même temps Dieu, le Roi et la Nation. Fort discret sur cette opération de bas, Chateaubriand attribuera son absence lors de cette cérémonie historique à « une indisposition assez grave » alors qu'il sera tout bonnement occupé à faire ses comptes.

Lorsqu'il regagne Paris, il constate aussitôt la dégradation intervenue en quelques semaines. Les manifestations encombrent les rues tandis que des tribuns de carrefours excitent les patriotes à montrer plus de zèle encore. Paris n'est plus une ville où il est plaisant de flâner. Pour retrouver sa chère solitude, il va presque chaque soir au théâtre, « s'ennuyant pour se désennuyer, comme un hibou dans un trou », dit-il, et il voit de bien mauvaises pièces dans lesquelles il suffit de prononcer les mots « despotisme, tyran, satellite et liberté » pour que la salle éclate en applaudissements ou en sifflets. Une tiède idylle avec Mlle Monnet, fille de l'inspecteur des Mines, ne suffit pas à le distraire, encore moins à remplir le vide de son cœur.

En fait, il est plus résolu que jamais à quitter non seulement Paris, mais la France, où triomphe la déraison. De même qu'un décret a ruiné les titulaires de droits féodaux, un autre a supprimé les titres de noblesse et les armoiries. Devenu simple citoyen, Chateaubriand préférerait l'être dans un pays neuf où l'on n'aurait pas remplacé les préjugés aristocratiques par les préjugés populaires, encore plus intolérants. L'insubordination parisienne a gagné la province et l'armée. Après une révolte au régiment de Navarre, son colonel, le marquis de Mortemart, est parti pour l'étranger. Beaucoup d'officiers l'ont imité. Chateaubriand, lui, hésite à émigrer, moins par sens du devoir que par indépendance d'esprit, ne voulant pas suivre une mode et aller mener une vie de salon dans une de ces petites communautés qui commencent à s'établir sur la rive droite du Rhin ou dans les Pays-Bas autrichiens. Entre adversaires et partisans de l'émigration, il ne choisit pas, se contente de les écouter : «Je n'avais ni adopté ni rejeté les nouvelles opinions, avouera-t-il, aussi peu disposé à les attaquer qu'à les servir ; je ne voulus ni émigrer ni continuer la carrière militaire ; je me retirai[9].»

De nouveau se pose, avec acuité, la question d'argent. En quittant le régiment de Navarre, il se trouve sans autre revenu que celui de son modeste héritage, administré par son frère aîné. Celui-ci a prêté une partie de ce patrimoine, ainsi que de celui de Lucile, au marquis de Montaigu, un ancien conseiller au parlement de Bretagne. Consenti pour trois ans, le prêt est assorti d'intérêts non stipulés, mais déduits du montant prêté, ce qui permet à Chateaubriand de disposer d'un peu d'argent liquide sans toucher à son capital. Une partie de cet argent sert vraisemblablement à rembourser La Morandais, encore que sur toutes ces tractations on n'ait guère d'informations.

Ses dettes payées, il n'a pas assez d'argent pour entreprendre ce voyage aux Etats-Unis que son vieil ami, M. de Malesherbes, encourage, avec le regret de ne pouvoir l'accompagner. Depuis 1790, Malesherbes a changé d'opinion, passant du libéralisme au conservatisme, et, dans ses moments d'indignation, il souhaite voir pendus ces écrivains qu'il avait jadis protégés : «Condorcet a été mon ami, dit-il un jour à Chateaubriand, mais à présent je ne me ferais aucun crime de l'assassiner ! » Il a mis à sa disposition sa riche bibliothèque et tous deux, penchés sur des atlas ou plongés dans des récits de voyages, discutent avec passion du Nouveau Monde, des ressources qu'il offre aux esprits aventureux, et de ce fameux passage du Nord-Ouest, hantise des géographes, que Chateaubriand voudrait découvrir pour la gloire d'y attacher son nom.

*

Ce rêve américain, auquel il se laissera prendre et dont l'échec le marquera d'une nostalgie inguérissable, a son origine non seulement dans ses lectures d'enfance et des récits de voyageurs, comme ces missionnaires capucins venus à Combourg en 1784, mais dans tous les renseignements donnés par Malesherbes. Celui-ci, fort lié avec des Américains en séjour à Paris, est tenu au courant, par les relations qu'il a conservées dans plusieurs ministères, des résultats des dernières reconnaissances effectuées par des marins ou des agents français.

On peut dater de la publication de *Robinson Crusoé*, en 1719, une ère nouvelle dans l'histoire de l'humanité qui désormais, dans le monde occidental du moins, va croire au mythe du bon sauvage et le célébrer comme un dogme. Aux maîtres livres dont jusqu'alors s'étaient nourris les honnêtes gens s'ajoute un autre ouvrage, indigeste et pourtant merveilleusement digéré par les contemporains, les six volumes de l'*Histoire philosophique et politique des deux Indes*, de l'abbé Raynal.

Si Daniel Defoe parle au cœur et à l'imagination, l'abbé Raynal s'adresse à la raison et connaît un succès presque égal à celui du romancier britannique. L'abbé Raynal a été un des premiers à mentionner la tribu des Natchez, à raconter leur révolte, et Chateaubriand, qui a lu l'ouvrage à Combourg, a peut-être eu dès son adolescence l'ambition d'écrire une épopée consacrée à cette tribu, intéressante par ses malheurs et le courage de ses chefs. Fils d'un armateur chez qui passaient des capitaines ayant bourlingué partout, il a certainement pu entendre évoquer cette Louisiane enchanteresse, où tout est si facile, le travail comme les femmes, et ce Canada qui, aux yeux des Français, paraît plus désirable et beau depuis que Louis XV l'a perdu.

Au projet de défricheur de forêt, il a substitué, sur le conseil de Malesherbes, celui d'un voyage d'exploration et, à défaut de s'enrichir comme colon, il aura la satisfaction de donner des noms français aux fleuves, aux montagnes et aux sites qu'il découvrira. Loin de lui montrer les inconvénients, les dangers ou seulement les difficultés d'une telle entreprise, Malesherbes, entraîné par une imagination encore juvénile, l'encourage et lui fait des suggestions qui allongent son itinéraire. Après maintes discussions et d'importantes recherches documentaires, le projet définitif se dessine ainsi : Chateaubriand marchera d'abord sur les traces de l'Américain John Carver pour atteindre l'extrémité du lac Supérieur et, en se dirigeant toujours vers l'ouest, il essaiera de découvrir la source du Mississippi, puis, celle-ci reconnue, il descendra jusqu'en Louisiane et reprendra sa marche vers l'ouest pour rejoindre le Pacifique au niveau du golfe de Californie, ignorant ainsi l'obstacle des montagnes Rocheuses. Arrivé sur la côte Ouest, il remontera vers le nord, en suivant alors l'itinéraire établi par Cook, jusqu'au détroit de Behring, dans cette zone incertaine où les hypothèses remplacent les certitudes. Les géographes se disputent en effet à l'envi pour savoir si l'Alaska tient au Canada et s'il existe un océan glacial arctique, ainsi que le prétendent certains Indiens et comme affirme l'avoir vu Samuel Hearne, mais que Bougainville a inutilement cherché en 1785 et 1786.

Le passage une fois découvert, et sa gloire assurée, Chateaubriand reviendra par la baie d'Hudson, le Labrador et le Canada en suivant la route habituelle des marchands de pelleteries. Comme il ne doute de rien, il accomplira ce voyage à pied, portant avec soi son léger bagage et sans songer – ni M. de Malesherbes non plus – qu'il lui faudrait, pour réussir, avoir une escorte afin d'être protégé contre les Indiens et contre les Blancs, dont la plupart ne sont pas des anges. Il lui faudrait aussi des chevaux et des chiens pour acheminer vivres et matériel, ainsi que les moyens financiers nécessaires pour acheter l'équipement indispensable à une expédition qui demanderait au moins deux ans.

Cette idée d'aller à pied paraît une folie, mais elle n'est pas aussi déraisonnable qu'on pourrait le penser, car bientôt des émigrés français, le chevalier de La Tocnaye, puis Vialart de Saint-Morys qui s'en ira jusqu'à proximité du pôle Nord, voyageront aussi simplement, mais la Scandinavie est moins dangereuse et moins vaste que le Grand Nord américain. Malesherbes aurait aimé lui obtenir du gouvernement français une mission officielle, et surtout des fonds, mais hélas ! il n'a plus guère de crédit auprès des ministres et ceux-ci, en butte à une situation chaque jour plus déplorable, ont d'autres soucis en tête. D'ailleurs, le Trésor est à sec. Malesherbes se contente d'ajouter à ses conseils des leçons de botanique. Il a réuni dans le parc de son château de Malesherbes nombre d'espèces rares et il compte sur lui pour lui en rapporter d'autres. Enchanté par cette initiation qu'il complète en allant souvent au Jardin des Plantes, Chateaubriand se croit déjà, comme il l'écrit, « un nouveau Linné ».

En dépit de la situation, le Nouveau Monde est devenu le seul sujet de conversation qui l'intéresse. Le chevalier de Panat, personnage original qu'il retrouvera plus tard à Londres, se souviendra d'un dîner à Saint-Cloud avec Fontanes et Rivarol pendant lequel Chateaubriand, jusque-là silencieux, s'était animé lorsqu'on avait parlé d'émigration et avait annoncé son intention de partir à la recherche du passage du Nord-Ouest. Officier de marine, Panat avait multiplié les objections, que Chateaubriand avait écartées d'une apostrophe passionnée : « Je cherche du nouveau ! Il n'y a plus rien à faire ici ; le roi est perdu et vous n'aurez pas de contre-révolution. Je fais comme ces puritains qui, au XVIIe siècle, émigraient à la Virginie. Je vais dans les forêts. Cela vaut mieux que d'aller à Coblentz. A quoi bon émigrer de France seulement ? J'émigre du monde. Je mourrai en route ou je reviendrai quelque chose de plus que je serai parti[10] ! »

Les frais de l'expédition seront finalement assumés en partie par Jean-Baptiste de Chateaubriand qui estime ainsi s'en tirer à meilleur compte ; s'il laisse son cadet à Paris, les occasions de dépenses seront aussi nombreuses que coûteuses pour lui, surtout s'il doit également assumer ses dettes.

Avant de quitter Paris, et en prélude à ce voyage exotique, Chateaubriand participe à un dîner offert le 15 janvier 1791 par Ginguené à Bernardin de Saint-Pierre et assiste ensuite au Théâtre-Italien à la première de *Paul et Virginie* dont l'auteur juge la scène du naufrage inférieure à celle qu'il avait vue lui-même à l'île de France. Il gagne ensuite Fougères pour dire adieu à ses sœurs et rendre visite au marquis de La Rouërie, héros de la guerre d'Indépendance, afin d'en avoir une lettre de recommandation auprès de ses relations américaines. La Rouërie ne l'écrira que le 11 mars, après avoir pris le temps de la réflexion, mais il l'adresse à George Washington, le président de l'Union, ce qui devrait lui ouvrir toutes les portes. Tout en dépeignant M. le chevalier de Combourg[11], fils d'un de ses voisins, comme un homme d'esprit, aimant l'étude, il ne dit pas un mot des projets d'exploration du voyageur qu'il annonce comme seulement curieux de voir l'homme illustre auquel les Américains doivent leur liberté. En souvenir de cette période pendant laquelle ils ont lutté fraternellement contre l'Anglais, La Rouërie a signé cette lettre de son nom de guerre et sous lequel il est resté connu là-bas : le colonel Armand.

Chateaubriand doit s'embarquer à Saint-Malo, mais il fait auparavant à Combourg un mélancolique pèlerinage afin de revoir le cadre de son adolescence, pensant peut-être qu'il ne reviendra jamais d'Amérique ou bien qu'il mourra en route. Inhabité depuis la mort de son père, Combourg est dans un état d'abandon qui serre le cœur. Portes et fenêtres sont fermées, l'herbe a recouvert le gravier, les feuilles mortes s'accumulent sur le perron qui a remplacé le pont-levis. De cette vision désolante, il tirera l'une des belles pages de *René*, celui-ci visitant le château de ses pères avant d'aller promener son « incompréhensible cœur » chez les sauvages.

Submergé par une vague de tristesse et d'appréhension, il se réfugie chez le nouveau régisseur, Le Corvaisier, qui lui détaille la chronique locale. A Combourg, l'esprit est devenu mauvais. Là, comme partout, les braillards et les fainéants constituent les nouveaux notables et persécutent les anciens. Dans l'église, on a supprimé le banc seigneurial et gratté les armoiries des Chateaubriand. Il faut n'avoir rien été jadis pour être désormais quelque chose, et ce renversement des conditions est instructif pour un ancien adepte de Jean-Jacques Rousseau, bien revenu de ses enthousiasmes.

A Saint-Malo, le vent de l'Histoire a soufflé sur les fiers patriciens, dépouillés de ces noms champêtres dont ils avaient agrémenté leur patronyme. Antoine de Bédée, ses cousins Blossac ont été molestés dans leurs manoirs et contraints de fuir ; les dominicains de Plancoët ont été

chassés de leur couvent et Mgr de Pressigny a dû abandonner son siège
épiscopal. D'honnêtes gens ont séjourné en prison ; d'autres s'attendent
à y être jetés. Dans ce port, où la consternation est générale, affluent
des prêtres réfractaires qui cherchent à gagner la Grande-Bretagne ou
Jersey. Certains songent même à passer aux Etats-Unis. C'est le cas d'un
groupe de sulpiciens qui, sur le conseil de leur supérieur, l'abbé Emery,
ont décidé de mettre l'Atlantique entre eux et leurs persécuteurs. Leur
chef, le père Nagot, est allé l'année précédente à Londres et y a organisé
leur départ pour Baltimore où il doit fonder un séminaire.

Cette pieuse cohorte a trouvé un passage à bord du *Saint-Pierre*,
un brigantin de cent cinquante tonneaux appartenant à l'armateur
Cannavas l'Aîné. Comme ce morutier ne peut embarquer de passagers
sans contrevenir à la réglementation, Cannavas, pour tourner la
difficulté, en attribue la propriété au capitaine, le sieur Pintedevin.
Quatorze matelots composent l'équipage, placé sous les ordres d'un
second, Pierre Lalande, et d'un lieutenant, Jean Varennes. On ne trouve
aucune mention sur le rôle d'équipage du marin Pierre Villeneuve à qui
Chateaubriand, dans ses Mémoires, attribuera de si beaux récits de
voyages et de combats, mais peut-être a-t-il confondu Villeneuve avec
Varennes. Les passagers sont aussi nombreux que les marins : dix-sept
en tout, d'origines différentes. Il y a quatre prêtres : le père Nagot, le
chanoine Delavau, les abbés Garnier et Lavadou, et huit élèves, cinq
Français et trois Anglais. Les autres passagers sont un maître d'école,
Jean Risdelle, accompagné de sa femme et de son beau-frère, un jeune
Français né à Londres, Jacques Dumoulin, et Chateaubriand.

La municipalité de Saint-Malo, de sentiments jacobins, s'était émue
en apprenant que le *Saint-Pierre* allait emmener des prêtres réfractaires
et elle hésitait à les laisser partir, ce qui purgerait le sol de la France
régénérée, ou à les jeter en prison pour les punir de leur rébellion. Une
pieuse âme, Mme des Bassablons, avait plaidé leur cause auprès des
édiles et obtenu pour eux l'autorisation de quitter la France. Craignant
que la municipalité ne se ravisât, les prêtres et leurs élèves s'étaient
embarqués depuis le 18 mars, s'estimant plus en sûreté à bord que dans
une ville où ils n'étaient pas à l'abri des vexations.

Pour mettre à la voile, il faut attendre un vent favorable, et celui-ci
ne souffle enfin que le 7 avril 1791. Aussitôt prévenu, Chateaubriand
s'arrache aux embrassements de sa mère et monte à bord du *Saint-
Pierre* qui, en fin d'après-midi, par un temps couvert, sort lentement
de la passe et, après avoir largué son pilote, gagne la haute mer, laissant
derrière lui Saint-Malo qu'effacent peu à peu la distance et la nuit.

*

Dans une longue traversée, l'épreuve la plus redoutable est moins le mauvais temps que la promiscuité, surtout à bord d'un navire aussi petit que le *Saint-Pierre*. En dépit de son caractère insociable, il semble que Chateaubriand se soit assez bien fait à cette vie en communauté, dans la mesure où il a rapidement pris un certain ascendant sur l'équipage et les passagers. Familiarisé depuis son enfance avec la mer, ayant failli lui-même être marin, il se sent plus dans son élément que les malheureux séminaristes, encore que certains, comme Mondésir, aient effectué déjà plusieurs traversées.

Après quelques jours de navigation, il s'est lié avec les maîtres comme avec les élèves, notamment avec Francis Tulloch, un jeune Ecossais de figure avenante et de caractère indécis, fils de pasteur, mais converti par le père Nagot et, saisi du zèle des néophytes, prêt à devenir lui aussi un convertisseur. Sortant de l'Ecole d'artillerie de Woolwich, parlant couramment le français, c'est un jeune homme accompli que Chateaubriand déplore de voir renoncer au monde. Assez perfidement, il essaie de l'y ramener en l'assurant qu'il se montre ingrat envers sa famille et qu'il se prépare une triste existence. Influençable, le jeune Ecossais se laisse aisément persuader, d'autant plus que le père Nagot, prostré sur sa couchette, est incapable de rappeler son pupille à ses devoirs.

Des autres élèves, également convertis, on ne sait pas grand-chose : John Caldwell, un Américain, est venu en France avec La Fayette ; John Floyd est lui aussi une recrue faite à Londres par le père Nagot ; Jean Preinault (?) est un Canadien de Montréal ; enfin, Edouard de Mondésir, séminariste à Chartres, déjà passé par de curieuses tribulations, est certainement celui qui connaît le mieux le monde et les hommes. Aussi ne se laisse-t-il pas impressionner par le chevalier de Combourg lorsque celui-ci se fait attacher au grand mât pour mieux goûter une tempête ou lorsqu'il pense édifier ses compagnons en prenant l'initiative de cérémonies religieuses. Un jour qu'il s'est joint aux lectures faites en commun par les sulpiciens, Chateaubriand, lorsque vient son tour, se met à lire avec un ton d'acteur qui choque le père Nagot, enfin victorieux du mal de mer :

— Un livre ascétique ne se déclame pas sur le ton de la tragédie, observe le père.

— Je mets de l'âme à tout ! lui réplique Chateaubriand.

Le vendredi saint, après le sermon de l'abbé Lavadou, il obtient malgré tout du père Nagot l'autorisation de s'adresser aux marins. Armé d'un crucifix, il commente la Passion en termes si violents que l'abbé de Mondésir écrira : « S'il se fût trouvé un Juif à bord, je ne doute nullement que nos matelots l'eussent jeté à la mer. » Ces discours enflammés ne font pas illusion et le père Nagot ne s'y trompe pas : ce chevalier de Malte, accepté bien légèrement dans l'Ordre, est un philosophe, acquis aux idées du siècle et plus dangereux pour l'Eglise qu'utile. Ragaillardi, le père a repris en main Francis Tulloch qu'il ne veut pas se voir ravir par ce chrétien suspect. Hélas ! lorsque après quatre semaines entre le ciel et l'eau le navire aborde aux Açores, Chateaubriand entraîne Tulloch avec lui pour débarquer les premiers, sous prétexte que leur connaissance des langues étrangères aidera les marins chargés de l'approvisionnement. Le pavillon tricolore a mal impressionné les autorités locales qui les ont pris pour des Barbaresques. Les deux jeunes gens les rassurent et reçoivent un fraternel accueil de ces moines qui, de leur couvent de Santa-Cruz, gouvernent cette île.

Le supérieur est un ancien marin de Jersey, naufragé reconverti à la vie monastique en raison des agréments qu'elle lui procure. A dire vrai, l'existence de ces moines paraît peu édifiante et fournit à Chateaubriand un nouvel argument contre les ordres religieux. Après un tour de l'île, à la végétation luxuriante et aux femmes parfois assez belles, après un long banquet nocturne, suivi d'une courte messe à l'aube, Chateaubriand et Tulloch regagnent le bord, pleins de mépris pour ces moines relâchés, mépris nuancé d'une certaine admiration pour leur sens des affaires car, si la chère a été somptueuse, la note des approvisionnements fournis paie, bien au-delà, cette large hospitalité.

A partir de cette escale, les rapports entre Chateaubriand et ses compagnons de voyage semblent s'être un peu modifiés. Les plus belles âmes ont leurs limites, et leur conversation a les siennes. On n'a plus grand-chose à se dire. Chateaubriand espace ses relations avec les sulpiciens, tout en conservant avec Francis Tulloch des rapports curieux, ceux qu'entretient une personnalité forte avec une autre, plus faible. Il s'est fait son oracle, et même son maître, en subissant toutefois cet empire qu'exercent innocemment ceux que la nature a dotés d'un beau visage et de cette grâce, plus séduisante encore que la beauté. Chateaubriand avouera plus tard avoir rencontré peu d'êtres « dont le cœur fût mieux en harmonie avec le sien que celui de Tulloch », et l'un de ses biographes, George D. Painter, soulignera que Chateaubriand paraissait avoir découvert enfin l'*alter ego* « dont même le plus exclusif amoureux des femmes peut avoir besoin et rechercher dans sa jeunesse[12] », voyant dans Tulloch un autre Gesril, bien que les rôles soient inversés, Chateaubriand ayant cette fois la position dominante.

Lorsque tous deux n'ont pas de ces conversations cœur à cœur « pas tout à fait indignes du grand spectacle » offert par l'immensité de la mer et du ciel, Chateaubriand, pour mieux jouir de ce tableau, se réfugie dans la hune et y passe ses journées, grisé de lumière et de vent. Parfois, la nuit venue, il s'étend sur le pont, roulé dans son manteau, fixant les étoiles pour leur demander le secret de son destin. Comme à Dol et à Rennes, à Dinan et à Cambrai, son étonnante aptitude à tout force l'admiration, et lorsqu'il grimpe aux agrès, avec souplesse et vélocité, c'est, dit-il, « aux applaudissements des matelots » avec lesquels il fraternise volontiers, peut-être pour montrer aux sulpiciens, plus réservés, sa popularité.

Enfin, le 23 mai 1791, le *Saint-Pierre* arrive en vue de Terre-Neuve où il va relâcher pendant quinze jours. C'est une île fantôme aperçue à travers la brume et fort décevante une fois à quai. La capitale, Saint-Pierre, est un hameau, composé d'une église et de quelques cabanes décorées du nom de maisons, tandis que celle du gouverneur passe pour un palais. Ce gouverneur, M. d'Asseville, a peu de distractions, et encore moins de conversations avec des gens de son monde. Aussi accable-t-il le jeune voyageur de politesses, commençant par lui faire les honneurs de son potager où quelques légumes européens, bien que protégés du vent, semblent atteints de consomption. Pendant cette longue relâche, Chateaubriand a tout le loisir d'excursionner dans l'île et d'y faire ses premières expériences de botaniste, encore qu'il y ait fort peu à glaner sur ce sol infertile. Un jour, il rencontre une jeune fille, occupée à cueillir une herbe improprement appelée « thé » par les habitants. C'est une marinière, accorte et causante, qui lui conte naïvement ses travaux, ses fiançailles avec un certain Guillaumy et ses modestes ambitions. Cette jeune fille est la première d'une longue série de figures féminines, beaucoup anonymes, qui jalonnent les *Mémoires d'outre-tombe* comme autant de rappels symboliques, sur le chemin des grandeurs, des vanités terrestres et des vertus d'une vie simple, ignorée.

Il fait aussi de longues promenades avec Tulloch, plus que jamais sous sa coupe, improvisant avec lui, au milieu de ces landes balayées par le vent, des chants lyriques, ainsi qu'Homère, un de ses poètes favoris, devait en composer, sous l'effet d'une inspiration soudaine. Cela n'empêche pas Tulloch, le jour des Rogations, de chanter avec le même entrain des cantiques et, les yeux au ciel, de porter la bannière en tête de la procession. Pour Chateaubriand, cette attitude est une trahison, alors que le jeune Ecossais, sincère chaque fois, ne peut être accusé de duplicité mais seulement d'indécision. Aussi leur amitié est-elle traversée d'orages, selon que le disputé Tulloch suit ses conseils ou ceux du père Nagot.

Le 6 juin 1791, le *Saint-Pierre* appareille avec un nouveau capitaine, Pierre Bouville, car Pintedevin reste à Terre-Neuve où il doit s'occuper des intérêts de l'armateur. Au fur et à mesure que le brigantin descend vers le sud, la température remonte, et bientôt il fait si chaud que Chateaubriand, refusant d'écouter les mises en garde des matelots, se déshabille et plonge du beaupré tandis que le père Nagot, choqué, engage ses ouailles à regagner leurs cabines. Il existe de ce bain, occasion d'une belle page dans les Mémoires, deux versions : celle de l'auteur qui affirme s'être écarté du navire, avoir failli être attaqué par des requins et n'avoir pu remonter à bord que grâce à un filin lancé par l'équipage ; et celle de Mondésir qui écrira que Chateaubriand, plus prudent qu'il ne le dit, se serait fait descendre à l'eau par un système de cordages et de sangles, comme une vulgaire palanquée, mais qu'au contact de l'eau il aurait perdu connaissance et, craignant qu'un requin ne fondît sur lui, l'équipage l'aurait promptement remonté. Revenu à lui sur le tillac, il aurait sobrement déclaré : «Eh bien, maintenant, je sais à quoi m'en tenir[13]... » Cette dernière version paraît d'autant plus plausible que Chateaubriand, comme la plupart des Bretons, même nés au bord de la mer, ne devait pas savoir nager, encore moins plonger d'une telle hauteur, et que le capitaine ne l'aurait certainement pas autorisé à le faire.

Le 2 juillet, la côte américaine se dessine à l'horizon. Le navire a pénétré dans la baie de la Chesapeake où, vingt ans plus tôt, l'amiral de Grasse a vaincu la flotte anglaise. On accoste afin de renouveler les vivres et Chateaubriand descend à terre. Il est salué, à la première habitation devant laquelle il s'arrête, par une jeune Négresse à peine vêtue qu'il trouve belle comme la nuit, ajoutant : «Ce fut une esclave qui me reçut sur la terre de la Liberté», paradoxe dont s'étonnait déjà le Dr Johnson, au début de la rébellion des colonies, lorsqu'il constatait que c'était parmi les propriétaires d'esclaves que s'élevaient les plus grands cris en faveur de la liberté.

Après être resté trois jours à l'ancre, attendant un vent favorable, le *Saint-Pierre* arrive le 9 juillet 1791 à Baltimore et, le lendemain, Chateaubriand débarque. Il assiste avec ses compagnons à une messe d'action de grâce à la cathédrale, puis les quitte pour s'installer à l'auberge. Francis Tulloch part de son côté avec les sulpiciens, sans un mot d'adieu, sans un regard, ce qui le mortifie cruellement et lui laissera un souvenir ineffaçable, comme une cicatrice. A Londres, en exil, il essaiera de savoir ce qu'il est devenu et, ignorant s'il était mort ou vivant, il érigera par anticipation une stèle à sa mémoire en racontant dans l'*Essai sur les révolutions*, en note, il est vrai, son histoire qu'il déclarera «singulière», alors qu'elle l'est seulement par le sentiment singulier que Tulloch a éveillé en lui. Finalement Tulloch aura suivi ses conseils, renonçant à la prêtrise pour se marier. Lorsque Chateaubriand se retrouvera, en 1822, ambassadeur de France à Londres, Tulloch lui adressera une lettre émue pour renouer connaissance, mais Chateaubriand, tout en citant cette lettre à l'appui de son récit, omettra de préciser s'ils se sont revus.

*

Descendu à la *Grout's Tavern,* il n'y reste pas et part le lendemain pour Philadelphie. Il faut environ quarante heures pour aller de Baltimore à Philadelphie avec un *stage-coach,* véhicule inconfortable et rapide où les voyageurs sont secoués comme des pruniers, parfaitement éventés, souvent trempés par la pluie malgré d'épais rideaux de cuir censés les protéger mais qui les privent de voir le paysage. Il est vrai que celui-ci n'offre aucun pittoresque. On n'en trouve pas davantage à Philadelphie, cité moderne et rectiligne à laquelle manquent, estime Chateaubriand, ces monuments grandioses qui retiennent l'œil et font oublier le reste. Après une nuit à l'*Indian Queen,* célèbre auberge où il se remet des cahots de la route, il prend ses quartiers dans une pension de famille où abondent des Français de toutes opinions, venus de toutes parts, émigrés de France et de Saint-Domingue unis dans une aversion commune à l'égard des Français dits patriotes qui, tout en affichant des principes républicains, se révèlent fort peu vertueux dès qu'il s'agit d'affaires et d'argent.

En cela ils trouvent leurs maîtres dans les Quakers dont l'âpreté au gain et la scélératesse indignent Chateaubriand, choqué de voir dans le Nouveau Monde autant de luxe et de vanité que dans l'ancien. Le duc de Liancourt, arrivé aux Etats-Unis un peu plus tard, fera les mêmes réflexions, trouvant les parvenus de la Nouvelle-Angleterre encore plus insupportables que les financiers de Paris.

Chateaubriand ne s'est guère étendu sur son séjour à Philadelphie, mais on peut supposer qu'il a visité le musée de Charles Wilson Peale où sont réunis des échantillons de la flore et de la faune des Etats-Unis, ainsi que les jardins où le voyageur Bertram cultive des plantes rapportées de Floride, et la *Gray's Tavern,* sorte de parc aménagé en désert naturel sur une falaise surplombant la Schuylkill, avec une cascade d'une trentaine de mètres.

La nation américaine est trop jeune pour avoir des souvenirs historiques et la curiosité du pays reste Washington, à l'apogée de sa gloire. Muni de l'introduction du colonel Armand, Chateaubriand, le 18 juillet, se présente au 190 High Street où le grand homme habite une demeure assez simple qui montre à la fois sa modestie et son honnêteté.

Une servante lui ouvre et lui apprend que le Président, malade, ne reçoit personne. Il laisse sa lettre et s'en va, déçu. Mais sa déception ne passera pas dans les *Mémoires d'outre-tombe* : il y affirmera que la servante l'a introduit auprès de Washington dont la vue, écrira-t-il, ne l'a pas impressionné : « Je n'étais pas ému : la grandeur d'âme ou celle de la fortune ne m'imposent pas ; j'admire la première sans en être écrasé ; la seconde m'inspire plus de pitié que de respect : visage d'homme ne me troublera jamais[14]. » On peut s'étonner de ce jugement dédaigneux d'un tout jeune homme à l'égard d'un chef d'Etat justement renommé pour ses capacités, jugement qui paraît dicté par l'embarras d'en parler en connaissance de cause. D'après son récit, Washington l'aurait invité à dîner pour le lendemain et jamais, dans les Mémoires, un dîner avec un aussi grand personnage n'a été aussi sommairement évoqué. Il est curieux que Chateaubriand, si bon observateur en général, n'ait pas retenu les noms des autres convives, ni le moindre des propos échangés à cette table où, si l'on a vraiment parlé de la Révolution française, ainsi qu'il le rapporte, Washington et ses invités n'ont pas manqué de faire des réflexions intéressantes ou de formuler des jugements propres à le frapper. Il est également curieux qu'aucune des personnes présentes n'ait questionné ce jeune Français, fraîchement débarqué, pour savoir ce qu'il pensait de la situation à Paris, constant sujet de préoccupation pour le Congrès.

Lui qui laissera de remarquables portraits, souvent au vitriol, d'hommes célèbres ou non, il dit seulement, à propos de Washington, qu'il ressemblait aux portraits de lui qu'on voyait un peu partout. Une relation aussi pâle et privée de toute vie tend à confirmer qu'il n'a eu ni audience ni dîner et qu'il n'a jamais vu Washington. Celui-ci, écrivant le 5 septembre à La Rouërie pour le remercier de sa lettre, ajoute : « Indisposé quand M. de Combourg se présenta pour me la remettre, je ne l'ai pas vu. » Il est fort possible aussi que le Président n'ait pas voulu le recevoir, car les relations avec la France étaient difficiles et il s'était fait un devoir de ne pas rencontrer de Français, surtout des émigrés, qui auraient pu, soit par leurs propos, soit en déformant les siens, le compromettre aux yeux de ses concitoyens ou du gouvernement français.

Certains fervents de Chateaubriand, et notamment George D. Painter, persuadés que si Chateaubriand s'est trompé sur les dates il a néanmoins vu Washington, situent ce dîner lors de son second séjour à Philadelphie. Que ce dîner ait eu lieu ou non, Chateaubriand saura du moins en tirer un grand prestige et, pendant toute sa vie, il ne cessera de rappeler qu'il a vu l'ancien monde et le nouveau, Washington et

Napoléon, faisant du premier, jusqu'à ce qu'il se réconcilie finalement avec le génie du second, son grand homme.

Washington vu ou non, il n'a plus rien à faire à Philadelphie et en part le 20 juillet 1791 pour New York. De là, il gagne Boston, berceau de l'Indépendance. Il en compare les premiers révoltés aux héros des Thermopyles, car, tout en tournant le dos à l'ancien monde, il emporte une vaste culture européenne, étiage à partir duquel il juge tout ce qu'il voit, imitant les orateurs de l'Assemblée qui rapportent constamment les hommes et les événements de la Révolution à ceux de l'Antiquité grecque ou latine. De New York, où il revient après son pèlerinage à Boston, il s'embarque à destination d'Albany sur un *packet-boat* où une société relativement élégante a pris place et lui désigne, en passant devant Palisades, lieu d'une grandeur sauvage, l'endroit où le major André, héros et traître à la fois, a été pendu onze ans plus tôt. Une jeune Quakeresse est priée de célébrer son souvenir en chantant la complainte du major André, ce qui tire des larmes à l'auditoire.

Recommandé à un important négociant d'Albany, M. Swift, qui fait le commerce des pelleteries avec les Indiens, il va lui exposer ses projets d'exploration. Le négociant élève toutes les objections que peut susciter une entreprise aussi légèrement conçue : sans recommandation des autorités, il aura les pires difficultés avec les postes américains, anglais ou espagnols qui contrôlent les voies de passage et, sans argent suffisant pour se munir d'armes et de vivres, il ne pourra jamais affronter les déserts glacés du Grand Nord. Sagement, M. Swift l'invite à se familiariser avec le pays, ses climats, les divers idiomes qu'on y parle avant de s'initier avec les Indiens et certains Blancs à la vie aventureuse de coureur de brousse. Bref, il lui faudra patienter pendant quatre ou cinq années avant de pouvoir tenter une pareille expédition et encore aurait-il besoin pour cela de l'appui du gouvernement français.

Un langage aussi raisonnable est bien fait pour décourager le chevalier de Combourg, mais celui-ci ne veut pas s'avouer vaincu et suit seulement le premier conseil de M. Swift : il se revêt d'une peau d'ours, se coiffe de la calotte rouge des trappeurs, se ceint d'une cartouchière, achète un fusil ainsi qu'une corne pour appeler ses chiens. Il laisse aussi pousser sa barbe et ses cheveux : «J'avais, dira-t-il, du sauvage, du chasseur et du missionnaire.» Il se procure deux chevaux, l'un pour lui, l'autre pour son guide, un Hollandais qui connaît plusieurs dialectes indiens, et tous deux partent en direction des chutes du Niagara, traversant une région de moins en moins civilisée jusqu'à ce qu'ils arrivent à des forêts telles qu'il n'en avait jamais imaginé. Là, il se croit vraiment dans le pays de la liberté, revenu à la nature primitive, et, oubliant le placide Hollandais, il se voit presque en démiurge, inventant un monde à sa mesure. En cela, il partage un travers fréquent chez ceux qui se veulent libres et, à peine affranchis des règles et des lois, des prêtres et des monarques, se croient souverains à leur tour et n'ont rien de plus pressé que de proclamer cette souveraineté sur le territoire qu'ils se sont approprié : « Me voilà tel que le Tout-Puissant m'a créé, dira-t-il en relatant plus tard sa descente en pirogue de la Cuyahoga, souverain de la nature, porté triomphant sur les eaux, tandis que les habitants des fleuves accompagnent ma course, que les peuples de l'air me chantent leurs hymnes, que les bêtes de la terre me saluent, que les forêts courbent leur cime sur mon passage[15]. »

Son illusion de forêt vierge est courte : en arrivant près d'Oneida Castle, il tombe au milieu d'Indiens tatoués, emplumés, dansant d'une manière agile et grotesque au son d'un violon dont joue avec frénésie un M. Violet, ancien marmiton du général de Rochambeau. Spirituellement croquée par le voyageur, la scène burlesque et l'artiste obscur passeront à la postérité par la voie des *Mémoires d'outre-tombe* et surtout celle des anthologies.

A partir de ce moment, Chateaubriand commence à mener réellement la vie des coureurs de brousse, à défaut de celle des sauvages, accompagnant les Indiens à la chasse, dormant dans des *ajoupas*, vivant principalement du produit de ses chasses. Les Indiens avec lesquels il essaie d'entrer en rapport, grâce à quelques mots d'iroquois qu'il a retenus, baragouinent pour la plupart un peu d'anglais et sont plus civilisés – ou corrompus – qu'il ne le pensait. Dans leurs cabanes, il voit des ustensiles achetés à Québec et à Montréal, et dans les yeux de beaucoup d'hommes il voit aussi que l'eau-de-vie ne leur est pas inconnue. Bref, ce sont des sauvages assez primitifs pour impressionner le voyageur, assez civilisés pour le rassurer.

Malheureusement, l'homme selon la nature se révèle assez différent de ce qu'il a cru jusqu'alors sur la foi de Rousseau : cet homme a les mêmes défauts que l'Européen, sans cet adoucissement que lui ont donné mille ans de christianisme. A considérer certaines scènes, qu'il introduira dans *Les Natchez*, les mœurs des Indiens rappellent davantage celles des Jacobins aux pires moments de la Terreur que les descriptions idylliques de voyageurs en chambre. Lui-même n'échappe pas à la règle et lorsqu'il composera, quelques années plus tard, son *Essai sur les révolutions*, il se croira tenu de sacrifier au mythe du « bon sauvage », écrivant que l'homme primitif est « le favori de la nature », alors qu'il doit lutter contre celle-ci pour survivre et, à propos des Indiens, il ne craindra pas d'affirmer qu'«heureux au fond de l'âme, on ne découvre point sur le front de l'Indien comme sur le nôtre, une expression inquiète et agitée. Il porte seulement avec lui cette légère affection [*sic*] de mélancolie qui s'engendre de l'excès de bonheur, et qui n'est peut-être que le pressentiment de son incertitude[16]». C'est prêter à l'homme primitif, qui ne vit que dans le présent, une mentalité de civilisé, voire d'homme des villes, et même un certain niveau intellectuel. En fait, l'auteur se substitue à l'Indien en lui attribuant les raisonnements qu'il tiendrait s'il était à sa place.

Chateaubriand éprouve une autre déception, car il a cru, comme beaucoup d'Européens de bonne volonté, pouvoir conquérir aisément le cœur ingénu du sauvage alors que celui-ci n'attend de l'étranger ni amour, ni même sympathie, mais seulement des cadeaux et de l'argent. Il y a là un malentendu que Chateaubriand devine en voyant un jeune Indien, de fière allure et avec lequel il aimerait se lier, ne lui accorder que des regards méprisants.

Ces premières expériences modifient un peu sa façon de penser. Il l'avouera dans l'*Essai sur les révolutions* en écrivant : «J'étais alors, comme Rousseau, grand partisan de l'état sauvage, et j'en voulais à l'état social. Je me suis raccommodé avec les hommes, et je pense aujourd'hui, avec un autre philosophe du XVIIIe siècle[17], que le superflu est une chose assez nécessaire.» Pour le moment, il n'en laisse rien paraître et, dans une lettre à M. de Malesherbes, il se contente, après avoir décrit certains usages et des jeux d'enfants qui l'étonnent par leur calme, de conclure que les Indiens «ont dans l'air je ne sais quoi de sérieux comme le bonheur, de noble comme l'indépendance[18]». Cette lettre est écrite d'un campement, à cinq ou six lieues de la cataracte de Niagara dont le bruit lui parvient comme celui d'un sourd mugissement. Lorsqu'il arrive aux chutes, il se précipite avec tant d'impétuosité vers ce fascinant tableau que le Hollandais doit le retenir par le bras de crainte qu'il ne soit happé par l'eau qui, filant avec «la vélocité d'une flèche», se déverse, dans un fracas étourdissant, cinquante mètres plus bas. Effrayé, non par le bruit, mais par un serpent, son cheval trébuche et Chateaubriand met pied à terre afin de contempler de plus près ce phénomène inouï de la nature. Il emprunte une échelle de lianes, en mauvais état d'ailleurs, utilisée par les Indiens pour descendre dans le gouffre, et, parvenu à quelque treize mètres du tourbillon des eaux, il ne trouve plus, dans le roc, d'entaille où poser le pied. Il reste un moment suspendu dans le vide, accroché désespérément à une racine, et sent bientôt ses doigts s'entrouvrir… Il tombe heureusement sur un redan du rocher et s'en tire avec seulement une fracture du bras gauche. Des Indiens accourus aux cris du Hollandais le remontent avec des cordes, le soignent et lui posent, en guise d'éclisses, deux lattes de bois serrées par un bandage.

Cet accident l'oblige à prendre une dizaine de jours de repos en attendant que l'os se ressoude. Il les occupe à visiter des campements, assister à des cérémonies rituelles, écouter des chants et voir des danses, emplissant son esprit de tous ces détails qui donneront à ses récits une couleur d'authenticité, mais, plus que les Indiens, assez décevants, ce sont les tableaux de la nature qui le frappent et lui inspireront certaines des pages les plus célèbres de son œuvre. Il y aura particulièrement une *Nuit dans les forêts du Nouveau Monde*, un des morceaux de bravoure du romantisme, dont il fera un prodigieux emploi puisque cette nuit fameuse arrive en conclusion de son *Essai sur les révolutions*, apparaît dans la première version du *Génie du christianisme*, imprimée à Londres en 1800, et l'année suivante dans la Bibliothèque française ; elle se trouve évidemment dans l'édition officielle du *Génie du christianisme* en 1802, est remaniée pour la deuxième édition, encore remaniée pour la troisième avant de trouver sa version définitive dans les *Mémoires d'outre-tombe*[19]. Les commentateurs observeront aussi que cette *Nuit* a beaucoup voyagé, située, suivant les différentes versions, à tel ou tel endroit du voyage accompli par son auteur, mais, comme l'écrira Villemain, « ce que le génie de M. de Chateaubriand paraît avoir retiré de ce parcours d'une portion de l'Amérique, c'est moins la vérité des détails qu'une impression générale de pittoresque et de grandeur, une étrangeté de couleurs qui rajeunissaient la pensée et le langage ; ajoutez un reflet moral, un mélange de tristesse et de rêverie plus puissant sur l'âme encore que sur les yeux, et qui semble unir le sérieux mélancolique de l'ancien monde à l'éblouissante nature du nouveau[20] ».

*

Après ce séjour forcé aux environs de Niagara, on perd la trace de Chateaubriand qui a pris soin de brouiller les pistes et a rendu son véritable itinéraire aussi difficile à déterminer que le passage du Nord-Ouest auquel il a dû renoncer. Son guide hollandais l'a quitté, soit qu'il ait achevé sa mission, soit qu'il n'eût pas voulu accompagner davantage ce Français à l'humeur fantasque et aux maigres ressources. Le bras consolidé, capable de se tenir à cheval, Chateaubriand s'incorpore à un groupe d'immigrants qui se dirigent vers Saint-Louis, au confluent du Mississippi et du Missouri. Six jours plus tard, une discussion s'élève entre les immigrants qui décident de se séparer. Chateaubriand se joint à ceux qui vont vers Pittsburgh.

Sans doute a-t-il suivi les bords du lac Erié jusqu'à l'embouchure de la Cuyahoga où, une fois là, ses compagnons et lui ont pu trouver une pirogue assez vaste pour les contenir tous et leur permettre de remonter la rivière, à travers des gorges sauvages et sylvestres, jusqu'à des rapides qu'ils contournent, pour suivre ensuite un des bras de cette rivière et atteindre, après plusieurs jours de navigation, le cours de l'Ohio. C'est vraisemblablement vers le 7 septembre 1791 qu'il débarque à Pittsburgh, l'ancien Fort-Duquesne des Français, où règne une grande activité car on y forme l'armée de Saint-Clair, chargée de réprimer des révoltes d'Indiens qui viennent d'éclater.

De Pittsburgh à Saint-Louis, en descendant le cours de l'Ohio, les villes sont nombreuses, mais Chateaubriand ne paraît pas y avoir porté beaucoup d'attention, malgré les souvenirs que certaines évoquent pour un Français. Peut-être a-t-il fait une partie du voyage, étendu au fond du bateau, les yeux au ciel, admirant les nuages ou les effets de lune. Il ne parlera pas de l'infortunée Compagnie du Scioto, fondée par des compatriotes, et où il aurait pu rencontrer M. de Malartic, homme expérimenté, pour le consulter sur ses projets ; il ne fera aucune allusion aux Indiens, alors en pleine rébellion ; il ne dira pas un mot de Mariette, ainsi nommée, en 1787, en l'honneur de Marie-Antoinette, et il donne ainsi l'impression, s'il a réellement descendu le cours de l'Ohio, d'avoir emprunté tous les éléments de sa description au voyageur anglais Imlay qui, lui-même, avait emprunté la sienne au *Journal* du gouverneur Power, notamment l'évocation de la forêt américaine.

Si un doute existe au sujet de cette descente de l'Ohio, il n'y en a guère à propos de son incursion chez les Natchez. Au confluent des deux fleuves, où s'élève aujourd'hui la ville de Cairo, il renonce à pousser jusqu'à Saint-Louis et à gagner la Nouvelle-Orléans, car, manquant d'argent, il doit songer au retour. Il a certes atteint, ou peu s'en faut, le territoire des Natchez, mais le parcourir demanderait une vingtaine de jours, et c'est peut-être parce qu'il regrettera de n'avoir pu visiter cette contrée qu'il en fera de si grandioses descriptions.

A ce point de son voyage, un galant épisode ajoute une touche sentimentale au tableau qu'il tracera du Nouveau Monde. En dépit de ses affirmations, les Indiennes, à quelque tribu qu'elles appartiennent, sont moins belles et surtout moins appétissantes qu'il le dira. La plupart des voyageurs de cette époque et du début du XIXe siècle se montreront fort critiques sur ce sujet, rebutés autant par le bariolage des peaux que par leur odeur, et s'étonneront que Chateaubriand ait pu les trouver séduisantes. Quelques Européens, retournés à la vie sauvage, ont certes épousé des Indiennes et en ont eu des enfants, mais ces exemples ne sont pas convaincants, surtout lorsqu'on voit de quels Européens il s'agit. Chateaubriand en a rencontré un, Philippe Le Cocq, d'abord ému d'entendre à nouveau parler français, mais un peu abruti par tant d'années passées dans les bois. Lorsque Chateaubriand lui avait demandé pourquoi il avait choisi ce destin, il avait fini par répondre : « L'instinct. »

Les plus beaux types de femmes sont des métisses, de père en général espagnol, ce qui leur donne une peau plus claire et fait ressortir leurs yeux noirs. Ce sont deux femmes de cette espèce qu'il rencontre un jour sur les rives de l'Ohio, venues des Florides avec un parti d'Indiens. Elles ont toutes deux une élégance qui dénote une autre race, à défaut d'une autre éducation, et elles rappellent ces métisses des Antilles dont les planteurs font leurs maîtresses. Il apprend que ces deux femmes qu'il a crues sœurs, et qui sont cousines, sont nées de mères séminoles et de pères espagnols. Profitant de ce que les mâles de la tribu sont à la chasse, il demeure au campement avec elles pour les aider dans les soins du ménage, puis il essaie de les séduire en s'intéressant à leur toilette, en les parant de fleurs et en leur faisant des compliments dont, si elles ne comprennent pas les paroles, elles pénètrent du moins l'intention.

C'est pour lui une journée enchanteresse avec, comme point culminant, un bain dans la rivière où, dit-il, la décence est respectée, car elles conservent une chemise, et lui un pantalon. Une sieste alanguie succède au batifolage aquatique. Etendu sur la berge, entre les deux Floridiennes, il sent leur tête sur son épaule et, bercé par la mélopée d'une des femmes, il songe à d'indicibles voluptés lorsqu'une voix d'homme l'arrache à ses rêves. Les chasseurs sont de retour et les Floridiennes rejoignent leurs maîtres. L'enchantement a été brutalement dissipé. Il l'est plus cruellement encore le lendemain lorsque Chateaubriand voit les deux cavaliers empoigner d'une main la taille des femmes pour les jucher sur leurs chevaux, en croupe, et partir au galop.

Cette vision, qu'il compare à une scène mythologique, le hantera longtemps ; elle l'inspirera non seulement pour le personnage d'Atala, mais pour ceux de Mila et de Celuta, dans *Les Natchez*. Ces deux Floridiennes auront même droit à une évocation dans les *Mémoires d'outre-tombe* et, là, il laisse entrevoir la vérité, moins flatteuse pour son amour-propre : ces deux odalisques n'auraient été que des filles peintes, c'est-à-dire des prostituées, suivant les trafiquants, comme en Europe les ribaudes s'attachent aux régiments, mais l'inclination qu'elles avaient montrée pour le jeune Français avait excité la jalousie d'un de leurs maîtres, un bois-brûlé, si vilain d'aspect qu'il avait été fort humilié de voir un tel rival lui ravir sa proie.

*

Après cet épisode, il ne se produit plus rien de saillant jusqu'à son retour à Philadelphie en passant par Nashville, Knoxville, Salem, Harper's Ferry. Il a d'abord suivi la piste appelée *Wilderness Trail* où, selon George D. Painter, il a peut-être croisé un vieux missionnaire, assez lettré, dont il se serait servi pour créer le père Aubry, dans *Atala*. Assez désertique jusqu'à Knoxville, la piste se transforme ensuite en grand chemin où se multiplient, au fur et à mesure que l'on avance, ces symptômes de civilisation que sont les cabarets, assez nombreux pour laisser soupçonner une vaste clientèle : c'est le *Great Trading Path*.

Chateaubriand a dépassé la localité d'Abingdon lorsqu'un soir, cherchant un abri pour la nuit, il frappe à l'huis d'une ferme, accolée à un moulin où la maîtresse de maison lui offre une chambre, au-dessus de la machine hydraulique. De l'étroite fenêtre, il aperçoit une de ces vues poétiques, comme les populariseront les almanachs de l'époque romantique : un ruisseau, bordé de saules, de tamarins et de peupliers de Caroline, et une roue, festonnée de mousse verte. Des oiseaux voltigent, éperdus, rayant l'air de leurs cris stridents. Dans ce cadre idyllique, où il est à la fois bercé par le grincement régulier de la machine à moudre et vaguement grisé par la rêche et saine odeur du blutage, il s'abandonne à une rêverie un peu mélancolique en songeant à ses chères Floridiennes, à son avenir, encore incertain. Le bonheur ne serait-il pas là, dans cette vie simple et champêtre ? Et c'est parce qu'il aura connu, entre deux orages, de tels moments d'accalmie, qu'il cultivera toute sa vie la nostalgie d'une retraite à l'abri des passions, alors qu'il est le plus passionné des hommes, le moins fait pour vivre, en dépit de ses protestations, dans la retraite et l'oubli.

Lorsqu'il descend dîner, c'est un tableau dans le goût de Chardin qui s'offre à lui : la pièce est éclairée par la lueur dansante du foyer qui fait luire, au râtelier, les fusils du maître, absent ce jour-là. Un écureuil apprivoisé joue avec un gros chien, sautant de son dos sur un rouet, puis de celui-ci sur l'animal. A peine Chateaubriand est-il assis qu'un petit chat vient se percher sur ses genoux pour contempler ce jeu. La fermière est en train de préparer le dîner. Distraitement, il jette un regard sur un vieux journal et sursaute en voyant ce gros titre : FLIGHT OF THE KING. En quelques secondes, il apprend des événements vieux d'environ quatre mois : l'évasion de la famille royale, le 20 juin, son arrestation à Varennes et son humiliant retour à Paris ; il apprend aussi que des gentilshommes français, officiers ou non, rejoignent les frères du roi qui, de l'autre côté du Rhin, préparent une croisade afin d'aller délivrer le monarque infortuné.

Il affirmera qu'en apprenant ces nouvelles il comprit aussitôt où se trouvait son devoir et résolut de rentrer en France au plus vite. Il n'y a aucune raison de mettre en doute sa bonne foi, mais on peut ajouter qu'il lui était difficile de rester davantage aux Etats-Unis sans ressources et sans moyens de s'en créer, encore que bientôt beaucoup d'émigrés réussiront à subsister, comme Moreau de Saint-Méry dans le journalisme, et d'autres en exerçant ces petits métiers qui vont de l'enseignement des belles manières et du français à la confection de chapeaux de paille ou de gâteaux.

Dès lors, il faut hâter son retour ; malgré cela, il ne résiste pas au plaisir d'aller admirer le fameux Pont naturel, produit par l'érosion au-dessus de la Ceddar Creek, curiosité déjà réputée, propriété du ministre Jefferson et dont il utilisera le souvenir pour la mort d'Atala. Après Harper's Ferry, la route, assez dangereuse au début, entre le cours du Potomac et les précipices des montagnes Bleues, s'élargit et le conduit sans incidents jusqu'à Philadelphie où il arriva au début du mois de novembre après avoir parcouru environ cinq mille kilomètres en cent seize jours, sans aucune des mésaventures auxquelles s'exposent généralement les voyageurs, souvent victimes de représailles exercées par les Indiens. Sans le savoir, il a profité d'une trêve après laquelle escarmouches et batailles reprendront, pour aboutir au quasi-anéantissement de l'armée Saint-Clair.

A Philadelphie, il doit trouver de l'argent pour payer son passage en France. Si, comme le croit George D. Painter, il a vu Washington lors de son second passage, le Président n'a pas été ému par le dénuement du jeune homme et ne lui a fait aucune offre de secours. Chateaubriand, qui n'a pas trouvé les lettres de change sur lesquelles il comptait, doit se débrouiller pour obtenir du crédit. Il ne révélera ni ses démarches, ni leur résultat. On sait seulement qu'il a trouvé passage à bord d'un navire à destination du Havre et dont le capitaine aurait accepté de n'être payé qu'à l'arrivée, ce qui est confirmé par l'appel pressant que Chateaubriand adressera, une fois débarqué, à son frère afin de lui emprunter les fonds nécessaires. Il a dû laisser quelques dettes aux Etats-Unis, car en 1797 une Américaine exigera le remboursement d'un prêt de six mille livres fait en 1791 à François-René de Chateaubriand. Celui-ci a-t-il eu besoin d'argent dès son arrivée pour s'équiper ou bien a-t-il contracté cette dette, importante, dans l'intention de se livrer au commerce, de spéculer sur les terrains ? Il gardera le silence au sujet de ces opérations infructueuses, avouant plus volontiers son échec comme explorateur que la faillite de ses entreprises mercantiles.

Un semblable mystère enveloppera désormais tout ce séjour aux Etats-Unis, mystère entretenu par lui et d'autant plus épais qu'il donnera de ce séjour, dans ses divers ouvrages, des versions différentes qui susciteront l'incrédulité des géographes et embarrasseront les exégètes de son œuvre. L'un de ceux-ci, Raymond Lebègue, dénombrera neuf itinéraires différents et soulignera que si Chateaubriand évite, en décrivant certaines régions, d'employer la première personne, laissant parler ainsi des prédécesseurs, souvent peu fiables, c'est pour ne pas infirmer ce qu'il avait écrit dans le *Génie du christianisme* et dans l'*Itinéraire de Paris à Jérusalem*, publiés avant la relation de son *Voyage en Amérique*.

Vers 1833-1834, il sera contraint de modifier l'itinéraire élaboré en 1825-1826, date de publication du *Voyage*, afin de répondre aux critiques d'un voyageur, René de Mersenne, qui s'était fait l'écho de critiques américains qualifiant de « conte à dormir debout » sa description du Mississippi. A la même époque, Eugène Ney, le fils du maréchal, revenant d'une expédition sur le Mississippi, formulera les mêmes remarques et conclura, comme Mersenne, à l'imposture de Chateaubriand. En fait, celui-ci a autant lu que voyagé, si bien qu'au fil du temps, comme l'écrit Raymond Lebègue, les souvenirs du lecteur se confondront avec ceux du voyageur.

Chateaubriand finira par en convenir. Déjà, en relatant sa campagne de France, il écrira dans les *Mémoires d'outre-tombe* : « Mes camarades me demandaient des histoires de mes voyages ; ils me les payaient en beaux contes ; nous mentions comme un caporal au cabaret avec un conscrit qui paie l'écot[21]. » A la fin de sa vie, il avouera au père Alat qui lui avait écrit à propos de son séjour aux Etats-Unis : « J'ai mêlé bien des fictions à des choses réelles, et malheureusement les fictions prennent avec le temps un caractère de réalité qui les métamorphose. »

*

Le 10 décembre 1791, Chateaubriand quitte Philadelphie avec quelques compatriotes obligés eux aussi de regagner la France et dont il n'indique pas plus les noms que celui du bateau. Cette fois, le vent favorise la marche et le navire avance rapidement ; puis cette jolie brise se change en ouragan, d'une violence constante : « Il résultait de l'uniformité de sa rage, écrira Chateaubriand, une sorte de bonace furieuse, dans le ciel hâve et la mer plombée… C'était autour de nous une émeute de vagues[22]. » En quinze jours, l'Atlantique est traversé, l'Europe est en vue sans que la tempête ait un instant fléchi, bien au contraire, et cette fois elle dépasse en intensité celles décrites par Homère. Chateaubriand en est si convaincu qu'il ne se fait pas attacher au grand mât pour jouir du spectacle et se tapit dans sa cabine. Un jour, il en sort, passe la tête hors de l'entrepont et voit un tableau bien propre à glacer le sang : « Le bâtiment avait essayé de virer de bord ; mais n'ayant pu y parvenir, il s'était affalé sous le vent. A la lueur de la lune écornée, qui émergeait des nuages pour s'y replonger aussitôt, on découvrait sur les deux bords du navire, à travers une brume jaune, des côtes hérissées de rochers. La mer boursouflait ses flots comme des monts dans le canal où nous nous trouvions engouffrés : tantôt ils s'épanouissaient en écumes et en étincelles ; tantôt ils n'offraient qu'une surface huileuse et vitreuse, marbrée de taches noires, cuivrées, verdâtres, selon la couleur des bas-fonds sur lesquels ils mugissaient. Pendant deux ou trois minutes, les vagissements de l'océan et ceux du vent étaient confondus ; l'instant d'après, on distinguait le détaler des courants, le sifflement des récifs, la voix de la lame lointaine… La proue du navire tranchait la masse épaisse des vagues avec un froissement affreux, et au gouvernail des torrents d'eau s'écoulaient en tourbillonnant, comme à l'échappée d'une écluse. Au milieu de ce fracas, rien n'était aussi alarmant qu'un certain murmure sourd, pareil à celui d'un vase qui se remplit[23]. »

En attendant la catastrophe, et pour essayer de la conjurer, des marins français de l'équipage entonnent un cantique à Notre-Dame du Bon Secours. Rien de tel que le vacillement du monde extérieur pour raffermir la foi. Chateaubriand chante à pleins poumons ; les matelots américains entonnent à leur tour des hymnes dans leur langue. La situation paraît désespérée. La barre a été abandonnée car aucun homme n'est assez fort pour la maîtriser, et le capitaine s'apprête à faire abattre les mâts pour offrir moins de prise à l'ouragan.

Navire et passagers sont sauvés par un marin qui, surgi comme un dieu de la mer, pieds nus, cheveux ruisselants, saisit la barre au moment où une lame approche et parvient, dans un titanesque effort, à redresser le navire alors qu'il allait chavirer. Une montagne d'eau s'abat sur le pont, mais le navire a tenu et, soulevé par une autre lame, échappe aux récifs sur lesquels il allait se fracasser. Encore que tout danger ne soit pas écarté, c'est un soulagement général auquel Chateaubriand, impavide, affirmera n'avoir pas participé : « Je n'éprouvai aucun trouble pendant ce demi-naufrage et ne sentis point la joie d'être sauvé. Mieux vaut déguerpir de la vie quand on est jeune, que d'en être chassé par le temps[24]. » Il est douteux qu'il ait ainsi philosophé en se voyant sain et sauf ce jour-là.

Le 2 janvier 1792, le navire accoste au Havre, et dans un état qui dit assez les périls auxquels il a échappé. Une dernière épreuve attend l'enfant prodigue avant ce retour auprès des siens : acquitter le prix de son passage, douze cents livres, qu'il demande à son frère de lui prêter. Au lieu de les lui envoyer, Jean-Baptiste lui répond qu'il a transmis sa lettre à leur mère. A défaut de s'exécuter, Mme de Chateaubriand lui trouve un prêteur au Havre et, libéré, il peut s'acheminer vers Saint-Malo.

4

Les traverses de l'exil

1792-1795

Après avoir écourté son séjour aux Etats-Unis pour voler au secours de son roi, Chateaubriand prend son temps, celui de la réflexion peut-être, et montre assez peu d'empressement à rejoindre l'armée des Princes. En traversant la Normandie pour gagner Saint-Malo, il peut constater par l'état des campagnes et le mauvais esprit des villes les progrès de la Révolution. Ce ne sont que châteaux abandonnés, parfois incendiés, futaies coupées, routes mal entretenues, municipalités hargneuses et tyranneaux de canton déclarant suspects tous ceux qui ne leur plaisent pas. Si la Terreur n'est pas encore à l'ordre du jour, elle est néanmoins dans l'air et a précipité l'émigration des notables, des ecclésiastiques ou simplement de tous ceux qui ont lieu de craindre pour leurs biens ou leur vie.

Il est assez singulier que Chateaubriand, qui aurait pu prendre à Philadelphie ou New York un bateau pour Rotterdam et rallier l'armée des Princes sans passer par la France, ait choisi non seulement d'y rentrer, mais de s'y attarder. Il reconnaîtra dans ses Mémoires que sa famille avait déploré « l'inopportunité de son retour ». Certes, il a besoin d'argent pour aller s'engager dans l'armée des Princes, mais d'autres l'ont déjà rejointe, ainsi que celle de Condé, sans un sou vaillant. De l'argent, il n'y en a plus guère qu'en assignats, chaque jour un peu plus dépréciés; l'or, devenu aristocrate, se cache ou émigre. Il ne peut plus rien espérer de Malte, dépouillé de ses biens, ni de sa part de l'héritage paternel, réduit par la suppression des droits féodaux et, de surcroît, indisponible. Sans rien à perdre, puisqu'il n'a plus rien, hormis ce qu'il peut tirer de sa mère, il devrait gagner rapidement les Pays-Bas autrichiens où se font les enrôlements. Au lieu de cela, il demeure à Saint-Malo auprès de sa mère et de Lucile. Celle-ci s'est mise en tête de lui faire épouser une héritière dont elle dit la fortune considérable, mais les femmes ont rarement le sens des chiffres et l'avenir prouvera que Lucile avait bien mal estimé, en montant comme en solidité, les avoirs de sa future belle-sœur.

Si celle-ci passe alors pour riche, elle ne paie pas de mine, encore qu'une certaine fraîcheur lui donne quelque joliesse. Elle est menue, avec un visage au menton fuyant, un long nez, des yeux vifs, fureteurs, et des cheveux blonds qui, en bouffant, la grandissent un peu. Elle ressemble à une belette et vieillira en fouine. Chateaubriand ne l'a vue que trois ou quatre fois, se promenant sur le *Sillon*, et ne la connaît que de nom : hélas ! celui-ci n'a rien qui puisse étourdir les Chateaubriand et flatter leur orgueil. Céleste Buisson de Lavigne, âgée de 18 ans, est fille d'un directeur de la Compagnie des Indes de Lorient et d'une demoiselle Rapion de la Placelière. Elle n'a point de quartiers de noblesse et ne compte dans son ascendance que des Bévard, des Bossinot, des Pérot, des Mépin… Son grand-père, Jacques Buisson, anobli en 1775, est un homme assez semblable à ce qu'avait été feu M. de Chateaubriand : avant d'être gouverneur de Lorient, il s'est livré à la course, a navigué dans l'océan Indien, assez fructueusement pour avoir amassé une fortune estimée à six cent mille livres. C'est lui qui a élevé Céleste et sa sœur, Mme du Plessis de Parscau, car son fils et sa belle-fille sont morts prématurément.

Telle qu'elle est, Céleste Buisson de Lavigne a peu pour plaire à quelqu'un comme Chateaubriand, qui d'ailleurs ne se soucie pas de se marier, mais elle a plu à Lucile et celle-ci, toujours excessive, a juré de faire le bonheur de son frère, au besoin malgré lui. On peut s'interroger sur ce bizarre engouement de Lucile pour Céleste. Privée d'affection, Lucile en a-t-elle éprouvé une, assez vive, pour cette orpheline et résolu de se l'attacher davantage encore en lui faisant épouser un frère aimé qui les laisserait vivre ensemble, obligé qu'il est d'émigrer ? Ainsi, pendant que François-René défendrait la bonne cause, les deux femmes, unies par un lien officiel, ne se quitteraient plus. Ou bien Lucile a-t-elle pensé qu'en mariant son frère à cette insignifiante jeune fille elle évincerait une rivale éventuellement plus dangereuse et conserverait ainsi son intimité de cœur avec lui ? On en est réduit à des suppositions, toujours hasardeuses en pareil cas, mais il est quand même étonnant que Lucile ait porté tant d'intérêt à cette union si mal assortie et que les Chateaubriand aient si légèrement évalué le profit matériel qu'en retirerait leur fils et frère.

Au début de l'année 1792, les affaires vont si mal en France qu'on ne peut tabler sur aucune fortune, et les Chateaubriand ne paraissent pas avoir demandé beaucoup de précisions sur celle de Mlle de Lavigne. Leur imprévoyance est si grande que le mariage a lieu avant la signature du contrat, qui sera une déception. En effet, Mlle de Lavigne possède, en indivision avec sa sœur, 137 000 livres de titres sur le clergé, c'est-à-dire rien ; 20 000 livres sur les états de Bretagne, qui ont cessé d'exister ; 20 000 autres livres en emprunt national, bientôt réduit à la valeur du papier sur lequel sont imprimés les bons ; enfin une rente de 1 500 livres et un capital de 8 000 livres en solde de comptes de tutelle. Il existe heureusement des biens immobiliers dont plus tard les époux tireront quelque argent et la fortune du grand-père Lavigne, mais celle-ci est sujette à tous les aléas des révolutions.

Ce n'est donc pas une bonne affaire que conclut Chateaubriand lorsqu'il épouse, le 21 février 1792, dans le salon de sa mère, 474, rue des Grands-Degrés, Mlle de Lavigne, et il avouera s'être laissé persuader par ses sœurs, ajoutant que, pour éviter une tracasserie d'une heure, il avait préféré se rendre esclave pour un siècle. Si le mot n'est pas très galant, du moins est-il juste et dépeint-il parfaitement la situation. La mariée, malgré sa grande jeunesse, est assez intelligente pour ne pas nourrir trop d'illusions, bien que ce soit elle qui trouve le plus d'avantage à cette union : elle épouse un grand nom de Bretagne, ce qui est appréciable, même en des temps où les grands noms deviennent suspects, voire dangereux à porter ; elle épouse un homme intéressant, original et passionné, même si elle n'est pas l'objet de ses passions ; un homme instruit, qui a déjà beaucoup vu le monde et qui peut, si les circonstances s'y prêtent, avoir un jour un destin conforme à ses ambitions.

En attendant que Céleste de Chateaubriand révèle, avec les épreuves et le temps, de remarquables qualités qui lui assurent une place dans l'Histoire, à côté de son mari, elle apporte à celui-ci un premier ennui.

Un de ses oncles, M. Bossinot de Vauvert, fougueux démocrate en dépit du Vauvert dont il a orné son nom roturier, s'était ému en apprenant son intention d'épouser devant un prêtre non assermenté un aristocrate et avait refusé son consentement. On avait passé outre à sa fureur et à ses menaces, mais, se voyant joué, il avait engagé, de concert avec son frère et au nom du grand-père de sa nièce, une procédure pour rapt. La justice intervient. Céleste est mise sous séquestre au couvent de la Victoire, où Lucile la rejoint, tandis que Chateaubriand est jeté en prison d'où il ne sortira que le 13 mars, après une incarcération d'une dizaine de jours. Les gens de loi se lancent dans la bataille. Les Bossinot invoquent la nullité du mariage, puisque célébré par un prêtre non jureur, et le vice de forme, en raison du défaut de consentement. En réalité Bossinot et son frère veulent conserver leur droit de regard sur la gestion des biens de leur nièce et ces arguments légaux dissimulent de sordides intérêts. Quand il s'agit d'argent, on parvient toujours à s'entendre : un contrat est dressé, que l'on signe le 17 mars chez le grand-père Buisson et aux termes duquel le mariage sera de nouveau célébré, mais devant un prêtre constitutionnel, l'abbé Duhamel.

Chateaubriand, si peu fait pour être mari, se trouve ainsi marié deux fois, tandis que la fortune de sa femme, à cause de laquelle il s'est marié, est déclarée indisponible avant les 25 ans de Céleste. Nommés tuteurs, les deux oncles Bossinot gardent la jouissance des biens de leur pupille et sont décidés à se montrer intransigeants. Cette tragi-comédie se termine en marché de dupes.

*

Au soir de sa vie, Chateaubriand rendra hommage à sa femme, à sa constance, à son dévouement, aux éminentes qualités de son esprit, malgré un caractère assez difficile à supporter, mais il ne fera jamais aucune confidence sur les premiers temps de son mariage pour lesquels l'expression lune de miel paraît déplacée. On plaint la jeune femme, ainsi livrée à un étranger ; on plaint aussi l'époux, qui n'a vraisemblablement rien à lui dire et, en principe, doit partir bientôt pour l'Allemagne. On croit qu'ils passèrent quelque temps près de Paramé, au manoir de la Chênaie, propriété du grand-père Buisson, mais le tête-à-tête a dû se révéler fort ennuyeux. Pour l'éviter, on presse le départ pour Paris où l'on doit retrouver Jean-Baptiste. En dépit de ce qui se passe dans la capitale, où le climat social se dégrade un peu plus chaque jour, il vaut mieux être là-bas, avec des distractions, même sinistres, que de rester seuls à Paramé.

Sur le chemin de Paris, les époux, flanqués de Lucile, s'arrêtent à Fougères pour y voir Mme de Marigny, ainsi que les Langan, à Bois-Février. Mlle de Langan sert de secrétaire au marquis de La Rouërie qui organise la contre-révolution en Bretagne, et peut-être Chateaubriand a-t-il vu le marquis, ne serait-ce que pour lui parler de l'Amérique et de sa visite manquée à Washington, mais, si c'est le cas, il est resté sourd aux éventuelles invites de La Rouërie pour s'enrôler dans la conjuration, ce qu'il aurait pu faire, étant hostile à l'émigration.

A Paris, Chateaubriand, sa femme, Lucile et Julie s'installent en ménage commun au petit hôtel de Villette, cul-de-sac Férou, à deux pas du Luxembourg mais aussi de la section dite Mucius Scaevola, dont les braillements avinés troublent, au séminaire tout proche, les oraisons des recrues de l'abbé Emery qui dispose encore de la chapelle et y dit des messes à la sauvette. Le spectacle de la rue n'est guère fait pour rassurer ces provinciaux : « L'apparence du peuple n'était plus tumultueuse, curieuse, empressée, elle était menaçante, se rappellera Chateaubriand. On ne rencontrait dans la rue que des figures effrayées ou farouches, des gens qui se glissaient le long des maisons, afin de n'être pas aperçus, ou qui rôdaient, cherchant leur proie ; des regards peureux et baissés se détournaient de vous, ou d'âpres regards se fixaient sur les vôtres pour vous deviner ou vous percer[1]. »

Malgré tant de signes annonciateurs d'une inévitable catastrophe, on vit, on bavarde et l'on va le soir au théâtre où l'on se repose d'avoir peur en s'attendrissant sur des pastorales. Les gens de lettres continuent de pérorer, mais certains ont mis une sourdine à leurs déclamations et, après avoir réclamé la tête des autres, commencent à craindre pour la leur ; d'autres, fidèles à l'ancienne société, comme l'abbé Barthélemy dont Chateaubriand fait alors la connaissance, se taisent ou s'éclipsent. Les plus heureux sont ceux qui, comme Rulhière, ont eu le bon esprit de mourir, emportant leurs illusions.

M. de Malesherbes a complètement perdu les siennes et prêche ardemment la croisade antirévolutionnaire, encourageant l'émigration des siens, notamment celle des frères Chateaubriand. La femme de Jean-Baptiste vient d'accoucher d'un second fils, Christian. Chateaubriand assiste au baptême de son neveu, qui fera carrière dans l'armée avant d'entrer dans la Compagnie de Jésus.

Jean-Baptiste, royaliste enragé – il appartient à la faction de ce nom –, déplore autant que son beau-père et M. de Malesherbes la situation de Louis XVI, prisonnier aux Tuileries, mais il hésite à émigrer, pensant que son devoir serait plutôt de rester auprès du monarque afin d'assurer sa protection ou de travailler à sa délivrance. Il hésite aussi, sans doute, à laisser en France, exposés à tous les dangers, sa femme et ses deux fils. Ses atermoiements, le manque d'empressement de son cadet expliquent leur retard à gagner la frontière alors qu'à Paris, depuis la déclaration de guerre au roi de Bohême et de Hongrie, l'empereur Léopold II, frère de Marie-Antoinette, la haine à l'encontre de la famille royale et de l'aristocratie a trouvé un nouvel aliment.

Chateaubriand, qui se hasarde à l'Assemblée ou dans certains clubs, entre autres celui des Cordeliers, y assiste à des séances presque hystériques : orateurs et public en transe aux mots de liberté, tyran, nation ; surenchères constantes dans les déclamations par crainte d'être accusé de défaitisme, et il remarquera une fois de plus que «les plus difformes de la bande obtenaient de préférence la parole. Les infirmités de l'âme et du corps ont joué un rôle dans nos troubles : l'amour-propre en souffrance a fait des grands révolutionnaires[2]».

Fuir ce pandémonium est le seul moyen de se rassurer sur son propre état physique et moral. Parfois, il sort de Paris et passe la journée aux environs, presque étonné de voir une nature inaltérée, des bois sans arbres de la Liberté, des cultivateurs sans bonnets phrygiens, des animaux sans opinions politiques. Il est ainsi le 20 juin à Ermenonville, où il a voulu voir l'ermitage de Rousseau, du temps que celui-ci était l'ingrat protégé du marquis de Girardin. Est-ce par regret de n'avoir pas contemplé l'envahissement des Tuileries par la populace, et l'humiliation du roi, qu'il a inventé dans ses Mémoires une autre scène historique, en contrepoint de celle de Paris ? Il aurait retrouvé à Ermenonville Barère, appelé à diriger bientôt le procès de Louis XVI, et Maret, le futur duc de Bassano. Ainsi, l'Ancien Régime avec lui, la Révolution avec Barère, et l'Empire avec Maret, sont symboliquement groupés sous l'égide de Rousseau en ce jour où Louis XVI, bafoué, insulté, finit par se coiffer du bonnet phrygien. En réalité, ce jour-là, Barère est à Tarbes et Maret dans le Nord. Même s'il les avait rencontrés, Chateaubriand n'aurait pu savoir le destin qui attendait l'obscur Maret. On peut se demander pourquoi il a imaginé cette scène, si ce n'est par un curieux besoin d'entasser des éléments d'histoire autour de lui, comme une protection contre la fuite du Temps et contre l'oubli, qui nivelle tout[3].

Pour se constituer un pécule et laisser de quoi vivre à sa femme, il a réussi à emprunter, vraisemblablement à une parente éloignée, Mme du Quengo, dix mille livres en assignats. Il revient du rendez-vous, la somme en portefeuille, lorsqu'il tombe sur Achard de Villerai qui, flairant l'argent, l'entraîne dans un tripot en l'assurant qu'il pourra facilement doubler, voire tripler, son trésor de guerre. Après quelques pertes, compensées par des gains qui lui redonnent espoir, Chateaubriand perd tout, sauf quinze cents francs avec lesquels il s'enfuit «plein de remords et de confusion». Il se jette dans une voiture afin de rattraper le temps perdu, à défaut de l'argent, et, arrivé à Saint-Sulpice, il oublie son portefeuille en descendant. Lorsqu'il s'en aperçoit, il est trop tard; le fiacre a disparu.

Il raconte aux siens sa mésaventure, omettant l'arrêt dans un tripot, laissant donc les trois femmes persuadées qu'il a perdu les dix mille livres. Eperdu, il repart à la recherche du fiacre et arrive au Palais-Royal, où il l'avait pris. Là, il réussit à identifier le cocher dont un commissaire de police lui indique l'adresse, et il court du même pas jusqu'en haut de la rue Saint-Denis où l'homme, ayant fini sa journée, vient de remiser. Il reconnaît son client, mais n'a rien trouvé dans sa voiture ; le portefeuille a dû être ramassé par un autre client. Le cocher lui décrit les trois qu'il a chargés après lui, en lui disant où il les a laissés. Il ne lui reste plus qu'à rechercher ces différentes personnes. Comme il est deux heures du matin, il remet la chose au lendemain et le cocher, amadoué par un bon pourboire, offre de l'accompagner. Au petit jour, tous deux vont réveiller les trois particuliers. Le troisième est le bon, un moine sécularisé, devenu gardien de son couvent déserté et qui s'apprêtait à rapporter l'argent.

On ne sait ce qu'il a pu dire à sa femme et à ses sœurs pour expliquer la différence entre les dix mille livres et les quinze cents francs qui lui restent. En tout cas, c'est avec cette somme qu'il va quitter Paris pour huit ans.

*

Les deux frères ont décidé de partir le 15 juillet, pensant qu'au lendemain de la fête de la Fédération les préposés aux barrières, encore embrumés par les libations patriotiques de la veille, seront moins clairvoyants ou moins scrupuleux. En plus de faux passeports, ils se sont procuré des uniformes de gardes nationaux. Le 14 au soir, un dîner a réuni toute la famille, incluant les Rosanbo et peut-être Malesherbes, dans les jardins de Tivoli, rue de Clichy. Chacun a fait bon visage et feint de voir dans cette émigration tardive une formalité, sinon un voyage d'agrément, mais une certaine tristesse, avoue Chateaubriand, a plané sur l'assistance. Elle est justifiée, car ceux qui restent sont plus exposés que ceux qui partent.

Jean-Baptiste a fait l'erreur d'emmener son valet de chambre, un certain Saint-Louis, qui est somnambule. Au milieu de la nuit, alors que dans la diligence on somnole ou dort, voilà Saint-Louis qui se livre à quelque incongruité car des femmes poussent des cris effarouchés. Les deux Chateaubriand, installés dans le cabriolet, passent la tête par la portière et voient Saint-Louis, violemment expulsé du coupé, vaciller, puis rester debout sur la route, hagard, mais en fait dormant d'autant mieux qu'il a dû trop bien arroser le dîner à l'auberge. De peur de se trahir, Jean-Baptiste n'ose intervenir en faveur de son domestique. Hélas ! celui-ci révélera, au premier village où il échoue, qu'il est au service de M. le comte de Chateaubriand, et cette preuve vivante de l'émigration de celui-ci sera plus tard une des causes de son arrestation, puis de sa condamnation à mort.

La fin du voyage se passe sans encombre : à Lille, les Chateaubriand franchissent aisément les portes et, à travers champs, gagnent la frontière avec les Pays-Bas autrichiens où ils rencontrent des uhlans qui les conduisent un peu rudement à Tournai, quartier général des Français émigrés dans la région. Là, ils se font reconnaître et le commandant autrichien les dirige sur Bruxelles. En homme de cour, Jean-Baptiste s'y trouve aussitôt dans son élément tandis que son cadet se rembrunit en voyant la frivolité des grands seigneurs ou des hauts dignitaires ecclésiastiques qui attendent là, depuis deux ans, qu'on les ramène en triomphe à Paris. Il se dépense à Bruxelles beaucoup d'argent et beaucoup d'esprit aussi, car Rivarol est là, oracle de la contre-révolution et ornement des salons. Accueilli à bras ouverts, le comte de Chateaubriand traîne son frère à sa suite et l'emmène un soir dîner chez le baron de Breteuil, l'ancien ministre. La mine renfrognée, l'allure un peu brusque et empruntée du chevalier étonnent plus qu'elles ne charment. Comme Rivarol, poliment, lui demande d'où il arrive, il répond, abruptement : « De Niagara », ce qui paraît un défi. Lorsque Rivarol demande alors où il se rend, il répond sèchement : « Où l'on se bat ! » Cette fois, c'est une leçon qu'il veut donner à l'homme d'esprit qui a dû penser que ce cadet de province avait de bien mauvaises manières.

Grâce à ses relations, Jean-Baptiste est attaché en qualité d'aide de camp au marquis de Montboissier, oncle de sa femme, et son frère part pour Coblence où l'armée des Princes, suivant un mot du temps, « se croit formée ». A pied, il traverse Aix-la-Chapelle et Cologne, mais lorsqu'il atteint Coblence l'armée des Princes en est déjà partie. Il la rejoint à Trèves. Près de cette ville, il tombe sur l'armée prussienne et se trouve, écrira-t-il, en présence du roi Frédéric-Guillaume II qui le fait parler, admire son courage et lui déclare : « Monsieur, on reconnaît toujours les sentiments de la noblesse française. » La scène, ainsi qu'il la rapporte[4], paraît douteuse et rappelle un peu les certificats qu'il s'est toujours décernés pour mettre en relief ses singuliers mérites. En effet, on n'approche pas aussi facilement des états-majors, surtout lorsque les souverains s'y trouvent. Il se peut que ces mots, s'ils n'ont pas été inventés, aient été adressés à quelque plus grand seigneur et qu'il se les soit appliqués.

En revanche, il dit la vérité en décrivant le mauvais accueil qu'on lui réserve : les ouvriers de la onzième heure sont fraîchement reçus à l'armée des Princes, car ils sont soupçonnés d'avoir été longtemps dans l'erreur et de venir se faire pardonner ou bien de n'arriver que pour recueillir les fruits de la victoire, sans avoir partagé les épreuves et les travaux des premiers émigrés. Non seulement on fait mauvais visage à ces ultimes recrues, mais souvent on les refuse. Ainsi Chateaubriand serait-il honteusement éconduit si son cousin, Armand de Chateaubriand, ne se portait garant de son passé, de ses opinions et de sa fidélité. On l'admet donc à la 7ᵉ compagnie bretonne, sous les ordres de M. de Gouyon-Miniac, originaire de Plancoët et ancien capitaine au régiment de Boulonnais-Infanterie. Cette compagnie appartient à la Coalition de Bretagne – il existe une Coalition par province – et a été présentée au comte d'Artois, frère de Louis XVI, en mars 1792. Le prince l'avait assurée, comme tous les autres corps d'ailleurs « qu'il partageait leurs peines », mais les Bretons auraient préféré qu'il partageât son pain avec eux, car les vivres étaient déjà rares et chers.

Chateaubriand, qui a emporté son uniforme de Royal-Navarre, revêt celui de la Coalition de Bretagne : veste de drap rouge, culotte jaune et guêtres noires, avec, pour la veste, des parements bleu de roi mouchetés d'hermine et de fleurs de lys dorées. L'équipement de cuir noir est complété par un sabre et un fusil, celui-ci non seulement fort lourd mais, constate Chateaubriand, fort inutile, car le chien fonctionne mal.

D'après l'ordre de bataille de l'armée des Princes, la coalition bretonne forme le 2ᵉ bataillon de la 2ᵉ brigade de la 1ʳᵉ division de l'Infanterie de première ligne, placée sous les ordres des trois maréchaux de camp, le marquis de Penhoët, les comtes de Cély et d'Effiat. Tout cela est fort beau sur le papier, beaucoup moins dans la réalité. Il n'y a pas d'intendance organisée, pas assez d'équipements pour tout le monde et fort peu de discipline. Si les volontaires, une cinquantaine par compagnie, sont d'un loyalisme et d'un dévouement incontestables, ils font preuve aussi d'un individualisme forcené, les rendant difficiles à commander. De plus, les émigrés, d'un patriotisme ombrageux, attendent tout des alliés – la Prusse et l'Autriche – sans rien vouloir leur devoir, les regardant plutôt comme des ennemis potentiels ; des incidents éclatent fréquemment, qui accroissent l'antagonisme entre les deux armées.

Le 29 août 1792, la Coalition de Bretagne franchit la frontière, campe à Hattange, passe la Moselle et, mise à disposition du maréchal de Castries, se dirige sur Distroff, à l'est de Thionville. Tandis que la cavalerie bretonne marche sur Verdun, l'infanterie prend position sous les remparts de Thionville, assiégée depuis le 6 septembre par le prince de Waldeck. Chateaubriand a fait de pittoresques évocations de cette vie de camp où les soucis domestiques se mêlent aux faits d'armes et aux aventures romanesques, où courage et hâblerie révèlent les caractères tandis que la bonne humeur et l'entrain des uns allègent un peu les souffrances des autres, mal préparés à cette rude existence.

Il pleut sans répit, et la pluie, qui gêne les travaux de tranchée, transperce aussi les tentes où l'on s'éveille en frissonnant, perclus de douleurs. Les vivres sont de plus plus rares et de moins en moins comestibles ; il faut montrer une véritable ingéniosité soit pour s'en procurer, soit pour les accommoder. Chateaubriand s'improvise ainsi cuisinier : «Je faisais la soupe à merveille, écrira-t-il ; j'en recevais de grands compliments, surtout quand je mêlais à la ratatouille du lait et des choux, à la mode de Bretagne[5].» On s'enlise à la fois dans la boue et dans la mélancolie, car les nouvelles sont mauvaises : l'annonce de la prise des Tuileries le 10 août, des massacres des Carmes et de l'Abbaye ont plongé les émigrés dans le désespoir. Ils en veulent presque moins aux Jacobins qu'à ces alliés douteux qui, en les empêchant d'aller de l'avant, semblent être de connivence avec les révolutionnaires au lieu de les combattre. On murmure, et de plus en plus haut.

Thionville résiste, en dépit d'une violente canonnade et de plusieurs assauts. Un jour que Chateaubriand, épuisé, s'est endormi sur un affût de canon qu'il était chargé de garder, un choc le réveille : il a été blessé à la cuisse par un éclat d'obus. Il se confectionne un pansement sommaire et rejoint sa tente en boitillant, mais cette blessure aura d'autant plus de mal à cicatriser qu'il faudra bientôt lever le siège et marcher sur Verdun. La marche, évidemment, lui devient de plus en plus pénible, alors que le ciel continue de se déverser sur la campagne : il se traîne, affaibli par la douleur et la dysenterie, autre fléau qui s'est abattu sur l'armée. Les nouvelles arrivées du front anéantissent leurs derniers espoirs : le duc de Brunswick, arrêté à Valmy par Dumouriez, a ordonné la retraite et, à Paris, la République a été proclamée. Le Ciel les a vraiment abandonnés, les condamnant à errer sur la terre en attendant une mort que certains, justement, ne veulent pas attendre et devancent en se suicidant.

Pour un peu, Chateaubriand les imiterait. Un jour qu'il se traîne au milieu d'un paysage lugubre, parmi les morts ou les mourants, les canons embourbés, les chariots renversés, il enfonce jusqu'aux genoux dans un sol spongieux. Ses camarades se précipitent pour l'en arracher, mais, n'en pouvant plus, il les supplie de le laisser là, disant qu'il préfère mourir. Sans l'écouter, on le remet sur pied et il poursuit ce lamentable exode. Le 14 octobre, il arrive à Longwy où son capitaine, M. de Gouyon-Miniac, lui délivre un certificat de congé qui ne lui donne rien d'autre que le droit de mourir de faim, car les Princes, en licenciant leur armée, ne sont plus tenus de la nourrir. Seul le prince de Condé, qui assume son rôle avec un sens vraiment royal du devoir, refuse de licencier ses hommes et s'enfonce avec eux à travers l'Allemagne.

La France leur étant définitivement fermée, les volontaires bretons se dirigent vers Arlon où les attend, dans les rues de la ville, un saisissant tableau : « Une file de chariots attelés ; les chevaux, les uns debout, les autres agenouillés ; les autres, appuyés sur le nez, étaient morts et leurs cadavres se tenaient raidis entre les brancards : on eût dit les ombres d'une bataille bivouaquant au bord du Styx[6]. » Chateaubriand a vu son état empirer : miné par la fièvre, il a la cuisse enflée par l'infection de sa blessure ; il a des nausées, vomit fréquemment et constate avec terreur que son corps se couvre de boutons qui se révèlent être ceux de la petite vérole. Il faut néanmoins continuer d'avancer, quitter Arlon où les républicains peuvent entrer d'un moment à l'autre, gagner un port des Flandres pour rejoindre Jersey, où son oncle Bédée l'Artichaut s'est réfugié avec les siens.

*

A la sortie d'Arlon, un paysan, pour quatre sous, le prend dans sa charrette et le laisse à cinq lieues de là. Une fermière, à laquelle il a demandé la permission de passer la nuit dans sa grange, émue de son état, lui donne en partant une miche de pain et un bol de lait. En chemin, il est rejoint par quelques camarades compatissants qui se chargent de son sac. Pendant plusieurs jours, il se traîne ainsi, à travers champs et forêts, faisant parfois d'étranges rencontres, comme celle d'une jeune bohémienne qui veut examiner sa main pour lui dire son avenir et lui laisse une pomme, en souvenir. Peu à peu, il perd à la fois la notion de la distance et celle du temps, en proie à des hallucinations causées par son épuisement : « Mes idées affaiblies, dira-t-il, flottaient dans un vague non sans charme ; mes anciens fantômes, ayant à peine la consistance d'ombres aux trois quarts effacées, m'entouraient pour me dire adieu. Je n'avais plus la force des souvenirs ; je voyais dans un lointain indéterminé, et mêlées à des images inconnues, les formes aériennes de mes parents et de mes amis. Quand je m'asseyais contre une borne du chemin, je croyais apercevoir des visages me souriant au seuil des distantes cabanes, dans la fumée bleue échappée du toit des chaumières, dans la cime des arbres, dans le transparent des nuées, dans les gerbes lumineuses du soleil tramant ses rayons sur les bruyères comme un rideau d'or... Je ne pouvais plus marcher ; je me sentais extrêmement mal ; la petite vérole rentrait et m'étouffait[7]. »

Vaincu, résigné, presque heureux de cette abdication, il s'étend, la tête appuyée à son sac, et perd connaissance... Il fait nuit, lorsqu'un homme, en voulant couper une baguette, bute sur lui, croit qu'il s'agit d'un cadavre et, voyant celui-ci tressaillir, appelle ses camarades à l'aide. Ces sauveteurs providentiels appartiennent à la maison du prince de Ligne. Ils ramenaient le corps du fils aîné du maréchal, tué quelques jours plus tôt dans un engagement avec les républicains. On le hisse sur un des fourgons, on le ranime avec un peu d'eau-de-vie, mais on l'avertit qu'il devra traverser Namur à pied, car il leur est défendu de prendre avec eux des étrangers; à la sortie de la ville, on le rechargera pour le transporter jusqu'à Bruxelles. A Namur, donc, il descend et se dirige en clopinant vers l'autre porte de la ville. Il est si pitoyable à voir que des bonnes femmes, sur le pas de leur porte, s'émeuvent : l'une lui offre son bras pour le soutenir, l'autre de quoi manger, une troisième une couverture. Un bel élan de charité l'accompagne ainsi jusqu'aux équipages du prince de Ligne, et les femmes aident le conducteur du fourgon à le remonter sur le siège. Le plus curieux, dans cet épisode, est le commentaire de l'intéressé qui, après avoir célébré l'esprit de charité des Namuroises, ajoute, incorrigible : « Je m'aperçus qu'elles me traitaient avec une sorte de respect et de déférence ; il y a dans la nature du Français quelque chose de supérieur et de délicat que les autres peuples reconnaissent[8]. » En vérité, ces bonnes créatures se conduisaient en chrétiennes et ne croyaient certainement pas rendre à la France un hommage analogue à celui que le roi de Prusse avait rendu, si l'on en croit Chateaubriand, à la noblesse française à travers sa personne.

A Bruxelles, repoussé par les aubergistes effrayés de sa mine hirsute, il échoue à l'hôtel où il avait logé au mois de juillet avec son frère et y retrouve justement celui-ci. Jean-Baptiste lui procure une chambre chez un perruquier où un médecin et un chirurgien lui prodiguent aussitôt les soins nécessaires, car la gangrène a gagné la jambe et la petite vérole exige un traitement énergique. A peine remis sur pied, mais sans guère avoir retrouvé sa vigueur, il se rend à Ostende où, avec quelques Bretons également fugitifs, il frète une barque et passe la nuit, étendu sur les galets qui servent de lest, malade au point de ne pouvoir absorber que de l'eau et du citron. Son frère, avant de le quitter, lui a remis un viatique de vingt-cinq louis qui devrait lui permettre de vivre à Jersey pendant quelques semaines. Son état empire avec celui de la mer et le capitaine, inquiet d'avoir bientôt un cadavre à son bord, le débarque à Guernesey. Recueilli chez un pilote anglais, il y passe une nuit réparatrice et le lendemain reprend la mer pour aborder à la pointe occidentale de Jersey. Un des passagers, M. du Tilleul, fait aussitôt prévenir M. de Bédée qui accourt chercher son neveu.

M. de Bédée de la Bouëtardais et sa femme ont débarqué eux-mêmes à Jersey à la fin du mois de juillet 1792 et, avec leurs filles qui les ont rejoints peu après, ils se sont installés à Saint-Hélier, rue des Trois-Pignons, chez un certain Thomas Anley, un démocrate. Ils recueillent leur neveu, le soignent pendant plusieurs jours, puis lui trouvent une chambre agréable dans une maison du quartier neuf, près du port, où ont pris déjà pension quelques émigrés français. De cette chambre, où il va passer quatre mois, il découvre la mer et peut rêver à loisir, entre les somnolences provoquées par son affaiblissement général. C'est un médecin français, M. Delattre, originaire de Saint-Servan, qui le soigne.

Au mois de mai 1793, se sentant un peu mieux, il se prépare à quitter cette maison hospitalière et cette île où, malgré les précautions prises, on redoute une incursion de la flotte française. A la fin du mois de janvier 1793, la nouvelle de l'exécution de Louis XVI lui a été apprise par son oncle, venu le voir en grand deuil, et il sait que désormais il ne pourrait rentrer en France que clandestinement, pour participer à cette guérilla organisée par le marquis de La Rouërie, mais le prince de Bouillon, chef des émigrés de Jersey, le lui déconseille : il n'est pas suffisamment rétabli pour mener la vie hasardeuse des francs-tireurs et ferait mieux de gagner Londres où se constituent des régiments d'émigrés au service britannique.

Grâce à trente louis que sa mère a pu lui faire passer, il s'embarque le 15 ou 16 mai 1793 pour Southampton. A bord du paquebot, remplis d'émigrés fuyant une éventuelle invasion de Jersey par les Français, il retrouve un ancien collègue de son frère au parlement de Bretagne, Hingant de la Tiemblais, ainsi que Gesril, qu'il revoit pour la dernière fois avant qu'il ne s'engage au régiment d'Hector et participe en 1795 à la tragique expédition de Quiberon.

A Londres, où il arrive le 21 mai, son cousin Joseph de la Bouëtardais le loge et s'effraie rapidement de son état car celui-ci, au lieu de s'améliorer avec le temps, décline et fait craindre le pire. Il est vrai que l'air de Londres, enfumé par les feux de charbon, est moins vivifiant que celui de Jersey. Des médecins de quartier se succèdent à son chevet. L'un d'eux, le docteur George Goodwin, que Chateaubriand confondra dans ses Mémoires avec son homonyme, illustre praticien, ne lui laisse guère d'espoir et lui assigne une durée de vie de quelques mois, peut-être d'un an ou deux s'il ménage ses forces. Assez paradoxalement ce diagnostic lui procure une sorte d'apaisement et lui fait envisager l'avenir avec sérénité. Il n'est plus question de s'engager aux Hussards de Béon ou au régiment d'Hector, le Royal Marine. A défaut de tenir un fusil, il tiendra la plume et laissera, avant de mourir, un ouvrage auquel il devra peut-être une réputation posthume.

*

Le sujet s'impose à lui. Le temps des églogues est passé ; il faut autre chose à ce siècle agonisant dans l'horreur et le sang. Il écrira donc un livre sur les révolutions, vaste entreprise, il est vrai, pour un homme sans ressources et sans espoir d'une longue vie, mais c'est un sujet d'actualité, propre à passionner le public.

A Londres, la Révolution française, accueillie d'abord avec une certaine sympathie, du moins dans les milieux libéraux, y est désormais regardée comme l'œuvre de Satan et dénoncée par le grand orateur Edmund Burke en termes vengeurs. La mort de Louis XVI a produit un effet de stupeur en ce pays où, pourtant, on avait inauguré l'usage de couper la tête aux rois. L'émotion et l'indignation ont même été plus fortes à Londres que dans les autres capitales européennes.

Alors que Chateaubriand songe à ce futur ouvrage, il rencontre un homme providentiel qui non seulement connaît les milieux littéraires londoniens mais a su s'y créer des ressources et le prend sous sa protection, prêt à lui rendre tous ces services qu'on refuse en des périodes où la devise commune est « chacun pour soi ». Ce sauveur, envers lequel Chateaubriand montrera quelque ingratitude, est le journaliste Jean-Gabriel Peltier, pittoresque énergumène du monde des lettres et des affaires, réplique affaiblie de Beaumarchais, avec moins de talent et presque autant d'entregent.

Plus âgé que Chateaubriand, car il est né en 1760, Peltier a un point commun avec lui : son père, établi à Nantes, a, comme feu M. de Chateaubriand fait du commerce et investi des capitaux à Saint-Domingue. M. Peltier père a dû être aussi autoritaire et entêté que le seigneur de Combourg car, évoquant ses études chez les oratoriens de Nantes, son fils disait plaisamment qu'il l'avait fait devenir vieux à force d'études lorsqu'il était jeune. Après s'être essayé sans succès dans la banque, avant la Révolution, Peltier s'est enthousiasmé pour celle-ci, puis, vite désabusé, il s'est fait royaliste ou, plus exactement, contre-révolutionnaire, ayant plus de haine à l'égard de la Révolution que d'amour pour son roi. Son titre de gloire est d'avoir fondé le plus célèbre des journaux contre-révolutionnaires, ces fameux *Actes des Apôtres* qui, en mettant les rieurs de leur côté, portaient des coups féroces à tous les hommes politiques, orateurs et folliculaires profitant de la Révolution pour se faire une position.

De tous les auteurs avoués ou cachés des *Actes des Apôtres*, Peltier était le plus doué, véritable Protée capable de remplacer au pied levé un collaborateur défaillant, d'imiter son style ou de parodier celui d'un adversaire, ayant toujours l'art de faire mouche. Evidemment cette virtuosité et le succès du journal l'avaient rendu odieux aux Jacobins et, après le 10 août, il avait mis prudemment la Manche entre lui et ses ennemis. A Londres, pour vivre, il avait imaginé de montrer dans une baraque une guillotine en réduction avec laquelle il tranchait le col de volatiles qu'il récupérait pour les manger, car c'était un viveur, vorace et toujours assoiffé. Tel qu'il est, malgré sa laideur et son débraillé, son sans-gêne et son cynisme, il a du charme. Il y a quelque chose d'endiablé dans cet homme agité, toujours causant, toujours gai. Il a confiance en son étoile et communique sa bonne humeur aux malchanceux qu'il secourt, ou du moins nourrit, généreusement. Chateaubriand n'a pas rendu justice au personnage, lui gardant rancune, en traçant son portrait, de ses critiques lorsqu'il publiera le *Génie du christianisme* et aura fait, par la dédicace au Premier consul, acte d'allégeance à Bonaparte.

Toujours à l'affût de nouveaux venus et de nouveautés, Peltier a entendu parler du projet de Chateaubriand et lui offre ses services. Il approuve évidemment l'idée d'un livre sur les révolutions, s'écriant : «Ce sera superbe ! » et trouve aussitôt à son protégé une chambre chez l'imprimeur Baylis, près d'Oxford Street, où il pourra écrire en paix, envoyant son texte à l'impression au fur et à mesure qu'il le composera. C'est aller un peu vite en besogne… Il faut d'abord songer à vivre, ne serait-ce que pour avoir la force d'écrire. Peltier procure à Chateaubriand des traductions que celui-ci effectue pendant la journée ; le soir, il travaille à son futur livre, lisant, prenant des notes, écrivant au hasard de l'inspiration des morceaux qu'il intercalera plus tard dans le texte.

C'est une existence austère, à peine égayée par des dîners tête à tête avec l'ami Hingant, venu se loger près de chez lui. On mange un morceau dans quelque estaminet, puis, pour se changer les idées, souvent moroses, on se promène dans Londres ou aux environs, à Hampstead par exemple, d'où l'on a de Londres une vision quasi dantesque : «L'immense colonne de fumée de charbon qui flotte sur la Cité représente ces gros rochers noirs, enluminés de pourpre, qu'on voit dans nos décorations du Tartare ; tandis que les vieilles tours de Westminster, couronnées de nuages et rougies par les derniers feux du soleil, s'élèvent au-dessus de la ville, du palais et du parc de Saint-James, comme un grand monument de la mort, qui semble dominer tous les monuments des hommes[9]. »

Ces monuments, quand il est las de travailler, Chateaubriand les visite, évoquant les événements dont ils furent les témoins et n'hésitant pas, pour varier les effets dramatiques, à forcer la note, au grand dam de la vérité. Ainsi décrira-t-il une nuit passée dans Westminster Abbey où il aurait été enfermé par erreur, accumulant trop de détails contradictoires pour que son récit ne soit pas inspiré par ceux d'auteurs ayant été les héros de pareille mésaventure, comme La Tocnaye qui a publié à Edimbourg, en 1795, un *Voyage autour de la Grande-Bretagne* dans lequel il relate cet incident, à moins que Chateaubriand et lui aient tous deux emprunté leur histoire à un autre voyageur. Avec la même désinvolture, il prétendra, dans ses Mémoires, avoir assisté « à la mémorable séance à la Chambre des communes où M. Burke se sépara de M. Fox », séance antérieure à son arrivée à Londres ; il ne verra pas davantage George III devenu aveugle et fou errer dans Windsor, pour deux excellentes raisons : le roi, bien qu'ayant l'esprit un peu dérangé, n'était pas aveugle à l'époque, et un obscur gentilhomme émigré n'avait aucune possibilité de croiser dans Windsor le souverain britannique.

A la fin de l'année 1793, le bel enthousiasme du printemps s'est refroidi avec l'hiver. Les traductions viennent à manquer, et avec elles le peu d'argent qu'elles lui rapportaient. Peltier a cessé provisoirement ses bons offices et, malgré cela, il faut manger, à défaut de se vêtir et de se chauffer. Hingant et lui, qui font misère commune, rognent sur la dépense, économisent le beurre, ensuite le pain, puis se privent de thé. Encore sont-ils heureux d'avoir un peu d'eau chaude... A ce régime, Hingant dépérit au point d'avoir des hallucinations et de sombrer dans une demi-démence, expliquant sa tentative de suicide. Il en réchappera et vivra même assez longtemps pour devenir auteur à son tour, avec notamment une longue nouvelle, *Le Capucin*. Chateaubriand, lui, racontera dans ses Mémoires ses longues stations devant les magasins de comestibles, humant les odeurs, dévorant des yeux les denrées, prêt à tout avaler, y compris « les boîtes, paniers et corbeilles ».

En voyant l'état désespéré de Hingant, il alerte M. de Barentin, l'ancien garde des Sceaux, qui fait prévenir les parents de Hingant, et ceux-ci emmènent l'infortuné à la campagne. Au même moment, le comte de la Bouëtardais, se doutant que son neveu meurt de faim à Londres, lui envoie quarante louis. Bien qu'ébloui par cette richesse inattendue, Chateaubriand s'en montre économe et quitte Baylis, où sa chambre lui coûtait une guinée par mois, pour échouer dans un taudis moins onéreux, près du cimetière de Mary-le-Bone, un voisinage paisible, hormis le cri du veilleur de nuit signalant les vols de cadavres, vols en général commis par des étudiants en médecine pour leurs travaux de dissection.

Malgré l'inconfort de son grenier, Chateaubriand y reçoit des compatriotes moins bien partagés que lui. «A notre indépendance et à notre pauvreté, dira-t-il, on nous eût pris pour des peintres sur les ruines de la France[10].» Il est si sommairement meublé qu'on s'assied sur son lit, un lit sans draps sur lequel il entasse, lorsqu'il a froid, ses vêtements et même son unique chaise, ce qui paraît quand même excessif. Il s'aperçoit alors qu'il y a dans la misère autant de degrés que dans l'opulence et que ceux qui sont les moins à plaindre sont souvent ceux qui réclament le plus. Il constate également qu'à la pauvreté visible s'attache un relent de malhonnêteté, comme si le pauvre était soupçonné de vouloir s'emparer de ce qu'il n'a pas. Ce sentiment d'infériorité sociale, associé au dénuement, lui dictera une page éloquente dans l'*Essai sur les révolutions*, intitulée *Aux infortunés*, fruit de ses expériences d'émigré français qui n'a pas la chance de pouvoir dire comme Malouet et d'autres planteurs des Antilles : «Nous étions à Londres quatre-vingts propriétaires de première classe...»

Bientôt il voit débarquer chez lui son cousin la Bouëtardais, chassé de son propre taudis dont il ne peut plus payer le loyer. La Bouëtardais se fait prêter un lit de sangles et s'y prélasse, oisif, nu sous sa grande robe rouge de conseiller au parlement de Bretagne, ce qui le fait ressembler à un cardinal posant pour le gisant de son tombeau. Certains jours, la Bouëtardais, assis sur ce lit, chante des romances en s'accompagnant d'une guitare à laquelle il manque deux ou trois cordes. Ce sont là des moments de gaieté soudaine, inexplicable, au milieu de la misère et souvent du désespoir, moments que Chateaubriand évoquera trente ans plus tard avec nostalgie.

Vivre à Londres, pauvre et ignoré, confondu dans les derniers rangs du peuple, finit par faire d'un gentilhomme un républicain, car il y a peu de cœurs assez fiers et d'âmes assez fortes pour conserver dans la misère les opinions et les sentiments que l'on nourrissait dans la prospérité. Il s'en faut de peu que Chateaubriand cède à cette tentation. En cette fin d'année 1793, les quarante louis, qui lui rappellent les quarante écus du conte de Voltaire, ont fondu ; il ne sait que devenir ayant abandonné, faute de moyens, ses recherches pour son livre. Il n'a plus de traductions car, dans cette ville encombrée d'émigrés, la concurrence est vive et les écrivains de métier ont déjà bien du mal à survivre. C'est alors que surgit à nouveau Peltier, comme un bon diable obligeant, qui lui propose un travail honorablement rémunéré.

Il s'agissait, dira Chateaubriand dans ses Mémoires, de s'établir quelque temps à Beccles, aimable petite ville du Suffolk, pour y déchiffrer des documents français du XIIᵉ siècle que la société locale d'antiquaires souhaiterait publier dans ses *Annales*. C'est un patient travail d'archiviste paléographe qui lui laisserait le loisir de travailler pour lui. Chateaubriand hésite et se laisse assez facilement persuader par Peltier qui, pour achever de le décider, l'entraîne dans une taverne et l'y régale, ainsi que deux autres émigrés faméliques. Après avoir beaucoup bu de porto, Chateaubriand voit l'avenir sous un jour meilleur, accepte et, habillé de neuf par le tailleur de Peltier, débarque à Beccles à la fin du mois de décembre 1793 ou au début de janvier 1794.

La réalité diffère un peu du récit de Chateaubriand. Il n'existe à Beccles aucune société d'antiquaires, et même si elle avait existé, elle n'aurait pas eu les moyens d'entretenir un médiéviste attitré. Il n'y a qu'un vieil érudit, Edmund Gillingwater, à la fois libraire et barbier, qui nourrit l'ambition d'écrire une histoire du comté de Suffolk, sur lequel il laissera d'ailleurs une vaste documentation. La seule société d'antiquaires connue se trouve à Londres et compte même parmi ses membres quelques Français. Quant aux documents du XIIᵉ siècle, appelés manuscrits de Camden, personne n'en a jamais entendu parler. Enfin, le *Journal de Yarmouth*, dans lequel Peltier aurait lu l'annonce de ce poste, est tout aussi inconnu que le reste.

En fait, le poste offert à Chateaubriand est tout bonnement celui de professeur de français dans les deux écoles de Beccles, situées en face l'une de l'autre, Blyburgate Street. La Brightley's School est dirigée par M. Brightley, un correspondant du libraire-imprimeur Deboffe, et la Faucomberge School, par le Révérend John Girdlestone, helléniste assez réputé, grand connaisseur de Pindare, inflexible sur la discipline et menant ses élèves au fouet.

Le silence obstinément gardé par Chateaubriand sur ce temps de professorat vient de ce qu'il a considéré ce métier comme indigne de lui. Un de ses oncles, à qui le prince de Condé avait offert de devenir le précepteur de son fils, n'avait-il pas fièrement répondu que si les Chateaubriand pouvaient avoir des précepteurs, ils n'étaient les précepteurs de personne? En ce domaine, il a été plus délicat que le futur roi Louis-Philippe qui n'eut jamais honte d'avouer que pendant l'Emigration il avait été, sous un faux nom il est vrai, professeur à Reichenau, en Suisse. Chateaubriand écrira dans son *Essai sur les révolutions* qu'il tient pour la pire des calamités « de faire répéter des mots aux stupides enfants de son voisin », et il jugera sévèrement Denys, le tyran de Syracuse, qui, pour ne pas mourir de faim, enseignait la grammaire aux enfants du petit peuple alors qu'il aurait mieux fait de se tuer. On comprend qu'après une telle déclaration de principe il ait soigneusement caché qu'il avait suivi l'exemple du tyran de Syracuse, encore qu'il ne fût pas tombé du trône à la salle d'étude.

Logé d'abord au 3, Stalgate Street, chez le docteur Crowfoot, dans une belle demeure à hautes fenêtres et portes décorées de frontons grecs, puis chez un certain M. Butcher, Hungate lane, dans une ruelle étroite et sombre, il enseigne à Beccles pendant toute l'année scolaire qui compte alors deux semestres, le premier commençant le 15 janvier, le second, le 15 juillet. Comme son nom est difficile à prononcer par les élèves qui se moquent de lui en le surnommant M. Shatterbrain[11], il se fait appeler M. de Combourg, ce qui respecte son caractère aristocratique en le protégeant de la raillerie.

On n'a pas de grands détails sur ses cours, ses élèves et la manière dont il se tire de l'épreuve, mais il y gagne au moins de perfectionner son anglais, car ces enfants, impitoyables comme on l'est à cet âge, doivent le reprendre à chacune de ses fautes. Une d'entre elles est restée célèbre dans la mémoire des habitants de Beccles. Un jour que son cheval s'est emballé, il traverse la ville au galop, désespérément accroché à l'encolure et appelant au secours : « *I will be killed ! Nobody shall save me*[12] ! »

Sans doute par le biais de ses élèves, à moins qu'il n'ait fait des visites de politesse aux châtelains du voisinage, il est souvent invité par ceux-ci pour parler français avec eux, peut-être aussi pour raconter ses malheurs car les gens bien nantis éprouvent une espèce de délectation à écouter les récits d'infortunés exilés. Que de châtelains et de riches bourgeois, en Allemagne ou ailleurs, s'offrent ainsi, contre un dîner, le divertissement d'une pittoresque odyssée ! On comprend que M. de Combourg, invité par curiosité autant que par sympathie, accepte sans grand plaisir ce genre d'invitations et soit sur le qui-vive, attendant l'étourderie blessante ou le propos maladroit. Il reste un étranger, susceptible et toujours humilié d'être reçu parce qu'il est pauvre et non parce qu'il a de la naissance et de l'esprit. Cela influe sur son humeur et lui fait tout voir aux couleurs de sa mélancolie.

Dans cette *gentry* hospitalière existe au moins un *squire* avec lequel il se sent presque sur un pied d'égalité ; il lui rendra hommage en écrivant à son propos, dans l'*Essai sur les révolutions*, qu'il est « un homme d'autant d'esprit que d'humanité[13] ». Cet homme aimable est le recteur de Beccles, l'un des trois protecteurs de la Faucomberge School et le châtelain de Worlingham Hall. Malgré son état ecclésiastique, le Révérend Bence Sparrow est un grand chasseur, mais aussi un lettré, fier de sa bibliothèque à laquelle Chateaubriand emprunte les ouvrages dont il a besoin pour sa documentation, tout en se faisant prêter des livres par d'autres châtelains, comme celui de Ditchingham Hall, M. Bedingfeld.

*

Un soir de mai 1794, alors que Chateaubriand dîne à l'auberge, il entend un client lire à haute voix, dans le journal, les noms des aristocrates que l'on vient de guillotiner à Paris. Dans la liste se trouvent les noms de son frère et de sa belle-sœur, ceux des Rosanbo et de Malesherbes, tous immolés sur l'échafaud le 22 avril 1794. Après leur séparation à Bruxelles, Jean-Baptiste était revenu en France pour éviter la confiscation de ses terres. Ses opinions politiques bien connues, son séjour à Bruxelles et la déposition de Saint-Louis, son domestique, avaient signé son arrêt de mort, ainsi que celui de sa femme et de ses beaux-parents ; quant à Malesherbes, sa courageuse défense de Louis XVI constituait un titre amplement suffisant pour l'échafaud où il était monté sans faiblir. Alors qu'il se rendait au Tribunal révolutionnaire pour y entendre une condamnation déjà résolue, il avait trébuché dans un escalier et avait observé avec sang-froid : « Mauvais présage… Un Romain serait rentré chez lui ! » En écoutant son voisin lire ces noms, Chateaubriand ne se trahit pas, mais se lève et va cacher son émotion. La nouvelle est vite connue dans Beccles et chacun s'apitoie sur le sort de ce Français, si bien apparenté, si cruellement frappé. Il est devenu beaucoup plus intéressant, car le malheur ennoblit.

Pendant l'hiver 1794-1795, particulièrement rigoureux, il continue son enseignement dans les deux écoles et, pour gagner un peu plus d'argent, il court le cachet dans les environs, ce qui l'oblige à se rendre assez fréquemment à Bungay, petite ville à deux lieues de là, sur une éminence couronnée par un vieux château d'où l'on découvre la vallée de la Waveney. A Bungay, habite un certain M. Ives, titulaire de la cure de St Margaret Ilketshall, une paroisse d'environ trois cents âmes, à deux lieues de Bungay. On raconte que M. Ives, ecclésiastique échappé d'un roman de Fielding, a obtenu cette sinécure en pariant avec le duc de Bedford, dont elle est à la nomination, qu'il boirait plus de bouteilles de vin que lui. M. Ives passe effectivement le plus clair de son temps à boire et à chasser, allant l'hiver à toutes les mondanités du pays, dont la plupart se terminent par la retraite en bon ordre des mâles, fort éméchés, soutenus par leurs domestiques et suivis par leurs épouses qui affectent de ne pas s'en apercevoir. Négligeant son presbytère, John Ives réside à Bungay, dans Bridge Street, à Gardiner's House. On peut supposer que Chateaubriand a connu les Ives par Mrs. Scott, une jeune femme de Bungay, ou par les Bedingfield, les châtelains de Ditchingham Hall.

Comme il est de plus en plus souvent à Bungay, les Ives lui proposent une chambre au deuxième étage de leur maison. On s'interroge sur les raisons de cette installation à Bungay : est-ce parce qu'en plus des leçons qu'il donne aux alentours il enseignerait aussi à l'école locale, ou bien est-ce parce que Brightley s'est lui-même installé comme imprimeur à Bungay, tout en y tenant une école ouverte à compter du 19 janvier 1795 ? En tout cas, Chateaubriand donne des cours de français dans cette nouvelle institution qui dispense un enseignement pratique pour des élèves se destinant au commerce et à la navigation, avec priorité des langues vivantes sur le grec et le latin.

Locataire et bientôt commensal des Ives, Chateaubriand trouve chez eux toutes les aises d'un foyer. M. Ives se révèle un personnage intéressant, car il a vécu naguère en Amérique et mieux connu le pays que son pensionnaire ayant partagé plus longtemps que lui la vie des Indiens. Non seulement il abonde en anecdotes et récits pittoresques, mais il a réuni sur ce sujet une importante bibliothèque où Chateaubriand peut consulter des ouvrages essentiels comme ceux de Carver et de Bartram. De son mariage avec une aimable femme, maîtresse de maison parfaite, il n'a qu'une fille, Charlotte, âgée d'une quinzaine d'années. Elle a cette fraîcheur et cette ingénuité de l'adolescence qui touchent mieux encore que la beauté, encore qu'elle ait d'assez jolis traits. Une charmante intimité s'est vite établie entre ses hôtes et lui, puis s'est renforcée après une chute de cheval qui l'oblige à rester étendu, avec Charlotte à son chevet pour le distraire. De conversations tissées de confidences et d'aveux sur leurs caractères et leurs goûts, ils sont passés à des après-midi de lectures en commun, puis à des soirées où ils font de la musique à quatre mains sur le *pianoforte*.

Fille unique, sans ces espions naturels que sont les frères et les sœurs, sévères et moralisateurs quand ils sont plus âgés, taquins et gaffeurs s'ils sont plus jeunes, Charlotte accueille avec candeur la cour du Français. Il y a chez elle un besoin de se confier à quelqu'un d'autre que ses parents, d'échapper un peu à ceux-ci, d'avoir un compagnon de jeux qui, bien que plus âgé, soit plus disponible et plus prestigieux que les fils de *squires* en sa triple qualité d'étranger, d'aristocrate et de proscrit. Le malheur revêt un charme invincible aux yeux des jeunes filles romanesques. De son côté, Chateaubriand jouit pour la première fois des agréments d'une famille sans aucune des contraintes en général imposées par celle-ci. D'avoir tant souffert pendant la campagne de France, puis d'avoir été si malade et d'avoir cru sa mort prochaine donne à son esprit, comme à sa conversation, un ton bien différent de celui des jeunes Anglais de sa génération. Il prend plaisir à ce qui, d'abord badinage, s'est transformé en un sentiment plus profond, du moins de la part de Charlotte, et les parents de celle-ci ont dû s'en apercevoir car soudain, dira-t-il, Charlotte, sans doute à la suite d'observations de sa mère, se montre plus réservée à son égard.

Est-ce pour cela qu'il a décidé de partir et de regagner Londres ou bien son livre est-il suffisamment avancé pour qu'il doive en discuter avec Baylis et son associé Deboffe ? Quoi qu'il en soit, au printemps 1796, il annonce à ses hôtes qu'il va les quitter. Ici se place une des scènes les plus connues des *Mémoires d'outre-tombe* et à laquelle on peut accorder foi, car elle est rapportée avec un accent de vérité qui ne trompe guère.

La veille de son départ, un dîner, assombri par cette séparation, réunit les Ives et Chateaubriand qui s'étonne de voir, au dessert, M. Ives s'éclipser avec sa fille alors qu'en général il demeure avec lui pour discuter auprès d'une bouteille de porto tandis que les femmes se retirent. Un tête-à-tête embarrassant commence et Chateaubriand, perplexe, s'interroge. Un moment, il croit presque à une déclaration de Mrs. Ives, encore assez jeune et séduisante pour en risquer une sans ridicule… Enfin, elle parle et lui dit qu'elle a deviné les sentiments de sa fille pour lui, qu'elle en a parlé à son mari, qui partage son avis, et que tous deux sont prêts à l'accepter comme gendre ; il vivrait avec eux en attendant leur héritage qui compenserait celui dont la Révolution l'a dépouillé… Saisi d'étonnement, puis bouleversé, Chateaubriand tombe à ses genoux en pleurant d'émotion. A son tour, Mrs. Ives fond en larmes, mais voyant qu'elle se méprend sur la cause de son trouble et qu'elle va sonner pour faire venir son mari, que tous deux vont le presser dans leur bras en l'appelant leur fils, il s'écrie : « Arrêtez ! Je suis marié ! »

Mrs. Ives s'évanouit. Chateaubriand, terrifié par ce coup de théâtre, prend la fuite et part à pied pour Beccles en laissant toutes ses affaires notamment le manuscrit de son *Essai sur les révolutions*. De Beccles, il écrit à Mrs. Ives pour lui expliquer les raisons qui l'ont contraint à cacher son mariage et pour la remercier de toutes les attentions qu'ils ont eues pour lui. Ce devait être une très belle lettre, car il regrettera de ne pas en avoir gardé une copie !

Dans ses Mémoires, il témoignera sa gratitude aux Ives en leur consacrant une page émue : « Avant ma renommée, la famille de M. Ives est la seule qui m'avait voulu du bien et qui m'ait accueilli d'une affection véritable. Pauvre, ignoré, proscrit, sans séduction, sans beauté, je trouve un avenir assuré, une patrie, une épouse charmante pour me retirer de mon délaissement, une mère presque aussi belle que sa fille pour me tenir lieu de ma vieille mère, un père instruit, aimant et cultivant les lettres pour remplacer le père dont le Ciel m'avait privé[14]. »

Que serait-il devenu s'il avait épousé Charlotte Ives ? Il y eut alors des maris bigames, ayant complètement oublié, une fois mariés en Allemagne ou en Russie, des épouses laissées en France et qui, sans nouvelles, se crurent veuves. Il aurait mené la vie d'un gentilhomme anglais, chassant le renard et s'enivrant au porto, vieillissant doucement jusqu'à l'attaque d'apoplexie qui l'enverrait reposer, dans l'église du village, au-dessous d'un cénotaphe orné de son blason et célébrant les vertus qu'il était censé avoir eues. Il n'est pas certain que la France aurait compté un auteur de moins, car un véritable écrivain ne renonce pas à écrire dès qu'il n'est plus obligé de vivre de sa plume, et on peut à bon droit supposer que Chateaubriand, époux peut-être assez vite infidèle, aurait néanmoins fait une carrière littéraire. Il n'est pas dans son caractère et dans son tempérament de s'ensevelir paisiblement à la campagne, encore qu'il prétende le contraire[15]. Il lui faut de l'inquiétude, et non du bonheur domestique, de la gloire et de la réputation, quitte à gémir sous le fardeau de cette gloire et à s'affliger que cette réputation soit contestée par les envieux. Il lui faut de l'aventure, afin d'échapper à l'ennui, et du malheur, pour le plaisir de se croire en butte aux caprices d'un singulier destin ; il lui faut également d'autres femmes à aimer, qui ressemblent à cette sylphide imaginaire et donnent à ses rêves une apparence de réalité.

Lorsqu'ils liront cette idylle dans les *Mémoires d'outre-tombe*, certains esprits sceptiques concluront à l'affabulation. Marseden qui, vers 1860, habite auprès de Bungay, écrit à l'historien Wilton Rix : « Je me suis renseigné auprès de M. Childs sur Chateaubriand. Il me dit que l'histoire d'amour est une pure fiction. » Loin d'être un conte, ce roman a bien été vécu, et peut-être la réputation de Charlotte Ives en a-t-elle un peu souffert car elle se mariera tardivement, malgré ses espérances de fortune et sa beauté, à moins qu'après son épisode avec Chateaubriand elle se soit montrée difficile pour lui choisir un successeur. En 1806, à 26 ans, elle épousera Samuel Sutton, qui en compte vingt de plus. Officier de marine, il achèvera sa carrière comme amiral et mourra fou, en lui laissant deux fils. C'est pour assurer leur avenir que lady Sutton, en 1822, demandera audience à Chateaubriand, devenu ambassadeur de France à Londres, pour le prier d'intervenir auprès du ministre Canning afin de placer un de ses fils aux Indes. Le lendemain, Chateaubriand lui rendra visite et tous deux évoqueront leurs souvenirs de jeunesse avec attendrissement. Lors d'une autre entrevue, elle lui remettra des papiers ou des billets qu'elle avait conservés, certains devoirs d'écolière corrigés par lui, mais l'attendrissement sera bref et Chateaubriand ne retrouvera guère, dans cette femme un peu grasse, alourdie, la jeune fille aimée jadis. Rien de plus amer que de feuilleter de vieilles lettres et de remuer de vieux souvenirs. Lorsque Chateaubriand reverra pour la dernière fois lady Sutton, il éprouvera un sentiment de frustration et presque de rancune à l'égard de cette femme qu'il aurait pu avoir et qui est devenue celle d'un autre. Il conclura le récit de ces retrouvailles par cette apostrophe étonnante : « Eh bien ! si j'avais serré dans mes bras, épouse et mère, celle qui me fut destinée vierge et épouse, c'eût été avec une sorte de rage, pour flétrir, remplir de douleur et étouffer ces vingt-sept années livrées à un autre après m'avoir été offertes[16]. »

Lady Sutton, qui ne disparaîtra qu'en 1852, a-t-elle eu connaissance de ces lignes singulières et s'est-elle indignée de leur ton, de cette jalousie rétrospective ? On ne l'a jamais su, mais cette ultime réaction est bien dans la manière de ce séducteur qui, en amour, a besoin d'orages encore plus que de constance, et de littérature encore plus que de tout autre sentiment, écrivant d'ailleurs que Charlotte ne compta dans sa mémoire « que du jour où sa présence inattendue ralluma le flambeau » de ses souvenirs.

5

Eveil d'un écrivain

1796-1799

Londres, où Chateaubriand se retrouve après ces deux années passées à la campagne, est alors le centre de la croisade européenne contre cette révolution dont Paris reste la source, en dépit de la réaction thermidorienne. C'est lors de ce deuxième séjour qu'il va découvrir le véritable aspect d'une des cités les plus industrieuses du monde ; c'est une ville étrange, hantée, où le ciel et l'eau, le commerce et les arts, la noblesse et la populace, la politique et la religion se mêlent plus étroitement et plus bizarrement que partout ailleurs. Si Paris était la capitale d'un grand royaume, Londres est le centre de l'Univers, relié aux parties extrêmes du globe par une flotte de guerre et une marine de commerce qui, davantage qu'en France, jouent un rôle essentiel dans la vie de la nation. A Londres, la grandeur, partout visible, est plus dans les âmes et dans les actes que dans les monuments, rares dans cette ville détruite après le grand feu de 1666 et reconstruite en sacrifiant l'apparat au pratique.

La France, avant 1789, avait une noblesse ; elle en avait même plusieurs, de qualités différentes ; la Grande-Bretagne a surtout un patriciat puissant, magnifique, organisé, qui force l'admiration et auquel Chateaubriand rendra hommage en écrivant : « ... l'aristocratie éclairée, placée à la tête de ce pays depuis cent quarante ans, aura montré au monde une des plus belles et des plus grandes sociétés qui aient fait honneur à l'espèce humaine depuis le patriciat romain[1]. » Dans son *Essai sur la littérature anglaise*, il notera que la révolution opérée par Cromwell a modifié durablement les rapports entre le peuple et la Couronne : « La servile chambre des Communes n'existait plus que pour tuer les hommes de liberté qui naguère avaient fait sa puissance, la monarchie, de son côté, laissait mourir ses plus dévoués serviteurs. Le peuple et le roi semblaient s'abandonner mutuellement pour faire place à l'aristocratie : l'échafaud de Charles Ier les séparait à jamais[2]. » Cet exemple ne sera pas perdu pour lui qui, devenu un des facteurs de la vie politique française, essaiera d'instaurer le règne d'une nouvelle aristocratie et non d'une noblesse à parchemins.

Vivre à Londres, en cette fin du XVIIIe siècle, est une des expériences les plus enrichissantes offertes à un esprit curieux, dans la mesure où il est prêt à s'intégrer à la société britannique ou, du moins, à la fréquenter. Ce n'est malheureusement pas le cas de la plupart des émigrés français qui, loin de s'intéresser à cette nation hospitalière, en critiquent les modes et les façons de penser. Tout en espérant chaque mois pouvoir rentrer chez eux, espoir toujours déçu et toujours renaissant, les émigrés se sont ingéniés à recréer à Londres un petit Paris à l'image de celui qu'ils ont fui, en perpétuant leurs divisions et en cultivant tous les préjugés qui sont partiellement la cause de leurs malheurs.

Seuls quelques bons esprits, instruits justement par ces malheurs et soucieux d'en éviter le renouvellement, s'intéressent à ces institutions politiques qui ont permis à la Grande-Bretagne, en dépit de son changement de dynastie, de maintenir sa prépondérance en Europe et sa cohésion interne. Le régime parlementaire est pour eux un modèle qu'ils voudraient appliquer à la France et, pour cette raison, ces constitutionnels sont fort mal vus des autres émigrés, persuadés que seul le rétablissement intégral de l'Ancien Régime arrachera la France à ses maux. Ces aristocrates libéraux, réunis en 1792-1793 autour de Mme de Staël et formant le groupe de Juniper Hall, ont dû se disperser, mais certains de leurs parents ou amis sont restés. C'est un milieu aimable et choisi, plutôt mondain, recevant beaucoup et ne frayant ni avec la haute émigration, qui papillonne autour du comte d'Artois, de sa maîtresse et de son confesseur, ni avec la noblesse de province, amère et besogneuse.

Après les sordides greniers où il a souffert de la chaleur et du froid, Chateaubriand va commencer, suivant son expression, sa montée progressive des vilains quartiers vers les beaux, évolution qui va de pair avec celle de sa renommée.

Au retour de Bungay, il s'établit d'abord 50, Rathbone Place, et l'on ne sait rien de ce garni qu'il va quitter six mois plus tard pour élire domicile au 15, Grevill Street, à Holborn, où il passera presque toute l'année 1797. Bien qu'il n'ait plus son traitement de professeur, il jouit désormais d'un revenu fixe, une aide du Comité créé pour subvenir aux besoins des émigrés français, soit dix-neuf livres par an. Ce n'est pas un pactole et cela correspond au shilling quotidien alloué à tous les émigrés sans qualification, car les ecclésiastiques d'un certain niveau, les officiers et les anciens parlementaires touchent des allocations plus importantes suivant le grade ou la fonction qu'ils avaient en France. Sans doute aurait-il reçu davantage s'il s'était fait incorporer dans quelque unité combattante, mais lorsqu'il s'est présenté au Comité français, le docteur Joly, ancien chirurgien-major de la Marine, a jugé qu'il n'était pas suffisamment rétabli de sa chute de cheval. Il avait été ajourné, puis définitivement réformé par le médecin du Comité anglais, le docteur Hollings, qui avait confirmé le diagnostic de son confrère en jugeant qu'une légère claudication le rendait inapte au service.

Il ne semble pas avoir souffert de cette boiterie, et l'on a prétendu qu'il aurait obtenu un certificat de complaisance afin d'échapper au service et de rester tranquillement à Londres au lieu d'aller traîner ses guêtres sur le continent où la guerre, à peine finie d'un côté, reprend aussitôt d'un autre.

*

Assuré désormais de ce shilling journalier qui l'empêche de mourir de faim, il se remet frénétiquement au travail pour achever cet *Essai sur les révolutions* dont il attend la gloire et, sinon la fortune, au moins une amélioration de sa situation matérielle.

Il a retrouvé l'ami Peltier, plus agité que jamais, dépensant beaucoup sans être riche et combattant la Révolution de sa plume infatigable, avec l'ardeur d'un croisé. Peltier a-t-il lu le manuscrit de Chateaubriand et lui a-t-il fait des suggestions ou des critiques ? On l'ignore, mais il est certain qu'en approuvant le projet il a puissamment contribué à sa réalisation, aidant l'auteur de sa bourse et de son enthousiasme. En plus des ouvrages qu'il a mis ou fait mettre à sa disposition, il l'a sans doute autorisé à puiser dans son œuvre, et l'on relève des similitudes entre certains passages de son *Dernier Tableau de Paris* et des pages de l'*Essai*. Il se peut aussi, comme l'écrit H. Maspéro, le biographe de Peltier, que la traduction des *Réflexions sur l'exil*, de Bolingbroke, au deuxième volume du *Tableau de Paris*, ait inspiré à Chateaubriand un des meilleurs chapitres de l'*Essai*, celui dédié aux Infortunés.

C'est sous le patronage et grâce à l'entregent de Peltier que paraît, sans nom d'auteur, le 18 mars 1797, imprimé par Deboffe, l'*Essai historique politique et moral sur les révolutions anciennes et modernes, considérées dans leurs rapports avec la Révolution française de nos jours ou examen de ces questions.* Chateaubriand annonce en effet, sur la page du titre, les six questions qu'il examinera et indique le ton de l'ouvrage en précisant qu'il est dédié à tous les partis.

Il s'agit d'un seul volume de 693 pages, alors qu'il en était prévu deux, la publication du second dépendant du succès du premier. Le prix en est fixé à huit shillings pour les souscripteurs, et à vingt-quatre pour les autres. La vente est confiée à quelques libraires : J. Deboffe, Gerrard Street ; Debrett, à Piccadilly ; Lowes, Pall Mail ; et A. Dulau et Cie, 107, Wardour Street, le principal libraire des milieux de l'Emigration. La vente répondra peu aux espoirs de l'auteur comme à ceux de son imprimeur-éditeur. L'échec était prévisible et c'est le succès qui aurait surpris.

En dédiant son livre à tous les partis, Chateaubriand pouvait être assuré de déplaire à tous, chacun prenant pour une injure ou une trahison ce qui pouvait être favorable aux autres. Cette œuvre de jeunesse, hâtive et mal construite, en dépit d'une conception originale, aurait sombré dans un oubli total si elle n'était pas de Chateaubriand et si les exégètes n'y avaient pas cherché, non sans raison d'ailleurs, les prémices d'une autre œuvre, appelée à révolutionner la littérature française.

Le but de Chateaubriand était moins de comparer toutes les révolutions entre elles que de les rapporter toutes à la Révolution française et de montrer que l'esprit de celle-ci se retrouve à d'autres époques, dans d'autres pays, prouvant ainsi qu'il n'y a rien de nouveau sous le soleil. Malheureusement, trop imbu de l'idée de système, il n'hésite pas à plier l'histoire et les hommes à ses vues de manière à toujours justifier son raisonnement, si bien que l'on pourrait penser parfois que c'est la Révolution de 1789 qui, rétrospectivement, a enfanté toutes les révolutions des siècles passés...

Plus tard, relisant cette œuvre de jeunesse, il verra la faille et le danger de son système, ainsi que l'erreur d'établir des parallèles entre des pays non seulement différents mais considérés à des périodes différentes et séparés quelquefois par un ou deux millénaires. Comment croire un instant que l'on puisse établir une comparaison valable entre l'Egypte du VIᵉ siècle avant Jésus-Christ et l'Italie du XVIIIᵉ siècle, entre les Scythes de ce même VIᵉ siècle et les Suisses au temps de Charles le Téméraire, entre la Prusse de Frédéric II et la Macédoine au temps de Philippe, entre Tyr et Amsterdam, entre la Perse antique et le Saint Empire romain germanique ?

La seconde partie de l'ouvrage est un vaste pot-pourri mêlant tous les pays, toutes les époques, avec leurs littératures et leurs religions, leur histoire et leurs mœurs, leurs luttes contre l'étranger, leurs divisions et leurs systèmes philosophiques. Cela conduit l'auteur à faire dans chacun de ses chapitres un constant parallèle, comparant Mithridate à Dumouriez, la bataille de Jemmapes à celle de Marathon, introduisant dans son récit des digressions saugrenues ou des critiques assez justes, parfois, sur certains contemporains, tout en saluant des amis au passage.

Pour allonger son texte – et en rompre un peu la monotonie – il fait de longues, très longues citations de poètes grecs et français, d'Anacréon à Voltaire, cite Fontanes comme le Simonide français, établit des rapports entre des écrivains comme Lebrun et Tyrtée, Esope et le duc de Nivernais, tous certainement bien surpris de se retrouver ainsi accouplés, mais l'abus des citations finit par transformer l'ouvrage en anthologie. A peine en a-t-on d'ailleurs terminé avec les poètes qu'apparaissent les philosophes, allant eux aussi deux par deux, comme des forçats, un Grec immanquablement enchaîné à un Français : on voit ainsi aller de pair Héraclite et Rousseau. Enfin, l'*Essai* s'achève avec la fameuse *Nuit chez les Sauvages d'Amérique*, morceau de bravoure appelé à un bel avenir et qui n'ira pas moins de six à sept fois au combat pour soutenir la réputation de son auteur.

Insipide au goût du lecteur d'aujourd'hui, l'*Essai sur les révolutions* offre à celui de la fin du XVIIIᵉ siècle, plus familiarisé avec l'histoire ancienne, outre un intérêt d'érudition littéraire, celui de dénoncer l'erreur des révolutionnaires français invoquant les mânes des Grecs et des Romains pour instaurer en France un gouvernement qui ne doit rien aux premiers ni aux seconds, et ne se réclamant de Lycurgue et de Solon que pour déguiser leurs appétits de pouvoir ou légitimer leurs fautes, voire leurs crimes.

De l'*Essai sur les révolutions* se dégage un certain pessimisme, explicable autant par les sentiments personnels de l'auteur, exilé sans ressources, que par l'évolution de la situation en France, où il peut craindre de ne jamais rentrer. Il s'en dégage aussi, et c'est là son point fort pour l'avenir, mais son point faible à l'époque, une impartialité d'opinion qu'il faut souligner, car elle révèle une remarquable indépendance de caractère. Epars dans cet ouvrage – où les extraits d'œuvres d'autrui tiennent une large place –, il y a des remarques ou des jugements qui annoncent le futur homme d'Etat, le pamphlétaire et l'historien. Un des premiers il a compris que l'histoire de la Révolution était à faire, en dépit des nombreux livres déjà parus, observe-t-il, « chaque faction se contentant de dénigrer sa rivale, le sujet est tout aussi neuf que s'il n'eût jamais été traité ».

Avec plus de justesse encore, il a diagnostiqué ce dont personne ne voulait convenir, c'est-à-dire qu'une des causes de cette révolution était la révolte des privilégiés. Ce qu'il écrit à cet égard pourrait, sans

changer une ligne, être incorporé dans les *Mémoires d'outre-tombe* :
« C'est un trait commun à toutes les révolutions dans le sens républicain
qu'elles ont rarement commencé par le peuple. Ce sont toujours les
nobles qui, en proportion de leur force et de leurs richesses, ont attaqué
les premiers la puissance souveraine : soit que le cœur humain s'ouvre
plus aisément à l'envie dans les grands que dans les petits, ou qu'il soit
plus corrompu dans la première classe que dans la dernière, ou que
le partage du pouvoir ne serve qu'à en irriter la soif ; soit enfin que
le sort se plaise à aveugler les victimes qu'il a une fois marquées[3]. » Il
a également noté que, dans cette révolution inouïe, véritable apocalypse politique et sociale, l'indépendance des Etats-Unis a joué un
rôle important, voire déterminant : « La France, séduite par le jargon
philosophique, par l'intérêt qu'elle crut en retirer, par l'étroite passion
d'humilier son ancienne rivale, sans provocation de l'Angleterre, viola,
au nom du genre humain, le droit sacré des nations. Elle fournit d'abord
des armes aux Américains, contre leur souverain légitime, et bientôt
se déclara ouvertement en leur faveur. Je sais qu'en subtile logique,
on peut argumenter de l'intérêt général des hommes dans la cause de
la liberté ; mais je sais que, toutes les fois qu'on appliquera la loi du
tout à la partie, il n'y a point de vice qu'on ne parvienne à justifier. La
révolution américaine est la cause immédiate de la révolution française.
La France déserte, noyée de sang, couverte de ruines, son roi conduit
à l'échafaud, ses ministres proscrits ou assassinés, prouvent que la
justice éternelle, sans laquelle tout périrait en dépit des sophismes de
nos passions, a des vengeances formidables[4]. »

A côté de ces considérations, certaines d'une acuité que l'avenir
confirmera, on trouve aussi des réflexions de moraliste, encore qu'elles
soient dépourvues de cette concision qui les rend plus frappantes : « La
soif de la liberté et celle de la tyrannie ont été mêlées ensemble dans le
cœur de l'homme par la main de la nature ; indépendance pour soi seul,
esclavage pour les autres, est la devise du genre humain. » Parlant de
ses compatriotes aigris par leurs malheurs, roidis contre l'infortune et
devenus fort susceptibles, il note : « L'orgueil est la vertu du malheur[5]. »
Opposant Louis XVI au roi d'Athènes Agis, il écrit que celui-ci dit aux
« Spartiates corrompus : redevenez les citoyens de Lycurgue ; le second
donna aux Français à goûter le fruit défendu : *Tout ou rien !* fut le cri[6]. »

Chez l'ancien disciple de Rousseau, bien désillusionné sur son maître
et qui l'avoue franchement dans l'*Essai*, on discerne une semblable
amertume à l'égard de l'homme, aussi bien le primitif que le civilisé. La
Révolution a d'ailleurs montré que le vernis de civilisation est fragile et

que maints philosophes, au nom de la philosophie, se sont transformés en juges, parfois en bourreaux. A l'origine de ce terrible ébranlement de la société, il y a surtout la vanité : « C'est qu'il faut que les hommes fassent du bruit, à quelque prix que ce soit, écrit-il. Peu importe le danger d'une opinion, si elle rend son auteur célèbre ; et l'on aime mieux passer pour un fripon que pour un sot[7]. »

*

En dépit d'un prospectus alléchant et de l'actualité du sujet, l'*Essai sur les révolutions* tombe à plat et ne suscite que de maigres commentaires. Dans son numéro de janvier-avril 1797, *The Monthly Review* reconnaît de l'originalité à l'auteur, mais lui trouve aussi un certain pédantisme ; *The Critical Review*, de janvier-mai 1797, lui reproche de s'être attelé à un travail trop vaste et de n'avoir pas su en ordonner le plan. Quant à *The Analytical Review*, elle accorde quelques louanges à l'auteur, moins à l'ouvrage où l'amoncellement des faits, mal compilés, ne permet pas de prévoir les révolutions futures. En réalité, les Anglais manifestent peu d'intérêt pour les élucubrations d'un obscur réfugié français tandis que quelques critiques allemands, lecteurs plus attentifs, négligent les considérations politiques mais admirent certaines descriptions, entre autres celle de la nuit chez les sauvages.

Le comte de Montlosier, lui-même un esprit original et vigoureux, rend compte de l'*Essai* dans le numéro d'avril du *Journal de France et d'Angleterre* qu'il dirige, et distribue avec impartialité le blâme et l'éloge, reprochant à l'auteur « son manque de justesse dans le plan » et surtout de n'avoir pas vu que « la Révolution française n'a aucun rapport avec les autres révolutions de la terre, qu'elle a d'autres principes, un autre caractère, d'autres mouvements ». Toutefois, il estime que l'*Essai* donne « un tableau sage des temps actuels » et « qu'il offre plus d'intérêt que les *Voyages d'Anacharsis* ». Tout en déplorant une grande inégalité dans le ton, le style et l'inspiration, il reconnaît à l'auteur un talent certain, lui prédisant qu'il occupera « un rang distingué » parmi les écrivains français si la France un jour retourne à un état normal.

Le Spectateur du Nord, édité à Hambourg par M. de Baudus, un ancien magistrat, rend un verdict assez favorable, mais le jugement que Chateaubriand attend avec le plus d'impatience est celui des critiques parisiens, les mieux placés pour parler d'un tel ouvrage. Il a envoyé un exemplaire à La Harpe, qui vient de fonder *Le Mémorial*, bientôt suspendu après le coup d'Etat de fructidor, un autre à Ginguené qui dirige la *Décade philosophique et littéraire*. Or ces messieurs gardent le silence. Il n'y aura que *Le Républicain français*, qui, à l'instar des critiques allemands, aimera l'évocation des voyages de l'auteur et citera le chapitre *Aux infortunés*.

C'est la réaction des salons français de Londres qui sera la plus virulente car le point de vue de Chateaubriand heurte les préjugés, choque le goût et irrite quelques vanités. Comment ne pas s'indigner en lisant qu'«il y a toujours quelque chose de bon dans une révolution» et que «ce quelque chose survit à la révolution»? Pour les royalistes intransigeants, c'est inacceptable. Aussi son indépendance d'opinion paraît-elle une bravade et sa critique de la société de l'Ancien Régime une apostasie. On soupçonne en lui un «esprit fort» que ses malheurs n'ont pas assagi, un de ces philosophes qui ont perdu la monarchie. Le prince de Bouillon ne voit dans le livre que «rêveries d'un philosophe», ainsi qu'il le déclare à M. de la Bouëtardais qui espérait recueillir des compliments pour son neveu, et le prince ajoute: «Il n'y en a que trop de cette espèce!»

Mais le plus sévère critique de l'*Essai sur les révolutions* sera Chateaubriand lui-même en relisant son livre lors de l'édition de ses *Œuvres complètes*. Il aura, depuis Londres, acquis une telle maîtrise de son talent, et aussi une telle réputation, que celle-ci ne peut plus souffrir de l'examen rigoureux de l'œuvre de ses débuts. Au contraire, en la reprenant avec un œil sans complaisance, il peut mesurer le chemin parcouru et s'offrir le luxe de la modestie, confessant ses erreurs de jugement, soulignant des obscurités de style et se moquant spiri- tuellement du néophyte un peu fat qu'il était alors. Après avoir relu son chapitre sur les émigrés, il notera: «Je ne sais si cette manière de défendre mes compatriotes d'infortune leur plaisait beaucoup[8]...» Un peu plus tard, souriant aux compliments qu'il se décernait alors, il écrira: «J'ai un grand penchant à m'applaudir.»

Après avoir multiplié les remarques de ce genre, ignorant que Sainte-Beuve en formulerait de plus piquantes encore, il conclura cette révision par une apologie qui résume assez bien le sens de l'ouvrage et la place occupée par celui-ci dans son œuvre, ainsi que dans sa vie: «Me voilà à la fin de ce qui forme dans cette édition le premier volume de l'*Essai*. Jamais coupable ne s'est imposé pénitence plus rude. Il ne faut pas croire que je n'ai pas souffert en me traitant comme je viens de le faire. Je défie la critique la plus malveillante d'aller au-delà de la mienne, car je n'ai pas plus ménagé mon amour-propre que mes principes... Néanmoins, qu'il me soit permis à présent de demander au lecteur ce qu'il vient de lire? Est-ce là un livre qui devait révéler de moi un homme tout autre que l'homme connu du public ? Que voit-on dans l'*Essai* ? Est-ce un impie, un révolutionnaire, un factieux ou un jeune homme accessible à tous les sentiments honnêtes, impartial avec ses ennemis, juste contre lui-même, et auquel, dans le cours d'un long ouvrage, il n'échappe pas un seul mot qui décèle une bassesse de cœur ? L'*Essai* est certes un très méchant livre, mais si l'on ne veut, si l'on ne doit accorder aucune louange à l'auteur, peut-on lui refuser de l'estime ? Littérairement parlant, l'*Essai* touche à tout, attaque tous les sujets, soulève une multitude de questions, remue un monde d'idées, et mêle toutes les formes de style. J'ignore si mon nom parviendra à l'avenir ; je ne sais si la postérité entendra parler de mes ouvrages ; mais si l'*Essai* échappait à l'oubli, tel qu'il est en lui-même cet *Essai* et tel qu'il est surtout avec les notes critiques, ce serait un des plus singuliers monuments de ma vie[9]. »

Philarète Chasles, séjournant à Londres en 1818, interrogera des Anglais qui avaient connu Chateaubriand à cette époque, entre autres Baylis, et en recueillera une impression semblable à celle que Chateaubriand a voulu donner de lui-même en jugeant son livre : « Ni apostat, ni apôtre, ni sceptique, ni fanatique, ni ambitieux, ni ascète ; rien de tout cela – un gentilhomme élève de Rousseau, ardent adepte de la vie sauvage, un passionné disciple d'Emile, un ennemi furieux de la société du XVIIIᵉ siècle redevenu chrétien sincère et véhément », mais Chasles ajoutera que si telle était l'opinion de Baylis, Porden, son associé, ne voyait dans Chateaubriand qu'« un charlatan[10]. »

Bienveillant à l'égard de ce débutant, Montlosier avait fait allusion dans sa critique au « succès » du livre. Ce succès tardant à venir, Chateaubriand, avec un art de la publicité dont il saura bientôt jouer merveilleusement, feint d'en être accablé. Dès le 10 juillet 1797, alors que quelques dizaines d'exemplaires ont dû être vendus, il prie Peltier d'insérer dans le *Journal français de Londres* une *Réponse générale à ceux qui* [lui] *ont fait l'honneur de* [lui] *écrire*. D'un ton lassé, voire excédé, il supplie qu'on le laisse tranquille alors qu'il guette avidement le moindre écho : « J'aime le repos écrit-il. Je n'entretiens personne de moi. J'ai poussé l'amour de la tranquillité jusqu'à prier M. Peltier de ne point faire l'analyse de l'*Essai historique, politique et moral sur les révolutions*. Cependant on sait où je demeure et on m'écrit. Depuis quatre mois, on n'a cessé de m'envoyer lettres sur lettres. J'ai gardé obstinément le silence. Aujourd'hui on veut m'arracher une réponse. La voici : c'est la première et ce sera la dernière… »

Il règle ensuite un compte avec le Révérend Symons et d'autres ecclésiastiques qui s'étaient alarmés d'erreurs théologiques ou de sympathies jacobines, et achève irrévérencieusement cette mise au point par une invitation à ne plus l'importuner de lettres oiseuses : « Je vis de mon travail. Quand je suis obligé de lire beaucoup de petits papiers, cela me fait perdre de grandes heures. D'ailleurs les ports de lettre sont chers. »

*

Entre-temps, cet auteur persécuté par le succès a déménagé pour s'installer au 12, Hampstead Road, en face de St James' Chapel, chez une Mrs. Larry, une veuve irlandaise avec une fille de 14 ans, très jolie. Il n'est pas le seul pensionnaire de la maison et partage avec un régiment de chats les faveurs de la veuve. Amadoué par les manières engageantes de celle-ci comme par la beauté de sa fille, il accepte ses invitations à prendre le thé avec de vieilles voisines dont la présence est compensée par celle d'une autre Irlandaise, jeune et jolie, Mary Neale, et sans doute arbore-t-il encore ses airs d'amant malheureux, car miss Neale observe un jour : « Vous portez votre cœur en écharpe... »

C'est un moyen de séduire et Chateaubriand le sait, qui aimera toujours se faire plaindre, accueillant l'hommage de ses admiratrices en réparation de ses malheurs. Néanmoins, il commence à se montrer moins sauvage, acceptant les invitations que lui vaut sa qualité d'auteur, car les femmes du monde éprouvent un vif penchant pour les écrivains dont elles attendent qu'ils parlent autant qu'ils écrivent. Ainsi fait-il ses débuts dans les salons français de Londres, allant chez Mrs. Lindsay, maîtresse de son ami Lamoignon, chez Mme de Caumont La Force, chez la vicomtesse de Gontaut-Biron, chez Mme du Cluzel, chez la marquise d'Aguesseau, où il fait presque partie de la famille puisqu'il est le tuteur de la fille qu'elle a eue de George Howard, vicomte Morpeth.

Chez Anna Lindsay, il fait une rencontre importante et dont il ne dira rien dans ses Mémoires, sauf que Mme de Belloy était « digne d'attachement », sans doute parce qu'il s'était aussitôt employé à la détacher de son amant, M. Malouet, pour en faire sa maîtresse. Intendant général de la Marine et conseiller de Louis XVI dans les derniers temps de la monarchie, Malouet s'était réfugié à Londres après le 10 août et y avait publié une *Défense du Roi*. Né en 1740, il n'était plus jeune et, fort affecté par des événements qu'il avait prévus sans pouvoir les prévenir, il était tombé assez gravement malade. Une aimable créole de Saint-Domingue, Henriette Picault, vicomtesse de Belloy, l'avait soigné avec beaucoup de dévouement, puis avait lié son sort au sien sans que cette liaison choquât dans ces milieux de l'Emigration où tout était toléré pourvu que l'on pensât bien.

Malouet vit donc dans le confort de cette liaison officielle et respectée lorsque Chateaubriand, séduit par Mme de Belloy, lui fait une cour si pressante qu'il évince assez rapidement Malouet. Lui a-t-il proposé de divorcer pour l'épouser ? On n'en est pas assuré, mais il est certain qu'au su et au vu de tout Londres il vit avec elle, et c'est sous son regard que, ayant renoncé à son épopée des Natchez, il entreprendra le *Génie du christianisme*, achevé cinq ans plus tard sous l'œil d'une autre maîtresse, Mme de Beaumont. Ainsi abandonné, Malouet en éprouve un violent chagrin, mais, sans rancune, il reprendra l'infidèle avec lui après le départ de Chateaubriand, puis, après la mort de sa femme, restée en France, il l'épousera.

Tout en s'occupant beaucoup de femmes lorsqu'elles sont jeunes et jolies, Chateaubriand ne néglige pas les hommes, s'ils ont des lettres et de l'influence. Un de ceux qu'il voit le plus souvent est Montlosier, ancien député aux Etats généraux et, comme Peltier, une figure éminemment pittoresque à laquelle il ne rendra pas la justice qui lui est due. Le portrait qu'il en tracera dans ses Mémoires, haut en couleur, brillant, incisif, se ressent des événements auxquels Montlosier sera mêlé plus tard et ne correspond pas à ce qu'il éprouvait pour lui lorsqu'il se rendait chaque mercredi dans son logis où écrivains, journalistes, hommes politiques, incarnant toutes les nuances du royalisme, se réunissaient pour discuter des faits du jour et des nouvelles venues de France.

Montlosier, qu'il décrit comme «féodalement libéral, aristocrate et démocrate», a de la verve et de l'esprit, mais surtout un tempérament fougueux qui cadre mal avec ses idées de libéralisme et de modération. Comme Peltier, il a mené, depuis son exil, une existence aventureuse et s'est attiré une fâcheuse affaire alors que, s'improvisant médecin magnétiseur, il a séduit la mère d'une de ses patientes. Chez lui, on voit des émigrés de marque comme le chevalier de Panat, ancien officier de marine et craignant tellement l'eau qu'il ne se lave jamais, fort avaricieux de surcroît, mais fort spirituel ; Malouet, champion du régime constitutionnel ; Lally-Tollendal, affligé de l'ostracisme dont il est l'objet de la part des autres émigrés dont il a pourtant pris la défense en un écrit célèbre, et bientôt l'abbé Delille, arrivant de Suisse avec ses papiers et une prétendue nièce, apitoyant toute la société par les mauvais traitements qu'il essuie de cette nièce dont Rivarol dira que, puisqu'il l'avait choisie, il aurait pu la prendre plus aimable.

Chateaubriand ne se limite pas au cercle de Montlosier mais fréquente aussi d'autres salons, ceux où il rencontre l'abbé Carron et Mgr de La Marche, évêque de Saint-Pol-de-Léon, deux saintes figures de l'Emigration, rivalisant de zèle et d'abnégation pour soulager la misère de leurs compatriotes, édifiant les Anglais par leur esprit de charité poussé jusqu'à l'oubli total d'eux-mêmes. De si belles âmes redonnent confiance en la nature humaine et touchent bien des cœurs, jusque-là endurcis par l'esprit philosophique ou simplement égoïstes. Il se peut que Chateaubriand, frappé par les critiques dont l'*Essai* a été l'objet comme par de tels exemples, ait réfléchi au rôle du christianisme et médité sur les maux dont la France, avec le déclin du catholicisme, a été victime. L'idée a lentement germé en lui d'écrire – en contre-pied de cet *Essai* où déjà, tout en critiquant le clergé, il estimait la religion nécessaire à la morale – un livre sur les beautés du catholicisme et la nécessité de la foi. Dans la société française émigrée, il existe, à défaut de ferveur, une certaine nostalgie de la religion. Par esprit de corps, pour échapper à l'isolement, on se retrouve de plus en plus nombreux dans les rares chapelles catholiques de Londres ou dans certains salons transformés le dimanche en lieux de culte. Dans ce pays protestant, affirmer sa foi c'est maintenir sa nationalité, rester Français parce que chrétien romain. De même que les hauts dignitaires de l'Eglise, assez peu conscients parfois de leurs devoirs lorsqu'ils régnaient sur leurs diocèses, se sont révélés dans l'exil d'admirables pasteurs, des membres de la haute aristocratie, comme le comte d'Artois et son entourage, ont opéré de semblables retours sur eux-mêmes. Les esprits forts ont cessé d'être à la mode et l'on ne rougit plus d'être chrétien ni d'aller aux offices. Entre le regret d'un passé frivole et l'espoir d'un avenir meilleur, il y a enfin place pour Dieu.

Le même frémissement se fait sentir en France et se devine à travers les journaux de Paris où paraissent de temps en temps des articles d'une inspiration nouvelle et conciliatrice. A de tels symptômes, Chateaubriand, avec le sens de l'opportunité qu'il montrera bientôt, entrevoit que le public est las des révolutions, anciennes ou modernes, et qu'il aspire à un autre langage, à d'autres idées, à un retour à l'autel en attendant la restauration de la monarchie, une restauration manquée d'ailleurs de peu au mois de septembre 1797, lorsque le vacillant Directoire a été sauvé par le coup d'Etat de fructidor.

Plus nourri des historiens grecs et latins que de Pères de l'Eglise, Chateaubriand n'entend pas approfondir les mystères de la foi, mais il songe à montrer l'importance du catholicisme dans la vie morale et politique des sociétés, ainsi que son influence sur les arts et les lettres, occasion de se livrer à ces analyses littéraires qu'il affectionne. En fait, à l'origine de ce projet, fort vague encore, il y a surtout, parce qu'il a souffert et mûri, le désir de retrouver les certitudes de son enfance et ces manifestations religieuses auxquelles, à la campagne, on attachait d'autant plus de prix qu'elles étaient souvent les seules fêtes rompant la monotonie des jours. Le voilà donc rêvant à ce projet, lisant, prenant des notes et travaillant avec cette ardeur qu'il apporte à tout ce qu'il entreprend, lorsque survient la mort de sa mère.

Mme de Chateaubriand avait connu, comme ses filles et sa belle-fille, de bien mauvais jours. Arrêtée le 22 février 1794, transférée à Paris, emprisonnée au couvent des Dames anglaises, puis à l'ancien collège du Plessis, une annexe de la Conciergerie, elle avait été sauvée par le 9 Thermidor, mais n'était revenue à Saint-Malo qu'en 1795. Elle s'était alors activement occupée à faire lever le séquestre de Combourg et, sans ressources, elle avait dû, pour vivre, vendre l'argenterie que son fils aîné lui avait laissée en dépôt. Au mois d'août 1796, malade et trop âgée pour vivre seule dans son appartement des Grands-Degrés, elle avait été recueillie par des amies, les demoiselles Goyon, à Saint-Servan, et elle y était morte le 31 mai 1797, non pas dans la misère et sur un grabat comme son fils l'écrira, mais dans un bon lit et bien soignée par ses deux hôtesses.

Chateaubriand a été aussitôt prévenu de sa disparition, ainsi que le prouve une lettre de son oncle Bédée de la Bouëtardais le remerciant de la sienne à propos de la mort de sa sœur, et il ne peut donc pas, ainsi qu'il l'affirmera dans ses Mémoires, avoir appris cette disparition par une lettre de Mme de Farcy du 1er juillet 1797. On comprendrait mal que Julie de Farcy ait attendu plus d'un mois pour l'en prévenir. En revanche, il est probable que Mme de Farcy, qui expiait dans une effrayante austérité les égarements de sa jeunesse, ait adressé à son frère une mercuriale en lui disant que ses erreurs avaient coûté bien des larmes à leur mère et qu'elle l'ait conjuré de renoncer à écrire ou, s'il persévérait dans cette voie, de ne pas attaquer, comme il l'avait fait dans l'*Essai*, certains principes sacrés.

Une telle adjuration est, pour un auteur, peu agréable à lire, et Chateaubriand, bien que sensible à ces reproches, ne peut renoncer à écrire. Tout au plus peut-il mieux surveiller sa plume. A en croire Sainte-Beuve, Ginguené, qui connaissait bien Chateaubriand et sa famille, avait toujours douté que l'affliction de Mme de Chateaubriand ait eu pour cause l'*Essai sur les révolutions* et ses passages anti-religieux. Ginguené croyait à d'autres égarements et peut-être entendait-il par là cette liaison avec Mme de Belloy qui devait tant choquer Mathieu Molé.

Le dramatique effet tiré par Chateaubriand de la lettre de sa sœur et de la mort de celle-ci, un mois plus tard, est une invention de sa part pour faire croire qu'il s'est converti à l'appel de ces deux voix d'outre-tombe et pouvoir écrire, en un raccourci fameux, convaincant par sa simplicité : « J'ai pleuré et j'ai cru. »

Tout en travaillant à cet ouvrage sur la religion chrétienne auquel la mort de sa mère et celle de sa sœur donnent un nouvel élan, il ne renonce pas à publier un poème en prose, écrit à Londres et à Beccles, et qu'il a vraisemblablement augmenté, remanié, corrigé depuis la publication de l'*Essai sur les révolutions*. Dans une note de ce livre, il annonçait d'ailleurs au public « l'histoire d'une nation sauvage du Canada, sorte de roman » et, en marge de son propre exemplaire de l'*Essai*, dit exemplaire confidentiel, il avait envisagé un autre titre, *Les Sauvages*.

*

Ce poème, ou plutôt cette épopée, se trouve achevé à la fin de l'année 1797 puisque, le 6 janvier 1798, il en adresse au libraire parisien Buisson, « pour examen », un long extrait. Afin d'éveiller son intérêt, il ne craint pas de forcer la note et de montrer *René et Céluta*, titre auquel il songe alors, comme un « roman noir », dont c'est la mode en France après l'avoir été en Grande-Bretagne : « On y voit des pères étouffant leurs enfants, par amour de la liberté ; des rendez-vous d'amour dans des cavernes pleines d'ossements, des prisonniers brûlés avec des tourments affreux… et des phantômes [*sic*], mais on y trouve aussi, par opposition, les scènes les plus douces et les plus voluptueuses… La catastrophe épouvantable qui termine l'ouvrage est partie historique, partie imaginée. Tout ceci est dans le goût du temps, où l'on ne veut que des scènes qui remuent et qui ébranlent fortement les âmes[11]. »

Chateaubriand est si convaincu que le libraire, alléché, acceptera l'ouvrage avec enthousiasme, qu'il termine sa lettre en ultimatum, exigeant cent louis à la remise du manuscrit entre les mains de M. Deboffe à Londres, et réclamant une réponse par retour du courrier, car il a en vue un autre arrangement. On ne connaît pas la réponse de Buisson, mais on doute un peu qu'un éditeur anglais ou français puisse, même à l'époque et malgré la vogue du « roman noir », s'intéresser aux Natchez, titre définitif de ce monument. Chateaubriand, le succès venu, n'envisagera pas d'en profiter pour donner *Les Natchez* au public et se contentera, sagement, de l'inclure dans ses *Œuvres complètes* où il demeurera presque enseveli jusqu'à ce que quelques éditeurs courageux en fassent, au XIXᵉ siècle, des publications indépendantes.

Cette épopée des *Natchez*, élaborée à partir d'une histoire authentique, est, comme le dira Sainte-Beuve, « une reprise d'Homère en iroquois ». C'est surtout une forêt vierge dans laquelle il a entassé tellement de faits, de descriptions et d'idées que *Les Natchez* constituera une réserve où il puisera pour ses autres livres, en particulier pour *Atala* et *René*.

Le lecteur pourrait penser, sur la foi du titre, qu'il s'agit d'un roman d'aventure, une préfiguration des œuvres de Fenimore Cooper. Il n'en est rien. Chactas, le héros d'*Atala*, devenu vieux et sage, accueille un jeune Français, René, venu chercher la paix du cœur au sein des forêts du Nouveau Monde, après un lamentable amour dont il garde obstinément le secret. Dans cet ouvrage, où tout est convention, le lecteur doit admettre une série de procédés qui ôtent toute crédibilité au récit. Les principaux personnages s'expriment en un langage imité de celui des héros de l'*Iliade* et l'*Odyssée* plutôt que des Indiens, qui ne disposent que d'un vocabulaire assez limité. Mais ces Indiens sont doués d'une étonnante mémoire qui leur permet, à un demi-siècle de distance, non seulement de conter leurs aventures, mais de répéter mot à mot les récits de ceux qu'ils ont rencontrés au cours de leurs pérégrinations, procédé que Chateaubriand utilisera largement dans *Les Martyrs*. Ainsi Chactas, bavard intarissable, est capable de narrer au jeune Français, pendant des heures, tous les épisodes d'une existence assez agitée qui l'a mené de sa forêt natale au bagne de Toulon où, après de miraculeuses retrouvailles avec son père adoptif, Lopez, il est transporté à Paris, puis à Versailles. C'est un prétexte dont Chateaubriand se sert, mais avec moins de bonheur que Voltaire dans *Le Huron*, pour formuler sur la société française une série d'observations, de réflexions naïves ou piquantes, montrant son dédain de la civilisation et son mépris de la Cour. On trouve ainsi dans *Les Natchez* une dénonciation de l'arbitraire de l'Ancien Régime faite sur un ton qui annonce le futur polémiste : « La loi proclamée souveraine, mais toujours suspendue par la dictature royale ; un homme envoyé aux galères pour un temps, mais y demeurant toute sa vie ; la propriété déclarée inviolable, mais confisquée pour le bon plaisir du maître ; tous les citoyens libres d'aller où ils veulent et de dire ce qu'ils pensent, sous la réserve d'être arrêtés s'il plaît au roi et d'être envoyés au gibet en témoignage de la liberté des opinions[12]. »

A Versailles, le nouveau Huron, présenté à Louis XIV, voit en une journée tout ce qui vaut d'y être vu : Turenne et Catinat, Louvois et Condé, le prince Eugène et Vauban, les Vendôme, qui ont l'air gaillard de leur grand-père Henri IV, Luxembourg et Villars. Après l'armée, on passe à l'Eglise avec Fénelon et Bossuet, tous deux particulièrement bien traités, puis on va chez les dames, La Vallière et

Montespan, Mme de Maintenon et, pour faire bonne mesure, Ninon de Lenclos. Après la Cour, le Paris des gens de lettres : Chactas y converse ingénument avec La Bruyère, Boileau, La Fontaine, Racine, Molière et des écrivains de moindre importance comme Chaulieu. Voltaire enfant est même apporté dans un berceau à l'issue d'un dîner chez une courtisane en renom. Enfin, Chactas peut échanger des idées avec Mansard, Le Nôtre, Coustou et Le Brun. C'est beaucoup en une seule journée ; aussi est-il d'autant plus surprenant qu'il ait gardé un souvenir si précis de toutes ces personnalités devant lesquelles il a défilé, tel un curieux dans un musée de figures de cire. Le lendemain, une journée entière est consacrée à Fénelon qui lui adresse une longue harangue, commençant par cette apostrophe : « Sincère sauvage… »

Un naufrage aux abords de Terre-Neuve permet ensuite à Chactas de mener un certain temps une vie de Robinson, puis de fréquenter une société d'Esquimaux, rencontrés sur un glaçon et dont les mœurs, quoique plus rudes que celles de Versailles, lui paraissent plus édifiantes. Bref, à la fin du livre IX – l'ouvrage en comporte douze –, le lecteur n'a pas appris grand-chose sur les Natchez, puisque l'action se situe un peu partout, sauf sur leur territoire. Il faut d'ailleurs retrancher des huit premiers livres le livre IV, entièrement consacré à un parallèle entre les vertus de sainte Geneviève de Paris et celles de Bonne Catherine des Bois, patronne des Canadiens français. Leur double éloge est prononcé au cours d'un voyage aérien que ces deux saintes effectuent au-dessus du monde habité pour essayer de mettre un peu d'ordre dans les passions humaines et de faire échec aux desseins de Satan. Celui-ci cherche à détruire les établissements français d'Amérique, en dépit de la bonne armée que le roi y entretient et dont les martiales évolutions occupent une partie du Livre I, avec quelques belles pages, inspirées certainement à l'auteur par ses propres souvenirs de la vie militaire.

Echappé aux Esquimaux, Chactas arrive chez les Sioux qui veulent en faire leur chef, mais il refuse, arguant de son désir de revoir son cher Meschacébé. Il s'évanouit de joie en le retrouvant après seize années d'absence. Au livre IX, Chactas se tait enfin pour céder la place à René qui, véritable oiseau de malheur, apporte à sa tribu d'adoption toutes les calamités. Sur la foi de rapports mensongers, les Natchez sont présentés au corps expéditionnaire français comme des rebelles et les Français, qui convoitent leurs terres, saisissent ce prétexte pour les attaquer. Un combat s'engage, auquel Chateaubriand donne une dimension cosmique, faisant de cet engagement qui oppose quelques centaines d'hommes une bataille de Géants, avec certains détails fort crus, propres à révolter les âmes sensibles ou faire sourire les sceptiques. Catherine des Bois et Satan ayant jugé tous deux, mais pour des motifs différents, que la bataille avait assez duré, ils séparent les combattants par l'envoi d'une violente averse.

Pendant ce massacre, René, parti avec d'autres Natchez guerroyer contre les Illinois, tombe entre les mains de ceux-ci. Après avoir été proprement torturé, il attend d'être rôti, lorsqu'il est sauvé par son ami Outougamiz qui l'emporte sur son dos, le soigne et le dérobe aux Illinois, jusqu'au moment où un de ceux-ci, ayant découvert sa cachette, va le tuer. Il faut fuir encore une fois, errer dans la forêt que ravage un incendie où tous deux manquent d'être carbonisés. René se voit de nouveau sauvé, mais par un Illinois dont il a respecté la femme. Enfin, les deux amis parviennent à quelque distance de leur tribu, à demi morts d'épuisement. Céluta, la sœur d'Outougamiz, qui désespérait de les revoir, les prend pour des ombres. Comme Outougamiz lui demande un peu de nourriture, elle répond qu'elle n'en a pas, mais que si René l'avait épousée, comme elle l'espérait, elle aurait pu le nourrir de son lait : « Ah ! s'il eût été mon époux, s'il eût fécondé mon sein, il pourrait boire avec son enfant à la source de la vie ! s'écrie-t-elle, en rougissant[13] » [*sic*].

Dans cet étrange récit, on trouve autant d'invraisemblances que de détails cocasses ou de mauvais goût, mais ce qui surprend le plus ce sont les sentiments suscités par René : « Aimer et souffrir était la double fatalité qu'il imposait à quiconque s'approchait de sa personne », écrit Chateaubriand qui trente ans plus tard, écrira la même chose à certaines de ses admiratrices. René séduit deux jeunes Indiennes pour lesquelles il n'éprouve aucun attrait, mais provoque chez le frère de l'une d'elles, Outougamiz, une passion dévorante au point que Céluta s'efface et lui laisse la place. Outougamiz ayant offert à René d'être son frère d'élection, l'ami de cœur, le compagnon de toute sa vie, René accepte et l'on procède à un échange de cadeaux concrétisant ce choix mutuel. « Jamais cœur plus calme, écrit Chateaubriand en parlant de celui de René, jamais cœur plus troublé ne s'étaient approchés l'un de l'autre. » Jamais Outougamiz ne faiblira dans son attachement passionné. Lorsque René se voit menacé de mort par les Natchez, Outougamiz, chargé de l'exécuter, regimbe avec désespoir : « Que voulez-vous de moi ? s'écrie-t-il. Oui, je le jure, j'aimerai René en dépit de vous ; je me ris des vers du sépulcre qui déjà dévorent mes chairs vivantes. Je frapperai mon ami sans doute, mais je baiserai sa blessure, je sucerai son sang, et quand il sera mort, je m'attacherai à son cadavre jusqu'à ce que la corruption ait passé dans mes os[14]. »

Lorsque René est grièvement blessé, il s'accroupit à son chevet, observant sa blesssure, « comme pour voir dans le sein de René », puis il s'ouvre une veine et mélange son sang avec celui de son ami dans un petit vase afin de conserver ce symbole de leur union. Le Ciel fait mieux que pour saint Janvier, car ce mélange ne se coagule pas. Il est vrai qu'Outougamiz se saigne chaque nuit pour « rafraîchir l'urne de sang ». On comprend qu'à ce régime il ne tarde pas à succomber, rejoignant René dans l'au-delà.

De ces détails sanglants, Chateaubriand n'est pas avare, ainsi qu'il l'annonçait au libraire Buisson : Adario étrangle son petit-fils de ses propres mains pour qu'il ne soit pas un jour esclave des Blancs. Céluta, n'ayant plus de lait, songe à s'ouvrir les veines pour désaltérer la fille qu'elle a finalement eue de René ; un guerrier indien, qui a perdu ses deux bras à la bataille, n'en continue pas moins de combattre avec ses dents ; un Breton ne le cède pas en courage : il lutte, la poitrine ouverte, le cœur palpitant à nu dans la cage thoracique…

Ces extravagances ont leur équivalent au point de vue du style. C'est le langage des rhéteurs de la Convention, pour lesquels le paroxysme de l'expression semble être la condition de l'éloquence. Le pire est que Chateaubriand, pour éviter les mots usuels désignant les objets inconnus des sauvages, emploie des périphrases : un fusil devient un tube qui crache le feu ; Versailles est une grande hutte, etc., alors qu'il conserve la culture classique, également fort étrangère aux Indiens, pour en fleurir son récit par des comparaisons tirées de la mythologie. A un paragraphe narratif emprunté à la botanique ou à la géologie en succède un imité de la prosodie grecque ou latine. On aboutit ainsi à des phrases de ce genre : « Pareil à la tunique dévorante qui sur le mont Œta fit périr Hercule, l'habit du grenadier français se colle aux os du fils des Maures et fait couler dans ses veines les poisons enflammés de Bellone. »

On pourrait multiplier les exemples et les citations, bien faites pour déconcerter, puis lasser le lecteur, même le plus favorablement prévenu. A ce défaut se joint celui d'imiter les auteurs dramatiques en indiquant au début de chaque épisode ou de chaque scène les mouvements des personnages, doués d'un pouvoir surnaturel de déplacement, souligné d'ailleurs par Chateaubriand qui précise : « Il vole… Elle vole… » Des Hurons du Québec se retrouvent ainsi en un clin d'œil à une assemblée de tribus en Floride et, dans ces immensités, un merveilleux hasard permet de faire se rencontrer des êtres qui se sont déjà croisés ailleurs.

Un autre reproche adressé à Chateaubriand lorsque paraîtra cette œuvre de jeunesse est d'avoir beaucoup emprunté à des écrivains comme Dumont de Montigny, Le Page du Pratz et Bossu pour la partie histo-rique de l'ouvrage, en modifiant un peu certains faits ou les caractères des protagonistes, mais c'est là une critique excessive, car tout roman historique exige une documentation que l'auteur doit utiliser sans la démarquer ou, du moins sans que cela soit trop visible. Tout en blâmant l'abus de certains procédés, notamment l'introduction du merveilleux, Chinard rendra justice à l'historien qui s'est minutieusement informé avant d'écrire son épopée, consultant cartes et relations, et il jugera que *Les Natchez* renferme «de nombreux épisodes où le décor du moins, les costumes et les accessoires sont d'une exactitude scrupuleuse[15]».

*

En attendant la réponse d'éventuels éditeurs, Chateaubriand, pour créer un mouvement d'opinion en faveur des *Natchez*, en lit des passages chez Montlosier et même chez Malouet. Les auditeurs manifestent un intérêt poli, vaguement choqués par l'emphase du style et la bizarrerie des scènes. Pour atténuer le mauvais effet produit par ses sauvages, il lit également des morceaux de son ouvrage en préparation sur les beautés de la religion, qui rassurent un peu. Un soir, chez Malouet, se trouvent Mallet Du Pan, le publiciste genevois, et son fils, ainsi que l'ancien contrôleur général des Finances, Calonne, et d'autres émigrés de marque. Après avoir écouté un fragment d'*Atala*, Mallet Du Pan laisse tomber : «Il y a du talent dans tout cela, mais je ne comprends rien à ces harmonies de la nature et de la religion[16].» Calonne est du même avis.

D'après Montrosier, *Atala*, un épisode des *Natchez*, rallie maints suffrages, notamment ceux des femmes, mais suscite également des railleries, car ce délire d'imagination paraît de mauvais goût. Alors qu'il pourrait, intimidé par ces critiques, hésiter à s'engager dans cette voie, il reçoit un encouragement imprévu de la part d'un ancien ami, Fontanes, dont il avait eu le bon esprit de citer dans son *Essai sur les révolutions* un des poèmes qui avaient fondé sa réputation, *Le Jour des morts*[17]. Il vient d'arriver à Londres, émigré tardif puisqu'il avait réussi à se maintenir en France jusque-là.

Fontanes, l'un des plus chers amis de Chateaubriand, est peut-être, avec Joubert et Armand Carrel, le seul dont il ait pleuré la mort et conservé pieusement le souvenir. Il paraît alors à point nommé pour le sortir de ses incertitudes et lui donner de judicieux conseils. Chateaubriand les écoutera si bien et progressera si rapidement sur le chemin du succès qu'il dépassera bientôt Fontanes. Malgré tous les honneurs dont celui-ci sera comblé, il n'aurait guère laissé de traces dans l'histoire s'il n'avait puissamment contribué à faire la carrière de son protégé. Au crédit de Chateaubriand, il faut souligner qu'il n'oubliera pas les services rendus et lui témoignera sa reconnaissance en lui donnant une belle place dans ses mémoires.

Son aîné de 11 ans, Fontanes est issu d'une famille de protestants d'Alais réfugiés à Genève au début du XVIIIe siècle et revenus à Saint-Gaudens où son père était inspecteur des manufactures de drap. A 20 ans, Louis Fontanes – la particule *de* viendra plus tard – était venu de Niort à Paris pour s'y faire un nom dans la république des Lettres et s'était lié avec tout ce qui en portait un. En peu de temps, il s'était mis sur un pied de familiarité avec Dorat, Ducis, Flins des Oliviers, Delille et l'abbé de Mably. Il avait brillé dans le salon de Fanny de Beauharnais, fréquenté Buffon et avait vu sa réussite consacrée lorsqu'il avait été chargé d'écrire un éloge de Voltaire, lu par Flins des Oliviers au cours d'une fête donnée à la Loge des Sept-Sœurs. Dans cette loge élégante, il avait augmenté le nombre de ses relations en y rencontrant Lalande, Vernet, Greuze, Houdon, Piccini, Garat, Roucher, Helvétius, Condorcet, Chamfort, Parny. Il avait même été présenté par Dorat à Jean-Jacques Rousseau et, comme alors Chateaubriand, révérait l'illustre misanthrope en lequel il voyait le régénérateur de l'humanité.

Frotté à de si beaux esprits, qui le considéraient comme un des leurs, il aurait presque pu se dispenser d'écrire et se contenter d'être un homme à la mode. Par conscience professionnelle, il avait composé un essai sur l'astronomie, traduit l'*Essai sur l'homme*, de Pope, et publié deux poèmes qui avaient connu un succès certain, *La Forêt de Navarre*, inspirée justement de Pope, et *La Chartreuse de Paris*, dont la mélancolie se teintait de religiosité, ainsi qu'en témoignent ces vers montrant :

> La race des humains que travaille sans fruit
> Cet espoir obstiné de bonheur qui la fuit,
> Parcourir en pleurant, de chagrin poursuivie,
> L'inépuisable erreur qu'on appelle la vie.

Petit, carré, fort d'encolure et de tempérament sanguin, Fontanes est un bon vivant, d'humeur joyeuse et d'appétit féroce, appréciant jadis les déjeuners philosophiques de Grimod de La Reynière. Avec Joubert, qu'il a connu en 1778, et le libertin Restif de la Bretonne, il donnait lui aussi, avant la Révolution, des dîners copieux, égayés par le cynisme et l'esprit de repartie de cet extraordinaire bohème qu'était Restif. Initié par Ducis à la littérature anglaise, et notamment à Shakespeare, alors réputé barbare en France, il a séjourné jadis à Londres et y a renouvelé son inspiration, mais il s'est vite dégoûté du climat, en dépit des poétiques brumes des œuvres d'Ossian. Pendant la Révolution, il s'est tenu coi, échappant de peu aux horreurs du siège de Lyon, et, tapi à la campagne, il n'a reparu à Paris qu'après Thermidor. Elu à l'Institut en 1795, professeur choisi pour les nouvelles Ecoles centrales et enseignant la littérature au collège des Quatre-Nations, il est désormais un personnage officiel et n'aurait pas été frappé par le coup d'Etat de Fructidor s'il n'avait fondé, quelques mois plus tôt, *Le Mémorial*, périodique à tendance réactionnaire dans lequel il insistait sur la nécessité d'une religion comme base de la morale et de la vie politique.

S'il a partagé, avant la Révolution, le scepticisme élégant de ses confrères, il a fait dès 1790 son examen de conscience et reconnu son erreur, écrivant à Joubert qui venait de perdre son père : «Croyez-moi, ce n'est qu'avec Dieu qu'on se console de tout. J'éprouve de jour en jour combien cette idée est nécessaire pour marcher dans la vie. J'aimerais mieux me refaire chrétien comme Pascal ou le Père Ballan, mon professeur, que de vivre à la merci de mes opinions ou sans principes, comme l'Assemblée nationale ; il faut de la religion aux hommes, ou tout est perdu[18].» Avant Chateaubriand, il a rappelé dans ses cours, que publiait régulièrement *Le Mémorial*, la nécessité d'un Dieu au point de vue esthétique et s'était vu reprocher, outre cette opinion, d'avoir donné à ses élèves un sujet de composition tiré de la Bible. A maintes reprises, Fontanes avait protesté contre l'athéisme de l'enseignement alors que les trois quarts des Français demeuraient catholiques, et, dans le numéro du *Mémorial* du 28 juin 1797, il avait annoncé : «Très peu de gens enverront leurs enfants à des écoles où la Religion, qui paraît si nécessaire après tous les crimes commis dans son absence, est totalement oubliée.»

Sans ferveur excessive, il est du moins convaincu que la religion est indispensable à l'homme et qu'elle doit être rétablie si l'on ne veut pas retourner à cette barbarie dont la Révolution a multiplié les exemples. Si un vague respect humain empêchait jusque-là Chateaubriand de revenir à la foi de son enfance, la conversation de Fontanes est de nature à précipiter sa décision. Fontanes a certainement lu l'*Essai*, blâmé les passages antireligieux et le pessimisme général du livre. Il faut de l'espoir à l'homme, ainsi que le dira Mme de Staël. Fontanes se révèle à cet égard un remarquable évangélisateur civil ; ce n'est pas un Père de l'Eglise, austère et intolérant, mais un homme d'esprit et de talent, avantageusement marié, riche et considéré à Paris. Il ne prêche pas la pénitence et la mortification, mais le simple bon sens, montrant à son cadet que les temps ont changé, qu'il y a du nouveau dans l'air, à Paris du moins, et que l'on verra bientôt un réveil du catholicisme ainsi qu'un retour à la monarchie, les deux paraissant désormais intimement liés, ne serait-ce que par les épreuves subies en commun.

Fontanes opère un premier miracle en apprivoisant Chateaubriand. Il fait fondre sa réserve et l'incite à se montrer naturel. Ensemble, ils font de longues promenades à Londres et aux environs. Fontanes a une gaieté communicative et ce goût de la bonne chère qui favorise l'épanchement des cœurs. Leurs conversations laisseront une durable impression dans l'esprit de Chateaubriand, persuadé que son ami a raison et qu'il doit donc persévérer dans ce nouvel ouvrage à la gloire de la religion.

Il lui faut pour cela renoncer à son épopée des *Natchez* et porter tous ses efforts sur ce nouveau livre. A la fin de l'année 1798, il a quitté son logement du 12, Hampstead Road pour se rapprocher du centre en s'établissant au 11, Upper Seymour Street où il habitera jusqu'au printemps 1799. Il continue de toucher le shilling quotidien des émigrés, donne peut-être encore quelques leçons et se fait nourrir dans les milieux dorés de l'Emigration. Son *Essai sur les révolutions* ne l'a pas enrichi, d'autant moins qu'il aurait abandonné le produit de la vente à une famille anglaise encore plus pauvre que lui. Bien que son amitié pour Fontanes lui fasse un peu négliger Peltier, celui-ci n'oublie pas son protégé. Sans doute est-ce à l'instigation de Peltier que le duc d'Harcourt, une des personnalités les plus éminentes de l'Emigration, a envoyé le 30 août 1798 un mémoire au Premier ministre, William Pitt, pour solliciter sa générosité en faveur du « comte de Chateaubriand », frère de ce marquis du même nom, petit-gendre de M. de Malesherbes. Mal informé comme on le voit déjà par l'erreur dans le titre, le duc d'Harcourt écrit que Chateaubriand a été chargé par Malesherbes lui-même, avec l'aveu de Louis XVI, d'une mission auprès des sauvages américains, mission abandonnée dès qu'il avait appris les malheurs du roi. Le duc, qui a vraisemblablement forcé la note afin d'obtenir davantage, ne demande pas moins de cent cinquante à deux cents livres sterling pour le tirer « de la situation effroyable où il est plongé[19] ».

L'année suivante, le 8 juin 1799, Peltier adresse au *Literary Fund*, créé pour secourir les écrivains dans le besoin, une lettre dans laquelle, ainsi que l'a fait le duc d'Harcourt, il arrange la vérité au mieux des intérêts de son protégé, vantant « le grand succès » de l'*Essai sur les révolutions* qui a fait l'unanimité de la critique et dont la vente n'a malheureusement pas couvert les frais d'impression. Il ajoute que M. de Chateaubriand a composé un nouvel ouvrage intitulé *De l'œuvre de la religion et de la poésie*, dont il a dû vendre le manuscrit pour quinze livres, et qu'il est en train d'achever un poème en prose de vingt-quatre chants, *Les Natchez*. Peltier a su faire feu de tout bois, au mépris de la vérité.

Ce plaidoyer, qui vaut à Chateaubriand un secours de dix guinées, prouve que le *Génie du christianisme*, dont il n'a pas encore trouvé le titre et qui n'atteint pas l'ampleur à laquelle il parviendra, est néanmoins assez avancé. Comme il l'a fait pour l'*Essai*, il doit rester rivé à sa table de travail douze à quinze heures par jour et dispose d'autant plus de loisirs que Fontanes a quitté Londres au début de juillet 1798 pour Hambourg. Son départ lui laisse un grand vide, que seul peut combler un travail acharné. « Si je suis la seconde personne avec laquelle vous ayez trouvé quelques rapports d'âme avec vous, lui écrit-il le 15 août 1798, vous êtes la première qui ayez rempli toutes les conditions que je cherchais dans un homme. Tête, cœur, caractère, j'ai tout trouvé en vous à ma guise et je sens que désormais je vous suis attaché pour la vie[20]. »

Au cours de son passage à Hambourg, l'obligeant Fontanes a parlé de lui à Baudus, l'éditeur du *Spectateur du Nord*, pour l'intéresser à ses ouvrages dont il pourrait publier des fragments dans son journal. Baudus semble intéressé par *Les Natchez*, mais, comme il n'a pas l'intention de terminer ce livre en ce moment, Chateaubriand décline sa proposition. Six mois plus tard, en revanche, le 5 avril 1799, il écrit à Baudus pour lui demander d'intervenir auprès de Fauche, le grand imprimeur royaliste de Neufchâtel, afin de lui proposer de sa part « un petit manuscrit sur la religion chrétienne par rapport à la morale et à la poésie ». Cet ouvrage très chrétien, souligne-t-il, représente à peu près trois feuilles d'impression in-octavo et il demande quinze guinées, que Fauche pourra récupérer d'ailleurs par le nombre d'exemplaires qu'il vendrait à Londres par Deboffe et Dulau, libraires de l'Emigration.

Sans attendre la réponse de Baudus, ou bien impatienté du retard de celui-ci pour lui répondre, il traite avec Dulau pour l'impression de son ouvrage très chrétien et demande à Baudus, le 6 mai 1799, combien d'exemplaires en prendrait Fauche. Cette première version du *Génie du christianisme* a comme titre *De la religion chrétienne par rapport à la morale et aux beaux-arts*. Elle forme un livre de 430 pages et comporte sept parties, la dernière étant truffée de morceaux empruntés aux *Natchez*. « Il n'y a pas un seul mot de politique dans l'ouvrage qui puisse en empêcher la vente », écrit l'auteur à Fontanes le 20 août. Pareil avis est adressé au libraire Auguste Lemierre, à Paris, pour préparer le terrain.

Entre-temps, Montlosier a signalé l'ouvrage en préparation dans le *Courrier de Londres*, mais sous un titre un peu différent : *Du christianisme considéré dans ses rapports avec la morale, l'éloquence et la poésie*. Il y a là de quoi rassurer les milieux bien-pensants de l'Emigration et ouvrir à Chateaubriand les portes jusque-là fermées au pécheur mal repenti. D'ailleurs les salons se le disputent et l'écoutent lire des fragments de l'ouvrage, approuvant beaucoup plus les récits anecdotiques que les dissertations philosophiques. Le succès de ces lectures l'incite à persévérer, voire à étendre son ouvrage et en modifier le plan. Son titre, en tout cas, continue de varier, car au mois d'octobre il annonce à Baudus qu'il appellera son livre *Des beautés poétiques et morales de la religion chrétienne et de sa supériorité sur les autres cultes de la terre.* D'un volume de 430 pages, il est passé à deux, ayant chacun 350 pages, « d'une lecture aussi agréable que celle d'un roman », assure-t-il. Ces perpétuelles modifications du livre en retardent l'impression, mais à force d'annoncer l'ouvrage et d'en retarder la publication, il a créé un mouvement d'opinion qu'il sent favorable et qui lui fait déjà une réputation, en attendant une gloire étayée sur une base plus solide. N'est-ce pas un miracle de la foi que de faire ainsi parler d'un livre que personne n'a encore lu ?

Pour mieux travailler encore, à l'abri des mondanités, il avait, au printemps 1799, séjourné à Richmond avec Christian de Lamoignon, et peut-être a-t-il écrit pendant ce séjour un *Parallèle ou comparaison impartiale et raisonnée de la France monarchie avec la France république*, publié anonymement à la fin de l'année chez W. et C. Splisbuty, dont le style et l'inspiration s'apparentent si étroitement à ceux de l'*Essai* que certains exégètes de Chateaubriand lui attribueront la paternité de cet écrit[21]. Après Richmond, il était allé à pied jusqu'à Oxford, avec l'ami Peltier, bien qu'il assure Fontanes qu'il voit fort peu le journaliste dont, vraisemblablement, Fontanes n'avait pas apprécié le côté bohème et hâbleur.

Fontanes a pu rentrer en France, y retrouver la position dont le coup d'Etat de Fructidor l'avait privé. Mieux, il a su attirer sur lui l'attention du Premier consul qui l'a chargé de prononcer l'éloge officiel de Washington, mort le 14 décembre 1799. En moins d'un jour et demi, il a rédigé un discours dans lequel, tout en faisant l'éloge de Washington, il prononce en réalité celui de Bonaparte. Il le fait habilement, d'ailleurs, sans courtisanerie, avec même une certaine indépendance d'esprit puisqu'il s'attendrit sur le sort de Marie-Antoinette. Fontanes apparaît donc comme un homme d'avenir et Chateaubriand se montre impatient de lui confier le sien. Inquiet de n'en avoir plus de nouvelles, il lui écrit le 19 février 1800 pour l'entretenir de son ouvrage et le charger de lui trouver preneur. « C'est là mon unique espérance, lui avoue-t-il. Si je réussis, je suis tiré d'affaires pour longtemps ; si je tombe, je suis un homme noyé sans retour. Tâchez donc de vous donner un peu de mouvement sur cet article, et ensuite *sur un autre très essentiel*[22]. » Cet autre article est celui de sa radiation de la liste des émigrés car il n'en peut plus de Londres et veut, comme tant d'autres émigrés l'ont déjà fait, regagner la France où, s'il arrive à temps, il pourra peut-être récupérer quelques débris de son héritage.

Il a d'abord pensé quitter Londres au début d'avril 1800, mais il est retardé soit par ses tractations avec Dulau, soit par la difficulté d'obtenir un passeport lui permettant de rentrer en France sous une fausse identité. Le 21 avril, le ministre de Prusse à Londres lui délivre un passeport au nom de Jean-David de Lassagne, né à Boveresse, dans la principauté de Neufchâtel, alors propriété personnelle du roi de Prusse. Ainsi sera-t-il excusable de ne pas savoir l'allemand et de parler fort bien le français. Le mois précédent, par une lettre impérieuse, il a rappelé Fontanes à ses devoirs : « Les moyens de m'être utile ne peuvent guère vous manquer à présent et j'attends tout de vous[23]. »

Ne pouvant s'encombrer du manuscrit des *Natchez*, environ 2 400 pages in-folio, il en détache l'histoire d'Atala et celle de René qu'il joint aux épreuves de son ouvrage sur la religion. Laissée en dépôt à son hôtesse, l'histoire des Natchez sera pieusement conservée par celle-ci, ou ses héritiers, et rendue à Chateaubriand en 1817. Il quitte Londres avec Mme d'Aguesseau et ils débarquent tous deux le 6 mai 1800 à Calais, où les a précédés Anna Lindsay. De cette ville, il adresse un nouvel ultimatum à Fontanes : « Je descendrai chez vous et je vous prie de me chercher un logement tout près du vôtre... Tâchez de redoubler d'amitié pour moi, car j'aurai bien besoin de vous, et je vais vous mettre à de rudes épreuves[24]. » Ainsi prévenu, Fontanes n'a plus qu'à s'exécuter en se mettant à son service et se faisant, doit penser Chateaubriand, le factotum du génie. Si celui-ci ne l'a pas pensé aussi crûment, ce sera du moins, à la lumière des faits, le jugement de la postérité.

6

La bataille d'Atala

1800-1801

Aux descriptions de l'Enfer qu'il donnera dans son *Génie du chris-tianisme*, Chateaubriand aurait pu en ajouter une : l'état de la France au lendemain de la Révolution, car l'ancien royaume offre au voyageur l'édifiant tableau d'un pays abandonné depuis dix ans à la malfaisance et rendu à la sauvagerie primitive. Certes, c'est un enfer éteint, mais ce paysage désolé, sans parler de physionomies sinistres émergeant des ruines, a quelque chose d'infernal. Chateaubriand est d'abord frappé par l'absence des hommes, enrôlés dans les armées de la République et remplacés dans les travaux des champs par des femmes qui, endurcies par ces travaux, tannées par les intempéries, ne lui rappellent en rien les fraîches Anglaises, encore moins sa Sylphide.

Partout s'étale, effrayante par sa sanction, la devise *Liberté, Egalité, Fraternité ou la Mort*. Souvent le mot «mort» a été blanchi, mais ses lettres transparaissent sous la chaux. Au fur et à mesure que la voiture approche de Paris, foyer de ce gigantesque incendie, les traces de la Révolution se font plus visibles : routes défoncées, arbres coupés, ponts effondrés tandis que sur les canaux, négligés depuis dix ans, la navigation fluviale a cessé. Les véhicules reflètent le délabrement général du pays : ils sont rares et les diligences qui circulent, jamais lavées ni repeintes, sont attelées par des cordes, lorsque manquent les harnais, à des rosses dont les services de remonte n'ont pas voulu.

C'est le 10 mai 1800 que Mme d'Aguesseau, Mrs. Lindsay et Chateaubriand arrivent à Paris. Auguste de Lamoignon est là pour les accueillir. Son bel équipage offre une vision réconfortante et montre qu'il y a encore un certain luxe, mais rarement pour ceux qui en ont joui dans le passé. Comme Fontanes n'est pas au rendez-vous, Chateaubriand descend dans un modeste hôtel. Il s'y trouve à peu près dans les mêmes conditions de pénombre et de médiocrité que lors de son premier séjour à Paris, lorsque, accablé de solitude, il avait songé à reprendre le chemin de sa province. Cette fois, il ne se laisse pas abattre et, dès le lendemain, va déposer son passeport à la police afin d'obtenir un permis de séjour qui lui sera renouvelé de mois en mois. Prévenu de son arrivée, Fontanes accourt, l'emmène chez lui, rue Saint-Honoré, près du passage Saint-Roch, puis lui déniche un entresol rue de Lille, à prix modéré, mais encore trop élevé pour ses ressources. Un an plus tard, il déménagera pour s'installer au 374, rue Saint-Honoré, dans un hôtel où Mme Geoffrin avait tenu son célèbre salon.

Avant de se remettre au travail et de trouver un éditeur, il doit se réhabituer à Paris où il se sent plus exilé qu'il ne l'était à Londres. La ville a tellement changé qu'elle semble appartenir à une autre planète. On y erre, étonné de ce que l'on y voit, hanté par le souvenir de ce que l'on y a vu naguère, inquiet de ce que l'on verra peut-être demain. Le silence et l'abandon de certaines rues, voire de certains quartiers, comme le faubourg Saint-Germain, inspirent la tristesse et même l'effroi en songeant que ces lieux désertés furent le théâtre d'émeutes, de pillages, d'arrestations et parfois de massacres. Les rares passants, qui longent des façades aux fenêtres closes, ont l'air de lémures, et l'on sursaute en les entendant parler. Tout paraît suspect, mais la suspicion a changé d'objet. C'est le revenant, l'aristocrate échappé à la guillotine ou l'émigré rentré qui soupçonne chaque individu de mauvaise mine d'avoir été un septembriseur et se demande si les mains de cet artisan, ou de ce boucher, n'ont pas égorgé l'un des siens. Il y a dans l'atmosphère de ces quartiers quelque chose d'irréel et de glacé, un souvenir amorti de cris, de larmes et de sang.

Chateaubriand consacrera dans ses Mémoires une page vengeresse à ces Jacobins devenus marchands de pommes cuites et à ceux qui, pour se refaire une vertu civique, « ne parlaient que des horreurs de 1793, de la nécessité de châtier les prolétaires et de réprimer les excès de la populace. Bonaparte, plaçant les Brutus et les Scévola à sa police, se préparait à les barioler de rubans, à les salir de titres, à les forcer de trahir leurs opinions et de déshonorer leurs crimes[1] ». L'étalage impudent de fortune auquel se livrent les parvenus lui fait sentir plus vivement sa misère et l'incite à des réflexions moroses comme à des actions immédiates. Il lui faut de l'argent pour subsister jusqu'à ce qu'il puisse en tirer de la vente de son livre. En effet, il n'y a rien à espérer de la fortune de sa mère, elle-même morte ruinée, et il conjure Fontanes d'emprunter pour lui vingt-cinq louis en attendant que le livre lui permette de le rembourser.

Il ne peut s'adresser à personne d'autre car tous les écrivains qu'il a connus naguère ont soit disparu, soit ont vu disparaître leurs revenus et l'accueillent d'autant plus froidement qu'ils n'ont aucune envie de partager avec lui le peu qui leur reste. Une visite à Ginguené, devenu personnage important, ministre de l'Instruction publique et ambassadeur, lui a confirmé l'inopportunité de ce genre de démarche : « M. Ginguené, qui me reconnut à peine, me parla du haut de la grandeur de tout ce qu'il était et avait été. Je me retirai humblement et n'essayai pas de renouer des relations si disproportionnées[2]. »

Fontanes, toujours secourable et généreux, réussit à lui procurer les vingt-cinq louis, mais on comprend que, certains jours, il éprouve un sentiment d'impuissance et de découragement qui lui fait regretter Londres où il lui semble avoir été heureux sans le savoir, car il vivait alors dans l'espoir de rentrer en France, et maintenant l'illusion commence à se dissiper au contact de la réalité : « J'avais si longtemps vécu dans ce pays, que j'en avais pris les habitudes, reconnaîtra-t-il ; je ne pouvais me faire à la saleté de nos maisons, de nos escaliers, de nos tables, à notre familiarité, à l'indiscrétion de notre bavardage : j'étais anglais de manières et de goûts, et, jusqu'à un certain point, de pensées[3]. »

On peut s'étonner que Chateaubriand n'ait pas eu pour premier souci, en arrivant à Paris, de s'informer de sa femme et d'aller retrouver cette malheureuse à laquelle il avait donné son nom en échange de sa fortune. Echappée aux massacres de Septembre, grâce à un avis salutaire donné par Mme Ginguené, Céleste avait regagné Fougères avec ses belles-sœurs, mais son état de femme d'émigré constituait pour elle, ainsi que le souvenir de sa fortune, un titre à la vigilance haineuse des Jacobins locaux. Arrêtée avec Lucile et Julie de Farcy au mois d'octobre 1793, emprisonnée au château de Fougères, puis transférée à Rennes, toujours suivie de ses belles-sœurs, elle avait été libérée avec celles-ci le 5 novembre 1794. Toutes trois avaient regagné Fougères et, bien que l'hôtel de Farcy eût été vendu comme bien national, elles s'étaient entendues avec l'acquéreur pour y récupérer quelques pièces où elles vivotaient, sur les débris de leurs fortunes respectives.

Chateaubriand avait si peu vécu avec sa femme, et celle-ci lui avait si peu manqué durant son émigration que revenir à elle eût été l'épouser une seconde fois – et une seule avait suffi. Paris pouvait mieux lui offrir et le lui prouvera bientôt. Fontanes, occupé à lui chercher un éditeur, va lui trouver aussi une maîtresse, indirectement il est vrai, car il ne pouvait deviner qu'en le présentant à l'un de ses meilleurs amis, Joseph Joubert, il allait modifier le destin de trois êtres exceptionnels.

*

C'est en 1778 que Fontanes avait rencontré Joubert, jeune provincial comme lui fraîchement débarqué à Paris et qui s'était mis à l'école de Diderot, tout en fréquentant Marmontel, La Harpe et d'Alembert. Depuis 1789, il était revenu de bien de ses enthousiasmes d'alors, avouant mélancoliquement : « La Révolution a chassé mon esprit du monde réel en me le rendant trop horrible. » Moitié par raison, moitié par mauvaise santé, il a fait sien le précepte du sage : « Pour vivre heureux, vivons couchés », car il passe au lit la majeure partie de son temps, lisant, annotant des ouvrages, emplissant sur ses carnets des réflexions ou des pensées, souvent trop ténues pour être perçues par le commun des mortels : « Je suis comme une harpe éolienne, qui rend quelques beaux sons, mais qui n'exécute aucun air », écrira-t-il, ajoutant : « Aucun vent constant n'a soufflé sur moi. » Esprit frileux, replié sur lui-même et attentif à tout ce qui peut le heurter, il est, suivant le mot de Chateaubriand, un égoïste qui ne s'occupe que des autres, laissant à sa femme, une personne énergique et de bon sens, le soin de veiller maternellement sur lui. Elle y a du mérite, car il est assez difficile à vivre, avec des idées saugrenues, se livrant par exemple à d'étranges expériences diététiques, comme de se nourrir exclusivement de viande et de lait, ou bien passant d'un repos complet au lit à une manie ambulatoire. Mme de Chastenay a fort bien jugé cet esprit délicat et cette silhouette un peu dégingandée en disant : « C'est une âme qui a rencontré un corps et qui s'en tire comme elle peut. »

Les Joubert passent la plus grande partie de l'année à Villeneuve-sur-Yonne, où ils se sont terrés au plus fort de la Révolution, et ils disposent à Paris d'un pied-à-terre, rue Saint-Honoré, près de Fontanes. C'est pendant la Terreur que Joubert a rencontré, aux environs de Villeneuve-sur-Yonne, une femme qui tient une grande place dans sa vie, avant d'en tenir une plus grande encore dans celle de Chateaubriand : Mme de Beaumont. Ainsi Fontanes et Joubert seront-ils les instruments de cette étrange Providence qui fera d'une pécheresse échappée à la guillotine et quasi sanctifiée par ses malheurs l'Egérie de l'auteur du *Génie du christianisme*.

Sans être belle – elle est trop malingre et elle a des traits trop irréguliers –, Mme de Beaumont a deux qualités essentielles, surtout aux yeux de Chateaubriand : de la sensualité dans son regard sombre, embué de douceur et de désir, de l'aristocratie dans l'allure. Elle est parfaitement née : son père, le comte de Montmorin-Saint-Hérem, issu d'une des plus antiques maisons de France, ambassadeur à Madrid, puis ministre des Affaires étrangères en 1787, est resté après Varennes l'un des ultimes conseillers de Louis XVI ; il a été massacré à l'Abbaye le 2 septembre 1792. Un de ses frères, Auguste, a péri en mer, la même année, dans les parages de l'île de France.

Séparée de son mari, le comte de Beaumont, personnage assez veule et qui avait cru se sauver en affichant des opinions républicaines, elle s'était jetée dans une existence plutôt libre et, oubliant les bons principes enseignés au couvent de Panthemont, elle avait commencé par devenir la maîtresse de l'abbé Louis, le futur ministre de la Restauration, puis elle était passée dans d'autres bras. A cette fringale amoureuse, si caractéristique de la fin de l'Ancien Régime, avait succédé une période d'horreur et de sang. Après le massacre du comte de Montmorin, sa mère, sa sœur, Mme de Luzerne, et son frère Calixte s'étaient réfugiés à Rouen, puis en Bourgogne, au château de Passy, chez leurs cousins Mégret de Sérilly. Tous y avaient été arrêtés, conduits à Paris, sauf Mme de Beaumont qui, trop faible et retardant la marche, avait été abandonnée sur la route. Hébergée par un paysan charitable, Dominique Pâquereau, elle avait passé dans une chaumière le glacial hiver 1793-1794. Là, elle avait appris successivement la mort de Mme de La Luzerne, devenue folle la veille de son exécution, puis celles de sa mère, de son frère et des Sérilly, guillotinés le même jour que Madame Elisabeth, le 10 avril 1794. Il existe une aristocratie du malheur ; une telle série de morts, et dans de telles conditions, a fait de Pauline de Beaumont, vivante oubliée à mi-chemin entre la terre et le ciel, une pathétique héroïne, et c'est ainsi que Joubert l'a vue après l'avoir recueillie chez lui, en la comparant à une « de ces figures d'Herculanum qui coulent sans bruit dans les airs, à peine enveloppées d'un corps ».

Entre Joubert, qui se tire tant bien que mal du sien, et Mme de Beaumont, prête à l'abandonner pour se réfugier dans l'infini, l'accord s'est fait aussitôt, amalgame étrange et subtil d'une âme frivole, effrayée par la mort, et d'une autre, effrayée par la vie. « Si Port-Royal eût encore existé, j'étais en danger d'y courir », avait-elle écrit à Joubert, et celui-ci s'était institué son directeur de conscience en même temps qu'il lui confiait ses scrupules et ses tourments, ses ambitions littéraires et son impuissance à les réaliser.

Lorsque Chateaubriand leur est présenté, ils forment un couple admirablement assorti sous le rapport de l'esprit, car il n'y a rien de charnel entre eux : Joubert est chastement épris, trouvant dans cette passion de tête un stimulant ; Pauline de Beaumont a retrouvé, sinon le goût du plaisir, du moins celui d'une société choisie qui la distrait de sa solitude. Elle a réorganisé son existence et, installée rue Neuve-du-Luxembourg, elle réunit le soir quelques amis avec qui causer paisiblement, discuter des faits du jour, parler de livres nouveaux, évoquer des souvenirs auxquels la Révolution, en bouleversant le cours du temps, donne un tel recul qu'il leur semble à tous avoir vécu un siècle en dix ans. Ils sont là, autour d'une lampe, comme des naufragés regroupés après un naufrage et comptant les survivants, oubliant pendant quelques heures les journées harassantes passées à courir les bureaux pour récupérer quelques épaves de leur fortune.

Le salon de Mme de Beaumont compte aussi quelques habitués jeunes encore et qui, moins nostalgiques du passé, peuvent espérer un avenir meilleur. Il y a là Pasquier, futur préfet de police sous l'Empire et ministre des Affaires étrangères de la Restauration, que Chateaubriand retrouvera souvent sur son chemin et qui mourra, presque centenaire, et duc, sous le Second Empire ; Mathieu Molé, destiné lui aussi à une grande carrière, le comte de Bonald, déjà connu par sa *Théorie du pouvoir politique et religieux*, Guéneau de Mussy, futur diplomate, le poète Chênedollé, appelé à jouer un rôle dans la vie de Lucile de Chateaubriand, Mme de Vintimille, issue d'une opulente famille de fermiers généraux à laquelle appartiennent Mme d'Houdetot, la protectrice de Rousseau, et Mme d'Epinay ; Mme de Lévis, elle aussi d'une famille de finance et qui deviendra, comme Mme de Vintimille, une grande amie de Chateaubriand ; Mme de Pastoret, née Piscatory, dont le mari est au seuil d'une grande carrière politique et même littéraire ; Mme de Staël, lorsqu'elle est à Paris ; Mme de Kreüdener, une Livonienne exaltée qui, après s'être dérobée à ses devoirs, s'est jetée à la tête de beaucoup de jeunes gens et aux pieds de quelques écrivains célèbres. C'est une femme habile à se fabriquer des malheurs et plus habile encore à se faire plaindre en les détaillant à ses nombreux correspondants. Elle a écrit des *Pensées* qu'elle confie à Chateaubriand pour les donner au *Mercure de France*, et lorsqu'elles paraîtront, un an plus tard, elle sera très dépitée de voir que Chateaubriand ne les a pas accompagnées d'un article enthousiaste.

Tout salon, même groupant des hommes et des femmes encore jeunes, aime la chair fraîche : aussi Chateaubriand est-il fort bien accueilli. Il a 32 ans : sans être Adonis ou Apollon, il est séduisant par l'air buté de son visage et le sourire qui soudain l'illumine au point que toute sa physionomie, en général farouche, ou ennuyée, en est transformée. Il n'est pas grand – un mètre et soixante-deux centimètres, d'après le signalement donné par son dernier passeport –, ni bien fait, avec des jambes trop courtes pour le buste et une épaule un peu déviée. Après avoir peint son portrait, Girodet dira plaisamment que « la nature l'avait raté bossu ». Si le visage est marqué par la petite vérole et déjà fort brun, il est éclairé par des yeux bleus qui, avec les variations de la lumière, peuvent foncer jusqu'à paraître noirs, et de superbes dents, blanches et bien rangées, dont l'éclat donne à son sourire sa séduction. Toutes les femmes sont sensibles à ce sourire. Après lui avoir trouvé une certaine gaucherie en se présentant, elles s'accordent pour lui reconnaître un charme indéniable et s'il parle avec flamme lorsqu'il est emporté par son sujet, elles le jugent irrésistible.

Pauline de Beaumont a été immédiatement séduite. Lui s'est montré plus touché que séduit, à en juger par le portrait qu'il en a tracé : « Son visage était amaigri et pâle ; ses yeux, coupés en amande, auraient peut-être jeté trop d'éclat, si une suavité extraordinaire n'eût éteint à demi ses regards en les faisant briller languissamment, comme un rayon de lumière s'adoucit en traversant le cristal de l'eau. Son caractère avait une sorte de raideur et d'impatience qui tenait à la force de ses sentiments et au mal intérieur qui l'éprouvait. Ame élevée, courage grand, elle était née pour le monde d'où son esprit s'était retiré par choix et malheur... L'extrême faiblesse de Mme de Beaumont rendait son expression lente, et cette lenteur touchait[4]. »

Ce portrait se ressent un peu de la dernière image emportée par son auteur de Mme de Beaumont, mais en 1800 elle est atteinte du mal dont elle mourra quatre ans plus tard. C'est la fièvre qui rend ses yeux à la fois vifs et languissants. Il n'est sans doute pas tombé amoureux de Mme de Beaumont comme il s'est épris de Mme de Belloy, mais il est sensible à l'intérêt qu'elle lui porte et aussi à ce ton, à ces manières de ceux qui ont vécu à la Cour et possèdent un sens aigu des nuances, une politesse ayant tous les raffinements du cœur, bref ces dons qui font la différence entre la province et Paris, le grand monde et la bonne société. Avec une intuition aiguisée par le malheur, Mme de Beaumont a deviné les sentiments confus, tumultueux qui agitent ce jeune homme impatient de réussir, impatient d'être aimé, doutant de soi plus encore que d'autrui, mais le cachant, de même qu'il dissimule sous un masque de froideur ou d'indifférence un tempérament passionné. Son art, affiné par son commerce intellectuel avec Joubert, sera de captiver cet esprit rebelle et de lui inspirer un attachement assez vif pour qu'elle puisse, une fois encore avant de mourir, avoir l'illusion d'un amour partagé.

A défaut d'un Port-Royal où s'enterrer vive, elle se consacre au culte de Chateaubriand et s'intéresse avec intelligence à cet ouvrage sur la religion auquel il ne cesse de travailler, tout en faisant, pour vivre, quelques menues besognes littéraires. C'est Fontanes, décidément son bon génie, qui les lui a procurées en le chargeant d'écrire des articles pour le *Mercure de France*. Il lui a précisément demandé, sous forme d'une *Lettre à M. de Fontanes*, une réfutation des arguments développés par Mme de Staël dans son livre *De la littérature*, dont la seconde édition vient de paraître.

Lors de la première, Fontanes avait rendu compte de l'ouvrage en signalant que son auteur avait un rival qui avait traité les mêmes sujets dans un livre encore inédit, *Des beautés morales et poétiques de la religion chrétienne*. Il avait également annoncé la publication prochaine de cet ouvrage à l'occasion d'une critique du *Cours de morale religieuse* de Necker. Encore ignoré, Chateaubriand se voit donc opposé à deux noms célèbres, ce qui n'a semblé inquiéter ni le père, ni la fille. Il n'en sera pas de même lorsqu'il passera lui-même à l'attaque en prenant la défense de Fontanes contre Mme de Staël qui, piquée de ses critiques, y avait répondu énergiquement dans sa préface à la seconde édition de son livre.

Ce long texte, publié dans le *Mercure de France* de janvier 1801, révèle un Chateaubriand polémiste, incisif, brillant, bien différent de l'idée qu'en donnera le *Génie du christianisme* dont, dans cette fameuse *Lettre à M. de Fontanes*, il résume agréablement trois cents pages en trois. Tout en attaquant Mme de Staël, protestante et philo-sophe, avec une âpreté, voire une certaine mauvaise foi, peu digne d'un gentilhomme, et même d'un homme de lettres, il n'a garde de s'oublier, assurant la publicité de son futur ouvrage aux dépens de celui de la baronne, assurant aussi que, « sans religion, on peut avoir de l'esprit, mais [qu']il est presque impossible d'avoir du génie ». Vivant officiellement sous le nom de Lassagne, il ne peut utiliser celui de Chateaubriand ; aussi tourne-t-il la difficulté en signant modestement cette diatribe : l'auteur du *Génie du christianisme*.

Le titre est donc trouvé, qu'il indiquait d'ailleurs dans le corps de cette lettre agressive. Emue d'une telle attaque, et blessée de la perfidie du procédé, Mme de Staël s'en plaint auprès de Mme de Beaumont. Il n'est pas très élégant, lorsqu'on est encore inconnu, sans réputation, de vouloir s'en faire une aux dépens d'un auteur déjà célèbre, en contestant sa gloire afin de lui en voler une partie. Mme de Beaumont plaide en faveur de son amant et, bonne avocate, attendrit Mme de Staël qui pardonne au coupable. Elle fera mieux et l'aidera bientôt à obtenir sa radiation de la liste des émigrés, ce qui lui rendra son état civil et lui permettra de signer enfin de son vrai nom.

*

Malgré cette querelle avec Mme de Staël qui a permis à Chateaubriand d'intéresser l'opinion publique, celle-ci ne lui est pas encore assez favorable pour risquer la publication du *Génie du christianisme*. Les journaux, dans leur ensemble, ont accueilli fraîchement le *Cours de morale religieuse* de Necker et rivalisent de sarcasmes ou de mauvaises plaisanteries à l'égard de l'ancien ministre. Rue Neuve-du-Luxembourg, où l'on discute assidûment du grand projet, on se demande s'il ne serait pas prudent de faire un essai préalable en publiant un de ces fragments pieux des *Natchez* qui plaisaient à Fontanes tout en l'effrayant un peu, par leurs hardiesses de style et l'étrangeté des descriptions.

L'histoire d'Atala est soumise une nouvelle fois au jugement de Fontanes qui approuve à peu près tout le récit, sauf le discours que tient le père Aubry à la pauvre Indienne expirante : « Ce n'est pas cela ; c'est mauvais. Refaites-le ! » déclare Fontanes, inexorable.

Bien qu'il se sente incapable de « refaire cela », et, de désespoir, jetterait volontiers le manuscrit au feu, Chateaubriand, confiant dans le jugement de son ami, rentre chez lui où les deux tourterelles qui égaient son triste foyer de garçon lui tiennent lieu de Saint-Esprit. Après avoir relu le texte incriminé, il le remanie complètement, d'un trait, sans rature, et lorsque, après une nuit blanche, il court chez Fontanes lui montrer le nouveau discours, il en reçoit une totale approbation : « C'est cela ! C'est cela ! Je vous l'avais bien dit, que vous feriez mieux ! »

C'est l'imprimeur Migneret, déjà chargé de composer une partie du *Génie du christianisme*, qui publie le 6 avril 1801 *Atala ou les amours de deux sauvages dans le désert*, par François-Auguste Chateaubriand, un petit volume in-octavo de deux cent dix pages.

Le succès foudroyant, soutenu pendant des années, de ce mince ouvrage et l'influence qu'il a exercée, comme la réputation qui s'attache encore à lui, pourraient faire croire à un renouveau de la littérature alors qu'il s'agit du chant du cygne de celle du XVIIIe siècle. *Atala* est surtout la parodie du roman sensible de cette époque avec ses poncifs, ses coups de théâtre, ses reconnaissances de frère et sœur insoupçonnés, ses attendrissements et ses fatalités. La seule originalité de l'auteur est de montrer le triomphe du christianisme à travers tant d'épreuves et de tentations, mais de mauvais esprits assurent que primitivement le roman était dirigé contre le catholicisme et que Chateaubriand l'a modifié pour les besoins de la cause qu'il a embrassée.

Atala s'ouvre par une description du Meschacébé, comme pour annoncer le fleuve de larmes dans lequel se noient les personnages. Chactas, vieil Indien aveugle, est l'Homère de ces contrées. Dans un style aussi fleuri que les rives du fleuve, il narre à un jeune Français, René, un épisode de sa vie aventureuse, dont le reste forme la matière des *Natchez*. Dans sa jeunesse, il a été pris en affection par un Espagnol qui en fait son fils, mais, « saisi du dégoût de la vie des cités », il a quitté son bienfaiteur pour retourner à l'état sauvage. Les deux hommes se sont séparés en sanglotant. Hélas ! il ne profite pas longtemps de ce retour à la nature et, capturé par une tribu rivale, il va être brûlé vif lorsque des femmes de cette tribu, touchées par sa jeunesse et sa bonne mine, s'apitoient sur son sort. L'une d'entre elles se glisse près de lui pendant la nuit et, entre autres confidences, lui révèle qu'elle est chrétienne... Après quelques jours de marche pour gagner le lieu du supplice, les Indiens attachent leur captif à un arbre et Atala, qui le trouve de plus en plus à son goût, lui propose de le libérer de ses liens. Quelques jours plus tôt, Chactas aurait détalé avec joie, mais il s'est épris d'Atala et ne peut envisager de la quitter. Ses larmes font jaillir celles de la jeune fille et tous deux tombent dans les bras l'un de l'autre, mais Atala se ressaisit : elle est chrétienne et ne peut aimer un païen. Chactas l'assure qu'il préfère être brûlé que de la quitter. Les rugissements [*sic*] des crocodiles les ramènent à la réalité. Atala rompt les liens du jeune homme et l'entraîne dans les bois, le tenant en laisse par un des liens attaché à son poignet. Les fugitifs errent à l'aventure, assistent à des scènes étranges et gardent leur vertu. Chaque soir, la pieuse Atala fait ses prières : « Ses yeux levés vers l'astre de la nuit, ses joues brillantes des pleurs de la religion et de l'amour, étaient d'une beauté immortelle. » Atala, qui paraît moins accablée par ces marches forcées que par un lourd secret, est une fontaine ambulante, au point que Chactas, découragé par un tel larmoiement, songe à l'abandonner. A ce moment, ils retombent aux mains de leurs ennemis qui les ramènent au lieu du supplice et en raniment les feux. Heureusement pour Chactas, certains sages de la tribu objectent qu'on ne peut brûler un prisonnier pendant « le festin des âmes », fête rituelle égayée de spectacles singuliers comme ces combats de vierges « qui cherchent à s'arracher une baguette de saule. Les boutons de leurs seins viennent se toucher... leurs beaux pieds nus s'entrelacent, les bouches se rencontrent, les douces haleines se confondent », etc.

Après ces divertissements lascifs, Chactas est enfin conduit au bûcher. Il est mieux gardé que la première fois car chacun de ses liens est rattaché à l'un de ses gardiens, mais l'ingénieuse Atala grise ces rustres, tranche les liens et s'enfuit derechef avec lui. Ils s'arrêtent quelques instants pour qu'elle puisse soigner, en les arrosant de larmes, les meurtrissures de

Chactas, puis, avec une dextérité vraiment merveilleuse, elle lui fabrique en quelques instants un manteau en écorce de frêne et lui brode une paire de mocassins. Une existence édénique commence alors pour eux, troublée seulement par la mélancolie croissante d'Atala qui, tout en coulant à Chactas des regards passionnés, lui répète à chaque pas qu'elle ne l'épousera jamais. Le vingt-septième jour, un orage les surprend qui les force à s'abriter sous un arbre. Atala, frissonnante, se met à pleurer : « Orages du cœur, s'écrie Chactas, est-ce une goutte de votre pluie ? » Pressée de questions, elle finit par avouer qu'elle est la fille, non du grand chef Simaghan, mais d'un Espagnol que sa mère avait bibliquement connu avant d'épouser un homme de sa race. Evidemment, cet Espagnol, c'est le généreux Lopez qui a élevé Chactas. En découvrant que Atala est la fille de son père adoptif, il éclate en sanglots, mais profite de la surprise d'Atala pour la serrer plus étroitement dans ses bras. Alors que tous deux vont céder à la voix de la nature, la foudre s'abat sur l'arbre, ce qu'ils prennent pour un avertissement du Ciel... Ils entendent alors tinter une cloche, aboyer un chien et voient paraître un ermite ensanglanté par les ronces à travers lesquelles il s'est frayé un chemin jusqu'à eux. Touché par ce dévouement, Chactas verse aussitôt « des larmes d'admiration et de tendresse ». Précédés du chien qui tient dans sa gueule un bâton au bout duquel se balance une lanterne éteinte, ils gagnent la grotte où vit le missionnaire. Il s'agit du père Aubry, venu trente ans plus tôt évangéliser les Indiens et qui, bien que cruellement mutilé par ceux-ci, a voulu rester parmi eux. Réchauffés, nourris, les deux jeunes gens lui racontent leurs aventures. Le père Aubry pleure à leur récit et promet à Chactas de faire de lui un chrétien. A la pensée de pouvoir ainsi épouser un jour Atala, Chactas pleure à son tour.

Le lendemain, Chactas et Atala visitent la mission et le village où les indigènes accueillent avec tant de ferveur l'homme de Dieu que celui-ci, qui devrait pourtant y être habitué, « répand des larmes ». Après une messe en plein air, Chactas et le père Aubry se promènent aux alentours du village où les travaux des champs s'effectuent à un rythme inconnu des pays civilisés : « Partout on voyait les forêts livrées aux flammes pousser de grosses fumées dans les airs, et la charrue se promener lentement entre les débris de leurs racines. » Au retour de cette inspection, Chactas s'étonne de ne pas voir Atala courir à sa rencontre. Agité d'un pressentiment funeste, il n'ose entrer dans la grotte et prie le père Aubry de le devancer. Un spectacle affreux les attend : Atala se meurt. D'une voix expirante, elle leur dit qu'à sa naissance elle était si faible que sa mère avait promis, si elle survivait, qu'elle consacrerait sa virginité à Marie. Elle avait 16 ans lorsque sa mère, avant de mourir, lui avait révélé cette promesse en la conjurant de la respecter. Elle l'aurait fait sans peine, si elle n'avait eu le malheur de rencontrer Chactas. Cet aveu indigne le jeune homme qui trouve abominable une religion dans laquelle on viole ainsi les lois de la nature. Le père Aubry lui réplique avec tant d'indignation que des éclairs sortent de ses yeux tandis que sa barbe frappe sa poitrine, ainsi qu'un marteau une enclume. « Accablé de sa majesté », Chactas implore son pardon et tous deux essaient de sauver Atala qui, tout affaiblie qu'elle est, parle abondamment, de manière poétique, et, « tout en voyant avec joie sa virginité dévorer sa vie [*sic*] », regrette un peu de n'avoir pas cédé au beau Chactas. Le père Aubry veut lui redonner espoir en lui disant que l'évêque du Québec pourra la relever d'un vœu extorqué par une mourante, mais à ces mots Atala tombe dans un désespoir encore plus grand : elle a pris un poison auquel n'existe aucun remède. A cette nouvelle révélation, le père Aubry, Chactas et Atala se jettent dans les bras les uns des autres et se désolent en pleurant jusqu'à ce que Chactas, saisi d'un accès de fureur, se roule par terre « en se dévorant les mains ». Atala tente de le calmer, mais ses paroles font de nouveau « fondre en pleurs » les deux hommes.

Le père Aubry la prépare à la mort en lui montrant que mourir si jeune lui permet d'échapper « aux soucis du ménage, aux disputes, aux reproches mutuels, aux inquiétudes et à toutes ces peines secrètes qui veillent sur l'oreiller du lit conjugal ». D'ailleurs, précise-t-il, « la femme renouvelle ses douleurs chaque fois qu'elle est mère et elle se marie en pleurant ». Le plus étrange est de voir le père Aubry évoquer la mésalliance à laquelle, en mourant, elle échappe. On se demande comment le préjugé de la naissance existe là, comme à Versailles. Chactas et Atala sont tous deux indiens et personne ne sait, hors Chactas, que Atala est fille de Lopez. Le père Aubry pérore inlassablement sur « les inconvénients d'une union pauvre et méprisée » tandis que Atala s'affaiblit, bercée par cette voix qui lui détaille toutes les petites misères de la vie conjugale. Chactas, « noyé de larmes », promet de se faire chrétien et se met à genoux pendant que le père Aubry donne la sainte communion à l'infortunée Atala dont la langue « comme un petit serpent [*sic*] » vient happer l'hostie. Lorsqu'elle rend le dernier soupir, Chactas croit entendre « dans les airs les paroles des anges et les frémissements des harpes célestes ».

Depuis ce jour fatal, Chactas, qui pleure encore en faisant à René ce récit, n'a cessé de pleurer : tout ce qui lui rappelle Atala, jusqu'au chien du père Aubry, lui tire des larmes. L'enterrement a été une rude épreuve : il a porté lui-même le corps dans la forêt. Gardant «un silence effroyable», il a considéré une dernière fois Atala, puis s'est écrié: «Lopez, vois ton fils enterrer ta fille!» La chose faite, et repoussant la tentation de la déterrer, il a regagné la grotte où il aurait souhaité demeurer auprès du missionnaire, mais celui-ci lui a ordonné de retourner parmi les siens et de se faire instruire dans la religion catholique. Ils se sont séparés en pleurant abondamment, mais, avant de s'éloigner à jamais, il est retourné auprès du tombeau d'Atala pour l'arroser de ses larmes, puis il est parti vers son destin qui le conduira, comme on l'a vu à propos des *Natchez*, au bagne de Toulon et à la cour de Louis XIV.

Un épilogue, où les personnages secondaires pleurent également beaucoup, apprend au lecteur que le père Aubry a été massacré par les Iroquois et que Chactas, revenu au pays, verse encore des larmes en revoyant la grotte où a vécu le saint homme. *Atala* s'achève par des réflexions morales, délayées de larmes, sur le malheur d'être contraint de quitter son pays natal.

On se demande aujourd'hui comment un récit aussi larmoyant – on y pleure exactement trente-trois fois – et aussi peu crédible a pu enthousiasmer tant de lecteurs. Les invraisemblances y fourmillent, sans parler de la principale: l'ardente chasteté d'Atala pendant son errance avec Chactas et la continence de celui-ci, bien surprenante lorsqu'on connaît la liberté de mœurs des Indiens. Que penser de la chevelure d'or d'Atala que Chactas coupe en souvenir d'elle, et de ses pieds d'albâtre, ou encore du vent assez fort pour faire tourner régulièrement un quartier de gibier à la broche? Comment Chactas, assis dans un fleuve avec Atala, peut-il lui réchauffer les pieds, et comment le père Aubry, qui a des moignons au lieu de mains, peut-il faire la cuisine? Comment peut-on ensemencer un sol dont les arbres – et quels arbres! – sont la proie des flammes? Pourquoi Chactas et le père Aubry creusent-ils la tombe d'Atala, l'un avec ses mains, l'autre avec ses moignons, alors qu'ils ont emporté une bêche? On s'étonne aussi d'un passage continuel de l'imparfait au présent, et vice-versa, qui brise le rythme du récit, sans parler de la sensiblerie des personnages, à l'exception du père Aubry, le seul qui tient un langage un peu viril et montre un peu de bon sens, peut-être parce que son fameux discours fut réécrit sur les observations de Fontanes.

C'est dans ce discours du père Aubry que l'on trouve un certain nombre de remarques intéressantes qui, elles, sont du vrai Chateaubriand. «Mais l'âme de l'homme, observe-t-il, se fatigue et jamais elle n'aime autant le même objet avec plénitude. Il y a toujours quelques points par où deux cœurs ne se touchent pas, et ces points suffisent à la longue par rendre la vie insupportable. » Un peu plus loin, le père ajoute : «Si un homme revenait à la lumière quelques années après sa mort, je doute qu'il fût revu avec joie, par ceux-là mêmes qui ont donné le plus de larmes à sa mémoire : tant on forme vite d'autres liaisons, tant on prend facilement d'autres habitudes, tant l'inconstance est naturelle à l'homme, tant notre vie est peu de chose dans le cœur de nos amis ! » On voit que le père Aubry, ou plutôt Chateaubriand, a vécu, et dans un monde assez élégant pour en connaître la frivolité.

Dans cette histoire apparaissent çà et là, comme un rayon de soleil dans un ciel nuageux, une jolie phrase, une belle image, un mot qui rend un son nouveau. On trouve ainsi une bonne évocation de la mousse espagnole donnant aux arbres, la nuit, l'aspect de fantômes traînant leurs suaires et le jour, lorsque des oiseaux multicolores s'y nichent, celui d'une tapisserie. Il y a une célèbre description de la lune répandant sur les bois «ce grand secret de mélancolie qu'elle aime à raconter aux vieux chênes et aux antiques rivages de la mer», encore qu'on puisse reprocher à l'auteur d'attribuer aux choses les sentiments qu'elles font naître en lui. Enfin, *Atala* s'achève par une apostrophe de Chactas annonçant ce que sera *René*, le romantisme et même le bovarysme : «Homme, tu n'es qu'un songe rapide, un rêve douloureux ; tu n'existes que par le malheur ; tu n'es quelque chose que par la tristesse de ton âme et l'éternelle mélancolie de ta pensée[5] ! »

*

La veille de la parution d'*Atala*, Chateaubriand serait allé dîner dans un petit café des Champs-Elysées où un témoin l'aurait entendu dire : «Mon sort se décide demain ; demain je suis un pauvre diable, ou je vais aux nues[6]. »

L'accueil du public le rassure et fait aussitôt de lui un auteur qui pourrait s'estimer heureux si les critiques ne l'emportaient pas pour lui sur les louanges. Au dire de Sainte-Beuve, «quand *Atala* parut en France, les élèves, les fils de Voltaire, Chénier en tête, partirent d'un éclat de rire ; mais le reste de la France ne comprit pas ce rire et la société, déjà sérieuse par le malheur, fut pour celui qui ne riait pas[7] ».

Fontanes donne le ton à la presse en célébrant dans le *Mercure* du 16 germinal an IX[8] les mérites du livre et les infortunes de son auteur. Dans le *Journal des débats*, Dussault émet quelques réserves sur les outrances de style et applaudit à l'éloge indirect du christianisme qui donne un rôle bienfaisant au père Aubry alors que dans *Paul et Virginie*, c'était le prêtre qui causait le malheur du couple. L'abbé Morellet,

lui, s'en donne à cœur joie et déchire à belles dents *Atala*, dénonçant
« l'affectation, l'enflure, l'impropriété, l'obscurité des termes et des
expressions, l'exagération dans les sentiments, l'invraisemblance dans
la conduite et la situation des personnages, les contradictions et l'incohérence entre les diverses parties de l'ouvrage[9]... ». Puis il dépèce
avec exaspération certains passages, comme la description du père
Aubry dont Chateaubriand a écrit que « son nez aquilin, sa longue
barbe avaient quelque chose de sublime dans leur quiétude, et comme
d'aspirant à la tombe par leur direction naturelle vers la terre... » Une
telle phrase révolte l'abbé : « Qu'est-ce que la quiétude d'un nez et
d'une barbe ? Qu'est-ce que le sublime de cette quiétude ? Quel mérite
est-ce à un nez et à une barbe d'aspirer à la tombe ? » L'indignation
qu'il éprouve en lisant *Atala* lui inspire un pamphlet de soixante-douze
pages : *Observations critiques sur le roman intitulé Atala.*

Dans la *Décade philosophique*, Ginguené prend le relais en faisant
un compte rendu de cette brochure, ajoutant que ce petit roman, qui
ne mériterait pas l'honneur d'être critiqué, prend ainsi de la valeur par
l'attention que l'abbé Morellet a bien voulu lui porter. Marie-Joseph
Chénier se montre un des adversaires les plus acharnés d'*Atala* qu'il
attaque dans *Les Nouveaux Saints*, sous une forme plaisante, en faisant
parler l'auteur :

> J'irai, je reverrai tes paisibles rivages,
> Riant Meschacébé, Permesse des sauvages ;
> J'entendrai les sermons prolixement diserts
> Du bon Monsieur Aubry, Massillon des déserts.
> O sensible Atala ! tous deux avec ivresse
> Courons goûter encore les plaisirs de la messe !
> O fille de l'exil, Atala, fille honnête,
> Après messe entendue, en nos saints tête-à-tête,
> Je prétends chaque jour relire auprès de toi
> Trois modèles divins, la Bible, Homère et moi !

Il ne s'en tient pas là et, dans son *Tableau annuel de la littérature*,
il conseille à Chateaubriand d'épurer son style et d'éviter l'emphase.

Pendant toute l'année 1801, attaques et ripostes se succèdent.
L'auteur de *L'Après-Dîner de Mousseaux* prend le contre-pied de l'abbé
Morellet tandis que celui des *Nouveaux Philosophes* répond à Chénier.
Une autre brochure, *Les Ombres et les Vivants*, prend sévèrement
à partie Chateaubriand, l'accusant d'ignorer le français. Bref, la querelle
occupe les milieux littéraires et un public chaque jour plus vaste, amusé
par les mots que l'on fait sur l'ouvrage ou les vers satiriques qui circulent

à son propos. Ainsi, dans les salons, circule une devinette : « Pourquoi Atala boit-elle tant de café ? – Parce qu'elle trouve son bonheur dans Chactas [chaque tasse]. » Le *Journal de Paris* publie l'épitaphe d'Atala :

Ci-gît la chrétienne Atala
Qui, pour garder son pucelage,
Très moralement préféra
Le suicide au mariage.

Dans le *Parnasse du jour*, Charles Nodier ironise sur cette passion dans le désert, mais ne signe pas son article que, plus tard, il regrettera d'avoir écrit. Lui aussi, comme Chénier, tourne en ridicule l'auteur :

Plus loin, fier des succès de sa muse sauvage,
Le père d'Atala survit à son ouvrage.
Poète du désert, dans le temple prôné,
Il jouit d'un renom dont il est étonné.
Pour obtenir du Ciel un prestige visible,
Il avait fait le vœu de tourmenter la Bible.

Plus inquiétantes pour Chateaubriand que les acerbes remarques de Morellet ou celles de Chénier sont les allusions dans certains périodiques aux sources d'*Atala.* Le 15 août 1801, un naturaliste, Palisot de Beauvois, rend compte dans *Le Moniteur* d'un court roman, *Oderahi*, histoire américaine publiée pendant la Révolution dans *Les Veillées américaines* et que son auteur, voyant le succès d'*Atala*, vient de faire rééditer avec cette précision : « Oderahi est une sœur aînée d'Atala », tout en ajoutant modestement qu'il n'avait fait que reproduire « des lettres écrites dans le XVIIIᵉ siècle par un Français prisonnier des sauvages sur les frontières du Canada ». Après avoir analysé *Oderahi*, dont le thème semble avoir largement inspiré *Les Natchez*, Palisot de Beauvois conclut : « Il n'y a dans *Oderahi* aucune des invraisemblances justement reprochées à *Atala*. La situation d'Oderahi est plus intéressante encore que celle d'Atala. Atala, qu'on me passe le terme, est une espèce d'illusionnée, Oderahi est une très bonne indienne, mais extrêmement délicate… »

L'article du *Moniteur* a éveillé les suspicions et du coup l'on cherche des ancêtres à Atala. Elle n'en manque pas. Le premier livre auquel on pense est évidemment celui de Bernardin de Saint-Pierre, *Paul et Virginie*, mais aussi sa dixième *Etude de la nature.* Conscient de ce que Chateaubriand lui a emprunté, de la manière dont il a augmenté l'effet de ses descriptions, Bernardin de Saint-Pierre se venge en déclarant : « Oh ! moi, je n'ai qu'un tout petit pinceau, mais M. de Chateaubriand a une brosse… »

Dans *Les Incas* de Marmontel, on trouve également un Espagnol, Alonzo, qui s'éprend de Cora, l'une des vierges sacrées du temple du Soleil. Cora répond à cet amour et tous deux, profitant de l'éruption d'un volcan, s'enfuient dans la nature. Moins prude qu'Atala ou Virginie, Cora s'est donnée à son amant, mais depuis, comme l'écrirait Chateaubriand, « sa couche n'est pas infréquentée du remords ». A la pudique Atala, on peut encore assigner comme modèle *Azakia et Celario*, publié à la fin de l'année 1798 dans *Le Spectateur du Nord*, d'après un récit donné en mai 1798 par la Bibliothèque britannique de Genève et dont Peltier a fait paraître un abrégé dans *Paris pendant l'année 1798*. A l'origine de ce conte, il y aurait un poème, *Ouabi*, écrit en 1790 par Mrs. Morton, une Américaine de Boston.

Loin d'être une création originale, *Atala* serait plutôt l'adaptation au goût du jour, avec un savant mélange de retour à la nature et de retour à Dieu, d'un thème et de récits divers que Chateaubriand ne pouvait ignorer mais qu'il a faits siens avec une superbe indifférence, imitant la plupart des auteurs dramatiques qui empruntent leurs situations à des prédécesseurs, comme Corneille et tant d'autres ont pillé Euripide ou Sophocle. Atala, c'est Azakia, Virginie, Oderahi fondues en une seule figure et repeinte aux couleurs du temps, de main de maître en certains traits.

Malgré la virulence des critiques, ou peut-être en raison de cette véhémence, *Atala* s'impose en cette année 1801 comme un des événements du jour, occupant non seulement les salons et les journaux mais les théâtres et la mode. Tout est placé sous le signe d'*Atala*. Dès le 2 juillet, le théâtre des Jeunes Artistes donne *Le Vœu de Virginie ou le Solitaire du Canada*, et, le 24 juillet, le Vaudeville propose, lui, une parodie, *Encore un ballon*, ou *Florelle et Jactas*. Le 3 août, le théâtre des *Variétés* joue *Ah ! là ! là !*, « imitation champenoise d'un roman canadien », et l'année suivante, au théâtre de la Gaîté, on donnera *Ima ou les Deux Mondes*, autre parodie d'*Atala*.

Des contrefaçons exploitent le succès, comme cet ouvrage en deux volumes qui paraîtra en 1802 sous le titre de *Résurrection d'Atala et son voyage à Paris*. Mme de Beaumont lira l'ouvrage, attribué à un certain Raymond, et ne pourra s'empêcher de sourire à certains passages, comme celui d'Atala visitant Chateaubriand qui lui fait élever une hutte dans son jardin. Elle regrettera que l'auteur, qui n'a pas de mauvaises intentions et admire Chateaubriand, cherche à imiter son style. « Cela me blesse », avouera-t-elle à Chênedollé. Les parodies d'*Atala* dureront longtemps et connaîtront une nouvelle vogue à l'époque de la Restauration, notamment avec une pièce de théâtre, *Chactas et*

Atala, représentée en 1818 au théâtre des Variétés, puis il y aura une pantomine en trois actes d'Augustin Hapdé, *Atala et Chactas*, représentée au cirque Olympe. Enfin, en 1848, au lendemain de la mort de Chateaubriand, *Atala* sera mis en musique par Warney, sur un livret en vers d'Alexandre Dumas.

Ce que les littératures ne font qu'assez maladroitement, les artistes le réussissent mieux. Les peintres s'emparent d'*Atala* et en prennent des épisodes comme motifs de gravures et de tableaux. Simon grave une suite de six scènes tirées d'*Atala*, quatre dessinées par Lordon, les deux autres par Mallet. Vers 1830, les principales scènes du roman seront popularisées par la lithographie.

Dès 1802, Gautherot, un élève de David, expose au Salon le *Convoi d'Atala*, acheté par Lucien Bonaparte, puis, au Salon de 1805, Hersent figure avec *Atala s'empoisonnant dans les bras de Chactas*. Enfin, l'apothéose aura lieu en 1808 avec la belle toile de Girodet, les *Funérailles d'Atala*, aujourd'hui au Louvre.

Atala connaît la même vogue auprès des couturières et des modistes qui créent toilettes ou coiffures dans ce qu'elles s'imaginent avoir été le goût d'Atala : on voit la jeune Indienne non seulement dans les boutiques de mode, mais sur des tabatières, des coffrets à bijoux, au centre d'assiettes ou bien trônant sur des pendules, mais, assez curieusement, ces dernières reflètent la distorsion qui existait déjà dans l'esprit de Chateaubriand, c'est-à-dire la différence de rang social entre Chactas et Atala. Celle-ci est en effet généralement représentée sous l'aspect d'une Blanche et Chactas sous celui d'un homme de couleur, variant du bronze vert au bronze noir.

Atala entre ainsi d'un seul coup dans la légende, rejoignant d'autres héroïnes admirées de bonne foi, sans prendre la peine d'examiner leurs mérites. David d'Angers racontera dans ses *Carnets* que, en 1808, étudiant à Paris, il avait acheté *Atala*, malgré son extrême pauvreté, goûtant à lire l'ouvrage un plaisir qui faisait vibrer toutes les cordes de son âme, mais que lorsqu'il proclama son admiration pour le génie de l'auteur, il devint « alors le sujet de ridicule de tout le monde[10] ». Edgar Quinet, pour citer un autre témoignage, écrira en 1834 qu'il avait découvert *Atala* au collège à Lyon, collège si triste et si sombre que le soleil n'y pénétrait jamais. L'effet sur lui de cette lecture avait été bouleversant : « Quand j'eus fini ce livre, il me sembla que je venais d'apprendre le secret du grand amour, et de goûter au fruit de l'arbre du Bien et du Mal dans l'Eden de l'imagination. Les fleurs qui tombaient des acacias autour de moi dans la cour étaient devenues autant de fleurs d'amour qui tombaient de l'arbre des fées sous lequel j'avais eu mon songe ; et ce petit coin de ciel que les murs me laissaient entrevoir avait l'air de sourire et de me dire pour la première fois : Regarde-moi si je suis beau jusqu'au fond de mon nuage[11]. »

*

Du foudroyant succès d'*Atala*, Chateaubriand, vite blasé, déclare éprouver plus d'ennui que de plaisir, accablé de trop de compliments, de trop d'invitations et de trop de déclarations d'amour ! « Ma sauva-gerie naturelle, écrira-t-il, le doute que j'avais toujours eu de mon talent, me rendaient humble au milieu de mon triomphe. Je me dérobais à mon éclat ; je me promenais à l'écart, cherchant à éteindre l'auréole dont ma tête était couronnée. Le soir, mon chapeau rabattu sur les yeux, de peur qu'on ne reconnût le grand homme, j'allais à l'estaminet lire à la dérobée mon éloge dans quelque petit journal inconnu… Quand ma supériorité dînait pour trente sous au pays latin[12], elle avalait de travers, gênée par les regards dont elle se croyait l'objet. Je me contemplais, je me disais : C'est pourtant toi, créature extraordinaire, qui mange comme un autre homme[13] ! » Il est difficile de croire à cette modestie si complaisamment affichée, surtout lorsqu'on sait que de la réussite ou de l'échec d'*Atala* dépendait sa survie, car il ne pouvait vivre éternellement d'emprunts.

Le premier résultat positif d'*Atala* est sa radiation de la liste des émigrés. Dans son article du *Mercure de France*, Fontanes avait discrè-tement plaidé la cause de cet auteur qui, moins heureux que les Indiens, n'avait pu emporter avec soi les os de ses pères : « Pourquoi, avait-il écrit, priver plus longtemps la France de talents qui concourent à sa gloire ? » Et il avait conclu : « Il ne faut pas que les Muses françaises soient errantes chez les barbares. » Le 21 avril 1801, Chateaubriand avait adressé une demande à Fouché, sans obtenir de réponse, et, depuis, avait multiplié démarches, lettres et intrigues sans parvenir à secouer l'inertie des bureaux encore aux mains de fonctionnaires jacobins, aussi véreux que formalistes, et dont seuls des pots-de-vin ouvraient à la fois l'esprit et les dossiers. Mme de Staël, qui connaissait tout le monde autant qu'elle en était connue, était intervenue auprès de Fouché pour faire hâter l'examen du dossier. Comment repousser la requête d'un homme aussi éprouvé par la Révolution ? N'a-t-il pas écrit dans l'avant-propos d'*Atala* : « Couvert du sang de mon frère unique, de ma belle-sœur, de celui de l'illustre vieillard leur père ; ayant vu ma mère et une autre sœur pleine de talents, mourir des suites du traitement qu'elles avaient éprouvé dans les cachots, j'ai erré sur les terres étrangères, où le seul ami que j'ai conservé s'est poignardé dans mes bras ? » Ce raccourci dramatique – et dramatisé à dessein –, de sa carrière était bien fait pour émouvoir, même en un temps qui avait vu tant d'événements tragiques.

Fort des relations de Fontanes avec la famille Bonaparte, il avait adressé au Premier consul une pétition dans laquelle il détaillait un peu plus ses infortunes, affirmant avec aplomb qu'il n'avait jamais porté les armes contre la France et signalant que sa sœur, Mme de Marigny, avait sauvé pendant la guerre civile six cents républicains, ce qui était multiplier par dix le chiffre original. Après avoir exposé que, ne possédant rien, il ne réclamerait rien au titre des biens nationaux, il sollicitait d'être considéré comme « homme de lettres, fugitif pendant la Terreur », cas qui n'était visé par aucune disposition de la législation contre les émigrés.

Comme Elisa Bacciochi avait été chargée par Fontanes, qui passait pour son amant, d'appuyer la demande auprès du Premier consul, Chateaubriand était intervenu auprès de Mme Bacciochi et il était tombé des nues en apprenant que son cas posait une difficulté, car on le soupçonnait de s'entendre avec Mme de Staël pour agiter les esprits. C'était bien la peine d'avoir rompu des lances avec elle et de l'avoir si maltraitée dans sa *Lettre à Fontanes*. Inquiet, Chateaubriand s'était défendu de cette accusation : « On m'a raconté toutes les calomnies qui circulent contre moi, écrivait-il le 20 mai 1801 à Mme Bacciochi. Voici les faits : je n'ai jamais fait qu'un seul dîner avec Mme de Staël, c'était à la Rapée ; il y avait une douzaine de personnes, et je n'ai ouvert la bouche que pour demander des plats qui se trouvaient sur la table. *Ce fait est à la lettre* : mon silence a été si profond que les convives s'en sont tenus offensés ; ils ont cru trouver un air de mépris où ils n'auraient dû trouver que de la timidité[14]… » Et il se disculpait aussi d'avoir tenu des propos malveillants contre La Fayette et Necker, « homme de génie », comme il l'écrivait la semaine suivante à Mme de Staël, en lui reprochant d'avoir rapporté des propos qu'il aurait tenus sur La Fayette. On ne voit pas très bien en quoi des critiques de La Fayette et de Necker, que le Premier consul tient pour deux niais, auraient pu affecter celui-ci, à moins qu'il n'ait judicieusement estimé que des esprits portés au dénigrement pouvaient aussi s'en prendre à sa personne et à son gouvernement. Il faut imposer silence aux bavards ; ce sera un des grands soucis de son règne. En tout cas, cette affaire de bavardages colportés montrait que déjà sa police était bien faite.

Heureusement, Fouché se conduit bien en l'occurrence, et il est même le seul, au témoignage de Chateaubriand qui obtient sa radiation le 21 juillet 1801.

*

Entre-temps, il a quitté Paris, fuyant sa gloire et ses admiratrices, pour se retirer à la campagne avec Mme de Beaumont, point fâchée d'avoir pour elle seule un homme aussi recherché qu'elle pourra mieux surveiller dans cette solitude agreste. Elle a loué à un certain Pigeon, ancien avocat au Parlement de Paris, sa maison de Savigny-sur-Orge, assez charmante dans sa simplicité. Elle se compose d'un corps de bâtiment rectangulaire avec un grand jardin où pleure un saule et d'où l'on découvre les coteaux de Juvisy.

Le prétexte à cet enlèvement est de permettre à Chateaubriand d'achever en paix son *Génie du christianisme*, trop souvent et trop bruyamment annoncé pour qu'il puisse en retarder plus longtemps la publication. Il faut profiter du retour à la religion qui se dessine à l'horizon politique et du succès d'*Atala* pour frapper un grand coup.

Les amants sont partis pour Savigny le 20 mai, joyeux comme des écoliers en vacances, riant de tout, même de la tête du proprié-taire. Ils demeureront dans cette thébaïde jusqu'à la fin de l'année, travaillant beaucoup, recevant un peu, se disputant parfois, car leurs tempéraments sont trop différents pour que leurs caractères puissent s'accorder longtemps. Prompt à s'éprendre, Chateaubriand se lasse aussi rapidement qu'il s'enflamme et se montre en général déçu par la réalité, lui préférant le rêve et l'illusion. Mme de Beaumont, qui a beaucoup vécu, sait qu'il ne lui reste guère à vivre, affectée qu'elle est d'un mal sans remède. Pour elle, c'est son dernier amour, ce qui la rend mélancolique et possessive. Aussi la paix du ménage est-elle parfois troublée, en dépit des efforts de Joubert, lorsqu'il est là, pour la rétablir : «Joubert, dira Mathieu Molé dans ses Souvenirs, s'était établi le gardien du bonheur de ses deux amis. Il fallait le voir, courant de l'un à l'autre pour prévenir une scène, dissiper un soupçon, perdant haleine à suivre ces âmes ardentes dans leurs caprices, et finir par se mettre l'esprit à la torture pour excuser en lui-même tout ce qui se passait sous ses yeux[15].»

Présent ou absent, Joubert est le confident du couple et c'est à lui que Mme de Beaumont, qui voit son amant travailler comme un forçat, avoue ses craintes sur la qualité de l'ouvrage. Chateaubriand veut en effet que celui-ci paraisse au mois de février 1802, alors qu'il n'a pas achevé sa documentation. Il se fait envoyer de Paris des caisses de livres qu'il parcourt hâtivement, chargeant Mme de Beaumont d'en copier les passages qu'il compte utiliser. Aussi craint-elle qu'il gâche un peu ce livre auquel il faudrait apporter moins de précipitation et plus de réflexion. Ce qui l'effraie surtout, écrit-elle à Joubert, «c'est la légèreté avec laquelle il énonce certains jugements qui demanderaient, pour ne pas effaroucher, à être présentés avec une adresse et une douceur infinie». Lorsqu'elle hasarde une remarque à ce sujet, elle le plonge «dans un abattement qui approche du désespoir» et n'ose insister. Que faire ? Joubert la rassure en lui affirmant que « ce livre n'est point un livre comme les autres. Son prix ne dépend point de sa matière, qui sera cependant regardée par les uns comme son mérite et par les autres comme son défaut». Et il conclut en affirmant : «Il y a un charme, un talisman qui tient aux doigts de l'ouvrier. Je voudrais avoir le temps de vous expliquer tout cela, et de vous le faire sentir pour chasser vos poltronneries[16]. »

En revanche, il s'alarme à son tour de l'appétit de documentation de Chateaubriand et des masses d'in-folio qu'il engloutit pour nourrir sa documentation : «Dites-lui, au surplus, recommande-t-il à Mme de Beaumont, qu'il en fait beaucoup trop ; que le public se souciera fort peu de ses citations, mais beaucoup de ses pensées ; que c'est plus de son génie que de son savoir qu'on est curieux ; que c'est de la beauté, et non pas de la vérité, qu'on cherchera dans son ouvrage... Ses citations sont, pour la plupart, des maladresses ; quand elles deviennent des nécessités, il faut les jeter dans les notes... Ecrivain en prose, M. de Chateaubriand ne ressemble pas aux autres prosateurs ; par la puissance de sa pensée et de ses mots, sa prose est de la musique et des vers. Qu'il fasse son métier : qu'il nous enchante. Il rompt trop souvent les cercles tracés par sa magie ; il y laisse entrer des voix qui n'ont rien de surhumain, et qui ne sont bonnes qu'à rompre le charme et à mettre en fuite les prestiges. Ses in-folio me font trembler. Recommandez-lui, je vous prie, d'en faire ce qu'il voudra dans sa chambre, mais de se garder d'en rien transporter dans ses opérations[17]. »

Et pourtant, d'après Mme de Beaumont, avec quel art Chateaubriand sait-il utiliser ces productions indigestes pour en tirer quelques idées originales, exprimées en phrases parfaites : «Il y a véritablement là une sorte de miracle, écrit-elle, et le secret de l'enchanteur est de s'enchanter lui-même. Il n'a l'air d'avoir fait que rassembler des traits épars, et avec cela il vous fait fondre en larmes et pleure lui-même, sans se douter que son talent soit pour quelque chose dans l'effet qu'il produit et qu'il éprouve. »

Un autre miracle est l'ardente amitié qu'éprouvent l'une pour l'autre Mme de Beaumont et Lucile de Chateaubriand, venue en séjour à Savigny. Après avoir partagé pendant la Terreur la captivité de sa belle-sœur et de sa sœur, Lucile a fait une fin en épousant à Rennes, le 3 août 1796, M. de Caud, d'une famille de vieille bourgeoisie dont certains membres avaient jadis occupé des emplois à Combourg. Né en 1727, le marié avait 69 ans. Ancien avocat au parlement de Bretagne, puis entré dans l'armée, M. de Caud était devenu commandant du château de Fougères. En 1788, il avait participé à la répression des troubles de Rennes, était entré dans la Garde nationale et avait achevé sa carrière en 1793 comme maréchal de camp. Pour Lucile, un tel hymen était une descente anticipée au tombeau. D'après un billet de Mme de Chateaubriand à M. de Tocqueville, la nécessité seule aurait poussé sa fille à contracter une alliance aussi disproportionnée : « L'honneur et la probité, lui écrivait-elle le 19 août 1796, lui ont resté pour titre, sa réputation est intaque [*sic*], il est peu riche mais il lui donne tout ce qu'il a, les circonstances lon dessidée [*sic*] à chercher du pain. »

Il semble que les deux époux aient vécu en mauvaise intelligence et que Lucile ait rapidement fui le foyer conjugal. Heureusement, M. de Caud mourut au mois de mars 1797 en laissant, toujours selon Mme de Chateaubriand, plus de dettes que de bien, privant ainsi sa fille du bénéfice qu'elle aurait pu retirer de son sacrifice. Elle était retombée à la charge de sa mère et, depuis la mort de celle-ci, errait d'un asile à l'autre.

Lucile est une de ces âmes ardentes et farouches, admirablement faites pour souffrir, et qui trouvent un amer plaisir à répandre autour d'elles le trouble qu'elles ressentent, voyant dans tout événement heureux une maldonne, une injure à leur malheur permanent. Moins pieuse, elle passerait pour folle ; chrétienne, elle est tenue pour une illuminée ; ses cauchemars deviennent des visions. Sa peur de l'homme et du mariage, accrue par son expérience avec M. de Caud, est une manière de vocation religieuse. Elle a le goût du martyre et des persécutions, allant jusqu'à inventer celles qui lui manquent pour devenir une parfaite infortunée. Les déceptions qu'elle a connues ont achevé d'égarer son esprit en augmentant une affectivité que Mme de Beaumont est prête à satisfaire. Ayant connu la maîtresse de son frère à Paris, Lucile a immédiatement ressenti pour elle une sympathie tumultueusement exprimée. Ne lui écrit-elle pas, au reçu d'une de ses lettres, que de voir seulement son écriture l'avait tellement suffoquée de joie qu'elle n'avait pu comprendre ce que Mme de Beaumont lui mandait ? Pour Lucile, tout ce qui n'est pas exagéré n'existe pas.

On imagine aisément la vie de Chateaubriand à Savigny entre deux femmes aussi démonstratives et rivalisant de tendresse à son égard au point de se rendre insupportables. Grâce au ciel, la rédaction définitive du *Génie du christianisme* touche à sa fin et, au mois de décembre 1801, il regagne Paris pour en surveiller l'impression chez Migneret.

7

« Via Sacra »
1803

Pour avoir brillé d'un éclat que l'Europe enviait à la France, les *Lumières* du XVIIIe siècle n'en avaient pas moins obscurci les consciences et transformé le catholicisme en une doctrine assez vague où le culte de la raison, associé à celui de la nature, avait commencé avec Montesquieu pour s'achever avec La Revellière-Lépeaux. Les philosophes, dont la tolérance n'allait pas jusqu'à tolérer un autre point de vue que le leur, s'étaient transformés en inquisiteurs pour dénoncer la vraie foi. Le plus libéral d'entre eux restait encore Rousseau qui, ayant fait des Charmettes une nouvelle Jérusalem et de Mme de Warens une Mère de l'Église, avait pris son cœur pour seul juge et ses aspirations pour autant de dogmes. Après avoir été le prophète de son déisme, il en était devenu le martyr, trouvant dans les persécutions conjuguées du clan philosophique et des calvinistes genevois la justification de ses théories.

On avait remplacé la religion par la religiosité. Tout en déifiant Voltaire, on avait instauré dans la société française une anarchie favorable à l'éclosion de cultes particuliers, assez individualistes pour que chacun pût refaire Dieu à son image. Se déclarer chrétien, c'était aller contre la mode et surtout pécher contre le goût. Le phénomène, il est vrai, touchait les classes dirigeantes plus que le peuple et Paris plus que la province, encore que les *Sociétés de pensée*, d'inspiration maçonnique, y eussent largement diffusé les nouvelles doctrines, mais il existait malgré tout une désaffection générale à l'égard du catholicisme et de ses pratiques, même dans le clergé où certains prélats, peu assidus à leurs devoirs, vivaient trop dans un monde où ils trouvaient maintes occasions de les négliger davantage encore.

Des honnêtes gens s'étaient effrayés de cette déchristianisation des élites et certains avaient tenté de lutter contre ces philosophes d'où venait tout le mal. Hélas ! les honnêtes gens ne sont pas toujours des gens d'esprit et dans ce combat ils étaient facilement écrasés par leurs adversaires, habiles à faire rire le public à leurs dépens. Ces chrétiens intrépides portaient de surcroît des noms ridicules qui discréditaient à l'avance leurs ouvrages et affaiblissaient leurs arguments. Les philosophes avaient beau jeu de railler l'abbé Fauchet, l'abbé Poulie, l'abbé Pey, l'abbé Lamourette, l'abbé Pluche, l'abbé Bridaine, l'abbé Nonette ou l'abbé Patouillet.

Il a fallu la Révolution et ses horreurs pour faire comprendre à ces esprits forts le danger de leurs doctrines et la nécessité d'une morale aussi bien pour l'Etat que pour les individus. La Harpe avait été un des premiers à battre sa coulpe et à opérer un spectaculaire retour à Dieu, et depuis il édifiait ses amis au point que Mme de Beaumont avait pu dire : « La dévotion de La Harpe est un tour que le diable joue à Dieu. » Fontanes, on l'a vu, n'avait pas attendu que La Harpe eût trouvé son chemin de Damas dans la prison du Luxembourg pour estimer, lui protestant, qu'il fallait rendre à Dieu sa primauté. Dans sa préface, à l'*Essai sur l'homme*, de Pope, il avait esquissé une apologie de la religion qui annonçait le dessein de Chateaubriand : « Il faudrait éviter les vaines déclamations, et cette métaphysique obscure et insuffisante, qui n'est point fondée sur la méthode et l'analyse. Une vaste érudition, un esprit clair et juste, ne suffiraient pas encore. On exigerait un style digne du sujet ; l'élévation et la sensibilité y domineraient, mais sans faste et sans efforts... Le charme qui persuade serait peut-être plus nécessaire que la logique victorieuse qui subjugue la raison. C'est donc à une âme douce plutôt qu'à une âme fière qu'il appartient d'écrire sur les opinions religieuses. Ce livre important reste encore à faire : il mérite un grand écrivain[1]. »

Quelques petits s'y étaient essayés, notamment Fiévée qui, en 1795, avait publié un pamphlet intitulé *De la religion considérée dans ses rapports avec le but de toute législation*, ouvrage dans lequel il recommandait la religion comme la meilleure et même la seule barrière à opposer aux forces destructrices de l'ordre social.

Dix années de persécution n'ont pas eu raison du catholicisme, en dépit des prédictions des philosophes, mais elles en ont effacé les signes extérieurs : les églises sont vides, ou transformées en dépôts, en greniers, en clubs, quand ce n'est pas en écuries. Les presbytères ont été vendus, les couvents sont devenus des casernes ou des écoles, voire des hôpitaux, ou bien ils ont été démolis pour servir de carrières. Habillés en civil, les anciens ecclésiastiques passent inaperçus. Arrivant à Rome avec leur mère, les enfants de Mme de Staël ouvrent de grands yeux en voyant des moines et des prêtres en soutane, étonnés de ce genre d'habillement. Un de ses amis ayant assisté à un enterrement dans une région lointaine où le culte s'est maintenu, raconte ainsi sa stupéfaction au jeune Sainte-Aulaire : « Nous avons trouvé plusieurs hommes qui avaient des robes, les cheveux coupés, point de queues ; ils se sont promenés en se saluant ; ils ont aussi chanté, mais pas très bien : des gens fort polis, je vous assure, et qui parlaient latin entre eux[2]... »

Voué comme la royauté aux gémonies, le catholicisme apparaît en ce tout début du XIXe siècle comme un des aspects de la monarchie, confondu avec celle-ci dans la même nostalgie par ceux qui ont souffert de la Révolution. Catholicisme et Ancien Régime sont liés dans les mémoires et suscitent des regrets identiques. Il appartiendra au Premier consul de les dissocier pour faire bénéficier sa dynastie, et non celle des Bourbons, de ce réveil du sentiment religieux.

*

Dans les semaines qui précèdent la publication du *Génie du christianisme*, Chateaubriand déploie une activité de général se préparant à livrer bataille : il rappelle au public, par quelques articles judicieusement glissés dans le *Mercure de France*, l'imminence de l'événement ; il stimule le zèle de ses amis et en particulier celui de Fontanes dont il déplore « la paresse qui le rend insupportable », ainsi qu'il l'écrit aimablement à Baudus chargé de faire connaître l'ouvrage dans les milieux de l'Emigration.

La plus efficace des publicités sera pour lui la promulgation du Concordat ; aussi fait-il retarder la sortie du livre pour faire coïncider les deux événements. Signé depuis le 15 juillet 1803, le Concordat n'a pas été approuvé par le Tribunat et le Corps législatif, repaires d'athées militants ou du moins de sceptiques qui craignent le bouleversement d'un ordre social dans lequel ils ont enfin trouvé leur place. Pour leur forcer la main, le Premier consul fait prononcer par son frère Lucien, devant le Corps législatif, un discours rédigé par Fontanes qui emporte la ratification. Chateaubriand sort de la séance, enchanté par cette éloquence, et mande aussitôt à Mme Bacciochi : « Nous voilà donc enfin un peuple civilisé ! Grâces en soient rendues à votre illustre famille ! J'ai entendu l'excellent discours, les paroles d'or, presque jusqu'à la fin. Mes voisins étaient ravis et moi je me suis trouvé mal d'attendrissement. Je pleurais et j'ai été obligé de sortir[3]. »

La semaine sainte approche et l'annonce d'une messe solennelle à Notre-Dame, le dimanche de Pâques, cérémonie à laquelle assisteront le Premier consul et sa famille, a ravivé maints pieux souvenirs, réveillé bien des consciences. Tout Paris frémit d'impatience et de curiosité, car le spectacle vaudra le coup d'œil, ne serait-ce que pour le plaisir de voir tant de Jacobins contraints de s'associer au «Te Deum» d'action de grâces.

Le vendredi saint, Migneret met en vente le *Génie du christianisme* au prix de dix-huit francs les cinq volumes brochés. Cette première édition a été tirée à quatre mille exemplaires et connaît aussitôt un tel succès que Migneret affirmera en avoir vendu pour mille écus en une seule journée. Le lendemain, 15 avril, un article de Fontanes, dans le *Mercure de France*, article repris par divers journaux, donne le signal des applaudissements. Il y a presque unanimité dans la presse pour louer une œuvre où, comme le souligne un peu malicieusement un journaliste, «il est heureux pour l'auteur que les opinions de son livre paraissent conformes à l'esprit du gouvernement, et que ses espérances, à l'instant même où il les exprimait, aient été réalisées par la main du héros qui vient de relever les ruines de la France[4]»...

Il serait fastidieux de passer en revue tous les articles parus à cette occasion, tous à peu près sur le même ton, c'est-à-dire celui qui plaît au Premier consul plus encore qu'à l'auteur. Il faudra quelque temps pour que des notes discordantes se remarquent dans ce concert de louanges ; il faudra le temps de lire avec soin ces cinq volumes, lecture effrayante par son ampleur et qui laisse à penser que bien peu l'ont faite entièrement, la plupart se contentant de feuilleter les tomes et de choisir, çà et là, un chapitre évocateur, comme celui de «L'amour champêtre» ou «Des ruines en général».

Hélas ! pour Chateaubriand, certains de ses ennemis s'attellent à cette tâche, et notamment Ginguené dont la vigilante hostilité ne s'assoupit jamais. Le 19 juin, dans la *Décade philosophique*, il attaque avec une ironie soutenue le *Génie du christianisme* où abondent en effet, dans cette première édition, des bizarreries ou des images insolites : Dieu n'y est-il pas qualifié d'«éternel célibataire des mondes» et n'y voit-on pas la lune, personnifiant la virginité, «promener sa mystérieuse continence dans les frais espaces de la nuit» ? L'esprit de système y est si poussé que l'auteur voit partout des preuves de l'existence de Dieu, par exemple dans l'amour que les mères crocodiles portent aux petits monstres sortis de leurs œufs. Il le pousse également jusqu'à déclarer chrétiens sans le savoir des personnages de l'Antiquité animés de beaux sentiments. Pour étayer sa thèse, il emprunte à la botanique, à la zoologie, à la cosmologie, à l'Histoire antique et moderne, à la littérature de tous les siècles et de tous les pays, ce qui, moins qu'une preuve de l'existence de Dieu, apporte celle de ses vastes lectures. Ginguené a donc de quoi se réjouir ! Il revient à la charge le 29 juin, puis le 9 juillet, dénonçant les erreurs, les invraisemblances ou les lacunes, ainsi que l'esprit partisan du livre, en se défendant toutefois de vouloir accabler systématiquement un compatriote, un Breton, un ami de sa famille. Ses virulents articles, repris en brochure, seront suivis en 1803 d'une autre publication, *Notes, critiques, remarques et réflexions sur le Génie du christianisme*, « d'une justesse si pénétrante, écrit Armand Weil, que la critique littéraire d'aujourd'hui n'aurait rien à y changer[5] ».

Chateaubriand reconnaîtra le bien-fondé de maintes critiques et en fera son profit lors de la révision du livre avant sa deuxième édition. Il se donnera le luxe, à l'occasion de la publication de ses *Œuvres complètes*, de mettre en annexe au *Génie du christianisme* les principaux articles consacrés au livre, mais, pour ceux de Ginguené, il supprimera les remarques les plus pertinentes.

Les attaques de Ginguené enhardissent d'autres critiques. Villeterque, après avoir douté de la conversion de l'auteur, dénonce dans la *Bibliothèque française*, « la métaphysique simpliste » de Chateaubriand et juge avec raison que « pour faire un bon livre de son ouvrage, il faudrait retrancher trois volumes, ce qu'il ne fera pas ». Il imagine un dialogue entre Fontanes et Chateaubriand qui cherche, pour un poème à l'occasion du 18 Brumaire, des rimes à sacre, et Fontanes lui suggère : « fiacre, massacre, Saint-Jean d'Acre, simulacre »… Cette supposée courtisanerie de Chateaubriand envers le nouveau régime est également dénoncée par Peltier qui, après avoir souligné dans *L'Ambigu* que le succès du livre est moins littéraire que politique, ajoute méchamment : « Il a au moins fort augmenté le champ de la fiction et le dictionnaire de l'adulation. » Pour stigmatiser cette trahison, Peltier fera publier à Londres un *Véritable Génie du christianisme*, sous forme d'œuvres choisies de Bossuet.

Moins sévère est Saint-Martin, le philosophe inconnu, qui reproche à Chateaubriand de confondre catholicisme et christianisme, et sans grande portée, car assez sotte, en dépit de l'esprit qu'il a, une brochure du chevalier de Boufflers, à qui Chênedollé répliquera vertement. Si Mme de Staël a refusé d'écrire à propos du livre, peut-être parce que bien des gens ont cru la reconnaître dans le portrait de « la femme impie », tracé par Chateaubriand, Necker, en revanche, estime l'ouvrage tel que «le plus mince littérateur en corrigerait aisément les défauts, et que les plus grands écrivains en atteindraient difficilement les beautés». Comme le notera Guéneau de Mussy, la plupart des critiques visent plus le succès du livre que l'ouvrage lui-même.

Bonald, Bertin, Dussault et surtout Fontanes ont volé au secours de l'auteur et multiplié les articles en réponse. A la fin de l'année 1802, la masse de ce qui a été écrit pour ou contre le livre est si grande que Chateaubriand y trouvera les matériaux, et le motif, pour écrire une *Défense du Génie du christianisme* qui sera publiée au mois d'avril 1803. Il n'est jamais plus à son avantage que dans la polémique, et celle suscitée par son livre est une occasion de montrer un talent qui, dilué dans bien des chapitres du *Génie du christianisme*, se raffermit et se révèle incisif maintenant qu'il ne défend plus la religion, mais son œuvre. On s'en aperçoit dès la première page. Evoquant cette bataille autour du *Génie du christianisme*, il écrit qu'«il a supporté sans orgueil ni découragement les éloges et les insultes : les premiers sont souvent prodigués à la médio-crité, les secondes au mérite» et qu'«il a vu avec indifférence certains critiques passer de l'injure à la calomnie, soit qu'ils aient pris le silence de l'auteur pour du mépris, soit qu'ils n'aient pas pu lui pardonner l'offense qu'ils lui avaient faite en vain[6]». Cette fois, il est sur son terrain et présente habilement sa défense en observant que, si son livre eût été fort déplacé en un siècle chrétien, comme celui de Louis XIV, il n'en était pas de même aujourd'hui où le christianisme était devenu un objet de dérision, et que tout honnête homme avait le droit, et même le devoir, de défendre une religion à laquelle on doit, sans vouloir se l'avouer, la civilisation présente. Il n'a pas écrit ce livre pour les théologiens, qui peuvent y trouver des faiblesses, mais pour «l'homme de lettres le plus incrédule, [le] jeune homme le plus léger, avec la même facilité que le premier feuillette un livre impie, le second un roman dangereux». Il a moins cherché à persuader qu'à toucher, par exemple en montrant le dévouement des ordres hospitaliers, la nécessité des couvents, havres de paix pour les âmes en peine, l'influence heureuse exercée par l'Eglise sur les lettres et les arts ou encore l'héroïsme des missionnaires. Il invoque saint Augustin et Pascal qui tous deux pensaient que les catholiques ne devaient pas, par affectation de vertu, écrire avec une froideur de style endormant le lecteur, et il justifie par des précédents littéraires cette apologie poétique de la religion chrétienne. Il achève enfin ce brillant plaidoyer par une phrase révélatrice en écrivant que les hommes ainsi forcés par leurs adversaires «de descendre dans l'arène peuvent y paraître quelquefois avec des armes qu'on ne leur soupçonnait pas[7]».

Cette apologie ne désarmera pas un clan philosophique qui continuera de bouder l'ouvrage et le lui fera bien voir à l'occasion des Prix décennaux, en 1810, mais Chateaubriand peut s'en consoler en songeant au prestige dont il jouit désormais, prestige qui d'ailleurs lui tourne un peu la tête et dont il restera prisonnier, car on le tiendra jusqu'à sa mort pour un nouveau Père de l'Eglise, en l'obligeant à un rôle pour lequel il ne se sentira plus fait. Le *Génie du christianisme* éclipsera ses autres livres et finira par le rendre un peu jaloux de l'auteur qu'il avait été.

L'influence exercée par le *Génie du christianisme* sera considérable et aura des répercussions imprévues. Dans un pays où tout est affaire de mode, Chateaubriand a rendu le christianisme aimable et donné aux esprits les plus frivoles la curiosité des orateurs sacrés ou des monastères jusque-là regardés comme des repaires de l'obscurantisme. Il a réhabilité la religion chrétienne aux yeux d'une génération nouvelle qui s'enthousiasmera pour tout ce qu'il a remis à l'honneur, cérémonies du culte, objets d'art sacré, cimetières de campagne – et prendra des sujets religieux comme thèmes en littérature et en peinture. Si, comme l'écrira Théophile Gautier, il a rouvert la cathédrale abandonnée, il faut convenir qu'il l'a restaurée un peu à la façon d'un Viollet-le-Duc et fait du « gothique troubadour ». Dans l'histoire du catholicisme français, il apparaît comme une espèce de directeur de l'Ecole française de Rome, à laquelle on accéderait par une *via sacra* jalonnée de ces tombeaux près desquels il aime à méditer sur les destinées de l'homme, car pour lui l'essence de la religion est la mélancolie.

C'est ce que lui reprochera l'abbé de Pradt qui verra dans le *Génie du christianisme* « un muséum religieux dans lequel le plaisir entrait par les sens, comme il entre par les yeux dans un salon de peinture », et, rappelant l'abbé Delille avec ses *Jardins* où il se trouve en général une ruine religieuse, il écrira que, par la faute de Chateaubriand, « la religion a été mise en fabriques et que l'on a eu un christianisme de jardin anglais[8] ». Le reproche est fondé, mais il n'en reste pas moins que le *Génie du christianisme* a été pour les Français, au lendemain de la période révolutionnaire, une ancre de salut, un signe aussi réconfortant que la croix apparue dans les airs à l'empereur Constantin. Certes, le christianisme ainsi ravivé par Chateaubriand finira par s'étioler dans l'imagerie sulpicienne, mais il aura, pendant tout le XIXᵉ siècle, inspiré les élites et suscité bien des mouvements chrétiens, du catholicisme de salon, dénoncé par Sainte-Beuve, au catholicisme libéral de Lamennais ou social de Montalembert. Pour la plupart des grands écrivains du siècle, de Lamartine à Béranger, le *Génie du christianisme* a été, même pour les plus réticents, un éblouissement de leur jeunesse et une étape de leur carrière, quand il n'a pas, quelquefois, éveillé leur vocation littéraire.

*

Avec le succès du *Génie du christianisme*, Chateaubriand s'aperçoit qu'un homme de lettres doit se doubler d'un homme d'affaires. Il en a déjà certaines en souffrance depuis longtemps, comme par exemple sa femme, oubliée au point qu'il l'appelle « sa veuve ».

Lucile de Caud, revenue au printemps à Paris, a dû lui en parler, plaider la cause de la malheureuse, encore qu'elle s'entende infiniment moins bien avec celle-ci, et lui donner quelques remords : l'auteur du *Génie du christianisme*, où il y a un si beau chapitre sur la sainteté du mariage, peut-il abandonner une épouse à laquelle il n'a rien à reprocher, sinon l'erreur de l'avoir épousée ? Chateaubriand, dira un peu plus tard Molé, « vivait alors dans une inexprimable terreur de voir arriver sa femme, un beau matin, par la diligence ! A toutes les lettres qu'elle lui écrivait qu'elle voulait partir, il lui répondait par mille subterfuges ; tantôt s'annonçant pour entreprendre lui-même ce voyage, tantôt se présentant comme à la veille d'obtenir une place de secrétaire d'ambassade et voulant aller en Bretagne lui dire adieu, ajoutant surtout qu'il était beaucoup trop pauvre pour vivre en ménage à Paris[9] »…

Pour prévenir une arrivée qui aurait grandement perturbé son existence et celle de Mme de Beaumont, bien qu'il commence à s'en détacher, il part discrètement pour Fougères, si discrètement qu'on ne connaît ce déplacement que par une lettre à Mme de Staël du 24 juin 1802 dans laquelle il lui dit avoir revu Combourg. On peut en présumer qu'il est passé par Fougères pour parler affaires avec Céleste.

Celle-ci, jadis un beau parti, a tout perdu, jeunesse et fortune. La blondeur de ses cheveux et la fraîcheur de son teint, qui donnaient quelque charme à son minois chiffonné, se sont ternis pendant son séjour en prison. Ni vieille fille, ni veuve, à mi-chemin entre ces deux états déplorables, elle a renoncé à plaire et le prouve en relevant ses cheveux par un chignon, ce qui expose entièrement un visage ingrat, marqué de petite vérole, alors que des boucles auraient pu le dissimuler un peu. Elle ne se soucie pas de sa toilette, affectionnant des coupes sévères et des teintes grisâtres qui lui donnent un faux air de religieuse.

A la mort de son grand-père, en 1793, elle a hérité seulement de vingt mille livres, soit le quart de la succession, M. Buisson de Lavigne ayant réparti sa fortune entre son fils, qui en a reçu la moitié, Céleste et les deux enfants de sa sœur, Mme du Plessis-Parscau. Est-ce à l'instigation de Chateaubriand que le 24 juin 1802 elle vend pour huit mille livres un terrain qu'elle a reçu en héritage ? On peut penser que ce rapide voyage a eu pour but d'examiner la situation matérielle de sa femme et de la conseiller dans la gestion de sa fortune afin qu'elle ne soit pas à sa charge. Au mois de novembre, il écrira d'ailleurs à Fontanes que l'oncle de Céleste avait fait banqueroute alors qu'il venait d'ordonner de le poursuivre, sans doute pour des sommes dont Céleste était créancière à son égard.

A son retour de Bretagne, il règle ses propres affaires en désintéressant Dulau, le premier éditeur du *Génie du christianisme*, auquel il envoie pour payer ses frais d'impression, non de l'argent, mais cent trente-quatre exemplaires de l'édition Migneret, puis il entreprend la révision de son ouvrage afin de tenir compte des critiques de forme, et même de fond, qu'il estime judicieuses.

Tout succès a son revers. La belle vente du livre a certes fait des envieux, mais, ce qui est plus grave, elle a incité des contrefacteurs à profiter de l'aubaine et à en faire des éditions pirates. Avisé qu'un libraire sans scrupules, un certain Chambeau, a réalisé une édition du *Génie du christianisme*, et même d'*Atala*, il décide de partir pour Avignon, lieu du délit, pour s'y faire soi-même justice. Il a demandé à Lucien Bonaparte une recommandation auprès du préfet du Vaucluse pour faire éventuellement saisir l'édition, et part tout joyeux. Il semble en effet que cette expédition punitive ait moins pour but de confondre un libraire indélicat que de parcourir la France et de prendre le pouls de l'opinion, voire d'assurer la publicité du *Génie du christianisme* en se montrant modestement aux populations.

Peut-être aussi n'est-il pas fâché d'échapper un peu à Mme de Beaumont, qu'il néglige depuis quelque temps et à la jalousie de laquelle il a fourni des motifs. Devenu l'homme du jour, il a vu beaucoup de femmes se jeter à sa tête et l'inviter à orner leur salon. Mme de Beaumont, qui se plaît dans l'intimité, apprécie peu cette apothéose à laquelle il l'associe de moins en moins, préférant les grands châteaux et les hôtels qui rouvrent leurs portes les uns après les autres au petit entresol de la rue Neuve-du-Luxembourg.

A Guéneau de Mussy, l'un des familiers de l'entresol, il recommande instamment de ne rien dire à Mme de Beaumont de la seconde partie de son voyage, car il compte revenir d'Avignon par Fougères et même Vire où se morfond Chênedollé qui s'est épris de Lucile et veut l'épouser, à quoi celle-ci se refuse, engageant d'ailleurs les siens, avec cette affaire amoureuse, dans une série de difficultés inextricables. A tous, donc, la consigne est donnée de dire qu'il part pour Avignon et en reviendra directement, une fois son affaire réglée. En fait, il s'offrira un mois et demi de vagabondage.

A le lire, il s'agit moins de vacances que d'une espèce de tournée épiscopale : « Je vous avoue que je suis confondu de la manière dont j'ai été reçu partout, écrit-il le 6 novembre à Fontanes ; tout retentit de ma gloire, les papiers de Lyon, etc., les sociétés, les préfectures ; on annonce mon passage comme celui d'un personnage important… J'ai consolé quelques malheureux, j'ai rappelé des principes chers à tous les cœurs dans le fond des provinces. On ne juge pas ici mes talents, mais mes opinions. On me sait gré de tout ce que j'ai dit, de tout ce que je n'ai pas dit, et les honnêtes gens me reçoivent comme le défenseur de leurs propres sentiments, de leurs propres idées… Le plaisir que j'éprouve est, je vous assure, indépendant de tout amour-propre ; c'est l'homme et non l'auteur qui est touché[10]. »

La chaleur de l'accueil reçu à Lyon l'a rendu magnanime. En Avignon, au lieu de faire saisir le coupable, il transige avec lui, se contentant d'un léger dédommagement matériel – deux cent quarante francs –, du remboursement de ses frais de voyage et du don, c'est bien le moins, d'un certain nombre d'exemplaires de l'édition pirate. Comment ne pas être désarmé par l'empressement du libraire à l'apaiser, comme par un poème écrit en son honneur par Melchior-Hyacinthe Morel, un ami de ce libraire, et qui se termine par ce couplet de repentir :

Sois au reste un ange de paix,
Pratique ton ouvrage.
Le contrefacteur a tort, mais
Son vol est un hommage :
Oui, cet imprimeur malappris
Propage ta mémoire
Ce qui fait ta fortune il a pris :
Il le donne à ta gloire.[11]

Comblé de louanges et de bénédictions, il quitte Avignon pour Marseille et, de là, Nîmes, Montpellier, Toulouse, Bordeaux et Nantes, voyage d'agrément, certes, pour découvrir le pays, mais avec l'arrière-pensée d'un livre à faire : une description de la France, avec des illustrations qui en reproduiraient les principaux monuments. C'est une excellente idée, que d'autres réaliseront dans les futures décennies, constituant ainsi une sorte d'inventaire du patrimoine échappé aux déprédations révolutionnaires. Il lui faudrait trois ans pour mener à bien ce projet qu'il abandonnera au profit d'un autre, encore plus prestigieux : son voyage en Orient.

De Tours, il s'est rendu à Vire, y a vu Chênedollé, très abattu par les bizarreries de Lucile, et il a fini par se retrouver à Fougères, chez sa sœur, Mme de Marigny. Sur cette nouvelle rencontre avec Céleste, on ne sait pas grand-chose. Dans ses Mémoires, il affirmera, pour minimiser cette trahison à l'égard de Mme de Beaumont, qu'il n'y est resté qu'une journée. En réalité, il passe une semaine à Fougères où il est reçu avec transports si l'on en croit une Fougéroise, Mme Rallier, dans une lettre à une amie, Mme Fougerais de La Martinais : « L'auteur d'*Atala* est ici, écrit-elle le 4 décembre, voilà Mme de Chateaubriand enchantée. A présent, elle l'aime à la folie et désire avoir des enfants. La surveille de son arrivée, elle donna un bal charmant dont elle fit parfaitement les honneurs, il y avait un ambigu[12] magnifique. Mme de Caud est toujours fort languissante à Paris et très dévote, mais n'a pas voulu la recevoir religieuse, étant malade. M. et Mme de Chateaubourg sont venus ici pour leur frère Chateaubrillant [*sic*]. Il repart demain, il a passé huit jours en festins[13]… » Mme Rallier précise à sa correspondante que Mme de Chateaubriand, ne voulant pas être distraite un bref moment de son mari, a refusé de recevoir une amie de Lorient venue tout exprès pour la voir et qui a dû repartir sans l'avoir vue !

L'enfant prodigue a donc été reçu à bras ouverts par la famille et certainement incité à repartir avec sa femme, mais il a éludé cette invitation, car il rentre seul à Paris et, comme pour mieux la fuir, envisage un nouvel exil dès qu'il aura fini de corriger le *Génie du christianisme* pour la deuxième édition. Pendant qu'il courait la poste, il songeait au bonheur de vivre à la campagne, oublié des hommes, entouré seulement de quelques amis partageant ses goûts, vieux rêve auquel il revient périodiquement, et le voilà maintenant qui veut repartir pour l'Amérique ou bien s'en aller en Russie comme précepteur du grand-duc héritier. Il a chargé la baronne de Krüdener de sonder les intentions des souverains à son égard. Lui ferait-on là-bas une position convenable ?

Ce désir de quitter à nouveau la France semble dû au fait que l'étoile de son protecteur, Lucien Bonaparte, a pâli. Assez content de soi, charmé de sa puissance et ravi de la faire sentir, jouant au mécène et recevant beaucoup, Lucien Bonaparte a eu quelques initiatives malheureuses : il a ainsi publié un *Parallèle entre Monk et Bonaparte* au grand déplaisir de son frère qui n'entend pas jouer le rôle de Monk et, loin de vouloir restaurer l'ancienne dynastie, se prépare à en fonder une nouvelle. Il estime que Lucien est un sot pour n'avoir pas compris cela et le soupçonne d'avoir voulu, en prenant les devants, contrecarrer ses projets. Du coup, Lucien doit quitter le ministère de l'Intérieur et se contenter d'être ambassadeur à Madrid. Sa chute est durement ressentie par ses familiers, notamment Fontanes, mais celui-ci se montre assez habile pour conserver la faveur du maître sans abandonner le frère dans sa disgrâce. Il semble qu'avant de gagner Madrid Lucien ait envisagé de passer en Amérique et d'emmener quelques mécontents avec lui pour s'en faire une compagnie. C'est ce qu'on peut conjecturer des notes destinées à ses Mémoires. Il serait parti avec sa mère, son frère aîné Joseph, Elisa Bacciochi et son mari, que le Premier consul n'aime pas, Chateaubriand, «qui a du regret d'être revenu», Bernadotte et le vieux général Casablanca. Si les hommes, blessés dans leurs sentiments égalitaires par l'ascension de Bonaparte, se montrent assez déterminés, les femmes, en revanche, hésitent à s'engager dans cette aventure. Elisa aurait vendu la mèche à son frère et tout était rentré dans un ordre auquel il leur sera de plus en plus difficile de se soustraire.

Devenu le maître absolu de la France, Bonaparte est le seul dispensateur des grâces. Hors de lui, point de salut. Chateaubriand l'a fort bien compris. Il ne l'a rencontré qu'une fois, le 22 août 1802, lors d'un grand dîner donné par Lucien dans son hôtel de la rue Saint-Dominique. Le Premier consul, raconTera-t-il, alla au-devant de lui, l'appela, et tandis que les autres invités se tenaient à distance, il l'entretint quelques minutes de l'Egypte et des Arabes, mais sans un mot pour le *Génie du christianisme* et son succès, se contentant de clore son monologue en s'écriant : «Le christianisme? Les idéologues n'ont-ils pas voulu en faire un système d'astronomie? Quand cela serait, croient-ils me persuader que le christianisme est petit? Si le christianisme est l'allégorie du mouvement des sphères, la géométrie des astres, les esprits forts ont beau faire, malgré eux ils ont encore laissé assez de grandeur à l'*infâme*!» Et après cette singulière apostrophe, il avait tourné les talons, laissant l'illustre auteur sur sa faim[14].

Jugeant que le Premier consul n'avait pas fait assez de cas d'un tel ouvrage, instrument de sa politique religieuse, il se propose de lui dédier cette deuxième édition et s'en ouvre à Elisa Bacciochi, la suppliant de supplier son frère d'accepter que cette nouvelle édition lui soit dédiée. Certes, il aurait mieux fait d'y songer lors de la première, mais, doutant du succès de l'ouvrage, explique-t-il à Mme Bacciochi, il n'aurait pas voulu compromettre le grand homme en lui dédiant un livre indigne de lui. Le grand homme daigne agréer l'hommage, ainsi conçu :

Citoyen Premier Consul,

Vous avez bien voulu prendre sous votre protection cette édition du *Génie du christianisme* ; c'est un nouveau témoignage de la faveur que vous accordez à l'illustre cause qui triomphe à l'abri de votre puissance. On ne peut s'empêcher de reconnaître dans vos destinées la main de cette Providence qui vous avait marqué de loin pour l'accomplissement de ses desseins prodigieux. Les peuples vous regardent ; la France, agrandie par vos victoires, a placé en vous son espérance, depuis que vous appuyez sur la Religion les bases de l'Etat et de vos prospérités. Continuez de tendre une main secourable aux trente millions de chrétiens qui prient pour vous au pied des autels que vous leur avez rendus.

C'est un peu le ton de Louis XVIII écrivant au général Bonaparte pour lui demander de lui rendre son trône. Il avait, comme le Prétendant, écrit d'abord « Général », puis avait sagement remplacé ce mot par celui de « citoyen », plus rassurant pour l'opinion publique à la veille de l'établissement d'une dictature militaire. Cette dédicace disparaîtra des rééditions postérieures à l'exécution du malheureux duc d'Enghien et à l'entrée de Chateaubriand dans l'opposition.

Placer le nom du restaurateur de la religion en tête d'un livre écrit à la gloire du catholicisme est moins un acte de courtisanerie que de gratitude, même si les intentions du Premier consul et celles de l'auteur sont moins pures que ne le croit un vain peuple. En effet, Chateaubriand nourrit d'autres ambitions que celle de se reposer sur ses lauriers. Il veut jouer un rôle, exercer une influence et n'entend pas se cantonner dans cette fonction de chantre officiel du christianisme. Il a fait ses preuves ; il mérite mieux, un poste en vue, par exemple une ambassade où il pourrait faire valoir les talents qu'il possède et surtout ceux qu'il se croit.

Au mois d'avril 1802, quelques jours après la parution du *Génie du christianisme*, il avait lu dans *Journal des débats*, sans surprise s'il était à l'origine de ce bruit, qu'il était nommé secrétaire de légation à Rome. Il s'était empressé d'écrire à Talleyrand, ministre des Relations extérieures, pour lui demander s'il fallait démentir cette information. Hélas oui, la nouvelle était fausse, mais au moins l'idée se trouvait dans l'air et elle reviendrait, car c'était chez lui une idée fixe que d'aller exercer une espèce de magistrature religieuse auprès du pape. N'écrivait-il pas à Fontanes, le 15 avril 1802 : « Protégez-moi donc hardiment, mon cher enfant, songez que vous pouvez m'envoyer à Rome[15] » ?

Depuis lors, il avait eu fort à faire et s'était jeté dans une nouvelle aventure amoureuse avec la séduisante Delphine de Custine dont la blondeur et la santé le changeaient agréablement de Pauline de Beaumont, déclinante et plaintive.

*

Agée de 32 ans, née dans le grand monde, élevée dans celui de la Cour, Mme de Custine joint l'avantage de la fortune à celui de la naissance et de la beauté. Par son père, elle appartient à l'illustre maison de Sabran ; par sa mère, à celle infiniment moins distinguée, mais fort opulente, des Dejean de Manville. Cette mère a eu le bon goût de prendre pour amant un des hommes les plus célèbres de son temps, le chevalier de Boufflers, qu'elle finira par épouser. Delphine de Custine bénéficiera toute sa vie de la réputation attachée à cette liaison brillante et nouera les siennes à l'abri, peut-on dire, de cette respectabilité. Mariée en 1787 au comte de Custine, elle avait fréquenté à peu près la même société que Mme de Beaumont : les Trudaine, les Polignac, la comtesse Auguste de La Marck.

Avec la Révolution, les choses s'étaient gâtées, en dépit des opinions libérales des Custine. En effet, bien que nommé général commandant l'armée du Rhin, son beau-père avait été arrêté, traduit en justice et elle était allée courageusement le défendre, au péril de sa vie, car la populace s'apprêtait à lui faire un mauvais parti, quand une femme, émue de sa détresse et de sa beauté, lui avait mis son nourrisson dans les bras et l'avait aidée à s'enfuir du tribunal. Son beau-père avait été guillotiné le 28 août 1793 et son mari le 4 janvier 1794. Veuve avec un fils, elle avait été arrêtée chez elle alors qu'elle se préparait à émigrer, emprisonnée aux Carmes où elle avait passé huit mois dans la même cellule que Joséphine de Beauharnais. Un maître maçon, ardent républicain, s'était épris d'elle et avait réussi à lui éviter l'échafaud. Elle avait été libérée après Thermidor.

Plus combative, et douée de plus d'entregent que Mme de Beaumont, elle avait aussitôt entrepris de récupérer la très belle fortune des Custine, grands propriétaires en Alsace et possesseurs de la fameuse fabrique de porcelaine de Niederwiller. Elle avait déjà beaucoup d'amis ; elle s'en était fait d'importants aux Carmes, montrant dans le choix de ses relations moins de scrupules que la plupart des victimes de la Révolution. Elle avait ainsi enchaîné à son char le citoyen Fouché, devenu fort utile, et l'avait mis volontiers à contribution. Disons à son honneur qu'elle a le cœur large et n'oubliera jamais ceux qui lui ont rendu service à un moment de sa vie, depuis le maçon jacobin jusqu'au duc d'Otrante avec qui elle correspondra tendrement jusqu'à la mort de celui-ci.

Passée par les cachots de la Terreur et les angoisses de la mort, elle a désormais besoin pour vivre, ou du moins avoir l'impression d'exister, d'événements qui lui paraissent autant de grâces du Ciel : il lui faut un miracle quotidien, comme celui de sa libération. Il lui faut du nouveau, de l'inattendu, un sel toujours plus fort pour donner du goût à une existence redevenue banale. Assez crûment, son fils Astolphe écrira : « Elle a besoin de retrouver dans la vie des hommes ce qui manque à la sienne[16]. » Et, pour mieux vivre, elle multiplie les expériences. On lui attribue comme amants successifs, voire simultanément : le vicomte de Beauharnais, Boissy d'Anglas, Miranda – l'aventurier sud-américain devenu général en France –, Grouchy – le futur général –, le duc de Lévis, le comte Louis de Ségur.

Ce n'est donc pas une vestale, attachée au souvenir de son mari, que Chateaubriand a rencontrée, mais une femme experte et même ardente, aimant l'amour et, malgré sa longue chevelure d'or qui l'enveloppe comme un manteau, sans pudeur excessive, et parfois sans pudeur aucune. Chateaubriand s'est embrasé comme un jeune homme, heureux de posséder une maîtresse avec laquelle il peut passer des plaisirs du lit à ceux de la conversation, car Mme de Custine a non seulement des sens, mais de l'esprit, de la verve et ne montre pas encore cette jalousie qui la rendra fatigante.

*

En ce début d'année 1803, Chateaubriand pourrait s'estimer comblé si son ambition, toujours trop rapidement satisfaite, ne cherchait un autre objet. La mort imprévue de La Harpe arrive à point pour éveiller en lui le désir d'entrer à l'Académie française.

L'excellent homme a rendu l'âme le 11 février 1803. Chateaubriand perd en lui un ami qui lui était attaché, admirait son talent et lui voulait du bien, sentiment rare chez les gens de lettres. Dans son testament, il avait inscrit les noms de Chateaubriand et de Fontanes en tête de la liste de ses amis, bien que n'ayant rien à leur laisser. L'inhumation a eu lieu le 12 février, au cimetière de Vaugirard, par un temps affreux. La neige tombait en tourbillons et blanchissait peu à peu le drap mortuaire étendu sur le cercueil tandis que Fontanes prononçait un discours qu'on écoutait en claquant des dents.

Chateaubriand ne fait pas moins que Fontanes et envoie au *Mercure de France* un éloge ému du défunt, faisant un piquant parallèle entre la mort de La Harpe, « au milieu de toutes les consolations de la religion », et celle du poète Saint-Lambert, deux jours auparavant, « au milieu de toutes les consolations de la philosophie ».

L'attaque de Chateaubriand contre les philosophes émeut les académiciens qui doivent élire des successeurs aux deux écrivains disparus et les rendent peu favorables à une candidature de l'auteur du *Génie du christianisme*. Lorsque cette candidature est évoquée, Roederer se livre à un réquisitoire en règle contre Chateaubriand. Fontanes lui répond par une lettre dont il pèse chaque mot : « J'admire, écrit-il à Roederer, la riche imagination de M. de Chateaubriand. Vous n'êtes pas de cet avis, à la bonne heure. Les goûts sont libres. Mais vous êtes trop honnête pour appeler sur lui des préventions dangereuses parce qu'il a des idées qui ne sont pas les vôtres. » A quoi Roederer réplique par une longue lettre expliquant ses griefs, dont le principal est « l'indigne outrage fait à Saint-Lambert » et qui a fâcheusement réveillé, chez les académiciens, un esprit de parti que l'expérience avait fini par calmer. L'affaire a finalement remué trop de dangereux souvenirs pour que sa candidature ait quelque chance de succès ; aussi Chateaubriand écrit-il le 20 février à Suard, le secrétaire perpétuel, pour lui annoncer qu'il se retire.

Il ne paraît pas avoir pris avec trop d'humeur cet échec, qui est plutôt un faux pas. A un siège sous la coupole il préfère une existence plus active, celle que pourrait lui offrir ce poste diplomatique auquel il tient beaucoup plus qu'il ne le dit dans ses Mémoires. Par l'obligeant Fontanes et l'excellente Elisa Bacciochi, il obtient partiellement satisfaction. En effet, il n'est pas question de l'envoyer représenter la France à Rome. Ce rôle incombera au cardinal Fesch, oncle du Premier consul, qu'il faut bien placer quelque part, lui aussi, et qui, s'il n'a pas écrit le *Génie du christianisme*, a du moins l'avantage d'appartenir à l'Eglise. Archevêque de Lyon depuis l'année précédente, il vient d'être nommé cardinal. C'est donc un prince de l'Eglise et, même s'il n'a pas de grandes lumières spirituelles, il possède assez de bon sens, voire de ruse et d'entregent, pour mener à bien sa mission. Chateaubriand ne sera que secrétaire à la légation de France aux appointements – décevants – de huit mille francs par an. Il n'y a pas de quoi faire fortune et se réjouir, mais c'est l'occasion d'un beau voyage et d'un séjour dans cette ville qu'il brûle de connaître. C'est aussi le seul moyen d'échapper aux complications de sa vie sentimentale. Ainsi qu'il l'avoue à Fontanes, le désir de mettre une frontière entre sa femme et lui n'est pas étranger à son acceptation, tout en sachant qu'un secrétaire de légation, vivant séparé de sa légitime épouse, risque de déplaire au Vatican. Il n'est pas mécontent d'échapper à Mme de Beaumont dont l'état de santé s'aggrave et qui, bien que se plaignant peu, est pour lui un vivant reproche. Molé dira qu'il la rendait « très malheureuse en ayant l'air de la supporter ». Elle lui cache les progrès de son mal mais s'attriste qu'il ne semble pas les deviner et se demande s'il s'agit d'aveuglement ou d'insensibilité. Pendant qu'elle dépérit à vue d'œil, il adresse à Mme de Custine des billets tout brûlants de passion, la conjurant à la fois d'acheter Fervacques, un beau château en Normandie, et de le rejoindre un jour à Rome.

Alors que des motifs purement profanes le poussent vers cette ville, il affirmera, bon apôtre, avoir accepté ce poste uniquement pour être utile à l'Eglise et s'être laissé persuader par l'abbé Emery, haute autorité morale, appréciée du Premier consul, que son devoir était de se sacrifier aux intérêts de la bonne cause.

Avant de partir pour Rome, il a réglé toutes ses affaires et veillé à la bonne diffusion de la nouvelle édition du *Génie du christianisme*. En plus des exemplaires destinés à sa famille, il en adresse un, bien entendu, au Premier consul, à Joséphine et à Elisa Bacciochi, ainsi qu'aux souverains de Russie et à la princesse Frédéric-Louis de Mecklembourg-Schwerin, sœur du tsar. Il importe de conserver de bonnes relations avec cette cour accueillante aux artistes et dont il espère toujours, à défaut d'un emploi qui lui convienne, un fauteuil à l'académie de Saint-Pétersbourg, avec la pension d'usage.

Le plus difficile est de s'arracher à Mme de Custine, éplorée, mais qui a heureusement auprès d'elle assez d'hommes pour la consoler, ne serait-ce que le précepteur de son fils, un certain Berstoecher, dont il se montre à l'occasion un peu jaloux. Puis, sans attendre le cardinal Fesch, il prend le 26 mai 1803 la route de Lyon, brûlant les étapes puisqu'il ne s'arrête même pas à Villeneuve-sur-Yonne pour y revoir les Joubert et arrive à Lyon deux jours plus tard. Ayant compris depuis longtemps qu'il vaut mieux être plaint qu'envié, il écrit de cette ville, où il est fêté jour et nuit, des lettres mélancoliques à ses amis. A Joubert, il dit qu'il a pleuré en quittant Paris ; à Chênedollé, il se plaint d'avoir « épuisé tant de choses à trente-quatre ans » ; à Mathieu Molé, il confie que le succès de son livre ne se retrouvera pas pour un autre ouvrage, mais il veille à ce qu'un autre ami, Clausel de Coussergues, utilise les articles louangeurs qu'il lui envoie de Lyon dans un recueil d'extraits du livre qu'il prépare, et il lui recommande de s'en servir aussi pour « réchauffer la vente de Migneret » ; à Guéneau de Mussy, il avoue que « cette vie vagabonde » commence à lui peser et que le vide de son avenir l'épouvante… Bref, il reprend pour tous son éternelle antienne : une chaumière et un coin de terre à labourer de ses mains, voilà sa seule ambition.

Pour Elisa Bacciochi, le ton change. Il s'étend complaisamment sur les honneurs dont il est l'objet, honneurs qui s'adressent, à travers sa chétive personne, au Premier consul, mais il ne perd pas l'occasion, en relatant ces honneurs, de laisser entendre qu'il en mériterait de plus éclatants : « Je suis chanté tous les jours en vers et en prose ; non pas, Madame, comme secrétaire de légation (car on prétend que je vaux beaucoup mieux que cette place et je ne veux rien perdre à vos yeux de mon mérite) mais comme auteur du *Génie du christianisme*. Tous les libraires veulent de force ou de gré me réimprimer. J'ai cédé aux importunités de Ballanche qui va commencer une édition in-8° et qui, pour obtenir mon consentement, me donne deux cents louis argent comptant. Jugez si je serai magnifique en arrivant à Rome, et si je ferai honneur à l'ambassade ! Cela vient bien à propos pour remplacer les 4 000 livres que M. de Talleyrand m'a retranchées et auxquelles vous avez si généreusement suppléé[17]. »

Sans penser que cette présomption pourrait lui nuire auprès du Premier consul si Mme Bacciochi montrait sa lettre, il poursuit en parlant du cardinal Fesch sur un ton protecteur, faisant comprendre que celui-ci aura besoin de ses conseils et que la réputation de son secrétaire lui sera un précieux secours. Enfin, avec non moins de maladresse, il attaque l'Eglise constitutionnelle et surtout les philosophes, soupçonnant ces monstres des pires intentions à l'endroit du nouveau maître : « Ces gens-là égorgeraient votre frère, comme ils ont tué Louis XVI. Jugez s'ils me fusilleraient, moi ! moi auteur chrétien, moi dévoué à votre famille ! Mais le Consul sait monter à cheval, et c'est ce qui me rassure[18]. » Si Bonaparte avait eu connaissance de cette lettre, il est à peu près certain qu'il aurait immédiatement fait rappeler à Paris ce bavard écervelé.

Lyon, comme le reconnaît Chateaubriand, a bien fait les choses : on lui a même offert d'y rester en lui proposant une petite maison au bord de la Saône ; on l'a reçu membre de l'académie locale ; un prédicateur, l'abbé Fournier, l'a cité en chaire avec les Pères de l'Eglise et, un peu partout, dans les salons, dans les cafés, il a été l'objet de manifestations touchantes : « On ne se fait pas d'idée à quel point ma gloire est encore augmentée depuis l'année dernière », écrit-il, mi-plaisant, mi-sérieux à Chênedollé.

La plus élémentaire prudence, ou plutôt la simple politesse, exigerait qu'il attende l'arrivée du cardinal Fesch pour repartir avec lui, mais il ne veut pas voyager dans la suite du cardinal et fait cavalier seul, précédant Son Eminence avec la célérité d'un courrier. Il quitte Lyon le 15 juin, traverse Turin, y jette un coup d'œil, mais séjourne un peu à Milan où le général Murat tient une sorte de cour formée de jolies femmes et de militaires avenants. Recommandé par Elisa Bacciochi, il est bien accueilli par Murat ainsi que par Melzi d'Eril, vice-président de la jeune République cisalpine, un homme avec qui l'on peut parler car il a connu Versailles et même Jean-Baptiste de Chateaubriand. A Milan, il est rejoint par le cardinal qui s'attarde auprès de sa nièce et de son neveu. L'ambassadeur[19] a dû modérément apprécier d'être sans cesse précédé par son secrétaire, car Chateaubriand mande à Mme Bacciochi : « L'accueil que l'on m'a fait partout semble m'avoir tout à fait réconcilié avec le cardinal : j'ai vu sur sa figure que la gloire du secrétaire plaisait à l'ambassadeur », en quoi il se trompe, ignorant que Fesch, plus diplomate que lui, sait mieux cacher ses sentiments. « Toutefois, ajoute-t-il en bourreau d'argent qu'il sera toujours, je n'en paye pas moins mes chevaux de poste et mes postillons, et même un peu plus cher que le maître. Cela m'est égal parce que les deux cents louis de mon édition de Lyon me tirent d'affaire et que je compte bien que ma belle, bonne et excellente protectrice trouvera moyen de m'empêcher de voyager à mes frais[20]. » En réalité, il avait perçu des frais de voyage mais n'avait pas jugé bon de le préciser à la crédule Elisa.

*

Enfin le voyageur, l'esprit rempli de tout ce qu'il a lu sur la Rome païenne et chrétienne, arrive en vue de la Ville éternelle, en franchit les portes le 27 juin et se fait conduire au palais Lancelotti où le sieur Cacault attendait le cardinal pour lui céder la place. Cacault, déclare Chateaubriand, l'accueille comme un fils. Le peu qu'il a déjà vu de la campagne romaine et de la ville elle-même, l'accueil de Cacault, l'amabilité du secrétaire Artaud de Montor qui se fait son cicerone, le ciel bleu, l'agitation provoquée par la Saint-Pierre que l'on fête avec solennité, tout cela lui procure une espèce de griserie qui se retrouve dans sa correspondance avant que les premières contrariétés ne viennent dissiper l'enchantement. Pour le moment, il est ravi.

« Au reste, la place que j'occupe est charmante, écrit-il prématurément à Fontanes ; rien à faire, maître de Rome, choyé, prôné, caressé. La seule chose qui va me manquer, c'est l'argent. Il me faut une voiture, mon prédécesseur en a une ; c'est l'usage. Je vais y employer l'argent de ma quatrième édition, puis j'aurai recours à notre protectrice[21]. » Il attendra d'écrire ses Mémoires pour montrer le palais Lancelotti sous un jour moins plaisant : « On me donna le plus haut étage du palais ; en y entrant, une si grande quantité de puces me sautèrent aux jambes que mon pantalon blanc en était tout noir. L'abbé de Bonnevie et moi, nous fîmes, le mieux que nous pûmes, laver notre demeure. Je me croyais retourné à mes chenils de New-Road[22]. »

Rome est encore telle que l'ont vue les voyageurs qui s'y sont succédé, de Guez de Balzac à Poussin, du président de Brosses à Hubert-Robert, c'est-à-dire un immense chantier où les ruines des monuments palpitent au vent de la verdure qui s'y est accrochée, où des bœufs paissent au pied d'arcs de triomphe effondrés tandis que des chèvres s'égaillent à travers des thermes, où des masures se nichent entre les piles d'un aqueduc où des marchands campent leurs tréteaux devant le seuil des églises et font leur cuisine sur les marches. On croirait qu'un tremblement de terre a bouleversé la ville et que du chaos ont jailli, au milieu de quartiers démantelés, de somptueux édifices baroques, églises ou palais, mais c'est un chaos où le grotesque et le grandiose se mêlent harmonieusement. Le luxe y égaie la misère ; des carrosses étincelants de leurs glaces et de leurs ors traversent des places grouillant d'une humanité qui semble échappée d'un des enfers de Dante ; des moines, des prêtres passent en bandes, dans des envols de soutanes, comme de grands oiseaux précipités du ciel, et rivalisent avec les mendiants professionnels pour solliciter la charité des étrangers. Tout le monde est d'ailleurs habitué à tendre la main, sans vergogne, et jusqu'aux domestiques des grandes maisons qui, après avoir raccompagné un visiteur jusqu'à la rue, la nuit, avec des flambeaux, se présentent chez lui, le lendemain, pour lui réclamer l'*incerto*, gratification dont l'usage, encouragé par les maîtres, évite à ceux-ci de payer des gages normaux. Cet abus existera toujours à l'ambassade de France lorsque Chateaubriand y arrivera en 1829 et son successeur, le comte de La Ferronnays, tentera vainement de le supprimer.

La Ville éternelle est l'endroit du monde où le paysage urbain a plus de caprices et d'imprévus que la nature elle-même ; où l'architecture, œuvre des hommes remodelée par le temps, trouve par son délabrement une sorte d'unité, la végétation parasite estompant les lignes, adoucissant les arêtes, reliant les uns aux autres des édifices disparates qui semblent surgis d'une Atlantide engloutie. « Rome chrétienne, écrira Chateaubriand, était comme un grand port, qui recueillait tous les débris des naufrages des arts[23]. » Dans les rues, des hommes et des femmes, les uns d'une farouche grandeur, les autres parfois fort belles, se livrent à des activités certainement peu rémunératrices et demandent à la mendicité un complément de ressources. Les ruelles sont encombrées d'échoppes creusées dans le sol d'où sortent, en même temps que des odeurs ignobles, des physionomies infernales qui font hâter le pas aux curieux. La nuit venue, ces ruelles se vident de leur populace et ressemblent à des canaux asséchés. A la vie, avec ses cris, ses glapissements, ses obscénités succède un silence inquiétant. On craint de rencontrer la mort en se risquant dans ces ruelles où errent, comme des lémures, des chiens allant d'un tas d'immondices à un autre. Parfois, le tas d'ordure s'agite et prend forme ; il lui pousse des membres, comme à une monstrueuse mandragore, et une plainte s'en élève pour solliciter la charité du passant attardé. C'est avec soulagement que celui-ci, au détour de la ruelle, aperçoit une place baignée par le clair de lune et se rassure du bruit familier d'une fontaine, une place assez grande pour ne plus craindre d'être poignardé dans le dos. Les figures sinistres se sont évanouies, mais bientôt ce vide nocturne est plus oppressant que le grouillement du jour et donne le sentiment diffus qu'un fléau s'est abattu sur la ville, où l'on est le seul survivant.

Au témoignage des voyageurs, Rome pourrait passer pour déserte. Elle ne compte plus qu'environ cent soixante-dix mille habitants, la plupart resserrés entre le Tibre, le mont de la Trinité, le Capitole et le mont Cavallo, soit un tiers de la superficie totale, et ces habitants sont surtout des pauvres, espèce mitoyenne, ainsi que l'écrit Dupaty, entre les riches et les animaux. Ils sont d'une audace incroyable et entrent partout, allant et venant avec une familiarité dont l'étranger s'offusque. Ils forment donc la majeure partie de la population ; l'autre est constituée par le clergé, monastique ou séculier. L'habit ecclésiastique est à Rome ce que le domino est à Venise, un moyen de dissimuler la médiocrité de ses origines ou celle de ses ressources. Un prêtre, un moine est assuré de ne pas mourir de faim. Il est vrai qu'un Romain vit de peu : une orange, un morceau de pain, de l'huile, un peu de farine. Rome est l'endroit de l'Europe où l'on se passe aisément de tout ce qui, ailleurs, paraît nécessaire à l'existence : argent, vertu, famille et même religion, car celle-ci est moins un ensemble de dogmes et de commandements qu'un spectacle. Saint-Pierre est un magnifique opéra dont les représentations culminent avec la semaine sainte et s'achèvent par l'apothéose pascale. A l'intérieur de la basilique, on se croirait dans un salon, voire un marché : les fidèles, ou plutôt les curieux, vaquent à leurs petites affaires, nouent des conversations avec des parents ou des amis, allant jusqu'à faire cercle, assis par terre, adossés aux piliers et tournant le dos à l'autel où l'office va son train tandis que chacun mène le sien suivant son humeur, ses goûts, ses préoccupations qui n'ont que peu de rapports avec la divinité mais se rattachent à quelque immédiat souci matériel. Celui-ci se discute entre l'intéressé, armé de son cierge, et le saint renommé pour son efficacité dans ce cas d'espèce. On va donc, on vient, on bavarde, on s'attroupe dans une chapelle, on se rafraîchit à un bénitier, on lorgne une statue, on s'embusque près d'un confessionnal pour guetter une jolie femme ou attraper au passage un *monsignore* à qui l'on a quelque faveur à réclamer.

A la pauvreté de la population correspond une égale indigence de l'esprit. Il n'y a guère de livres à Rome, la plupart étant interdits par une censure extrêmement vétilleuse, mais la littérature est dans la rue où chacun bâtit son roman, tout en essayant de lire, à travers ses faits et gestes, celui de son voisin. L'idylle aisément nouée s'achève en mélodrame, et parfois au stylet. A propos de la facilité avec laquelle les Romains jouent du couteau, Dupaty remarque : « On le regarde comme une portion de la justice laissée au peuple. Il ne passe guère d'ailleurs la vengeance, qui est modérée par la crainte même de la vengeance[24]. »

Dans toutes les églises, et Dieu seul sait combien lui en ont été bâties, une richesse profuse et indisponible s'étale avec magnificence, et chacun peut en jouir des yeux sans pouvoir en dérober une parcelle, cet or et ces gemmes étant le bien de Dieu. Aussi, à part les antiques, il n'y a pas grand-chose à voler, si ce n'est la vertu des femmes et l'honneur des jeunes filles, mais le plus difficile est de trouver l'amateur assez riche. A cet égard, le touriste étranger représente une clientèle de choix. Il n'y a pas de petit abbé qui ne s'improvise intermédiaire ou conseiller, avec un savoir-faire inné qui en remontrerait aux plus habiles banquiers.

Telle est, à grands traits, la ville sacrée dont Chateaubriand se croit maître en deux jours et qu'il découvre avec enivrement, moins frappé d'ailleurs par le petit peuple, auquel il ne s'intéresse pas, que par les vestiges de la vénérable antiquité. Lorsqu'il sera revenu de ses premiers enchantements, que ses démêlés avec le cardinal Fesch l'auront aigri, au point qu'il voudra quitter Rome, il restera sensible à cette grande leçon des ruines et, comme tous ses prédécesseurs, comme tous ceux qui le suivront, il méditera sur la destinée des empires en leur comparant la sienne. En effet, tout voyageur sensible, assis sur une pierre et rêvant devant des ruines, se laisse aller à des sentiments contradictoires : celui du néant de la condition humaine et celui de sa propre éternité. L'exaltation d'être vivant au milieu de tant d'ombres confère une espèce de supériorité intellectuelle et la vanité de laisser un nom là où tant de générations gisent, oubliées, lui fait graver le sien sur le marbre afin de participer à la gloire du bâtisseur ou à celle du conquérant.

*

Arrivé donc à Rome le 27 juin 1803, précédant le cardinal Fesch de trois jours, Chateaubriand ne perd pas de temps et se précipite aux pieds du Saint-Père alors que, selon le protocole, il aurait dû être présenté par l'ambassadeur. On s'étonne un peu que le pape ait accepté de le recevoir, mais Pie VII a dû penser qu'il devait faire une exception en faveur de l'auteur du *Génie du christianisme*. Celui-ci relate aussitôt l'audience à Mme Bacciochi : « [Sa Sainteté] m'a reçu de la manière la plus distinguée et la plus affectueuse. Elle est venue au-devant de moi, m'a pris par la main, m'a fait asseoir à ses côtés en m'appelant son cher Chateaubriand et en me disant qu'Elle lisait actuellement mon ouvrage, qu'Elle en était charmée, etc. » Puis, comme Mme de Sévigné, la tête tournée d'avoir dansé avec Louis XIV, il ajoute : « On ne peut voir un meilleur homme, un pontife plus saint, un prince plus simple… » De manière assez déplaisante, après avoir comparé sa bienfaitrice au ministre de l'empereur Auguste, accordant une petite maison à Horace, il poursuit : « Vous avez fait plus, vous m'avez rendu ma patrie. Et qui sait si un jour vous ne me donnerez pas aussi la petite maison[25] ? »

D'après le cardinal Fesch, l'entretien avec Pie VII aurait été moins innocent que Chateaubriand ne le dit. Enhardi par la bienveillance du pape, Chateaubriand aurait demandé à celui-ci d'abolir les lois organiques, objet du Concordat, qu'il jugeait contraires au rétablissement intégral du culte en France, et il aurait précisé parler au nom du clergé français ou, du moins, de certains de ses membres. Cacault, présent à l'entretien, l'avait rappelé à l'ordre en lui faisant observer qu'un secrétaire de légation n'avait aucun droit à traiter des affaires sans y être autorisé par son chef[26].

Sans doute est-ce le mécontentement du cardinal, apprenant par Cacault cet impair, qui fait que le ton des lettres de Chateaubriand à ses amis change soudain. Il n'est pas en fonction depuis quinze jours qu'il annonce à Mathieu Molé, à Chênedollé, à Mme Bacciochi que « l'air de ce pays est tout à fait contraire à [s]a santé », qu'il n'entend pas y rester plus d'un an, moins si possible, et qu'il faut absolument lui trouver une place indépendante auprès d'une autre cour, faute de quoi il enverra sa démission.

Comme si une première imprudence n'avait pas suffi, Chateaubriand en commet une autre, encore moins excusable, en allant voir les souverains de Sardaigne, réfugiés à Rome où, justement, le cardinal avait reçu l'ordre de les éviter. Chassé du Piémont et de la Savoie par l'invasion française et réduit à la seule possession de la Sardaigne, Victor-Emmanuel Ier s'était établi à Rome où, bien entendu, il ne pouvait que nourrir des sentiments hostiles contre ceux qui l'avaient dépouillé de ses Etats. Lorsque le cardinal Fesch apprend cette visite, aggravée par celle que Chateaubriand a rendue à Charles-Emmanuel IV – qui avait naguère abdiqué en faveur de son frère Victor-Emmanuel Ier – il se montre extrêmement choqué, comme il l'est déjà par la désinvolture avec laquelle le traite son secrétaire. Par sa double ascendance helvétique et corse, le cardinal a suffisamment de finesse et de bon sens pour connaître ses propres limites, mais il apprécie peu que d'autres les connaissent aussi et les lui fassent sentir, à quoi Chateaubriand excelle.

Ce mécontentement se traduit aussitôt dans une longue lettre au Premier consul pour se plaindre de l'étourdi qu'on lui a imposé : «Il est fâcheux pour moi de voir se réaliser ce qu'on m'avait dit à Paris, que le plus grand mal que j'aurai à souffrir à Rome sera suscité par la folle ambition de M. de Chateaubriand...» Après avoir rappelé l'incident de l'audience papale, il en signale un autre : la présentation par Chateaubriand, sans son aveu, de cinq voyageurs français. Le secrétaire d'Etat avait d'abord refusé, mais Chateaubriand avait tellement insisté qu'il avait eu gain de cause. Informé de l'incident, le pape avait, dès le lendemain, fait envoyer des excuses au cardinal qui résume ainsi son impression sur Chateaubriand : «Il est venu à Rome persuadé d'être précédé de la réputation de ses ouvrages ; mais il n'y a ici que des Docteurs et des Théologiens qui n'y ont vu que des hérésies formelles. Il croyait devenir le réorganisateur de la religion en France et entamer des négociations avec la clique de certains religionnaires et le Saint-Siège[27]...»

Tandis que le cardinal épanche ainsi sa mauvaise humeur, Chateaubriand lui apporte un autre motif de plainte. Assistant, comme parrain, au baptême de la fille de Constantin Stamaty, consul de France à Civitavecchia, il ajoute aux prénoms de l'enfant celui d'Atala, que le célébrant refuse d'accepter. Chateaubriand s'entête et, devant la fermeté du curé, il en réfère au secrétaire d'Etat, qui soutient l'ecclésiastique. L'affaire monte jusqu'au pape qui cède, en ajoutant : «Il n'y a pas de sainte Atala ; il ne lui reste qu'à le devenir...»

C'est désormais entre l'ambassadeur et le secrétaire un conflit quotidien. Pour narguer le prélat, Chateaubriand, qui déjeune à sa table et trouve le vin médiocre, a fait acheter à ses frais, pour son usage personnel, un meilleur cru. On en jase dans Rome. Le bruit de cette guérilla, franchissant les murailles de Rome, atteint Paris. Fontanes se désole et multiplie vainement les mises en garde : «Les étourderies de notre ami Chateaubriand m'ont été vivement reprochées, confie-t-il à un de ses correspondants. Je crains bien que ce pauvre ami n'ait choisi la carrière qui lui convenait le moins. Son ambassadeur est un sot, j'en conviens, mais il est oncle et tout-puissant. Le secrétaire, qui devait user de la plus grande circonspection auprès d'un ennemi si redoutable, surcharge tous les courriers de ses plaintes; or, vous savez qu'il y a en Europe un écho qui redit tout; cet écho est à la poste, où toutes es lettres sont décachetées. Jugez de l'effet de confidences pareilles. Rome, le cardinal Consalvi, le pape lui-même sont les premiers dénonciateurs de notre ami, accusé par son ambassadeur. Le pape n'est plus qu'un vice-consul; et c'est ce que n'a pas senti Chateaubriand[28]. »

Enfin conscient de l'orage amassé au-dessus de sa tête, Chateaubriand essaie de se justifier en adressant au Premier consul des *Observations sur l'ambassade de Rome*, et, sachant que l'attaque est parfois la meilleure défense, il n'y ménage pas le cardinal, critiquant sa ladrerie, sa faiblesse à l'égard de Consalvi qui gouverne à son gré l'ambassade. Puis il passe en revue, avec une certaine drôlerie, la camarilla du tout-puissant secrétaire d'Etat, composée de prélats intrigants et de femmes sans mœurs. Hardiment, il propose au Premier consul de profiter de ses mauvaises relations avec le cardinal Fesch pour s'insinuer dans les bonnes grâces du Sacré Collège et d'y jouer le rôle d'espion. Le mémoire s'achève en ultimatum : puisqu'il n'a plus la confiance du cardinal Fesch, qui l'a exclu des affaires importantes, ne lui laissant que la signature des passeports, il prie le Premier consul de lui accorder, dans un délai raisonnable, une place indépendante ou un congé qui lui permettrait de faire un voyage d'étude en Grèce.

Chateaubriand envoie ce mémoire à Fontanes pour qu'il le lise et le remette ensuite à son destinataire. Il y joint une lettre explicative dans laquelle il dénonce en termes plus nets la jalousie du cardinal à son égard, ses sottises, ses plaintes contre lui. Parmi les motifs qu'il met en avant pour ne pas demeurer plus longtemps à Rome, il en est un bien étrange sous sa plume : l'impiété vaticane. « La religion va au diable, écrit-il. Vous n'avez pas idée du scandale des mœurs et de l'incrédulité de ce pays. Cardinaux, prélats, moines, c'est à qui sera le plus débauché, le plus insouciant sur la grande affaire[29]. » La situation est telle, à le lire, qu'un honnête homme hésiterait à faire venir sa femme et même sa maîtresse dans une ville aussi dissolue. C'est malgré tout ce qu'il va faire.

*

Pauline de Beaumont a quitté Paris pour suivre une cure au Mont-Dore, où elle espère éprouver quelque soulagement de ses maux. Elle a encore maigri, tousse à fendre l'âme et ne se fait plus aucune illusion. Elle se sait condamnée mais se laisse persuader par ses amis que le climat romain améliorerait peut-être son état. Si Chateaubriand n'a pas demandé d'être envoyé à Rome, ainsi qu'il l'insinuera, par souci de sa santé, du moins se conduit-il en galant homme en lui proposant de l'y rejoindre. Il sait parfaitement que Mme de Beaumont a moins besoin du climat que de lui. C'est le dernier plaisir qu'il peut lui faire et il ne se soustrait pas à ce devoir, encore que cette arrivée soit peu faite pour raffermir sa position. Sans doute est-ce à propos de cette décision que Joubert écrit le 21 octobre 1803 : « Il ne songe point à être approuvé. Il ignore même profondément ce qui est approuvé dans le monde et ce qui ne l'est pas. Il n'y a songé de sa vie, et ne veut point le savoir. Il y a plus : comme il ne s'occupe jamais à juger personne, il suppose aussi que personne ne s'occupe à le juger. Dans cette persuasion, il fait avec une pleine et entière sécurité ce qui lui passe par la tête, sans s'approuver ni se blâmer le moins du monde. »

Mme de Beaumont se dirige à petites étapes vers l'Italie. A Lyon, elle voit Ballanche, le fils de l'imprimeur et lui-même écrivain à tendance mystique. Elle parle avec lui de Chateaubriand, ce qui lui rend un peu de force. A Milan, elle trouve un Français, Louis Bertin, dont Chateaubriand vient de faire la connaissance et qu'il a dépêché à sa rencontre. Issu d'une bonne famille de Picardie, Louis Bertin a d'abord hésité entre l'Eglise et l'armée pour choisir finalement le journalisme, aussi dangereux, en temps de révolution, que le métier des armes. Impliqué en 1800 dans la conspiration dite anglaise, il a été enfermé au Temple et, à peine libéré, en a repris le chemin, accusé cette fois d'avoir livré au cabinet de Londres des secrets diplomatiques. Il y est resté dix mois et n'en est sorti qu'avec un ordre d'exil qui l'a envoyé en résidence surveillée à Bologne, puis à l'île d'Elbe. Là, il a pu obtenir le droit d'aller visiter l'Italie et, dès son arrivée à Rome, il s'est lié avec Chateaubriand. Si l'on en croit Molé, Bertin, « épais, grossier, égoïste, aimant la table et tous les excès », aurait conquis Chateaubriand non seulement par l'admiration qu'il a pour son talent mais par ses largesses, l'invitant à festoyer avec lui et mettant sa bourse à sa disposition. Si Louis Bertin, dit Bertin l'Aîné, pour le distinguer de ses deux autres frères, est effectivement un bon vivant, tel que le montrera d'ailleurs Ingres dans le fameux portrait qu'il a peint, c'est un homme intelligent, généreux et d'une fidélité de cœur à toute épreuve, ainsi que Chateaubriand pourra le constater, car son frère Bertin de Vaux et lui, propriétaires du *Journal des débats*, le suivront pendant toute sa carrière et lui apporteront toujours l'appui de leur journal.

Personne n'est mieux fait que le grand et vigoureux Bertin, avec sa voix de stentor, pour ragaillardir, par son seul aspect, Mme de Beaumont, mais celle-ci atteint ce stade de la maladie où la vitalité d'autrui ajoute à la faiblesse du malade. Bertin se transforme en infirmier, veillant sur elle comme sur un enfant. A Florence, Chateaubriand les retrouve et tous trois prennent le chemin de Rome en essayant de rendre le trajet le moins fatigant possible pour la malade – ou plutôt la mourante. En la revoyant, Chateaubriand a compris que c'était la fin et a décidé de ne plus la quitter.

Il a loué pour elle une petite maison au pied de la Trinité des Monts, avec un jardin planté d'orangers. Elle s'y installe aux environs du 15 octobre et n'en sortira plus, sauf pour de brèves et rares promenades en voiture. Les médecins mandés par Chateaubriand ne laissent à celui-ci aucun espoir et lui conseillent de faire boire à Mme de Beaumont du lait d'ânesse et du bouillon de tortue. Chateaubriand, atterré, s'efforce de montrer un certain optimisme, en dépit duquel, il laisse paraître une émotion qui touche agréablement Mme de Beaumont, jusque-là convaincue qu'il avait cessé de l'aimer. Un jour qu'il n'a pu retenir ses larmes, elle lui dit en souriant : «Vous êtes un enfant ; est-ce que vous ne vous y attendiez pas ? »

Le 4 novembre, le médecin avertit Chateaubriand qu'il est temps de faire venir un prêtre. Il envoie chercher l'abbé de Bonnevie, un des chapelains de la légation. Elle se confesse et, lorsque l'abbé se retire, elle se tourne vers Chateaubriand : «Eh bien, êtes-vous content de moi ? » Le curé de la paroisse arrive ensuite, escorté de ces badauds qui s'attachent à Rome aux pas de tout ecclésiastique apportant les derniers sacrements aux mourants et qui, sans discrétion, envahissent la chambre afin d'assister au spectacle. Mme de Beaumont communie et reçoit l'extrême-onction, puis voisins, curieux et amis se retirent, la laissant seule avec Chateaubriand. Elle le fait asseoir sur son lit et pendant une demi-heure l'entretient de lui, de ses projets, de son avenir, jusqu'à ce que, vaincue par la souffrance et l'émotion, elle fonde en larmes. A midi, Chateaubriand se retire et lorsqu'il revient au début de l'après-midi, il la trouve agitée, réclamant de changer de lit, mais le médecin s'y oppose. A un moment, sentant venir une crise, elle rejette sa couverture, porte une main à sa poitrine en répétant : «C'est là ! C'est là ! » et tend l'autre à Chateaubriand qui la prend dans les siennes, puis, saisie de convulsions, elle se débat pendant une dizaine de minutes et, à trois heures de l'après-midi, rend le dernier soupir.

L'arrivée de Mme de Beaumont quasi mourante avait excité une pitié générale et valu à son amant les sympathies que n'avait pas éveillées le diplomate. Au lieu de lui porter tort, cette présence faisait oublier ses incartades et le réhabilitait presque aux yeux de ses détracteurs. On savait que le Premier consul, apprenant les malheurs de Mme de Beaumont et la proximité de sa fin, avait recommandé qu'elle fût traitée avec égards. Pendant qu'elle agonisait, le pape avait envoyé prendre de ses nouvelles, et le cardinal Fesch n'avait pu qu'imiter cet auguste exemple. Ses funérailles sont presque un deuil officiel, et dans l'énumération des hommages rendus à sa mémoire, Chateaubriand laisse percer, malgré son chagrin, une certaine satisfaction de vanité : la princesse Borghèse a prêté le char funèbre de son illustre famille ; le cardinal Consalvi a envoyé ses voitures et ses gens pour le cortège ; tous les Français de marque en séjour à Rome et la majorité des cardinaux ont assisté à la cérémonie à Saint-Louis-des-Français où le corps est déposé en attendant le monument que Chateaubriand va commander au sculpteur Marin.

Par testament, Mme de Beaumont a laissé des souvenirs à chacun de ses familiers, et notamment sa bibliothèque à Chateaubriand qui va recueillir également les Saint-Germain, un couple d'anciens domestiques du comte de Montmorin passés au service de sa fille. Dans la relation de la mort de Mme de Beaumont qu'il adresse à Fontanes, il souligne à son intention, pour prévenir peut-être certaines rumeurs, le désintéressement dont il a fait preuve en l'occurrence : « Elle est morte avec le regret de ne m'avoir pas donné toute sa fortune, écrit-il, mais elle a été surprise par la mort, et vous croyez bien que je n'étais pas homme à songer à ma fortune et à troubler les derniers moments d'une amie expirante[30]. »

La disparition de Mme de Beaumont affecte vivement ses autres amis. Joubert écrira sobrement à Chênedollé : « Je ne vous dirai rien de ma douleur. Elle n'est point extravagante, mais elle sera éternelle. Quelle place cette femme aimable occupait pour moi dans le monde ! Chateaubriand la regrette sûrement autant que moi, mais elle lui manquera moins longtemps. Je n'avais pas eu depuis neuf ans une pensée où elle ne se trouvât d'une manière ou d'une autre en perspective… »

Drapé dans sa douleur, Chateaubriand en tire une certaine respectabilité ainsi qu'un motif pour solliciter son départ de Rome, une fois achevé le monument de Mme de Beaumont, mais le cardinal Fesch s'y oppose et emploie, assure-t-il, autant de bons procédés pour le retenir qu'il en avait eu de mauvais quelques mois plus tôt pour essayer de se débarrasser de lui. Cette flatteuse insistance adoucit un peu son chagrin et lui fait voir l'avenir sous un jour meilleur : « Si je me retire au printemps, écrit-il le 12 novembre 1803, je sortirai de ma place à la satisfaction de tout le monde… Il n'est donc plus question pour le moment de démission ; et vous pouvez dire hautement, car c'est la vérité, que non seulement je reste à Rome, mais que l'on y est fort content de moi[31]. »

On le lui a prouvé en lui rendant ses entrées au Vatican ; l'abbé Mariotti va traduire le *Génie du christianisme* en italien à la demande expresse du pape ; la *Gazette de Rome* a fait un éloge pompeux de l'ouvrage ; enfin, le cardinal Fesch, prenant la défense de son secrétaire, a dit leur fait aux gens du ministère des Relations extérieures. Bref, le ciel est soudain au beau fixe et il sera dans quelques jours encore plus bleu, car son chef l'envoie à Naples pour se changer les idées. Néanmoins il ne restera pas à Rome au-delà du temps prévu et songe de nouveau à la Russie. Bien que les Chateaubriand ne puissent être les précepteurs de personne, il sent fléchir ses principes à la pensée de jouer ce rôle auprès du grand-duc héritier[32], car cela lui laisserait « après six ou huit ans de service… une fortune assez considérable pour le reste de [s]es jours[33] ».

N'ayant plus grand-chose à faire à la légation, il emploie son temps à écrire à ses amis pour leur faire part de ses projets, notamment celui d'« une petite retraite où il puisse se cacher pour écrire les mémoires de sa vie avant de mourir[34] ». A Joubert qui s'alarme un peu de ce projet, il donne tous apaisements : « Soyez tranquille : ce ne seront point des confessions pénibles pour mes amis ; si je suis quelque chose dans l'avenir, mes amis y auront un nom aussi beau que respectable. Je n'entre-tiendrai pas non plus la postérité du détail de mes faiblesses ; je ne dirai de moi que ce qui est convenable à ma dignité d'homme et, j'ose le dire, à l'élévation de mon cœur. Il ne faut présenter au monde que ce qui est beau ; ce n'est pas mentir à Dieu que de ne découvrir de sa vie que ce qui peut porter nos pareils à des sentiments nobles et généreux[35]. » Et après une allusion aux faiblesses honteuses de Rousseau, il avoue avoir eu les siennes : « Un gémissement sur moi suffira pour faire comprendre au monde ces misères communes, faites pour être laissées derrière le voile. »

Ainsi, en pendant au tombeau de Pauline de Beaumont veut-il élever déjà le sien, orné de figures représentant la Pudeur patricienne et la Vérité chastement voilée.

Au deuil de Mme de Beaumont s'ajoute celui de sa carrière diplo-matique et mondaine à Rome. En écrivant *Les Martyrs*, il confessera ses erreurs, ses déceptions et ses regrets en les attribuant au héros, le bel Eudore. Après un examen de conscience, celui-ci conclut : « Ainsi, flottant au gré d'une imagination mobile, charmé et mécontent de ma position, je livrais mes secrets au premier venu, comme si l'on eût été dans l'âge d'or, ou je fermais mon cœur à mes amis, comme s'il n'y eut que des méchants sur la terre. » L'aveu lui paraîtra si révélateur de ce qu'il avait été alors qu'il supprimera ce passage au moment de la publication du livre[36].

C'est après une excursion à Naples et au moment de quitter Rome que soudain l'inspiration lui vient à la pensée de ce qu'il abandonne et lui fait écrire sa *Lettre à M. de Fontanes sur la campagne romaine*, aussitôt publiée dans le *Mercure de France*. Le peintre et l'historien se conjuguent en lui pour tracer des environs de Rome un tableau saisissant par l'évocation des horizons aussi bien que par l'art des coloris, tableau qui, tout en frappant l'œil, montre à l'esprit comment un grand empire a su modeler le sol, changer le paysage au point que la nature en reste marquée après plus d'un millénaire : « Rien n'est beau comme les lignes de l'horizon romain, comme la douce inclinaison des plans, et les contours suaves et fuyants des montagnes qui le terminent. Souvent les vallées y prennent la forme d'une arène, d'un cirque, d'un hippodrome ; les côteaux y sont taillés en terrasses, comme si la main puissante des Romains avait remué toute cette terre. Une vapeur particulière, répandue dans les lointains, arrondit les objets et fait disparaître ce qu'ils pourraient avoir de trop dur ou de trop heurté dans leurs formes. Les ombres n'y sont jamais lourdes et noires ; il n'y a pas de masses si obscures dans les rochers ou les feuillages, où il ne s'insinue toujours un peu de lumière. Une teinte singulièrement harmonieuse marie la terre, le ciel, les eaux ; toutes les surfaces, au moyen d'une gradation insensible des couleurs, s'unissent par leurs extrémités, sans qu'on puisse déterminer le point où une nuance finit et où l'autre commence. Vous avez sans doute admiré, dans les paysages de Claude Lorrain, cette lumière qui semble idéale et plus belle que nature ? Eh bien, c'est la lumière de Rome[37]. »

C'est la première fois qu'un voyageur trace un pareil tableau, la plupart de ses semblables ayant négligé la nature et même la population pour ne s'intéresser qu'aux monuments et aux institutions. Cette description servira de modèle à de nombreux écrivains qui s'appliqueront à tirer de Rome et de ses environs les mêmes effets, avec un bonheur moindre, à l'exception de Bonstetten qui, se trouvant lui aussi à Rome en 1803, aura dans son *Voyage sur la scène des six derniers chants de l'Enéide* quelques pages comparables à celles de Chateaubriand. Infiniment supérieure aux parties descriptives d'*Atala* ou à certaines évocations du *Génie du christianisme*, cette *Lettre à M. de Fontanes* révèle enfin le vrai Chateaubriand. Vingt-cinq ans plus tard, alors qu'il se trouvera de nouveau à Rome, ambassadeur cette fois, son ami Marcellus lui dira son admiration pour cette lettre sur la campagne romaine dont il sait par cœur certaines pages, et l'auteur, désabusé, observera : « Je ne pourrais pas écrire ainsi aujourd'hui ; il faut, pour cela, être jeune et malheureux[38]. »

Sachant que Fontanes a non seulement essayé de le justifier auprès du Premier consul mais a entrepris de lui faire attribuer un autre poste, il attend patiemment que se confirme sa nomination de chargé d'affaires auprès de la république du Valais. Lorsqu'il avait entendu parler pour la première fois de ce modeste Etat, il avait cru qu'il s'agissait du canton de Vaud, ce qui lui aurait donné la possibilité de voir souvent Mme de Staël et les écrivains qu'elle attire à Coppet. Hélas ! il s'agit de l'ancien canton du Valais auquel le Premier consul porte un intérêt particulier en raison de son rôle stratégique, placé sur la route de France en Italie. La jeune république – elle a 2 ans – est un pays fort montagneux, aux hivers redoutables et aux mœurs rustiques. La capitale, Sion, n'a que quelques milliers d'habitants, avec une société constituée de familles patriciennes comme les Kalbermatten ou les Riedmatten, fort pieuses et préférant les exercices du culte aux mondanités. Comme l'écrira un peu perfidement Chateaubriand au syndic de Sion, François de Riedmatten, qui lui a offert un logement provisoire : « Le Premier consul ne permettrait pas que ce logement fût aux frais d'un pays qui n'est riche que de ses vertus. »

Envoyer Chateaubriand à Sion où pendant l'hiver il sera coupé du reste de l'Europe et enfoui dans la neige, est une plaisanterie qu'il prend soit pour une mesure de représailles, soit pour une épreuve. Il n'est pas encore parti pour le Valais que de Paris, qu'il a regagné vers la mi-février 1804, il écrit à Chênedollé espérer « ne faire qu'un très court séjour à Sion » en attendant que ses amis lui trouvent une place obscure dans une bibliothèque. Il lui faudrait un miracle pour échapper à ce triste sort, mais Dieu veille et ne va pas laisser son serviteur dans l'embarras.

8

Franchir le Rubicon

1804-juin 1807

Dès son retour à Paris, Chateaubriand s'est occupé de mettre de l'ordre dans ses affaires, et dans son existence. En mourant, Mme de Beaumont l'avait conjuré de reprendre avec sa femme une vie commune, au moins pour sauver les apparences. Il est difficile à l'auteur du *Génie du christianisme* d'afficher plus longtemps une telle désinvolture à l'égard du mariage, institution qu'il a si bien célébrée dans son livre. Le remords de sa conduite, un certain sentiment des convenances et le souci de tenir la promesse faite à Mme de Beaumont lui ont fait écrire à Mme de Chateaubriand pour la prier de le rejoindre à Paris.

Elle s'est empressée d'accourir et a repris sa place auprès de lui sans récriminations, sans airs vainqueurs non plus, comme si elle le retrouvait après une séparation de trois semaines. Les amis ont approuvé cette réunion des époux, d'autant plus que le Premier consul commence à se montrer sévère sur le chapitre des mœurs et intervient volontiers dans la vie privée de ses proches pour les contraindre à la respectabilité. Il est bon qu'un homme marié vive avec sa femme et qu'un prêtre marié se sépare de la sienne. Les petits journaux ironisent sur ces nouvelles situations :

> Que je maudis les mœurs ! disait C[hateaubriand]
> Il faut à mes côtés que ma femme revienne !
> Que je bénis les mœurs ! répondit T[alleyrand]
> Je puis enfin abandonner la mienne.

Vivre avec Céleste n'implique pas pour autant de renoncer à Mme de Custine, désormais seule maîtresse de son cœur depuis la disparition de Pauline de Beaumont. Au contraire, elle l'aide à supporter ce sacrifice et se désole en pensant qu'il va bientôt la quitter pour le Valais. A vrai dire, elle se révèle une maîtresse assez difficile, exaltée, jalouse, exigeant auprès d'elle une présence constante et ne comprenant pas que Chateaubriand ne la suive pas aussi fidèlement que le fait son chien Trim. Elle vient d'acheter Fervacques, près de Lisieux, un château où Henri IV a séjourné, ce qu'elle rappelle à Chateaubriand pour l'allécher par la perspective de coucher dans le lit du monarque et l'inciter à se livrer aux mêmes prouesses que le Vert-Galant. Il juge cette insistance assez fatigante et remet sans cesse au mois suivant le séjour qu'il a promis de faire à Fervacques.

Une autre femme pèse sur sa vie, sa sœur Lucile, errant dans Paris de chambre en chambre, affligée de maux imaginaires, mystique et cachottière, inventant d'étranges ruses pour échapper à de supposés tourmenteurs et cultivant comme lui le goût du malheur. N'écrivait-elle pas à Mme de Beaumont, le 2 septembre 1803 : « J'ai bien la mine d'être déplacée sur la terre ; effectivement ce n'est pas d'aujourd'hui que je me regarde comme une de ses productions superflues. »

Son idylle avec Chênedollé a fini de lui égarer l'esprit. Tous deux se sont connus en 1803, vraisemblablement chez Mme de Beaumont, et l'attrait a été réciproque. Ils se sont revus à plusieurs reprises en Bretagne et l'on attendait un heureux dénouement quand on apprit soudain le refus de Lucile. A-t-elle été informée, peut-être par Chateaubriand lui-même, que Chênedollé s'était marié pendant l'Emigration avec une certaine Victoire Bourguignon dont il avait eu un fils ? Certes, M. de Chênedollé, le père, a refusé de reconnaître cette union, mais elle n'en reste pas moins valable, et en épousant Lucile il deviendrait bigame. A-t-elle été froissée de son silence à ce sujet, de cette tromperie ? On l'ignore. Toutefois, sans vouloir épouser Chênedollé, elle lui a juré de ne pas en épouser un autre : « Je vous le répète, écrivait-elle le 2 avril 1803, l'engagement que j'ai pris avec vous de ne point me marier a du charme, parce que je le regarde presque comme une espèce de manière de vous appartenir. » Chênedollé a vainement insisté, car il aime Lucile en dépit de sa demi-folie.

Lucile est donc devenue pour son frère un souci permanent qu'il doit supporter seul, car Céleste a changé d'avis sur sa belle-sœur et lui manifeste une froideur marquée. Elle n'a aucune envie de voir « cet ange fait pour le ciel », comme écrit Chênedollé, venir s'abattre sur son foyer enfin reconstitué.

*

Avec ces trois femmes qui, à des titres divers, attendent beaucoup de lui, Chateaubriand est assez sombre en ce début d'année 1804. Avant de partir pour Sion, il doit être reçu par le Premier consul, mais l'audience est remise de semaine en semaine. Enfin, elle est fixée au 18 mars. Ce jour-là, il se rend aux Tuileries, mais s'aperçoit qu'il s'agit d'une simple réception officielle au cours de laquelle le Consul et lui n'échangent pas un mot, seulement un regard, si l'on en croit le récit laissé par Chateaubriand : « [...] je fus frappé de l'altération de son visage ; ses joues étaient délavées et livides, ses yeux âpres, son teint pâli et brouillé, son air sombre et terrible. L'attrait qui m'avait précédemment poussé vers lui, cessa ; au lieu de rester sur son passage, je fis un mouvement afin de l'éviter. Il me jeta un regard comme pour chercher à me reconnaître, dirigea quelques pas vers moi, puis se détourna et s'éloigna. Lui aurais-je apparu comme un avertissement ? Son aide de camp me remarqua ; quand la foule me couvrait, cet aide de camp essayait de m'entrevoir entre les personnages placés devant moi, et rentraînait le Consul de mon côté[1]. »

Ce texte est un exemple intéressant de la manière dont Chateaubriand arrange les faits, ou les invente au besoin, lorsqu'il veut se donner le beau rôle. Il est fort douteux que Bonaparte ait vu en Chateaubriand autre chose qu'un simple chargé d'affaires, quantité négligeable et méritant tout juste un regard, surtout après ses démêlés avec le cardinal Fesch. Lui être apparu comme une incarnation de la conscience est une satisfaction d'amour-propre que Chateaubriand se donne à peu de frais mais qui n'emporte absolument pas la conviction. La vue de l'auteur du *Génie du christianisme*, au cas où il l'aurait reconnu, n'a certainement pas troublé un instant le maître de la France dans la décision qu'il mûrissait, surtout si, comme on l'a souvent dit, il n'était pas résolu à une exécution dont plus tard, pour couvrir des subordonnés trop zélés, il a revendiqué la seule responsabilité.

Le 21 mars au matin, alors qu'il revient d'une promenade aux Invalides, Chateaubriand entend des marchands de journaux crier l'exécution du duc d'Enghien. Frappé de stupeur, il se hâte de rentrer à l'hôtel de France, rue de Beaune, où il s'est provisoirement établi avec sa femme. Il voit arriver bientôt, hors de lui, Clausel de Coussergues, un fervent royaliste, dont il a fait la connaissance à l'enterrement de La Harpe. Les deux hommes et Mme de Chateaubriand se lamentent avec fureur. C'est un véritable assassinat que cette exécution d'un prince aimable, aimé d'ailleurs de tous, même des soldats républicains qui ont admiré son courage au combat. Certes, des royalistes complotent sans cesse contre le régime, allant jusqu'à s'allier aux républicains déçus, mais si des mécontents comme Pichegru et Moreau peuvent être suspects, le duc d'Enghien, vivant hors de France et trop homme d'honneur pour conspirer, ne peut être accusé de pareilles machinations. Bonaparte a frappé un innocent, ce qui ajoute à l'horreur de cette exécution sommaire. On devine les réflexions, les commentaires et les anxiétés du trio épiloguant sur cette nouvelle, jusqu'au moment où Chateaubriand annonce qu'il va envoyer sa démission, une démission rédigée en termes cinglants qui sera pour le despote une hautaine leçon de morale, un défi jeté en pleine face.

D'après Chateaubriand, il aurait écrit sa lettre avant l'arrivée chez lui de Clausel de Coussergues et c'est sur les instances de celui-ci, effrayé par un acte qui pouvait l'envoyer à son tour devant le peloton d'exécution, ou du moins dans un cachot, qu'il aurait consenti à en atténuer les termes, à en adoucir les formules vengeresses. D'après Mme de Chateaubriand, plus fidèle à la vérité que son mari, ce serait d'abord Clausel de Coussergues qui leur aurait appris la fatale nouvelle et la lettre aurait été rédigée sous ses yeux, avec son concours. Quoi qu'il en soit, Chateaubriand envoie sa démission le 22 mars par une lettre assez plate, où les flèches primitives sont si bien émoussées qu'on ne les trouve plus, lettre adressée d'ailleurs non au Consul mais à Talleyrand qui n'y attachera pas d'importance et la gardera quelques jours avant de la montrer au chef de l'Etat.

Invoquant une subite aggravation de l'état de santé de sa femme, au point qu'il craint pour sa vie, Chateaubriand se contente d'informer le ministre qu'il ne peut quitter le chevet de la malade. Il lui renvoie donc ses lettres de créance et le supplie de « faire agréer au Premier consul les motifs douloureux qui [l'] empêchent de [se] charger aujourd'hui de la mission dont il avait bien voulu [l'] honorer ». Ni Talleyrand ni le Premier consul ne peuvent deviner, en lisant une lettre aussi anodine, à quels sanglants reproches, à quels anathèmes, à quelles imprécations cornéliennes ils ont échappé. On se demande avec curiosité quel prétexte aurait invoqué Chateaubriand si sa femme ne lui avait offert celui de santé, ce qui lui permet en même temps de se faire une réputation de mari attentionné.

Entre la vérité, celle de la lettre à Talleyrand, et la version donnée par Chateaubriand dans ses Mémoires, version dramatisée, il y a un travail d'autosuggestion qui explique cette différence. Pour se donner le beau rôle, il a certainement exagéré, dans ses confidences à des amis, les termes de sa lettre et s'est peu à peu persuadé qu'il l'avait pris de haut avec Bonaparte. Au fur et à mesure que croîtra son hostilité au régime, il ne cessera de recomposer cette lettre et en donnera devant ses admirateurs une version verbale plus frappante pour la postérité, dans le style de celle recueillie par le général de Rumigny : « La fosse que vous venez de creuser à Vincennes sera désormais un obstacle infranchissable entre vous et moi. Vous qui pouvez tout, il y a une chose que vous ne pouvez pas, c'est de me compter au nombre des serviteurs de votre fortune. Vous êtes tout ; je ne suis rien ; et c'est moi qui vous quitte. Vous vous appelez le génie, le bonheur, la victoire ; je suis plus fort que vous, car je m'appelle la conscience humaine, et le cri de protestation que je viens de faire retentir a un écho dans tous les cœurs, dans le vôtre même. Et quand nous ne serons plus, il trouvera un écho immortel dans le cœur de la postérité et dans la conscience du genre humain[2]. »

Chateaubriand affirmera que son cri de protestation a été le seul ; c'est oublier la fière protestation de Suard qui, dans *Le Publiciste*, ayant dit ce qu'il pensait de ce jugement, avait été invité à réviser le sien et à faire amende honorable : « J'ai soixante ans, monsieur le Ministre, avait-il écrit à Fouché. Je ne sens pas que ma conscience et mon esprit se soient plus assouplis que mes membres raidis par l'âge. Le jugement et la mort du duc d'Enghien m'ont frappé comme un acte politique que je déplore et qui renverse toutes mes idées de justice et d'humanité. Je ne puis donc redresser une opinion[3] que je partage[4]. »

Ce que l'on sait du futur empereur permet de penser que si Chateaubriand lui avait écrit personnellement que, sa maison ayant toujours servi les Bourbons, il ne pouvait désormais continuer à le servir, ne serait-ce que par égard pour ses anciens maîtres, Bonaparte aurait apprécié cet acte de courage et n'en aurait pas voulu à son auteur. D'après Chateaubriand, sa démission aurait frappé de terreur ses amis, persuadés que cette rébellion attirerait sur lui – et sur eux peut-être – une riposte immédiate. Il est douteux que Fontanes soit devenu « fou de peur » et que Mme Bacciochi ait jeté les hauts cris. Elle avait été suffisamment importunée par les incessantes demandes de Chateaubriand pour s'estimer enfin débarrassée d'un solliciteur lassant. Quant au tyran dont on redoutait l'ire, il prend la chose avec indifférence et, apprenant ensuite l'émoi de Chateaubriand, celui de son entourage, il se contentera de dire à sa sœur Elisa : « Vous avez eu bien peur pour votre ami… »

Il est à gager que Chateaubriand, ne voyant rien venir, en éprouvera une certaine déception, car il y a quelque injustice à ne pas être persécuté comme on s'y attend. Bonaparte, il est vrai, a d'autres soucis que les états d'âme d'un ministre de France à Sion. Le régime consulaire a pris toutes les apparences d'une monarchie et puisque, en faisant fusiller le duc d'Enghien, il a clairement montré qu'il n'entendait pas restaurer les Bourbons, il est désormais certain qu'il va les remplacer. Le 30 avril 1804, un membre du Tribunat, nommé Curée, propose l'élévation du Premier consul au pouvoir suprême : « Apparemment parce qu'on avait juré la liberté », ironisera Chateaubriand qui ajoutera : « Jamais maître plus éclatant n'est sorti de la proposition d'un esclave plus obscur[5]. »

*

En ne faisant pas à Bonaparte le sacrifice de ses opinions, Chateaubriand a fait malheureusement celui de ses revenus. Il doit rendre au ministère les douze mille francs d'acompte qu'il avait reçus et se mettre en quête de moyens d'existence. En dehors de ce qu'il touche de Migneret, il n'a rien, ou presque rien, car le règlement de ses affaires avec ses neveux traîne en longueur. Pour assurer leur quotidien, Mme de Chateaubriand vend, le 25 juillet 1804, la maison de sa famille à Saint-Malo et une terre à Paramé, ce qui lui procure environ trente-deux mille francs. C'est une somme appréciable, encore qu'avec son mari, comme elle ne tardera pas à s'en apercevoir, l'argent fond comme neige au soleil.

Une première dépense s'impose : quitter l'hôtel de France et habiter une maison convenable où il pourra écrire et recevoir. On trouve un petit hôtel tout neuf, rue de Miromesnil, à l'angle de la rue Verte, dans ce quartier qui a commencé à se bâtir sous Louis XVI. Le jardin jouxte un bois, ou ce qu'il en reste, et donne l'illusion d'un parc. Sa femme et lui s'y installent pendant que tout Paris ne pense qu'à la cour que le nouveau souverain constitue, aux places qui seront données, aux faveurs, aux fêtes, atmosphère évidemment peu favorable à la littérature.

Pendant cette année 1804, Chateaubriand fuit cette effervescence et se réfugie à la campagne, auprès de Joubert. Là, il peut travailler grâce à la bibliothèque de son ami, lui montrer ce qu'il écrit, car Joubert est bon juge, et avoir avec lui de longues conversations à la fois apaisantes pour son âme et stimulantes pour son esprit. Joubert est un sage, et il y a toujours quelque chose à retirer de ses propos. Un séjour à Villeneuve-sur-Yonne offre aussi l'avantage d'éviter les tête-à-tête avec sa femme, aussi agréable en société par une certaine alacrité d'esprit, des remarques amusantes, des réflexions d'un piquant bon sens, qu'elle l'est peu dans l'intimité du foyer. Ils passent tous deux quelque temps au mois de mai à Villeneuve-sur-Yonne, essaiment à Méréville chez Alexandre de Laborde et regagnent Paris, car Chateaubriand veut travailler à un nouveau grand livre, un pendant au *Génie du christianisme*, un roman dont l'action se situe au temps de Dioclétien, ce qui lui permettrait d'utiliser l'abondante documentation réunie pour écrire le *Génie du christianisme*. Il veut évoquer cette époque légendaire où le christianisme était dans l'Empire romain comme un ferment de dissolution, mais il a un compte à régler avec Bonaparte et il a bien l'intention, en décrivant la cour des empereurs romains, d'y glisser des allusions à l'actualité. Dans son esprit, *Les Martyrs de Dioclétien*, titre provisoire de ce roman, témoigneront à la fois contre Dioclétien et contre Napoléon.

Si le nouvel empereur le laisse en repos, Mme de Custine est loin d'observer la même indifférence. Elle le réclame à Fervacques et s'irrite de le voir différer son arrivée sous des prétextes divers. C'est une de ces femmes qui aiment les écrivains mais s'ingénient à les empêcher d'écrire. Sa passion pour lui est parvenue à un point d'exacerbation à peine croyable : « Je suis plus folle que jamais, confie-t-elle le 28 mars 1804 à Chênedollé, je l'aime plus que jamais et je suis plus malheureuse que je ne peux dire… Le génie se réjouit de vous revoir, il prend part à vos douleurs et lorsqu'il parle de vous on serait tenté de lui croire un bon cœur[6]. » Elle soupçonne Chateaubriand de lui être infidèle, en quoi elle n'a pas tort, car, un peu lassé d'elle, il a jeté les yeux sur Natalie de Noailles, fille du marquis de Laborde, banquier de la Cour, guillotiné en 1794, et il a été ébloui, sans chercher à dissimuler l'impression que cette jeune femme, alors dans tout l'éclat de son esprit, de sa beauté et de sa grâce, a faite sur lui.

Dans ses Souvenirs, le duc de Fezensac écrira : « Natalie avait reçu en partage tous les dons, et surtout celui de plaire ; je n'ai presque pas connu d'hommes qui n'aient été amoureux d'elle ; on citait ceux qui ne l'aimaient que légèrement. Les vieillards, les femmes et les enfants en avaient la tête tournée, car elle ne dédaignait personne et son ambition eût voulu conquérir le monde. Son seul aspect justifiait cette prétention ; sa taille était aussi noble qu'élégante, l'éclat de son teint, sa physionomie tour à tour imposante et gracieuse, l'expression de ses yeux, la régularité de ses traits attiraient tous les regards, et l'agrément de ses manières achevait la séduction qu'avait commencée sa figure[7]. »

En dépit de tant d'avantages et d'un si grand pouvoir de séduction, elle avait éprouvé les pires déboires conjugaux. Son mari, le comte Charles de Noailles, qu'elle aimait passionnément, avait rallié l'armée des Princes et, de là, était passé à Londres où elle l'avait rejoint à la fin de l'année 1792 pour le trouver filant le parfait amour avec une actrice, ancienne maîtresse du comte d'Artois, la Duthé. Peu pressé de reprendre une vie commune avec sa femme, Charles de Noailles avait chargé un de ses intimes, Charles de Vintimille, de l'en débarrasser en la séduisant. Natalie de Noailles avait noué avec Vintimille une liaison, interrompue par son retour en France afin d'essayer de sauver sa fortune. Arrêtée en même temps que ses parents, elle avait échappé à l'échafaud sur lequel ils avaient péri. Libérée après Thermidor, elle était repartie pour Londres et y avait trouvé cette fois son mari aux pieds d'une ancienne maîtresse du prince de Galles, Mrs. Fitzherbert. Complètement désillusionnée sur cet époux trop aimé, elle était rentrée à Paris et, dégoûtée de la vertu, s'était vengée du dédain de Charles de Noailles sur les autres hommes, leur tournant la tête et, au dire de Mathieu Molé, cherchant même avec inquiétude « sur le visage des domestiques… l'impression qu'elle produisait sur eux ».

Dans le somptueux domaine de Méréville, hérité de son père, elle est tour à tour Armide, Diane ou Circé. Il n'y a aucune déesse à laquelle on ne puisse la comparer sans qu'elle les éclipse toutes. De surcroît, elle est fort cultivée, aimant les lettres et dessinant à ravir. Chateaubriand n'en demandait pas tant pour s'éprendre et il a commencé à faire à l'enchanteresse une cour qui va défrayer la chronique parisienne.

Cela explique son manque d'empressement pour se rendre à Fervacques où Mme de Custine s'impatiente. Il essaie de la raisonner, la taquinant sur cette impatience en lui reprochant de croire ses amis partis pour la Chine ou morts s'ils ne lui répondent pas par retour du courrier. Chaque semaine, au cours de ce printemps 1804, pour donner le change, il lui répond par des lettres mélancoliques : il se dit fort triste et découragé (7 juin), malade et ruiné (18 juin), sans avenir et fiévreux (29 juin), mais ces dérobades sont peu de chose en comparaison de la lettre foudroyante qu'il lui écrit le 16 juillet, commençant par un sec « Madame » et lui reprochant d'avoir trahi sa confiance : n'a-t-elle pas révélé qu'il lui avait demandé un prêt d'argent qu'elle lui avait d'ailleurs refusé ? Il devait s'agir d'un prêt pour lui permettre d'achever le tombeau de Mme de Beaumont à Rome et dont il avait assumé tous les frais sans en avoir les moyens. Une telle indélicatesse le révolte et il achève sa lettre par cette phrase accusatrice : « Je vous répète que je ne crois pas un mot des détails honteux qu'on m'a communiqués, mais il reste un fait : on sait le service que je vous ai demandé et comment peut-on savoir ce qui était sous le sceau du secret dans une de mes lettres si vous ne l'aviez pas dit vous-même ? Adieu[8]. »

Comme Chateaubriand a galamment, ou prudemment, détruit les lettres de la plupart des femmes qui l'ont aimé, on ne sait ce que

Mme de Custine a pu alléguer pour sa défense, mais, quoi qu'elle ait dit, elle s'attire une verte réponse : « J'ai toujours cru du reste que vous aviez eu tort de me refuser. Dans votre position, rien n'était plus aisé que de vous procurer le peu de chose que je vous demandais ; j'ai vingt amis pauvres qui m'eussent obligé poste pour poste. Je vous avais donné la préférence. Si jamais vous avez besoin de mes faibles ressources, adressez-vous à moi et vous verrez si mon indigence me servira d'excuse[9]. »

Ainsi que Chateaubriand le reconnaîtra, il leur est impossible de s'entendre par lettres et il se résout à passer à Fervacques la seconde quinzaine d'août 1804. Peut-être afin d'éviter des scènes, il a fait inviter Chênedollé dont la présence aura un effet pacificateur. Durant ce séjour, Mme de Custine a manifestement tout fait pour ranimer l'amour défaillant de Chateaubriand et le détourner de Mme de Noailles. Elle le promène, essaie de l'amuser, de l'émouvoir et, un jour, s'isole avec lui dans une grotte ou un cabinet de verdure, espérant avoir un moment d'intimité loin de ses familiers. Chateaubriand ne s'est pas laissé attendrir, si l'on en croit certaines anecdotes. Montrant un jour l'endroit à un visiteur, celui-ci dira : « C'est ici qu'il était à vos genoux ? » à quoi elle répondra : « C'était peut-être moi qui étais aux siens »…

De son côté, Chênedollé a noté qu'un jour, revenant d'une promenade au cours de laquelle Chateaubriand s'était montré morose, Mme de Custine, apercevant un fusil avec lequel un des invités avait chassé le matin, avait voulu le tourner contre elle et se tirer une balle en plein cœur.

Pour la remercier de son hospitalité, Chateaubriand lui adresse une lettre où la badinerie du ton dissimule assez mal l'ennui de lui écrire, et Mme de Custine, assez piquée, lui répond : « J'ai reçu votre lettre ; j'ai été pénétrée, je vous laisse à penser de quels sentiments. Elle est digne du public de Fervacques, et cependant je me suis gardée d'en donner lecture. J'ai dû être surprise qu'au milieu de votre nombreuse énumération, il n'y ait pas le plus petit mot pour la grotte et pour le cabinet orné de deux myrtes superbes, il me semble que cela ne devait pas s'oublier si vite. Je n'ai rien oublié, pas même que vous n'aimez pas les longues lettres[10]. »

*

Le 15 septembre, avec sa femme et le manuscrit des *Martyrs de Dioclétien*, il part pour Villeneuve-sur-Yonne où il va cette fois passer un mois, à l'abri des lamentations de Mme de Custine. Il lui a d'ailleurs promis, pour l'apaiser, de retourner à Fervacques après son séjour chez les Joubert. Pendant ce début d'automne, il se montre d'une humeur charmante : est-ce dû à l'amabilité de ses hôtes, à la qualité de leur table, au beau temps, aux compliments que lui vaut la lecture des premiers livres des *Martyrs* ? Sans doute à tout cela simultanément. Les Joubert sont sous son charme et rivalisent d'éloges à son sujet : « Je n'oublierai jamais, écrira le frère de Joubert, combien furent heureuses pour nous ces six semaines… On travaillait tout le matin et, l'après-dîner, on allait sur les jolis coteaux, ou au milieu des charmantes prairies qui entourent Villeneuve, se livrer à tous les jeux folâtres qu'inspire la gaîté d'un autre âge, gaîté que la tranquillité d'âme et une certaine bonhomie rendaient presque habituelle, surtout dans la maison de Joubert. Quelque grave personnage, qui n'aurait connu de M. de Chateaubriand que ses ouvrages et qui aurait vu l'auteur du *Génie du christianisme* et le chantre d'*Atala* se prêter, dans ces moments, avec l'abandon le plus parfait et le plus aimable, à des jeux presque enfantins, aurait pu s'étonner… mais il aurait fini par dire : Cet homme de génie doit être un bien excellent homme[11]. »

Plus psychologue et connaissant mieux Chateaubriand, Joubert attribue cette simplicité au fait qu'à Villeneuve il n'a pas de rôle à tenir et d'attitude à prendre devant l'histoire. C'est un autre homme, écrit-il à Molé, quand « il n'est soumis qu'aux influences des saisons et remué que par lui-même », ajoutant : « Sa femme et lui paraissent ici dans leur véritable élément. Quant à lui, sa vie est pour moi un spectacle, un sujet de contemplation ; elle m'offre vraiment un modèle, et je vous assure qu'il ne s'en doute pas[12]. »

C'est pendant ce séjour que Chateaubriand apprend la mort de Lucile. Il y avait longtemps qu'elle donnait des signes d'instabilité d'esprit, accompagnés d'un besoin maladif de changer perpétuellement de domicile. Elle avait fini par échouer au couvent des Augustines de la Congrégation de Notre-Dame où Chateaubriand était allé la voir avant de quitter Paris : « Elle me reconduisit sur le palier, dit-il dans un passage supprimé de ses Mémoires, s'appuya sur la rampe et me regarda descendre. Quand je fus en bas, je m'arrêtai, et, levant la tête, je criai à l'infortunée qui me regardait toujours : *Adieu, chère sœur…* Je ne fis point attention, alors, à un mouvement que je me suis rappelé depuis. Lucile se pencha en avant de la rampe comme si elle eût voulu se précipiter ; elle se rejeta promptement en arrière et rentra chez elle[13]. »

Elle lui avait adressé à cette époque une longue lettre qui pouvait passer pour un adieu et, à ce titre, aurait dû l'inquiéter : « Ne te fatigue ni de mes lettres ni de ma présence, écrivait-elle ; pense que bientôt tu seras toujours délivré de mes importunités. Ma vie jette sa dernière clarté, lampe qui s'est consumée dans les ténèbres d'une longue nuit, et qui voit naître l'aurore où elle va mourir. » Elle évoquait ensuite leur adolescence en Bretagne et terminait par ces mots : « Pardon, trop cher ami, je me résignerai ; je m'endormirai d'un sommeil de mort sur ma destinée. Mais pendant le peu de jours que j'ai affaire dans cette ville, laisse-moi chercher en toi mes dernières consolations ; laisse-moi croire que ma présence t'est douce. Crois que parmi les cœurs qui t'aiment, aucun n'approche de la sincérité et de la tendresse de mon impuissante amitié pour toi[14]. »

On ne pouvait se méprendre à de tels mots, mais sans doute avait-elle usé souvent d'un tel langage et Chateaubriand ne s'en était pas autrement inquiété. A peine a-t-il appris sa disparition qu'il mande aussitôt la nouvelle à Chênedollé, faisant bonne mesure à la morte : « Nous avons perdu la plus belle âme, le génie le plus élevé qui ait jamais existé. » A sa sœur Marigny, qui l'avait averti du décès, il réclame, outre le portrait de Julie de Farcy, tous les papiers « inutiles » de Lucile que celle-ci « écrivait le matin et ne brûlait pas toujours le soir ». Sage précaution, car Lucile écrivait n'importe quoi et peut-être des choses à ne pas laisser voir à des yeux indiscrets. Bien que l'héritage soit maigre, des contestations s'élèvent déjà entre les héritiers. Mme de Chateaubourg prétend que Lucile a cautionné son frère et sa belle-sœur pour un emprunt de dix mille francs et commence à leur chercher noise. Elle veut faire apposer les scellés : « Quoi ! écrit Chateaubriand, furieux, pour quelques chemises que Lucile avait à Paris, nous irions mettre la justice là-dedans, faire mettre les scellés sur trois guenilles, et avoir beaucoup de frais que Mme de Chateaubriand elle-même, comme héritière, serait obligée de payer avec nous[15] ? » Pour donner une leçon à cette pécore, il refuse d'accepter la succession sous bénéfice d'inventaire, ne voulant pas faire cet affront à la mémoire de leur sœur, et il s'engage à participer au règlement des dettes, promettant même de payer la part des héritiers récalcitrants.

Ce ne sont pas les dettes de Lucile qui causent à son frère et à ses sœurs le plus d'embarras, mais les circonstances, mal élucidées, de sa mort. La veille de celle-ci, survenue le 10 novembre, elle avait quitté le couvent des Augustines pour une pension rue d'Orléans-Saint-Marcel, tenue par une dame Evrard. Elle s'est vraisemblablement suicidée, peut-être en se jetant par la fenêtre, ce qui expliquerait que Mme de Marigny, prévenue aussitôt, n'ait pas voulu assister à l'enterrement civil. Un suicide est évidemment fâcheux dans la famille de l'auteur du *Génie du christianisme* et fait mieux comprendre la singulière conduite de Chateaubriand. Il s'est gardé de partir sur-le-champ pour Paris, invoquant, comme pour sa démission, la santé de sa femme, et, plus tard, relatant la mort de Lucile dans les *Mémoires d'outre-tombe*, il brouillera les pistes, écrivant que Lucile avait été jetée à la fosse commune, avec les pauvres, et qu'il n'avait pu la retrouver pour lui faire donner une sépulture convenable. Or, Mme de Marigny, si elle n'avait pas suivi le convoi, avait fait marquer l'endroit de l'inhumation, comme elle l'écrira le 5 juin 1805 à sa sœur Chateaubourg. Il ressort de ces faits, des *Souvenirs* de Molé, accusant Chateaubriand d'avoir bâti un roman sur la mort de sa sœur, que celui-ci n'a certainement pas erré avec le fossoyeur au cimetière Sainte-Catherine afin d'y découvrir les restes de Lucile et qu'il a préféré lui élever un tombeau dans ses Mémoires, sans cacher que cette disparition, source éternelle d'affliction pour lui, n'a pas autant désolé sa femme : « Mme de Chateaubriand, toute meurtrie encore des caprices impérieux de Lucile, ne vit qu'une délivrance pour la chrétienne arrivée au repos du Seigneur. Soyons doux, si nous voulons être regrettés : la hauteur du génie et les qualités supérieures ne sont pleurées que des anges. Mais je ne puis entrer dans la consolation de Mme de Chateaubriand[16]. »

*

La mort de Lucile est pour lui l'occasion de revoir l'épisode de *René*, donné dans le *Génie du christianisme* comme un exemple du funeste effet des passions, mais qui a paru à beaucoup de lecteurs, sans parler des gens d'Eglise, une étrange illustration à un ouvrage religieux. Il décide alors d'épurer le *Génie du christianisme* en ôtant les pages consacrées à *René* pour en faire une publication séparée qui ne connaîtra pas moins de douze éditions au cours de l'année 1805. Le critique Emile Faguet se demandera s'il avait procédé à cette dissociation « pour faire lire *René* à ceux qui n'allaient pas le chercher dans le *Génie du christianisme* ou pour permettre la lecture du *Génie du christianisme* à ceux qui ne tenaient pas à y trouver *René*[17] ». Si *René* a été détaché du *Génie du christianisme*, il l'a été surtout des *Natchez*, cette épopée indienne où René tient un des deux rôles principaux. Comme ce livre restera longtemps inédit, puis, une fois publié dans les *Œuvres complètes*, peu lu, on peut considérer que *René* en est le symbole, ou le souvenir, telle une bouée signalant la position d'un naufrage.

Alors que l'histoire elle-même, amour criminel mais chaste d'une sœur pour son frère, est assez discrètement contée pour que les esprits simples ne devinent pas la nature de cet attachement, surtout à une époque où les sentiments les plus naturels s'expriment avec une effervescence équivoque, les états d'âme du héros sont peints avec une espèce de délire auquel ce mince ouvrage doit sa réputation, et sa postérité. Si Adolphe, Obermann et Dominique sont, à des degrés divers, les enfants de René, celui-ci ne descend de personne et, bien qu'appelé parfois le « Werther français », il diffère essentiellement du héros de Goethe en ce sens que si Werther aime et se tue de désespoir, René, lui, n'aime personne et ne se tue pas, promenant son ennui à travers le monde, ennui si complaisamment affiché qu'il lui tient lieu d'état social et d'occupation. Cet ennui est presque un titre de gloire, une supériorité, comme si ne pas l'éprouver au même degré révélait un manque d'intelligence et de sensibilité. Ainsi, parce qu'il n'a de goût pour rien et qu'il est malheureux sans raison de l'être, il rend la société responsable d'un mal dont la cause est en lui, dans une égale absence de courage et de volonté.

Ce mal du siècle, ainsi qu'on le nommera, avait toujours plus ou moins existé, mais jusqu'alors on n'avait guère écouté ces pleurnicheurs ; l'Eglise était là pour les recueillir dans ses cloîtres, l'armée dans ses rangs. Chez ces jeunes gens, le vague à l'âme est devenu une forme de paresse, pour certains de la vanité blessée en découvrant qu'ils ne possédaient pas les moyens de leurs ambitions. Après René, nombre de jeunes gens se prendront pour Chateaubriand parce qu'ils auront toutes les faiblesses de son héros. René sera la justification de bien des échecs, la glorification de toutes les défaillances, l'apologie de la paresse et la légitimation de l'inutilité d'agir, ce qui constitue un des aspects du romantisme. A Chateaubriand revient donc le douteux honneur d'avoir créé un nouveau type de propre à rien et de lui avoir donné droit de cité dans la communauté humaine, à charge pour celle-ci de le nourrir et de le plaindre, alors que jusqu'à René le propre à rien était une figure épisodique dans le monde romanesque. A côté de tous ses défauts, voire de tous ses vices, le propre à rien, surtout celui du roman picaresque, avait une qualité qui manque à René : la vitalité. Ce nouveau héros accède à un état supérieur et presque sacré, comme ces fous, objets dans certains pays sauvages d'une vénération superstitieuse, et le plus étrange est de voir cette consécration du malheur imaginaire se produire alors que quinze ans de révolutions ont accablé les Français de tant de maux réels. Des âmes sensibles, qui ont perdu des parents sur l'échafaud tandis que d'autres errent en exil, ont encore assez de larmes pour en verser sur le sort de René.

Comme le soulignera Chateaubriand, le mal de vivre est contagieux : René, dans le roman auquel il donne son nom, mais surtout dans *Les Natchez*, porte malheur à ceux qui l'aiment ou qui s'intéressent à lui.

René produira le même effet sur ses lecteurs, éveillant des nostalgies latentes, instillant dans les cœurs le poison d'une tristesse à laquelle il n'est pas de remède puisqu'elle n'a pas de cause : « Je m'aperçus avec un secret mouvement de joie, avoue René, que la douleur n'est pas une affection que l'on épuise comme le plaisir. » La tristesse ainsi conçue comme une fin en soi est entrée avec René dans la littérature, instaurant ce culte du moi, qui comptera d'illustres exemples mais enfantera, au grand déplaisir de Chateaubriand, des milliers de René, aigris médiocres et sans talent, qui n'auront pris de son héros que ses déclamations et ses larmes, négligeant l'avertissement valant condamnation que l'auteur a placé, à la fin du récit, dans la bouche du père Souël qui, à l'instar du père Aubry dans *Atala*, tire la morale de l'histoire : « Rien ne mérite, dit-il à René, la pitié qu'on vous montre ici. Je vois un jeune homme entêté de chimères, à qui tout déplaît, et qui s'est soustrait aux charges de la société pour se livrer à d'inutiles rêveries. On n'est point, Monsieur, un homme supérieur parce qu'on aperçoit le monde sous un jour odieux. On ne hait les hommes et la vie que faute de voir assez loin. Etendez un peu plus votre regard, et vous serez bientôt convaincu que tous ces maux dont vous vous plaignez sont de purs néants[18]. »

Au mal du siècle, Napoléon apportera un remède efficace : la conscription, mais, après 1830, la race des René connaîtra un nouvel essor, et Chateaubriand détestera ces faux disciples au point non seulement de les désavouer, mais de regretter d'avoir écrit ce petit livre, encore qu'il envisagera quelques années plus tard un autre René, celui de la vieillesse. Cette fatale influence de René, l'un des proches de Chateaubriand, Astolphe de Custine, en reconnaîtra le danger : « On jouit de ce qui n'est pas commun, même quand cette chose est un malheur », dit René en découvrant le secret de sa sœur Amélie. A son tour, Custine, à l'adolescence inquiète et trouble, avouera : « René et son auteur, qui furent mes premiers guides dans le monde, m'ont fait bien du mal en me rendant orgueilleux d'une disposition d'âme que j'aurais dû combattre[19]... »

*

Chateaubriand ne regagne Paris que le 14 décembre 1804, y demeure quelques jours, sans doute pour s'occuper de la succession de Lucile, et retourne à Villeneuve-sur-Yonne où il travaille au livre IV des *Martyrs*, mais, au début de janvier 1805, il réintègre Paris car la succession de Lucile se complique.

Mme de Chateaubourg a exigé l'apposition des scellés aux deux derniers domiciles de leur sœur et fera vendre son mobilier, procédé peu délicat, qui n'est pas fait pour rétablir l'harmonie dans cette famille procédurière. En effet, la succession de leurs parents n'est toujours pas terminée, la présence de mineurs, les deux fils de Jean-Baptiste, retardant le règlement. Chateaubriand laisse les hommes d'affaires, M. Lesueur pour lui, M. de Tocqueville pour ses neveux, s'arranger entre eux, mais tout cela coûte assez cher en frais alors qu'il éprouve, en dépit des ventes opérées par sa femme au mois de juillet 1804, de nouveaux embarras d'argent. Un autre ennui a surgi. Leur propriétaire a décidé de vendre le petit hôtel qu'ils occupent rue de Miromesnil. Il faut le quitter, chercher un autre gîte. Au mois de mars 1805, le couple emménage sous les combles de l'hôtel de Coislin, place de la Concorde, où avait été signé en 1778 le premier traité de commerce entre la France et les Etats-Unis. C'est un appartement d'où l'on jouit d'une vue superbe, au prix de l'ascension de quelque quatre-vingt-dix marches, ce qui coupe le souffle encore mieux que ne le fait la vue.

La propriétaire de ce grandiose hôtel, œuvre de Gabriel, est une étonnante vieille fée. A 70 ans, Mme de Coislin se dessine au crayon noir, sur un visage passé au blanc, des sourcils épais comme des moustaches. On appelle cette façon de se farder «ses œuvres pies». Née Mailly-Nesle, cousine de ces sœurs Mailly-Nesle maîtresses successives de Louis XV, elle laisse entendre qu'elle a eu, elle aussi, les faveurs du roi. Elle s'est amourachée d'un Ecossais, sir John Fraser Frisell, venu à 17 ans voir la Révolution à l'œuvre et qui s'était retrouvé en prison sous l'inculpation d'espionnage. Epris de la comtesse de Guitaut, il renâcle à épouser Mme de Coislin, disant qu'un jeune homme qui se respecte «ne peut accepter ni la main ni les dons d'une vieille femme». Sans doute est-ce chez Mme de Coislin qu'il rencontre Chateaubriand dont il deviendra l'un des amis les plus fidèles.

Le salon de Mme de Coislin, qui reçoit en général autour de son lit, est un lieu divertissant grâce à l'originalité de la maîtresse de maison. Sans orthographe aucune, elle écrit des billets piquants; sans instruction, elle a suffisamment glané dans les conversations pour que la sienne soit brillante, émaillée de citations grecques et latines. Elle a même, grâce à un vieux rabbin qui lui explique l'Ancien Testament, des connaissances en hébreu. Elle est pétrie d'esprit, d'un esprit souvent mordant. Reçue fort mal par Fouché, à qui elle était allée demander la radiation de sa sœur, Mme d'Avaray, laissée debout par le ministre, elle explose en l'entendant dire que sa sœur se répand en propos imprudents contre le gouvernement : « Ma sœur imprudente ! Oh ! Monsieur, je vois bien que vous ne la connaissez pas. Qui donc a pu vous la peindre ainsi ? Mais elle est poltronne au point que si elle était à ma place, reçue par vous comme je le suis en ce moment, elle n'oserait seulement pas vous dire que vous êtes un impertinent… » Dompté, Fouché lui avait accordé tout ce qu'elle réclamait.

Fort riche, en dépit de la Révolution, elle se montre extraordinairement avare, utilisant des bouts de lettres pour noter ses pensées, refusant de payer son médecin, économisant sur ses dessous et, lorsqu'elle voyage, sur les frais d'hôtel, ainsi que Mme de Chateaubriand s'en apercevra bientôt. A l'auberge, elle se poste dans l'escalier, arrêtant au passage les domestiques de riches voyageurs qui se font servir dans leurs chambres : « Voyons donc ce que vous portez là ? Mais c'est que cela a très bonne mine, une odeur excellente. Je veux goûter de ce bouillon… Mais voilà des côtelettes charmantes, donnez-moi une de ces côtelettes, je veux savoir si elles sont tendres… » Et les domestiques cèdent, tandis que leurs maîtres rient de cette avarice dont elle est d'ailleurs la première à se moquer[20]. Toujours pour ne pas dépenser, elle réduit ses gens à la famine, et ceux-ci se rattrapent en faisant danser l'anse du panier. « Que voulez-vous, mon cœur, avoue-t-elle à Mme de Chateaubriand, j'aime mieux qu'on me prenne que de donner. Je sais qu'au bout du compte, c'est toujours moi qui paie. Tout cela est fort triste… » Bref, Mme de Coislin est, de l'aveu de Chateaubriand, la plus amusante vieille femme que l'on puisse voir. Il lui rend souvent visite, s'assied au pied de son lit où elle passe la plus grande partie de la journée, couverte d'une vilaine chemise et d'une girandole de diamants, gardée par un affreux chien qui de temps en temps émerge des draps et aboie aux visiteurs.

Au mois de juillet 1805, Mme de Chateaubriand accompagne Mme de Coislin aux eaux de Vichy tandis que Chateaubriand, rendu à la liberté, en profite pour aller voir Natalie de Noailles à Méréville et Delphine de Custine à Fervacques.

Les quelques jours accordés à Delphine de Custine sont orageux, en dépit de la présence, en tiers, de Chênedollé : il y a des récriminations d'un côté, une exaspération croissante de l'autre, et des accusations réciproques assaisonnées d'explications qui n'arrangent rien. A Chênedollé, pris comme confident par chacun des amants, Mme de Custine écrivait quelques mois plus tôt, lorsque Chateaubriand lui promettait de rester au moins cinq semaines, qu'elle n'en croyait pas un mot. Effectivement, il ne s'attarde pas à Fervacques. Mme de Custine, qui a trop de douleur pour un seul confident, a trouvé une oreille compatissante en Mme d'Arenberg, née Lauraguais. Celle-ci apprécie tant Chateaubriand comme écrivain qu'elle lui a proposé de lui prêter de l'argent. Elle voulait même le coucher dans son testament, mais Chateaubriand, blessé dans son amour-propre à la pensée que ses ennuis financiers étaient connus de toute l'Europe, avait refusé. Bien entendu, ses amours ne sont pas moins connues que ses difficultés matérielles, et cela crée dans la société parisienne une espèce d'émulation galante. A se plaindre ainsi, Mme de Custine ennuie tout le monde, et c'est maintenant Chateaubriand que l'on plaint d'être incompris. Le talent lui confère une sorte d'innocence.

Il aimerait oublier tous ces tracas en faisant ce voyage en Orient auquel il songe depuis trois ans, mais cette année encore il doit se contenter d'aller rejoindre sa femme à Vichy et de partir ensuite avec elle pour la Suisse. La traversée de l'Auvergne est sinistre : mauvaises routes, mauvaises auberges, mauvais repas ; le paysage et les mœurs s'adoucissent en arrivant à Lyon où Ballanche accueille les voyageurs, qu'il accompagne à Genève.

Chateaubriand ne veut pas passer si près de Coppet sans aller voir Mme de Staël, qu'il n'aime guère en dépit de son intervention pour le faire radier de la liste des émigrés. Il lui reproche, en bloc, de se mêler de philosophie, d'être protestante et d'écrire des romans extravagants, comme *Delphine*. En réalité, ce qu'il lui reproche est d'être riche et d'ignorer ces ennuis d'argent dont il est accablé. Lorsqu'on a un grand château, où l'on tient une sorte de cour, et que l'on jouit d'importants revenus, pourquoi faire le métier de femme de lettres, ôtant ainsi le pain de la bouche à ceux qui vivent de leur plume ? Cette aigreur transparaît dans toutes les lettres qu'il lui a écrites et perce également dans le récit de sa visite à Coppet. Mme de Chateaubriand n'a pas assisté à ce long entretien qui a duré trois heures, et Benjamin Constant, qui s'y trouvait, l'a seulement signalé dans son *Journal*, sans rien rapporter du dialogue entre ces deux écrivains qui n'auront, pour fondement de leur future amitié, que leur commune hostilité à Napoléon. Comme le dira Mme de Staël, c'est déjà s'aimer que de haïr ensemble.

Les Chateaubriand font la classique excursion à Chamonix et au Mont-Blanc. Loin de ressentir l'enthousiasme habituel, ou de le feindre, Chateaubriand avoue franchement détester les montagnes : « J'aime à ne pas sentir ma chétive existence si fort pressée contre ces lourdes masses, écrit-il à Mme de Staël. Les montagnes ne sont belles que comme horizons… Elles partagent le sort de toutes les grandeurs. Il ne faut les voir que de loin ; de près, elles s'évanouissent[21]. »

Si les lamentations de Mme de Staël sur son isolement lui ont paru peu justifiées, les airs glorieux de M. de Forbin, retrouvé à Genève, lui portent sur les nerfs. Forbin, comme Fontanes, a su capter le cœur d'une sœur de Napoléon, et sa liaison avec la princesse Borghèse en fait presque un personnage officiel, sur qui pleuvent les grâces. Il est ce que Chateaubriand aurait pu devenir s'il avait su se montrer bon courtisan. Le portrait, féroce, est merveilleusement enlevé : « M. de Forbin était alors dans la béatitude ; il promenait dans ses regards le bonheur intérieur qui l'inondait ; il ne touchait pas terre. Porté par ses talents et ses félicités, il descendait de la montagne comme du ciel, veste de peintre en justaucorps, palette au pouce, pinceaux en carquois… Ses yeux avaient une protectrice pitié : j'étais pauvre, humble, peu sûr de ma personne, et je ne tenais pas dans mes mains puissantes le cœur des princesses[22]. »

Pour achever ce séjour alpestre, et toujours flanqués de Ballanche, les Chateaubriand visitent la Grande Chartreuse, occasion pour les époux de raconter cette course chacun à sa manière, récit d'ailleurs plus pittoresque sous la plume de Céleste que sous celle de son mari. De Lyon, où ils laissent Ballanche, les Chateaubriand gagnent Villeneuve-sur-Yonne où ils vont demeurer jusqu'à la fin du mois d'octobre, alors que Chateaubriand avait promis à Mme de Custine un nouveau séjour à Fervacques. La châtelaine enrage et lui en veut surtout de ce voyage conjugal qui lui paraît une infidélité. Sa seule consolation est de le croire « malheureux, enchaîné », comme elle l'écrit le 7 septembre 1805 à Chênedollé, ajoutant : « Tout devient monstrueux dans ma pauvre tête ! Je me décourage, je vois qu'il n'y a aucun bonheur à espérer, je ne me sens plus la force ni la volonté de vivre. Tout cela se complique et lorsqu'en sus de mille chagrins on a encore pour rivale l'opinion publique, on a plus qu'il n'en faut pour passer sa vie misérablement et même y renoncer. La tristesse dévore mon cœur, je la cache, je prends sur moi, je me bourre d'occupations, mais rien ne calme cette maladie du cœur qui empire chaque jour et qui décolore le peu de bien-être dont je pourrais encore jouir[23]. »

Au lieu de simuler l'indifférence, elle l'accable de lettres de reproches, ce qui l'incite évidemment peu à la rejoindre pour les entendre de sa bouche. Eplorée, Mme de Custine se plaint à tous de sa défection. Mme d'Arenberg, chargée de faire la morale à l'infidèle, essaie de la raisonner en lui expliquant que Chateaubriand ne peut quitter sa femme, qui est malade, et que c'est plutôt à elle de quitter Fervacques pour le retrouver à Paris. En femme de bon sens, elle lui recommande d'écrire à Chateaubriand «une lettre douce et bonne», meilleur moyen d'arriver à ses fins. Delphine de Custine n'en persiste pas moins dans son aigreur, écrivant par exemple à Chateaubriand: «Je resterai donc ici jusqu'au mois de décembre, mais je trouve que lorsqu'on vient de faire un voyage aussi cher que celui que vous avez fait, accompagné de votre femme, ce serait folie bien plus grande de venir ici dans la mauvaise saison pour se voir quinze jours plus tôt. Vous n'êtes pas, je crois, à cela près. Vous avez assez voyagé. Restez paisiblement et maritalement à Villeneuve. Restez-y même une partie de l'hiver, avancez votre ouvrage, consolidez votre réputation, elle vous est chère et doit l'être; laissez tout le reste dans le premier coin, et comme votre exemple doit entraîner, on fera aussi ce qu'il vous est si facile de faire[24].»

Chateaubriand n'ira donc pas à Fervacques, et Mme de Custine en conçoit d'autant plus de dépit qu'elle sait que, tout en se déclarant retenu à Paris par l'état de santé de sa femme, il est surtout trop épris de Natalie de Noailles pour se soucier beaucoup d'elle.

Un autre personnage a des griefs contre lui, c'est Mathieu Molé à qui, d'ailleurs, Chateaubriand en veut parce qu'il a refusé de l'accompagner en Orient. Molé, qui l'avait entendu lire des chapitres des *Martyrs* en société, s'était intéressé à l'ouvrage, avait suggéré des modifications dont l'auteur avait tenu compte et l'avait même encouragé à visiter les pays qu'il évoquait pour mieux les décrire. Un jour, lorsque Chateaubriand lui avait proposé de partir avec lui, il s'était récusé, invoquant sa situation de famille – il ne pouvait abandonner sa femme, encore qu'il ne s'entendît guère avec elle – et surtout sa carrière: «Je lui avouai avec une ingénuité dont il n'était pas digne, écrit Molé, le besoin que j'éprouvais de donner à mon âme un peu vagabonde des devoirs qui lui servissent de point d'appui et de protection. "Cela est bien, interrompit-il avec une humeur mal déguisée, vous avez de l'ambition, tout ce qu'il faut pour jouer un grand rôle, le nom et les aptitudes. Vous avez voulu que je vous devinasse, et je vous ai deviné." Le reste de l'entretien fut gêné. Il y avait longtemps que j'avais perdu sur Chateaubriand toutes mes illusions, que j'avais entrevu l'homme tel qu'il s'est révélé dans ses Mémoires. Nous nous séparâmes très amicalement en apparence, mais sentant au fond de nos cœurs que les jours d'abandon et de camaraderie étaient passés[25].»

La grande intimité avec Molé, au temps de la rue de Miromesnil, de leurs conversations en se promenant dans la garenne avoisinante, est terminée. Jeune, ambitieux effectivement, soucieux de reconstituer une fortune anéantie pendant la Révolution, et y parvenant assez vite, aimé des femmes, car il est beau, Mathieu Molé a un caractère intransigeant, susceptible et rancunier. En attendant de se brouiller complètement, les deux amis s'éloignent l'un de l'autre, ayant choisi chacun des voies diffé-rentes, et, surtout, Molé s'étant inféodé à ce pouvoir que Chateaubriand déteste. Autre grief de Molé contre lui : Chateaubriand n'a pas aimé son premier ouvrage, *Essais de politique et de morale*, encore qu'il en ait parlé dans le *Mercure de France*. En lisant l'article, on peut douter, confie Molé à Joubert, que Chateaubriand ait vraiment lu le livre ; il n'en a retenu que certaines expressions heureuses, certains traits. L'article est surtout fait de citations et de ces compliments d'usage, ainsi qu'on en prodigue aux débutants. Il ne respire absolument pas l'enthousiasme, et Molé le sent. Peut-être aussi Molé a-t-il su par des indiscrétions que Chateaubriand a regardé cet article comme un pensum.

Pour dissiper le nuage installé entre eux, Chateaubriand lui écrit néanmoins une lettre aimable où se trouve un curieux passage : «Joubert, arrivé aujourd'hui, m'a fait de longs discours en trois points pour me prouver que je n'étais pas sage, que les faiseurs de mémoires, un jour, me mettraient tout du long dans leurs notes[26].» C'est ce que fera Molé lorsqu'il tracera dans ses Mémoires un portrait sévère de son ancien ami.

*

Malgré la défection de Molé, Chateaubriand est fermement décidé à partir, autant pour échapper au double joug de Céleste et de Napoléon que pour donner à cet édifiant pèlerinage en Terre sainte une conclusion inattendue : retrouver en Espagne Natalie de Noailles qui doit aller dans ce pays pour y dessiner les sites et monuments dont son frère, Alexandre de Laborde, veut illustrer son *Voyage pittoresque et historique de l'Espagne*. Il semblerait que Natalie de Noailles, prise de scrupules tardifs, n'ait pas encore cédé à Chateaubriand et le fasse languir, estimant peut-être qu'il faut en faire un martyr pour mieux l'aider à peindre ceux de Dioclétien, à moins qu'elle ne se soit formée une opinion exagérée de la chasteté des écrivains catholiques. Elle a donc promis à Chateaubriand de se donner à lui lorsqu'il l'aurait rejointe à Grenade. C'est une belle épreuve à infliger à un chevalier chrétien, mais ce n'est pas pour déplaire à Chateaubriand qui avouera, dans un passage supprimé des *Mémoires d'outre-tombe*, que, loin d'aller au tombeau du Christ dans «les dispositions du repentir», il allait chercher «de la gloire pour se faire aimer».

Il ne dit rien de ce rendez-vous à ses proches. Déjà l'annonce de son prochain départ a bouleversé Mme de Custine et Mme de Chateaubriand qui rivalisent de lamentations. Il faut les apaiser, promettre à l'une d'aller la voir à Fervacques avant de partir, l'autre de l'emmener au moins jusqu'à Venise. L'hiver se passe ainsi en projets et menus travaux. Devenu collaborateur régulier du *Mercure de France*, Chateaubriand y a publié le 1ᵉʳ février 1806 un *Voyage au Mont-Blanc et réflexions sur les paysages de montagne*, puis, le 8 mars, un compte rendu de la réédition des *Mémoires* de Louis XIV. Il fait un éloge du roi, sans aucune allusion, même discrète, au nouveau monarque. Cela n'empêche pas Peltier, qui lui en veut d'avoir dédié le *Génie du christianisme* au Premier consul, d'affirmer qu'en exaltant l'esprit conquérant des Gaulois Chateaubriand semble inviter Napoléon à imiter Charlemagne, et il s'indigne de voir l'auteur d'*Atala* «conseiller et prédire à Bonaparte la conquête de l'univers».

Dans tout article écrit alors par Chateaubriand, adversaires et amis cherchent avidement soit les signes d'un ralliement à l'empereur, soit ceux d'une protestation contre son gouvernement. Il y a toujours de la politique dans l'air, et c'est pour répondre à un article de M. de Baure au sujet du sien sur les *Mémoires* de Louis XIV qu'il publie au *Mercure*, en mai 1806, *Des lettres et des gens de lettres*. M. de Baure, en effet, l'accusait de préjugés gothiques et de mépris pour les lettres. Attaqué personnellement, Chateaubriand se sent plus inspiré pour répondre à cet adversaire que pour décrire le Mont-Blanc ou vanter les vertus de Louis XIV. Assez paradoxalement, il estime que si le souverain doit protéger les lettres il ne doit pas se mêler des «tracasseries du Parnasse» et surtout ne pas s'exposer au jugement de son peuple en se faisant auteur ; il écrit qu'il en est de même pour «l'homme qui tient une place distinguée dans le monde, ou par sa fortune ou par ses dignités, ou par les souvenirs qui s'attachent à ses aïeux. Il faut qu'un tel homme balance longtemps avant de descendre dans une lice où les chutes sont cruelles… Quand on a beaucoup à perdre, on ne doit écrire que forcé pour ainsi dire par son génie». On pourrait penser qu'il fournit ainsi des verges pour se faire battre, mais, avec candeur, il s'empresse d'ajouter que tel n'est pas le cas pour «le descendant d'une de ces familles qui figurent dans notre Histoire [et] s'annonce par un *Essai* plein de force, de chaleur et de gravité». On ne saurait mieux plaider sa propre cause et, non content de s'excepter de la règle qu'il recommande, il précise qu'il ne comprend pas le préjugé courant selon lequel «les gens de lettres ne sont pas propres au maniement des affaires[27]».

Le futur homme d'Etat, diplomate et ministre, apparaît tout entier dans cet article où il révèle ses ambitions et prélude à toutes les récriminations dont il accablera ses amis sous la Restauration : «Chose étrange, écrit-il, que le génie nécessaire pour enfanter l'*Esprit des lois*, ne fût pas suffisant pour conduire le bureau d'un ministre ! Quoi ! Ceux qui sondent si habilement les profondeurs du cœur humain ne pourraient démêler autour d'eux les intrigues des passions ? Mieux vous connaîtriez les hommes, moins vous seriez capable de les gouverner[28] ! » Et, pour étayer sa thèse, il invoque les ombres de Démosthène et Cicéron, de César et Thomas More, Bolingbroke et Lamoignon, sans oublier l'inévitable Malesherbes qui, justement, avait avoué mal connaître les hommes... Toujours persuadé de la supériorité des grands écrivains sur les autres mortels, il écrit un peu plus loin : « On ne leur fait point une grâce en les investissant des charges de l'Etat ; ce sont eux, au contraire, qui, en acceptant ces charges, font à leur pays une véritable faveur et un très grand sacrifice[29]. » Ainsi Napoléon est-il averti que Chateaubriand ne lui en saura aucun gré s'il a l'idée de lui confier un jour quelque grande charge. Il apprend aussi, par la même occasion, que Chateaubriand n'est pas disposé à devenir son thuriféraire : « Les gens de lettres, dit-on encore, ont toujours flatté la puissance ; et, selon les vicissitudes de la fortune, on les voit chanter et la vertu et le crime, et l'oppresseur et l'opprimé... » Lucain disait à Néron, en parlant des proscriptions de la guerre civile :

> Crimes trop bien payés, trop aimables hasards
> Puisque nous vous devons le plus grand des Césars
>
> Qu'on voie encore ce coup Pérouse désolée,
> Destins, Néron gouverne et Rome est consolée !

Il y a dans ces lignes, sinon un défi à l'empereur, du moins une prise de position, une indication que l'auteur a l'étoffe d'un ministre et non l'ambition d'un courtisan. Napoléon le sait parfaitement, si l'on en croit Mme de Rémusat, mais il préfère ignorer l'avis.

Cet article est le dernier donné au *Mercure* avant son départ, pour lequel il lui faut trouver l'argent nécessaire : au moins cinquante mille francs qui seront fournis vraisemblablement par la cour de Russie et par l'imprimeur Le Normant, auquel il laisse en gage, au cas où il périrait en chemin, la partie déjà rédigée des *Martyrs de Dioclétien*. Il lui faut effectuer une tournée de famille afin de prendre congé des siens, se munir de lettres de recommandation et préparer son itinéraire.

Pour dire adieu à la famille, les Chateaubriand se rendent à Fougères au début du mois de juin et passent quelques jours au Plessis-Pillet chez Mme de Chateaubourg. De revoir la Bretagne, alors qu'il va partir pour des pays inconnus dont il ne reviendra peut-être pas, le plonge dans une extrême mélancolie qu'il épanche auprès de Joubert : « J'ai reconnu hier soir un coucher de soleil que j'avais vu dans mon enfance, voilà tous les lieux qui ont nourri les sentiments que j'ai au fond du cœur, et qui ont donné à mon talent son caractère... Je me demande si je voudrais demeurer ici, et je trouve que non au fond du cœur. Sont-ce les lieux qui ont changé ? Non, c'est moi, c'est le cœur humain qui s'écoule comme l'eau et qui n'est jamais dans le même état[30]. »

Laissant sa femme à Fougères, il va faire ses adieux à Mme de Custine, lui jurant certainement qu'il n'aime qu'elle au monde alors qu'il envoie des instructions précises à Joubert pour essayer de retrouver une lettre adressée par lui à Mme de Noailles et lui demander le secret absolu sur cette correspondance. Il a quand même rassuré un peu Delphine de Custine sur ses sentiments, à en juger par ce qu'elle confie à Chênedollé : « Cette chimère de Grèce est enfin réalisée. Il part pour remplir tous ses vœux et détruire tous les miens. Il va enfin accomplir ce qu'il désire depuis si longtemps, il sera de retour au mois de novembre à ce qu'il affirme. Vous savez si j'étais triste l'année dernière, jugez donc ce que je serai cette année. J'ai pourtant pour moi l'assurance d'être mieux aimée ; la preuve n'en est guère frappante, mais c'est pourtant réel[31]... »

Malgré l'espèce d'opposition dans laquelle il s'est placé, Chateaubriand n'en a pas moins demandé au ministre des Relations extérieures de lui faciliter son voyage. Talleyrand, bon prince, accorde à l'opposant la protection du gouvernement français. Il le recommande personnellement au général Sébastiani, ambassadeur de France à Constantinople, avec copie de cette lettre aux consuls de France à Trieste et Athènes. « M. de Chateaubriand, auteur du *Génie du christianisme*, s'est proposé de parcourir successivement la Grèce, l'Asie Mineure et les parties de l'Orient les plus remarquables, les amis des lettres le voyant avec plaisir entreprendre ce voyage ; ils espèrent qu'en visitant des contrées célèbres, dont la vue réveille de si féconds souvenirs, M. de Chateaubriand éprouvera le besoin de noter ses propres impressions et que la littérature française sera quelque jour enrichie du résultat de ses observations. Je vous prie, Monsieur l'Ambassadeur, d'accueillir avec bienveillance, M. de Chateaubriand. Ses ouvrages ont dû vous inspirer beaucoup d'estime pour lui, il vous sera sans doute agréable de trouver l'occasion de la lui témoigner ; je vous saurai personnellement un gré infini de tout ce que vous aurez bien voulu faire pour lui faciliter les moyens de bien voir les pays qu'il va visiter et d'y voyager avec autant d'agrément que de sûreté[32]. »

On ne peut se montrer plus aimable envers un écrivain qui l'est si peu, mais qu'il faut ménager, surtout lorsqu'il se rend à l'étranger où il pourrait, comme l'a déjà fait Mme de Staël en Allemagne, nuire à la France en critiquant son régime. Sensible à cette amabilité, à celle du général Sébastiani, Chateaubriand rendra la politesse en glissant dans son *Itinéraire de Paris à Jérusalem* des phrases louangeuses à l'égard des troupes françaises et insistera sur le prestige de la France en Orient.

Avant de partir, il a encore quelques dispositions à prendre : il charge Mathieu Molé de prononcer, le cas échéant, son oraison funèbre et surtout de s'occuper de la publication de ses Mémoires. Il ne s'agit pas des futurs *Mémoires d'outre-tombe*, encore à l'état d'esquisses, mais des notes concernant son voyage en Amérique et de son manuscrit des *Natchez*, en dépôt à Londres. Enfin il achète des armes pour se défendre et affuble son valet de chambre, Julien Potelin, et son postillon d'une espèce d'uniforme à la turque avec turban, veste et pantalon bleus, galonnés d'or. Les deux hommes ont un aspect si cocasse avec cette tenue que Chateaubriand est le premier à en rire, mais il ne veut pas renoncer à cette mascarade, persuadé que cet uniforme impressionnera fortement les populations.

Le samedi 12 juillet, un grand dîner réunit chez Fontanes, autour des Chateaubriand, les familiers du couple. Une joyeuse humeur marque ces agapes, en dépit des appréhensions de Mme de Chateaubriand qui voit déjà des périls partout. On parle, on rit, on boit à la santé des voyageurs à qui l'on fait promettre d'écrire à chaque étape afin de rassurer les amis.

Ces adieux sont renouvelés le lendemain matin par Chateaubriand qui rend visite à plusieurs des convives de la veille, et ce n'est pas avant trois heures de l'après-midi que la voiture quitte enfin la place de la Concorde sous les regards ébahis de quelques dizaines de curieux auxquels la portière communique ses impressions, notées par Joubert venu lui aussi assister au départ : « Voyez-vous Monsieur ? voyez-vous Madame ? disait-elle. Le postillon et le domestique ont le même habit. Monsieur part aux dépens du gouvernement. Oh ! il a une belle place ! Quelques personnes charitables voulurent se donner la peine de redresser ses idées, mais elle persista dans la haute opinion qu'elle avait de ce départ, et, au passage de la voiture, on remarque qu'elle fit une de ces profondes inclinations de corps, de ces révérences d'anéantissement que ses semblables réservent pour les occasions où il entre de ce respect qu'on rend aux têtes couronnées[33]. »

Le mot de la fin revient à Napoléon. Rencontrant Fontanes, quelques jours plus tard, il lui demande des nouvelles de son ami : « Voyez-vous toujours ce cerveau brûlé de Chateaubriand ? – Oui, Sire, il m'a fait l'honneur de dîner chez moi avant son départ pour l'Orient. – Ah ! il part ? » laisse tomber l'empereur d'un ton dans lequel on peut discerner autant d'ironie que d'amusement, d'indifférence et peut-être de satisfaction.

9

Le pèlerin amoureux

juillet 1806-mai 1807

Les dangers que Mme de Chateaubriand redoutait pour son époux en Orient surgissent peu après leur sortie de Paris, ce qui lui permet d'en prendre sa part. A Nevers, ils ont un accident de voiture; à Lyon, place Bellecour, un des pistolets part tout seul et manque de faire sauter les munitions qui se trouvent dans le fond de la berline. Chateaubriand se précipite pour les enlever, tandis que sa femme s'évanouit. Ils ne restent que deux jours à Lyon, le temps de voir Ballanche qui, ne pouvant les accompagner jusqu'à Venise, promet d'y aller rechercher Céleste après l'embarquement du pèlerin.

Ils arrivent à Venise le 23 juillet 1806. La ville, alanguie dans la chaleur de l'été, produit sur eux une impression médiocre et Mme de Chateaubriand l'avoue à Joubert: «Je vous écris à bord du *Lion d'or*, car les maisons ne sont ici autre chose que des vaisseaux à l'ancre. On voit de tout à Venise, excepté de la terre. Il y en a cependant un petit coin qu'on appelle la place Saint-Marc, et c'est là que les habitants vont se sécher le soir[1]…» Chateaubriand, lui, juge la ville contre nature, obligé que l'on est tout le temps de s'embarquer pour aller d'un quartier à l'autre. Il juge également l'architecture, qu'il attribue tout entière à Palladio, capricieuse et disparate, les palais entassés les uns sur les autres, sans ordre et sans dégagement. Seuls trouvent grâce à ses yeux les couvents édifiés sur les îlots de la lagune. Il a le tort d'écrire cette impression hâtive à Bertin pour qu'il publie sa lettre dans le *Mercure de France* afin d'y maintenir sa signature en son absence. Lorsque parvient à Venise, à la fin du mois d'août, la livraison du *Mercure* contenant cette lettre, l'indignation éclate. Les journaux locaux reproduisent le texte en l'accompagnant d'aigres commentaires. La marquise Orintia Sacrata insinue que Chateaubriand n'a pas aimé Venise parce que «le bruit de son arrivée ne l'avait pas précédé» et que «les Vénitiens ne l'avaient pas recherché». Elle conclut : «Comment M. de Chateaubriand pouvait-il trouver Venise admirable, si Venise ne sut pas l'admirer ? »

Une autre grande dame, la comtesse Renier-Michiel, prend la défense de sa ville en publiant dans le *Journal de Padoue* une *Réponse à la lettre de M. de Chateaubriand sur Venise* : «Non, ce n'est pas contre nature, Monsieur, c'est au-dessus de la nature que Venise s'est élevée», lui fait-elle observer, tout en lui rappelant que les palais bâtis les uns sur les autres, comme il l'écrit, ne sont pas du Palladio, mais de Sansovino, Sacamozzi et autres architectes. Elle achève par cette flèche du Parthe : «J'espère que vous y trouverez – lorsque vous y retournerez – quelque chose de plus remarquable que les couvents sur les îles et la traduction de votre ouvrage.» En effet, le premier soin de Chateaubriand, lors de son arrivée à Venise, a été de s'occuper de la traduction du *Génie du christianisme* par un Juif converti, M. Armani, homme aimable et empressé qui lui a souhaité la bienvenue en vers.

Le 29 juillet, Chateaubriand s'embarque pour Trieste où il doit trouver un navire allant en Grèce et il laisse sa femme attendre à Venise l'arrivée de Ballanche. Armani, la voyant solitaire et triste, lui fera visiter la ville en détail, mais sans parvenir à l'égayer : «Enfin, je le pleure déjà comme mort, écrit-elle à Joubert, et il ne me reste qu'autant d'espérance qu'il m'en faut pour me donner une agitation plus insupportable que la douleur[2].» Ballanche fera les frais de cette mauvaise humeur, car Mme de Chateaubriand, pressée de regagner Paris, ne lui laissera pas le temps de jeter un coup d'œil à la cité des Doges et précipitera leur départ.

Si Chateaubriand a mal vu Venise, il n'a pas un regard pour Trieste où, affirme-t-il, il n'y a aucun monument, oubliant, lui, historien, si prompt à découvrir partout des vestiges du passé, qu'à Trieste est enterré le fameux Winckelmann, père de l'archéologie, et négligeant les quelques édifices dignes malgré tout de sa visite. Il n'en retiendra que le tombeau des filles de Louis XV, parce qu'il sait que cette mention dans le récit de son voyage aura l'heur de déplaire au régime. En allant à Trieste, il a rencontré à bord du navire un compatriote, ancien soldat de l'armée de Condé, Jacques-Barthélemy de Lavergne, installé dans cette ville prospère où il s'est associé avec un autre émigré, le comte de Pontgibaud, devenu un opulent banquier. Le consul de France lui trouve un navire américain appareillant pour Smyrne et il s'y embarque avec Julien le 31 juillet, mais, en raison d'un orage, ils attendront deux jours en rade avant de mettre à la voile.

*

Les 6 et 7 août, le navire, encalminé, demeure au large de Corfou que, faute d'avoir vue, il décrira en s'aidant d'un gros ouvrage en trois volumes de Grasset de Saint-Sauveur, consul de France à Zante et Corfou, mais sans le citer. Le 10 août, il débarque à Modon, sur la côte du Péloponnèse, et, apprenant que la tranquillité règne en Morée, qu'on peut gagner Athènes sans danger, en visitant au passage Sparte et Troie, il décide d'abandonner le vaisseau qu'il rejoindra au Pirée. Julien continuera par mer avec le gros des bagages. Il embauche un guide, un Italien prénommé Joseph, marchand d'étain à Smyrne et parlant un peu le grec. Il s'est procuré un janissaire, un postillon et quatre chevaux, dont un de remonte en cas d'accident. Ces bêtes sont harnachées à la mode du pays avec des selles inconfortables, mais sûres, dont « les étriers, larges et courts, vous plient les jambes, vous rompent les pieds, et déchirent les flancs de votre cheval. Au moindre faux mouvement, le pommeau élevé de la selle vous crève la poitrine ; et si vous vous renversez en arrière, le haut rebord de la selle vous brise les reins », écrira-t-il dans l'*Itinéraire*.

C'est en cet équipage, se nourrissant de ce que l'on peut acheter auprès de paysans misérables, couchant à la belle étoile ou dans les *kans*, masures infestées de vermine et d'insectes, qu'il va chevaucher à travers la patrie des Muses et d'Apollon. Ses randonnées américaines, sa campagne à l'armée des Princes l'ont endurci et il ne se plaindra jamais de la mauvaise qualité de la chère ou de l'inconfort des logements, mais il se montrera en revanche assez pointilleux sur les égards qu'il estime lui être dus, sinon comme écrivain, du moins en qualité de Français. Son principal souci est d'aller vite et de s'arrêter le moins longtemps possible, accordant au maximum deux heures de repos à ses gens. Ceux-ci, lors de son passage à Argos, supplieront son hôte, Avramiotti, de persuader leur maître de leur laisser au moins une journée de repos.

A Coron, il est parfaitement reçu par le consul de France auquel il délivre, en guise de billet de logement, une copie de la lettre de Talleyrand au général Sébastiani. M. Vial, le consul, lui donne en retour une lettre pour le pacha de Morée, ainsi qu'une autre à un notable turc de Misitra, Ibrahim-bey, encore qu'un des commentateurs de l'*Itinéraire* observe qu'il n'y a jamais eu de notable à Misitra, si ce n'est « le maître abject, vil et misérable d'un khan[3] ». Il est d'ailleurs malaisé de distinguer dans le récit de Chateaubriand le vrai du faux. Assez glorieux, persuadé que tout doit céder devant lui, il décrit ses rencontres avec les autorités locales de manière à laisser croire qu'il n'accepte ni les attentes, ni les chicaneries administratives, encore moins les rebuffades et les affronts, mais lorqu'on connaît les mœurs du pays au temps de la domination ottomane, il est permis de penser que Chateaubriand a montré moins de superbe et plus de souplesse.

Il est aussi difficilement crédible lorsqu'il décrit, en puisant dans sa vaste documentation, les lieux qu'il indique avoir visités. Ainsi à Sparte, où il fait le 18 août un pèlerinage ému, après avoir d'abord cru que cette ville était située jadis à l'emplacement de Misitra, il revendiquera l'honneur d'avoir découvert la véritable Sparte, honneur, dit-il modestement, qui seul sauvera son nom de l'oubli, mais il se trompe un peu dans les ruines qu'il dénombre, en trouvant dix-sept dans l'article qu'il envoie au *Mercure de France* et quatorze seulement dans l'*Itinéraire*. La trouvaille est, en tout cas, motif à quelques belles pages, notamment la description du paysage aperçu de la colline de la citadelle : « Comme j'arrivais à son sommet, le soleil se levait derrière les monts Ménélaïons. Quel beau spectacle ! mais qu'il était triste ! l'Eurotas coulant solitaire sous les débris du pont Babyx ; des ruines de toutes parts, et pas un homme parmi ces ruines ! Je restai immobile, dans une espèce de stupeur, à contempler cette scène. Un mélange d'admiration et de douleur arrêtait mes pas et ma pensée ; le silence était profond autour de moi : je voulus du moins faire parler l'écho dans les lieux où la voix humaine ne se faisait plus entendre, et je criai de toute ma force : Léonidas ! Aucune ruine ne répéta ce grand nom ; et Sparte même semble l'avoir oublié[4]. »

Après une nuit passée dans les marais de Lerne, étendus sur des bottes de foin humide et bercés par le coassement des grenouilles, les voyageurs arrivent au village d'Argos où Chateaubriand reçoit, pour son malheur, l'hospitalité d'un médecin grec, M. Avramiotti, originaire de Zante et non vénitien, à qui l'avait recommandé M. Fornetti, premier drogman de France dans l'échelle de Coron. Pour un Grec lettré vivant en pays ottoman, la venue d'un Français qui est allé jadis en Amérique et qui a écrit des livres est une aubaine. Il est certain qu'Avramiotti a dû bien accueillir Chateaubriand, mais peut-être, au lieu d'écouter son invité, a-t-il voulu l'éblouir, étaler sa science et surtout sa connaissance de la région. Chateaubriand, qui a, lui, une grande culture littéraire, a sans doute essayé de la montrer, car, écrit Avramiotti, il « entonnait de temps en temps des vers traduits d'Homère, des vers traduits d'Horace et de Virgile, des passages de l'Ancien et du Nouveau Testament ». Cet assaut d'érudition a dû ennuyer l'un, vexer l'autre. Peu soucieux de perdre son temps, Chateaubriand a prié son hôte de lui faire seller des chevaux de bon matin, pressé qu'il est de rallier Athènes. Etonné de cette façon de voyager sans visiter les lieux traversés, Avramiotti lui fait observer qu'Argos offre des monuments et des vestiges intéressants qu'il serait dommage de manquer. Chateaubriand consent à rester une journée.

Le lendemain donc, au lieu de partir, il se rend au château, accompagné d'Avramiotti, et reconnaît n'avoir « jamais admiré une vue plus vaste ». Il s'apprête à redescendre et son hôte, encore plus surpris qu'il se contente d'un coup d'œil, lui fait la leçon : « Les généraux seuls, lui dit-il, se contentent de la hauteur pour ranger l'armée en ordre de bataille et les peintres pour dessiner un pays ; mais l'érudit cherche, en voyageant, toutes les pierres, toutes les inscriptions ; il se plaît à comparer les auteurs avec ses remarques. Il me répond que la nature ne l'avait pas fait pour des études serviles, qu'une hauteur lui suffisait pour réveiller dans sa mémoire les riantes images de la fable de l'histoire[5]. »

Avramiotti, nullement découragé, veut lui montrer le théâtre, ou plutôt ce qu'il en reste. Chateaubriand regimbe et lui répond qu'il l'a vu en arrivant. Le Grec insiste : « Avez-vous remarqué ces sièges creusés dans le roc, son fondement de structure grecque, l'édifice de construction romaine ? » Exaspéré, Chateaubriand réplique : « Je ne me suis pas détourné de mon chemin pour de pareilles minuties ; ce que j'ai vu en perspective me suffit. » Et Avramiotti, sarcastique : « Mais, Monsieur, vous ne ressemblez pas aux autres voyageurs ; ils ne s'épargnent pas des fatigues, des dangers, des dépenses, pour une ruine. Excusez-moi si j'ose vous dire que cette excursion vous était inutile ; elle ne vous procurera qu'une fièvre pour tout l'hiver[6]. »

Par sa désinvolture et son impatience, Chateaubriand a blessé le susceptible Avramiotti qui ne l'a pas caché, car il écrira dans l'*Itinéraire* : « Je crois que M. Avramiotti ne fut pas fâché d'être débarrassé de moi ; quoiqu'il m'eût reçu avec beaucoup de politesse, il était aisé de voir que ma visite n'était pas venue à propos[7]. »

En quittant Argos pour Corinthe, il prend par le plus court, dédaignant les itinéraires plus pittoresques suggérés par Avramiotti qui se vengera en faisant observer que, lorsque Chateaubriand croira découvrir le tombeau de Clytemnestre, l'endroit était bien connu des bergers qui venaient y rechercher leurs brebis égarées. Il est dangereux de froisser un érudit de province. Avramiotti relèvera, la plume à la main, toutes les erreurs de son visiteur, certaines dues à des lectures fautives d'auteurs anciens ou bien à ces auteurs eux-mêmes et reproduites sans vérification. Une des plus célèbres est celle que fera Chateaubriand qui, se fiant aux descriptions de Chandler, oubliera que celui-ci a fait le trajet en sens inverse, et il placera du côté droit de la route ce qui se trouve à gauche en réalité.

A Corinthe, il déclara n'avoir pas vu les colonnes du temple de Diane alors qu'elles sont englobées dans le kan où il s'est arrêté, ce qu'Aulard confirme en précisant : « Ces colonnes, qui ne sont que sept, frappent les yeux sans qu'aucun bâtiment s'interpose. Avramiotti a raison, il n'est pas possible de ne pas voir ces colonnes et c'est à se demander si Chateaubriand a été vraiment à Corinthe[8]. » Là encore, il y a contradiction entre les dates indiquées par l'*Itinéraire* et celles des notes des *Martyrs*, ainsi que dans certains faits rapportés. Dans *Les Martyrs*, il rappelle que Virgile y fut malade ; dans l'*Itinéraire*, c'est lui qui est malade...

Avramiotti ne sera pas seul à contester la véracité des affirmations de Chateaubriand qui, volontairement ou non, brouille les dates et les événements. Il écrit ainsi qu'il est arrivé à Athènes le 23 août, venant par mer, alors que d'après Fauvel, le consul de France, il serait arrivé le 19, par voie de terre. Sans vouloir entrer dans des discussions fastidieuses, il faut seulement accepter avec réserve les dates données par Chateaubriand, ce qui n'enlève rien à l'éclat de ses descriptions lorsqu'il a réellement vu ce qu'il décrit, ni au pittoresque de certaines scènes, comme cette halte dans un kan pour y déjeuner : « Le maître du lieu, un vieux Turc à la mine rébarbative, était assis dans un grenier qui régnait au-dessus des étables du khan : les chèvres montaient jusqu'à lui, et l'environnaient de leurs ordures. Il nous reçut dans ce lieu de plaisance, et ne daigna pas se lever de son fumier pour faire donner quelque chose à ces chiens de chrétiens ; il cria d'une voix terrible, et un pauvre enfant grec tout nu, le corps enflé par la fièvre et les coups de fouet, nous apporta du lait de brebis dans un vase dégoûtant par sa malpropreté ; encore fus-je obligé de sortir pour le boire à mon aise, car les chèvres et leurs chevreaux m'assiégeaient pour m'arracher un morceau de biscuit que je tenais à la main[9]. »

Le séjour d'Athènes pose une énigme insoluble. Il semble y avoir passé peu de temps, séjournant surtout à Kératia et surprenant Fauvel qui trouve qu'il aurait mieux employé ces quelques jours à une visite plus approfondie d'Athènes. Artiste et amateur d'antiques, Fauvel a fait de son consulat un petit musée, rempli de moulages et de gravures, de médailles et de fragments de poteries, le tout assez poussiéreux. Chateaubriand, qui s'attendait sans doute à une demeure à mi-flanc de colline, avec portique et terrasse d'où il aurait découvert une vue admirable, est un peu désappointé de se trouver dans une maison modeste, étouffée entre la rue et le jardin. Il lui faut se coller à une fenêtre, en biais, « comme un écolier dont l'heure de la récréation n'est pas arrivée », pour apercevoir, entre des cascades de toits, un morceau de la citadelle.

Plus aimable et plus disert qu'Avramiotti, Fauvel guide son compatriote à travers les ruines d'Athènes, examinant au passage les débris que des indigènes lui présentent et rendant, d'un seul mouvement de tête, son verdict, précieux pour une vente ultérieure à quelque étranger, car, ainsi que le note Chateaubriand, « les Grecs, à force de voir des voyageurs, commencent à connaître le prix de leurs antiquités ». Même s'il n'a fait que parcourir Athènes, sans regarder en détail les monuments que Fauvel lui désigne, et comptant pour les décrire sur les travaux de ses prédécesseurs, il les voit suffisamment bien pour en saisir l'essentiel et faire à leur sujet des remarques intéressantes. Par exemple, il juge regrettable le transport de ces colonnes et de ces chapiteaux sous d'autres cieux : « Les monuments d'Athènes, écrit-il, arrachés aux lieux pour lesquels ils étaient faits, perdront non seulement une partie de leur beauté relative, mais ils diminueront matériellement de beauté. Ce n'est que la lumière qui fait ressortir la délicatesse de certaines lignes et de certaines couleurs ; or, cette lumière venant à manquer sous le ciel de l'Angleterre, ces lignes et ces couleurs disparaîtront, ou resteront cachées[10]. »

Cette allusion au pillage artistique des Anglais ne l'empêche d'ailleurs pas d'emporter en souvenir un morceau de marbre du Parthénon, de même qu'il en a pris un au tombeau d'Agamemnon. Du Pirée, il prévoit que, « entre les mains d'une nation civilisée, [il] pourrait devenir un port considérable », et du peuple grec, réduit à l'état le plus misérable, il déduit que le génie des nations s'épuise et « quand il a tout produit, tout parcouru, tout goûté, rassasié de ses propres chefs-d'œuvre, et incapable d'en produire de nouveaux, [il] retourne aux sensations purement physiques[11] ».

L'*Itinéraire* est écrit pour des lecteurs lettrés, nourris d'antiquité, soucieux de réminiscences classiques et d'évocations historiques ; il contient néanmoins un certain nombre de descriptions qui donnent une meilleure idée du pays que les relations des autres voyageurs, incapables d'exprimer ce qu'ils ressentaient ou peut-être de ressentir quelque chose. Comment ne pas imaginer, à travers ces lignes, la lumineuse beauté de ce paysage : « Athènes, l'Acropolis et les débris du Parthénon se coloraient de la plus belle teinte de la fleur de pêcher ; les sculptures de Phidias, frappées horizontalement d'un rayon d'or, s'animaient, semblaient se mouvoir sur le marbre par la mobilité des ombres du relief ; au loin, la mer et le Pirée étaient tout blancs de lumière, et la citadelle de Corinthe, renvoyant l'éclat du jour nouveau, brillait sur l'horizon du couchant, comme un rocher de pourpre et de feu[12] » ?

Il prend congé de l'hospitalier Fauvel, qui voudrait le garder davantage, et se dirige vers le port de Zéa pour s'y embarquer à destination de Smyrne quand, à Keratia, il est saisi d'un violent accès de paludisme. Aussitôt prévenu, Fauvel lui envoie du vin de Malaga, de la quinine, et trois jours après, rétabli, il gagne le cap Sounion, où il passe la nuit, et arrive à Zéa le 30 août.

*

Ce serait paraphraser l'*Itinéraire* que de suivre Chateaubriand dans sa traversée jusqu'à Smyrne où le consul français, Choderlos de Laclos, est le frère de l'auteur des *Liaisons dangereuses*. A l'auberge, il retrouve Julien Potelin, sain et sauf, puis visite la ville, «espèce d'oasis civilisée, une Palmyre au milieu des déserts de la barbarie». C'est là qu'il se sépare de Joseph en lui délivrant un bon certificat. De Smyrne, il s'enfonce à travers l'Asie, passe à Pergame, puis s'égare, et, à Kircagah, doit affronter un *aga* en présence duquel il refuse d'abandonner ses armes, ses bottes et son fouet. Les serviteurs du Turc veulent l'obliger à se conformer aux usages ; il réagit violemment, assène un coup en pleine face à l'un des serviteurs et tient un discours altier à l'*aga* médusé. L'affaire s'arrange et il peut poursuivre sa route vers Constantinople. L'inconfort des kans ne le cède en rien à celui de leurs rivaux grecs. Un soir, à Emir-Capi, il couche dans le lit encore tiède d'un mort que l'on vient d'enlever.

Le 12 septembre, il s'embarque à Mikalitza pour traverser la mer de Marmara et, le 13, débarque à Galata, frappé, dès qu'il a mis le pied sur le sol, par ces trois traits caractéristiques des mœurs turques : absence de femmes dans les rues, absence aussi de véhicules, et hordes de chiens errants. Il est aussi fort étonné du silence, en dépit de l'animation des rues, car on n'entend ni grincements de charrettes, ni bruit de pas, les Turcs glissant dans leurs babouches, ni cloches ou rumeurs d'échoppes d'artisans. En quelques phrases concises, il décrit l'atmosphère étrange et colorée de Constantinople avec ses cimetières épars çà et là, sa foule muette, «troupeau qu'un iman conduit et qu'un janissaire égorge. Il n'y a d'autre plaisir que la débauche, d'autre peine que la mort[13]». Il ne s'attarde pas en cette capitale où le sérail s'élève au milieu des bagnes et des prisons, mais il est malgré tout curieux qu'il ne soit pas resté davantage dans une ville où il y a tant à voir pour l'historien, l'artiste et même le chrétien, puisque l'ancienne Byzance a été une seconde Rome, aussi prestigieuse que la première. Il semble que Chateaubriand, révolté par ce qu'il a vu en Grèce, ait pris les Turcs en horreur : «Ce sont des

Barbares bien pires que les Hurons et les Iroquois », écrit-il à Joubert. Il est vrai qu'avec Chateaubriand on ne sait jamais s'il est sincère ou non.

Pendant ce bref séjour, au lieu d'errer en ville, il passe une grande partie de son temps à écrire des lettres éplorées, jouant au voyageur blasé, jurant qu'il n'a plus envie de courir le monde – alors qu'il frémit d'impatience à la pensée de Grenade – et, reprenant le thème de la retraite champêtre où il connaîtra enfin le bonheur, il écrit à Faget de Baure : « Oh ! Monsieur, que j'ai grande envie d'avoir fini mes courses sur cette terre ! Que j'ai grand besoin de me reposer enfin auprès de quelques amis comme vous ! C'est trop acheter un peu de renommée que de la payer par vingt ans de fatigues, de voyages et d'erreurs. D'autant plus que je m'aperçois qu'à chaque pas qu'on fait dans la vie on perd quelque illusion. Ne voyez jamais la Grèce, Monsieur, que dans Homère. C'est plus sûr[14]. »

Le 18 septembre, il part pour Jaffa sur un bateau de pèlerins. La gaieté de ces chrétiens qui ne cessent de chanter, boire et danser contraste avec la morne résignation des Turcs de Constantinople et ne diminue même pas lorsque le capitaine annonce qu'il a perdu son orientation et s'en remet à Dieu du soin de conduire le navire à bon port. Enfin, après des calmes qui les ont retardés, Chateaubriand est à Jaffa le 1er octobre et descend chez des pères d'un ordre hospitalier, vraisemblablement des Espagnols, avec lesquels il converse en latin. Le père Juan de la Conception, curé de Jaffa, lui tient un discours édifiant, non sur la religion, mais sur les Turcs contre lesquels, fort de son expérience, il le met en garde en lui prédisant les calamités qui l'attendent s'il voyage avec trop d'apparat. Il faut se faire humble et se glisser anonymement parmi les pèlerins besogneux s'il ne veut pas être rançonné.

Il suit ces sages conseils et part pour Jérusalem en modeste équipage. Il est à peine arrivé dans cette ville qu'avec cette frénésie qui caractérise ses déplacements il en repart quelques heures plus tard pour Bethléem, qu'il visite en coup de vent. Malgré son piètre équipage, il attire l'attention, au sortir du village, d'un parti d'Arabes qui se jettent sur son escorte. Il leur échappe en se réfugiant au couvent de Saint-Saba. Cette attaque est due au fait que les Arabes prétendent avoir le monopole de l'exploitation des pèlerins et ne supportent pas d'être concurrencés par les gens de Bethléem que Chateaubriand avait recrutés. Le différend s'arrange à l'orientale : il récompense les gens de Bethléem qui ont fait preuve de courage en le défendant ; il dédommage les Arabes qui, s'ils n'obtenaient rien, feraient appel à d'autres tribus et, devenus les plus forts, massacreraient les voyageurs récalcitrants.

Le soir du 5 octobre, il arrive à la mer Morte, au bord de laquelle il campe et passe la nuit pour repartir à l'aube. Il n'en a rien vu – il y a d'ailleurs peu à voir – et n'a pu qu'entendre le bruit lugubre émis par ce lac mort, «comme les clameurs étouffées du peuple abîmé dans ses eaux». Du Jourdain, il emporte une fiole, à titre de souvenir, qu'il offrira en 1820 pour le baptême de l'héritier des Bourbons, le duc de Bordeaux. Lamartine, qui parcourra plus tard les mêmes régions et en fera de précises et souvent remarquables descriptions, affirmera que Chateaubriand n'a jamais vu ni la mer Morte ni le Jourdain, arguant du témoignage des moines du couvent local : «Je ne sais que croire à cet égard, écrira-t-il, la description qu'il fait du fleuve est si peu exacte qu'elle peut laisser quelques doutes à ceux qui, comme moi, l'ont suivi de l'œil, du pied du Liban jusqu'à la mer Morte[15].»

En se dirigeant vers Jéricho, la petite troupe rencontre des Arabes au regard malveillant qui semblent vouloir les attaquer. Julien, que rien n'étonne et qui se croit toujours rue Saint-Honoré, écrit son maître, est malgré tout surpris des difficultés de circulation dans ce désert et dit naïvement : «Monsieur, est-ce qu'il n'y a pas de police dans ce pays-ci pour réprimer ces gens-là ?»

Le 7 octobre, il est de retour à Jérusalem et, cette fois, ayant apaisé sa soif de la mer Morte, il consent à visiter la ville. Rien de plus ennuyeux que l'évocation d'un lieu célèbre où les visiteurs se sont succédé en se copiant les uns les autres et, obnubilés par un certain conformisme, à la fois historique et religieux, n'osent pas écrire ce qu'ils ont réellement vu et ressenti. Chateaubriand n'échappe pas à la règle et, après avoir parcouru Jérusalem au pas de course, il s'enferme dans la bibliothèque du couvent où il est logé pour consulter les auteurs qui, eux, ont pris le temps de tout voir en détail. Bien qu'il cite ses sources, il omet la principale et il égare la sagacité de ses futurs exégètes en écrivant : «J'aurais pu piller les *Mémoires* de l'abbé Guénée sans en rien dire, à l'exemple de tant d'auteurs qui se donnent l'air d'avoir puisé dans les sources, quand ils n'ont fait que dépouiller des savants dont ils taisent les noms…» Or, c'est précisément à l'œuvre de l'abbé Guénée qu'il empruntera, rentré en France, le passage assez long de l'*Itinéraire* concernant l'histoire des souverains musulmans de Jérusalem. Pour le reste, le *Voyage en Terre sainte*, de Doubdan, paru en 1666, la *Géographie sacrée* et les *Monuments de l'Histoire sainte*, du père Joly, de 1784, ainsi que les *Annales ecclesiastici*, de Baronius, font l'affaire et l'aident à rédiger un copieux chapitre sur Jérusalem.

Tout en compulsant les ouvrages du couvent, il acquiert une dignité nouvelle en se faisant recevoir chevalier de l'ordre du Saint-Sépulcre.

Il prétendra que les moines le lui avaient demandé, alors que c'est lui qui a sollicité cet honneur, tout en refusant de payer les droits de chancellerie. Il ne réussit à en être dispensé que sur l'intervention de l'ambassadeur de France à Constantinople. Bien que le fidèle Julien, qui tient lui aussi un *Journal*, ne mentionne pas cette cérémonie, elle a bien eu lieu, mais l'on peut douter que l'épée avec laquelle il a été adoubé fût précisément celle de Godefroy de Bouillon[16].

A peine armé, le nouveau chevalier repart pour Jaffa. Quittant avec émotion les Pères qui l'ont reçu, il s'apitoie sur la précarité de leur position : « L'état où ils vivent, remarque-t-il, ressemble à celui où l'on était en France, sous le règne de la Terreur. » Il n'oubliera jamais ce qu'il a vu et sera, jusqu'à la fin de sa vie, un ardent défenseur des chrétiens d'Orient.

A Jaffa, les moines chez lesquels il était descendu la première fois lui trouvent un embarquement pour Alexandrie et, sachant qu'il compte aller en Espagne, sans se douter du motif qui l'attire à Grenade, l'un d'eux le munit d'une lettre de recommandation pour des compatriotes.

*

Le navire est modeste, avec seulement cinq hommes d'équipage, y compris le capitaine, mais la traversée s'effectue sans encombre et, moins d'une semaine après avoir quitté Jaffa, Chateaubriand aperçoit une barre d'écume avec, au-delà, une eau pâle et calme que le capitaine lui affirme être celle du Nil. Bientôt la couleur de l'eau change ; elle devient rouge et vire au violet. Après avoir doublé la pointe d'Aboukir, un des tombeaux de la flotte française, le saïque pénètre dans le port d'Alexandrie où le souvenir d'un grand passé rend plus affligeant le spectacle offert par cette ville à demi morte. M. Drovetti, le consul de France, l'accueille à bras ouverts, le loge chez lui, mais Chateaubriand n'a aucune intention de s'attarder à Alexandrie, en dépit des grands souvenirs qu'il pourrait y évoquer.

Arrivé le 21 octobre 1806, il repart le surlendemain pour Le Caire, voyageant de nuit, comme il aime à le faire, autant pour éviter la chaleur que pour gagner du temps. A Rosette, il trouve un bateau pour remonter le Nil, mais le courant et les vents contrarient cette remontée. De plus en plus impatient, il déplore les « sept mortelles journées » perdues à bord de cette felouque.

Les Pyramides, première manifestation pour lui du génie de l'ancienne Egypte, l'intéressent moins par leur architecture que par la pensée qui les a imaginées. Cet hymne de pierre à la mort, cette façon de conserver pour l'éternité un nom, plus encore qu'une dépouille, lui paraît une remarquable idée : « Pour moi, écrit-il, loin de regarder comme un insensé le roi qui fit bâtir la grande pyramide, je le tiens au contraire pour un monarque d'un esprit magnanime. L'idée de vaincre le temps par un tombeau, de forcer les générations, les mœurs, les lois, les âges, à se briser au pied d'un cercueil, ne saurait être sortie d'une âme vulgaire. Si c'est là de l'orgueil, c'est du moins un grand orgueil. Une vanité comme celle de la grande pyramide, qui dure depuis trois ou quatre mille ans, pourrait bien à la longue se faire compter pour quelque chose[17]. » Sans doute est-ce alors qu'il a conçu le projet d'imiter le pharaon et de se bâtir un tombeau qui susciterait après sa mort autant de réflexions que de pèlerinages.

Une semaine au Caire lui suffit pour voir, ou plutôt, comme il l'écrit toujours, « examiner » les curiosités de cette ville, mais en raison de la crue du Nil il ne peut accéder aux Pyramides, entrevues seulement le jour de son arrivée. Aussi charge-t-il un compatriote, M. Caffé, de graver son nom sur la paroi de l'une d'elles afin que la postérité sache qu'il est venu jusque-là.

Après avoir attendu dix jours des vents favorables, Chateaubriand quitte enfin Alexandrie pour Tunis le 23 novembre et n'arrivera en vue de cette régence ottomane que le 12 janvier 1807, ballotté pendant un mois et demi par ces mêmes vents, devenus soudain furieux et obligeant le navire à louvoyer. « Notre navigation, dira-t-il, ne fut qu'une espèce de perpétuel naufrage. » A plusieurs reprises, on croit le bateau près de sombrer. Le 28 décembre, au large de Malte, la situation paraît si désespérée que Chateaubriand, pour laisser à la postérité une trace de l'événement, enferme dans une bouteille, qu'il se propose de jeter à la mer au dernier moment, un billet d'adieu : « F.A. de Chateaubriand, naufragé sur l'île de Lampédouse, le 28 décembre 1806, en revenant de Terre Sainte. »

Dieu n'abandonne pas son serviteur qui, après une quarantaine de quelques jours, débarque à la Goulette et, de là, gagne Tunis où il est reçu par le consul français, M. Devoise. Il y demeurera six semaines, fêté par la petite colonie européenne, allant à de nombreuses réceptions et, bien entendu, excursionnant aux environs, mais remplaçant la description des lieux visités par leur historique, emprunté à d'autres écrivains. Il se vantera d'avoir découvert le véritable emplacement du port de Carthage alors que c'est un certain Humberg, beau-frère de M. de Lessing, le consul hollandais, qui le lui indique, après l'avoir signalé d'ailleurs à un autre chercheur, le père Caroni. Dans son zèle, il prétendra même avoir mesuré les arches et les piliers de l'aqueduc d'Ariana à Tunis, décrits autrefois par l'historien Shaw, mais oubliant que les vestiges de cet aqueduc se sont écroulés après le passage de Shaw et que le père Caroni les a vainement cherchés en 1805.

Durant ce séjour à Tunis, il a le loisir de rassurer sa femme et ses amis, inquiets de ne pas avoir de ses nouvelles depuis deux mois. Mme de Chateaubriand, qui le tenait déjà pour mort en le quittant à Venise, était persuadée qu'il avait péri. On le croyait aussi à Paris. Le bruit ayant couru que son navire avait fait naufrage, des familiers des Tuileries en avaient marqué leur satisfaction devant l'empereur qui les avait rabroués : « Eh bien, est-ce que cela vous réjouit ? C'est cependant du moins un homme qui faisait honneur à son pays et que je regrette, moi qui suis le seul qui ait eu lieu à s'en plaindre... » Il avait ordonné aux journaux parisiens de ne pas se faire l'écho de cette rumeur, ajoutant : « Chateaubriand a sa femme ici, ce n'est pas la peine de la tourmenter inutilement : attendez que la chose soit sûre pour la mettre dans les journaux[18]. »

En rapportant ce propos dans ses *Cahiers*, Mme de Chateaubriand avait ajouté : « Je dois donc à Napoléon de n'avoir pas appris une chose qui m'aurait fait mourir, je n'aurais jamais eu une semblable obligation aux Bourbons. »

Au début de mars 1807, Chateaubriand trouve un navire pour Algésiras. C'est un schooner américain, l'*Enterprise*, qui le transportera en Espagne où il débarque avec un retard de trois mois sur son programme. Il craint donc de ne plus y trouver Natalie de Noailles qui devait l'attendre à Grenade. Il craint aussi que le bruit de ce rendez-vous ne fût parvenu aux oreilles de sa femme, en dépit de ses précautions. A Joubert, il avait annoncé que son voyage s'achèverait à la fin du mois de décembre 1806 et il ne lui avait soufflé mot de l'Espagne, car il savait que sa femme, en son absence, avait résolu de passer une partie de son veuvage à Villeneuve-sur-Yonne. De Constantinople, il avait écrit à divers correspondants qu'il regagnerait la France au mois de novembre, et c'est seulement le 23 octobre 1806 qu'il avait laissé entrevoir à Joubert qu'il pourrait revenir en passant par l'Espagne ou l'Italie.

Dès son arrivée en rade d'Algésiras, il écrit à Joubert, se plaignant de tout : d'avoir essuyé des tempêtes pendant quatre mois, d'avoir échappé par miracle au sabre et au mousquet des Arabes. Il reprend le même refrain avec Mathieu Molé, puis un peu plus tard avec Mme de Pastoret, dans l'espoir que toutes ces épreuves subies pour l'amour du Christ lui vaudront la commisération de la société parisienne, ignorant que celle-ci a déjà fait mille contes sur ce fameux rendez-vous de Grenade et s'amuse aux dépens des amants.

De son côté, Mme de Noailles avait essayé, elle aussi, de garder le secret, conjurant son frère, Alexandre de Laborde, d'en faire autant : « J'ai reçu des nouvelles (n'en parle à personne) de M. de Chateaubriand, lui écrivait-elle en juillet 1806. Il me mande qu'il va traverser le Péloponnèse et que s'il trouve une occasion pour venir débarquer en Espagne, il passera par Grenade pour revenir en France. Tu sais qu'il avait déjà ce projet-là lorsque nous en parlions à Méréville avec lui. Je serais très fâchée qu'on sût cela dans la société, ni même que j'en aie des nouvelles, parce que par jalousie on en ferait des caquets et je ne souhaite rien tant que d'être oubliée du monde entier. Je ne compte pas beaucoup sur son arrivée parce qu'il y a peu d'occasions pour ces ports-ci dans le Levant. D'ailleurs, quand bien même il passerait, il ne resterait pas et je le laisserais reprendre seul la route de Madrid, où il ne me conviendrait pas d'arriver avec lui[19]. »

Natalie de Noailles, qui s'était résolue à ce voyage autant pour illustrer le livre de son frère que pour se consoler d'avoir perdu Charles de Vintimille, avait trouvé un consolateur en route, un assez bel officier anglais qui, malheureusement, était mort à son tour. Il ne lui restait plus, pour la consoler de ces deux pertes, que Chateaubriand, qui ne donnait aucun signe de vie. Elle était arrivée à Grenade au mois d'octobre 1806 et y avait passé deux mois à dessiner les monuments, puis, ne voyant pas Chateaubriand arriver, elle était partie pour Cadix. Elle y avait rencontré Hyde de Neuville, autre opposant à Napoléon, et l'avait accompagné, ainsi que sa femme, à Séville à l'occasion des cérémonies de la semaine sainte. « Mme de Noailles, écrit Hyde de Neuville, n'avait plus cette première fraîcheur que je lui avais vue et qui n'appartient qu'à l'extrême jeunesse ; mais elle avait conservé sa grâce, ses traits charmants et cette physionomie expressive et touchante qui ajoute tant à la beauté[20]. » A force de dessiner des antiquités mauresques, Mme de Noailles s'était prise de goût pour l'Islam et parlait des Maures comme de ses meilleurs amis. « Je n'osais avouer, poursuit Hyde de Neuville, que je ne partageais pas tout à fait son admiration. »

Connaissant les aléas de la navigation, surtout en hiver, Mme de Noailles avait chargé l'agent consulaire français d'Algésiras de guetter « l'éventuel débarquement de Chateaubriand dans un port où on ne l'attendrait pas », et, vraisemblablement, tous les agents consulaires dans les autres ports de la côte avaient été avisés. Cela explique la rapidité avec laquelle, une fois débarqué, Chateaubriand apprend que Mme de Noailles sera fidèle au rendez-vous et il laisse percer sa satisfaction dans une lettre à Molé : « Ce que j'ai appris en arrivant ici me fait voir que je ne suis pas le seul à tenir ma parole ; en vérité, je ne l'espérais plus, et je suis confondu d'étonnement[21]. »

Sur les allées et venues de Chateaubriand pour retrouver Natalie de Noailles ou les déplacements de celle-ci pour aller au-devant de lui, les érudits ont échafaudé des hypothèses en consultant des cartes, en évaluant les distances, mais, quel qu'ait été l'itinéraire adopté, il suffit de savoir que, renseigné par Hyde de Neuville à Cadix, Chateaubriand partit à sa rencontre et qu'ils se sont retrouvés le 12 avril 1807 à Grenade. Lui a l'aspect d'un loup de mer, tanné par le soleil et l'air marin, hirsute et l'abord froid, presque roide, au dire d'Hyde de Neuville ; elle, hispanolisée par ce long séjour, se fait appeler Dolorès, s'habille à la mode du pays, interprète avec brio des danses locales et chante les louanges des Arabes.

Les heures enchantées de Grenade, cœur à cœur avec Mme de Noailles, ce n'est pas dans l'*Itinéraire de Paris à Jérusalem* qu'il faut en chercher le souvenir, mais dans une nouvelle, *Les Aventures du dernier Abencérage*, dont l'héroïne, Bianca, emprunte ses traits, voire sa passion, à Natalie de Noailles. Cette nouvelle, qui ne sera publiée qu'en 1826, par son insertion dans un volume des *Œuvres complètes*, tient du livret d'opéra, car certains passages ressemblent à des indications de mise en scène ou bien à des commentaires qu'un récitant ferait au public pour relier les différentes scènes entre elles. C'est une pièce héroïque, où chacun des protagonistes mâles, qu'il soit maure ou chrétien, a toujours à la main sa rapière ou son yatagan, prêt à en découdre, alors qu'ils font essentiellement assaut de beaux sentiments.

Ainsi que dans *Atala*, la différence de religion constitue le principal obstacle à l'union des amants jusqu'à ce que le héros, Aben Hamet, en avouant qu'il est le dernier des Abencerages, les anciens califes de Grenade, s'aperçoive que Bianca Bivar, des ducs de Santa Fe, descend du fameux Cid, le vainqueur de ses aïeux. Là aussi, comme dans *Atala*, les larmes coulent à flots. Lorsque Aben Hamet apprend l'origine de Bianca, « deux torrents de larmes coulèrent de ses yeux sur le poignard attaché à sa ceinture ». On peut se demander si Chateaubriand a réellement vu un jour pleurer quelqu'un, surtout un guerrier, aussi abondamment. L'histoire se termine à peu près comme celle de *Bérénice* : *invitas invitam dimisit*. Un carnage est évité au lecteur sensible qui peut estimer à juste titre que le véritable intérêt de cette nouvelle se trouve en fait dans la description du *Generalife* et de ses jardins.

Chacun des personnages chante à tour de rôle une romance évoquant son pays lors d'une fête donnée par Lautrec, un Français fait prisonnier par don Carlos, frère aîné de Bianca. Si la ballade chantée par Aben Hamet est d'une médiocrité consternante, celle de don Carlos ne vaut pas mieux, dont les paroles semblent écrites par la reine Hortense et rappellent l'élégiaque hymne officiel du Second Empire :

> Prêt à partir pour la rive africaine,
> Le Cid armé, tout brillant de valeur,
> Sur sa guitare, aux pieds de sa Chimène
> Chantait ces vers que lui dictait l'honneur…

Meilleure est la romance de Lautrec, *Combien j'ai douce souvenance*, dont Lamartine écrira : « C'est le seul passage de ses vers où Chateaubriand a été poète. » Si cet air fameux, interprété lors des funérailles de Chateaubriand, a son origine dans un chant d'Auvergne, l'histoire même du dernier Abencerage a été empruntée par Chateaubriand à *Mathilde ou mémoires tirés de l'histoire des croisades*, de Mme Cottin, un bas-bleu qui a elle-même emprunté certains passages de *Mathilde* au *Génie du christianisme*, et Chateaubriand, furieux du procédé, avait alors écrit à Molé : « Parlons de Mme Cottin. Je me sens pour son ouvrage des entrailles paternelles… »

Même s'il a trouvé l'idée de l'*Abencerage* dans *Mathilde*, il a su donner à cette idylle un peu fade une couleur presque locale en l'ornant de descriptions qui font des *Aventures du dernier Abencerage* un de ces livres si caractéristiques du XIXᵉ siècle à ses débuts, lorsque la qualité des illustrations l'emportait souvent sur celle du texte.

*

Pour les deux amants réels, l'Alhambra restera un épisode enchanté, concrétisé par un cœur enflammé, monté en broche, affectant la forme d'une grenade et laissant échapper quelques grains de rubis, bijou que Chateaubriand offre en souvenir à Natalie de Noailles. On pourrait supposer que tous deux, ravis de se retrouver dans un des plus beaux paysages qui soient et filant le parfait amour, s'attarderaient un peu à Grenade, oubliant le monde et leurs amis. Point. Ils n'y passent qu'une journée et, dès le 14 avril, se remettent à courir les grands chemins, brûlant les étapes, roulant jour et nuit. Le 15 avril, ils sont à Andujar ; le 16 ils en repartent pour Madrid où ils arrivent le 21, après avoir visité quand même Aranjuez.

Mme de Noailles, qui se doute que le secret de cette aventure sera vite ébruité, a pris les devants et d'Aranjuez elle a écrit à Mme de Vintimille afin que celle-ci colporte une version officielle de l'affaire : « Vous savez en détail déjà sûrement des nouvelles de M. de Chateaubriand, chère amie. Je veux pourtant vous en donner aussi. Il se porte fort bien, il est engraissé, un peu noir, mais aussi gai et reposé que s'il n'avait rien fait. Il parle de Jérusalem comme de Montmartre ; il veut aller au Toboso[22] parce qu'il trouve que cela va bien ensemble. Il doit passer ici dans deux jours ; je ne l'y attends pas, car je suis si pressée de revenir que je ne puis retarder d'un jour, surtout lui n'ayant aucun besoin de moi ; car il est si accoutumé à vivre avec des gens qu'il n'entend pas, à dormir par terre et à ne manger que des dattes et du riz qu'il trouve l'Espagne un pays de superfluités. Je le crois content de son voyage ; à Tunis, il a vu les ruines de Carthage ; ici, il aura vu tout ce qui mérite son intérêt, Grenade et Cordoue. J'ai eu bien du plaisir à le revoir, car j'en étais bien inquiète. Il a couru beaucoup de dangers dans les différents pays qu'il a parcourus, surtout en Palestine ; aussi a-t-il un grand et beau sabre au côté. »

Elle a raison de se méfier, car en France on glose sur cette équipée. Ainsi, Elzéar de Sabran, frère de Mme de Custine, écrit-il à Mme de Staël : « M. de Chateaubriand doit bientôt revenir. On dit qu'il voyage avec Mme de Noailles ; la convertira-t-il ou la pervertira-t-il, et qui des deux aurait le plus d'ouvrage ? Pour moi, je crois qu'il se convertira tout exprès pour la convertir, ou plutôt qu'il la convertira tout exprès pour se pervertir. L'autre jour sa femme est arrivée toute désolée chez une de ses amies : "Qu'avez-vous, ma chère ? lui a-t-on dit. Ah ! je suis perdue, je ne le verrai jamais, je me flattais de le voir tout de suite, et point du tout, j'apprends qu'il est allé à Saint-Jacques de Compostelle." Vous conviendrez que Saint-Jacques de Compostelle est de la bien petite bière quand on revient de Jérusalem, c'est ce qui me fait croire que ce pèlerinage est un détour de Mme de Noailles[23]. »

Le 24 avril, Mme de Noailles et Chateaubriand quittent Madrid où, bien qu'ils ne soient restés que trois jours, ils n'ont pas plus échappé à l'attention de l'ambassadeur de France, M. de Beauharnais, qu'à celle du palais royal. Chateaubriand a refusé de voir la reine Marie-Louise, curieuse de le connaître. Leur trajet de Madrid à Bayonne s'effectue sur un rythme moins rapide, avec cette fois des arrêts chaque nuit à l'auberge, et c'est le 5 mai qu'ils arrivent à Bayonne, où ils se séparent. Mme de Noailles regagne directement Paris ; Chateaubriand met à profit l'occasion pour aller jeter un coup d'œil aux Pyrénées, bien qu'il n'aime guère les montagnes. On le voit à Pau, à Tarbes, à Barèges, puis, le 19 mai, à Bordeaux où sa présence attire les beaux esprits de la ville.

Un jeune homme, Edmond Géraud, lui rend visite, accompagné d'un ami, et dans son *Journal* décrit ainsi l'illustre pèlerin : « Sa physionomie m'a paru singulièrement d'accord avec le style de ses écrits. C'est quelque chose de grave, de religieux et de doucement passionné.» Il est séduit par «son attitude modeste, son sourire presque mélancolique, ses longues paupières abaissées qui se relèvent par intervalles pour laisser jaillir l'éclat de deux grands yeux noirs, le son mélodieux de sa voix, son expression toujours simple et toujours pure, l'intérêt de ses récits[24]»…

Ce jour-là, comme le surlendemain, car Géraud retourne le voir, insatiable, Chateaubriand tient des propos désabusés sur la gloire et répète : «Je n'aspire qu'à posséder un coin de terre où il y ait un peu d'ombre.» C'est son idée fixe, à laquelle il doit songer encore en roulant vers Paris où il arrive enfin le 5 juin, sans doute un peu inquiet en imaginant ce qui s'est dit sur lui en son absence, sur son équipée avec Natalie de Noailles, et sur ce qui a pu être tramé contre lui par tous les envieux, tels ceux qui s'étaient prématurément réjouis de sa disparition.

En dix mois, bien des événements sont survenus, qu'il n'a sus qu'avec retard, comme cette bataille d'Eylau où, pour la première fois, l'étoile de Napoléon a vacillé. L'Empereur est de ces hommes qui doivent être constamment victorieux pour conserver leur prestige et leur ascendant. Sa chance viendrait-elle à tourner, comme Mme de Noailles, ardente royaliste, aimerait à le croire? Un vague espoir pour les opposants au régime est né là-bas, dans ces plaines grises et glacées où, un instant, la victoire a paru déserter le camp de la France. D'avoir été armé chevalier du Saint-Sépulcre a donné à Chateaubriand le zèle et la foi d'un croisé. Aussi pourra-t-il écrire, avec le plus grand sérieux : «Si Napoléon en avait fini avec les rois, il n'en avait pas fini avec moi[25].»

10

Les palmes du martyre

Chateaubriand ouvre les hostilités par une action d'éclat pour intimider l'adversaire et lui montrer avec quelle puissance il devra désormais compter. Ce coup de semonce, c'est le fameux article publié le 4 juillet 1807 dans le *Mercure de France* à propos du *Voyage pittoresque et historique à travers l'Espagne*, d'Alexandre de Laborde. Ce somptueux ouvrage est certes signé par le frère de Natalie de Noailles, mais la malignité publique en attribue la paternité à plusieurs écrivains, grassement rétribués par l'auteur officiel. Un homme de lettres, Auguis, prétend même qu'il n'est pas sûr que M. de Laborde ait lu les cinq volumes qui le composent... On murmure aussi que Chateaubriand y aurait un peu mis la main[1]. Quoi qu'il en soit, la réputation de l'ouvrage va grandir en proportion du bruit fait par l'article du *Mercure*.

Deux personnes au moins éprouvent quelque surprise en lisant cet article : l'auteur, d'abord, qui n'y voit que bien peu de pages consacrées à son œuvre, à peine un tiers du texte, et Napoléon qui découvrira, lorsque le cardinal Fesch le lui enverra, un réquisitoire contre sa personne et son gouvernement. Dès la première page, le ton est donné : « Lorsque, dans le silence de l'abjection, l'on n'entend plus retentir que la chaîne de l'esclave et la voix du délateur ; lorsque tout tremble devant le tyran, et qu'il est aussi dangereux d'encourir sa faveur que de mériter sa disgrâce, l'historien paraît, chargé de la vengeance des peuples. C'est en vain que Néron prospère, Tacite est déjà né dans l'Empire ; il croît inconnu auprès des cendres de Germanicus, et déjà l'intègre Providence a livré à un enfant obscur la gloire du maître du monde[2]. »

Pressentant les représailles que lui vaudra cette dénonciation, Chateaubriand ajoute : « Mais si le rôle de l'historien est beau, il est souvent dangereux ! Il ne suffit pas toujours, pour peindre les actions des hommes, de se sentir une âme élevée, une imagination forte, un esprit fin et juste, un cœur compatissant et sincère ; il faut encore trouver en soi un caractère intrépide ; il faut être préparé à tous les malheurs, et avoir fait d'avance le sacrifice de son repos et de sa vie. » Fort de ce qu'il a vu en Orient, il précise que, si l'on peut croire le gouvernement absolu le meilleur des régimes, il suffit de passer quelques mois en Turquie pour se guérir de cette opinion. Il sait parfaitement qu'il ne sera guère écouté, encore moins suivi : « Nous ne doutons point que, du temps de Sertorius, les âmes pusillanimes, qui prennent leur bassesse pour de la raison, ne trouvassent ridicule qu'un citoyen obscur osât lutter seul contre toute la puissance de Sylla[3]. »

A l'imprudence de s'attaquer ainsi à l'Empereur, Chateaubriand joint celle de glisser dans cet article des pages de son futur *Itinéraire de Paris à Jérusalem*, ce qui pourrait en faire interdire la publication. Si l'on connaît la réaction de Napoléon, on ignore celle de Laborde, impliqué malgré lui dans une querelle politique et qui voit son nom compromis sans qu'on ait vraiment parlé de son œuvre. En effet, Chateaubriand réserve une plus grande place à la Grèce, à la Turquie, à l'Egypte, qu'à l'Espagne elle-même : « M. de Laborde nous pardonnera ces disgressions... », écrit-il, ce qui ne l'empêche pas de continuer à vagabonder hors de l'Espagne, de décrire Jérusalem à propos de Grenade et d'évoquer la colonne de Pompée à propos de l'Escurial.

Dans les salons royalistes, c'est, après lecture de l'article, une explosion d'enthousiasme, un délire d'amour et d'admiration en l'honneur de celui qui a levé l'étendard de la révolte. Tout en se défiant des domestiques, la plupart aux gages de la police, on relit l'article à haute voix, en se gargarisant des cadences de cette prose vengeresse ; on l'apprend par cœur, on le communique à ceux qui n'ont pu se le procurer, bref, c'est une effervescence inouïe dans le faubourg Saint-Germain.

Le surlendemain de sa parution dans le *Mercure de France*, l'article est reproduit, mais avec des coupures, dans *Le Moniteur*. Comme l'Empereur est absent, la réaction, qui aurait dû être aussi rapide que brutale, se fait attendre. C'est seulement à la fin du mois de juillet que Napoléon lit l'article, aimablement placé sous ses yeux par le cardinal Fesch qui l'avait bien mis en garde, autrefois, contre ces écrivaillons vaniteux, agités du besoin de se mêler de tout. D'après Chateaubriand, l'Empereur se serait écrié, ce qui est vraisemblable : « Chateaubriand croit-il que je suis un imbécile ? Que je ne le comprends pas ? Je le ferai sabrer sur les marches des Tuileries[4]. »

Sans doute a-t-il envisagé d'autres sanctions, car, intrépide au feu, il ne déteste rien autant que ces guérillas de salon et ces coups d'épingle.

Il a déjà dû interdire à Mme de Staël d'approcher de Paris. Il pourrait en éloigner Chateaubriand, que Fontanes essaie de défendre : « Après tout, Sire, son nom illustre votre règne, et sera cité dans l'avenir, au-dessous du vôtre. Quant à lui, il ne conspire pas ; il ne peut rien contre vous ; il n'a que son talent. Mais, à ce titre, il est immortel dans l'histoire du siècle de Napoléon. Voulez-vous qu'on dise un jour que Napoléon Ier l'a tué, ou emprisonné pendant dix ans[5] ? »

D'après les correspondances échangées cet été-là entre les amis de Chateaubriand, Napoléon semble avoir assuré à Fontanes qu'il passait l'éponge mais qu'à la première récidive il n'hésiterait plus à frapper le nouveau Tacite. Un peu plus tard, à propos de Bertin, contraint d'abandonner la direction du *Journal de l'Empire*, Napoléon écrira le 14 août 1807 : « Il est temps que ceux qui, directement ou indirectement, ont pris part aux affaires des Bourbons, se souviennent de l'Histoire sainte et de ce qu'a fait David contre la race d'Achab… Cette observation est bonne aussi pour M. de Chateaubriand et sa clique. Ils se mettront par la moindre conduite suspecte, hors de ma protection. »

Le meilleur moyen de neutraliser Chateaubriand est de le priver du *Mercure de France* où il a pris, grâce à des fonds royalistes, une position qui lui en assure la maîtrise. Au lieu de supprimer le *Mercure*, opération qui aurait paru d'un arbitraire odieux, Napoléon fait racheter les parts de Chateaubriand, qui en cède la direction à Ginguené. Des censeurs et de nouveaux rédacteurs y sont mis, qui veilleront au bon esprit de cette feuille. Ainsi que l'écrira Joubert, « l'or a plu sur les déplacés et je ne vous conseille pas du tout de les plaindre »… En effet, alors que Chateaubriand a dépensé pour son voyage en Orient plus de cinquante mille francs, dont une partie a été empruntée, il se trouve assez riche pour acquérir enfin la maison de ses rêves, un ermitage à proximité de Paris, où il pourra écrire en paix tout en maintenant avec la capitale et ses amis les relations qui lui sont néanmoins nécessaires.

*

La chaumière est modeste : une longue maison basse, à un seul étage, avec un grand verger, près du hameau d'Aulnay, non loin de Châtenay-Malabry. En douze ans, elle a eu onze propriétaires successifs, entre autres le brasseur Acloque, un royaliste éprouvé, aux deux sens du mot, car ses opinions lui ont valu maintes tribulations pendant la Terreur. Passer ainsi de main en main semble être de mauvais augure. L'endroit est d'ailleurs sinistre et justifie parfaitement son nom : le Val du Loup, ou la Vallée au Loup. L'appellation de la Vallée-aux-Loups l'emportera sur les deux précédentes. Des amis priés de venir admirer cette merveille auront du mal à feindre l'enthousiasme : « J'ai dit à Chateaubriand tout le mal de son acquisition, écrit le 5 septembre 1807 Joubert à Chênedollé ; j'ai jeté de si hauts cris sur les difformités du lieu et sur l'énormité des dépenses où la nécessité de se plaire dans son chez-lui va le jeter ; il m'a écouté avec une telle patience, et m'a répondu avec une telle douceur que, de pure lassitude, d'épuisement et aussi d'attendrissement, je croirai désormais que le lieu est charmant, les dépenses utiles et l'acquisition excellente. »

Dans cet ancien « vide-bouteilles », acheté vingt mille francs, Chateaubriand, par ses arrangements, ses extensions et ses plantations, engloutira plus de cent cinquante mille francs, et lorsqu'il sera contraint de vendre la Vallée-aux-Loups, agrandie, embellie, dotée d'un beau parc, il en tirera tout juste cinquante mille cent francs. En attendant que les premiers travaux d'aménagement soient achevés, il lui faut trouver un refuge, car il a dû quitter son « grenier-palais » de la place de la Concorde. Il loue un appartement rue des Saints-Pères, dans un hôtel garni tenu par un certain Lavalette, royaliste enragé : « C'était le meilleur homme du monde, affirme Mme de Chateaubriand ; il se serait mis au feu pour nous et même nous aurait donné sa bourse, si ce n'est qu'il prenait souvent la nôtre pour la sienne. Le pauvre homme… ne pouvait aimer quelqu'un sans se mettre de suite en communauté de bien avec lui[6]… »

Lorsqu'on n'est pas là pour harceler impitoyablement les corps de métiers, les travaux traînent en longueur. Délaissant la rédaction des *Martyrs*, Chateaubriand va de temps en temps à la Vallée-aux-Loups, s'impatiente de la lenteur des ouvriers, puis, pour les brusquer, décide d'emménager à la fin d'octobre. Il fait ce jour-là un temps affreux. La voiture avance péniblement dans des chemins détrempés, s'enlise et verse alors que l'attelage essaie de l'arracher à la boue. Quand les Chateaubriand arrivent enfin chez eux, ils trouvent la maison en liesse et leur cuisinier, Mesnil, entre deux vins. Les ouvriers rient et chantent, comme des figurants dans un opéra-comique. Evoquant cet accueil pittoresque, Mme de Chateaubriand écrit dans ses Cahiers : « Les chambres sans fenêtres étaient chauffées avec force copeaux et éclairées avec un grand luxe de bouts de chandelles ; l'odeur de côtelettes, qui rôtissaient, se mêlait à l'odeur de la fumée du tabac, car les bouteilles de notre frise-poulet ne lui faisaient pas oublier les côtelettes, toujours cuites à point. Tout le monde était gai, nous le fûmes aussi, et, charmés de trouver deux chambres qu'on nous avait assez bien arrangées, dans lesquelles on avait préparé le couvert, nous nous mîmes à table et mangeâmes de très bon appétit. Nous dormîmes bien et, le matin, réveillés au bruit des marteaux et des chants joyeux de notre petite colonie, les pauvres exilés virent le soleil se lever avec moins de soucis que le maître des Tuileries qui, alors, l'était du monde entier[7]. »

Peu à peu la Vallée-aux-Loups s'améliore et devient habitable : Chateaubriand a fait encadrer la porte ouvrant sur le verger par deux cariatides dans le goût néo-classique ; il a mis dans le vestibule un escalier de bois à double révolution, aérien et gracieux, provenant, paraît-il, d'un navire ; il a fait aménager les pièces de manière agréable, et même accueillante en dépit de leur relative exiguïté. Les visiteurs sont nombreux : vieux amis comme Joubert et Fontanes, jeunes auteurs qui viennent demander à leur aîné ses secrets de style, jolies femmes séduites à l'avance et prenant un malin plaisir à se faire courtiser sous le nez de Mme de Chateaubriand qui hausse les épaules et se moque, en son for intérieur, des *Madames* de son époux. Parmi les plus célèbres de ces admiratrices, on compte, outre Natalie de Noailles qui vient souvent de Méréville, Mme de Béranger, née Lannoy, qui avait été duchesse de Châtillon, Mme de Vintimille, née La Live de Jully, la duchesse de Montmorency-Laval, Mme de Custine, la duchesse de Duras, Mme de Boigne, auteur de piquants récits sur cette cour féminine autour du grand homme. A propos de Mme de Béranger, de Lévis et de Duras, la marquise de La Tour du Pin, étonnée de leur adulation, « spectacle véritablement burlesque », écrira qu'« également jalouses l'une de l'autre, sous les apparences d'une intime amitié, elles ne perdaient pas une occasion de se déprécier réciproquement aux yeux du dieu qui avalait leur encens avec une rare complaisance[8] ».

A cette époque apparaît dans sa vie une des femmes qui, précédant Mme Récamier, lui sera le plus passionnément attachée, d'un dévouement et d'une fidélité à toute épreuve, encore qu'il n'y ait rien de charnel dans cet attachement, simple intimité de cœur et d'esprit.

La duchesse de Duras a en commun avec Chateaubriand une origine bretonne et un fonds d'idées libérales, une imagination assez vive et un certain talent d'écrivain. Elle est fille de l'amiral de Kersaint qui, donnant dans les idées nouvelles, s'y était assez engagé pour siéger comme député à la Convention, mais il n'avait pas voté la mort de Louis XVI, ce qui lui avait coûté de monter lui aussi sur l'échafaud. Par sa mère, Claire de Kersaint appartenait, comme Mme de Belloy, à une famille de planteurs des Antilles, riches propriétaires à Saint-Domingue. Avec une détermination remarquable chez une adolescente, elle avait emmené sa mère aux Etats-Unis, en 1792, puis elle était revenue en Europe, avait séjourné en Suisse et s'était fixée à Londres où elle avait épousé le duc de Duras qui, comme l'écrit Molé, « n'eût jamais songé à elle à Versailles », mais, désargenté comme tous les émigrés, il avait jugé que la fortune de Mlle de Kersaint rachetait les opinions de son père. Ainsi la jeune fille, tenue en suspicion par les milieux royalistes, avait-elle en l'épousant, retrouvé une grande position mondaine. Au début, ce mariage avait été un échec. M. de Duras était volage, et souvent absent : « C'étaient des pleurs et des récriminations sans fin de la part de la pauvre femme, écrit Mme de La Tour du Pin. La pauvre Claire ne pensait qu'à faire du roman, avec un mari qui était le moins romantique des hommes ! Certes, il aurait joui de son intérieur si on le lui avait rendu agréable. Mais sous les apparences de la passion, se dissimulaient mal, chez Mme de Duras, une arrogance et un empire qui depuis se sont développés encore. Avec beaucoup d'esprit, elle a fait le malheur des siens et d'elle-même[9]. »

Ce qui est vrai, dans ces lignes assez malveillantes, c'est que Mme de Duras a besoin de roman pour occuper une existence un peu vide, en dépit de ses deux filles ; elle n'a pas caché à Chateaubriand, qu'elle a dû rencontrer à Méréville, l'impression qu'il lui a faite, au point que Chateaubriand, étonné par cette nature si franche et passionnée, a fait les premiers pas. Mme de Duras n'est point jolie ; elle n'a même pas cette beauté du diable qui peut plaire en amusant, mais elle parle bien et elle écoute encore mieux. Une forte amitié va les unir l'un à l'autre pendant vingt ans, pour la laisser, un peu amère et déçue, car, en vérité, c'est une tâche ingrate que d'aimer M. de Chateaubriand.

La comtesse de Ségur, qui le voit souvent à Méréville, a noté, comme Hyde de Neuville et tant d'autres, que de prime abord il n'a rien d'aimable ; il lui reste un fond de sauvagerie qui, malgré l'âge, ne s'adoucit pas, mais dans l'intimité, quand il n'a pas de rival et se trouve en confiance, il se laisse aller à ce naturel et à cette gaieté qu'apprécie tant Joubert. A Méréville, où il y a toujours beaucoup de monde, il est soit gêné par cette existence en perpétuelle représentation, soit agacé par un caquetage indigne de lui. Mme de Ségur trouve à sa conversation une « mélancolie naturelle qui n'est pas sans charme. Il détestait l'affectation, poursuit-elle, se moquait impitoyablement, presque durement, des personnes à prétentions[10] ».

Adulé par la société du faubourg Saint-Germain qui voit en lui son héraut et son paladin, Chateaubriand partage avec Mme de Staël la gloire d'être dans l'opposition, mais alors que Mme de Staël est moins aimée qu'elle ne le voudrait, lui multiplie ses conquêtes et pose ses conditions, instituant une espèce de protocole autour de lui et régnant avec un certain despotisme sur les prêtresses de son culte. Lorsqu'il se rend à Paris pour les voir, chacune a droit à une visite exactement calculée pour que le temps qu'il passe chez l'une n'excède pas celui qu'il accorde à une autre, et les portiers ont pour consigne, pendant ces précieux instants, d'écarter les importuns qui auraient troublé le tête-à-tête.

Mme de Boigne, à qui rien n'échappe et dont la plume est aussi alerte que la parole, a laissé d'amusants croquis de ces réunions où Chateaubriand trône, entouré de ses admiratrices qui se disputent l'honneur de le servir :

> Monsieur de Chateaubriand, voulez-vous du thé ?
> — Je vous en demanderai.
> Aussitôt un écho se répandit dans le salon :
> — Ma chère, il veut du thé.
> — Il va prendre du thé.
> — Donnez-lui du thé.
> — Il demande du thé…
> Et dix dames se mirent en mouvement pour servir l'idole[11].

Cette adoration lui manque un peu lorsqu'il s'enferme à la Vallée-aux-Loups pour travailler ; aussi accueille-t-il avec joie l'une ou l'autre de ses amies qui vient le surprendre. A cet égard, il est d'une bénévolence infinie, abandonnant aussitôt livres et manuscrits pour recevoir la visiteuse, fourrant la page qu'il est en train d'écrire sous un coussin et tout prêt à emmener la dame admirer ses plantations, ses arbres si petits qu'en attendant de vieillir sous leurs ombrages c'est lui qui leur donne de l'ombre, explique-t-il plaisamment. Parfois, il conduit la visiteuse, si elle est particulièrement jolie, jusqu'à la tour dite de Velleda, une fabrique d'inspiration gothique et dans laquelle il s'est aménagé une bibliothèque où il peut avoir de tendres entretiens sans profaner le foyer conjugal.

Mme de Chateaubriand observe ces manèges avec une curiosité sarcastique et en profite un peu, comme un douanier prélevant sa part au passage de la marchandise. Ces dames rivalisent entre elles d'attentions à son égard pour se concilier ses bonnes grâces et elle en retire en considération comme en petits soins le prix de sa complaisance. Un jour qu'elle est enrhumée, elle aurait reçu des égéries de son époux « cinq bouillons pectoraux dans la même matinée, accompagnés des plus charmants billets, dont elle [fait] l'exhibition en se moquant de ces dames très drôlement[12] », assure Mme de Boigne.

Elle se moque aussi de son mari, qu'elle traite en grand enfant, vaniteux, capricieux, facile à mener quand on sait le prendre et, tout en ne partageant pas son hostilité à l'empereur, l'excitant contre le régime en lui montrant la bassesse des hommes en place, leurs palinodies, leur incroyable prétention. En société, elle défend toujours son mari, voyant en lui le sauveur de la religion et l'espoir des royalistes ; en privé, elle le harcèle aigrement et ne s'en laisse pas conter par lui. Elle se venge ainsi de son indifférence, une indifférence à peine masquée par les prévenances qu'il a pour elle. Être la femme d'un grand homme est moins un plaisir qu'une épreuve, et pour elle la gloire est vraiment le deuil éclatant de son propre bonheur. Aussi prend-elle un plaisir morose à railler cette gloire, à en négliger l'origine en prétendant n'avoir jamais rien lu de son mari. Frêle et inflexible, elle est douée de cette force imprévue, voire vindicative, des victimes toujours dressées devant leurs bourreaux pour dénoncer leurs iniquités. Sa vertu, sèche, impitoyable, est là, comme un vivant reproche attaché à cet époux infidèle.

Certains jours, elle ressent douloureusement cet abandon et se réfugie dans l'amitié pour y trouver un peu de chaleur morale. Elle a de bons amis, les Joubert, Clausel de Coussergues, l'abbé de Bonnevie et, un peu plus tard, Le Moine. Instamment priés de venir la voir, menacés de représailles s'ils n'obtempèrent pas, ces amis rompent la monotonie du tête-à-tête conjugal. Ils servent de témoins à l'épouse dédaignée, de remparts au mari lorsque Céleste accable celui-ci de récriminations auxquelles il oppose « un front d'airain ». Elle n'est jamais plus à son aise, et à son avantage, que dans ces petits billets, mélancoliques ou cajoleurs, parfois hérissés de pointes, qu'elle adresse à ses familiers pour leur avouer sa solitude et les prier de venir la distraire, affectant de plaisanter de sa tristesse, émouvante et drôle à la fois, exigeante avec humour, capricieuse avec gentillesse, attirant l'un par l'annonce au menu de son plat préféré, l'autre par la présence, ce jour-là, d'un visiteur intéressant. Et quand il n'y a rien à offrir, elle sait encore dorer la pilule : « Bien qu'il n'y ait point de douceur à dîner, voulez-vous venir en partager les rigueurs ? » écrit-elle à l'un de ses commensaux. Sous leur forme humoristique, ces billets sont souvent des appels au secours, déguisant mal la détresse de la « veuve », lorsque son mari dîne en ville.

*

Ces dîners en ville se multiplient lorsque Chateaubriand quitte la Vallée-aux-Loups, à la fin de l'année 1808, pour surveiller à Paris l'impression des *Martyrs*. Il s'installe avec sa femme rue Saint-Honoré, près de la rue Saint-Florentin.

Cette épopée des *Martyrs* – il a renoncé au premier titre : *Les Martyrs de Dioclétien* – a déjà subi l'épreuve du public par des lectures de salon, notamment lors de séjours de Chateaubriand à Méréville où la comtesse de Ségur admirait son souci de perfection en le voyant recopier plusieurs fois le même chapitre. Une autre épreuve attend l'ouvrage, et celle-là décisive : la censure. Prudemment, Fontanes l'a mis en garde en lui rappelant l'incident du *Mercure* – et la menace impériale en cas de récidive : « Point de petites allusions quand on écrit pour l'immortalité… il ne faut pas agacer les dents du lion », lui recommande-t-il. En revanche, il l'avait encouragé à se montrer plus audacieux dans certains passages inférieurs à ce que l'on pouvait espérer de lui : « Je l'excite plus que je le retiens, disait Fontanes, il a peur de son audace. Je le ramène à la charge et il ne se montre tout ce qu'il est qu'au dernier assaut[13]. »

Fouché, toujours ministre de la Police, l'avait informé qu'il n'y aurait pas lieu de soumettre *Les Martyrs* à la censure, à condition qu'il puisse veiller lui-même à ce que rien de perfide ou d'offensant ne lui fasse regretter cette marque de confiance. A défaut, l'édition serait saisie. Il avait même insinué que dédier cet ouvrage à l'empereur serait le meilleur moyen d'avoir l'approbation officielle, avis que Chateaubriand n'avait pas paru entendre. Il semble, en fait, s'être laissé abuser par le ministre et avoir pris ses belles paroles pour argent comptant, ainsi qu'en témoigne un billet dithyrambique adressé par lui, au sortir de cette audience, à Mme de Custine : « C'est pour le livre un succès complet. Point de censure, grandes louanges, honneurs, flatteries, tout à merveille ! Notre grand ami, un homme divin[14]. »

Cet « homme divin », Chateaubriand l'a fort mal arrangé en le peignant dans *Les Martyrs* sous les traits du détestable Hiéroclès, et l'on ne peut qu'admirer l'inconscience avec laquelle il accepte une faveur d'un personnage aussi décrié, le portant au pinacle après l'avoir accablé de son mépris. C'est là un des traits les plus étonnants de son caractère que sa naïveté en certains cas, faute de savoir établir un rapport logique entre deux situations. Cette faiblesse est fort bien expliquée par un de ses biographes, Louis Martin-Chauffier : « C'est qu'il n'avait contre Fouché aucune animosité personnelle. Et jusqu'à leur rencontre, celui-ci n'avait point à ses yeux de réalité. Chateaubriand flétrissait un personnage, défini par son caractère, son passé, ses actes et sa légende, mais privé d'épaisseur. Et sans doute, par le miracle de l'écriture, reportait sur Hiéroclès pourvu, lui, à son égard, d'une existence réelle, l'hostilité dont Fouché était l'origine plutôt que l'objet : si celui-ci avait donné vie à Hiéroclès, c'était en quelque sorte à ses propres dépens – ou, si l'on préfère, à son bénéfice – en conférant au favori de Valerius la propriété de ses crimes et le privilège d'exister à sa place[15]. »

Pour suivre le conseil de Fouché, tous les amis de Chateaubriand revoient le manuscrit : on lit, on relit, on modifie, l'auteur acceptant coupures et suggestions avec la meilleure grâce du monde : les vingt-quatre chants de cette nouvelle épopée sont passés au crible, examinés en détail, pesés phrase par phrase et les passages équivoques ou les allusions dangereuses éliminés. Malgré cela, Fouché semble douter de l'efficacité de cette révision et, pour éviter à l'ouvrage d'être livré directement aux fauves de la préfecture de Police et du Bureau de la Librairie, les deux organismes officiels de censure, il charge une commission, composée d'un de ses secrétaires, Maillocheau, et de quelques membres de l'Institut, dont Marie-Joseph Chénier, d'un ultime examen avant l'impression.

Le portrait de l'empereur Dioclétien est adouci, des traits de son avarice et de ses goûts vulgaires disparaissent ; il en est de même pour un tableau de sa cour qui pourrait passer pour une critique de celle des Tuileries ; on efface également une phrase qui aurait pu s'appliquer à la famille impériale : « Lorsque des forgerons et des pâtres se sont assis sur la pourpre, il n'est personne qui ne puisse prétendre à l'Empire. » Une exhortation de la druidesse Velleda pour inciter Eudore à réaliser l'affranchissement des Gaules est transformée en une proposition d'aspirer à l'Empire. Assez bizarrement, le portrait de Hiéroclès échappe à leur vigilance. Des cartons remplacent les passages ainsi censurés ; les quelques exemplaires échappés à cette révision témoignent du ressentiment de l'auteur à l'égard de Napoléon.

*

Une épreuve, inattendue celle-là, va obliger Chateaubriand à mettre de côté ce ressentiment pour implorer l'homme qu'il a fait profession d'abhorrer.

Son cousin, Armand de Chateaubriand, agent des Princes et conspirateur impénitent, avait été chargé au mois de septembre 1808 d'une mission en France. Il devait se renseigner, pour le compte du gouvernement britannique, sur les moyens de défense du port de Brest et faire parvenir à Paris des lettres de Londres. Il avait réussi à gagner

Saint-Malo, y avait mis dans ses plans MM. de Boisé-Lucas et de Goyon, chargés de se renseigner sur Brest. Boisé-Lucas avait confié les dépêches de Londres à son fils, âgé de 18 ans, qui s'était rendu à Paris et avait voulu les remettre au comte de Sémallé. Celui-ci, bien que fervent royaliste, avait cru à un piège et avait refusé de les prendre. Pendant ce temps, Armand de Chateaubriand, ayant obtenu sur Brest les informations désirées, les avait recopiées pour ne pas trahir son informateur, les avait enfermées dans une boîte étanche et avait repris la mer pour gagner Jersey. Assailli par une tempête et drossé à la côte, il avait jeté la boîte à la mer avant d'aborder. Aussitôt arrêté par les douaniers – c'était le 9 janvier 1809 –, il s'était fait passer pour John Fait, propriétaire à Jersey, mais n'en avait pas moins été envoyé à Paris.

Pour son malheur, la boîte avait été retrouvée à marée basse et avait pris, elle aussi, le chemin de Paris. La police avait arrêté tous les royalistes impliqués dans cette affaire et, faute de preuves, avait relâché M. de Sémallé, mais Goyon, Boisé-Lucas et Armand de Chateaubriand avaient été condamnés à mort sans autre forme de procès.

Apprenant l'arrestation de son cousin, Chateaubriand avait effectué une démarche auprès de Fouché qui, jouant sur le nom de John Fait, l'avait assuré qu'il n'y avait aucun Chateaubriand en prison, puis, la culpabilité d'Armand reconnue, sa condamnation prononcée, il avait admis, lors d'une seconde démarche de Chateaubriand, qu'il avait bien Armand dans ses geôles, mais que celui-ci « lui avait dit qu'il mourrait bien, et qu'en effet il avait l'air très résolu ». C'était se moquer cruellement du monde.

Sur les conseils de Sémallé, Chateaubriand écrit une lettre que Mme de Montmorency, apparentée à M. de Goyon, se charge de remettre elle-même à l'Empereur. Il se peut que cette lettre ait été adressée à l'Impératrice. En effet, d'après Mme de Rémusat, Chateaubriand aurait manifesté de la répugance à s'adresser directement à Napoléon, mais en écrivant à l'Impératrice il avait joint à sa lettre un exemplaire des *Martyrs*, espérant que le rappel de son talent ferait réfléchir l'Empereur. Doutant de l'efficacité de ce moyen, Mme de Rémusat lui conseille alors d'écrire directement à l'Empereur en évoquant le souvenir de Malesherbes. Cette suggestion, dit Mme de Rémusat, parut le choquer, persuadé qu'il était que son nom valait bien celui de Malesherbes. Elle le laisse donc écrire à son idée, prend sa lettre, digne mais froide, et plaide elle-même auprès de l'Empereur cette cause désespérée, en rappelant la parenté des Chateaubriand avec Malesherbes. Napoléon ne veut rien entendre : « Vous êtes un avocat qui ne manque pas d'habileté, disait-il à Mme de Rémusat, mais vous savez mal toute cette affaire. J'ai besoin de faire un exemple en Bretagne ; il tombera sur un homme assez peu intéressant, car le parent de M. de Chateaubriand a une assez médiocre réputation. Je sais, à n'en pouvoir douter, qu'au fond son cousin ne s'en soucie guère, et ce qui me le prouve même, c'est la nature des démarches qu'il vous fait faire. Il a l'enfantillage de ne pas m'écrire[16] ; sa lettre à l'Impératrice est sèche et un peu hautaine ; il voudrait m'imposer l'importance de son talent. Je lui réponds par celle de ma politique, et, en conscience, cela ne doit pas l'humilier. J'ai besoin de faire un exemple en Bretagne pour éviter une foule de petites persécutions politiques. Ceci donnera à M. de Chateaubriand l'occasion d'écrire quelques pages pathétiques qu'il lira dans le faubourg Saint-Germain. Les belles dames pleureront, et vous verrez que cela le consolera[17]. »

La lettre de Chateaubriand avait été adressée à l'Empereur le 29 mars au matin. La journée se passe sans écho des Tuileries tandis que Sémallé multiplie les interventions et assiège le ministère des Affaires étrangères. En allant le 30 au soir chez Chateaubriand, M. de Sémallé croise en chemin le domestique du capitaine rapporteur au procès qui le prie de passer voir son maître ; celui-ci lui apprend qu'Armand de Chateaubriand, Goyon et le propriétaire de la barque de pêche, Brien, seront fusillés le lendemain à l'aube. Il y avait eu sursis à l'exécution pour M. de Boisé-Lucas et son fils. « Je vois bien que l'Empereur veut me faire acheter la vie de mon cousin, dit Chateaubriand lorsque Sémallé lui apprend la nouvelle, mais je ne désespère pas encore. » A cinq heures du matin, le 31 mars, Sémallé, en allant chez un cousin de Goyon, rencontre rue de Taranne la charrette emmenant les condamnés. Aussitôt, il court chez Chateaubriand qui éclate en imprécations contre le despote « auquel il croyait moins de cruauté ». A cet instant, un émissaire des Tuileries apporte une lettre d'audience pour six heures du matin. Sans se lever, raconte Sémallé, Chateaubriand rend la lettre en disant : « Répondez à votre maître qu'il y a une heure, j'avais une grande grâce à lui demander, mais que maintenant, il ne me reste plus qu'à pleurer[18]. »

Dans ses Mémoires, Chateaubriand raconte que le jour de l'exécution, qui était précisément le vendredi saint, il ne put trouver de voiture et courut à pied jusqu'à la plaine de Grenelle où il arriva trop tard. Son cousin venait d'être fusillé. Son crâne avait éclaté ; un chien léchait sa cervelle et son sang. Lorsqu'il publiera les Souvenirs du comte de Sémallé, son petit-fils précisera dans une note : « Mon grand-père n'a jamais pu s'expliquer pourquoi Chateaubriand n'avait pas purement et simplement rapporté dans ses Mémoires le rôle remarquablement digne qu'il avait tenu dans cette circonstance, et encore bien moins comment il l'avait transformé en un véritable roman. Il a toujours protesté contre cette partie des *Mémoires d'outre-tombe*, et affirmé la parfaite exactitude du récit qu'il a consigné dans ses Souvenirs[19].» Quant à Mme de Rémusat, elle écrira malignement dans les siens que, «peu de jours après l'exécution, M. de Chateaubriand, en grand deuil, ne paraissait point fort affligé, mais son irritation contre l'Empereur en était fortement accrue[20]». Il y avait si longtemps qu'il n'avait vu Armand que sa douleur ne pouvait être accablante, mais cette mort donnera un éclat supplémentaire à la persécution dont il se croit l'objet. En souvenir de son cousin, Chateaubriand veillera sur son fils Frédéric, alors âgé de 10 ans, paiera ses études et s'occupera de son établissement.

*

L'exemplaire des *Martyrs* qu'il avait adressé à l'Empereur était un des premiers sortis, le 15 mars 1809, des presses de Le Normant. L'édition a été mise en vente le 27 mars et, contrairement à ce qu'il espérait, le public ne se rue pas sur l'ouvrage ainsi qu'il l'avait fait pour le *Génie du christianisme*.

A vrai dire, l'épaisseur du livre, en deux tomes de quelque quatre cents pages chacun, est propre à tempérer l'ardeur du public, plus habitué à lire les brefs bulletins de victoire envoyés par l'Empereur qu'à se passionner pour les aventures, même en partie militaires, d'un jeune Grec des premiers temps du christianisme et ses amours contrariées avec la belle Cymodocée. Le côté livresque et trop documenté de l'œuvre est un peu fatigant pour un lecteur auquel le merveilleux, introduit par Chateaubriand dans le récit, paraît aussi artificiel que celui des opéras du siècle dernier. Comme Chateaubriand l'avouera plus tard à Marcellus : « Le *Génie du christianisme* est un tissu de citations avouées au grand jour ; dans *Les Martyrs*, c'est un fleuve de citations déguisées, fondues. »

Lorsqu'il avait lu les premiers livres des *Martyrs de Dioclétien* à Mme de Custine, à Molé, à Fontanes, puis à Joubert, l'approbation semble avoir été unanime. On ne sait pourquoi il avait modifié son roman pour y introduire un merveilleux païen et chrétien, si ce n'est pour se conformer à une tradition fort décadente, et composer, à l'instar du Tasse et de Milton, une épopée chrétienne. Des écrivains comme Du Bartas, Godeau et Vauquelin de La Fresnaye avaient essayé de substituer la Bible à la mythologie pour montrer que les sujets chrétiens convenaient mieux encore à la poésie héroïque, opinion combattue par

Boileau, Saint-Evremont, Voltaire et Marmontel, esprits rationalistes qui n'admettaient pas plus le merveilleux païen que le chrétien et jugeaient avec bon sens que pour être lu un récit devait être vraisemblable.

Imprégné de la Bible et de Milton autant que d'Homère et de Virgile, il avait cru pouvoir redonner à ce genre un nouveau lustre et il avait même commencé son récit par une invocation à la Muse : « Muse céleste, vous qui inspirâtes le poète de Sorrente et l'aveugle d'Albion, vous qui placez votre trône solitaire sur le Thabor, vous qui vous plaisez aux pensées sévères, aux méditations graves et sublimes, j'implore à présent votre secours... » C'était une mauvaise inspiration et il aurait mieux fait de s'en tenir à sa première idée, celle d'un roman chrétien qui, plus vraisemblable, aurait eu un succès plus vif et plus durable, ainsi que celui de *Quo vadis*, à la fin du siècle. Comme le démontrera la comtesse d'Andlau, savante exégète des *Martyrs*, le livre du Ciel fut intercalé entre deux livres des *Martyrs de Dioclétien* ; celui de l'Enfer, inséré au milieu du livre VII, forma un livre nouveau, mais celui du Purgatoire fut conçu en écrivant le livre XII et donc écrit en même temps que le récit, « tel un levain brassé dans la pâte[21] ». La transformation des *Martyrs de Dioclétien* en épopée a conduit Chateaubriand à brosser un grand tableau de l'Empire romain, esquissé seulement dans la première version, et à s'arranger pour que le lecteur ne s'aperçoive pas trop d'un merveilleux introduit artificiellement.

Dans cette épopée ainsi reconçue, les réminiscences personnelles, visibles déjà dans *Les Martyrs de Dioclétien*, sont elles aussi remodelées ou émoussées. Le héros, Eudore, est à certains égards Chateaubriand à l'armée des Princes, ou en exil ; pour le célèbre épisode de la druidesse Velléda, il a puisé dans ses souvenirs d'enfance et emprunté beaucoup de traits à Natalie de Noailles. Il avait d'abord fait de Velléda une vierge innocente et décrit sa chasteté de telle façon que les amis, consultés, avaient jugé que la druidesse coupable serait moins scandaleuse que vierge avec tant d'impudeur. Pour faire comprendre que celle-ci avait failli, il avait ajouté au texte un paragraphe assez gauche et frôlant le galimatias : « L'aube commençait à blanchir les deux... je retournai au château, ma victime m'y suivit. Deux fois l'étoile qui marque les derniers pas du jour cacha notre rougeur dans les ombres, et deux fois l'étoile qui rapporte la lumière nous ramena la honte et le remords[22]. » Un autre épisode a été supprimé du texte définitif afin de ne pas prêter à équivoque.

Quant au sujet lui-même, il n'a pas été entièrement imaginé par Chateaubriand, mais puisé à diverses sources. En lisant l'ouvrage, dont le ton imite celui de l'*Iliade* et de l'*Odyssée*, avec des héros trop souvent désignés par des périphrases, on songe d'abord au *Voyage du jeune Anacharsis*, de l'abbé Barthélemy. Celui-ci avait donné à la France, à la veille de la Révolution, un panorama du monde hellénistique au IVᵉ siècle avant Jésus-Christ. Chateaubriand, dans *Les Martyrs*, donne un tableau du monde romain au IVᵉ siècle après Jésus-Christ. Un autre ouvrage a dû inspirer Chateaubriand, bien qu'il ne l'ait jamais avoué : celui publié à Londres, en 1792, par miss Ellis Cornelia Knight sous le titre de *Marcus Flaminius, or a View of the Military, Political and Social Life of the Romans in a Serie of Letters from a Patrician to his Friend in the Year DCCLXII from the Foundation of Rome, to the Year DCLXIX*. Chateaubriand possédait l'ouvrage dans sa bibliothèque, ainsi que le prouvera le catalogue établi lors de la vente de celle-ci. Une traduction en français de *Marcus Flaminius* avait été publiée en 1801 par Anna Lindsay, la maîtresse d'Auguste de Lamoignon. On a pu se demander si Chateaubriand n'avait pas lui-même traduit l'ouvrage ou, du moins, aidé Anna Lindsay à le faire. En tout cas, compte tenu de ses liens avec Lamoignon et Mrs. Lindsay, il ne pouvait ignorer l'ouvrage, qui avait connu à l'époque un certain succès.

Comparant *Marcus Flaminius* et *Les Martyrs*, Mme d'Andlau a relevé des similitudes frappantes, peut-être dues au fait que les deux auteurs ont puisé aux mêmes sources, notamment les *Annales* de Tacite auxquelles ils ont l'un et l'autre emprunté la description de l'armée romaine et celle des mœurs des barbares. Pour certaines scènes en Bretagne, Chateaubriand s'est servi de l'*Histoire des Celtes*, de Pelloutier, et surtout du *Mémoire sur les Druides*, de Duclos, avec « une attention qui confine parfois au plagiat[23] ».

Chateaubriand s'est aussi pillé lui-même, empruntant au manuscrit des *Natchez*, pourtant laissé à Londres, certaines scènes, adaptées pour les besoins de la cause au IVᵉ siècle, avec des phrases presque identiques, ce qui laisserait à penser qu'il en avait emporté de nombreuses pages auxquelles il tenait particulièrement. Il a également utilisé des articles écrits pour le *Mercure de France* entre 1801 et 1806. Enfin, certains paysages décrits dans *Les Martyrs* sortent tout droit, non de son voyage en Grèce, mais des auteurs qui l'y ont précédé, tels que Tournefort, Pouqueville et Chandler. L'examen d'un exemplaire des *Martyrs de Dioclétien*, imprimé avant qu'il ne modifie le livre, révèle que quelques descriptions de la Grèce sont en fait inspirées par des souvenirs de Rome et de Naples.

Dans leur version définitive, *Les Martyrs* apparaît comme une sorte de mystère du Moyen Age, écrit avec une naïveté qui réclame également celle du lecteur. Dieu est vraiment le *deus ex machina* des représentations théâtrales, intervenant dans les affaires humaines soit personnellement, soit en dépêchant des escadrons volants d'anges ou de chérubins qui influent sur les situations, raffermissent les courages, effraient les méchants, stimulent les belles âmes. Il en est de même avec Satan, qui joue sa partie contre Dieu en dictant ses ordres à ses créatures, chargées d'accomplir de sinistres besognes. Le procédé, trop fréquemment utilisé au cours du récit, finit par enlever toute crédibilité à celui-ci. Qu'ils soient bons ou mauvais, les différents personnages, comme ceux des *Natchez*, «volent» d'un lieu à l'autre avec une rapidité dont seuls sont doués les génies des contes orientaux.

Dans le domaine du merveilleux, tout est possible ; aussi, bizarreries et invraisemblances émaillent-elles le texte, et l'on se demande comment les amis de Chateaubriand, qui l'ont si soigneusement examiné pour éviter la censure, ont pu en laisser passer autant. L'erreur de Chateaubriand est surtout d'avoir prêté à des personnages du début de l'ère chrétienne des pudeurs, des préjugés, des opinions qui n'existaient pas à l'époque et que le Moyen Age allait mettre à l'honneur quelque mille ans plus tard.

*

L'histoire elle-même est relativement simple et s'étire assez languissamment au long de cette rhapsodie destinée, dans l'esprit de son auteur, à prouver la supériorité du merveilleux chrétien sur le merveilleux païen, quoiqu'il rende le second plus séduisant que le premier.

Eudore, un Grec d'excellente maison, remet dans le droit chemin, au sens littéral du terme, une jeune fille égarée pendant sa promenade. Elle l'invite à dîner chez son père, et là Eudore, après le repas, paie son écot en contant ses aventures. Il est doué d'une mémoire prodigieuse car il peut non seulement répéter mot par mot les discours que certains personnages lui ont tenus, mais ceux faits par d'autres à ces mêmes personnes. Bien que jeune encore, il a beaucoup vécu ; il a servi dans les armées romaines contre les Francs, a été fait prisonnier, puis a poussé jusqu'au Groenland et même jusqu'en Amérique, occasion pour Chateaubriand de faire profiter le lecteur de son expérience. Ensuite il est investi par les Romains du gouvernement de l'Armorique et s'y éprend de la druidesse Velleda, superbe et passionnée créature qui tient à la fois de Natalie de Noailles et de sa sœur Lucile. Le suicide de Velleda conduit Eudore au désespoir ; il se console en se faisant chrétien et abandonne l'état militaire pour regagner le pays de ses aïeux. C'est alors qu'il a rencontré Cymodocée, errant dans la campagne.

Il tombe amoureux de Cymodocée qui, pour l'épouser, se fait instruire dans la religion chrétienne par l'évêque Cyrille, mais elle a malheureusement éveillé la concupiscence du proconsul d'Achaie, le sinistre et lubrique Hiéroclès. Pour sauver sa catéchumène, l'évêque Cyrille l'envoie à Constantinople auprès de l'impératrice Hélène, la pieuse mère du futur empereur Constantin.

Eudore, entre-temps, a été appelé à Rome où il pourrait jouir d'une grande position à la Cour lorsque paraît un édit de Dioclétien contre les chrétiens. Il lui faut choisir entre sa carrière et sa foi. Bien entendu, il persévère dans celle-ci, se voit jeter en prison tandis que Cymodocée, quittant Constantinople, s'embarque pour Rome et arrive à temps pour mourir avec lui, livrés tous deux en pâture aux fauves dans l'amphithéâtre sur les gradins duquel les Romains s'entassent, insoucieux des Barbares qui sont aux portes de Rome et arriveront trop tard – à quelques minutes près – pour les sauver.

Dans cette fin dramatique, Chateaubriand a déployé tout l'arsenal du merveilleux chrétien : au spectacle offert aux citoyens romains correspond dans le ciel un tableau invisible et néanmoins minutieusement décrit : d'un côté, la cohorte des martyrs portés sur une nuée lumineuse, avec les patriarches, les prophètes, les apôtres et les anges ; de l'autre, les saintes femmes, les veuves, les vierges, groupées harmonieusement autour de la mère d'Eudore et félicitant chaleureusement celle-ci. Soudain, l'archange Michel apparaît, un pied sur la terre et l'autre sur les flots, épouvantant les anges rebelles qui s'enfuient, laissant leur chef, Satan, seul face à l'archange qui le précipite dans l'abîme. Le bruit de cette chaude affaire parvient aux oreilles d'Eudore qui, levant la tête, aperçoit l'armée des martyrs renversant les autels des faux dieux et lui lançant une échelle... A ce moment Cymodocée, échappée de l'asile où elle se cachait, se glisse dans l'arène afin de partager son sort. Ce sont des noces sanglantes qui vont être célébrées tandis que le ciel s'ouvre, offrant au couple un spectacle éthéré : celui de son union mystique, au son des harpes et aux accents des cantiques. Tous deux périssent dans l'étreinte d'un tigre affamé tandis qu'une croix de lumière apparaît dans le ciel et que les idoles s'écroulent avec fracas.

Aux yeux d'un lecteur d'aujourd'hui, *Les Martyrs* semble avoir été composé pour édifier les demoiselles de Saint-Cyr pendant le Carême. Pour être équitable, il faut comparer le livre non à ces romans magistraux qui marqueront le renouveau de la littérature au XIXe siècle, mais à ceux des prédécesseurs de Chateaubriand, dont les œuvres sont encore plus oubliées que *Les Martyrs*. L'intérêt de l'ouvrage réside en certaines descriptions, entre autres le récit de la bataille livrée contre les Francs, « premier chef-d'œuvre de l'histoire romantique », écrit Raymond Lebègue, et qui fera regarder Chateaubriand comme le chef de la nouvelle école historique. L'épisode de Velleda restera célèbre, autant par la peinture de l'effet des passions que par l'évocation de cette Armorique encore presque inconnue qui entre avec Velleda dans la littérature.

Les premiers lecteurs des *Martyrs* ne montrent pas l'enthousiasme escompté, mais n'osent se l'avouer que timidement, comme s'ils attendaient, pour se prononcer définitivement, d'avoir le verdict du grand public. « Il y a encore fort peu de personnes qui aient lu *Les Martyrs* en entier, écrit Auguste de Staël à sa mère ; jusqu'à présent les uns disent que c'est ennuyeux à périr, les autres que c'est admirable, mais pas un jugement caractérisé[24]... » A Mme de Staël aussi, un de ses familiers, le baron de Voght écrit : « Chateaubriand n'a pas le genre de son talent. Il n'est ni vrai, ni naturel, ni inspiré. Son ouvrage sent le travail, mais c'est celui d'un homme d'un immense talent et de beaucoup d'esprit. Il a souvent des moments heureux et alors il est, plus qu'on ne peut dire, touchant et sublime. L'ouvrage a manqué son but. Il nuira à la réputation de l'auteur du *Génie du christianisme* et surtout à la religion[25]... »

Sismondi, l'historien genevois, se montre encore plus sévère en écrivant à la comtesse d'Albany qu'en dépit de la grande indépendance de caractère attribuée à Chateaubriand, il y a « dans *Les Martyrs* des passages indignes de ses principes ; il y en a où il semble avoir cherché des allusions pour flatter. Il a pris la servilité pour caractère de la religion, parce qu'il a appris cette religion au lieu de la sentir ». Dans une seconde lettre à la comtesse d'Albany, il revient sur cette soumission à César et dit que, si cela peut avoir été la morale de l'Evangile, « le zèle qu'il suppose aux soldats chrétiens, combattant pour toutes les causes, obéissant sans hésiter aux volontés les plus criminelles des empereurs les plus odieux est une fiction dont il l'aurait dispensé[26] ».

Ce que les amis de Mme de Staël ou de Mme d'Albany murmurent, les critiques de journaux le disent tout haut et se ruent sur *Les Martyrs* avec la férocité des fauves se jetant sur Eudore et Cymodocée. C'est une véritable curée, discrètement encouragée par le pouvoir qui entend ainsi régler son compte à cet auteur mal-pensant. Le signal est donné par Hoffmann, auteur lui-même et compositeur d'opéras, entré au *Journal des débats* où il publie des chroniques régulières, intitulées *Lettres champenoises*. C'est un esprit encyclopédique et sérieux, lecteur attentif des livres dont il parle et, pour cela, fort redouté, car il ne laisse rien passer. Esprit rationaliste aussi, il est peu disposé à goûter le merveilleux, qu'il soit chrétien ou païen. Il exécute l'ouvrage en donnant au *Journal de l'Empire*, à partir du 7 avril 1809, dix-sept articles perfides et même assez violents. Il écrit ainsi : « M. de Chateaubriand est certainement un homme pieux et honnête ; la religion a été jusqu'ici sa muse favorite et elle a payé ses hommages d'une assez belle somme de gloire pour qu'on puisse craindre qu'il devienne jamais ingrat. Comment se fait-il donc qu'avec des intentions aussi louables il ait pu composer deux volumes pour étayer des principes qui nuiraient également à la religion et à la littérature[27] ? »

Le retentissement des attaques d'Hoffmann est si grand que Chateaubriand se verra obligé d'écrire, l'année suivante, un *Examen des Martyrs* pour répondre à ses critiques. Dans ce texte, il reprendra certains des arguments qu'un de ses défenseurs, Guy-Marie De Place, avait avancés dans le *Bulletin de Lyon* du 13 mai au 5 juillet 1809 en sept articles pour répliquer justement à Hoffmann. Bien entendu, les vieux ennemis habituels, Ginguené, Parny et même Peltier, passés dans leurs rangs, ont emboîté le pas et se répandent en railleries dont certaines blessent cruellement Chateaubriand qui se consolera en écrivant : « Je suis las de recevoir des insultes… voilà mes ennemis à leur aise… j'aime mieux être la victime que l'auteur de leurs écrits. »

Il trouve heureusement des alliés, autres que De Place. Esmenard, auteur d'un poème alors fameux, *La Navigation*, honnête homme en dépit des fonctions de censeur qu'il acceptera bientôt, prend la défense des *Martyrs*, ainsi qu'un jeune inconnu qui, bien que protestant, rend justice à l'ouvrage dans une série d'articles au *Publiciste*, encore qu'il soit obligé, par la direction du journal, de nuancer un peu ses éloges. Ce jeune enthousiaste est François Guizot qui, arrivant chez Mme de Staël à Coppet, lui avait déclamé avec tant de conviction l'article du *Mercure* où Chateaubriand avait comparé l'Empereur à Néron qu'il s'était vu prié de rester pour jouer la comédie.

Touché des sentiments de Guizot, qui lui avait d'ailleurs soumis ses articles avant de les publier, Chateaubriand lui avoue son amertume à l'égard des critiques, aveuglés par l'esprit de parti : «… les critiques qui ont jusqu'à présent paru sur mon ouvrage me font une certaine honte pour les Français. Avez-vous remarqué que personne ne semble avoir compris mon ouvrage ; que les règles de l'épopée sont si généralement oubliées que l'on juge un ouvrage de sept ans et d'un immense travail comme on parlerait d'un ouvrage d'un jour et d'un roman ? » En cela, Chateaubriand confond travail et talent, car avoir peiné sept ans sur un livre n'est pas un gage suffisant de qualité. « Montrez-moi mes fautes, Monsieur, poursuit-il, je les corrigerai. Je ne méprise que les critiques aussi bas dans leur langage que dans les raisons secrètes qui les font parler. Je ne puis trouver la raison et l'honneur dans la bouche de ces saltimbanques littéraires aux gages de la police, ou qui dansent dans le ruisseau pour amuser les laquais[28]... » Plus autorisée que la voix de Guizot, peu connu, serait celle de Fontanes, devenu président du Corps législatif et, justement pour cela, pouvant difficilement se compromettre en prenant parti pour un ennemi du régime. N'osant s'adresser directement à lui, Mme de Chateaubriand prie Joubert d'intervenir auprès de Fontanes pour qu'il fasse quelque chose, « vers ou prose, n'importe », affirmant que parmi les familiers « il n'y a qu'un cri contre son silence ». Elle supplie donc Joubert de presser Fontanes : « S'il ne voulait pas écrire dans un journal, sans nom, ne pourrait-il pas publier aussi sans nom une petite brochure de dix ou douze pages qui lui ferait le plus grand honneur ? Boileau n'a-t-il pas défendu Racine[29] ? »

Fontanes demeure sourd à cet appel et ne descend pas dans l'arène pour défendre *Les Martyrs*, mais, en 1810, dans son *Ode sur les grands écrivains*, il évoquera la cabale formée contre le livre, et, après avoir comparé Chateaubriand au Tasse, il le saluera ainsi :

> Du grand peintre de l'Odyssée
> Tous les trésors te sont ouverts
> Et dans ta prose cadencée
> Les soupirs de Cymodocée
> Ont la douceur des plus beaux vers.
>
> Aux regrets d'Eudore coupable
> Je trouve un charme différent ;
> Et tu joins dans la même fable
> Ce qu'Athènes à de plus aimable,
> Ce que Sion a de plus grand.

Ces fades bergeries ne consolent pas Chateaubriand de l'échec relatif des *Martyrs*. Il n'a, malgré tout, pas travaillé pour rien pendant sept ans, car son livre ouvrira de nouveaux horizons à une génération d'historiens qui renouvelleront eux-mêmes la méthode historique en donnant au passé une couleur, un éclat, une vie dont il était jusque-là dépourvu. Delécluze a parfaitement compris ce que Chateaubriand, avec *Les Martyrs*, a opéré, en prouvant, à ses dépens, que la mythologie devait être reléguée parmi les accessoires d'une époque révolue : « L'admiration respectueuse

pour l'Antiquité, restée ferme jusque-là, fut sensiblement affaiblie par
le rejet presque absolu de la mythologie grecque qui, pendant six siècles,
avait été considérée par les écrivains comme un arsenal neutre, destiné
à fournir les accessoires et les personnages poétiques les plus propres
à faire valoir leurs compositions. Mais comme tous ceux qui donnent
l'idée des réformes les plus utiles, il est arrivé à Chateaubriand de voir
ses opinions littéraires dépassées par ses admirateurs qui ont fait une
révolution radicale en rasant le Parnasse après en avoir chassé Apollon
et les Muses[30]. » Et Delécluze montrera Chateaubriand victime à son
tour de cet effort de modernité : « Vers 1819, écrit-il, le goût changea
subitement, et l'admiration pour *Atala* et *Les Martyrs* commença à se
refroidir. Ce style, imité d'Homère, si séduisant pour les premiers
lecteurs, parut entaché d'emphase à la génération suivante, et il arriva
au bout de vingt ans que les critiques faites sur le style de ce livre par
Marie-Joseph Chénier, Dussault et Hoffmann ne furent plus jugées aussi
injustes qu'elles l'avaient paru en 1801 et 1809[31]. »

Bien que l'ouvrage ait eu un tirage honorable et lui ait rapporté
environ quatre-vingt mille francs, il a sonné le glas de sa carrière littéraire
proprement dite. En effet, il n'écrira plus aucune œuvre romanesque,
et celles qu'il publiera dans ses *Œuvres complètes* sont déjà composées.
En achevant *Les Martyrs*, il semblait l'avoir pressenti, car il adressait à la
Muse, invoquée au début du livre, un adieu solennel : « Fidèle compagne
de ma vie, en remontant dans les cieux, laisse-moi l'indépendance
et la vertu. Qu'elles viennent, ces vierges austères, qu'elles viennent
fermer pour moi le livre de la Poésie, et m'ouvrir les pages de l'Histoire. J'ai consacré l'âge des illusions à la riante peinture du mensonge ;
j'emploierai l'âge des regrets au tableau sévère de la vérité[32]. »

Ainsi que l'observera Sainte-Beuve, il quittera les Muses pour les
Furies et entrera dans la politique sous le signe de Némésis.

11

Déboires d'un académicien
janvier 1811-mars 1814

L'exécution de son cousin Armand, la cabale fomentée contre son livre et les attaques d'Hoffmann ont donné à Chateaubriand l'auréole du martyr. Au même titre que Mme de Staël, qui va connaître un sort pire avec la saisie de son magistral ouvrage *De l'Allemagne*, il incarne l'esprit persécuté par la force brutale. Aussi peut-il écrire : « Le talent inquiète la tyrannie ; faible, elle le redoute comme une puissance ; forte, elle le hait comme une liberté[1]. » Bien qu'il ne joue aucun rôle politique, il est tenu pour un des chefs de l'opposition, ou, plus précisément, son drapeau.

Il en tire un prestige auquel Napoléon n'est pas indifférent, ennuyé de voir qu'il a pour lui, ainsi qu'il l'avoue, tous les petits écrivains, et contre lui les deux seuls grands qui pourraient concourir à sa gloire. Aussi, en ce qui concerne Chateaubriand, car Mme de Staël l'agace au plus haut point, cherche-t-il à se le concilier. Il n'a jamais caché qu'il admirait son talent et l'a prouvé lorsqu'on avait cru Chateaubriand disparu en mer à son retour de Terre sainte. A en croire Mme de Chateaubriand, pendant l'été 1810, alors qu'elle et son mari se trouvaient absents, deux visiteurs s'étaient présentés à la Vallée-aux-Loups et, après avoir fait au pas de course le tour du parc, celui qui semblait le maître avait dit en regardant le point de vue que l'on a de la tour de Velleda : « Chateaubriand n'est pas trop malheureux ; je me plaisais fort ici. Mais je ne sais pas s'il voudrait me faire les honneurs de son château[2]. » En partant il avait donné cinq napoléons au jardinier, persuadé que ce petit homme agité, pas très élégant, dira-t-il, était l'Empereur venu incognito.

Celui-ci manifeste ostensiblement des intentions bienveillantes lors du Salon de 1810 où Girodet a envoyé le portrait que l'année précédente il a fait de Chateaubriand. Il l'a peint de manière habile, appuyé sur le haut d'un mur, légèrement déhanché pour compenser l'inégalité de niveau des épaules. A l'arrière-plan, le Colisée. Chateaubriand, la main dans son gilet, comme l'Empereur, engoncé dans sa cravate et les cheveux en serpents s'échappant de leur nid, a le regard perdu dans l'infini, l'air assez sombre. Le tableau ne porte aucun nom, intitulé anonymement : « Un homme méditant sur les ruines de Rome », et il a été placé par l'administration du Louvre à l'écart, dans un coin. Napoléon l'y découvre et, après l'avoir examiné, déclare : « Il a l'air d'un conspirateur qui descend par la cheminée. » Bon prince, il ne veut pas qu'on le relègue ainsi dans l'ombre et prie Vivant Denon, le conservateur, de lui attribuer une meilleure place où le public pourra le voir.

Mais il veut plus pour Chateaubriand qu'une place d'honneur pour son portrait, songeant pour lui à l'Académie française. Maintenant qu'il a consolidé, voire légitimé sa dynastie en épousant une archiduchesse, il entend rallier à lui les derniers récalcitrants, écrivant à Savary, qui a remplacé Fouché à la Police : « Traitez bien les hommes de lettres ; on les a indisposés contre moi en leur disant que je ne les aimais pas ; on a eu une mauvaise intention en faisant cela. Ce sont des hommes utiles, qu'il faut distinguer parce qu'ils font honneur à la France. » Animé d'intentions généreuses à l'égard de Chateaubriand, il l'aurait déjà prouvé en venant discrètement à son secours. Dans une lettre à Elisa Bacciochi du 16 septembre 1819, Fouché révélera que Chateaubriand figurait avec Mme de Genlis et Fiévée sur la liste des pensions accordées par l'Empereur à quelques écrivains, pensions versées par M. de Lavalette. Dans ses Mémoires, le comte Ferrand racontera que Louis XVIII, après la saisie de *La Monarchie selon la Charte*, « ne voulut point user de l'avantage que lui donnait sur Chateaubriand un fait antérieur et dont la preuve était dans les cartons de la Police[3] ». Il s'agissait du paiement des dettes de l'écrivain, soixante-dix mille francs, paiement effectué en deux fois par le duc de Bassano. Dans ses Souvenirs, Prosper de Barante écrira que « l'Empereur était venu en aide à Chateaubriand, fort endetté[4] ».

Pour décider Chateaubriand à se présenter à l'Académie, Napoléon trouve une alliée imprévue en la femme de l'écrivain, « bonapartiste par admiration, par prudence et par intérêt », comme l'écrit le duc de Castries. Fontanes, au faîte des honneurs, prépare le terrain en publiant au mois de février 1810 son *Ode aux grands écrivains* dans laquelle il compare Chateaubriand au Tasse, achevant ses stances par cet appel à la conciliation :

Un héros gouverne aujourd'hui ;
Des arts il veut rouvrir l'école
Et faire asseoir au Capitole
Tous les talents dignes de lui.

L'Empereur saisit l'occasion des *Prix décennaux* pour révéler ses intentions. Le 10 septembre 1804, il avait institué vingt-neuf prix, dont dix-neuf de première classe, décernés tous les dix ans à des ouvrages littéraires ou scientifiques particulièrement remarquables ou, du moins, remarqués. La première distribution doit avoir lieu le 9 novembre 1810, à la date anniversaire du 18 Brumaire, et l'Institut, qui a dressé la liste des ouvrages à couronner, n'y a pas inscrit le *Génie du christianisme.* Etonné de cette omission, l'Empereur charge Montalivet, le ministre de l'Intérieur, d'en demander la raison. Rappelée à l'ordre et priée de donner son avis sur cet ouvrage, la deuxième classe de l'Institut désigne une commission de cinq membres pour lui faire un rapport. Les cinq membres sont l'abbé Morellet, Sicard, Arnault, Lacretelle et le comte Daru qui se mettent au travail et rendent bientôt leur avis. Un peu plus tard, Regnault de Saint-Jean-d'Angély et Népomucène Lemercier donnent également le leur.

Comme on pouvait s'y attendre, ils rendent tous un avis défavorable, en dépit de quelques éloges donnés au style, critiquant, Lacretelle la faiblesse des preuves de l'existence de Dieu, Morellet « la puérilité de certaines affirmations… la recherche et l'enflure de quelques passages », Sicard « l'absence de bons sens », Lemercier « l'esprit de parti » et Regnault de Saint-Jean-d'Angély l'ingratitude de l'auteur qui ne parle pas assez « de la bienveillance et de la bonté du monarque qui lui a rendu sa patrie ». Seul Daru se montre honnête et presque impartial, mais son avis ne prévaut pas et la commission, refusant de s'incliner devant le souhait de l'Empereur, propose un compromis en lui demandant de prévoir une distinction spéciale qui serait considérée par le public, non comme un choix de l'Institut, mais comme « un fait du prince ».

Chateaubriand se console de cet affront par le mépris : « Trouvez-vous rien de plus honorable que de n'être pas même nommé par ces gens-là ? » écrit-il le 20 octobre 1810 à la duchesse de Duras. Napoléon, lui, n'est pas content et le prouve en décidant que les prix décennaux ne seront pas décernés cette année-là. Ils ne le seront jamais.

*

La mort inopinée de Marie-Joseph Chénier, le 10 janvier 1811, offre à l'Empereur l'occasion cherchée en souhaitant officiellement que Chateaubriand lui succède à l'Académie française. Si l'on en croit l'intéressé, celui-ci n'y songeait aucunement et n'aurait cédé qu'aux instances de ses amis, mais si violence il y a, du moins est-elle assez douce : « Ils prétendaient qu'exposé comme je l'étais aux inimitiés du chef du gouvernement, aux soupçons et aux tracasseries de la police, il m'était nécessaire d'entrer dans un corps puissant par sa renommée et par les hommes qui le composaient ; qu'à l'abri derrière ce bouclier, je pourrais travailler en paix[5]. »

D'après Mme de Rémusat, l'Empereur, pour décider Chateaubriand, aurait accepté de payer ses dettes. Savary est chargé de sonder le futur candidat qui se laisse faire et doute si peu du succès, grâce à ce haut patronage, qu'il est certain d'emporter la place d'assaut, ainsi qu'il l'écrit à Mme de Marigny[6]. C'est justement le haut patronage qui déplaît aux académiciens, mécontents de se voir forcer la main. Ils le montrent avant l'élection, certains accueillant fort aigrement Chateaubriand qui fait ses visites à cheval et se contente de laisser sa carte chez les académiciens qu'il sait hostiles. Lorsqu'il va voir l'abbé Morellet, celui-ci feint de sommeiller sur un livre et se réveille à son entrée dans la pièce. L'abbé lui désigne alors l'ouvrage, le *Génie du christianisme*, et profère : « Il y a des longueurs… »

Le résultat du scrutin trahit cette mauvaise humeur. Le quorum a été difficilement atteint, et c'est au second tour que Chateaubriand est élu contre Lacretelle avec treize voix sur vingt-trois votants. Ce n'est pas une élection triomphale, mais l'Empereur et lui s'en contentent, le premier observant que ces messieurs de l'Académie ont pris l'homme, à défaut de son livre. Décidé à bien faire les choses et à aider financièrement le nouvel élu, Napoléon laisse entendre à Fontanes qu'il lui confiera un grand poste, par exemple la direction générale des bibliothèques de France.

En attendant honneurs officiels et revenus, Chateaubriand s'attelle à son discours de réception, assez difficile à composer puisqu'il doit faire l'éloge de son prédécesseur, un ennemi déclaré, un impie qui a critiqué le *Génie du christianisme* et qui passe, aux yeux du monde, pour avoir, sinon assassiné son frère, au moins n'avoir rien fait pour l'arracher à l'échafaud, peut-être secrètement ravi d'être débarrassé d'un rival. Ce démocrate ardent a de plus, en sa qualité de conventionnel, voté la mort de Louis XVI, ce que Chateaubriand a bien l'intention de flétrir en termes vengeurs. Il doit louer le souverain, protecteur de l'Académie, tâche malaisée lorsqu'on s'est vanté dans tout Paris d'avoir démissionné pour protester contre l'exécution du duc d'Enghien et lorsqu'on a dénoncé le nouveau Néron dans le *Mercure de France*. Il faut trouver des mots pour exalter l'Empereur sans s'abaisser soi-même. Pour justifier les louanges qu'il lui adressera, Chateaubriand invoquera le précédent de Milton, louant exagérément Cromwell, ce qui ne sera pas du goût de l'Empereur.

L'épreuve majeure est évidemment Chénier. Il est prêt à dire du bien de tout le monde, et même de littérateurs obscurs, plutôt que d'en venir à Chénier, mais il faut bien aborder le sujet. Il le fait en s'attachant moins aux œuvres de son prédécesseur qu'à son rôle politique : « Si je lis les satires[7], j'y trouve immolés des hommes placés aux premiers rangs de cette assemblée ; toutefois écrites dans un style pur, élégant et facile, elles rappellent agréablement l'école de Voltaire, et j'aurais d'autant plus de plaisir à les louer, que mon nom n'a pas échappé à la malice de l'auteur. Mais laissons-là ces ouvrages qui donneraient lieu à des récriminations pénibles : je ne troublerai pas la mémoire d'un écrivain qui fut votre collègue et qui compte encore parmi vous des admirateurs et des amis ; il devra à cette religion qui lui parut si méprisable dans les écrits de ceux qui la défendent, la paix que je souhaite à sa tombe. Mais ici même, Messieurs, ne serai-je point assez malheureux pour trouver un écueil ? Car en portant à M. Chénier ce tribut de respect que les morts réclament, je crains de rencontrer sous mes pas des cendres bien autrement illustres. Si des interprétations peu généreuses voulaient me faire un crime de cette émotion involontaire, je me réfugiais au pied de ces autels expiatoires qu'un puissant monarque élève aux mânes des dynasties outragées. Ah ! qu'il eût été plus heureux pour M. Chénier de n'avoir point participé à ces calamités publiques qui retombèrent enfin sur sa tête ! Il a su comme moi ce que c'est que de perdre dans les orages un frère tendrement chéri[8]… »

On peut sourire au qualificatif de « tendrement chéri » pour un frère qu'il n'a guère aimé. Plus heureuse est la trouvaille des calamités publiques retombant *enfin* sur sa tête, encore que Chénier ait fait une jolie carrière, accumulant postes et honneurs, peu mérités.

Quant à l'Empereur, il est l'objet d'un bel hommage auquel Fontanes ne trouve rien à redire et dans lequel Chateaubriand traduit, plutôt que les siens, les sentiments d'un peuple en délire après les fêtes du mariage autrichien et la naissance d'un héritier. L'Impératrice n'est pas oubliée, ni le roi de Rome.

La commission chargée de lire ce discours apprécie peu les perfidies de Chateaubriand, ses attaques contre Chénier, ses allusions désolées aux Bourbons. Peu sensible aux flatteries prodiguées à l'Empereur, elle refuse le texte. Informé de cette décision, Napoléon le réclame afin d'en juger par lui-même. Il le lit en présence de Daru et s'indigne à certains passages qu'il estime propres à entretenir l'esprit de division dans le pays. Il s'emporte même si violemment que des courtisans, l'ayant entendu à travers la porte et pensant que cette colère a pour objet le comte Daru, s'en écartent comme d'un pestiféré lorsqu'il sort. Pour l'Empereur, qui s'est déclaré solidaire de tout ce qui s'est passé en France, de Saint Louis au Comité de salut public, il est maladroit de rappeler le souvenir des «dynasties outragées» comme de professer un amour excessif de la liberté. Il faut oublier le passé, comme il l'a fait, apaiser les divisions en réconciliant les deux France. N'a-t-il pas fait fusiller le duc d'Enghien, puis épousé une Habsbourg ? Au comte de Ségur, directeur de l'Académie, il déclara, exaspéré : «Monsieur, les gens de lettres veulent donc mettre le feu à la France ? Comment l'Académie ose-t-elle parler des régicides, alors que moi, qui suis couronné et qui les hais plus qu'elle, je dîne avec eux ?»

Après avoir rayé certaines phrases, mis çà et là d'un crayon rageur quelques indications, l'Empereur rend le discours à Daru en lui précisant que Chateaubriand devra y apporter les modifications qu'il exige. Craignant que l'auteur se roidisse et refuse, Daru aurait chargé Sophie Gay d'intervenir auprès de Chateaubriand pour qu'il se montre raisonnable et supprime au moins le passage sur le vote régicide de Chénier. Chateaubriand fait la sourde oreille : «La mémoire de M. Chénier ne m'est pas assez chère pour lui sacrifier mes principes, écrit-il le 24 avril 1811 à M. de Montalivet, et jamais je n'achèterai mon repos aux dépens de ma considération publique.» Il s'étonne dans la même lettre «qu'un discours où il a cherché à relever la dignité des gens de lettres soit repoussé par eux[9]».

Cette affaire a pris les proportions d'un événement politique ; elle l'ennuie, tout en faisant de lui une manière de héros. Moralement, il fait partie de l'Académie, mais il se soucie peu d'y siéger, au milieu de confrères si désagréables. Aussi, le 29 avril, annonce-t-il au comte de Ségur que le mauvais état de sa santé – pour une fois ce n'est pas celui de sa femme qu'il met en avant – et l'état aussi mauvais de ses affaires ne lui permettent pas de revoir son discours et qu'il renonce à siéger parmi ses pairs. La veille, il était allé reprendre à la secrétairerie d'État le discours examiné par Napoléon. Dans ses Mémoires, il dira que le manuscrit portait la trace de la colère impériale, ajoutant, «l'ongle du lion était enfoncé partout, et j'avais une espèce de plaisir d'irritation à le sentir sur mon flanc». L'incident clos par ce retrait, il doit rendre à Esmenard l'habit d'académicien qu'il lui avait emprunté pour sa réception et se remettre au travail pour vivre.

*

Chateaubriand n'avait pas menti à Ségur en parlant du mauvais état de ses affaires. Comme toujours, il manquait d'argent et s'ingéniait, sans grand succès, à en trouver. Il était revenu de son voyage en Terre sainte aussi gueux qu'un pèlerin du Moyen Age et avait englouti dans la Vallée-aux-Loups tant d'argent qu'il avait dû emprunter pour trois ans vingt mille francs à la comtesse de Choiseul-Beaupré, emprunt assorti d'un intérêt de cinq pour cent et d'une hypothèque sur la maison. Or, le délai de trois ans est expiré sans qu'il ait rien remboursé. Mme de Choiseul vient de mourir et son héritier réclame le remboursement. Il lui faut chercher un nouveau prêteur, en l'occurrence une demoiselle Catherine-Julie Desforges qui, le 26 juillet 1811, se substitue à Mme de Choiseul-Beaupré pour devenir sa créancière. Il n'aura jamais l'argent nécessaire pour la désintéresser, son train de vie à la Vallée-aux-Loups et la location d'un appartement à Paris absorbant tout ce qu'il gagne, et même au-delà. Comme l'écrit sa femme : « Il n'y a rien de plus agréable, mais en même temps de plus dispendieux, qu'une campagne à deux lieues de Paris. »

Les droits des *Martyrs* ont été volatilisés. La mort d'une de ses protectrices, la comtesse de La Marck, lui a ôté une ressource possible : « C'était une excellente femme qui m'aimait beaucoup, écrivait-il le 21 septembre 1810 à Mme de Duras ; et si j'avais quelque espérance d'une indépendance de fortune, c'était de ce côté[10]. » Par elle, en effet, il aurait pu obtenir un poste à Saint-Pétersbourg ou une pension de la cour de Russie. A Mme de Staël il avouait alors son découragement, sinon son dénuement : « Rien ne m'afflige, donc ni ne me décourage comme écrivain, mais je suis totalement découragé comme homme. Je crois les Lettres à jamais perdues, ainsi que le reste ; et je vous proteste que, si je puis seulement cet hiver trouver mille écus par an pour le reste de ma vie, jamais, de mon vivant, la France ne verra une ligne de moi. Si j'étais seul, j'irais bien volontiers demeurer dans votre château et je me ferais un grand honneur d'être votre frère[11]. »

Ce sont des plaintes similaires auprès de Mme d'Orglandes, mais c'est surtout auprès de Mme de Duras, devenue sa confidente et son soutien, qu'il épanche son amertume : « Si j'étais riche, lui écrivait-il le 29 mai 1810, il est bien clair que mon rôle serait fini dans la vie, et que je deviendrais un *gentleman-farmer* dans toute la force du mot. J'ai en horreur les livres, la gloriole et toutes les sottises du monde. Une amitié tendre, et surtout sans orages, la retraite et l'oubli le plus absolu satisferaient à tous mes goûts et à tous mes besoins. Je mets au nombre des grands dédommagements des peines de ma vie passée, le bonheur d'avoir rencontré ma *good sister* dans mes vieux jours. Il est si rare de trouver aujourd'hui des âmes nobles qu'on ne saurait trop s'y rattacher quand, par hasard, le ciel vous les envoie[12]. »

Ce lien fraternel n'exclut pas, du moins de la part de Mme de Duras, des accès de jalousie à la pensée de ses rivales, et Chateaubriand s'évertue à la rassurer, à la persuader qu'il lui réserve la meilleure part de lui-même. Réunies par le jeu des affinités électives, leurs deux âmes se sont si bien amalgamées qu'ils ont le sentiment d'appartenir à la même famille d'esprit et le prouvent en se déclarant frère et sœur sans que Mme de Chateaubriand ni le duc de Duras ne s'en offusquent. Malheureusement, Mme de Duras passe une partie de l'année dans son château d'Ussé et les lettres remplacent mal les conversations. Pendant l'été 1810, il lui avait fait part de ses ennuis et de ses dégoûts, et, à la fin de l'année, il lui avait révélé sa détresse financière : « Je suis à Paris très embarrassé et fort malheureux. J'éprouve une banqueroute de 25 000 F chez un libraire, qui va peut-être m'obliger à vendre la Vallée. Vous savez que j'ai encore d'autres sujets d'inquiétude, et je ne sais absolument quel parti prendre[13]. »

Ce libraire est Nicolle, acculé à la faillite autant par ses propres imprudences que par la saisie du livre de Mme de Staël, *De l'Allemagne*. Un accord sera pris avec les créanciers pour lui tenir la tête hors de l'eau, et Mme de Staël contribuera généreusement à le renflouer.

Pendant cette année 1810, Chateaubriand avait entrepris la rédaction de son *Itinéraire de Paris à Jérusalem*, travaillant moins sur ses notes de voyage que sur l'énorme documentation qu'il avait rassemblée. De ce voyage, il avait rapporté ce qui, pour un peintre, correspond à des carnets de croquis, avec des indications de couleur, de distance et de contrastes à partir desquelles, en s'aidant de sa mémoire, l'artiste peint ses tableaux. On a vu avec quelle rapidité Chateaubriand se déplaçait, s'arrêtant à peine une journée dans les lieux les plus chargés de souvenirs, passant quelques minutes devant des ruines que d'autres voyageurs examinaient minutieusement pour en mesurer les proportions ou en déchiffrer les inscriptions qui s'y trouvaient encore. Il ne s'est jamais embarrassé de ces détails. Sa rapidité de perception, son coup d'œil pour embrasser un paysage et le décrire en quelques phrases, la verve avec laquelle il croque une scène populaire sont des apports personnels qui constituent l'intérêt du livre, mais, pour des lecteurs imprégnés de culture classique, il faut évoquer les lieux visités en racontant leur histoire, car, sans cela, de beaucoup d'endroits fameux réduits à des bourgades misérables il n'y aurait pas grand-chose à dire.

Chateaubriand a donc refait son voyage à travers une bibliothèque, lisant des dizaines d'ouvrages, en plusieurs tomes, et prenant des notes, ou bien transcrivant, avec quelques variations, les descriptions nécessaires pour étoffer les siennes. Enfermé dans la Vallée-aux-Loups, il passait douze et parfois quinze heures dans son cabinet, penché sur les œuvres de Dapper pour les îles grecques, de Choiseul-Gouffier pour Smyrne, de Dalloway et de Tournefort pour Constantinople, de Roger et de Bushing pour la Terre sainte, ainsi que de Shaw, Doubdan, du père Joly et de l'abbé Guénée pour Jérusalem; il a recours à Shaw, Rollin et Mignot pour Tunis et Carthage, sans mentionner d'autres livres dont l'énumération tiendrait du catalogue. La hâte avec laquelle il a fait ces lectures l'a conduit à des erreurs et des contradictions que relèvera malignement le Dr Avramiotti. Pour l'aider, il a embauché un secrétaire, et tous deux ont compilé cette documentation sans le souci d'équilibrer entre elles les différentes parties de l'ouvrage et faisant ainsi une trop grande place à l'histoire des rois musulmans de Jérusalem ou à celle de Tunis.

S'il a eu le tact de glisser quelques phrases louangeuses pour les soldats français, toujours vainqueurs et toujours aimés des vaincus, il n'a pas omis de parler de soi, de rappeler notamment qu'il est allé en Amérique. Il a parfaitement compris que l'*Itinéraire* est un moyen pour lui d'exprimer ses opinions ou des idées sans grand rapport avec le sujet, l'avouant plaisamment à Mme de Duras : « C'est tout juste ce que vous voulez, des *mémoires* plutôt qu'un voyage. Je parle de moi comme une véritable pie d'un bout à l'autre du manuscrit[14]... » Et, dans une autre lettre, il précisait : « C'est l'histoire de mes pensées et des mouvements de mon cœur pendant un an, sur les ruines d'Athènes et de Jérusalem... et si cet *Itinéraire* ne m'apporte pas quelque gloire, du moins il me fera, j'espère, un peu aimer des âmes généreuses et capables de sentir le prix des sentiments élevés[15]. »

A la fin du mois de septembre 1810, le premier volume de l'*Itinéraire* était achevé. Pour gagner du temps, Chateaubriand voulait l'envoyer aussitôt à l'examen de la Censure. En effet, les règles en la matière avaient été singulièrement renforcées. Le comte Portalis était devenu directeur général de l'Imprimerie et de la Librairie, avec comme censeurs sous ses ordres Lacretelle jeune, Sauvo, Pellenc, Desrenaudes, Schiaffino, Daunou, Esmenard et Lemontey. Seul Daunou avait eu le courage de refuser une tâche indigne de lui. La situation des auteurs en avait été aggravée, d'autant plus qu'il y avait conflit entre la direction générale de l'Imprimerie et la Police, celle-ci se montrant plus rigoureuse à l'égard des auteurs que la direction générale. Mme de Staël l'avait éprouvé avec la saisie de son livre, affaire qui avait eu un grand retentissement et montré que le métier d'écrivain devenait périlleux. Déjà, dans l'opinion publique, on croyait que les mêmes foudres allaient frapper l'*Itinéraire*, et Chateaubriand s'était inquiété de cette rumeur qui semblait à la fois prévenir les rigueurs de la censure et les justifier.

Il n'en était rien, mais Portalis avait refusé de faire examiner le premier volume, attendant que les trois lui fussent soumis pour juger de l'esprit de l'ouvrage. Après lecture de l'ensemble, l'impression n'avait été qu'à demi favorable, en dépit de l'hommage aux soldats français, mais le verdict, tel que publié dans le bulletin officiel de la censure, était néanmoins acceptable et imposait peu de corrections : « N° 385 – Un ouvrage a paru nécessiter des changements et a été renvoyé à l'auteur pour les faire. C'est l'*Itinéraire de Paris à Jérusalem*, par M. de Chateaubriand. Plusieurs déclamations sur les cours, les courtisans ; quelques traits propres à exciter des allusions déplacées que la malignité s'empresse de saisir, ont été remarqués pour être supprimés. Il est douteux que le pèlerinage de M. de Chateaubriand lui vaille le succès qu'a eu son voyage au Mississippi[16]. »

Malgré ses défauts, le livre a été jugé français, par opposition à celui de Mme de Staël, réputé hostile à la France, et Chateaubriand avait révisé son œuvre en se conformant aux indications reçues, mais il ne s'en estimait pas moins victime d'une certaine injustice et, comparant son sort à celui de Mme de Staël, il trouvait que l'illustre baronne était beaucoup moins à plaindre, puisqu'elle était riche : « Si j'avais comme vous un bon château au bord du lac de Genève, je n'en sortirais jamais, lui écrivait-il le 10 octobre 1810. Jamais le public n'aurait une seule ligne de moi. Je mettrais autant d'ardeur à me faire oublier que j'en ai follement mis à me faire connaître. Et vous, chère Madame, vous êtes peut-être malheureuse de ce qui ferait mon bonheur ? Voilà le cœur humain[17]. » Cette allusion à sa fortune et ce conseil déguisé de ne plus écrire avaient paru de fort mauvais goût à la baronne : « Ah ! que M. de Chateaubriand connaît mal le cœur en me trouvant heureuse, écrit-elle à Mme Récamier. Il dit qu'il n'écrirait plus s'il avait de l'argent.

Il considère le bonheur sur le même point de vue. C'est un côté vulgaire dans un homme d'ailleurs si supérieur[18]. » Chateaubriand avait prétendu qu'à sa lettre, elle lui avait répondu : « Monsieur, vous m'écrivez comme le ministre de police. »

Même sans fortune, il veut arrêter toute activité littéraire, épuisé qu'il est par ce travail de forçat, et, au mois d'octobre 1810, il annonçait à la comtesse d'Orglandes qu'après la publication de l'*Itinéraire* il ne se consumerait pas davantage à écrire : « Je me dispose à jeter au feu les plumes et le papier ; et je vois ce moment approcher comme une véritable délivrance[19]. »

*

Le 26 février 1811, alors qu'il vient de succéder à Chénier, l'*Itinéraire de Paris à Jérusalem* sort des presses de Nicolle et reçoit du public un accueil supérieur à celui que Chateaubriand escomptait ou, du moins, à ce qu'il disait en attendre. En effet, la vente est bonne et lui permet d'apaiser quelques dettes criardes. Les amis font leur devoir en écrivant des articles louangeurs, tels Malte-Brun dans le *Journal de l'Empire* et Alexandre de Laborde, dans *Le Moniteur*, mais ses ennemis ne le lâchent pas et reprennent leurs attaques : Peltier, qui ne lui a toujours pas pardonné, critique le livre dans *L'Ambigu* et Hoffmann, dans le *Journal de l'Empire*, en attendant que le Dr Avramiotti passe l'ouvrage au crible et en dénonce toutes les erreurs, ainsi que la plupart des emprunts, dans un pamphlet qu'il publiera en 1816. Talleyrand laissera tomber dédaigneusement : « Il y a là beaucoup trop d'esprit pour un livre de poste, et pas assez de talent pour un ouvrage. »

Les critiques, même les plus sévères et les plus injustes, sont moins à redouter que les auteurs de parodies qui, sous une forme bouffonne, ont parfois des traits cruels. En mettant les rieurs de leur côté, ils influent mieux que les professionnels sur l'opinion publique et peuvent tuer par le ridicule à la fois le livre et l'auteur.

En quelques semaines un polygraphe, René Perrin, écrit une parodie intitulée *Itinéraire de Pantin au Mont Calvaire*, ou *Lettres inédites de Chactas à Atala, ouvrage écrit en style brillant et traduit pour la première fois du bas-breton sur la neuvième édition*, par M. de Chateauterne. Bien des passages, cocasses, font sourire et prouvent que l'auteur a saisi la manière d'écrire de Chateaubriand, mais plus grave est une dénonciation du procédé qui consiste à faire croire au lecteur qu'on a travaillé sur les sources alors qu'on s'est contenté de recopier ce que d'autres ont écrit après les avoir consultées, ce que Chateaubriand avait déjà fait pour l'*Essai sur les révolutions* : « Oh ! il y a peu d'hommes qui aient la tête aussi meublée de citations que moi, explique Chactas à sa chère Atala. Quand j'écris, tu sais que j'en fais une prodigieuse dépense ; c'est de l'esprit qui ne coûte rien. N'est-il pas plus simple, plus économique de prendre les bonnes choses chez les autres que de les chercher dans sa tête ? Je me suis fait là-dessus des principes très commodes. Crois-tu par exemple que lorsque dans mes ouvrages je cite des passages du Tasse, je me suis astreint à les traduire ? Non, je m'empare d'une traduction qui me dispense de l'original[20]. »

Un autre écrivain, poète et pharmacien, Cadet-Gassicourt, publie sous le pseudonyme de Saint-Géran un *Itinéraire de Lutèce au Mont Valérien, en suivant le fleuve Séquanien et en revenant par le mont des Martyrs* qui contient, lui aussi des gracieusetés de ce genre. Il vaut mieux les ignorer, ce que fait Chateaubriand, mais il en gardera rancune à Cadet-Gassicourt et rompra des lances en 1832 avec son fils, prenant d'ailleurs celui-ci pour l'auteur de la parodie.

Malgré le succès de l'*Itinéraire* auprès du public, il doit faire face à une situation financière encore plus embarrassée que l'année précédente. Il avait reçu de Nicolle une avance et, pour l'aider lors de sa faillite, il avait souscrit un billet qui vient à échéance à la fin du mois de juin 1811. A cela s'ajoutent les intérêts de l'emprunt jadis contracté auprès de Mme de Choiseul et vraisemblablement d'autres dettes mal connues. Pour les honorer, pour vivre aussi, il faut des ressources moins aléatoires que des droits d'auteur qui fluctuent non seulement avec les ventes, mais également avec les déboires des libraires-éditeurs. Chateaubriand essaie de transformer en capital immédiatement disponible une rente que lui sert sa cousine Caroline de Bédée, au titre de la part qu'il a héritée de sa mère sur la fortune Bédée, mais l'opération est difficile à réaliser, Caroline faisant une offre insuffisante ; il y a doute aussi sur son droit à cette rente, car il en aurait fait abandon à ses cousins Blossac. L'affaire reste donc en suspens.

Ce sont ses neveux Chateaubriand, Louis et Christian, qui viennent à son secours et, avec l'accord de leur tuteur, M. de Tocqueville, lui prêtent au début de l'année 1811 quatre mille quatre cents francs. Ce n'est évidemment pas assez pour assurer l'avenir ; aussi envisage-t-il la constitution d'une société d'actionnaires, recrutés parmi ses parents et amis, pour lui verser une rente mensuelle de mille francs pendant dix ans. En échange, il s'engagerait à les rembourser avec ce que lui rapporteraient ses futurs ouvrages, entre autres la vaste *Histoire de France* qu'il a en projet. Les neveux Chateaubriand ne consentent finalement qu'à une rente annuelle de trois mille francs, payable par trimestre. Leur tuteur, M. de Tocqueville, et leur oncle, le marquis de Rosanbo, acceptent de participer à cette bonne œuvre pour cinq cents francs chacun. Mme de Duras est sollicitée pour investir mille livres dans cette société, préfiguration de celle qui sera constituée en 1836 pour lui donner de quoi vivre après sa démission de pair de France.

Enfin, comble d'infortune, il met en gage pour neuf mille francs le manuscrit des *Aventures du dernier Abencerage* que le prêteur pourra publier à la fin de l'année s'il n'est pas remboursé. Heureusement pour Chateaubriand, M. de Tocqueville aura l'élégance de lui avancer l'argent qui lui permettra de dégager son manuscrit. Ces transactions lui sont pénibles et l'affectent dans son orgueil, ce qui le rend mélancolique et même pessimiste, encore que ce soit là, bien souvent, son humeur habituelle. Il voit tout sous les couleurs les plus sombres et se rend au mariage de Louis de Chateaubriand comme s'il allait à un enterrement.

Agé de 21 ans, Louis de Chateaubriand est assez fortuné pour épouser un beau parti, Zélie d'Orglandes, dont la mère, née d'Andlau, est la petite-fille du richissime Helvétius. Les d'Orglandes appartiennent à une des plus anciennes maisons chevaleresques de Normandie. C'est donc un mariage en tout point bien assorti et qui resserre les liens familiaux puisque la sœur de Mme d'Orglandes, Henriette-Geneviève d'Andlau, avait épousé le marquis de Rosanbo. Sans doute par habitude de se plaindre, Chateaubriand se répand, à propos de ce mariage, en lamentations dignes de Jérémie : « Cette noce me désole », gémit-il. Le 14 octobre 1811, à son retour du Mesnil, chez les Tocqueville, où le mariage a été célébré le 8 octobre, il trace un tableau sinistre des malheurs qui attendent les nouveaux époux : « J'ai reçu votre lettre au milieu de la noce, écrit-il à Mme de Duras. J'ai assisté à cette triste cérémonie. Voilà qui est fait ; les voilà dans cette grande route de tous les chagrins ; on y marche vite. Quand j'ai vu le pauvre orphelin avec son frère chercher un appui dans une famille étrangère, et appeler sa mère une personne qu'il a vue une dizaine de fois dans sa vie, j'ai été tout attendri. Cela m'a fait songer à la mort de tous les miens, à mon isolement sur cette terre, à ces tombeaux qui se sont élevés autour de moi et qui, dans quelques années, me compteront au nombre de leurs habitants. Dans cette disposition d'âme, il a fallu faire des couplets ; aussi, en voulant faire une chanson, j'ai fait une complainte qui a fait pleurer tout le monde :

> Cher orphelin, image de ta mère,
> Au ciel pour toi je demande ici-bas
> Les jours heureux retranchés à ton père
> Et les enfants que ton oncle n'a pas[21].

Le plus étrange est que lui, qui a épousé Céleste Buisson de Lavigne, déplore que son neveu ne soit pas allié à un plus grand nom ou à une plus grande fortune et doute d'être jamais fort intime avec les d'Orglandes. La fréquentation des Lévis, des Duras, des d'Arenberg lui aurait-elle tourné la tête ? Il n'en laisse heureusement rien voir en adressant à sa nouvelle nièce une lettre charmante pour lui indiquer les moyens de gagner son cœur et d'obtenir sa succession : «... me tricoter des gilets de laine et de grands bonnets de coton, à mèche ; me promener à midi au soleil, en automne, et me rentrer à deux heures dans la crainte du brouillard ; aller me chercher les livres que je vous indiquerai dans la bibliothèque, et même connaître assez les lettres grecques pour lire les titres des ouvrages ; me faire mon thé le soir ; écouter patiemment les longues histoires que je vous aurais confiées cent fois ; trouver mon vilain chat galeux le plus beau et le plus gracieux des matous ; enfin, si j'allais me mettre en tête d'avoir un perroquet, m'aider à lui apprendre à crier : Zélie ! Zélie[22] ! »

La comtesse d'Orglandes l'a invité à venir, avec sa femme, à Lonné, leur propriété près de Bellême, dans l'Orne, mais il y renonce car l'automne est trop avancé, le temps affreux et ses affaires en trop mauvais état pour qu'il puisse s'absenter de Paris.

Pendant tout l'hiver 1811-1812, il se complaît dans une mélancolie faite d'ambitions déçues, de soucis d'argent et de difficultés sentimentales. Tout l'ennuie, tout l'attriste. Obligé de passer quelque temps à Paris pour siéger dans un jury de cour d'assises, il appréhende ce rôle et se trouve bien mal logé dans un hôtel garni de la rue des Capucines : «Je n'aspire qu'à retourner à ma Vallée, confie-t-il à Mme de Duras ; vous ne pouvez vous faire d'idée de la nullité, de la bassesse et de la boue de Paris[23]. » A la Vallée-aux-Loups l'existence est si calme qu'on se croirait au bout du monde. Il s'accommode assez bien de cette retraite où le fracas de Paris ne lui parvient que par les échos qu'en apportent de rares visiteurs : «A dix heures, tous les loups de la vallée sont couchés, comme de pauvres chiens, écrit-il à Mme d'Orglandes : je radote seul devant la cheminée qui fume ; minuit sonne tristement à Châtenay. J'entends la cloche à travers les bois, et je me retire après avoir regardé s'il n'y a pas quelque voleur derrière la porte[24]. »

En revanche, Mme de Chateaubriand apprécie moins cette retraite, assez maussade en mauvaise saison : «Comment oser dire que je m'ennuie au Val de loup avec M. de Chateaubriand ? écrit-elle à Joubert. Je me ferais arracher les yeux par une dizaine de femmes et le cœur même, si après un tel aveu elles me soupçonnaient d'en avoir un. Le *Chat* ramage des vers par le mauvais temps ; quand la pluie cesse, il vole à ses chers arbres, qu'il plante et déplante tant qu'il peut[25]... »

Il a fini par rompre avec Natalie de Noailles, devenue difficile à supporter avec ses exigences et cette bizarrerie qui se transformera peu à peu en folie. Bien que leur liaison soit purement intellectuelle, la chère sœur, elle, se conduit parfois en maîtresse soupçonneuse, jalouse et réclamant des explications. Comme elle est parfaitement vertueuse, elle croit que tout le monde en est persuadé ; aussi se montre-t-elle imprudente, avec l'aplomb des cœurs purs, mais la société s'égaie de cette passion qu'elle contrôle si mal et que réprouve Mme de La Tour du Pin qui, de Bruxelles où elle réside, est tenue au courant de tous les commérages de Paris : « Votre lettre, écrit-elle le 17 janvier à Mme de Duras, est le langage de la passion depuis un bout jusqu'à l'autre. Ne vous faites pas d'illusion, ne vous retranchez pas derrière ce nom de frère qui ne signifie rien... » Et, clairvoyante, elle l'accuse d'avoir dans le cœur « un sentiment coupable, oui ma chère, coupable et très coupable ; l'amitié ne ressemble pas du tout à ce que vous ressentez. Fuyez à Ussé, ma très chère, et évitez les adieux[26] ».

Une autre amie, la comtesse de Béranger, partage l'avis de Mme de La Tour du Pin, estimant que « c'est un aveuglement qui la sauve de tous les scrupules, et cette profonde ignorance assure à la fois son repos et son bonheur[27] ». Là, Mme de Béranger se trompe : Mme de Duras est malheureuse, harcelant Chateaubriand qui commence à se lasser d'une correspondance où il ne reçoit que des reproches au lieu des compliments ou des encouragements qu'il souhaiterait pour lui faire oublier ses propres soucis : « Si je ne puis rien pour vous rendre un peu heureuse, chère Sœur, lui écrit-il le 13 février 1812, il vaut mieux renoncer à une correspondance qui vous fatigue, et qui me désolerait. Je ne sais que faire pour vous plaire. Vous ne me croyez pas ; vous ne m'écoutez pas ; quand je crois avoir mis mon cœur tout entier devant vous, je ne reçois que des choses aigres et sèches en réponse[28]. »

Leurs relations se poursuivent néanmoins, passionnées d'un côté, contraintes et parfois exaspérées de l'autre, en dépit d'attendrissements passagers. Chateaubriand sait combien la chère sœur lui est attachée, combien elle peut lui être utile, et elle le lui prouvera ; il apprécie d'avoir à sa disposition une oreille infiniment plus complaisante que celle de Mme de Chateaubriand pour confier ses désappointements, ses fureurs, ses rancunes et ses projets. Cela n'est pas à négliger, d'autant plus que la duchesse est intelligente, a du goût et qu'on peut causer avec elle. Hélas ! c'est l'éloignement qui brouille tout, car elle se morfond à Ussé, reprochant à Chateaubriand de ne pas faire l'effort d'aller la voir alors qu'il s'est rendu chez les Tocqueville et a même poussé jusqu'à Chandai, chez Mme de Caumont. De là des comparaisons entre les distances et des justifications à fournir pour se faire excuser de n'avoir pas affronté les soixante lieues qui séparent Ussé de Paris. Mme de La Tour du Pin, navrée de ne la voir écouter aucun de ses conseils, réitère ses mises en garde : « Pourquoi tourmenteriez-vous votre vie pour une personne dont vous n'êtes certainement pas le premier objet (ce dont je suis bien aise) ? M. de Chateaubriand me paraît comme une coquette qui veut occuper d'elle beaucoup d'hommes à la fois : il a un petit sérail où il tâche de répandre également ses faveurs pour maintenir son empire, mais il se garderait bien d'y introduire quelque caractère bien fort et bien tranchant qui irait lever tous les masques, à commencer par le sien[29]... »

*

L'année 1812 est décidément pour lui celle de tous les troubles et de tous les ennuis. Bien qu'il se soit enfermé à la Vallée-aux-Loups pour travailler à son *Histoire de France* et réclame à grands cris de n'être pas dérangé, il l'est par des attaques auxquelles il se voit obligé de riposter. Des copies manuscrites de son discours de réception à l'Académie circulent dans Paris sans qu'il y soit pour quelque chose, et il soupçonne la police de les répandre pour avoir un motif de sévir contre lui. Savary, le ministre de la Police, le convoque afin qu'il s'explique sur cette diffusion et semble le croire lorsqu'il lui affirme qu'il en est innocent. Trois jours après cet entretien désagréable, il est convoqué par le baron Pasquier, le préfet de Police, qui ne lui veut pas de mal, lui dit-il pour le rassurer, encore que Mme de Chateaubriand l'ait surpris un jour, à la Vallée-aux-Loups, lisant un manuscrit qu'il avait déniché sous un sofa. Pasquier lui conseille de se faire oublier en quittant Paris. Sans qu'il agisse ou parle, Chateaubriand est, par sa seule existence, un facteur de trouble : « Il est à l'intérieur ce que Mme de Staël est au-dehors, l'image d'une protestation vivante contre l'abus de la dictature et de l'oppression de la pensée. Il avait de plus qu'elle un nom cher au parti religieux dont la captivité du Pape[30] entretenait l'hostile mécontentement[31]. »

Dans ses Mémoires, Chateaubriand dira que Pasquier l'avait exilé à Dieppe. Au lieu de cela, il est allé tout bonnement à Verneuil, chez les Tocqueville, où il a eu tout le loisir d'étudier la campagne de presse orchestrée contre lui et de fourbir ses armes pour y répondre. Deux hommes de lettres l'ont violemment pris à partie, Etienne, directeur du *Journal de Paris*, et Hoffmann, tous deux lui reprochant d'avoir jadis partagé les erreurs dont lui-même accusait Chénier. A l'appui de leurs dires, ils citent des passages de l'*Essai sur les révolutions*, tandis qu'Henri de Lassalle, un des collaborateurs d'Etienne, annonce une réédition du livre. Pour parer un tel coup, Chateaubriand demande une audience au baron de Pommereul, un ancien soudard devenu directeur de la Librairie et de l'Imprimerie, et, de surcroît, acquéreur du château de Marigny que sa sœur a dû vendre. Cette circonstance a peu d'effet sur le baron qui refuse à Chateaubriand l'autorisation de rééditer lui-même son *Essai*, prétextant que cet ouvrage, ayant été publié à l'étranger, doit être soumis au préalable à la censure. En revanche, et sans doute pour faire pièce à Etienne, il interdit la mise en vente des extraits de l'*Essai* imprimés par les soins de Lassalle. Il a d'ailleurs chargé un plumitif de ses bureaux, Charles His de Butenval, de préparer à son tour des morceaux choisis de l'*Essai* qui paraîtront au mois de novembre 1812 sous forme d'une *Lettre à M. le comte de S. pendant son séjour aux eaux d'Aix-la-Chapelle ou Parallèle entre Chateaubriand et Joseph-Marie Chénier*. Dans cette brochure, il met en contradiction les opinions de Chateaubriand lors de la composition de l'*Essai sur les révolutions* et celles qu'il a professées dans le *Génie du christianisme*.

Le voilà menacé sur deux fronts et fort embarrassé de savoir comment se tirer de ce guêpier. Pour le moment, il voue les gens de lettres aux gémonies : «Je ne connais pas de plus vile canaille, écrit-il à Mme de Duras, les hommes de talent exceptés…» Puis il prépare la contre-attaque en essayant de se justifier sur certains points délicats, comme celui de sa conversion, ce qui prouve au moins qu'en écrivant le *Génie du christianisme* il ne s'était pas soucié de détails de dates et avait forgé sa propre vérité. Il charge Mme Gay d'intervenir auprès de Regnault de Saint-Jean d'Angély, secrétaire d'Etat de la famille impériale, pour faire cesser cette persécution, promettant de s'ensevelir à la campagne et de garder le silence pendant vingt ans, mais Mme Gay n'obtient rien. Toutefois, à la fin de l'année 1812, après la parution du pamphlet de Charles His, un revirement se produit. Pour montrer son indépendance à l'égard de Pommereul, Etienne prend le contre-pied des attaques de His. Au mois de décembre, un jeune journaliste, Damaze de Raymond, utilisant peut-être des documents fournis par Chateaubriand, publie une *Réponse aux attaques dirigées contre M. de Chateaubriand*. Chargé de la chronique théâtrale au *Journal de l'Empire*, Damaze de Raymond se révèle un champion zélé, bien que de réputation un peu douteuse. Il sera tué en duel deux mois plus tard, pour une obscure affaire de jeu.

Ces querelles l'empêchent de travailler autant qu'il le voudrait à son *Histoire de France*, en vue de laquelle il lit beaucoup de Mémoires tout en écrivant les siens. Il a aussi été malade, et s'est cru perdu. Rien de plus drôle à cet égard que le récit de Mme de Chateaubriand qui, toujours malade elle-même, ne croit guère aux maladies des autres. Elle raconte dans ses Cahiers que le *Génie*, souffrant de palpitations, y a vu aussitôt le signe avant-coureur de son trépas. Inquiète, en dépit de son scepticisme, elle l'a supplié d'aller consulter Laënnec. Mme de Lévis, qui se trouvait à la Vallée-aux-Loups ce jour-là, avait insisté à son tour et avait fini par décider Chateaubriand à se laisser emmener dans sa voiture. Après un moment de réflexion, Mme de Chateaubriand avait décidé de partir à son tour et, lorsqu'elle était arrivée chez Laënnec, son mari était déjà dans le cabinet de celui-ci. Elle n'était pas entrée mais avait écouté la consultation derrière la porte. Après une minutieuse auscultation, Laënnec lui avait déclaré qu'il n'avait rien : « M. de Chateaubriand eut beau lui faire l'énumération de ses souffrances, il n'en démordit pas et ne voulut jamais rien ordonner, sinon de prendre son chapeau et d'aller se promener. "Mais enfin, disait son mari, si je mettais quelques sangsues ? – Si cela peut vous faire plaisir, vous le pouvez, mais je vous conseille de n'en rien faire…" Je ne puis dire ce que je souffris jusqu'à son départ. Je le guettai au passage et lui demandai ce qu'avait mon mari : "Rien du tout", me répondit-il, et là-dessus il me souhaita le bonsoir et s'en alla. En effet, cinq minutes après, j'entendis le malade enchanté et guéri qui redescendait l'escalier en chantonnant[32]… » Lorsque Chateaubriand rentra, il dit à sa femme que Laënnec avait trouvé son état si alarmant qu'il n'avait même pas jugé utile de lui ordonner des sangsues…

Enseveli à la Vallée-aux-Loups, il n'entend plus parler de personne, écrit-il à Mme de Duras, « si ce n'est de quelques créanciers qui [lui] donnent de temps à autre signe de vie »… Malgré le revenu que lui font M. de Tocqueville et ses neveux, il ne peut vivre avec quatre mille francs par an alors que le train de maison de la Vallée-aux-Loups en exige au moins six mille. Il a éteint certaines dettes par l'abandon à l'imprimeur Le Normant d'une nouvelle édition de l'*Itinéraire* et il doit envisager, pour trouver les quelque quinze mille francs dont il a un urgent besoin, de lui vendre également *Les Aventures du dernier Abencerage*. Il pourrait en tirer largement cette somme, à condition que la censure autorise la publication. Or, en 1811, celle-ci avait interdit l'ouvrage en raison de l'éloge des Espagnols qui s'y trouvait, bien que les Espagnols de l'auteur n'eussent rien à voir avec les sujets de Joseph Bonaparte, en rébellion contre leur monarque. L'affaire n'aboutit pas.

*

Au seuil de l'année 1813, la situation politique et surtout militaire a suffisamment évolué pour inspirer aux Français des doutes sur la solidité du régime, et celui-ci est acculé à prendre des mesures extraordinaires pour imposer silence aux contestataires. Malgré son échec, le complot du général Malet a montré la fragilité du pouvoir impérial, qui ne repose que sur un homme, et le désastre de Russie apparaît comme « le commencement de la fin ». Fiévée, un des conseillers secrets de Napoléon, avertit celui-ci que « tous les signes des grandes catastrophes politiques existent » et que « dans aucun temps on ne s'est plaint aussi haut et avec si peu de mesure[33] ». Beugnot, qui parle à l'Empereur de l'esprit public à ménager, se voit brutalement remettre à sa place : « "Ce que vous dites là est un mot et rien de plus. Vous êtes de l'école des idéologues avec Regnault, avec Roederer, avec Fontanes ; Fontanes, non, je me trompe, il est d'une autre bande d'imbéciles. Croyez-vous que je ne saisisse pas le fond de votre pensée à travers les voiles dont vous l'enveloppez ? Vous êtes de ceux qui soupirent au fond de l'âme pour la liberté de la presse, pour la liberté de la tribune, qui croient à la toute-puissance de l'esprit public. Eh bien ! vous allez savoir mon dernier mot ! " Et, portant la main à la garde de son épée, il ajoute : "Tant que celle-là pendra à mon côté, vous n'aurez aucune des libertés après lesquelles vous soupirez, pas même, monsieur Beugnot, celle de faire à la tribune quelque beau discours à votre manière[34]. " »

Certes, on tremble encore au moindre froncement de sourcil de l'Empereur, mais une vive opposition se dessine un peu partout. Dans les campagnes, on se soustrait à la conscription ; dans les ports de mer, ruinés par le blocus continental, on cherche à faire entrer en fraude des marchandises ; à Paris, dans les milieux d'affaires, on est inquiet du dépérissement de l'économie et, dans les salons, la fronde est plus vive que naguère. Dans l'immense empire, on perçoit de partout des craquements qui, pareils à ceux des glaces lorsque arrive le printemps, semblent annoncer la débâcle. Le parti royaliste a relevé la tête ; une association secrète, celle des *Chevaliers de la Foi*, créée par Ferdinand de Bertier de Sauvigny, et calquée pour son organisation sur celle de la Maçonnerie, est devenue une puissance occulte : elle a pour but la restauration des Bourbons sur le trône de France et celle de Pie VII sur le sien.

Parmi ces *Chevaliers de la Foi* se trouvent certaines figures curieuses : l'abbé de Clorivière, ami de Limoëlan et impliqué jadis dans l'attentat de la rue Saint-Nicaise contre le Premier consul ; Mathieu de Montmorency, revenu de ses erreurs de jeunesse ; Alexis de Noailles, fils du Noailles qui avait réclamé l'abolition des droits féodaux ; le marquis de Rivière, agent des Princes et détenu quatre ans au fort de Joux. Ce qu'en dit

Mme de Chateaubriand dans ses Cahiers laisse à penser que son mari, sans appartenir au mouvement, s'intéresse à son action et entretient avec les chevaliers certains rapports, notamment pendant l'hiver 1812-1813 qu'il passe à Paris, dans un appartement qu'Alexandre de Laborde lui a loué, 194, rue de Rivoli. Les Chateaubriand y mènent une vie assez retirée, se contentant d'un petit cercle de familiers.

Bien qu'il ne fasse point parler de lui, il est néanmoins surveillé par la police, ainsi qu'en font foi des rapports qui montrent que des observateurs se faufilent chez lui ou font parler ses domestiques. Cet ennui est peu de chose en comparaison de la disette d'argent qui lui interdit les séjours qu'il envisageait de faire en Savoie, puis à Nice. Il doit se contenter d'aller à Verneuil, chez les Tocqueville, et à Montboissier, chez les Colbert-Maulévrier. Pendant l'année 1813 il ne réside à la Vallée-aux-Loups qu'au début du printemps et au début de l'hiver, seul avec ses livres et se souciant peu de commerce avec les hommes : « J'ai cependant un grand plaisir, écrit-il au mois de juin à Mme de Duras, c'est de m'enfermer dans la Vieille France, d'oublier les nouvelles excepté vous et quelques personnes rares ; tant que je bouquine, cela va bien, mais quand je cesse de lire et de griffonner, malheur à moi. Je ne sais rien de ce bas monde. Sans journal, sans correspondance, j'oublie et je veux oublier[35]. » Au mois de novembre, il semble que sa misanthropie, au lieu de s'adoucir, ait augmenté : « J'ai envie, si cela continue, dit-il toujours à Mme de Duras, de rompre toute correspondance avec le genre humain et de mettre un terme à des tracasseries que je ne puis plus supporter. Plus je tâche de n'offenser personne, plus on exige de moi. Je suis trop bête et trop bon. Je me corrigerai[36]. »

De cette bonté qu'il se reproche, il se corrige en écrivant un sanglant réquisitoire contre Napoléon. Il a senti l'idole vaciller sans que, dans l'opinion publique, on sache encore qui la remplacera. En ces derniers mois de 1813, il est désormais certain que l'Empereur, obligé de céder chaque jour du terrain, est acculé à la défaite et qu'après avoir été rejeté d'Allemagne il lui faudra défendre la France, et peut-être même Paris. Depuis 1793 a grandi une génération qui n'a jamais entendu parler des Bourbons, Napoléon y veillant d'ailleurs. Dans les familles restées royalistes, des jeunes gens se sont enthousiasmés pour l'Empereur, se sont enrôlés dans ses armées, se souciant fort peu du prétendant dont la majorité de la population ne sait ni sa parenté avec le roi décapité, ni même où il se trouve. La Révolution avait fait commencer l'histoire de la France à l'an Ier de la liberté ; Napoléon a fait oublier aux Français tout ce qui n'est pas lui, sa puissance et sa famille. Un trait définitif a été tiré sur un passé encore si proche. Dans les milieux royalistes, on pense aux Bourbons, certes, mais les plus avisés des chefs de ce parti estiment qu'il serait bon de les rappeler au souvenir des Français si, à la chute escomptée de Napoléon, il faut trouver un nouveau souverain. Clausel de Coussergues, intime ami de Chateaubriand, rapporte avoir entendu plusieurs fois celui-ci dire : « Les Alliés arriveront à Paris sans être décidés sur le parti qu'ils auront à prendre. Ce serait l'opinion manifestée par la ville de Paris et le Corps législatif en faveur des Bourbons qui pourrait décider les souverains[37]. »

Voyant dans les Bourbons la seule dynastie légitime, Chateaubriand rédige avec le plus grand mystère un texte en trois parties pour éclairer l'opinion des Français, leur montrer qu'ils ont été abusés par Napoléon qui a escamoté le trône à son profit, que les Bourbons seuls peuvent sauver la France et que les Alliés, loin d'être des ennemis, sont des libérateurs. Cet écrit vindicatif, présenté comme « un remède au moment où l'anarchie viendrait », est, en attendant l'arrivée des Alliés, plus dangereux pour son auteur que pour l'Empereur. Bien que le régime paraisse condamné, il a toujours une police efficace à ses ordres. M. et Mme de Chateaubriand ont l'impression d'être assis sur une poudrière et vivent dans des transes perpétuelles. La nuit, Chateaubriand cache son pamphlet sous son oreiller et dort avec deux pistolets à côté de lui. A sa femme appartient le soin de veiller, le jour, sur ce brûlot qu'elle porte, attaché par une épingle, à l'intérieur de sa robe. Un matin, traversant le jardin des Tuileries, elle ne le sent plus sur elle ; affolée, voyant déjà le manuscrit porté à la police et son auteur arrêté, elle s'évanouit. Des promeneurs compatissants la ramènent chez elle. En marchant, le doute vient à son esprit : peut-être a-t-elle oublié d'emporter le pamphlet. Lorsqu'elle se précipite dans la chambre de son mari, elle le retrouve sous l'oreiller : « Je n'ai jamais éprouvé un tel moment de joie dans ma vie », avoue-t-elle[38].

Il est de fait qu'un texte aussi incendiaire aurait pu valoir à son auteur, eût-il été trouvé, un cul-de-basse-fosse à Vincennes ou le peloton d'exécution. Dans ce libelle intitulé *De Buonaparte, des Bourbons, et de la nécessité de se rallier à nos princes légitimes pour le bonheur de la France et celui de l'Europe*, Chateaubriand dépeint Napoléon comme un aventurier, un barbare, un nouvel Attila. Avec insistance, il souligne sa qualité d'étranger qui fait de lui un envahisseur, et s'il est si « prodigue de sang français » c'est parce qu'il « n'a pas une goutte de ce sang dans les veines ». Et s'il fallait admettre qu'il était français, il le serait moins que Toussaint-Louverture, une de ses victimes, car ce dernier, bien que noir, « était né dans une vieille colonie française et sous des lois françaises… » Buonaparte, écrit-il, a « quelque chose de l'histrion et du comédien », simulant tout, « jusqu'aux passions qu'il n'a pas ». C'est un sauvage, un affreux despote, un homme de rien, « enfant de petite famille », issu d'une tribu « semi-africaine », un ingrat qui a brûlé le « village[39] où ces mêmes rois eurent le malheur de le nourrir », un jaloux de toute gloire éclipsant la sienne au point qu'il « n'aimerait même pas le bruit d'un crime, si ce crime n'était pas son ouvrage ».

À cet égard, poursuit Chateaubriand, il a suffisamment de crimes sur la conscience pour ne craindre aucun rival. À ce monstre, il reproche à la fois le Concordat, un acte hypocrite, et la conscription, une saignée ; l'accaparement de l'industrie, dont aucune branche n'échappe à sa rapacité, le pillage de la France et celui de l'Europe. À propos de la conscription, il a une formule à la fois piquante et cynique : « Si l'on se plaignait de ses ravages, on répondait que les colonnes mobiles étaient composées de beaux gendarmes qui consoleraient les mères et leur rendraient ce qu'elles avaient perdu. » Mais le plus extravagant de cette diatribe est la contestation de son génie militaire : « Absurde en administration, criminel en politique, qu'avait-il donc pour séduire les Français, cet étranger ? Sa gloire militaire ? Eh bien il en est dépouillé. C'est en effet un grand gagneur de batailles, mais, hors de là, le moindre général est plus habile que lui. Il n'entend rien aux retraites et à la chicane du terrain ; il est impatient, incapable d'attendre longtemps un résultat, fruit d'une longue combinaison militaire ; il ne sait qu'aller de l'avant, faire des pointes, courir, remporter des victoires, comme on l'a dit, *à coups d'hommes*, sacrifier tout pour le succès, sans s'embarrasser d'un revers, tuer la moitié des soldats par des marches au-dessus des forces humaines[40]. » Bref, un homme de rien, un illusionniste et un charlatan qui a trop longtemps abusé de la crédulité des Français.

En écrivant ces phrases, songe-t-il aux lettres qu'il adressait à Mme Bacciochi pour faire accepter au Premier consul la dédicace du *Génie du christianisme* ? Et se souvient-il de tous les éloges dont il émaillait alors ses lettres pour ne pas louer moins fort que les autres l'homme providentiel ? Tout à sa passion, il n'écoute que sa colère et son dépit de n'avoir pas été l'égal de Bonaparte, ou du moins son conseiller, la puissance intellectuelle et morale avec laquelle le pouvoir civil et militaire aurait traité sur un pied d'égalité. Après avoir flétri le moderne Attila, il entonne un hymne à la gloire des Bourbons, mais, visiblement, l'amour l'inspire à un moindre degré que la haine. Des princes, devenus des saints pendant leur exil, il fait des portraits à la Greuze et d'autant plus fades qu'il ne les a jamais vus. Il va jusqu'à écrire, au sujet de la duchesse d'Angoulême, que si elle n'a pas eu d'enfant c'est qu'elle ne pouvait, par patriotisme, concevoir hors de France : « Oui, conclut-il, Madame la Duchesse d'Angoulême deviendra féconde sur le sol fécond de la patrie ! » Il sera toujours surpris de la froideur de cette princesse à son égard, sans s'être jamais demandé si une affirmation aussi sotte n'était pas à l'origine de cette hostilité.

Dans son plaidoyer en faveur des Bourbons, il prévient les souverains alliés du danger créé par le précédent de Napoléon, qu'ils traitaient jusque-là de frère. Encore un parvenu de cette espèce et c'en est fait de la Vieille Europe, annonce-t-il : « On n'a que trop appris aux peuples qu'on peut remuer les trônes. C'est aux rois à leur montrer que si les trônes peuvent être ébranlés, ils ne peuvent jamais être détruits », et il ajoute : « Voilà pourquoi Buonaparte, resté maître d'un seul village en France, est plus à craindre pour l'Europe que les Bourbons avec la France jusqu'au Rhin[41]. »

Ce pamphlet vengeur, parfois odieux, n'est pas le cri d'un homme qui a souffert mais la rancœur d'un écrivain blessé dans son amour-propre, et, s'il est l'œuvre d'un royaliste, il n'est certainement pas celle d'un gentilhomme. Il suffit de le comparer aux *Réflexions sur l'acte constitutionnel du Sénat*, de Nicolas Bergasse, brochure qui, publiée à la même époque, a eu un succès presque aussi grand que *De Buonaparte et des Bourbons*. Sur l'Empereur, Bergasse s'exprime avec infiniment plus de noblesse et de générosité : « Bonaparte a été mon ennemi… Or, je l'avoue, je me croirais bien vil si, maintenant qu'il a cessé d'être redoutable, je poursuivais avec un ridicule acharnement sa mémoire. On peut braver un ennemi aussi longtemps qu'il est à craindre ; et, dans une cause juste, il y a du courage, sans doute, à lutter contre sa puissance ; mais lorsqu'on a gardé le silence devant lui, le braver seulement lorsqu'il ne reste plus rien de ce qu'il était, qui puisse inspirer de la terreur, c'est l'action d'un lâche, c'est insulter à un cadavre ; c'est laisser entrevoir que ce n'est pas de la conscience qu'on emprunte son langage, mais uniquement des circonstances où la fortune nous jette[42]. »

Chateaubriand, impavide, ne se sentira pas visé par ce passage et entretiendra toujours avec Nicolas Bergasse de bons rapports, reconnaissant en lui, comme il le lui écrira un jour, « notre maître à tous ».

12

La danse autour du trône

avril 1814-décembre 1815

Tandis que le grondement du canon annonce aux Parisiens l'approche des Alliés, Chateaubriand remet son texte à l'imprimeur Mame; celui-ci le compose et lui envoie les épreuves qu'il corrige en se demandant quand il pourra lancer cette bombe. Le roi Joseph, chargé de défendre Paris, s'est enfui à Blois avec l'Impératrice-régente, le roi de Rome et les diamants de la Couronne, attitude que Chateaubriand stigmatise en ces termes : « Rostopchine n'a pas prétendu défendre Moscou : il la brûla. Joseph annonçait qu'il ne quitterait jamais les Parisiens, et il décampait à petit bruit, nous laissant son courage placardé au coin des rues[1]. »

Le 30 mars 1814, alors que les Alliés sont aux portes de la ville, les murs de celle-ci se couvrent d'affiches annonçant la parution imminente d'un écrit de M. de Chateaubriand, *De Buonaparte, des Bourbons*, etc., qui est mis en vente le 5 avril, alors que les sénateurs viennent de voter la déchéance de l'Empereur et de sa dynastie, non sans avoir pris soin de se garantir les avantages attachés à leur place avec un cynisme effronté qui révoltera Chateaubriand : « ... de nobles parjures, à Paris, reprenaient derrière le fauteuil de Louis XVIII leurs fonctions de grands domestiques : la prospérité nous est transmise avec ses esclaves, comme autrefois une terre seigneuriale était vendue avec ses serfs[2] ».

Les dix mille exemplaires de sa brochure, enlevés en quelques jours, donnent à Chateaubriand l'impression d'avoir fait pencher la balance en faveur des Bourbons, alors que les souverains alliés, notamment le tsar Alexandre Ier, descendu chez Talleyrand, n'envisageaient guère une restauration de l'ancienne dynastie. Chateaubriand se glorifiera sans retenue du rôle qu'il a cru jouer dans la circonstance, écrivant : « Je me jetai à corps perdu dans la mêlée pour servir de bouclier à la liberté renaissante contre la tyrannie encore debout et dont le désespoir triplait les forces. Je parlai au nom de la légitimité, afin d'ajouter à ma parole l'autorité des affaires positives. J'appris à la France ce que c'était que l'ancienne famille royale; je dis combien il existait de membres de cette famille, quels étaient leurs noms et leurs caractères; c'était comme si j'avais fait le dénombrement des enfants de l'empereur de la Chine, tant la République et l'Empire avaient envahi le présent et relégué les Bourbons dans le passé. Louis XVIII déclara, je l'ai déjà plusieurs fois mentionné, que ma brochure lui avait plus profité qu'une armée de cent mille hommes; il aurait pu ajouter qu'elle avait été pour lui un certificat de vie. Je contribuai à lui donner une seconde fois la couronne par l'heureuse issue de la guerre d'Espagne[3]. »

On n'est jamais si bien servi que par soi-même… En réalité, si ce pamphlet fit du bruit et contribua sans doute à raviver le souvenir des Bourbons, il n'eut aucune influence sur la décision des souverains alliés qui, plutôt que lire Chateaubriand, avaient écouté le baron de Vitrolles et cédé aux arguments de Talleyrand. Ni Louis XVIII, ni Napoléon, à qui on avait également attribué la phrase assimilant la brochure à une armée, n'a eu ce mot historique, dû vraisemblablement à un obscur rédacteur du *Journal des débats.* D'après Mme de Boigne, le tsar n'a pas lu le pamphlet; il l'avoue en recevant son auteur. Cette entrevue a été arrangée par le comte de Nesselrode, à la demande de Mme de Boigne, elle-même sollicitée par Chateaubriand. Soit ignorance, soit malice, le tsar le reçoit en même temps que son ennemi Etienne, auteur d'une pièce qu'il avait vue la veille. Après avoir félicité Etienne, Alexandre Ier « dit un mot à M. de Chateaubriand de sa brochure, qu'il prétendit n'avoir pas encore eu le temps de lire; prêcha la paix entre eux à ces messieurs, leur assura que les gens de lettres devaient s'occuper d'amuser le public, et nullement de politique, et passa, sans lui avoir laissé l'occasion de placer un mot. M. de Chateaubriand lança un coup d'œil peu conciliateur à Etienne et sortit furieux[4]. »

L'empereur de Russie la lira, puisque Mme de Boigne assure qu'il en conçut un certain mécontentement, ayant eu personnellement de l'estime pour Napoléon et appréciant peu la critique des Corses en général puisque avec Pozzo di Borgo il en avait un à son service. Mme de Boigne avoue elle-même avoir lu la brochure « avec des transports d'admiration et des torrents de larmes » qu'elle regrettera par la suite, en relisant le texte. Pour Pasquier, grand ami de Mme de Boigne, une attaque aussi véhémente et injuste est pire qu'une mauvaise action, c'est une faute: « Je puis affirmer, écrira-t-il, qu'elle a au contraire causé les plus grands embarras aux hommes qui dirigeaient réellement les affaires ; qu'elle fut au moment de causer une explosion dans le parti militaire qu'on avait tant d'intérêt à ménager, dont les étrangers attendaient l'adhésion comme seule base possible d'un arrangement solide, j'ajoute que les sentiments d'indignation qu'elle a semés dans l'âme de tant d'hommes qui se trouvèrent injuriés dans la personne de celui qui avait été si longtemps leur chef, que ces sentiments, dis-je, n'ont point été étrangers à la catastrophe du 20 mars de l'année suivante[5]. »

Si l'on conçoit l'embarras de Mme Récamier, alors à Naples et priée par la reine Caroline de lui faire lecture du dernier ouvrage de M. de Chateaubriand, on peut se demander quelle a été la réaction de Napoléon lui-même : « Bonaparte, assure Chateaubriand, parcourut ma brochure à Fontainebleau ; le duc de Bassano la lui avait portée ; il la discuta avec impartialité, disant : ceci est juste ; cela n'est pas juste. Je n'ai pas de reproche à faire à Chateaubriand ; il m'a résisté dans ma puissance ; mais ces canailles, tels et tels ! et il les nommait[6]… » Cette appréciation de l'Empereur sur son œuvre a été tirée des Cahiers de sa femme, où l'on peut lire aussi que Napoléon aurait dit, prophétiquement : « Ah ! si les Bourbons suivent les avis de cet homme, ils pourront régner, mais soyez tranquilles, Messieurs, ils ne le croiront pas et il sera plus persécuté sous leur règne que sous le mien[7]. »

Il est vrai que la plupart des courtisans de Napoléon se hâtent de l'abandonner, que les Murat eux-mêmes le sacrifient au souci de garder leur trône et que les plus critiques à son égard sont ceux qui ont été les plus comblés par lui. Plus tard, à Rome, en 1828, Chateaubriand, sachant qu'on lui reprochait encore son attitude à cette époque, expliquera au comte de Marcellus qu'il n'avait fait que refléter l'opinion publique, ajoutant : « Ah ! je n'ai pas répété alors la moitié de ce que disaient de Napoléon tous ces généraux qu'il avait associés à ses entreprises ; ces ministres qu'il avait accablés de richesses et d'honneurs, ces républicains qu'il avait baronisés, ces courtisans qui faisaient la veille parade dans son antichambre. Souvenez-vous, nous n'étions certes pas les plus bruyants parmi ses détracteurs, et le zèle des ennemis naturels était bien pâle devant la haine des amis transfuges[8]. » C'était parfaitement exact, mais plus de mesure aurait fait plus d'honneur à Chateaubriand.

*

Dans ses Mémoires, Chateaubriand se dira consterné par l'entrée des vainqueurs dans Paris et aura le patriotisme affligé. Il ne semble pas avoir été aussi triste alors, enivré du succès de sa brochure et se montrant volontiers dans la rue, « affublé d'un uniforme de fantaisie, par-dessus lequel un gros cordon de soie rouge, passé en bandoulière, supportait un immense sabre turc qui traînait sur tous les parquets avec un bruit formidable. Il avait certainement beaucoup plus l'apparence d'un capitaine de forbans que d'un pacifique écrivain ; ce costume lui valut quelques ridicules, même aux yeux de ses admirateurs les plus dévoués[9] ». Insensible au ridicule, il traînera le même sabre au retour de Gand.

C'est en cet équipage qu'il se rend à Compiègne au-devant de Louis XVIII qui, appelé librement au trône, ainsi que le Sénat l'a proclamé, se hâte avec lenteur vers sa capitale. Si Napoléon représentait la guerre, il n'est pas douteux, à voir le roi, que celui-ci incarne la paix, car il est bien incapable de monter à cheval et de galvaniser les troupes. Celles qui forment la garde d'honneur établissent la comparaison avec leur empereur et ne cachent pas leur déception. Bien qu'il n'ait pas été convié officiellement, Chateaubriand se conduit comme s'il l'avait été, mais il reste au seuil du saint des saints, c'est-à-dire de la commission constituée pour aider le nouveau souverain de ses lumières dans l'élaboration de la Charte, alors que Clausel de Coussergues et Fontanes en font partie. Ecarté de cette commission, il l'est aussi de la chambre des Pairs, créée pour remplacer le Sénat conservateur. Ce qu'il a écrit de Louis XVIII dans sa brochure et l'article adulateur qu'il donne au *Journal des débats* pour raconter l'entrée du monarque à Compiègne restent lettre morte et ne semblent pas inciter le nouveau roi à faire quoi que ce soit pour lui.

Lamartine, qui n'aimera guère Chateaubriand, écrira dans son *Cours familier de littérature*, à propos de cette attitude des Bourbons : « Leur première faveur fut de lui pardonner. » Louis XVIII doit plutôt penser que ceux qui ont si bien servi son prédécesseur le serviront mieux encore, alors que les royalistes, en disponibilité depuis vingt-cinq ans, ont perdu l'habitude de servir et acquis celle de fronder : les premiers ont reçu le prix de leur soumission en conservant leurs places, les seconds sont soupçonnés de vouloir vendre trop cher la leur. Mieux vaut conserver des hommes qui ont fait leurs preuves que d'en essayer d'autres. Comme l'écrira Joseph de Maistre : « Louis XVIII n'est pas remonté sur le trône de ses pères, il s'est contenté de s'asseoir sur celui de Napoléon. » Bientôt Chateaubriand jugera que la Restauration c'est l'Empire, avec un roi Bourbon chargé d'achever cette déplorable révolution dont l'Empereur, pendant les dix ans de son règne, avait suspendu le cours.

Assagis par l'expérience, apaisés par l'argent, les anciens Jacobins, souvent titrés, veulent désormais obtenir du roi la reconnaissance de leur position acquise, ce qui entraîne implicitement l'approbation des moyens employés pour l'acquérir. La monarchie sera ainsi conduite à légitimer bien des exactions, notamment celle des biens nationaux. Leur propriété sera d'autant plus sacrée qu'elle est le résultat d'une spoliation. La propriété finira d'ailleurs par devenir une religion, surtout chez ceux qui ont acheté des biens d'Eglise.

La situation personnelle de Chateaubriand, malgré ou plutôt en raison de sa gloire, est difficile : aux yeux des Bourbons, il a un double tort, car il n'a pas été un courtisan de l'exil, comme Blacas ou d'Avaray ; il n'a pas été non plus, malgré certaines compromissions, celui de Napoléon, ce qui aurait été un gage de souplesse et aurait permis de le placer avantageusement. Aussi éprouve-t-on en haut lieu une certaine méfiance à son égard, et la faveur va plutôt vers ceux qui, ayant su capter celle du tyran déchu, montreront d'autant plus de bonne volonté pour se concilier les bonnes grâces du nouveau maître.

Impatient d'obtenir une consécration officielle de ses talents, Chateaubriand voit avec dépit tous les postes donnés à des gens qui n'ont guère de titres à la reconnaissance des Bourbons. Ceux-ci pensent-ils qu'après avoir écrit *De Buonaparte, des Bourbons*, etc., il n'a plus rien à dire ? Il pourrait le croire en recueillant ce propos que laisse tomber, en guise de compliment, le duc de Berry : « Maintenant vous n'aurez plus de verve, il n'y a plus de danger ! » Mme de Chateaubriand est révoltée par tant d'ingratitude et d'inconscience ; étonnée, elle aussi, de cet oubli, Mme de Duras s'en plaint au comte de Blacas, ministre de la Maison du roi, qui prend la chose avec indifférence : « Mais enfin, s'exclame, indignée, la duchesse, il faudra donc que M. de Chateaubriand émigre quand tous les émigrés reviennent, car il n'a pas les moyens de vivre noblement en France ? » Et ce gentilhomme de lui répondre : « Qu'il parte ! »

Mme de Duras ne s'avoue pas battue. Elle va trouver Talleyrand, redevenu ministre des Affaires étrangères, pour obtenir au moins, si Chateaubriand doit partir, une ambassade. Elles sont déjà toutes données, sauf deux : Constantinople et Stockholm. Craignant d'être mal accueilli à Constantinople après ce qu'il a écrit des Turcs dans son *Itinéraire*, Chateaubriand se résigne à prendre Stockholm, encore qu'il n'ait aucune envie d'aller en Suède. Il attend quelque emploi plus flatteur ou quelque éclatante récompense. On l'amuse en lui accordant des hochets tout juste bons pour récompenser la fidélité sans éclat de vieux gentilshommes rentrés d'Emigration : la croix de chevalier de Saint-Louis, qu'il a fait demander par une lettre où il rappelait, en plus de ses propres services, que son frère et son cousin Armand de

Chateaubriand avaient eu le bonheur (sic) de mourir pour le roi. On lui décerne aussi l'ordre de la Fleur de lys, créé pour récompenser le dévouement des royalistes et distribué généreusement à tous les petits notables de province.

Ces piètres distinctions ont néanmoins suffi pour réveiller la jalousie de ses ennemis qui rappellent que, malgré ce qu'il a écrit contre Napoléon, il n'a pas toujours été son adversaire et lui a dédié le *Génie du christianisme*. Un aventurier, royaliste et maître-chanteur, Roques de Montgaillard, publie anonymement au début de l'année 1815 un pamphlet contre le nouveau colonel, car, en même temps qu'il recevait la croix de Saint-Louis, il avait été nommé colonel de cavalerie. Ce pamphlet, intitulé *Esprit, maximes et principes de M. François-Auguste de Chateaubriand*, met l'accent sur les opinions suspectes énoncées jadis par l'auteur de l'*Essai sur les révolutions*, avec citations appropriées. Cela vient mal à propos.

En attendant de recevoir l'agrément du prince royal de Suède à son envoi à Stockholm, Chateaubriand se préoccupe d'organiser cette future ambassade et de mettre un peu d'ordre dans ses finances. Comme chaque fois qu'il obtient quelque chose – et le phénomène ira en s'accentuant au fur et à mesure qu'il vieillira –, il est aussitôt dégoûté de ce qu'il a obtenu, n'en voyant plus que les inconvénients et suppliant qu'on le débarrasse du fardeau qu'il a sollicité : « Aujourd'hui ambassadeur en Suède ! la belle affaire ! écrit-il amèrement à Mme de Duras. Quitter tout, travail, songes et le reste ! Pauvre Vallée ! Quand reviendrai-je ? Peut-être jamais. Que je suis vieux ! Que tout cela est loin de moi ! Je ne vis plus : ce qui me reste n'en vaut pas la peine. J'aurais dû mourir le jour de l'entrée du roi à Paris[10]. »

Ce qui le rend morose aussi, ce sont les comptes qu'il vient de faire et qui révèlent que, après avoir acheté tout ce qui lui est nécessaire afin de représenter dignement la France en Suède, il ne lui restera quasiment rien pour vivre. Aussi demande-t-il à Mme de Duras de lui obtenir une gratification extraordinaire en plus de son budget d'ambassadeur : « Usez donc de votre crédit et faites-moi donner 100 000 francs », lui écrit-il le 25 septembre 1814. Le roi n'a pas l'intention de céder à des prétentions aussi exorbitantes, mais Mme de Duras, affirme le duc de Castries, « se fit une joie de prêter à son ami les sommes nécessaires pour voir venir[11] ». Dégoûté de la comédie qui se joue à Paris et de cette foire d'empoigne autour du trône, il regagne la Vallée-aux-Loups et reprend son *Histoire de France*, tout en surveillant les occasions que l'actualité peut lui offrir. Une se présente, et qu'il saisit au vol : la publication par Carnot d'un *Mémoire au roi* dont le moins qu'on puisse dire est qu'il montre que, depuis le retour des Bourbons, les anciens Jacobins n'ont guère été persécutés.

En réponse à ce *Mémoire*, injuste autant qu'impudent, Chateaubriand donne au *Journal des débats*, le 4 octobre 1814, un long article, une sorte de constat, enthousiaste et pieux, des premiers mois de la Restauration, un éloge de ce souverain paternel qui a oublié toutes les injures, ouvert ses bras à tous ses enfants, même les pires, rétabli la concorde entre les Français comme la paix avec les puissances étrangères, obtenu l'évacuation du royaume, épongé une partie des dettes laissées par Napoléon, bref rendu à la France sa dignité de nation civilisée après un quart de siècle de barbarie. L'article a un tel succès que son auteur ne doute pas qu'aux Tuileries on soit enfin content de lui et qu'on le lui prouve : « Je crois que si vous et M. de Duras eussent été ici, j'étais pair, écrit-il triomphalement le 6 octobre à la duchesse ; le roi a été si content, que le chancelier et le ministre de la Police m'ont fait remercier. Le premier m'a fait dire que le roi désirait me charger de quelque autre chose. Revenez donc travailler à me faire rester[12]. »

Si Carnot, par son vote, a eu la tête de Louis XVI, Chateaubriand n'a pas eu la sienne avec le seul article du 4 octobre et il revient à la charge en publiant chez Le Normant une brochure d'environ cent cinquante pages intitulée *Réflexions politiques sur quelques écrits du jour et sur les intérêts de tous les Français*. Dans le tableau serein qu'il traçait deux mois plus tôt, il introduit quelques ombres, en déplorant l'indulgence du gouvernement. Celui-ci, dit-il, se laisse abuser par d'anciens révolutionnaires qui, loin de s'être repentis, semblent au contraire profiter de la chute de Napoléon pour retrouver vigueur et audace. Un régicide, que personne n'inquiétait, n'a-t-il pas publié un *Mémoire* afin de réclamer un peu plus de considération pour un bon citoyen qui avait fait justice de Louis XVI ? Carnot n'est-il pas de ceux qui croient que le pardon de leurs crimes doit se traduire de manière éclatante, en recevant charges et honneurs ? Outré, il rappelle cette scandaleuse démarche : « Il écrit à ce frère du roi pour se plaindre d'être injustement traité ; il pousse la plainte jusqu'à la menace ; il écrit à ce frère, devenu roi, et dont par conséquent il est devenu le sujet, pour lui faire l'apologie du régicide, pour lui prouver par la parole de Dieu et par l'autorité des hommes, qu'il est permis de tuer son roi. Joignant ainsi la théorie à la pratique, il se présente à Louis XVIII comme un homme qui a bien mérité de lui ; il vient lui montrer le corps sanglant de Louis XVI et, sa tête à la main, demander son salaire[13]. »

Alors que les régicides relèvent la tête, en rappelant fièrement celle qu'ils ont fait couper, les libellistes attaquent les émigrés, revenus, disent-ils, dans les fourgons de l'étranger. Chateaubriand rétorque avec justesse : « Ne semblerait-il pas à les entendre que l'émigration entière vient de rentrer avec le roi ? Ignore-t-on que presque tous les émigrés sont rentrés en France, il y a déjà quatorze ou quinze ans ? » Et, soulignant que les enfants de ces mêmes émigrés ont servi souvent brillamment sous Bonaparte, il réfute, en juriste et en historien, les objections, critiques et calomnies formulées aussi bien contre le roi que contre la noblesse et la chambre des Pairs, recommandant pour celle-ci un accroissement du prestige de ses membres : « Il faut que les pairs jouissent des plus grands privilèges, qu'ils aient des places désignées dans les fêtes publiques, qu'on leur rende des honneurs dans les provinces, qu'en un mot, on reconnaisse tout de suite en eux les premiers hommes de l'Etat[14]. »

On ne saurait mieux prêcher pour son saint et laisser entendre qu'on est tout prêt à devenir un de ces « premiers hommes de l'Etat ». La conclusion des *Réflexions politiques* est une leçon de sagesse aux rois et aux peuples, invités à s'entendre pour créer l'harmonie indispensable au bon fonctionnement des gouvernements. « Nous regrettons peut-être autant et plus qu'eux[15] ce qui a cessé d'exister, mais enfin nous ne pouvons faire que le XIXe siècle soit le XVIe, le XVe, le XIVe. Tout change, tout se détruit, tout passe. On doit, pour bien servir sa patrie, se soumettre aux révolutions que les siècles amènent, et, pour être l'homme de son pays, il faut être l'homme de son temps[16]. »

Cet accord qu'il prêche est loin de se faire sur les *Réflexions politiques* elles-mêmes, attaquées à droite comme à gauche, critiquées bien sûr par Carnot qui voit en leur auteur un « suppôt des Jésuites », mais applaudies par quelques bons esprits, et notamment par Bonald, recommandant de distinguer entre les royalistes qui n'ont jamais pactisé avec Bonaparte et ceux qui ont rampé dans ses antichambres. Celui dont Chateaubriand attend le verdict avec le plus d'impatience est le souverain lui-même. En recevant, le 30 novembre 1814, le bureau de la Chambre des députés, le roi loue les *Réflexions politiques* et, dans une lettre à Talleyrand, alors à Vienne, il se serait vanté d'en avoir corrigé les épreuves. Le marquis de Jaucourt écrit de son côté à Talleyrand : « Il m'a paru que le roi était dans l'intention de faire écrire souvent M. de Chateaubriand et, dans ce cas, je vous invite à me parler de ce que vous jugerez à propos de proposer pour ici, car, très certainement, il ne partira pas pour Stockholm. »

En effet, Bernadotte, prince royal de Suède, est hostile à la nomination de Chateaubriand. Il a été ulcéré de certaines phrases du pamphlet

De Buonaparte etc., qu'il a prises pour lui et qu'il a d'ailleurs fait supprimer de la traduction suédoise. En active correspondance avec le prince, Mme de Staël essaie de l'apaiser : « Il me ressemble un peu, lui écrit-elle, et vous savez combien de tels caractères sont susceptibles de vous aimer. » Elle lui fait aussi observer qu'en l'ayant sous la main à Stockholm, il pourra plus facilement le neutraliser, voire l'utiliser à son profit. Aucunement convaincu, le prince royal fait savoir à Paris qu'il ne tient pas à voir M. de Chateaubriand à Stocklohm, où il serait *persona non grata*. De son côté, M. de Chateaubriand, pour cacher ce que ce refus a d'offensant pour lui, écrira que si le Prince royal ne tenait pas à le voir à Stockholm, c'était par crainte qu'il ne lui ravît sa place.

Il faudra donc récompenser Chateaubriand, et surtout l'occuper, d'une autre manière. En cette fin d'année 1814, on envisage pour lui la Grande Chancellerie de la Légion d'honneur, ou bien une secrétairerie d'Etat, voire un ministère. D'après Barante, Louis XVIII songerait à lui pour remplacer l'abbé de Montesquiou à l'Intérieur, mais ce projet en reste un, sans se réaliser.

*

Alors que Chateaubriand attend impatiemment que se précise son destin, Napoléon force le sien en quittant l'île d'Elbe et en débarquant le 1ᵉʳ mars à Golfe-Juan. La nouvelle arrive à Paris le 5 mars et suscite une vive effervescence. Il n'est question que de défendre le trône et de repousser l'envahisseur. Les progrès rapides de celui-ci refroidissent l'enthousiasme et incitent à des examens de conscience, en prélude à bien des palinodies. Bien que Louis XVIII ait été, le 18 mars, encore acclamé frénétiquement par les Chambres, les plus avisés commencent à préparer leurs bagages, et le roi n'est pas le dernier à le faire. Au fur et à mesure que l'Empereur approche, les courtisans décampent plus nombreux, comme des écoliers surpris à marauder dans un verger. Chateaubriand prêche la résistance et veut transformer Paris en place forte, avec assez de ravitaillement et de munitions pour soutenir un siège. Il préconise que le roi, « sous la protection du testament de Louis XVI, la Charte à la main », demeure assis sur son trône, entouré du corps diplomatique, avec les membres des deux Chambres tenant garnison dans les pavillons de Flore et de Marsan. On doute un peu que Napoléon puisse se laisser intimider par cette mise en scène. Aussi Chateaubriand compte-t-il sur un sacrifice sublime, celui de la personne royale, immolée aux intérêts supérieurs de la patrie : « Enfin, s'il doit mourir, écrit-il à propos de Louis XVIII, qu'il meure digne de son rang ;

que le dernier exploit de Napoléon soit l'égorgement d'un vieillard. Louis XVIII, en sacrifiant sa vie, gagnera la seule bataille qu'il aura livrée; il la gagnera au profit de la liberté du genre humain[17].»

Louis XVIII ne paraît aucunement tenté par ce rôle héroïque autant qu'absurde et n'entend pas servir de dénouement à une tragédie. Bien plus, cet épicurien sceptique, incapable d'un parti qui aurait peut-être séduit Henri IV, estime le conseil de Chateaubriand une maladresse et lui en gardera rancune. Néanmoins, Chateaubriand n'est pas le seul à avoir eu cette idée car, le 19 mars, alors que Napoléon est à Fontainebleau, Benjamin Constant, qui manifeste une ardeur belliqueuse comparable à la sienne, écrit dans le *Journal des débats*: «Quand on ne demande qu'à servir le despotisme, on passe avec indifférence d'un gouvernement à l'autre, bien sûr qu'on retrouvera sa place d'instrument sous le nouveau despotisme. Mais quand on chérit la liberté, on se fait tuer autour du trône qui protège cette liberté.»

Aux Tuileries, où l'on ne donne aucune consigne, aucun renseignement, on prépare en secret le départ du roi et de sa maison, après avoir raflé les fonds de la Banque de France et de la Liste civile, à peu près douze millions. Ceux qui sont dans le secret se bousculent chez le baron Louis, le ministre des Finances, qui a dans son bureau une centaine de petits barils remplis d'or dont MM. les gardes du corps s'estiment trop grands seigneurs pour se charger.

Allant aux nouvelles, Chateaubriand rencontre aux Tuileries MM. de Duras et de Blacas qui lui affirment que le roi ne partira pas, mais il flaire une atmosphère insolite et devine qu'on lui ment. En sortant, il croise le duc de Richelieu qui le lui confirme: «On nous trompe; je monte la garde ici, car je ne compte pas attendre l'empereur tout seul aux Tuileries.» Mme de Chateaubriand est également persuadée que le roi va quitter le château. Elle tient une voiture prête et envoie régulièrement un de ses gens au Carrousel pour guetter le départ des berlines de la Cour et l'en prévenir aussitôt. Sur ces entrefaites arrive Clausel de Coussergues qui lui certifie que l'ordre de départ a été donné, qu'il faut suivre le roi, car l'auteur de *De Buonaparte, des Bourbons* peut s'attendre au pire. Chateaubriand oublie de signaler dans ses Mémoires que Mme de Duras, toujours dévouée à ses intérêts, lui a fait porter par Clausel de Coussergues un viatique de douze mille francs, à valoir sur son traitement d'ambassadeur, et sans lequel il n'aurait pu partir, encore moins vivre en exil.

Le 20 mars 1815, à quatre heures du matin, les Chateaubriand montent en voiture et prennent la route de Lille, empruntée vingt-trois ans plus tôt par les deux frères, fuyant la Révolution pour aller défendre la cause du roi. Cette fois, ils ont au moins le roi avec eux. Par Amiens, Arras, ils gagnent Lille où ils arrivent si tard, le 23, qu'ils en trouvent les portes fermées ; il leur faut continuer sur Tournai où Chateaubriand, apprenant que Louis XVIII serait encore à Lille, envoie un mot à M. de Blacas pour demander la permission de rejoindre la Cour. Avec sa hauteur habituelle, Blacas lui fait répondre par le commandant de la place. Laissant sa femme à l'auberge, Chateaubriand s'apprête à retourner à Lille lorsque le prince de Condé lui dit que le roi vient de quitter cette ville. Les Chateaubriand continuent donc leur voyage vers Bruxelles où ils retrouvent Mme de Duras et son mari. En cherchant où se loger, Chateaubriand découvre dans un hôtel, calme au milieu de la tempête, le duc de Richelieu, fumant sa pipe, étendu sur un sofa, mais pestant contre les princes et déclarant « qu'il ne voulait plus entendre parler de ces gens-là ». Il regrette d'avoir quitté sa vice-royauté de Crimée pour être venu se fourrer dans ce guêpier.

Tout le monde se retrouve à Gand, où Louis XVIII s'est installé dans le somptueux hôtel du comte Hanne de Steenhuyse, y établissant un protocole et une vie de cour analogue à celle des Tuileries en attendant de s'occuper de la confection d'un gouvernement en exil. Chateaubriand et sa femme ont échoué, plus modestement, rue de la Croix, chez M. van der Bruggen où les Bertin ont également trouvé asile. Ce voisinage aide à supporter l'inconfort de l'installation, comme la présence de Mme de Duras distrait Chateaubriand de celle de sa femme, entassée avec lui dans les deux pièces de leur logis.

Il a heureusement une bonne raison de s'en échapper, car il assiste régulièrement au Conseil du roi, comme ministre de l'Intérieur par intérim, l'abbé de Montesquiou s'étant réfugié à Londres. S'il y a encore une Maison du roi, quelques troupes, des relations avec les puissances alliées, en lesquelles reposent tous les espoirs, l'Intérieur n'existe que sur le papier. A en croire Pasquier, jamais bienveillant pour Chateaubriand, celui-ci se serait « sans aucune mission formelle, emparé à peu de chose près du ministère de l'Intérieur[18] ». Il est vrai qu'au retour à Paris on ne pensera plus à le lui donner. Néanmoins, il prend cette sinécure au sérieux, et, le 12 mai, il remet au roi un *Rapport sur l'état de la France* dans lequel il critique le faux libéralisme de l'*Acte additionnel* aux constitutions de l'Empire, rédigé par Benjamin Constant qui, oubliant ses rodomontades et ses imprécations contre l'Empereur, a mis sa plume à son service. Il ironise au passage sur la police, retombée dans les griffes de Fouché : « La police nous apprend qu'elle ne va plus servir qu'à répandre la philosophie ; qu'elle est la source des lumières et la base de tous les gouvernements libres[19]. » Quant à Napoléon, il se méfie des sentiments libéraux qu'il affiche et prévoit que, s'il triomphe, « il jettera le masque, se rira de la Constitution qu'il aura jurée, et reprendra à la fois son caractère et son empire. Aujourd'hui, avant le succès, les mamelouks sont jacobins ; demain, après le succès, les Jacobins deviendront mamelouks : Sparte est pour l'instant du danger, Constantinople pour celui du triomphe[20] ».

Ce *Rapport sur l'état de la France* est émaillé de ces formules à l'emporte-pièce qui montrent chez lui un pamphlétaire redoutable, avec lequel il faudra compter. Il est imprimé aussitôt dans le *Journal universel*, organe officiel de la Cour en exil, dirigé par les frères Bertin. Ce journal aura vingt numéros, et le rôle important qu'y tient Chateaubriand le fera surnommer par Fouché *Le Moniteur Chateaubriand*. Le *Rapport sur l'état de la France* est imprimé clandestinement à Paris chez Le Normant, lu et commenté avec passion. Une réfutation, anonyme et violente, *Rêveries de M. de Chateaubriand*, paraît en réponse, écrite par un ancien fonctionnaire impérial, un certain Bail, à qui ce factum vaudra d'être destitué lors de la seconde Restauration. Chateaubriand interviendra auprès de Clarke, duc de Feltre, pour lui faire rendre sa place, en disant que l'épouse de ce malheureux était « attachée à Mme de Chateaubriand par une reconnaissance à laquelle » il était loin d'avoir des droits. En réalité, si Mme Bail n'avait pas été une maîtresse épisodique avant l'écrit malencontreux de son mari, elle en sera une après avoir obtenu la grâce du coupable.

Le succès du *Rapport sur l'état de la France* porte ombrage aux familiers de Louis XVIII qui voient d'un mauvais œil cet écrivain hautain, pénétré de son importance et trop sûr de son jugement. « Chateaubriand est dévoré du démon de la publicité », se plaint le marquis de Jaucourt, ministre des Affaires étrangères, lui aussi par intérim. Guizot, son admirateur au temps des *Martyrs*, et un peu revenu de cette admiration, lui rend toutefois justice. Il est arrivé à Gand, chargé par les sages de Paris, groupés autour de Royer-Collard, de veiller à ce que le roi ne se laisse pas circonvenir par la coterie ultra-royaliste et ne suive pas les conseils de celle-ci, encore moins ceux que Talleyrand lui fait parvenir de Vienne. Guizot est un royaliste mesuré, plus antirévolutionnaire que royaliste, et vite jugé trop libéral par la cour de Gand. Il comprend la difficulté de la position de Chateaubriand, que l'on craint sans lui faire confiance : « Membre du Conseil du roi, il exposait brillamment la politique dans les pièces officielles et la défendait dans *Le Moniteur* de Gand avec le même éclat. Il n'en avait pas moins beaucoup d'humeur contre tout le monde, et personne ne comptait beaucoup pour lui. A mon avis, et soit alors, soit plus tard, ni le roi, ni les divers cabinets n'ont bien compris la nature de M. de Chateaubriand, ni apprécié assez haut son concours et son hostilité. Il était, j'en conviens, un allié incommode, car il prétendait à tout et se blessait de tout ; au niveau des plus rares esprits et des plus beaux génies, c'était sa chimère de se croire aussi l'égal des plus grands maîtres dans l'art de gouverner, et d'avoir le cœur plein d'amertume quand on ne le prenait pas pour le rival de Napoléon aussi bien que de Milton. Les hommes sérieux ne se prêtaient pas à cette complaisance idolâtre ; mais ils oubliaient trop ce qu'il valait, comme ami ou comme ennemi ; on eût pu trouver, dans les hommages à son génie et dans les satisfactions de sa vanité, de quoi endormir les rêves de son orgueil ; et s'il n'y avait pas moyen de le satisfaire, il fallait, en tout cas, par prudence, non seulement le ménager, mais le combler. Il était de ceux envers qui l'ingratitude est périlleuse autant qu'injuste, car ils ressentent avec passion et savent se venger sans trahir[21]. »

Ses fonctions lui laissant des loisirs, Chateaubriand cause avec ses amis, lit et se promène à travers Gand, cité chargée d'histoire et riche en monuments, prenant plaisir à errer dans les béguinages où, lorsqu'il est reconnu, il est accueilli comme le Christ en personne, ou du moins son prophète, bénissant les enfants, écoutant les commères et respirant avec un plaisir qu'il avoue l'encens prodigué à l'auteur du *Génie du christianisme*. Il est souvent convié à la table royale où, entre le monarque et lui, c'est un échange de civilités littéraires, chacun s'efforçant de faire briller l'autre, mais, dit Mme de Chateaubriand, l'esprit de ce cercle est détestable, et propre à dégoûter d'être royaliste. Ne s'y moque-t-on pas, à cause de son nom, du maréchal Victor, duc de Bellune, un des trois maréchaux restés fidèles à Louis XVIII ?

Cette cour de Gand lui inspirera plus tard quelques phrases sévères, dont une, en particulier, qu'il supprimera du texte définitif de ses Mémoires : « La légitimité était là comme un fourgon brisé, au dépôt, comme un vieux bât qui n'allait aux épaules d'aucune monture », et, emporté par cette comparaison équestre, il évoquera une rencontre au marché aux chevaux avec Blacas, trottant « seul comme une haquenée efflanquée[22] ».

*

En intrigues, bavardages et négociations, trois mois ont passé jusqu'à ce 17 juin 1815, lorsque Chateaubriand, revenant d'une promenade aux environs de la ville, apprend d'un courrier que Napoléon, entré à Bruxelles, s'apprête à livrer une grande bataille. En effet, le 18, on entend toute la journée le roulement du canon, puis arrive la nouvelle que l'Empereur a été battu à Waterloo. Il ne reste plus à Louis XVIII qu'à reprendre le chemin de France, en se hâtant, lui dit Pozzo di Borgo, s'il ne veut pas trouver la place prise. En attendant son retour, c'est Fouché qui règne à Paris, adulé par les royalistes qu'il a ménagés pendant les Cent-Jours, craint par tout le monde et devenu, par ses compromissions avec tous les partis, l'arbitre de la situation. Talleyrand, qui défendait les intérêts de la France au Congrès de Vienne, est arrivé en même temps que le roi à Mons où il s'imagine à tort que le monarque attend son bon plaisir. Le 24 juin, Chateaubriand assiste à une conférence avec Jaucourt, Beugnot, le baron Louis, Mounier, Guizot, Anglés, et, persuadé que Talleyrand va l'emporter, il se rallie à celui-ci. A l'issue de cette conférence, il est décidé de mettre Louis XVIII en demeure de choisir entre son trône et son favori, M. de Blacas, extrêmement impopulaire. Pozzo di Borgo avait déjà tenu le même langage au roi. Sur ces entrefaites, arrive un courrier de Wellington qui conseille à Talleyrand de rejoindre promptement Louis XVIII : « Je ne suis jamais pressé, déclare froidement le prince, il sera temps demain »… et il va se coucher.

Bien que résigné à sacrifier Blacas, puisque c'est une condition de son retour à Paris, Louis XVIII n'entend pas être aux ordres de Talleyrand : « Il se vante, confie-t-il à Chateaubriand, de m'avoir remis une seconde fois la couronne sur la tête et il menace de reprendre le chemin de l'Allemagne. Qu'en pensez-vous, M. de Chateaubriand ? » Celui-ci, qui a résolu de jouer la carte Talleyrand, essaie de justifier le prince : « On aura mal instruit Votre Majesté. M. de Talleyrand est seulement fatigué. Si le roi y consent, je retournerai chez le ministre[23]. » C'est ce qu'il fait, mais ni lui ni Pozzo di Borgo ne parviennent à convaincre le prince, encouragé par le baron Louis, à résister au roi et même à quitter Mons. Chateaubriand lui fait observer que ce serait une faute et que M. de Talleyrand ne peut pas se permettre un tel manque d'égards. Talleyrand persiste dans sa décision et, comme Chateaubriand demande si le roi continuera son voyage, le prince a un mot digne d'un Guise : « Il n'osera ! » réplique-t-il.

Chateaubriand retourne auprès de Louis XVIII pour lui annoncer que Talleyrand, malade, ira le voir le lendemain matin : « Comme il voudra, répond le roi, je pars à trois heures, ajoutant : je vais me séparer de M. de Blacas : la place sera vide, M. de Chateaubriand… »

Il est fort douteux que le roi, qui n'aime guère Chateaubriand, et apprécie encore moins l'auteur que l'homme, ait pu lui offrir ainsi de remplacer Blacas auprès de lui, place que Chateaubriand était bien incapable de remplir au goût du monarque. Il semble que Chateaubriand ait seulement voulu donner à la postérité, en refusant cette prétendue offre, une preuve supplémentaire de son désintéressement.

A trois heures du matin, Louis XVIII se prépare à quitter Mons, et Talleyrand, tiré de son lit par cette nouvelle à laquelle il ne croyait pas, veut s'en assurer de ses propres yeux. Il arrive au moment où la berline royale démarre. On enjoint au postillon d'arrêter : les chevaux reculent, et le roi descend péniblement de voiture pour regagner ses appartements, suivi de Talleyrand qui entreprend son apologie. Après l'avoir écouté, le roi lui dit froidement : « Prince, vous nous quittez ? Les eaux vous feront du bien : vous nous donnerez de vos nouvelles. » Pour une fois, Talleyrand a trouvé son maître et rentre chez lui « embarrassé », déclare Chateaubriand qui précise : « Il était au regret de n'avoir pas suivi mon conseil, et d'avoir, comme un sous-lieutenant mauvaise-tête, refusé d'aller le soir chez le roi ; il craignait que des arrangements eussent lieu sans lui, qu'il ne pût participer à la puissance politique et profiter des tripotages d'argent qui se préparaient[24]. »

Plus tard, il tirera la morale de cette affaire où, en croyant avoir agi en gentilhomme, il avait nui à ses intérêts, ignorant que pour réussir ce sont moins les grands talents qui sont nécessaires que de la délicatesse qu'il ne faut pas : « A Mons, reconnaîtra-t-il, je manquai la première occasion de ma carrière politique ; j'étais mon propre obstacle et je me trouvais sans cesse sur mon chemin. Cette fois, mes qualités me jouèrent le mauvais tour qu'auraient pu me faire mes défauts[25]. »

Pour être fidèle à un homme qui ne l'a jamais été, ni en politique ni en amour, Chateaubriand s'est laissé abuser ; il n'a plus qu'à reprendre, l'oreille basse, la route de Paris. Les étapes en sont marquées par des manifestations diverses et des protestations d'amour envers la dynastie. A Roye, Mme de Chateaubriand, prise pour la duchesse d'Angoulême, est portée en triomphe. A Senlis, il est impossible de trouver une chambre ; les Chateaubriand sont reçus comme des chiens par la servante d'un chanoine aux yeux de qui le *Génie du christianisme* ne représente pas un billet de logement. A Gonesse, les choses se gâtent un peu. Le maréchal Mac Donald et Hyde de Neuville y attendent le roi pour l'avertir qu'il ne pourra pas entrer dans Paris s'il ne prend pas Fouché dans le futur ministère. Un Conseil du roi est improvisé à la mairie. Chateaubriand et Beugnot s'opposent avec force au choix de Fouché, mais Louis XVIII paraît croire que l'ancien Jacobin est pour lui ce qu'avait été la messe pour Henri IV : la condition *sine qua non* de son retour. Ebranlé par les représentations dont il est assailli, puis par celles de Wellington qui soutient lui aussi Fouché, le roi se résout à céder, datant du château voisin d'Arnouville, au nom plus flatteur que Gonesse, l'ordonnance de formation du ministère. A toutes les objections suscitées par le nom de Fouché, Wellington s'était contenté de répondre, en haussant les épaules : «C'est une frivolité !» Furieux, Chateaubriand s'en va dans le parc apaiser sa colère.

Lorsque le cortège royal atteint Saint-Denis, les Chateaubriand trouvent à se loger chez un boulanger. A neuf heures du soir, Chateaubriand se rend auprès du roi, descendu à la maison de la Légion d'honneur, où l'on a eu bien du mal à empêcher les jeunes pensionnaires de crier «Vive Napoléon !» Il attend avec Beugnot l'issue de la conférence tenue par Louis XVIII jusqu'à ce qu'enfin la porte s'ouvre, et, dans la pénombre du crépuscule, apparaît «la vision infernale», Talleyrand et Fouché, l'un soutenant l'autre, «le vice appuyé sur le bras du crime», tous deux allant jurer foi et fidélité à leur maître. Beugnot, qui déplore également cette singulière alliance, se tourne vers Chateaubriand et lui dit : «Ce que nous voyons est digne du pinceau de Tacite, et heureusement vous êtes là.» A quoi Chateaubriand répond : «Vous me faites, Monsieur, beaucoup d'honneur, mais en vérité, je ne sais où j'en suis. Que veut donc M. de Talleyrand ? Il s'agit cependant d'une monarchie, de la maison de Bourbon... du bonheur de la France.» Et, raconte Beugnot, «M. de Chateaubriand poursuit dans des termes que je ne me permets pas de rapporter[26]».

Le lendemain, la fine fleur du faubourg Saint-Germain applaudit à la nomination de Fouché comme des propriétaires heureux de voir leur cheval gagner le premier prix. Ceux qui ont perdu parents et amis sur l'échafaud ne sont pas les moins ravis. Chateaubriand analyse fort bien cette espèce de délire au seul nom de Fouché : «Tout se mêlait de la nomination de Fouché déjà obtenue, la religion comme l'impiété, la vertu comme le vice, le royaliste comme le révolutionnaire, l'étranger comme le Français ; on criait de toute part : sans Fouché point de sûreté pour le roi, sans Fouché, point de salut pour la France ; lui seul a déjà sauvé la patrie et lui seul peut achever son ouvrage[27].» En revanche, on peut douter de ce que Chateaubriand écrira plus tard en faisant le récit de cette journée historique. Il aurait préconisé de conserver la cocarde tricolore et n'aurait pas été suivi. En réalité, cette pensée lui est venue beaucoup plus tard, comme un gage aux libéraux dans les derniers temps de la Restauration. Il raconte aussi qu'après la nomination de Fouché il aurait échangé avec Louis XVIII des propos désabusés et conclu leur dialogue par cette remarque : « Pardonnez à ma fidélité, je crois la monarchie finie. » Et le roi aurait acquiescé : « Eh bien, M. de Chateaubriand, je suis de votre avis. » Il est difficile de croire à une telle audace d'un côté, à une telle bénévolence de l'autre. Plus juste est la conclusion que Chateaubriand donnera dans son livre sur le duc de Berry : « Les Cent-Jours ne furent qu'une orgie de fortune. La République et l'Empire se trouvèrent en présence, également surpris d'être évoqués, également incapables de revivre[28]. »

Pour Chateaubriand, toute l'affaire a été un marché de dupes, car il s'est deux fois opposé à Louis XVIII, d'abord en se rangeant du côté de Talleyrand, puis en protestant contre le choix de Fouché. Les deux scélérats ont fini par s'entendre et triompher alors que lui se retrouve les mains vides, sans le moindre portefeuille, après avoir eu celui de l'Intérieur à Gand, et sans aucun lot de consolation. A propos de Fouché, il peut méditer tristement sur un passage de ses *Réflexions politiques* concernant les régicides, notamment sur les régicides repentis qui sortent « de la classe des coupables pour entrer dans celle des infortunés », à cette différence près que Fouché n'a rien d'un infortuné. Dans le même ouvrage, il notait, toujours à propos des régicides : « Nous les rencontrons, nous leur parlons, nous nous asseyons à leur table, nous leur pressons la main sans frémir ! » Instruit par cette récente expérience, il supprimera cette phrase trop généreuse dans la seconde édition de sa brochure.

Malgré cette cuisante déconvenue, il n'a pas renoncé à recevoir le prix de son dévouement méprisé. Une maigre consolation lui est accordée le 9 juillet 1815 : le titre de ministre d'Etat sans portefeuille, sans entrée au Conseil, mais avec un traitement de vingt-quatre mille francs par an, ce qui le met à l'abri de ses créanciers les plus pressants.

*

Quelques jours après l'octroi de cette sinécure, il est désigné pour présider le collège électoral du Loiret. En effet, le 13 juillet, la Chambre élue pendant les Cent-Jours a été dissoute et les collèges électoraux ont été convoqués. A peine est-il parti pour Orléans que l'y rejoint une nouvelle agréable : il a été nommé pair de France héréditaire, avec la faculté, puisqu'il n'a pas de fils, de transmettre sa pairie à son neveu Louis de Chateaubriand.

Ces nominations semblent insuffisantes à Mme de Chateaubriand qui a dû s'exprimer avec aigreur là-dessus, car son mari lui répond : « Eh bien ! me croiras-tu ! me laisseras-tu tranquille ? ne voudras-tu plus pousser à ceci ou cela ? Pair et ministre d'Etat, les deux premiers rangs dans l'ordre politique et social, que faut-il de plus ? De l'argent ? Nous en aurons. J'étais sûr d'être élu ici ; j'étais sûr de la pairie. Tu as été bien peu raisonnable. Je mène bien ma barque, à ma façon, il est vrai, mais chacun a son caractère... Allons, sois gaie, heureuse ; plus de folle ambition. Laisse-moi un peu d'indépendance, si tu me souhaites du bonheur[29]. » Mme de Chateaubriand espérait-elle être duchesse ? On le dira.

Pair de France est une distinction de prix, puisqu'elle fait de lui un de ces personnages importants censés représenter l'Etat et la nation, mais, si les pairs étaient jadis les égaux du roi, ils ne sont plus qu'égaux entre eux, et certains sont peu flattés de se voir mis à égalité avec des hommes auxquels ils n'auraient pas donné leur fille, encore moins confié leur bourse. Chateaubriand déchante un peu lorsqu'il s'aperçoit qu'il fait partie d'une fournée de quatre-vingt-quatorze membres choisis un peu au hasard, ce qui, en augmentant la noble assemblée, diminue son plaisir d'en faire partie. Talleyrand, assure Vitrolles, « appelait les noms qui lui venaient à la pensée, à peu près comme il aurait fait pour une invitation à dîner, pour un bal ». Enfin, ces trois faveurs, preuves de l'intérêt du roi, ravivent son royalisme et l'incitent à montrer du zèle. Il a emmené à Orléans un factotum, Le Moine, un ancien secrétaire de M. de Montmorin passé ensuite au service de Mme de Beaumont et rompu à la routine administrative. Il est non seulement un excellent gestionnaire mais un homme de cœur et, pendant quinze ans, il entrera dans ses attributions de tenir compagnie à Mme de Chateaubriand quand son mari n'est pas là.

Le discours que Chateaubriand doit prononcer devant le collège électoral, pour l'inciter à bien voter, a été revu et un peu adouci par Mme de Duras. Il est bien accueilli par les cinq cents électeurs du Loiret qui doivent désigner quatre députés et font des choix décents. En les présentant au roi, le 5 septembre 1815, Chateaubriand précise sa pensée politique mieux qu'il ne l'avait fait dans son discours inaugural, pour ne pas effaroucher les électeurs : « Sire, ce n'est pas sans une vive émotion que nous venons de voir le commencement de vos justices. Vous avez le glaive que le Souverain du Ciel a confié aux princes de la terre pour assurer le repos des peuples. Pleurant avec Votre Majesté sur des hommes qui n'auraient pas pleuré sur nous ; nous ne dissimulons pas que le moment est venu de suspendre le cours de votre inépuisable clémence. La France envahie, déchirée, vous demande justice à genoux ; vous la devez, Sire... »

Il s'agit de faire passer en jugement tous ceux qui, pendant les Cent-Jours, ont oublié leur serment de fidélité au roi pour se jeter soit aux pieds, soit dans les bras de l'Empereur. Dans l'esprit de Chateaubriand, le premier à traduire devant les tribunaux serait Fouché, traître à tous les partis, mais le personnage est pour le moment au-dessus des lois ; il en reste heureusement bien d'autres et l'on n'a que l'embarras du choix, de La Bédoyère à Benjamin Constant, du maréchal Ney à Carnot, sans compter ces personnalités mineures, si facilement parjures et qui seront l'objet de notices piquantes dans le *Dictionnaire des Girouettes*. La première vague d'épuration doit chasser de France les régicides et notamment Carnot qui, pendant les Cent-Jours, n'a pas craint, comme le rappelle Chateaubriand, d'immoler son républicanisme à un titre de comte octroyé par Napoléon deux jours après son arrivée aux Tuileries, comme si le premier devoir du Corse avait été d'honorer un criminel. Pour Chateaubriand, il faut purger le pays du personnel de l'Empire alors que celui-ci a presque partout été conservé. Molé n'est-il pas un parfait exemple de cette pérennité des fonctions sous tous les régimes ? Directeur des Ponts et Chaussées sous l'Empire, il l'a été de nouveau pendant les Cent-Jours, et Louis XVIII, pour le récompenser de cette fidélité à l'Usurpateur, l'a nommé pair de France en même temps que Chateaubriand, au grand dépit de celui-ci qui apprécie de moins en moins l'opportunisme de son ancien ami.

Il éprouve au moins une demi-satisfaction à la fin de l'été 1815 : il est nommé le 19 septembre membre du Conseil privé du roi, sans doute grâce aux pressantes instances de Mme de Duras qui s'est démenée, avec «toute la chaleur de l'amitié», auprès de Talleyrand, écrit Pasquier. Il aurait souhaité plus, si l'on en croit le témoignage de la fille de Mme de Krüdener chez qui fréquentent Mme de Duras et Chateaubriand. La baronne a pris, par le mysticisme, un grand ascendant sur le tsar, «l'homme de nos espérances» comme lui écrit Chateaubriand, sans que l'on sache s'il s'agit des siennes ou de celles de la France. On peut penser qu'il s'agit des deux à la fois, car la fille de la baronne note dans son journal, le 23 septembre 1815 : «Chateaubriand vient pour engager maman à parler à Alexandre pour la convention de paix si dure pour la France. Chateaubriand vint demander d'être ministre des Cultes[30].» Il veut toujours avoir un portefeuille et compte pour cela sur la formation d'un nouveau ministère. En effet, celui de Talleyrand est vivement contesté depuis que les élections du mois d'août ont envoyé à la Chambre des députés une si forte majorité de royalistes que Louis XVIII, le premier surpris par cette manifestation de loyalisme, l'a surnommée «chambre introuvable». A une pareille assemblée, hostile à tout ce que représentait l'Empire et réclamant des postes pour ses amis, il faut un nouveau ministère, et le roi charge le duc de Richelieu de le constituer.

Grand honnête homme et remarquable administrateur, le duc a fait carrière au service de la Russie pendant l'Emigration, a créé Odessa et transformé la Crimée, arrachée aux Turcs, en l'une des plus belles provinces de la Russie. Aimé de tous, respecté de ses adversaires, il est peu mondain, ennemi des intrigues d'antichambre et parfaitement désintéressé. Sans guère de sympathie pour l'homme, Chateaubriand essaie de s'en rapprocher afin d'entrer dans la nouvelle combinaison ministérielle, et pour cela il fait le siège de sa sœur, la marquise de Montcalm : « Il venait alors deux fois par jour chez moi, écrit celle-ci dans son journal, et je ne lui dissimulais pas la crainte que j'avais de les voir[31] bientôt désunis dans leurs systèmes politiques que j'étais à portée d'apprécier[32]. »

Dans ses confidences à Molé, qui se fait un malin plaisir de les rapporter, Mme de Montcalm reproche à Chateaubriand, outre ses assiduités intéressées, la façon maladroite dont il a importuné son frère en se donnant toujours le beau rôle, en voulant par exemple le persuader qu'il est à l'origine de ce changement de ministère et, une fois celui-ci formé, en l'accablant de conseils, comme s'il était le maître du jeu. Richelieu, agacé par cette mouche du coche, accepterait néanmoins, pour faire plaisir à sa sœur, de lui confier un petit portefeuille, celui des Cultes, des Arts et de l'Instruction publique, mais sans titre de ministre et sans les entrées au Conseil. Outré d'une offre aussi piètre, en retrait sur ce dont il jouit déjà, il aurait dit en refusant : « Je n'aurais pas cru qu'on aurait osé me proposer autre chose qu'un ministère, et surtout qu'on se fût flatté de me le voir accepter[33]. »

*

A défaut de participer au gouvernement de la France, il reste à Chateaubriand la tâche, à la fois glorieuse et non sans péril, d'éclairer le ministère en lui montrant ses devoirs, ses erreurs, ses amis et ses adversaires. Il était plus facile, assurément, de gouverner la France au temps de Napoléon, lorsque tout pliait sous la main du maître, qu'avec le régime constitutionnel institué par cette Charte octroyée par Louis XVIII en mai 1814. « Octroyée, c'est, dit fort justement Chateaubriand, remuer par ce mot très inutile la question brûlante de la souveraineté royale ou populaire. Louis XVIII datait son bienfait de l'an dix-neuvième de son règne, regardant Bonaparte comme non avenu... C'était une manière d'insulte aux souverains qui tous avaient reconnu Napoléon, et qui, dans ce moment même se trouvaient à Paris. Néanmoins, les royalistes qui en recueillaient tant d'avantages, qui, sortant ou de leur village, ou de leur foyer chétif, ou des places obscures où ils avaient vécu sous l'Empire, étaient appelés à une haute et publique existence, ne reçurent le bienfait qu'en grommelant; les libéraux, qui s'étaient arrangés à cœur joie de la tyrannie de Bonaparte, trouvèrent la Charte un véritable code d'esclaves[34]. »

La crise des Cent-Jours avait, comme le relèvera Guizot, détruit en un clin d'œil le travail de pacification sociale entrepris depuis seize ans et fait brusquement éclater les passions, bonnes ou mauvaises, de l'Ancien Régime contre toutes les bonnes ou mauvaises de la Révolution[35]. Les deux Chambres deviennent des arènes où la lutte entre adversaires et tenants de la monarchie constitutionnelle va s'engager. Les royalistes les plus déterminés au retour pur et simple à l'Ancien Régime ont reçu le nom d'*ultras* et sont conduits par trois chefs qui marchaient, dira Guizot : M. de La Bourdonnaye, « à la tête de ses passions, M. de Villèle, de ses intérêts, M. de Bonald, de ses idées[36] ».

Pleins de bonnes intentions, honnêtes et pieux, ces *ultras* sont pour le roi comme des parents pauvres accourus de leur province afin d'assister à une noce. Ils sont bruyants, démonstratifs, mais, comme le reconnaît un constitutionnel, le comte de Serre, « malgré le ridicule de leur exagération, ce sont les seuls qui aient une opinion et des sentiments en France[37] ». Ce que les *ultras* réclament, d'ailleurs, ce ne sont pas les places dont la Révolution les aurait dépossédés, mais celles que l'Ancien Régime ne leur avait pas données. Le malheur, pour eux, sera que les anciens Jacobins et les bonapartistes, en flattant la manie d'absolutisme des Bourbons, sauront mieux plaire et se voir presque toujours préférer aux royalistes purs, dont le zèle incommode et trop souvent compromet.

Chateaubriand, qui tient par certains côtés à ces royalistes exaltés, comprend leur déception, leur désir de revanche et connaît leur dévouement, se séparant d'eux sur quelques points précis qui lui tiennent à cœur, notamment la liberté de la presse.

Le discours d'ouverture des Chambres, le 7 octobre 1815, laisse les *ultras* non seulement déçus mais inquiets. Après le discours, Villèle écrit à son père : « Il ne nous communique, il ne nous fait pressentir aucun plan d'organisation, aucune garantie de sécurité pour l'avenir; il est clair qu'on voudrait tirer de nous de l'argent et puis nous renvoyer au plus vite... On nous traite en tout fort lestement; on suit à notre égard le principe du gouvernement royal, oubli total de ses partisans, ménagement excessif de ses ennemis... » A défaut d'être honorés pour leur mérite et récompensés pour leurs services, les *ultras* veulent que le gouvernement leur accorde au moins une satisfaction : punir de manière exemplaire les ennemis du trône et les renégats des Cent-Jours. Le 10 novembre, La Bourdonnaye dépose en leur nom une *supplique au Roi* pour excepter du projet de loi d'amnistie un certain nombre de personnes qui se sont particulièrement compromises pendant les Cent-Jours.

Le 25 novembre, Chateaubriand assiste à une réunion organisée par le duc de Richelieu pour discuter de cette loi d'amnistie. Il s'y retrouve avec Lally-Tollendal, Molé, Fontanes, Pasquier, Villèle, Bouville, La Bourdonnaye, Hyde de Neuville, Royer-Collard, Corbière et Chifflat, mais aucun accord ne se fait entre ces personnalités d'opinions et de tempéraments trop différents. Hyde de Neuville déplore que Chateaubriand soit partisan, comme La Bourdonnaye, de ces «funestes moyens de sévérité qui devaient retomber si malheureusement sur le gouvernement du roi[38]».

Lorsque, la semaine suivante, le maréchal Ney sera déféré devant la Chambre des pairs, Chateaubriand votera la mort, comme il a voté les trois lois d'exception sur la suspension de la liberté individuelle. Il est partisan de la manière forte, et lorsqu'il prend la parole, le 3 novembre 1815, il réclame hautement que l'on confie enfin le pouvoir à des mains pures, proférant pour la première fois cette phrase dont il fera son credo politique: «La Charte et les honnêtes gens.» Le plus difficile est de savoir comment définir les honnêtes gens. La comtesse du Cayla écrit à Sosthène de La Rochefoucauld: «Pensez… que si le roi ne régnait que sur les honnêtes gens, le royaume serait petit; il faut donc régner sur les autres[39].»

C'est la première fois qu'il parle en public, si l'on excepte le discours aux électeurs du Loiret. Sans être un véritable orateur, un tribun à la Mirabeau, empoignant l'auditoire et le laissant pantelant, mais convaincu, Chateaubriand, qui écrit ses discours et les lit, dispose ainsi d'arguments soigneusement préparés qu'il expose avec clarté, bon sens, sachant captiver l'attention par ces formules imagées ou piquantes, voire vengeresses, dont il pratique l'art avec virtuosité. On l'écoute avec attention, certain de n'être jamais déçu, même sur les sujets les plus austères.

Le 23 novembre, il dénonce aux pairs certaines manœuvres du gouvernement lors des élections, comme l'hypocrisie des circulaires adressées par la police aux préfets pour qu'ils écartent des urnes non seulement les ennemis du roi, mais «les amis insensés qui [voudraient] le servir autrement que le roi veut l'être». Il s'étonne qu'on ait autorisé des Jacobins en résidence surveillée à voter dans leur commune alors qu'on a empêché des royalistes de se déplacer; il évoque également les commissaires envoyés dans les départements pour empêcher l'élection de royalistes notoires, et achève par un trait mordant: «Bonaparte se servait pendant les Cent-Jours des révolutionnaires en les méprisant; on a voulu s'en servir aujourd'hui en les honorant[40].»

Un mois plus tard, il récidive en prononçant, le 19 décembre, un long discours, admirablement préparé, sur l'épineuse question de l'inamovibilité des juges. Son texte est un véritable traité d'histoire du droit, révélant une connaissance approfondie de la justice médiévale, et à propos d'un projet du gouvernement de suspension pour un an de l'inamovibilité, il a cette remarque : « Je ne sais pas si les magistrats se soulèveront contre ce délai d'un an. Je sais qu'ils n'ont pas murmuré quand Bonaparte s'est donné cinq ans pour confirmer leur inamovibilité. »

Incontestablement, et personne ne s'y trompe, un grand pamphlétaire est apparu sur la scène politique.

13

Un royaliste outré

janvier 1816-septembre 1819

Au début de cette année 1816, il faut être un royaliste bien naïf pour se croire en la vingt et unième année du règne de Louis XVIII. A entendre les *ultras*, à lire leurs lettres, on vit sous un despotisme auquel celui de Bonaparte était préférable. Au lieu d'un tyran, on en a plusieurs qui dirigent la France en vertu de principes quasi jacobins. Villèle, qui soupçonne Decazes, le ministre de la Police, de faire surveiller sa correspondance, n'ose confier celle-ci à la poste et, dans une de ses lettres, acheminée par un ami, il écrit à sa femme : « L'Etat, bien malade, est en mauvaises mains. Point d'argent, point de pain, les esprits agités, les révolutionnaires excités, les royalistes persécutés et poursuivis avec acharnement. Voilà ce qui est ; ce que je vois[1]. » Decazes fait saisir les journaux qui s'écartent de la voie tracée par lui. Aussi les *ultras* font-ils imprimer des feuilles clandestines que l'on glisse, à la sauvette, sous les portes. Certaines de ces feuilles sont imprimées à Londres et elles sont guettées au débarquement par les argousins de Decazes, ce transfuge de l'Empire, investi de la confiance du roi.

Paradoxe assez curieux, et que Chateaubriand illustre avec éclat, ce sont les *ultras* qui défendent la liberté de presse que le ministère entend restreindre, et ils s'abritent derrière la Charte pour combattre les propositions du gouvernement, dénoncer la malfaisance ou l'incurie ministérielle et, selon le mot de La Bourdonnaye, « être en opposition avec les sentiments personnels du roi pour le maintien des prérogatives essentielles du trône ». Dans chacun des deux camps, on voudrait des lois d'exception pour juguler l'adversaire. Ainsi, chaque fois que Chateaubriand intervient à la Chambre des pairs, il se fait l'écho des ambitions déçues et des inquiétudes grandissantes des *ultras*, s'élevant contre tout ce qui pourrait renforcer l'odieux despotisme ministériel.

Le 10 février 1816, il prononce un remarquable discours sur la restitution des biens ecclésiastiques confisqués pendant la Révolution et non encore aliénés, profitant de l'occasion pour tracer un portrait au vitriol de Napoléon, sans tomber dans les basses injures qu'il lui avait prodiguées en 1814. Avec la même véhémence, il combat, le 12 mars, la proposition de conserver leur pension aux prêtres mariés sous la Révolution, puis, le 3 avril, il défend la position des *ultras* qui s'opposent au renouvellement de la Chambre des députés par cinquième tous les ans, moyen imaginé par le gouvernement pour saper la majorité royaliste-ultra de cette Chambre. Le plus étrange, ainsi que le relève Barante, est que chacun des deux partis défend un programme contraire à ses principes : « C'est nous qui étions dans le plus superstitieux respect de la prérogative royale, écrit-il, tandis que le parti royaliste réclamait la toute-puissance parlementaire[2]. » Chateaubriand termine la session en parlant, avec beaucoup de chaleur, sur la proposition relative aux puissances barbaresques, ayant à cœur, depuis son voyage en Orient, d'aider les Grecs à secouer le joug turc.

Au printemps, il s'enferme à la Vallée-aux-Loups pour y travailler à *De la Monarchie selon la Charte*, ouvrage auquel il attache une extrême importance, estimant qu'il faut dénoncer l'erreur du ministère qui ne respecte pas la lettre de la Charte, encore moins son esprit. Comme il va se livrer à une attaque en règle des ministres, il rappelle que, dans une monarchie représentative, la personne royale, « inviolable et sacrée », étant aussi infaillible, elle ne peut commettre d'erreur ; aussi, toutes celles qu'il dénoncera – et il ne s'en fera pas faute – viennent-elles des ministres. Il rappelle à ceux-ci, qui se croiraient volontiers ministres de droit divin, que c'est « l'opinion publique qui est la source et le principe du ministère » et que « celui-ci doit sortir de la Chambre des députés puisque ceux-ci sont les principaux organes de l'opinion populaire ». En même temps, il donne à ces ministres, qui surestiment leur propre importance, une leçon de savoir-vivre : « Une politesse vous gagnera ce qu'une place ne vous obtiendrait pas ; une louange vous acquerra ce que vous n'achèteriez pas par la fortune. Sachez encore, et converser et vivre ; la force d'un ministre français n'est pas seulement dans son cabinet ; elle est aussi dans son salon[3]. »

Bien entendu, il reprend avec vigueur l'habituelle antienne contre les hommes de la Révolution qui, de l'aveu de Mme de Montcalm, sont préférés pour toute place aux royalistes : « Peu à peu il fut reconnu qu'aucun homme n'avait de talent s'il n'avait servi la Révolution ; et cette doctrine, transmise soigneusement de ministère en ministère, est devenue aujourd'hui un article de foi. » Autre singularité : tandis que les royalistes ont toujours défendu les vrais « principes de la liberté... la doctrine de la passive obéissance a été prêchée par ces hommes qui ont bouleversé la France au nom de la liberté ».

Après avoir critiqué les impôts levés par la police sur les jeux et les journaux, les variations de la justice en fonction des opinions du prévenu, il réclame une plus large autonomie financière pour le clergé qui a besoin d'un patrimoine important, suggérant qu'il en soit de même pour les pairs, suggestion qui peut paraître intéressée : « Sans privilèges et sans propriétés, la pairie est un mot vide de sens », écrit-il, ayant dit auparavant que « la terre noble ferait le noble plus sûrement que la volonté politique ». Evoquant l'atmosphère empoisonnée du monde politique, il rejoint Mme de Montcalm qui écrivait à la fin de la session : « L'esprit de parti dénature les caractères et jusqu'aux sentiments, et l'on ne peut considérer sans amertume cette disposition générale qui ne laisse intacte aucune réputation. La critique, la désapprobation essaient de flétrir tout ce qui jouit de quelque prépondérance, et la médiocrité croit souvent, à l'aide du dédain, placer le mérite au-dessous d'elle[4]. » Plus âpre et plus incisif que la sœur de Richelieu, il formule ainsi son jugement : « Mécontents d'eux-mêmes et des autres, ils [les hommes] mettent en commun les remords de la médiocrité et ceux du crime. »

L'impression que laisse *De la Monarchie selon la Charte* a été parfaitement résumée par Jules Lemaître : « Autant il est libéral quant aux idées, autant il est intransigeant sur les hommes. On dirait que son rêve est de faire appliquer les idées de la Révolution par une personne royaliste[5]. » En cela il s'oppose encore aux anciens révolutionnaires qui, pour rester en place, sont prêts à sacrifier leurs idées plutôt que leurs biens. Chateaubriand conclut que, pour sauver la France, il faudrait sept hommes purs par département : « ... un évêque, un commandant, un président de la cour prévôtale, un procureur du roi, un préfet, un commandant de gendarmerie et un commandant de la garde nationale. Que ces sept hommes-là soient à Dieu et au roi, et je réponds du reste... » Cette phrase un peu maladroite lui sera souvent reprochée. Benjamin Constant aura beau jeu d'ironiser en disant : « Ce n'est pas la Monarchie selon la Charte, mais la Charte selon l'aristocratie. »

Au mois de juillet 1816, l'ouvrage est presque achevé. Toujours content de soi, il estime avoir fait là « une bonne action » et rendu « un service immense à la France » ainsi qu'il l'écrit à Mme de Duras : « Je l'empêcherai peut-être de périr, mais ce sera à mes dépens. J'ai tout dit, il fallait tout dire pour faire quelque chose digne de mes autres sacrifices. Jamais, je crois, je n'aurai prêché un langage plus élevé et dit des vérités plus nobles sous tous les rapports : mais en réclamant à la fois la religion, la liberté, la morale et la justice, en dévoilant tous les faux systèmes, en montrant pourquoi on nous a perdus et pourquoi on nous perdra, je cours le risque de me briser[6]. »

Il ne croyait pas si bien dire. En effet, on doit savoir – car il ne s'en cache pas assez – qu'il prépare un pavé à jeter dans la mare, et Mme de Montcalm, qui lui est attaché en dépit de son hostilité à son frère, a l'idée, bizarre il est vrai, de l'avertir des dangers qu'il encourt, du mal qu'il peut faire au pays, en lui adressant une longue lettre anonyme où, tout en le plaignant de son sort, elle critique sa conduite, avec une certaine pertinence dans l'analyse de ses démarches politiques. « Appelé par vos talents, par vos goûts, et par votre caractère à une vie simple et retirée, vous avez cessé d'être heureux le jour où de dangereux amis ont introduit dans votre âme une ambition étrangère au genre de gloire auquel vous pouviez si justement et si honorablement prétendre. Avant d'avoir cédé à leur influence, vous répétiez souvent que 25 000 livres de rente et le titre de pair servaient de limites à vos désirs. Vous avez obtenu davantage et vous êtes aujourd'hui mécontent[7]… »

On ne sait ce que Chateaubriand a pensé de cet avertissement, mais il n'en tient pas compte. Alors que l'ouvrage est à la composition, le roi, cédant aux sollicitations de ses ministres, autorise le 5 septembre 1816 la dissolution de la « chambre ardente », ainsi que l'appelle Mme de Staël. L'ordonnance est publiée le 7 par *Le Moniteur*. Elle fixe désormais l'âge minimum pour être élu à 40 ans et réduit le nombre des futurs députés tandis que, pour contrebalancer le poids des *ultras*, on vient d'augmenter celui des pairs par une fournée de personnalités connues pour leurs opinions libérales. Chez les *ultras*, c'est un tollé général. « Tout ce qui avait l'habitude de crier *Vive le Roi !* garda le silence, dit Montlosier, tout ce qui avait pour habitude de garder le silence cria *Vive le Roi !* C'était le spectacle le plus singulier de voir dans les rues de Paris d'effrénés Jacobins poursuivant les royalistes au cri de *Vive le Roi !* » Comme l'écrit Villemain, il est parfois plus facile de rassurer ses adversaires que de contenter ses partisans.

Indigné, Chateaubriand compose aussitôt un *addendum* vengeur à son ouvrage, texte écrit à la hâte et dans lequel il se montre étonnamment prophétique : « Je ne suis pas du tout tranquille. En vertu de l'article 14 de la Charte, qui donne au roi le pouvoir de faire les règlements et les ordonnances nécessaires pour l'exécution des lois et la sûreté de l'Etat, les ministres ne pourront-ils voir la sûreté de l'Etat partout où ils verront le triomphe de leurs systèmes ? Il y a tant de constitutionnels qui veulent gouverner aujourd'hui avec des ordonnances qu'il est possible qu'un beau matin, toute la Charte soit confisquée au profit de l'article 14[8].» C'est ce qui se produira en juillet 1830 lorsque Charles X, s'appuyant sur cet article 14, signera les ordonnances qui lui coûteront sa couronne.

La police de M. Decazes étant bien faite, il est normal que Louis XVIII ait appris le projet de Chateaubriand, et peut-être a-t-il même eu connaissance de certaines pages du livre. Il fait aviser l'auteur, par le chancelier Dambray, qu'il verrait avec déplaisir cette publication. Chateaubriand passe outre et ne change rien à son texte. D'après Mme de Montcalm, jusqu'au dernier moment il serait resté en tractations avec le ministère, exerçant sur celui-ci une espèce de chantage en promettant de supprimer les passages litigieux s'il obtenait un portefeuille. Elle s'appuie notamment sur le titre du chapitre « Le ministère doit être plus nombreux », qui lui semble une discrète invitation à l'augmenter en l'y appelant. S'il est assez dans la manière de Chateaubriand de lancer des coups de sonde – il l'a déjà fait dans le *Génie du christianisme* et dans l'*Itinéraire* –, il est douteux qu'il se soit livré à des marchandages de dernière heure et, s'il l'a fait, il s'est heurté à l'intégrité de Richelieu comme à la dignité de Louis XVIII qui ne peut accepter de transiger avec un de ses sujets : « Vous inclinez à croire, écrit le roi à Decazes, que je pourrais éviter le scandale soit par l'intermédiaire de mon neveu[9], soit par une défense formelle. Mais le premier moyen serait une négociation, ce qui semblerait au-dessous de ma dignité et de la qualité du négociateur. J'ai employé mon neveu à arrêter l'armée espagnole. Je ne l'emploierai pas à arrêter la publication d'un libelle. J'ai été plus loin que le deuxième moyen, j'ai employé la menace : si on la brave, le scandale sera plus grand, mais la punition sera exemplaire[10]. »

Chateaubriand attend donc le châtiment qui ne pourra que rehausser son prestige en faisant de lui un martyr. Il a d'ailleurs pour lui le droit puisque la loi de 1814 prévoit que les pairs n'ont besoin d'aucune autorisation pour faire imprimer leurs écrits et précise en plus que, en l'absence de dépôt préalable à la direction de la Librairie, si la saisie est possible, elle n'est pas obligatoire.

*

Personnellement visé dans l'ouvrage, Decazes ordonne le 18 septembre au procureur général Beller de faire procéder à la saisie chez Le Normant, bien qu'aucun texte ne l'y autorise et qu'il commette ainsi un abus de pouvoir. Pour éviter ce reproche, il invoque un non-respect des formalités du dépôt légal, Le Normant ayant déjà envoyé des exemplaires en province et fait livrer les siens à Chateaubriand. Le Normant a beau jurer que le matin même il a fait porter les cinquante exemplaires requis par la direction de la Librairie, le commissaire de police instrumente et lui met sous le nez un exemplaire acheté par un particulier quelques heures plus tôt. Grand seigneur, Le Normant désintéresse l'acheteur, arrêté en même temps que son livre était saisi.

Alors que les policiers comptent les livres en magasin survient Chateaubriand, ovationné par les protes qui, électrisés par sa présence, brisent les scellés qu'on vient d'apposer sur les formes. Altier, Chateaubriand demande des explications au commissaire qui exhibe l'ordre du ministre : « Je suis pair de France, observe-t-il, je ne reconnais pas l'ordre du ministre ; je m'oppose, au nom de la Charte dont je suis le défenseur, et dont tout citoyen peut réclamer la protection, je m'oppose formellement à l'enlèvement de mon ouvrage ; je défends le transport de ces feuilles ; je ne me rendrai à la force que lorsque je verrai les gendarmes ! »

Qu'à cela ne tienne ! Requise aussitôt, la gendarmerie accourt et Chateaubriand se retire avec dignité dans les appartements de Le Normant tandis que les ouvriers regagnent leurs ateliers. Bien décidé à ne pas en rester là, il va chez son notaire, M. Mesnier, pour faire enregistrer sa protestation. Il en adresse un exemplaire au chancelier de France, Dambray, un autre à Decazes, accompagné d'une lettre dans laquelle il s'étonne de cette mesure en lui rappelant les égards dus à un pair de France et en le prévenant que pour se défendre il usera de tous les moyens légaux.

Par retour du courrier, Decazes lui répond en qualifiant sa conduite de « rébellion » et en lui faisant observer que la saisie a eu lieu, non chez un pair de France, mais chez Le Normant. Piqué de ce ton de raillerie, Chateaubriand veut donner une leçon à cet insolent et réplique : « Vous me parlez de révolte et de rébellion, et il n'y a eu ni révolte ni rébellion. Vous dites qu'on a crié *Vive le Roi !* Ce cri n'est pas encore compris dans la loi des cris séditieux, à moins que la police n'en ait ordonné autrement que les Chambres. Au reste, tout cela s'éclaircira en temps et lieu. On n'affectera plus de confondre la cause du libraire et la mienne ; nous saurons si, dans un gouvernement libre, un ordre de la police que je n'ai même pas vu est une loi pour un pair de France ; nous saurons si l'on n'a pas violé envers moi tous les droits qui me sont garantis par la Charte, et comme citoyen et comme pair. Nous saurons, par les lois mêmes que vous avez eu l'extrême obligeance de me citer – il est vrai avec un peu d'inexactitude –, si je n'ai pas le droit de publier mes opinions, nous saurons enfin si la France doit désormais être gouvernée par la police ou par la Constitution[11].»

Le duc de Richelieu, qui n'a pas été prévenu de cette saisie, s'en montre irrité, jugeant la mesure impolitique : «A quoi cela nous servira-t-il? A aigrir et envenimer encore…» écrit-il à Decazes. Le roi lui-même est désagréablement surpris de voir que son favori a frappé sans sa permission : «Je crois que si vous m'aviez consulté avant d'ordonner la saisie, je l'aurais déconseillée. Ce n'est pas que ce ne fût une mesure très légale, que l'Evangile même, publié de la sorte, ne fût saisissable…», et il ajoute «qu'on ne verra pas ainsi la chose dans le monde, qu'on regardera tout au plus la faute de l'imprimeur comme prétexte[12]», ce qui est parfaitement vu.

Si Louis XVIII déplore la saisie, cause de trouble, il n'en est pas moins ulcéré par l'addendum qui le met personnellement en cause et qualifie la future Chambre des députés de «fille sanglante de la Convention». Il s'en plaint auprès du favori : «Ce livre devrait être écrit en lettres d'or» mais «il est écrit en lettres de sang». Le châtiment qu'il avait laissé entrevoir tombe comme la foudre. Le 20 septembre 1816, l'auteur de *De la Monarchie selon la Charte* est rayé de la liste des ministres d'Etat, perdant du coup son traitement annuel de vingt-quatre mille francs. Le roi voudrait même le faire exclure de la Chambre des pairs, mais Richelieu, qui a déjà recommandé à Decazes «de ne rien laisser dire de violent contre M. de Chateaubriand», obtient du roi de lui conserver sa pairie «pour qu'il ne soit pas à l'aumône[13]». Ainsi que l'écrira le baron de Vitrolles : «Louis XVIII aimait assez à se venger sur les siens de ses faiblesses envers ses ennemis[14].»

Avec la même rigueur que sous l'Empire, la police traque les exemplaires déjà partis pour la province ou vendus à Paris. C'est une perte pour Chateaubriand, compensée par un succès moral considérable, au point que son appartement est assiégé par des admirateurs venus lui apporter leur soutien tandis que de province affluent des témoignages de sympathie. Ballanche, un ami pourtant, ne s'associe pas à l'enthousiasme général : «J'ai lu l'ouvrage de M. de Chateaubriand avec une tristesse infinie, avoue-t-il à Mme Récamier. Il a monté certaines têtes et exaspéré certains esprits. Je ne crois pas qu'il ait fait aucun bien nulle part. Les intérêts et les amours-propres de la Révolution sont plus forts que les anciens souvenirs et que la morale rigoureuse. Il ne faut plus revenir sur une transaction consacrée par la volonté royale et imposée par la force même des choses[15].»

Bien que les poursuites engagées par le ministère public contre son livre aient abouti à un non-lieu, Chateaubriand ne se tient pas pour satisfait. Il a un outrage à venger et saisit toutes les occasions de le faire. Il a déjà goûté une petite revanche en récoltant cinquante-cinq voix à la Chambre des pairs lors de l'élection du secrétaire du bureau, succès que Louis XVIII a ressenti comme une injure personnelle. Enhardi, il passe à l'attaque en déposant une proposition pour demander au roi une enquête sur les récentes élections. Il y aurait en effet beaucoup à dire sur les agissements du ministère et les pressions exercées par les préfets sur les électeurs. L'imprimeur de la Chambre des pairs, Didot, épouvanté par les menaces dont il a été l'objet dès que la police a eu vent de cette proposition, refuse d'en poursuivre l'impression. Il remet à Chateaubriand les deux cent cinquante exemplaires déjà sortis de ses presses, ainsi que les épreuves et le manuscrit. Ne voulant pas causer d'autres ennuis au pauvre Le Normant, il trouve avec Dentu un imprimeur assez courageux pour achever l'impression.

Dans l'*Avertissement* de cette brochure, il rappelle les lois relatives à la liberté de presse, notamment celle du 21 octobre 1814, et l'ordonnance royale du 20 juillet 1815 exemptant de la censure tout écrit comportant moins de vingt feuillets imprimés : « Si, malgré ces lois, un Pair de France, en plein exercice de ses fonctions, ne peut pas faire imprimer ses opinions chez l'imprimeur de la Chambre même sans exposer cet imprimeur à être inquiété dans sa famille et menacé dans son état, si au moins dans le cours d'une session, nous n'avons pas la liberté de penser, de parler, d'écrire sur les affaires qui occupent les Chambres, et de publier ce que nous avons pensé et écrit, alors, je le demande, où sommes-nous ? où allons-nous ? que devient la Charte ? que deviennent les lois et le gouvernement constitutionnel[16] ? »

Lue le 23 novembre à la Chambre des pairs, la proposition est rejetée par ceux-ci, mais la brochure est assez largement répandue, encore que Charles de Rémusat, qui n'aime pas Chateaubriand, écrive à sa mère : « On est las de lui. L'ouvrage se distribuera chez lui. On ne dira pas qu'il est orgueilleux. Quelle noble humilité ! Le voilà libraire[17]. »

*

Malgré les instructions données par Decazes à ses agents, et les manœuvres de ceux-ci, malgré les déplacements de préfets jugés trop tièdes et les présidences de bureaux électoraux confiées à des hommes de gauche, en dépit des émissaires dépêchés pour convaincre les récalcitrants, les électeurs envoient à la Chambre des députés cinquante-quatre *ultras* sur deux cent trente-huit élus ; la gauche, ainsi favorisée par le gouvernement pour faire contrepoids aux royalistes, est représentée par une quarantaine de députés à tendance républicaine, si bien que Decazes pourrait fort bien voir un jour l'extrême droite et l'extrême gauche, auxquelles il déplaît au même degré, mais pour des raisons contraires, s'unir contre lui. Il existe là une opportunité que Chateaubriand devine aussitôt.

Le 4 novembre 1816, lors de l'ouverture de la session parlementaire, Louis XVIII avait fait allusion à l'opposition des *ultras* et réclamé le concours de toutes les bonnes volontés, assortissant cette demande d'une menace qui semblait viser Chateaubriand lui-même : « Que mon peuple soit bien assuré de mon inébranlable fermeté pour réprimer les attaques de la malveillance et pour contenir les écarts d'un zèle trop ardent… » Cela n'avait pas empêché Chateaubriand, le surlendemain, d'exposer à la tribune son avis sur le projet de loi concernant les discours et les écrits séditieux, mais, d'après Molé, ce discours n'aurait pas recueilli les applaudissements attendus : « On le vit remonter au bureau où il siégeait avec ce sourire amer d'un orgueil qui se réfugie dans le mépris des applaudissements qu'on lui refuse… » Le lendemain de cette discussion, une autre s'était ouverte sur l'inviolabilité des propriétés nationales et Molé avait recueilli l'assentiment de ses collègues. Chateaubriand, qui voulait parler contre lui, s'était vu refuser la parole : « Je l'entendis se plaindre de ce que je l'avais outragé. Je compris que le véritable outrage avait été de l'emporter sur lui. Je connaissais depuis longtemps son excessive vanité… mais j'ignorais… que cette physionomie si insinuante et si douce, que ces yeux où se peignaient pour moi tant d'affection et de goût pussent prendre un tel caractère de haine en me regardant[18]. »

Entre les deux hommes, jadis si liés, puis séparés, moins par leurs opinions que par les moyens choisis pour faire carrière, l'amitié s'était changée en hostilité, presque en haine, ainsi que l'écrit Molé. Avec une superbe absence de scrupules, au moins de l'avis de Chateaubriand, Molé a fait une non moins superbe ascension, servant tous les régimes. Directeur général des Ponts et Chaussées en 1809 à 28 ans, chargé par intérim en 1813 du ministère de la Justice – chef de l'Injustice, ironisait Chateaubriand –, il avait repris les Ponts et Chaussées pendant les Cent-Jours et les avait conservés à la seconde Restauration.

Leur affrontement à propos de la loi sur les discours et écrits séditieux achève de les brouiller. Chateaubriand ne gardera plus aucune mesure à l'égard de ce nouvel ennemi, écrivant l'année suivante à Mme de Duras, en apprenant sa nomination à la Marine : « Molé a réussi et tous les gens de sa sorte réussissent ; il est médiocre, bas avec la puissance, arrogant avec la faiblesse ; il est riche, il a une antichambre chez sa belle-mère où il insulte les solliciteurs et une antichambre chez les ministres où il va se faire insulter. Il a de plus été ministre sous Bonaparte, et traître à ses serments pendant les Cent-Jours. Voilà comment on devient ministre de la Marine sans avoir vu d'autres vaisseaux que les péniches que Bonaparte faisait construire à Chaillot. Je me trompe beaucoup ou le peu qu'il est paraîtra au ministère. Je le connais, c'est un écolier, et, du moins, je suis juge de sa capacité[19]. »

Cette brouille durera longtemps et ils ne se réconcilieront qu'en apparence, sans aucun élan du cœur, n'ayant plus rien en commun, si ce n'est d'avoir aimé tous les deux Mme de Castellane avec qui, justement, Molé vient de rompre avant de reformer plus tard avec elle un de ces couples auxquels l'histoire, ou la légende, apporte la légitimité que l'Eglise ne leur a pas donnée.

Tout écolier qu'il est resté, comme le rappelle aigrement Chateaubriand, Mathieu Molé est riche, autant de son chef que par son mariage avec la fille unique de Mme de la Briche, héritière d'une lignée d'opulents fermiers généraux, les La Live. Cette fortune, comme celle de Mme de Staël ou de Mme d'Orglandes, est pour Chateaubriand matière à réflexion lorsqu'il la compare à la sienne, ou plus précisément à son infortune. Privé de son traitement de ministre d'Etat, le plus clair de ses ressources, il est réduit à son indemnité de pair et à ce qu'il peut tirer de sa plume, mais ce n'est pas avec ses *Mélanges politiques*, recueil publié au mois de décembre 1816, qu'il gagnera beaucoup d'argent. Il doit envisager des mesures draconiennes, entre autres la vente de la Vallée-aux-Loups dont l'entretien est plus que jamais au-dessus de ses moyens.

L'ami Bertin annonce la mise en vente dans le *Journal des débats*, essayant d'allécher les amateurs par l'intérêt historique plutôt que par la valeur foncière de l'endroit qu'il compare à la villa d'Horace, à Tibur, et laissant entendre que celui qui succède à un grand homme en un tel lieu recueillera un peu de sa renommée. Aucun acheteur ne s'étant présenté, Chateaubriand met alors la maison en loterie en émettant quatre-vingt-dix billets de mille francs. Cette initiative rencontre la même indifférence. Le vicomte Laîné prend un billet, la duchesse d'Orléans trois, le comte d'Artois, dix. Il faut chercher une autre solution, car les créanciers sont là, plus nombreux et plus exigeants que jamais. Chateaubriand se résout à disperser sa bibliothèque, assez modeste, mais intéressante par le nombre d'ouvrages anciens, devenus rares, dont il s'est servi pour la documentation de ses propres ouvrages.

La vente est réalisée par le commissaire-priseur Denailly, assisté du libraire Merlin. Elle dure du 28 avril 1817 au 5 mai. Son produit sera insuffisant pour le débarrasser de ses dettes.

Comment vivre avec douze mille francs de revenu annuel, soit son traitement de pair, et des dettes dont l'intérêt absorbe une partie de ce revenu ? Une conspiration féminine s'organise afin de le tirer d'embarras, conspiration à laquelle il se prête, *nolens volens*, et qui a aussi pour but de le faire rentrer en grâce auprès du roi, à condition de cesser son opposition systématique. Ennuyé de cette opposition, et de celle de Mme de Duras, le duc de Richelieu a déjà chargé le marquis de Vérac d'une démarche auprès de Mme de Duras en la priant de modérer son zèle en faveur de Chateaubriand et de montrer un meilleur esprit. On racontait qu'elle jetait les cartes des visiteurs dans deux vases, les bien-pensants à droite, les autres à gauche. Un jour, le roi lui avait envoyé un de ses officiers qui avait saisi les deux vases que Louis XVIII lui avait fait rendre, après avoir mélangé les cartes.

Depuis le début de l'année 1817, Chateaubriand n'a cependant pas désarmé, combattant à la Chambre des pairs les projets de loi déposés par le ministère et trouvant un allié inattendu en Talleyrand qui, regrettant le pouvoir, essaie de le reprendre. Le 14 février 1817, Pozzo di Borgo notait : « Talleyrand, poursuivant ses intrigues, reparaît à la Chambre des pairs entouré de Polignac, Mathieu de Montmorency, Chateaubriand et autres, qui sont censés n'agir que sous la volonté des Princes », en l'occurrence, Monsieur, frère du roi.

Le 22 février 1817, lors de la discussion de la loi sur la presse périodique, sujet qui lui est familier, Chateaubriand prononce un éloquent discours auquel Decazes aura bien du mal à répondre et que Molé a tenté d'empêcher en disant : « Si je voyais un homme d'un beau génie descendre dans cette arène, je lui dirais : Reprenez votre lyre et remontez aux sphères dont vous êtes habitant[20]... » Au nom de la Charte, il défend la liberté de presse, non comme un droit individuel mais comme une des conditions du fonctionnement du régime représentatif : « On nous traite comme des enfants qui ne doivent rien savoir de ce que veulent bien leur apprendre leurs maîtres, s'écrie-t-il. Il semble que l'on aurait dessein de nous gouverner despotiquement, en nous laissant, pour la forme et comme hochet, les apparences d'une monarchie constitutionnelle. Nous dirons tout ce que nous voudrons à la tribune, nous ferons de longs discours sur les principes ; tandis que nous parlerons Budget, Charte et liberté, on lèvera des impôts arbitraires ; avec la loi sur la liberté individuelle, on arrêtera les citoyens ; et avec la censure, on étouffera leurs cris. Notre position est singulière, Messieurs, nous avons à la fois les inconvénients d'une Monarchie représentative et ceux d'une Monarchie absolue ; nous sommes gouvernés par les actes de quatre régimes : les anciennes ordonnances de nos rois, les lois de la République, les décrets de Napoléon et la Charte[21].» Il s'en prend vigoureusement à la censure, ôtant aux citoyens accusés à tort les moyens de se défendre, et à Decazes, l'assurant que si un jour il est à son tour rayé de la liste des ministres d'Etat, comme lui, il le traitera mieux qu'il ne le fait. En quoi il se trompe, car il accablera le ministre qu'il aura contribué à renverser.

Le 21 mars 1817, il remonte à la tribune et s'y exprime avec détermination à propos de la discussion du budget, combattant l'article 15 de la loi qui prévoit la vente des biens du clergé rattachés au domaine de l'Etat. Les royalistes s'indignent de voir le ministère achever l'œuvre de la Révolution, plus soucieux qu'il est de rassurer les acquéreurs de biens nationaux que d'indemniser les propriétaires spoliés. A la Chambre des députés, le rapporteur de la loi avait soutenu que le séquestre des biens du clergé n'avait jamais été invalidé, ce qui était reconnaître *ipso facto* la légalité des lois révolutionnaires. Pour Chateaubriand, les principes comptent plus encore que les faits. Non seulement il proteste contre cette incohérence juridique, mais il dénonce aussi l'erreur commise en aliénant des forêts, car chaque fois que l'Etat en cède, l'acquéreur n'a rien de plus pressé pour rentrer dans ses fonds que de procéder à une coupe importante. On gaspille ainsi le patrimoine et il prophétise : «Partout où les arbres ont disparu, l'homme a été puni de son imprévoyance[22].» Il termine en avertissant que, si cette disposition était acceptée, il voterait contre le budget. Malgré l'opposition de la droite, et grâce aux voix des pairs récemment nommés, la loi passe. Il a seulement la consolation de voir que les finances de l'Etat ne sont pas meilleures que les siennes. En dépit de la vente d'une nouvelle tranche de forêts domaniales, le déficit est de trois cents millions, dû en grande partie aux lourds frais d'occupation du pays par les troupes alliées. Il faut implorer le secours des banquiers anglais Baring et Labouchère pour soutenir la rente.

Ces brillantes interventions, aussi remarquables par le sérieux des arguments que par la concision des termes, comme souvent aussi par la perfidie du trait, font de Chateaubriand un adversaire à ménager. Le gouvernement le constate et serait prêt, sinon à s'en faire un allié, du moins à le neutraliser. En sa qualité de sœur du Premier ministre, Mme de Montcalm est toute désignée pour tâter le terrain. Le 16 mai 1817, Chateaubriand fait lui-même un premier pas dans la voie de la réconciliation en écrivant à Louis XVIII pour lui recommander une réclamation des Pères gardiens du Saint-Sépulcre : «Que Votre Majesté daigne en même temps me permettre de lui témoigner la douleur que j'éprouve d'être tombé dans sa disgrâce. Si Votre Majesté a pu penser que j'ai résisté à ses ordres relativement à mon dernier ouvrage, je la supplie de croire que ces ordres ne m'ont jamais été clairement transmis. Au lieu de me demander au nom du Roi un sacrifice que j'aurais fait à l'instant même, on ne parla que de me dépouiller. Sire, vous êtes comme votre aïeul, le premier gentilhomme de votre royaume ; par cette raison, Votre Majesté sentira que si une parole bienveillante pouvait me faire jeter mon livre au feu, c'était me forcer à le publier que d'en venir à des menaces. Je me trompe peut-être sur les véritables intérêts du trône, mais je n'ai pu désobéir et je ne désobéirai jamais aux ordres du roi[23]. »

Bien que connue seulement par la copie que Mme de Montcalm en donne dans son *Journal*, cette lettre est sans doute authentique, mais elle arrive un peu tard. Ce repentir paraît peu sincère ou, du moins, intéressé. D'après Mme de Montcalm, chargée de remettre cette lettre au duc de Richelieu pour la donner au roi, Chateaubriand aurait promis, s'il rentrait en grâce, de se taire lorsque ses opinions ne seraient pas celles du ministère. C'est Mme de Duras qui a entamé cette négociation et suggéré à Mme de Montcalm d'organiser chez elle un rendez-vous entre Richelieu et Chateaubriand. Le duc a fait savoir qu'il était d'autant «plus disposé à servir M. de Chateaubriand qu'il avait eu plus à se plaindre de lui», mais il reproche à l'écrivain de n'avoir pas eu le tact de s'incliner après la saisie de son livre et d'avoir accru ses torts par «une censure amère de tous les actes émanés du trône». Il met comme condition au retour en grâce un délai d'épreuve. Mme de Duras, qui avait déconseillé à Chateaubriand cette opposition systématique, espère être mieux entendue et recommande à Mme de Montcalm le secret sur cette tentative de rapprochement. Mme de Montcalm le promet, tout en n'appréciant pas «cette manière sourde et secrète d'abandonner son parti, surtout lorsque aucun événement positif ne peut motiver un changement dont le résultat est de retrouver 25 000 livres de rente et un titre[24]. » Elle décide alors de fermer son salon à Chateaubriand, tout en restant disposée à lui rendre les services dont il aura besoin.

La tentative échoue, au grand dépit de Mme de Duras qui voit la situation de Chateaubriand s'aggraver sans remède. Elle lui a prêté de l'argent à plusieurs reprises, sans grand espoir de le récupérer, mais elle est généreuse et ne lui en tient pas rigueur. Ce qui rend leurs rapports souvent orageux, ce ne sont pas leurs relations de débiteur à créancier, mais les infidélités de Chateaubriand ou, plutôt, ses échappatoires, ses mauvaises raisons pour annuler un rendez-vous, ses visites trop rares et ses billets trop brefs. Malgré leur pureté, les sentiments qu'elle éprouve à son endroit ont tous les accents de l'amour, avec ses exigences et ses emportements. Après sa fille, la princesse de Talmont, objet de sa part d'une espèce d'idolâtrie, Chateaubriand est l'être qu'elle aime le plus au monde et elle ne le cache pas assez. Sa jalousie se manifeste sans pudeur et la pousse à des imprudences qu'un amour coupable éviterait. Rien ne la décourage d'aimer Chateaubriand, malgré les déconvenues qu'elle éprouve. Elle est de ces femmes qui préfèrent souffrir du caractère d'un grand homme que d'être heureuses avec un homme ordinaire. Chateaubriand, de son côté, commence à se fatiguer de lui tenir le langage qu'elle veut entendre et laisse parfois percer son agacement, ce qui lui vaut une recrudescence de plaintes et de reproches.

*

Entre Mme de Duras et sa femme, dont l'aigreur augmente avec l'âge, il a vraiment peu de satisfaction et en cherche auprès d'autres femmes, d'un commerce plus doux. Il a rompu avec Natalie de Noailles, devenue duchesse de Mouchy, que sa folie a fait enfermer. Il semble avoir une liaison discrète avec Mme Bail, épouse de cet hurluberlu qui avait écrit un pamphlet contre lui et dont il avait obtenu qu'on lui rendît le poste qu'il avait perdu à cause de cet écrit. Mme Bail tient dans son existence une place modeste, mais elle sera toujours là vingt ans plus tard, ayant même pris dans la maison une sorte d'autorité.

Au début de l'année, il a revu Mme Récamier, aperçue jadis, au temps d'*Atala*, chez Mme de Staël, puis chez elle, en 1814, pour une lecture en public des *Aventures du dernier Abencerage*. Pour voir le grand écrivain, Mme Récamier rend fréquemment visite à Mme de Chateaubriand, assure Mme de Montcalm, mais lui-même écrira dans ses Mémoires, pour mieux donner au lecteur l'impression d'un coup de foudre, qu'il n'avait pas revu Mme Récamier depuis *Atala* jusqu'à ce dîner chez Mme de Staël, peu de jours avant la mort de celle-ci.

Mme de Staël n'avait jamais été une intime amie, mais depuis la Restauration ils s'étaient revus, avaient correspondu, regrettant un peu tous deux, sans se l'avouer, l'homme qu'ils avaient combattu et dont la chute avait enlevé à leur existence un peu de son éclat. Frappée d'une attaque en arrivant à un bal donné par le comte Decazes au mois de février, Mme de Staël ne s'était jamais remise et glissait lentement vers la mort, veillée par son second mari, John Rocca, qui se mourait aussi. Chateaubriand laissera dans ses Mémoires une saisissante évocation de ces deux spectres, rendra un bel hommage à l'auteur de *Corinne*, mais sur le moment même, apprenant sa mort, survenue le 14 juillet 1817, il n'en paraît pas autrement ému : «Je regrette Mme de Staël : ses amis ministériels en disent-ils autant ? » écrit-il le jour même à Mme de Duras, mais il est lui-même au chevet de sa femme, assez malade. Plus tard, Marcellus confirmera que les dernières visites de Chateaubriand à Mme de Staël «furent comme le prélude de son attachement pour Mme Récamier», tout en s'étonnant un peu que sa disparition l'ait si peu affecté : «En vérité, ces hommes qui ont si profondément pénétré dans l'intimité des âmes pour en surprendre et en raconter les mystères n'ont pas le cœur fait comme les autres[25]. »

Mme de Staël avait tenu dans la vie de Mme Récamier une place importante, au point de pouvoir presque être comptée parmi les passions que Mme Récamier avait inspirées. Certaines lettres de la baronne trahissaient une ardeur et même un enivrement que n'auraient pas désavoués le prince Auguste de Prusse et Benjamin Constant, deux admirateurs passionnés : «Ma vie devient toute sèche quand vous n'y êtes pas», lui avait-elle écrit un jour, disant une autre fois : «Je sais que certains sentiments ont l'air de m'être plus nécessaires, mais je sais aussi que tout s'écroule quand vous partez.»

Célèbre à sa première apparition dans le monde, au début du Directoire, alors qu'elle n'avait pas 20 ans, Mme Récamier est avec Eugène et Hortense de Beauharnais une des figures qui a donné à l'Empire une grâce, une élégance et même une poésie dont, sans eux, ce régime militaire aurait été dépourvu. Eternellement virginale, aimée de tous les hommes, n'en désespérant aucun, elle est Eve avant la faute originelle. Par sa bonté, qui n'épargne personne et sait charmer jusqu'au plus sauvage, elle donne à chacun, même aux femmes, une image améliorée de soi-même. Elle sait admirablement plaire sans éveiller la jalousie et ne rien accorder sans provoquer de ressentiment. Impartiale entre les factions, elle demeure fidèle, en ces temps de trahisons et de reniements, à ses amis et l'a prouvé jadis en allant assister Moreau pendant son procès. Elle pratique au suprême degré l'art de consoler des souffrances qu'elle inflige et de faire aimer cette souffrance, au point que ceux qui sont amoureux d'elle et n'en sont pas aimés préfèrent ce malheur au bonheur qu'ils pourraient trouver auprès d'une autre. En dépit de l'athéisme du dernier siècle et du matérialisme du nouveau, elle a conservé des sentiments moraux, des vertus qu'elle rend aimables. Avec elle, le philosophe est profond, le mondain spirituel, l'homme d'Eglise édifiant, le poète inspiré, l'homme politique habile, le militaire encore plus conquérant, mais si ce commerce intellectuel se change en véritable intimité de cœur et d'esprit, son influence est telle que le soldat se sent intelligent, l'homme politique intrépide, le poète homme d'action, l'ecclésiastique un peu mondain, le causeur profond, tandis que le philosophe acquiert du monde. Dans l'art de la conversation, elle a le plus rare et le plus beau des talents : elle écoute, encourage les confidences et oriente les discussions de manière que celles-ci ne s'écartent jamais de la bienséance et du respect d'autrui. Elle passe à tort pour n'avoir pas d'esprit, parce qu'on n'a jamais pu citer d'elle un mot piquant, mais elle a, dit Sainte-Beuve, « le tour net, juste, l'expression à point ».

Liée avec les hommes les plus éminents, même rivaux entre eux, elle a toujours su « profiter de l'espèce de crédit que lui avaient fait acquérir l'élévation et l'impartialité de ses sentiments... pour obtenir d'eux, en faveur de gens opprimés, des grâces qu'ils auraient refusées à tout autre[26]. »

Le plus étonnant, dans cette position, unique à Paris et même en Europe, est que la calomnie l'a toujours épargnée. Malgré les passions qu'elle a suscitées, personne n'a jamais douté de sa vertu, si bien que sa réputation serait sortie intacte d'une nuit passée dans un corps de garde. Elle a toujours été fidèle à son mari, encore que celui-ci soit, dit-on, moins un mari qu'un père. Elle a été mariée à 15 ans, en pleine Terreur, à un ami de ses parents, le banquier Jacques-Rose Récamier, qui aurait été l'amant de sa mère et l'avait épousée pour qu'elle puisse hériter de lui s'il avait été guillotiné, comme il s'y attendait. On murmurait qu'elle était sa fille, et même si ce n'était pas le cas, du moins avait-il toujours respecté en elle « des répugnances naturelles », explicables chez une enfant de 15 ans, mais qui auraient dû s'évanouir lorsqu'elle avait été courtisée par des hommes plus jeunes et plus séduisants.

Elle avait vu à ses pieds Lucien Bonaparte et, un bref instant, le Premier consul, le prince Auguste de Prusse, Prosper de Barante, Auguste de Staël et Benjamin Constant, pour ne citer que les plus célèbres. Pour elle, en 1814, Benjamin Constant avait complètement perdu la tête et s'était fait royaliste avant de se convertir à Napoléon. En 1817, alors qu'elle atteint 40 ans, Mme Récamier en paraît trente et se trouve à son zénith, harmonieuse synthèse d'éléments contradictoires : « Roturière, écrit Jean-François Chiappe dans *La France et le Roi*, elle incarne toutes les vertus aristocratiques. Fille et femme de banquier, elle dédaigne l'argent. Catholique, elle semble une déesse de l'Antiquité. Royaliste, elle aime moins l'autorité que les libertés. »

Pendant le printemps 1817 s'ébauche entre elle et Chateaubriand cette liaison qui durera trente ans et, malgré des vicissitudes connues surtout des familiers du couple, entrera dans la légende au même titre que les amours de Dante et de Béatrice pour s'achever comme celles de Philémon et Baucis.

*

Pour le moment, Chateaubriand a peu le loisir de songer à Mme Récamier, obligé qu'il est de faire face à des problèmes financiers presque insolubles. Depuis qu'il a mis vainement la Vallée-aux-Loups en loterie, il est sans domicile, ayant juste un pied-à-terre à Paris, au 25 de la rue de l'Université, dans l'ancien hôtel d'Aguesseau. Il est aussi sans ressources, ayant de surcroît à rembourser le montant des billets de loterie souscrits pour la Vallée-aux-Loups, tout en espérant que la duchesse d'Orléans ne réclamera pas son dû. Il a des dettes à éteindre et des hypothèques à purger.

Le seul moyen d'échapper à ces ennuis, tout en s'assurant le vivre et le couvert, c'est d'accepter l'hospitalité que lui offrent plusieurs amies, enchantées d'avoir chez elles l'homme que Paris se dispute, moins enchantées d'avoir également sa femme. Aussi, du début de juillet 1817 jusqu'à la fin du mois d'octobre, les Chateaubriand vont-ils errer de château en château. A peine sont-ils arrivés à Montboissier, dans l'Eure-et-Loir, que Céleste attrappe la rougeole après avoir déjà souffert d'un catarrhe, qui n'est pas encore guéri.

Mme de Montboissier est une des filles de Malesherbes, donc la grand-tante de ses neveux Chateaubriand. Détruit par un incendie en 1775 et reconstruit, le château a été de nouveau détruit pendant la Révolution. Il n'en reste que les deux pavillons d'entrée, celui de Flore et celui des Roses, où logent les Chateaubriand. Dans ce cadre agreste, où le chant de la grive évoque pour lui les bois de Combourg, il est saisi d'une telle nostalgie de sa jeunesse qu'il trouve à la fois l'inspiration et les accents nécessaires pour travailler à cette partie de ses Mémoires, mais l'état de sa femme l'oblige à se muer en garde-malade et, comme il l'écrit à Mme de Duras : « Mme de Chateaubriand n'est pas peu de chose ! » Finalement, il doit faire appel à Laënnec qui, sans la guérir, la rassure et lui prescrit du repos à la campagne, ordonnance aisée à suivre puisque les Chateaubriand y sont contraints. Son dévouement et ses attentions pour sa femme attendrissent celle-ci qui lui découvre des qualités insoupçonnées jusqu'alors : « Le bon *Chat* est à la messe, écrit-elle le 22 juillet 1817 à Joubert ; j'ai peur quelquefois de le voir s'envoler vers le ciel, car en vérité il est trop parfait pour habiter cette mauvaise terre, et trop pur pour être atteint par la mort. Quels soins il m'a prodigués pendant ma maladie ! Quelle patience ! Quelle douceur ! Moi seule ne suis bonne à rien dans ce monde. Cependant quand on ne vaut rien du tout, on n'a pas d'amis comme j'en ai. »

Mme de Chateaubriand est bien la seule à bénéficier de la bonté de son mari, car celui-ci, tout en la soignant, polit des phrases assassines pour un nouvel écrit politique avec lequel il va régler quelques comptes : « Si je quitte la France, écrit-il à Mme de Duras, il faut qu'au moins je venge ma désolation et laisse une marque à mes ennemis[27] », tandis que le même jour il mande à John Fraser Frisell : « Puisque l'on m'a fait tant de mal, j'en ferai à mon tour à ceux qui m'en font[28]. »

Au mois d'août, les Chateaubriand émigrent à Mongraham, chez Mme de Pisieux, une des nombreuses petites-filles de Malesherbes. C'est une femme de caractère et d'esprit avec laquelle il est aussi plaisant de correspondre que de parler. « Je fais le bien, je dis le mal… » avoue-t-elle pour faire excuser sa vivacité. Pendant ce séjour, qui se prolongera jusqu'à la fin du mois de septembre, Chateaubriand est obligé d'aller à Paris pour négocier avec Le Moine un emprunt de vingt mille francs auprès d'une dame Hautmont, emprunt garanti par une hypothèque généreusement consentie par Christian de Chateaubriand sur sa terre de Malesherbes. Pendant qu'il est dans la capitale, il joint l'agréable à l'utile en lisant à Mme de Duras le début du livre III de ses Mémoires et en reçoit le juste tribut d'admiration qu'il attendait. « Il a raconté les sept ou huit années de sa jeunesse, depuis l'âge de 12 ans jusqu'à son entrée au service ; les premiers essais de son talent ; ses rêveries dans les bois de Combourg et enfin l'histoire dont *René* est le poème, écrit Mme de Duras à Mme Swetchine. C'est charmant à lire, mais j'espère qu'il ne se laissera pas aller à les lire à personne autre que moi ; j'en serais fâchée pour bien des raisons. Dans son projet actuel, ces *Mémoires* ne doivent paraître que cinquante ans après sa mort ; peu importe le nombre d'années, pourvu que ce ne soit pas de son vivant[29]. »

Le 22 septembre, les Chateaubriand continuent la tournée des châteaux en allant chez les d'Orglandes, à Lonné, qui semble à l'écrivain au bout du monde, à en juger par son anxiété pour y accéder. Les chemins sont-ils praticables pour une lourde berline ? Mme d'Orglandes devra-t-elle lui envoyer un attelage de secours ? Après Lonné, c'est Voré, près de Rémalard, chez la comtesse d'Andlau, mère de Mme d'Orglandes. Ce dernier séjour laissera aux Chateaubriand un souvenir d'autant plus vif que Mme d'Andlau, qui les a parfaitement reçus, mourra subitement le mois suivant.

A leur retour à Paris, dans les derniers jours d'octobre, les Chateaubriand s'installent dans le nouvel appartement que le dévoué Le Moine a déniché pour eux au 42, rue du Bac[30], ancien hôtel du financier Samuel Bernard.

Pendant leur absence, la situation politique a évolué d'une façon qui ne satisfait guère Chateaubriand. Comme on doit renouveler un tiers de la Chambre des députés, le ministère est intervenu pour empêcher la désignation d'*ultras*, employant pour cela les moyens les plus déloyaux : déplacements de préfets, pressions sur les notables, mesures vexatoires telle que la mise en non-activité du général O'Mahony, du colonel de Vaudreuil et même du frère de Georges Cadoudal. Le scandale est si patent que le *Times* s'en fait l'écho : « Chaque jour, des royalistes sont renvoyés et des hommes du parti révolutionnaire mis à leur place. » Ces injustices flagrantes fournissent à Chateaubriand ample matière à critique : « Vous commandez l'union et vous divisez, dira-t-il dans *Du système politique suivi par le ministère*, vous établissez la liberté en théorie et l'arbitraire en pratique, vous ne parlez que de la Charte et vous demandez sans cesse des lois d'exception. » Il prévoit que favoriser ainsi la gauche aux dépens des royalistes est une grave imprudence et qu'il ne faut pas se tromper d'ennemi. De cela, Decazes est conscient, mais, s'il n'est pas hostile à un rapprochement avec les *ultras*, il n'entend leur faire aucune concession, même de pure forme, en rendant par exemple à certains royalistes les postes dont ils ont été dépouillés. Sans doute la personnalité de Chateaubriand est-elle un obstacle à toute négociation et Decazes préférerait-il discuter avec tout autre que ce champion acerbe et vindicatif des *ultras*.

Ennuyé de cette opposition de l'écrivain, Richelieu voudrait au moins désarmer une de ses porte-parole, la duchesse de Duras. Celle-ci, malgré les avis qu'elle a déjà reçus, oublie trop souvent qu'elle est la femme d'un personnage officiel, premier gentilhomme de la Chambre du roi, et compromet son mari en donnant à Chateaubriand l'appui de son influence et l'audience de son salon. Malgré les pressions exercées sur lui, Chateaubriand ne veut pas se soumettre et la publication de son dernier écrit, *Du système politique suivi par le ministère*, prouve qu'il ira jusqu'au bout, jusqu'à ce que le gouvernement, débordé par la gauche, ait pour seule ressource, s'il ne veut pas périr, d'implorer le secours de ces royalistes qu'il a non seulement dédaignés, mais persécutés. Ce pamphlet connaît un vif succès, du moins auprès des royalistes. Mme de Montcalm, désormais brouillée avec son auteur, n'y voit qu'un acte de vanité, « un besoin d'être persécuté dans la crainte d'être un seul instant oublié ».

Le 2 mars 1818, Chateaubriand affronte encore une fois le gouvernement à propos d'un projet de loi relatif au recrutement de l'armée qui aboutirait, selon lui, à une démocratisation de cette armée dont l'aristocratie tire son origine, et le roi sa force. N'est-il pas question de réserver deux tiers des grades à l'ancienneté, ce qui priverait le souverain d'une de ses prérogatives essentielles, et de prévoir des appels obligatoires en temps de paix, ce qui est contraire à la Charte, qui avait aboli la conscription ? Hostile à une armée nationale, dont il n'attend rien de bon si ce n'est une bureaucratie excessive, il combat pied à pied les dispositions de la loi et profite de l'occasion pour rendre un vibrant hommage aux armées vendéennes, dont le courage et la fidélité sont trop méconnus.

Enfin, au mois de mai, il intervient encore à propos de la discussion du budget, protestant contre le peu de temps laissé aux pairs pour l'examiner, quelques jours seulement avant la fin de la session. C'est, dit-il, traiter « la Chambre des pairs comme le Sénat de Bonaparte », et il prononce un discours si véhément qu'il ne sera pas publié, Decazes veillant à ce qu'aucun journal français ne s'en fasse l'écho. En revanche, et toujours sur les ordres de Decazes, certains journaux s'intéressent à lui pour le discréditer en l'impliquant dans une ténébreuse affaire, digne de Balzac, mêlant le scandale de la note secrète au mystère de la conspiration dite du bord de l'eau.

*

Le comte d'Artois, qui désapprouve la politique de son frère, avait demandé à son aide de camp, le comte de Bruges, une note destinée au tsar Alexandre Ier pour informer ce souverain de la situation de la France où beaucoup de royalistes craignaient une résurgence révolutionnaire en cas de retrait des troupes d'occupation, seules capables de maintenir l'ordre. Bruges s'était déchargé du soin de cette note sur le baron de Vitrolles, un des artisans de la Restauration en 1814, royaliste ardent et fort lié avec le frère du roi. Vitrolles avait rédigé hâtivement un mémorandum dans lequel était souhaité le maintien des troupes alliées en France afin d'empêcher des troubles sociaux, à moins que le roi n'acceptât de renvoyer le ministère et d'adopter une politique propre à rassurer « les honnêtes gens ». Il avait lu cette note au comte d'Artois qui en avait fait prendre copie, adressant un exemplaire au tsar, un deuxième à l'empereur d'Autriche, un troisième au cabinet de Londres. M. de Bruges avait conservé un quatrième exemplaire afin de le faire circuler à Paris auprès des représentants des petites puissances.

Gallatin, le ministre du Wurtemberg, avait communiqué une copie de ce document à Decazes tandis que les journaux anglais, ayant eu vent de la chose, affirmaient que cette note était l'œuvre commune de trois personnalités fort connues dont ils ne donnaient que les initiales : *C.*, *F.* et *V.* Tout Paris avait reconnu derrière ces trois lettres Chateaubriand Fitz-James et Vitrolles.

Furieux de se voir attribuer la paternité d'un écrit aussi compromettant, Fitz-James et Chateaubriand rédigent une protestation solennelle au nom des trois auteurs supposés, puis vont trouver Vitrolles pour qu'il la signe avec eux : « Je ne peux signer, leur dit Vitrolles, parce que je l'ai écrite. Mais vous, chers amis, vous pouvez parfaitement désavouer une œuvre à laquelle vous n'avez aucune part. Au reste, je vais vous la faire connaître[31]... » Et Vitrolles leur lit cette note. Il écrit dans ses Mémoires que Fitz-James et Chateaubriand approuvèrent les opinions exprimées dans la note au point de vouloir la signer avec lui. Vitrolles, sensible à leur générosité, avait refusé, voulant assumer seul la responsabilité de ses actes.

La lettre de protestation commune est donc déchirée, mais Chateaubriand adresse aux journaux français un désaveu, précisant qu'il compte intenter un procès au *Times* qui, le premier, avait cité son nom dans cette affaire. Les 27 et 28 juin 1818, *La Quotidienne*, le *Journal de Paris*, *Le Moniteur* et le *Journal des débats* annoncent en effet des poursuites contre leur confrère britannique. Ennuyé de cet impair, le *Times* se rétracte un mois plus tard : « Nous pouvons maintenant, d'après un document authentique du vicomte de Chateaubriand, déclarer que ce noble pair n'a eu aucune part, directe ou indirecte, à la confection du papier dont l'existence nous a été signalée pour la première fois en mai dernier par notre correspondant de Paris. »

Dans ses *Remarques sur les affaires du moment*, brochure publiée au début du mois d'août 1818, Chateaubriand s'efforcera de minimiser la portée de cette note à laquelle il est étranger, louant certains passages, omettant de parler des plus compromettants et disant sa surprise lorsqu'il en avait enfin pris connaissance : en vérité, n'était-ce pas se moquer de lui que de l'avoir cru l'auteur d'un texte aussi gauche, aussi maladroit et surtout aussi mal écrit ? Vitrolles appréciera peu ce jugement et s'en vengera dans ses Mémoires.

Entre-temps, comme pour apporter une confirmation à la *Note secrète*, on avait éventé, le 2 juillet 1818, la conspiration dite du bord de l'eau, machination montée par la police pour compromettre certains royalistes.

Dans les derniers jours du mois de juin, le baron Pasquier, président de la Chambre des députés, avait été prévenu d'un complot ourdi à Lyon pour enlever les ministres à la sortie du Conseil, à Saint-Cloud, avec la complicité d'un régiment de cuirassiers de la Garde, commandé par un La Rochejaquelein, et d'un régiment suisse en garnison à Rueil, pour emmener ces messieurs à Vincennes. Il y aurait même eu un projet d'assassinat de Louis XVIII au cas où celui-ci s'obstinerait à vivre trop longtemps. De son côté, le vicomte Laîné, ministre de l'Intérieur, avait reçu semblable avis d'un conjuré, pris de remords. On discutait de cette singulière affaire au Conseil du Roi lorsqu'un agent de Decazes avait fait remettre à celui-ci une lettre émanant d'un autre conjuré, le général Donnadieu, lettre adressée à Chateaubriand et qu'un domestique de l'écrivain lui avait dérobée[32]. D'après Pasquier, Donnadieu lui écrivait que ses dispositions n'étaient aucunement changées par le bon accueil que lui avait fait le roi, le 23 juin, avant son départ en tournée d'inspection dans le Midi. Il ajoutait « qu'on pouvait toujours compter sur lui, qu'on n'avait rien de mieux à faire, ainsi qu'on en était convenu dernièrement, que de presser l'exécution du grand coup[33] ». Les conjurés les plus marquants étaient les généraux Canuel et Donnadieu, Rieux-Songy, un aide de camp de Canuel, Romilly, un chef de bataillon, Chappedelaine, ancien chef de Chouans passé depuis à la solde de la police, et un certain Joannis, conspirateur professionnel. Pour se concerter, ces messieurs se retrouvaient tous les jours sur la terrasse des Tuileries surplombant la Seine, d'où le nom donné à cette conspiration.

Le Conseil avait hésité entre deux solutions : passer l'affaire à la Justice ou se contenter de déplacer les deux régiments suspects en les privant de leurs chefs, afin d'éviter une publicité qui aurait montré qu'il y avait, malgré tout, des mécontents dans le royaume. Les ministres avaient décidé de poursuivre, en évitant d'impliquer le général Donnadieu pour ne pas remonter ainsi jusqu'à Chateaubriand, autant par crainte de sa réaction que pour ne pas avouer, en produisant la lettre, par quels moyens on se l'était procurée.

Les poursuites commencent le 6 juillet. On n'a pas découvert de documents compromettants chez les prévenus qui ont eu, il est vrai, le temps de les détruire. Canuel, d'abord en fuite, comparaît à l'audience du 21 juillet pour être arrêté en sortant de la salle et mis au secret jusqu'au 7 octobre. Lorsque le 3 novembre 1818 l'affaire reviendra devant la Chambre d'accusation de la Couronne, on ne trouvera pas les charges contre les prévenus suffisamment établies et ceux-ci seront relaxés. Vitrolles, inclus par Pasquier dans la conspiration comme auteur de la *Note secrète*, est la seule victime, obligé par loyauté de ne pas révéler qu'il a écrit cette note à l'instigation du frère du roi. Il en perdra son titre de ministre d'Etat.

Cette provocation policière a indigné Chateaubriand qui demandera longtemps, avec opiniâtreté, la réhabilitation de Canuel et de Donnadieu. Elle lui inspire une haine durable, inextinguible à l'égard du comte Decazes; il est désormais prêt à tout pour faire tomber cet adversaire déloyal et il est si déterminé que Mme de Duras s'en effraie: «Il est poussé à bout, confie-t-elle à Mme Swetchine le 19 août, et jugez ce qui sortira de sa plume lorsqu'il ne ménagera plus rien, et qu'il écrit dans le lieu où l'on a les opinions les plus exagérées. Il ne faut rien espérer; il y a des caractères et surtout des sortes de talents qui sont toujours opprimés ou qui se figurent l'être: il aurait fallu forcer la nature pour tirer de là M. de Chateaubriand. Enfin, il restera pair de France, mais s'il pouvait perdre cela, soyez sûre qu'il le perdrait[34].»

*

L'instrument de cette vengeance il le trouvera dans *Le Conservateur*, un périodique à la fondation duquel il va prendre une part prépondérante et dans lequel il donnera libre cours à sa colère, à son ironie, à son curieux don de visionnaire, apportant à ses articles autant de soin qu'à ses discours et se révélant, dès les premiers numéros, un polémiste éblouissant. «Je suis la voix du prophète annonçant sa ruine à Jérusalem», écrira-t-il bientôt à Castelbajac pour souligner son intention de ne pas s'arrêter avant la démission de ce ministère abhorré.

L'idée de ce périodique était dans l'air depuis un certain temps, depuis que pairs et députés dans l'opposition de droite avaient pris l'habitude de se retrouver le soir chez l'un d'eux, un certain Piet, ancien député aux Cinq-Cents sous le Directoire et devenu président de la Cour de cassation. Il avait épousé la veuve de Raguideau, le notaire de Napoléon, et il était en fait moins connu par ses talents que par le logement spacieux, 8, rue Thérèse, où il donnait de si bons dîners pour ses collègues qu'on l'avait surnommé le «restaurateur de la Monarchie», tandis que les habitués de ces agapes avaient reçu le surnom de «piétistes».

Les Chateaubriand, qui séjournaient à Noisiel chez le duc et la duchesse de Lévis, étaient rentrés à Paris le 4 octobre 1818, la veille de la première réunion des fondateurs du *Conservateur*, pour emménager dans un nouvel appartement, plus vaste, au 27 de la rue Saint-Dominique, dans un hôtel appartenant à M. Benoist avec qui Chateaubriand aura quelques démêlés pour des retards dans le paiement du loyer.

Pendant plus d'un an, d'octobre 1818 à mars 1820, sa vie sera entièrement consacrée à ce périodique, aux réunions qu'il nécessite, à la rédaction des articles qu'il y publiera, à la correspondance et aux visites que lui vaudront ses articles. Il n'aura plus guère de temps pour ses amis, s'attirant les justes – et le plus souvent injustes – récriminations de Mme de Duras, sans parler de celles des autres *Madames* également délaissées pour *Le Conservateur*, ne faisant d'exception que pour Mme Récamier.

Dans son introduction à l'*Histoire de la session de 1817*, Fiévée, qui va collaborer lui aussi au *Conservateur*, remarquait : « Il y a trente ans que la Révolution a fait son entrée dans le monde ; elle est majeure et se conduit fort bien toute seule ; elle a gagné en habileté ce qu'elle a perdu en effervescence. Il aurait fallu un talent prodigieux pour lui résister ; on ne lui a opposé que des enfants qui ne la connaissaient pas, des hommes qui avaient fui devant elle et d'autres qui, sauf l'honneur d'autrefois, n'y ont rien perdu[35]. » Chateaubriand est bien de cet avis ; c'est ce qu'il répète à la Chambre des pairs, c'est ce qu'il rappellera dans ses Mémoires, mais ce n'est pas une vérité bonne à dire et, pour l'avoir dite, Fiévée, poursuivi en correctionnelle, avait écopé de trois mois de prison à la Force ; il n'est pas bon d'être royaliste sous le règne de Louis XVIII qui gouverne avec les Jacobins mal repentis, moins chers à payer que des royalistes qui estiment leur fidélité sans prix.

Le but du *Conservateur* est de combattre cette tradition révolutionnaire, ainsi pieusement recueillie par le gouvernement, de rappeler sans cesse à celui-ci qu'il s'écarte de l'esprit de la Charte, et enfin de donner aux royalistes, dont la plupart des journaux sont censurés ou poursuivis, un organe par lequel ils pourront exprimer leurs opinions, leurs soucis, leurs espoirs et aussi réclamer leurs droits. L'année précédente, la princesse de La Trémoïlle se faisant l'écho du désarroi des royalistes, écrivait à Hyde de Neuville : « Du côté des royalistes, gémissements, consternation, pas plus de moyens de défense, de chef et de plan qu'en 1792[36]. »

Monsieur, frère du roi, qui ne dissimule pas son hostilité au ministère et mène une politique personnelle, a fourni pour *Le Conservateur* une première mise de fonds et a promis son appui moral. Restaient à trouver des hommes suffisamment connus pour lui apporter l'autorité de leur nom. Les premiers qu'avait pressentis Vitrolles s'étaient montrés réticents, les uns par amour-propre, ne voulant pas être pris pour des journalistes, les autres par crainte d'être obligés de subventionner l'entreprise. Seuls ont répondu favorablement le comte de Bruges, le marquis de Talaru et le comte Jules de Polignac, puis a suivi Mathieu de Montmorency dont la piété bien connue servira de caution morale.

En réfléchissant à cette entreprise et aux conditions nécessaires pour sa réussite, les cinq premiers fondateurs ont décidé de s'en adjoindre cinq autres : Castelbajac, Trouvé, Fiévée, Villèle et l'abbé de Lamennais.

Marie-Barthélemy de Castelbajac, tout jeune au temps de la Terreur, s'était fait typographe et avait eu à imprimer son propre arrêt de mort. Chevalier de la Foi, royaliste ardent, député du Gers en 1815, réélu en 1816, ce gentilhomme issu d'une des meilleures maisons de France est une recrue de choix, car il a de la verve, du style, et, par son expérience de jeunesse, il est tout désigné pour veiller à la bonne impression du *Conservateur*.

Depuis le Directoire, le baron Trouvé a servi tous les régimes et a fini par être révoqué comme ultra, ce qui donne une idée de son évolution politique. Habilement, il se justifie en rendant hommage à ses collègues : « En voulant m'associer à leurs travaux, ils prouvent combien est peu fondé le reproche d'intolérance politique que la calomnie leur adresse[37]. »

Fiévée, lui, est un curieux personnage, auteur d'un roman porté à l'Opéra-Comique, avec une musique de Boïeldieu, *La Dot de Suzette*. Ancien collaborateur de la *Gazette de France*, fort lié avec la gent littéraire et pendant des années correspondant secret de Napoléon, il s'était illustré en tenant tête à Fouché qui voulait lui faire insérer dans le *Journal de l'Empire* le démenti d'un fait qui aurait pu irriter l'Empereur ; il avait refusé en disant : « Moi, je n'ai pas d'ambition pour me consoler, je n'ai que ma réputation. »

Encore presque inconnu, sans prestige physique et desservi par une voix nasillarde, à l'accent méridional, Villèle, maire de Toulouse, est un grand travailleur, un esprit sage et prudent, un homme obstiné, patient pour arriver à ses fins et préférant les petits moyens aux grands.

Enfin, la cinquième recrue, c'est l'abbé de Lamennais, encore catholique et déjà célèbre avec la publication de son *Essai sur l'indifférence en matière de religion*, ouvrage « qui réveillerait un mort », avait déclaré l'abbé Frayssinous. Lamennais, qui semble un parent pauvre de Chateaubriand, est né comme lui à Saint-Malo et paraît avoir emprunté à René certains traits de caractère. A l'instar de Chateaubriand, il est insatisfait et se plaint beaucoup : « Je n'aspire qu'à l'oubli dans tous les sens, et plût à Dieu que je puisse m'oublier moi-même », écrit-il alors à son frère.

Des cinq premiers fondateurs, il y a moins à dire, car ils sont alors plus connus, sauf Talaru, un pair de France, et le comte Bruges, personnage influent de la coterie du pavillon de Marsan où Monsieur tient sa cour. A ces dix fondateurs qui écriront soit régulièrement, soit épisodiquement dans *Le Conservateur*, s'ajoutent des collaborateurs : le comte Edouard de La Grange, le duc de Lévis, le marquis de Coriolis, Berryer, le grand avocat, le comte de Bonald, dont les lumières font autorité, Corbière, un obscur Breton tiré de son obscurité par la députation et fort lié avec Villèle, Genoude, un abbé plus enragé de noblesse – qu'il a fini par obtenir – que fanatique de religion, Saint-Marcellin, le fils naturel de Fontanes, et le comte O'Mahony, doublement royaliste en sa qualité de descendant d'un partisan des Stuarts et d'émigré pendant sa jeunesse avant d'avoir été mis en résidence surveillée sous l'Empire. Le baron Trouvé s'est vu désigné comme éditeur responsable ; en sa qualité d'ancien préfet de l'Empire, il saura résoudre les problèmes administratifs.

On peut s'étonner de ne pas voir le nom de Chateaubriand parmi ceux des fondateurs. Ceux-ci lui destinaient un rôle en réalité plus important que le leur, celui de chef intellectuel et moral de l'entreprise à laquelle il servirait de drapeau. Il avait d'abord manifesté peu d'enthousiasme, en dépit des vingt-quatre mille francs de Monsieur, puis il avait accepté de rédiger un manifeste qui constituerait à lui seul le numéro de lancement. Il s'était enfermé pendant huit jours et, en apportant ce texte aux fondateurs, il avait fait des réserves sur sa future collaboration, ne voulant pas risquer sa réputation dans une simple feuille. Il avait d'ailleurs des ouvrages à écrire, et rapidement, « car, avait-il dit, il faut que je m'occupe de gagner ma vie et celle de ma femme ».

Ce rappel de ses embarras financiers avait jeté un froid. Vitrolles avait rompu le silence en déclarant d'un ton plaisant que, loin de redouter l'abstention de Chateaubriand, il craignait au contraire de le voir monopoliser la revue, et, pour l'aguicher, il avait laissé entendre que toute collaboration, surtout celle de Chateaubriand, serait largement payée. Enfin, pour couper court à ses atermoiements, il l'avait prié de lire cette déclaration des principes du *Conservateur*, certain, avait-il dit, qu'elle était remarquable à divers titres.

Vitrolles ne s'était pas trompé. Le manifeste est un chef-d'œuvre : analyse extrêmement poussée de la situation politique, clarté dans la définition des principes et des intentions, virtuosité d'écriture et concision des formules, tout y est, dans une langue simple et ferme, à cent lieues de l'amphigouri du *Génie du christianisme* et d'*Atala*. Le restaurateur de la religion est devenu homme d'Etat. Il a compris qu'en politique il s'agit moins d'énoncer sa doctrine ou ses intentions que de les répéter jusqu'à ce qu'elles soient perçues des lecteurs les plus simples : « C'est en parlant sans cesse, en répétant sans cesse la même chose, écrit-il, qu'on peut espérer être écouté. »

Prudemment, il déclare que ce ne sont pas les hommes – c'est-à-dire les ministres – que *Le Conservateur* attaquera, mais leurs doctrines, car «l'élévation des sentiments, la mesure et la politesse doivent être le caractère d'une feuille royaliste», bien que le métier soit difficile en raison de l'arbitraire gouvernemental. «Un rédacteur qui veut écrire en sûreté doit avoir sous les yeux le tarif des hommes avec les variations du cours, comme on a un almanach avec les phases de la lune. Souvent certains noms sont proscrits; les laisser passer dans un journal, c'est conspiration et trahison[38].» Evoquant les dernières élections où les royalistes avaient été floués par le gouvernement, il adjure ces vrais patriotes de ne pas se décourager, de continuer à voter, mais de se défier des alliances trompeuses, des appels à l'union lancés par le gouvernement qui ne parle que de concorde et d'oubli du passé, pour, les voix obtenues, s'empresser de leur retirer les places qu'ils conservent encore. En effet, poursuit-il, le ministère hait les royalistes dans la mesure du mal qu'il leur a causé. Il critique ensuite certaines lois dont il souhaite que les incohérences soient corrigées, puis il examine les conséquences, assez paradoxales, de «l'union de notre gouvernement constitutionnel et de notre code impérial» qui ont abouti au fait choquant que dans la même séance «on peut appeler des filous pour vol de mouchoirs et des généraux pour affaires politiques, condamner au pilori une prostituée et mettre à l'amende un Montesquieu[39]», pour ne pas dire, et il doit certainement le penser, un Chateaubriand.

Une grande partie du manifeste est consacrée aux affaires du jour, mais Chateaubriand en profite pour rappeler des principes intangibles ou des vérités éternelles, par exemple à propos de l'éducation des enfants, pour en arriver à ce constat des mœurs contemporaines: «Libre de tous les préjugés, esclave de toutes les passions, dominant toutes les lois, rampant sous tous les maîtres, le siècle est demeuré indépendant par l'esprit, dépendant par le caractère; cela explique bien des paroles et bien des actions[40].» Il observe aussi que les lois deviennent meilleures à mesure que les mœurs se détériorent, «de sorte que le peuple le plus corrompu – les Romains de l'Empire – nous a laissé le plus beau corps de lois».

En achevant de tracer le programme du *Conservateur*, il annonce aux futurs lecteurs qu'une partie en sera réservée à la littérature, aux arts, ne serait-ce que pour lutter contre les bandes noires qui poursuivent l'œuvre révolutionnaire en détruisant monuments et châteaux pour en revendre les pierres. Il termine par une déclaration de paix, affirmant que les dirigeants du *Conservateur*, oubliant les injures essuyées, sont prêts « à se réunir au ministère aussitôt qu'il adoptera les vrais principes de la monarchie ».

La préparation de ce premier numéro a vivement agité les fondateurs. Il a d'abord fallu arrêter le titre, après avoir hésité entre *Le Royaliste*, *Le Défenseur* et *Le Gardien*. C'est Vitrolles qui a proposé *Le Conservateur*. Pour tenir compte des répugnances de la plupart à se faire journalistes, le premier numéro est attribué à Le Normant fils et le manifeste écrit par Chateaubriand donné comme une réponse à une lettre que lui aurait adressée Le Normant. Cette « réponse » occupe quarante pages de ce numéro, tiré à trois mille exemplaires.

*

Ce numéro, qui sort le 8 octobre 1818, suscite aussitôt des réactions passionnées. Charles de Rémusat y voit un défi qui se retournera contre son auteur, obligeant ses adversaires à resserrer leurs rangs pour le mieux combattre. Duvergier de Hauranne trouvera dans le programme esquissé par Chateaubriand, comme dans les articles qui suivront, « une apologie continuelle, absolue, de l'Ancien Régime et de l'émigration, un anathème perpétuel contre la Révolution dans toutes ses phases, dans tous ses principes, dans tous les hommes qu'elle avait produits[41]. » Les attaques les plus vives viendront bientôt d'un certain Azaïs, philosophe et plumitif vraisemblablement payé par Decazes et qui, à défaut de système, a de l'esprit. Ainsi, Chateaubriand prétendant que Bonaparte tuait ceux qu'il estimait, Azaïs observe : « Eh ! Monsieur le vicomte, il vous a laissé vivre ! » Mais là où Azaïs se révélera plus dangereux, c'est en devinant la véritable personnalité de Chateaubriand, prisonnier de principes qu'il a jadis défendus, d'amitiés qu'il doit ménager : « Par vos inclinations, par vos idées, vos principes réels et soutenus, écrit-il, vous appartenez aux générations nouvelles. Si, depuis 1815, vous vous êtes dévoué, par vos protestations, aux intérêts et aux opinions des générations passées, ce ne peut être que par des motifs étrangers à vos dispositions intérieures ; l'expression de celle-ci vous échappe sans cesse ; et dans cette expression, il y a certitude et vérité ; dans vos protestations, au contraire, il y a le langage emprunté d'un homme qui est monté sur une scène où il se sent déplacé, mais où il faut bien qu'il parle convenablement son rôle[42]. »

Ignorant ces perfidies, les « honnêtes gens » sont dans l'enthousiasme et reprennent espoir ; ils le prouvent en s'abonnant et, bientôt, *Le Conservateur* comptera trente mille abonnés, chiffre important pour l'époque et gage d'une vaste audience, car chaque abonné, surtout en province, fait circuler son exemplaire autour de lui. Ce succès permet de rémunérer largement les collaborateurs qui touchent à peu près le double de ce que reçoivent leurs confrères des autres journaux. Quel que soit le talent déployé par certains d'entre eux, comme Bonald, Castelbajac ou Fiévée, il est certain que celui qui donne au *Conservateur* son impulsion c'est Chateaubriand dont le nom restera définitivement lié à cette publication qu'il n'a pas fondée lui-même, en dépit de la légende.

Alors que ses discours à la Chambre des pairs donnent parfois l'impression d'une éloquence apprêtée – car il les écrit d'abord –, ses articles du *Conservateur* semblent parlés tant leur verve est naturelle et le style enlevé, vif comme l'improvisation d'un tribun qui, loin d'être désarçonné par un trait de l'adversaire, le retourne aussitôt contre lui, et avec plus de force.

Ses sombres prévisions sur l'avenir d'un pays livré à l'engeance ministérielle se trouvent rapidement justifiées par le succès de la gauche aux élections d'octobre 1818. La droite abandonne encore quinze sièges alors qu'entrent à la Chambre des députés trois personnages qui symbolisent, Manuel, le libéralisme anticlérical et républicain, La Fayette, le libéralisme utopique, et Benjamin Constant, le libéralisme en justification de tous les reniements. Ces trois recrues annoncent des temps nouveaux et, pour les royalistes, de nouvelles épreuves. Decazes n'a-t-il pas osé retirer à Monsieur le commandement des gardes nationales du royaume et privé des officiers de la Garde royale, fine fleur de la jeunesse royaliste, de tous leurs avantages particuliers ? Il y a, dans l'air, les symptômes d'une offensive contre les « honnêtes gens » dont le mécontentement devient si fort que le duc de Richelieu s'en alarme et tente encore une fois une conciliation dont un des termes aurait été, semble-t-il, le renvoi de Decazes. Pour parer le danger, celui-ci combine avec le banquier Laffitte une baisse de la rente au seul bruit de son retrait ; Richelieu, persuadé que Decazes est un facteur de stabilité, renonce à le remplacer. C'est lui, au contraire, qui va partir, dégoûté de ces luttes intestines alors qu'il a tant travaillé pour obtenir des Alliés l'évacuation anticipée du territoire. Il envoie sa démission à Louis XVIII qui charge Decazes, au zénith de sa faveur, de former le nouveau ministère. En véritable chef de gouvernement qu'il est devenu, Decazes s'attribue l'Intérieur et conserve la Police. Jusqu'alors, Richelieu, par son patriotisme et son honnêteté, pouvait jouer un rôle d'arbitre et tempérer la lutte entre les partis. En quittant le pouvoir, il les laisse aux prises et le conflit va éclater au grand jour : un duel à mort se prépare entre Decazes et Chateaubriand.

Decazes engage le premier les hostilités en éliminant du Conseil d'Etat cinq conseillers ordinaires et quatre vice-présidents trop royalistes à son gré, puis il déplace ou destitue vingt-trois préfets royalistes pour les remplacer par des libéraux, dont cinq ont occupé déjà cette fonction pendant les Cent-Jours. A la Chambre des pairs, Decazes fait entrer, le 5 mars 1819, une nouvelle fournée de cinquante-neuf pairs, la plupart anciens fonctionnaires impériaux ou bien connus pour leur hostilité aux Bourbons. C'est sa riposte à une proposition déposée par Chateaubriand, appuyé par Polignac et Montmorency, de modifier la loi électorale et qui avait recueilli une majorité de quarante-trois voix. On peut lire alors dans le *Journal de Paris* que « c'est un mélancolique spectacle de voir un roi de la maison des Bourbons cherchant protection dans les bras de la Révolution et reconnaissant ainsi qu'il est réduit à la nécessité d'implorer l'amitié de ses ennemis ». Guizot, passé à Decazes, a été nommé directeur général de l'administration départementale et communale, organisme chargé de combattre en province les méfaits de la réaction. Pour harceler les journaux de droite, l'ancien admirateur de Chateaubriand fonde le *Courrier* dans lequel il écrit des articles d'un jacobinisme intellectuel et bourgeois. Il ne reste plus qu'à rappeler les régicides bannis en 1815, mais l'on n'ose aller jusque-là, encore que quelques cas soient examinés avec bienveillance.

Chateaubriand, qui n'a rien écrit dans *Le Conservateur* depuis son manifeste, y fait sa rentrée à l'occasion des nouvelles lois sur la presse. Elles ont été élaborées par une commission où siégeait Guizot, Barante et le duc de Broglie, mais elles sont surtout inspirées des principes et des idées de Nicolas Bergasse. L'essentiel de ces trois projets se résume en la suppression de la censure préalable, avec seulement obligation pour les journaux de déposer un cautionnement et de désigner deux éditeurs responsables. Les formalités de dépôt légal restent identiques. La discussion dure environ deux mois, de mars à mai 1819. Chateaubriand dénonce à nouveau les liens secrets qui unissent Decazes aux révolutionnaires, et il renouvelle aux royalistes ses mises en garde contre les manœuvres et les belles promesses des hommes au pouvoir : « Nous autres, royalistes, n'allons pas, avec notre candeur native, nous hâter de croire à la conversion des ministres... On peut être victime ; il ne faut jamais être dupe. »

Cette allusion à une conversion des ministres doit viser les pourparlers engagés par Decazes pour essayer de neutraliser Chateaubriand. Villèle et Corbière, avec le concours de Bonald, tentaient de leur côté d'isoler Decazes de son entourage afin d'opérer un rapprochement entre les modérés des deux camps, mais Chateaubriand, intransigeant sur les principes, et trop fier pour marchander avec Decazes, ne veut pas se laisser entraîner dans cette voie. Il se pourrait que les avances du parti Decazes ne soient qu'une machiavélique opération pour le déconsidérer en le montrant prêt, pour quelque avantage matériel, à lâcher ses amis. Ayant deviné le piège, il l'a évité, mais certains de ses amis déplorent cette intransigeance, et *Le Conservateur* laisse apparaître dans ses articles des points de vue divergents qui pourraient dégénérer en scissions. L'abbé de Lamennais, fort indifférent à certaines questions de politique, s'irrite de l'importance qu'y attache Chateaubriand et s'écrie un jour : « Qu'ai-je besoin que Chateaubriand soit ministre ? »

Inlassablement, Chateaubriand continue la lutte, mais, plus que l'explication de ses positions ou la justification de ses affirmations, ce sont ses exécutions qui donnent à ses articles un extraordinaire intérêt, car l'allegro de l'attaque et le crescendo de l'indignation sont toujours suivis, pour frapper l'adversaire à coup sûr, d'un de ces traits dont il a le génie. Lors de la proposition Barthélemy, il écrit ainsi : « Nous avons montré un rare instinct de médiocrité. Si dans les derniers rangs de l'Empire, il existait quelques génies secondaires dont on eût à peine entendu parler, c'est là que nous avons été chercher des grands hommes pour la monarchie légitime. Tous ces pygmées ont roidi leurs petits bras, pour soutenir les ruines colossales sous lesquelles on les a placés. Sentant l'inutilité de leurs efforts, leur vanité blessée les a rendus persécuteurs. Envieux par nature, ils ont écarté le mérite, dans quelque opinion qu'il se soit trouvé… Incapables de sentir les actions généreuses, ces hommes prennent la fidélité pour l'ambition, le dévouement pour la sottise, l'honneur pour l'intérêt ; et, noblement armés contre le malheur, ils achèvent à terre ceux que la Révolution a laissés expirant sur le champ de bataille. Pour ressembler à nos premiers révolutionnaires, il ne leur manque que le courage d'exécuter le mal dont ils ont la pensée ; ils s'abstiennent, parce qu'ils sont impuissants ; leur innocence n'est qu'une lâcheté de plus[43]. »

La proposition Barthélemy, prétexte à cette tirade, avait pour objectif une modification de la loi électorale afin d'endiguer la marée montante de la gauche qui risquait de submerger la Chambre des députés. Aux élections de septembre 1819, l'abbé Grégoire, prêtre jureur et de surcroît conventionnel régicide, a été élu dans l'Isère, au grand scandale des royalistes et même des modérés qui voient là une provocation intolérable. Inquiet, Decazes estime qu'il est temps de freiner ce glissement vers la gauche et souhaiterait pour cela modifier la loi électorale, ainsi que le préconisait Barthélemy, mais il se heurte à l'opposition de trois de ses ministres. Louis XVIII, inquiet lui aussi, veut rappeler le duc

de Richelieu, qui refuse, et l'on se contente d'un remaniement ministériel. Le nouveau cabinet, où Decazes devient président du Conseil,
ne plaît pas davantage à Chateaubriand que l'ancien dont il avait, dès le
4 septembre, annoncé la chute : « M. le comte Decazes s'en ira, écrivait-il,
avec la haine de tous les partis. La monarchie des Bourbons s'affermira. »

Pour Decazes, la marge de manœuvre est étroite et l'oblige à chercher
des alliés parmi ces royalistes dédaignés. Monsieur essaie, quant à lui, de
rapprocher Villèle et Decazes. Il se peut que Villèle, afin de ne pas gêner
les négociations, ait conseillé à Chateaubriand de mettre une sourdine
à ses imprécations, car dans un article intitulé « De la liberté de presse »,
il met les ministres en demeure de choisir « entre les propositions secrètes
des révolutionnaires et les propositions publiques des royalistes. Qu'ils
comptent les voix dans les Chambres ; ils trouveront que l'opposition de
droite, unie au centre, leur donnerait une grande majorité ».

Le ministère étant demeuré insensible à cette sommation et n'ayant
pas cru devoir saisir la perche ainsi tendue, il reprend le combat en
dénonçant, le 29 octobre 1819, la duplicité de ces hommes de gouvernement qui, « pour s'assurer le concours des royalistes, affectent
d'adopter leur langage et leurs principes, tout en poursuivant leur
politique ». Cet article a certainement été remis au *Conservateur* dans
les premiers jours d'octobre, car le 11 il a quitté Paris pour faire en
Normandie un séjour sentimental, doublé d'une tournée de propagande.

14

Duel contre Decazes

octobre 1819-décembre 1821

Après tant de mois d'intense activité, Chateaubriand roule à travers la Normandie avec un sentiment de libération. Il a laissé sa femme à Paris où elle est toute à l'œuvre qu'elle a entreprise : une maison pour y recueillir de vieux prêtres et des dames de la bonne société ruinées par la Révolution.

Au Havre, où il arrive le 12 octobre, il est reçu à bras ouverts par l'avocat Delamare, ancien député à la Chambre introuvable. Il ne s'attarde pas à contempler la mer, sa « vieille maîtresse », ainsi qu'il l'appelle, et s'embarque aussitôt pour Honfleur où il retrouve une autre maîtresse, Mme de Custine, un peu négligée depuis quelques années. Parmi les causes de ce refroidissement, il y a les nombreuses infidélités de Chateaubriand, mais aussi les liens de Mme de Custine avec Fouché. Elle continue de correspondre avec celui-ci, enfin banni de France et réfugié à Trieste où il écrit ses Mémoires. Sur le bref séjour qu'il fait à Fervacques, le seul témoignage est celui d'Astolphe de Custine, fort tourmenté, comme Chateaubriand, par son « inexplicable cœur », mais pour d'autres raisons que l'amant de sa mère. Il est, comme beaucoup de jeunes gens, un de ces René dont Chateaubriand juge la race insupportable, et, parce qu'il est différent des autres, cherchant vainement une âme-frère, il s'attriste et s'enorgueillit en même temps de la singularité de sa nature. Chateaubriand, perspicace, a deviné que les inclinations d'Astolphe le portaient plutôt, comme sa mère, à prendre des amants. Il en aurait prévenu Mme de Custine et celle-ci aurait très mal pris l'avertissement[1].

N'ayant pas voulu servir Napoléon, Astolphe de Custine avait attendu sa chute pour entrer dans la vie publique. Il avait suivi Alexis de Noailles à Vienne en 1814, mais y avait fait mauvaise impression, au point qu'on l'avait surnommé «Mademoiselle de Chateaubriand». Il a subi fortement l'influence de l'écrivain et dit volontiers qu'il est son plus mauvais ouvrage, sans doute parce que Chateaubriand y a travaillé sans le savoir. Il évoquera cette emprise dans son roman *Aloys*, où Chateaubriand est déguisé sous le nom de comte de T... Revoir Chateaubriand réveille en lui le souvenir de leurs conversations sous l'Empire et de leur mutuelle exaltation contre Napoléon : «Je ne puis vous dire l'impression que m'a faite sa présence, écrit-il à son ami Frédéric de La Grange. Il me semble que toute ma vie s'est écoulée entre le jour où je l'avais vu partir d'ici, et celui où je l'y ai vu revenir ; c'est un cercle qui vient de se fermer. Il est, de tous les hommes que j'aie jamais rencontrés, celui dont l'influence sur mon esprit et sur mon cœur a été la plus directe ; et malgré les efforts que j'ai faits pour me soustraire à son empire, malgré de longues absences, malgré mes propres conseils et le soin qu'il a pris lui-même d'effacer les premières impressions qu'il y avait produites, et dont il craignait la vivacité, je reconnais à chaque occasion, dans mon cœur inquiet, l'écho des sentiments et des paroles de *René* ; et je ne puis me rapprocher de son auteur sans m'effrayer de tout ce que je trouve en moi d'analogue à sa tristesse innée. Il a été parfaitement aimable et bon ; il s'est retrouvé lui-même ici, et n'a pas éprouvé une impression moins vive que nous[2].»

Astolphe lui a montré ce qu'il écrivait. Chateaubriand a rendu un jugement favorable, assurant qu'avec du travail il pouvait espérer faire une carrière littéraire, ce qui sera le cas.

Après Fervacques, Chateaubriand gagne Lonné pour un bref séjour chez les d'Orglandes, puis il rejoint Versailles où il était convenu avec Mme Récamier d'un rendez-vous secret afin de ne pas éveiller la jalousie de sa femme et surtout celle de Mme de Duras. Il y a longtemps que Céleste a pris son parti des infidélités de son mari, ce qui ne l'empêche pas d'en montrer quelque tristesse dans ses lettres à ses amis : «Ce pauvre *Chat*! Vous ne vous en mettez guère en peine, écrit-elle le 21 octobre à Mme Joubert. Aussi de dépit court-il les champs ; il est en Normandie, ou dans le Perche, ou dans le Maine où il oublie la politique, les politiques et *Le Conservateur*. Du reste, il me mande que sa santé s'est merveilleusement trouvée de ce vagabondage et que les mouvements des roues lui causent un grand mouvement d'esprit[3].»

Ce que Chateaubriand ignore, ou feint d'ignorer, c'est qu'un espion de M. Decazes le suit et tient son maître informé de ce noble vagabondage. Aussi la rencontre avec Mme Récamier sera-t-elle moins secrète que les amants ne l'espéraient. Un rapport de police avertit le ministre que, le 25 octobre, Chateaubriand « a passé cette journée en tête à tête avec Mme Récamier ». La liaison n'est d'ailleurs un secret pour personne et tous ceux qui sont épris de l'incomparable Juliette en gémissent et rivalisent de remontrances. Ils ne l'ont jamais vue aussi troublée, aussi distraite et même aussi peu aimable, en dépit de ses efforts pour cacher cette passion dévastatrice. Ballanche, amoureux transi depuis longtemps, mais trop laid pour inspirer un sentiment, montre une jalousie de Turc au point que, dans ses lettres à l'idole, il refuse d'écrire le nom de Chateaubriand et se plaint de n'avoir pas comme lui « cette puissance d'entraînement et de fascination qui seule agit » sur elle. Mathieu de Montmorency, autre admirateur passionné, lui reproche de l'avoir relégué dans un rôle secondaire depuis que Chateaubriand règne chez elle, et il souffre en voyant ce nouveau venu l'emporter sur tous les anciens amis.

Dans les premiers temps de cette liaison, il y avait eu chez Mme Récamier le plaisir d'orner son salon d'un nom prestigieux, puis elle avait cédé au charme émanant de l'écrivain lorsqu'il daignait se montrer aimable. Il l'avait été souvent à cette époque et, se voyant aimé, en avait demandé une preuve, celle que justement Mme Récamier avait toujours refusée, même au prince Auguste de Prusse après qu'il l'eut demandée en mariage : « Au plaisir de désirer, Juliette ajoutait maintenant celui de résister[4]. » Elle avait résisté, plus par habitude et coquetterie que par vertu, car elle s'était peu à peu follement éprise du grand homme au point qu'elle avouera bien plus tard à Loménie : « Il est impossible à une tête d'être plus complètement tournée que l'était la mienne du fait de M. de Chateaubriand. Je pleurais tout le jour. » Il y a chez elle autant d'amour que de besoin de donner enfin un sens à sa vie avant qu'il ne soit trop tard. Prophétiquement, Ballanche lui écrivait le 10 juillet 1813 : « Le besoin de dévouement vous dévore ; vous n'avez personne à qui consacrer vos pensées, vos actions, votre existence tout entière ; vous aimeriez tant à sacrifier votre repos et votre bonheur ! Vous n'avez personne à qui vous puissiez rendre ce sacrifice utile. Vous vous consumez dans la solitude[5]... »

Pour compenser ce don d'elle-même auquel on assurait qu'une impossibilité physiologique s'opposait, elle avait voulu se montrer généreuse en achetant la Vallée-aux-Loups, mise en vente après l'échec de la loterie. Faute de moyens suffisants, elle avait dû y renoncer. Mathieu de Montmorency l'avait acquise, par une modeste enchère de cent francs sur la mise à prix, mais elle avait obtenu de Montmorency qu'il lui consentît un bail de trois ans et elle s'était installée avec lui à la Vallée-aux-Loups, y accueillant Chateaubriand pour des séjours. Ce n'était pour elle qu'une fantaisie, car elle habitait toujours Paris, mais, après une nouvelle ruine de son mari, elle avait dû quitter son hôtel rue Basse-du-Rempart pour une maison rue d'Anjou-Saint-Honoré. Pendant l'année 1819, Chateaubriand y était souvent venu seul, la nuit, mais peut-être avait-elle encore hésité à tromper son mari après un mariage blanc qui durait depuis un quart de siècle. A l'automne 1818, en allant prendre les eaux à Aix-la-Chapelle, où se tenait un congrès européen, elle avait revu le prince Auguste et celui-ci, avec l'obstination des militaires, était revenu à la charge en lui proposant encore une fois de l'épouser. Entre une position brillante en Europe et le cœur de Chateaubriand, elle avait balancé, mais l'amour l'avait emporté sur l'attrait des grandeurs, non sans mal, ni débats intérieurs.

En raison du voile habilement jeté sur ses rapports avec Mme Récamier lorsqu'il écrira sa vie pour l'inclure dans les *Mémoires d'outre-tombe*, il est malaisé de connaître la vérité, mais l'on peut conjecturer qu'au début de l'année 1819 Mme Récamier a enfin accordé à Chateaubriand ce que, par inhibition sans doute, elle avait refusé à tout autre. La chose s'était rapidement sue, encore que Chateaubriand ne fût pas homme à s'en vanter, mais, là aussi, le couple avait dû être espionné par la police. Cette capitulation avait suscité maints commentaires dans les salons de Paris et même dans les rédactions des journaux. Des mauvais plaisants n'y avaient pas trop cru, affirmant que la bonne volonté réciproque des amants n'avait donné que de piètres résultats, et l'on avait rimé des épigrammes :

Juliette et René s'aimaient d'amour si tendre
Que Dieu, sans les punir, a pu leur pardonner :
Il n'aurait pas voulu que l'une pût donner
Ce que l'autre ne pouvait prendre.

Pour le moment, cette passion est à son apogée, mais déjà certains doutes assaillent Mme Récamier, jalouse de Mme de Duras comme celle-ci l'est de sa rivale. Elle s'en plaint à l'occasion et Chateaubriand la rassure. Il arrive aussi que ce soit Chateaubriand qui se plaigne de la coquetterie de son égérie, trop attentive à plaire à tous. A des reproches qu'il lui a faits, elle répond par ce billet, intercepté par la police et transmis à Decazes qui en amuse le roi, toujours friand de ragots : « Vous aimer moins ! Vous ne le croyez pas, cher ami. A huit heures. Ne croyez pas ce que vous appelez des projets contre vous. Il ne dépend plus de moi ni de vous de m'empêcher de vous aimer ; mon amour, ma vie, mon cœur, tout est à vous. 20 mars 1819, à trois heures après midi[6]. »

Mme Récamier commence à s'apercevoir que ses amis avaient raison lorsqu'ils trouvaient exagéré son engouement pour Chateaubriand et la conjuraient de ne pas se laisser prendre dans ses filets. Une femme d'esprit, la duchesse de Devonshire, l'avait mise en garde contre le séducteur, à peu près de la même façon que l'avait fait Mme de La Tour du Pin avec Mme de Duras. Elle l'avait suppliée de ne pas faire le malheur de Mathieu de Montmorency, celui de Mme de Duras également, « pour satisfaire ce qui est dominé par l'imagination », et, de Rome où elle s'était dévotement installée après une existence agitée, la duchesse de Devonshire analyse, avec l'expérience des grandes amoureuses, la nature du sentiment de Chateaubriand : « Soyez sûre, écrit-elle à Mme Récamier, qu'il y entre beaucoup de vanité de sa part et que la franchise de caractère n'est pas la première de ses qualités. Croyez aussi que l'inquiétude qu'il donne au faubourg Saint-Germain[7] ajoute à ses sentiments pour vous, il en est flatté. » Et elle achève en plaidant la cause de Mathieu de Montmorency : « Ah ! soyez sûre qu'un ami comme Mathieu est un bienfait du ciel, vous devez à jamais en chérir la conservation[8]. »

L'infortuné Mathieu a compris sa disgrâce en se voyant refuser la porte de Mme Récamier à deux reprises, au début d'octobre, car la maîtresse de maison recevait Chateaubriand avant son départ pour la Normandie et ne voulait pas être dérangée. Du coup, elle avait reçu d'aigres représentations de Mathieu qui, pleurant ses illusions, terminait sa lettre par un adieu sonnant comme un glas.

Si Chateaubriand, revenu à Paris, reprend sa place auprès de Mme Récamier, il n'a pas la tête uniquement occupée par celle-ci, car la situation politique requiert toute son attention.

*

A l'ouverture de la session parlementaire, le régicide abbé Grégoire a été exclu de la Chambre afin de donner une satisfaction tardive à la droite sans laquelle il est désormais presque impossible de gouverner. Le ministère Dessoles-Decazes cède la place à un ministère Decazes où le duc de Richelieu assume la présidence du Conseil, le baron Mounier la Police et Portalis l'intérim de la Justice, dont le titulaire, le comte de Serre, est gravement malade. Un des premiers soins de ce nouveau ministère, entièrement composé d'hommes ayant servi l'Empire, est de proposer aux deux Chambres la réforme de la loi électorale, annoncée par le roi en termes assez vagues dans son discours du Trône. Encore une fois, les chefs royalistes hésitent sur la conduite à tenir : certains veulent soutenir et voter un projet qui leur est favorable, en courant les risques d'une alliance avec Decazes qui peut ensuite leur faire payer très cher leur confiance en lui. N'a-t-il pas, comme l'écrira Villèle, « le talent de décomposer tout ce qui a la faiblesse de se laisser aborder[9] » ?

Les irréductibles sont opposés à toute cession et Chateaubriand, comme La Bourdonnaye, préférerait s'allier au besoin avec la gauche, hostile à Decazes, pour renverser celui-ci. Villèle, homme de calcul plutôt que de passion, est d'avis d'accorder cette satisfaction au gouvernement et rallie la majorité des élus royalistes à ses vues. Lors du vote des douzièmes provisoires en attendant celui du budget, les royalistes soutiennent Decazes et l'un d'eux a le mot de la situation en disant : « Nous avons donné six mois de vivres à M. Decazes. »

Le 14 janvier 1820, Chateaubriand fait sa rentrée politique en publiant dans *Le Conservateur* un article dont la violence a tellement ému le comité de rédaction qu'on lui a demandé d'en adoucir le ton. Villèle craint qu'un tel article ne fasse le jeu du ministère en lui servant de motif pour chercher un appui à gauche. Une aigre discussion s'élève entre Vitrolles, de Bray, Castelbajac, Talaru et Montmorency, que Villèle conclut en priant Chateaubriand de sacrifier ses rancunes personnelles. Piqué, celui-ci propose alors de se retirer du *Conservateur*, puis c'est Villèle qui offre sa démission. Malgré tout, Chateaubriand accepte de revoir son article et d'en modifier certaines phrases. Le nouveau texte est lu chez Jules de Polignac et emporte l'approbation. Il paraît donc le 14 janvier 1820, apprenant au public que le ministère « transforme la politique en une sorte d'escroquerie, au moyen de laquelle on espère tantôt dérober un homme, tantôt filouter une majorité[10] ».

La tactique adoptée par Chateaubriand est d'inquiéter l'opinion, de menacer les ministres pour les forcer d'accepter parmi eux de vrais royalistes qui appliqueraient enfin le programme annoncé dans le numéro 58 du *Conservateur* : « Si les royalistes arrivaient au pouvoir, ils proposeraient les lois les plus monarchiques sur l'organisation des communes et sur la garde nationale. Ils affaibliraient le système de centralisation ; ils rendraient une puissance salutaire aux conseils généraux. Créant partout des agrégations d'intérêt, ils les substitueraient à ces individualités trop favorables au rétablissement de la tyrannie. En un mot, ils recomposeraient l'aristocratie... C'est dans cette vue qu'ils solliciteraient les substitutions en faveur de la pairie, qu'ils chercheraient à arrêter par tous les moyens légaux la division des propriétés et qu'ils demanderaient une indemnité en faveur des émigrés[11]. »

Le 13 février 1820, survient à l'Opéra, où l'on joue *Les Noces de Gamache*, un coup de théâtre imprévu. Un fanatique assassine le duc de

Berry, second fils de Monsieur. Sur lui reposaient tous les espoirs de la dynastie puisque son frère aîné, le duc d'Angoulême, était sans enfants. Cette disparition ouvre la voie au duc d'Orléans et à sa postérité, à moins que la duchesse de Berry, enceinte, n'accouche d'un garçon. Aussitôt prévenu de l'assassinat par le marquis de Vibraye, Chateaubriand se lève et, revêtu de son habit de pair, arrive à l'Opéra où Decazes l'a précédé. Louis XVIII est là, ainsi que la famille royale, entourant le matelas à même le sol sur lequel le duc agonise. En voyant Decazes, la duchesse de Berry a eu un mouvement de répulsion et s'est écriée : «Emmenez cet homme ; je ne puis supporter sa vue ! »

Le duc expire en demandant la grâce de son meurtrier qui n'en sera pas moins exécuté. Dans son livre sur le duc de Berry, comme dans ses Mémoires, Chateaubriand donnera un dramatique récit de cette scène, en soulignant que «les hommes aiment ce qui est spectacle, surtout la mort lorsque cette mort est celle d'un grand[12] ». Il demeure auprès du corps jusqu'à ce qu'on l'emporte et, rentré chez lui, adresse un mot à Mme de Duras : «J'ai passé la nuit au milieu de la scène, j'ai tout vu. Je l'ai entendu expirer. J'irai vous voir, mais je n'en puis plus[13]. »

Malgré son épuisement, il a la force d'écrire aussitôt pour *Le Conservateur* un article vengeur dans lequel, se faisant l'écho du sentiment général des royalistes, il dénonce Decazes comme le responsable, sinon l'auteur, de cet attentat. Comparant le ministre à Bonaparte, il écrit : «Nous plaindrions M. le comte de Cazes[14], s'il consentait à teindre sa pourpre dictatoriale dans le sang de Mgr le duc de Berry. Une ambition généreuse calcule mieux les moments, et sait se retirer à propos. Le cadavre d'un Prince peut servir de degré pour monter au pouvoir, mais alors on n'y reste pas longtemps ; témoin Bonaparte qui fit du corps de M. le duc d'Enghien le marchepied de sa puissance… » Puis, accusant la politique menée par Decazes d'avoir favorisé le réveil de l'esprit révolutionnaire, il lui porte le coup fameux : «Nos larmes, nos gémissements, nos sanglots ont étonné un impudent ministre ; les pieds lui ont glissé dans le sang, il est tombé[15]. » Lors de la publication des *Œuvres complètes*, cette phrase sera remplacée par celle-ci : «Le torrent de nos larmes l'a emporté. »

D'après Sainte-Beuve, la première rédaction était la suivante : «Les pieds lui ont glissé dans le sang et il a été emporté par le torrent de nos larmes. » Au comité de rédaction, on avait trouvé que ce torrent de larmes gâtait la phrase et un des membres du comité avait proposé sa suppression, qui donnait plus de vigueur à l'attaque.

Celle-ci, par l'effervescence qu'elle provoque, fait presque oublier le drame. Elle remplit de fureur Louis XVIII qui s'estime attaqué lui aussi et soutient son favori, déplorant avec lui l'odieux d'une telle accusation : « Je lis ordinairement, mon cher fils, un peu en diagonale les œuvres de M. de Chateaubriand, lui écrit-il après la parution de l'article. Mais aujourd'hui je me suis imposé la pénitence de le lire en entier. J'en suis indigné. Je voudrais aller trouver l'auteur qui est sûrement un jean-foutre, et, le bâton haut, l'obliger à signer le désaveu de son infamie[16]. » Chateaubriand n'en a pas fini avec son adversaire auquel il assène encore un coup dans *Le Conservateur* du 25 février en écrivant : « Malheur à nous, malheur au monde, si le nouveau ministère allait conclure de tant de désastres qu'on n'a pas encore assez fait pour les ennemis de la légitimité ! On leur a déjà livré six Bourbons[17] : combien faut-il pour les satisfaire ? »

L'émotion dans tout le royaume a été trop vive pour que le roi puisse soutenir plus longtemps Decazes dont la famille royale exige l'éloignement. Tous les journaux, même ceux du centre droit, tombent d'accord pour réclamer son départ. Quand Decazes, pour résister à la tempête, envisage des lois d'exception, notamment la censure de la presse, les journaux se déchaînent avec une vigueur accrue : « Quoi, lit-on dans le *Journal des débats*, fidèle allié de Chateaubriand, au lieu de se repentir, M. Decazes menace ; au lieu d'aller cacher ses regrets et ses douleurs dans une retraite obscure, il aspire à la dictature ! Ce Bonaparte d'antichambre nous prend-il pour un peuple sans prévoyance et sans souvenir ? » Le vicomte Laîné, lui, déplore hautement que s'il s'est trouvé un scélérat pour assassiner le duc de Berry on ne puisse trouver un honnête homme pour tuer M. Decazes. Clausel de Coussergues rédige une virulente brochure pour justifier la mise en accusation du ministre, et Chateaubriand confiera bientôt à Marcellus : « Mon ami Clausel a voulu allonger une de mes phrases ; il en a fait un volume, et il en a trop dit. Le favori n'était pas coupable ; il était seulement l'auteur d'un système complice. On l'a reconnu trop tard[18]. »

Devant l'unanimité de l'opinion, Louis XVIII doit céder, mais Elie Decazes ne part pas sans d'appréciables compensations financières et honorifiques : créé duc et pair le 20 février 1820, il est soustrait à d'éventuelles réactions vengeresses en partant comme ambassadeur à Londres. Charles de Rémusat, pourtant fort hostile aux royalistes en général et à Chateaubriand en particulier, jugera la sortie du nouveau duc pitoyable et lui reprochera de n'avoir eu « ni l'énergie de la fierté, ni la bonne grâce de l'abnégation[19] ».

Chateaubriand a gagné la partie, mais il doit penser qu'il aurait mieux mérité un duché que Decazes. Bien entendu, ce n'est pas à lui que le souverain fait appel pour former le nouveau ministère, mais au duc de Richelieu qui, se souvenant de ce qu'a été son passage aux affaires, prie le roi d'éloigner de lui cette coupe d'amertume. En vain, il lui faut s'incliner. Le 21 février 1820, il revient au pouvoir. Comme l'écrit Bertier de Sauvigny dans son *Histoire de la Restauration* : « Decazes avait tenté de faire une politique du centre gauche en s'appuyant sur la gauche et cette politique, on l'avait constaté, conduisait fatalement à la domination de l'extrême gauche[20]. » Richelieu va s'appuyer sur la droite afin de faire une politique de centre droit, mais il sera bientôt débordé par l'extrême droite et tombera lui aussi.

*

Au grand désappointement de Chateaubriand, les hommes choisis par Richelieu sont à peu près les mêmes, à de rares exceptions près, que ceux du ministère Decazes. Malgré tout, la droite a désormais le vent en poupe et regarde l'avenir avec plus d'espoir. Or, par un curieux paradoxe, ce succès divise les vainqueurs : « On ne devrait jamais détruire ses ennemis, écrit Pierre Reboul ; ils sont trop utiles, trop nécessaires à l'unité des partis. » Fiévée quitte *Le Conservateur* et Villèle, qui ne l'a jamais beaucoup apprécié, s'en détache afin d'entreprendre une autre action ; Bonald s'en tient à ses principes, Chateaubriand aux siens. L'unité de l'équipe est rompue, l'intérêt du combat s'est affaibli, bien que le succès commercial de l'entreprise ait été grand, continue de l'être et rapporte à chacun de ses actionnaires un dividende annuel de vingt mille francs. Villèle est assez content de voir disparaître *Le Conservateur*, écrivant à sa femme : « Tout bien pesé, je crois qu'en politique l'action des écrivains est plus funeste qu'utile ; les meilleurs faiseurs de phrases ne sont pas les meilleurs hommes d'Etat, et la ligne qui donne le plus de vogue à un écrivain n'est pas ordinairement la meilleure à suivre[21]. »

Cette opinion vise évidemment Chateaubriand, qui donne encore deux articles au *Conservateur*, dont l'un, le 3 mars, est consacré au duc de Berry, puis, le 30 mars, il signe un dernier article expliquant pour quelles raisons *Le Conservateur* cesse de paraître, mais la véritable est sans doute que Richelieu avait exigé ce gage en échange de satisfactions qu'il accorderait ultérieurement à ces trop zélés serviteurs du roi. Embarqué avec Chateaubriand dans l'aventure du *Conservateur* et un peu piqué de voir que l'écrivain s'y était taillé la part du lion, Frénilly déplore cette disparition, y voyant un mouvement d'humeur et, surtout, de vanité du grand homme : « Chateaubriand avait fait parade de sa création ; il fit parade de sa clôture, comme si la victoire de la monarchie, de la religion, des honnêtes gens était gagnée par le renvoi de Decazes, quand il restait sur le trône un Louis XVIII, au ministère un Pasquier, à la Chambre une moitié révolutionnaire et dans la France une perversion contagieuse !... Je plaidai sa cause auprès de Chateaubriand, mais je ne trouvai qu'égoïsme et vanité : il lui fallait un éclat, c'était ce qu'il cherchait en tout et par-dessus tout[22]. »

Les principaux collaborateurs rejoindront, à la fin de l'année, une nouvelle publication, les *Annales de la littérature et des arts*, qui paraîtra jusqu'au 1er avril 1829, tandis que Chateaubriand sera l'un des fondateurs de la Société royale des bonnes lettres qui aura pour objet, comme l'Académie, la publication d'un *Dictionnaire*, d'un genre assez particulier : le recensement de toutes les expressions dénaturées par les révolutionnaires au point qu'il n'est plus possible de les utiliser. La succession du *Conservateur* sera aussitôt recueillie par certains périodiques d'audience et de fortune diverses, tels que *Le Parachute monarchique, Le Mercure royal* et, surtout, *Le Défenseur*, fondé par Frénilly. Bonald et Lamennais collaborent à ce journal qui prendra souvent des positions contraires à celles de Chateaubriand, notamment lorsqu'il attaquera la Charte et « les rêveries constitutionnelles ». Il se peut que Chateaubriand, au temps du *Conservateur*, ait donné à un autre périodique, *Le Drapeau blanc*, sans les signer, des textes refusés par *Le Conservateur*, mais il ne poursuit pas cette collaboration car il a un ouvrage à écrire rapidement, la vie de Mgr le duc de Berry, une commande de la Cour destinée vraisemblablement à sceller sa réconciliation avec le gouvernement tout en compensant la perte de revenus qu'il subit avec la disparition du *Conservateur*.

Il s'est mis au travail, mais il est certain, lorsqu'on lit ce dithyrambe d'un prince assez médiocre, en dépit de sa droiture et de son bon cœur, que l'inspiration ne l'a pas souvent visité pendant qu'il composait cette hagiographie. Plus habile à manier le stylet que l'encensoir, Chateaubriand peine à la tâche, et l'ennui qu'il en éprouve est visible sur son visage ou dans sa conversation. Écrites à la hâte, les quelque trois cents pages de ce livre ne sont pas du meilleur Chateaubriand. Le récit de l'assassinat, de l'agonie et de la mort sont la clé de voûte de l'ensemble. Là, il est à son affaire et en donne une remarquable description où l'objectivité reste entière, en dépit des convenances et des égards dus à la duchesse de Berry, dont il voile un peu les extrémités auxquelles son désespoir l'avait conduite. On sent très nettement qu'il n'a pas grand-chose à dire de ce prince et il meuble le livre d'évocations de Rome ou de considérations sur l'Ancien Régime, ainsi que de conseils déguisés à Louis XVIII qui pourra lire, sans plaisir, cette prophétie :

«Il s'élève derrière nous une génération impatiente de tous les jougs, ennemie de tous les rois ; elle rêve de république, et est incapable par ses mœurs de vertus républicaines. Elle s'avance, elle nous presse, elle nous pousse : bientôt elle va prendre notre place. Bonaparte l'aurait pu dompter en l'écrasant, en l'envoyant mourir sur les champs de bataille, en présentant à son ardeur le fantôme de sa gloire, afin de l'empêcher de poursuivre celui de la liberté ; mais nous, nous n'avons que deux choses à opposer aux folies de cette jeunesse : la légitimité escortée de tous ses souvenirs, environnée de la majesté des siècles ; la monarchie représentative assise sur les bases de la grande propriété, défendue par une vigoureuse aristocratie, fortifiée de toutes les puissances morales et religieuses. Quiconque ne voit pas cette vérité ne voit rien et court à l'abîme : hors de cette vérité, tout est théorie, chimère, illusion[23].»

Cette œuvre de complaisance est malgré tout accueillie avec faveur en raison de son sujet, mais le comte de Castellane résume assez bien l'impression générale en s'avouant déçu : «L'ouvrage en lui-même, malgré son immense débit, me paraît au-dessous de la juste espérance qu'offrait le talent si distingué de son loyal auteur. J'y trouve peu de vraie sensibilité et je préférerais les notes sans prétention dictées par Dupuytren[24].»

*

Débarrassé de cette corvée, Chateaubriand peut revenir à la politique et s'intéresser aux débats suscités par le projet de nouvelle loi électorale, discussions passionnées qui débordent du cadre des deux Chambres et provoquent une certaine agitation dans la rue, effervescence entretenue d'ailleurs par La Fayette qui se fait appuyer par la jeunesse des écoles. Un étudiant, Lallemand, y est tué, ce qui provoque de nouvelles manifestations.

La Fayette est un de ces hommes jamais guéris de leur jeunesse qui jouent à la révolution, comme d'autres à la Bourse ou au pharaon, pour le seul plaisir de l'excitation du jeu. A un violent discours qu'il vient de prononcer à la Chambre, le garde des Sceaux répond comme aurait pu le faire Chateaubriand : «Il devrait être assez juste pour ne pas imputer aux victimes de ces temps tous les maux d'une révolution qui a pesé si cruellement sur eux. Ces temps n'auraient-ils pas laissé à l'honorable membre de douloureuses expériences et d'inutiles souvenirs ? Il a dû éprouver plus d'une fois, il a dû sentir, la mort dans l'âme et la rougeur sur le front, qu'après avoir ébranlé les masses populaires, non seulement on ne peut pas toujours les arrêter quand elles courent au crime, mais que l'on est souvent forcé de les suivre et presque toujours de les conduire[25]. »

Le 12 juin 1820, après de houleux débats, la loi est adoptée, malgré son impopularité, car elle consacre un des principes chers à Chateaubriand, le double vote pour les contribuables les plus imposés, rétablissant ainsi l'équilibre entre le nombre et la propriété. « Cette loi donne dix ans de répit aux Bourbons », déclare le garde des Sceaux, le comte de Serre, avant de retourner se soigner dans le Midi.

En attendant la rentrée des Chambres, Chateaubriand quitte Paris le 13 août pour aller à Dieppe. Il y est accueilli, ou plutôt assailli, par les autorités locales, pleines de ferveur à son endroit, et préside un banquet offert par les commerçants de la ville : « C'est parmi quelques individus un engouement inexplicable, un délire plaisant, note l'inspecteur des Douanes, Benjamin Gaillon : le Messie viendrait ici-bas, il n'y serait pas plus grotesquement accueilli. Sérénade, festin, extase, transport, c'est le miel des humains, c'est la manne céleste. Ces scènes se passent au milieu d'un petit nombre d'adeptes ; il faut être pur à cinquante-six carats pour en approcher. C'est un missionnaire d'une espèce nouvelle. » L'objet de ce culte est loin d'en être ravi : « On m'a rendu trop d'honneurs, ce qui m'oblige à trop de visites », se plaint-il auprès de Mme de Duras. Arrivé à Dieppe le 14 août, il en repart le 21, excédé, pour revenir à Paris en passant par Fervacques et Lonné, chez les hospitaliers d'Orglandes.

A Paris, le gouvernement évolue de plus en plus vers la droite, et cette évolution s'accentue après la naissance, le 29 septembre 1820, de l'héritier tant espéré qui reçoit le titre de duc de Bordeaux, en souvenir de cette ville, la première, en 1814, à hisser le drapeau blanc. Flattées, les dames de la Halle de Bordeaux se cotisent pour offrir un somptueux berceau à l'« enfant du miracle » et, voyant dans Chateaubriand le champion de la monarchie, elles lui demandent de bien vouloir les présenter à la duchesse de Berry lorsqu'elles arriveront à Paris avec leur cadeau. Il ne s'imaginait guère en acceptant de les chaperonner, que cela deviendrait, comme il l'écrit, « une affaire d'Etat ».

Les trois dames, Mmes Rivaille, Dasté et Aniche Duranton débarquent rue Saint-Dominique avec leur berceau, mais elles ont appris qu'elles seraient présentées à la duchesse de Berry par leur concitoyen, le comte de Sèze, le courageux défenseur de Louis XVI. Les dames protestent en disant que « c'était à celui qui avait pleuré sur la tombe de présenter le berceau », mais rien n'y fait : c'est Sèze qui l'emporte. Evidemment l'incident défraie la chronique et donne lieu à une assez vive correspondance entre le comte de Sèze et Chateaubriand qui, pour rétablir la vérité, adresse au *Journal des débats* une lettre fort digne. Ce qui l'est moins, ce sera de publier dans ses Mémoires le relevé, poste par poste, de ce que ces dames lui ont coûté, de leurs frais de voyages à leurs menues dépenses dans la capitale pour en visiter les monuments ou se rafraîchir. La note est de 1081,15 francs. Il n'y aura que Thiers, un demi-siècle plus tard, pour calculer ainsi, au centime près, les frais de reconstruction de son hôtel, détruit pendant la Commune, afin d'en présenter la facture à la nation...

Les collèges électoraux ont été convoqués pour les 4 et 13 novembre 1820. Dans le pays, l'opinion publique a changé car, en plus de l'espoir donné par la naissance d'un héritier du trône, les maladresses du ministère ont servi les royalistes en nuisant à leurs ennemis. Au mois d'août, le gouvernement a essayé d'étouffer un complot, dit du bazar de la rue Cadet, dans lequel étaient impliquées des personnalités comme La Fayette et Benjamin Constant. On ne voulait point, en haut lieu, déconsidérer l'opposition libérale et l'on s'était contenté de faire arrêter quelques comparses. Indigné de cette hypocrisie, le garde des Sceaux avait rompu avec les *doctrinaires*, hostiles à la dynastie, et avait même fait rayer des cadres du conseil d'Etat Royer-Collard et Guizot.

Le résultat des élections confirme l'inquiétude et le mécontentement du pays devant les empiétements et les succès de la gauche : sur 430 députés, la gauche n'en conserve que 80, tandis que sur les 180 députés royalistes, plus de la moitié sont d'anciens membres de la Chambre introuvable. Sans être tout à fait majoritaire, la droite est assez largement représentée pour faire entendre ses aspirations et même ses désirs, avant de pouvoir un jour dicter ses volontés. Chateaubriand voit enfin le moment venu pour lui d'entrer au gouvernement, et, dans ses Mémoires, il se montrera comme le maître du jeu, l'homme sans qui rien ne peut se faire et, surtout, rien ne peut durer. La vérité apparaît comme plus nuancée. Les ministres en poste n'ont aucune envie d'abandonner leurs portefeuilles à leurs adversaires, et parmi ceux-ci, observent-ils, lesquels sont capables d'assumer les tâches qu'ils revendiquent ? Chateaubriand écrira fort justement : « En général, on parvient aux affaires par ce que l'on a de médiocre, et l'on y reste par ce que l'on a de supérieur. »

Ce qu'il y a de supérieur en lui, et même d'altier, représente un obstacle à une carrière politique. Il sait sa personnalité encombrante, autant pour certains royalistes, envieux de sa renommée, que pour ses adversaires, qui redoutent ses philippiques ; il n'ignore pas non plus être détesté du roi depuis ses attaques contre Decazes, laissant d'ailleurs entendre que le monarque jalouse en lui l'écrivain. Il lui faut donc se contenter du rôle ingrat de négociateur, poussant des amis plus modestes, un peu comme un joueur avançant des pions pour gagner la partie. Le principal est d'investir la place et d'obtenir dans le nouveau ministère les deux portefeuilles essentiels, l'Intérieur et la Police. Il met donc en avant Villèle et Corbière, en menaçant Richelieu d'un « esclandre » au cas où ils ne seraient pas acceptés[26].

Après de longues négociations entre Mathieu de Montmorency, chapitré par Mme Récamier, Richelieu et Pasquier, on arrive à ce résultat : Lainé, Villèle et Corbière entrent au Conseil du roi, mais sans portefeuille, avec seulement pour Corbière, en guise de compensation, l'Instruction publique. Ce demi-succès paraît insuffisant à La Bourdonnaye, chef des royalistes intransigeants, surnommés les « Impatients », qui menace de continuer une opposition systématique. Afin d'éviter au moins celle de Chateaubriand, et « pour récompenser les services qu'il prétendait avoir rendus », comme l'écrit malignement Pasquier, on songe à lui donner une ambassade, excellent moyen de l'obliger à quitter une scène que, de l'avis général, ennemis et amis confondus, il remplit trop à lui tout seul. Hélas ! la seule ambassade vacante, celle de Constantinople, vient d'être attribuée, mais l'auteur de l'*Itinéraire de Paris à Jérusalem* pouvait difficilement l'accepter. C'est Molé qui suggère la légation de France à Berlin, bien mince en comparaison de l'ambassade de Londres donnée dix mois plus tôt à Decazes. Il hésite et souhaite, par-dessus le marché, qu'on lui rende son titre de ministre d'Etat. Il en fait une question d'honneur. On discute, on consulte, et Mathieu de Montmorency, bien en cour, lui conseille d'accepter Berlin sans faire de difficultés s'il veut, par sa soumission, recouvrer l'estime du roi.

Chateaubriand se résigne à ce qu'il appellera « un honorable exil », préférable à l'exil définitif qu'aurait représenté le fauteuil d'académicien à Berlin qu'envisageait pour lui le prince Auguste de Prusse à défaut du poste de gouverneur de Neuchâtel que Mme Récamier avait sollicité et qu'on ne pouvait guère accorder à un étranger. A Molé venu le féliciter, il déclare aussitôt qu'il n'hésitera pas « si ses amis se séparent du ministère, à donner sa démission » et à revenir à Paris[27]. Le 21 novembre, il annonce sa décision à Mme Récamier : « Tout est fini. J'ai accepté selon vos ordres. Je vais à Berlin ; on promet le ministère d'Etat. » En attendant la restitution de ce titre, Monsieur aurait obtenu de son frère, au dire de Mme de Boigne, que l'on payât toutes les dettes de l'écrivain[28]. Le même jour, Mathieu de Montmorency écrit à Mme Récamier : « Dites à Chateaubriand que je m'estimerais toujours heureux d'avoir rendu tout à la fois au roi et à lui un véritable service, en les replaçant dans des rapports convenables[29]. » Pour emporter son accord, on lui a promis qu'il s'agissait d'une courte absence, environ quelques mois, ce qui le rassure autant que Mme Récamier, déchirée entre la joie d'avoir concouru à sa nomination et le regret de le voir partir. Quant à Chateaubriand lui-même, après avoir déclaré dans son entourage, au mois de juillet, qu'on ne réussirait pas à lui faire quitter Paris, il estime maintenant que « les ministres font une sottise en l'envoyant à Berlin ». S'ils étaient plus subtils, « ils l'auraient envoyé à Rome ou au Brésil », et ils vont se repentir de l'avoir envoyé si près de leurs intrigues[30]. Quitter Mme Récamier lui est un véritable sacrifice : « Vous seule remplissez ma vie, lui écrit-il la veille de son départ, et quand j'entre dans votre petite chambre, j'oublie tout ce qui m'a fait souffrir[31]. »

Certes, il a le cœur endeuillé de se séparer de Mme Récamier, mais il n'est pas fâché de s'éloigner un peu de Mme de Duras, toujours si exigeante en amitié, se doutant qu'elle le poursuivra là-bas de ses lettres plaintives ou courroucées, et il est ravi de quitter sa femme, heureusement effrayée par la rigueur de l'hiver prussien et trop occupée par son Infirmerie Marie-Thérèse pour l'accompagner. Il charge Le Moine de lui verser chaque mois les mille francs de son traitement de pair et aussi de ne pas oublier la petite rente qu'il sert à Mme Bail. Enfin, le discret Le Moine aura la complaisance de recevoir à son nom les lettres qu'il adressera de Berlin à Mme Récamier et qu'il ira, dès réception, porter à celle-ci. Avant de partir, il avait proposé à Victor Hugo de l'accompagner comme secrétaire, mais le jeune poète avait refusé.

*

Le 1er janvier 1821, accompagné de son secrétaire habituel, Hyacinthe Pilorge, un vilain roux très commun, mais dévoué, Chateaubriand prend la route de l'Allemagne, enchanté d'être enfin personnage officiel, voyageant aux frais de l'Etat avec tous les avantages matériels attachés à la fonction : une voiture confortable, de bons chevaux, un chasseur qui le précède afin d'ordonner le gîte et la table. Cela le change agréablement des chemins de l'exil et de l'inconfort de son pèlerinage en Orient. Pour se distraire et oublier la monotonie du paysage enneigé, il lit la *Correspondance secrète de la cour de Berlin*, admirant le talent de Mirabeau et la justesse de ses vues.

Cette euphorie est brève. A Francfort, le 6 janvier, il s'inquiète en pensant que le roi de Prusse est peut-être parti pour Laybach où se tient un congrès chargé d'examiner le problème des insurrections dans

366   *Chateaubriand*

le royaume de Naples. Il voudrait, si Frédéric-Guillaume III s'y trouve, l'y rejoindre, et, à peine arrivé à Berlin, il informe le baron Pasquier, ministre des Affaires étrangères, qu'effectivement le roi, qui n'est pas encore parti pour Laybach, serait favorable à son envoi là-bas. La pensée qu'il puisse ne pas y aller commence à le tarauder, comme également celle de rentrer le plus rapidement possible en France, où est sa véritable place. Décidément, la Prusse est bien un exil.

C'est même une Sibérie, car il fait grand froid à Berlin. Installée dans un vaste hôtel appartenant à la duchesse de Dino, la légation de France occupe une belle situation sur cette grande artère appelée *Unter den Linden*, mais elle est difficile à chauffer. On grelotte dans les corridors et les aubes tardives, les crépuscules précoces accentuent cette impression de tristesse et de froid. Si le personnel diplomatique a l'air frigorifié, la raison en est tout autre : les jeunes attachés sont terrifiés par l'arrivée d'un homme aussi célèbre et aussi redouté pour son caractère vindicatif. Ils le regardent un peu comme le feraient des écoliers à qui l'on a envoyé un nouveau régent chargé de les mettre au pas. Il y a trois attachés : M. de Caux, M. de Flavigny et le chevalier de Cussy, futur auteur de piquants Souvenirs. A ce dernier, Chateaubriand écrira quelques mois plus tard : « N'est-ce pas, Monsieur, que vous aviez un peu peur de moi lorsque j'arrivai à Berlin ? Et moi aussi, j'étais tout effrayé de vous. Je désire que la peur vous ait passé comme à moi, et que vous n'ayez conservé pour moi que le sincère attachement que j'ai pour vous. Si vous m'avez trouvé bon garçon, je suis heureux. J'ose croire que si nous avions passé plus de jours ensemble, vous n'auriez plus su au bout de quelque temps qui était le ministre, de vous ou de moi[32]... »

Chateaubriand fait aussitôt de son mieux pour rassurer ces jeunes gens effarouchés, prenant ses repas avec eux, veillant à la qualité de la table et entretenant la conversation avec cette autorité des grands causeurs que l'on ne peut contredire. Il leur laisse une totale liberté, ce qui est facile car il n'y a pas grand-chose à faire, et, pour s'occuper, il se chargera d'une grande partie de la correspondance diplomatique. Il aura encore assez de temps pour travailler à ses Mémoires dont il écrira le Livre IV. A ce régime, il est vite aimé des jeunes attachés, notamment de Cussy qui refusera de trahir sa confiance en adressant à son ancien chef, le marquis de Bonnay, des renseignements demandés par Louis XVIII, curieux de savoir comment Chateaubriand se conduit à Berlin et ce que l'on y pense de lui. Les deux hommes – l'ancien ministre et le nouveau – se détestent cordialement depuis que Bonnay avait fait des plaisanteries douteuses sur un vice de conformation de Mme Récamier.

Il avait fallu intervenir pour les empêcher de se battre en duel. Bonnay, que Chateaubriand appelle « un faiseur de mauvais vers », ne s'est pas contenté de versifier pendant son séjour à Berlin ; il a rédigé de longues missives à son chef en lui donnant son opinion, comme Chateaubriand le fera également sur les affaires de France, les événements et les hommes. En compulsant les minutes de cette correspondance, Chateaubriand a le désagrément d'y trouver sur lui des appréciations sévères, ce qui n'est pas fait pour améliorer leurs rapports.

Au début, Chateaubriand a jugé le tempérament des Prussiens aussi froid que leur climat, un peu mortifié, comme il l'avoue à Mme Récamier, d'être regardé avec curiosité, sans que personne ne songe à l'inviter pour le connaître un peu plus : « Le corps diplomatique n'est reçu nulle part », affirme-t-il, ce qui est un peu surprenant, car le chevalier de Cussy sort beaucoup, « et je serais Racine ou Bossuet que cela ne ferait rien à personne »… Comme toujours, il est trop pressé, portant des jugements hâtifs qu'il révisera plus tard, écrivant par exemple à Mme de Duras : « Dans ce pays tout le monde sait mes ouvrages par cœur ; c'est à qui me citera des passages que j'ai oubliés et qui me font rougir, et personne n'est assez sot pour croire que parce que j'ai fait des ouvrages qu'on lit, je suis incapable des affaires humaines. Ces ridicules préjugés, ou plutôt cette mauvaise foi, n'existent qu'en France[33]. »

En réalité, il fallait donner à la glace le temps de fondre et aux salons celui de s'ouvrir. Une société étrangère s'apprivoise et ne se conquiert pas. L'accueil de la Cour lui fait oublier ses premières déconvenues. Reçu officiellement le 17 janvier 1821 par le roi Frédéric-Guillaume III, il est touché par la simplicité de manières du souverain qui correspond d'ailleurs à une certaine simplicité d'esprit. Le meilleur titre de gloire du roi auprès de l'Europe, et de l'histoire, est d'avoir été l'époux de la fameuse reine Louise, idole de son peuple et âme de la coalition contre Napoléon.

C'est en la sœur de cette souveraine, la duchesse de Cumberland, qu'il trouve une âme au niveau de la sienne, une amie comme l'est Mme de Duras. Tous deux nouent une de ces amitiés où l'estime et le goût des grandeurs, chez Chateaubriand, s'unissent à celui de la duchesse pour les lettres et à son besoin d'avoir toujours un admirateur à sa dévotion. Cette aimable princesse a déjà beaucoup vécu, ce qui lui donne une grande expérience du cœur, et particulièrement de celui des hommes. Née princesse de Mecklembourg-Strelitz, elle a d'abord épousé le prince Louis de Prusse, héros lui aussi des Prussiens et tué en 1806 à Saalfeld. Elle s'est remariée à un prince de Solms-Braunfeld, puis vient d'épouser le duc de Cumberland, un des fils de George III et assez mauvais sujet. Il n'y a aucune communauté de goûts entre les nouveaux mariés ; aussi la duchesse, en général gracieuse envers tout le monde, l'est-elle particulièrement à l'égard du ministre de France en qui elle trouve quelqu'un avec qui parler littérature et beaux sentiments. Chateaubriand prend un peu cette faveur, due à ses talents, pour un penchant inspiré par sa personne.

Il se lie également avec d'autres membres de la famille royale, avec la princesse Antoine Radziwill, sœur du prince Louis et du prince Auguste, son rival auprès de Mme Récamier. Chez celui-ci, il peut admirer le beau portrait de Juliette par Girodet, avec la satisfaction de penser que, si le prince a le tableau, il a, lui, le modèle. Il s'est surtout lié avec ce que la capitale offre d'esprits distingués dans les lettres et les arts : Ancillon, qui, comme Goethe à Weimar, se partage entre la politique et la littérature ; Adalbert de Chamisso, l'auteur de *Peter Schlemihl*. Il aurait peut-être moins loué celui-ci dans ses Mémoires s'il avait pu lire une lettre de Chamisso à sa sœur pour lui raconter la visite qu'il lui a faite, démarche qui a choqué Chamisso, estimant qu'un représentant de souverain ne va pas voir un simple particulier. C'est interpréter assez mesquinement le protocole et ne pas voir, dans cette visite, un geste aimable à l'égard d'un compatriote puisque Chamisso est fils d'un émigré français. Le ton de la lettre est assez venimeux : « Entre nous, ma chère, il a mal réussi et il ne s'arrange pas de façon à réussir. Il est maladroit, il ne cherche ni ne trouve son aplomb nulle part. Il répète continuellement qu'il vient pour la première fois ici, qu'il arrive dans le Nord, et établit un parallèle entre le Nord et la France c'est-à-dire Paris. C'est absolument comme si on allait dire à une femme qu'elle est vieille !... Le Nord, fi donc ! un ambassadeur qui veut produire une bonne impression sur les gens ne doit pas leur dire qu'ils sont du Nord... Je ne l'ai pas entendu parler comme il écrit. Le général de Müffling m'a dit qu'il l'avait entendu et y avait goûté un grand plaisir. J'aurais bien voulu l'entendre avec lui. Mme de Staël était autrement remarquable, bien autrement grande que Chateaubriand[34]. »

L'impression négative de Chamisso semble une exception – peut-être une jalousie d'écrivain –, et la société berlinoise apprécie l'illustre auteur envoyé par la France auprès de son roi, flatté de ce choix, malgré son peu d'intérêt pour les lettres. Cussy se fait l'écho dans son *Journal* des succès de son chef en y mêlant des anecdotes amusantes, comme celle de la gaffe commise par Mme Solmar. Celle-ci, qui a beaucoup reçu son prédécesseur, appréciant ses historiettes, accueille Chateaubriand en lui disant : « Allons, monsieur le Marquis, nous vous écoutons. N'avez-vous, cette fois, rien à nous conter ? » Et Chateaubriand, piqué, de s'exclamer : « Mais, Madame, ressemblé-je donc tellement à M. le marquis de Bonnay[35] ? »

La légation de France à Berlin n'est pas un grand poste et Chateaubriand lui donne une certaine importance en s'efforçant d'en faire, par sa personnalité, un des centres de la politique internationale. Il n'y a pas grand-chose à dire, en effet, sur ce qui se passe en Prusse, et le marquis de Bonnay y suppléait par des commérages d'une consternante médiocrité : « J'avais toujours soupçonné que les affaires dont on fait tant de bruit pouvaient être apprises par un sot, et maintenant j'en ai la preuve, écrit-il à Mme de Duras. Je donne des signatures, décide des points litigieux, fais des visites, prends un air distrait et capable, barbouille une dépêche comme la personne la plus médiocre des Affaires étrangères. Je me suis rapetissé au point que je ferais très bien un ministre si on en avait besoin. J'ai de plus sur les bras une assez grande maison, et elle ne manque ni d'ordre ni d'économie. Je suis fort capable du commun et voilà ce que ces Messieurs ne voulaient pas voir de peur d'être obligés de faire de moi quelque chose[36]. » Il n'a rien de plus à mander au département que son prédécesseur, mais au moins ce rien est-il écrit avec soin, pour montrer ses capacités en la matière.

Si le duc de Richelieu a cru qu'en faisant nommer Chateaubriand à Berlin il l'avait écarté de la politique française, il s'aperçoit vite de son erreur. Par les journaux, par les correspondances et les nouvelles de Paris que ses amis lui font parvenir, il sait tout ce qui se passe en France et en Europe où la situation internationale est assez tendue. L'attention qu'il porte à ces problèmes lui fait donner souvent son opinion, et surtout ses conseils, au baron Pasquier, à tel point qu'il semble vouloir transformer le ministère des Affaires étrangères en annexe de sa légation. Il faut de la patience au ministre pour supporter cette avalanche de dépêches hautaines, impératives qui ne cachent pas assez que si leur auteur était à la place du baron il agirait avec plus d'intelligence et de fermeté.

En dépit du système instauré par la Sainte-Alliance, il existe toujours en Europe un esprit révolutionnaire, comme un feu souterrain qui jaillit de temps à autre dans les royaumes que leurs souverains ne gouvernent pas avec suffisamment de poigne. Trois volcans viennent de se manifester, laissant fuser ce déplorable esprit de subversion.

A Naples, où règne un Bourbon, celui-ci a dû s'enfuir après s'être vu imposer par ses sujets rebelles une Constitution calquée sur celle de la France en 1791. L'Autriche, la Prusse et la Russie sont prêtes à envoyer des troupes, mais la Grande-Bretagne est hostile à une démonstration de force et le gouvernement français hésite : un roi constitutionnel peut-il secourir un monarque absolu en exigeant le retrait de la Constitution ? Richelieu ne veut pas déplaire à la gauche, opposée à l'intervention, et si, malgré tout, il se joignait à celle-ci, n'y aurait-il pas à craindre une défection de l'armée où ont été conservés beaucoup de soldats de l'Empire, au loyalisme douteux ? C'est un problème auquel Chateaubriand sera confronté deux ans plus tard, lors de la guerre d'Espagne.

Au Piémont, la révolution a éclaté, œuvre de sociétés secrètes qui ont des ramifications en France, notamment à Grenoble où, malgré les avertissements des royalistes, le gouvernement n'a pas voulu sévir énergiquement.

De Berlin, Chateaubriand juge avec sévérité cette politique hésitante, estimant qu'en ne voulant déplaire à personne on finira par mécontenter tout le monde et que, de surcroît, la France, au lieu de retrouver son prestige, achèvera de perdre ce qu'il en reste. Il conseille à Pasquier de remettre *manu militari* le roi de Naples sur son trône en lui faisant accorder, de son propre gré, une Constitution garantissant les libertés essentielles, et il rappelle, une fois de plus, qu'il faut faire confiance aux royalistes. Pour le Piémont, il suggère une intervention militaire avec occupation de la Savoie, ce qui flatterait l'amour-propre national. La Savoie n'a-t-elle pas appartenu à la France sous la Révolution et l'Empire ?

On ne sait ce qu'il faut admirer le plus : l'audace et l'insistance avec lesquelles il accable Pasquier de ses conseils, voire de ses instructions, ou l'égalité d'âme avec laquelle le ministre supporte ce prêcheur incommode. Au cas où Pasquier lui ferait observer qu'il se mêle de ce qui ne le regarde pas, il a prévenu cette riposte en lui écrivant : «Je servirais mal mon pays si, pour flatter les hommes qui le gouvernent, je leur taisais des vérités qu'il faut qu'ils sachent, pour notre salut et pour le leur[37].» Il y a une différence entre dire la vérité à ses maîtres et leur faire des remontrances, car chacune de ses dépêches contient une mercuriale : «La crainte de l'opposition de gauche ne va pas vous arrêter, écrit-il à Pasquier le 20 février 1821, et vous ne devez pas jouer le sort du monde contre le petit avantage de vous garantir d'un discours[38].» Un mois plus tard, le 27 mars, il remarque : «Ce mot de constitution, il faut en convenir, exerce un singulier pouvoir sur les rois ; à ce seul mot, les uns prêtent de faux serments, les autres abdiquent, et la maréchaussée tartare accourt[39].»

Pasquier a dû laisser percer son agacement de telles épîtres, qui semblent émaner d'un souverain, car Mme de Duras s'inquiète et Chateaubriand la rassure : «Vous avez toujours peur de mes trop hautes dépêches et vous avez raison. Mais je les fais dans un autre but[40]...», c'est-à-dire pour la gloire et son propre plaisir. Dans une autre lettre, il montre cette naïveté qui expliquera ses échecs : « Je ne sais si on est content de mes dépêches, écrit-il à Mme Récamier, mais moi, j'en suis très content. Ce n'est pas là de l'amour-propre, mais un juste orgueil ; car, dans ces dépêches, je n'ai cessé de défendre les libertés des peuples européens et celles de la France, et de professer invariablement les opinions que vous me connaissez ; vos libéraux en feraient-ils autant dans le secret de leur vie ? J'en doute[41]. »

Ces vérités que, de son propre aveu, il n'épargne pas aux ministres, il préférerait les clamer à Paris, et dans sa correspondance privée revient comme un leitmotiv le projet de rentrer, soit en obtenant déjà un congé, soit en étant rappelé par le vœu de l'opinion publique. Avec la même ingénuité, il écrit le 24 février à Mme de Puisieux : « Il paraît qu'on me regrette un peu à Paris ; du moins toutes les lettres que je reçois sont des lamentations sur mon absence ; les royalistes me redemandent à cor et à cri. Pourquoi m'a-t-on laissé aller ? Je retenais les fous, j'empêchais les levées de boucliers, je prévenais les désunions ; les amis que j'ai placés au Conseil étaient moins faibles quand j'étais auprès d'eux. Enfin, si mes dépêches sont un peu appréciées, si elles servent à faire évanouir les dernières préventions et montrent ce que je puis en affaires, il n'y aura que demi-mal. Mais il faut que cela soit court[42]. »

Une autre raison de son désir de rentrer en France est d'y presser la restitution de son titre de ministre d'Etat qui, malgré les promesses faites, traîne toujours. Exaspéré, dégoûté des lenteurs administratives, il en vient parfois à envisager de tout abandonner, car ces affaires politiques ne sont que duperies : « Vous êtes bien heureuse d'aller à Lonné, soupire-t-il en écrivant le 27 mars à la comtesse d'Orglandes. Si j'étais enfermé deux ou trois ans au pain et à l'eau dans ce vieux château, je pourrais faire quelque chose, surtout si vous vouliez être ma geôlière ; mais je suis une espèce de juif errant, et chacun accomplit sa destinée[43]. »

Alors que s'achèvent les fêtes du Carnaval, auxquelles il a participé, allant d'une réception à l'autre, il apprend la mort de Fontanes, survenue à Paris le 17 mars. Il en est si frappé qu'il ne peut traduire son émotion en belles phrases à l'intention de ses correspondants. Cette nouvelle a réveillé ses souvenirs de Londres, ceux de leurs conversations et de leurs promenades. Il sait combien le soutien de Fontanes lui a été précieux et son amitié désintéressée, sans jamais la moindre jalousie de ses succès. Fontanes ne laisse qu'une œuvre assez mince et ce poème de la *Grèce sauvée* auquel il aura travaillé toute sa vie sans jamais le terminer. Un jour que Chateaubriand lui avait demandé pourquoi il n'avait pas écrit davantage, Fontanes lui avait répondu : « Cela vous va bien, à vous qui avez toujours été un pauvre diable, mais moi qui ai toujours eu des emplois de cinquante mille francs[44] ! »

En effet, sous tous les régimes, Fontanes a eu de grands postes et reçu tous les honneurs, sans compromettre le sien, en homme intègre qu'il a été, n'hésitant pas à risquer sa position pour faire entendre la voix de la vérité, osant dire à Napoléon, en 1808, que le seul moyen d'augmenter sa grandeur était d'en modérer l'usage. Lorsqu'en 1809 il avait voulu abandonner sa charge de grand-maître de l'Université, l'Empereur avait refusé sa démission. Ayant sous l'Empire aidé les royalistes et protégé certains prêtres, il était normal que la Restauration l'en récompensât. Pour une fois, Louis XVIII avait manqué à son devoir d'ingratitude en le faisant marquis et pair de France. Certes, ce n'était pas un grand écrivain, encore que les éloges dont il avait été couvert eussent pu le faire croire, mais c'était un homme cultivé, aimant sincèrement les lettres, ayant du goût et conservant les traditions du Grand Siècle. Joubert avait dit de sa poésie qu'elle était «comme une pâte colorée qu'on applique sur du papier blanc». Chateaubriand, qui l'avait célébré dans son discours de réception à l'Académie, dira plus tard, sans son *Essai sur la littérature anglaise*: «Si l'on réduisait les écrits de M. de Fontanes à deux petits volumes, l'un de prose, l'autre de vers, ce serait le plus élégant monument funèbre qu'on pût élever sur la tombe de l'école classique[45]. »

En attendant de préfacer un jour les œuvres de Fontanes, il se contente d'adresser le 31 mars au *Journal des débats* une lettre assez émue pour rendre hommage à la mémoire de son ami. Cette lettre est jointe à sa correspondance diplomatique et il en profite pour rappeler à Pasquier ce congé qu'il attend «avec confiance». Cette fois, sa confiance n'est pas déçue car le congé arrive le 17 avril et il quitte Berlin deux jours plus tard. Il y sera resté un peu plus de trois mois.

*

En retrouvant Paris, il peut s'attendre à un accueil ravi de Mme Récamier, mais aussi aux reproches de Mme de Duras dont les lettres, toujours passionnées, lui ont donné un avant-goût. Mme de Duras connaît son commerce épistolaire avec Mme Récamier et s'en alarme. Il aura certainement beaucoup de mal à l'apaiser, à tenir la balance égale entre les deux femmes, ce qui lui est bien nécessaire car, en dehors de considérations sentimentales, elles lui sont toutes deux fort utiles par leur influence et leurs relations. Il n'y a que Mme de Chateaubriand dont l'état d'esprit n'est pas connu, car ne subsiste aucune des lettres qu'elle lui a écrites pendant qu'il était à Berlin.

Villèle et Corbière, eux, se montrent moins enchantés par ce retour si prompt qui risque de leur faire un peu d'ombre et de gêner leur action. Le prétexte de ce retour était son désir d'assister au baptême de l'«enfant du miracle» à Notre-Dame, le 1er mai. Il arrive juste à temps pour la cérémonie. Il a fait don, pour la circonstance, d'une des précieuses fioles d'eau du Jourdain et a la satisfaction d'apprendre, de la bouche même du roi, que son titre de ministre d'Etat lui est rendu, ce qui lui apporte un revenu supplémentaire de 24 000 francs, s'ajoutant à son traitement de pair de 12 000. Il peut donc compter sur un revenu fixe de 36 000 francs, sans compter son traitement de ministre à Berlin, qui lui vaut 80 000 francs. Malheureusement, il a un peu trop dépensé là-bas et a trouvé, en arrivant à Paris, des arriérés d'intérêts échus à payer. Ainsi qu'il l'écrivait un mois plus tôt à Mme de Duras, on ne trouvera, lorsqu'il mourra, «que des guenilles et pas un patard».

A ces perpétuels soucis financiers s'ajoutent, plus graves qu'il ne le croyait à Berlin, des ennuis politiques. Il découvre en effet que son retour n'était pas souhaité par certains de ses amis, notamment Villèle et Corbière qui s'opposent à son entrée au Conseil, disant charitablement au duc de Richelieu : «Si vous laissez prendre pied à cet homme, vous ne savez pas jusqu'où il peut aller.» Chateaubriand, lui, le sait : il veut être ministre et en guette l'occasion. «Le parti exagéré, écrit le comte Ferrand, ayant à sa tête les Vaublanc, La Bourdonnaye, Lalot et autres, présentait toujours Chateaubriand comme leur chef de file et ne voyait point de salut pour l'Etat, si l'Etat n'était pas gouverné par lui[46].»

A la fin du mois de juillet, le projet de loi sur les journaux et les écrits périodiques lui permet d'opérer une rentrée éclatante à la Chambre des pairs où il n'avait pas paru depuis son retour, se disant malade. Champion de la liberté de la presse, il s'oppose à Bonald qui a déposé un amendement pour soumettre tous les écrits périodiques, même non politiques, à la censure. Le 24 juillet, il s'élève avec vigueur contre cet amendement, affirmant que cela nuirait à l'intérêt général des lettres et de tous ceux qui en vivent : «Si vous retardez, si vous entravez les feuilles par la censure, vous pouvez ruiner une multitude d'imprimeurs, de libraires, de marchands de toute espèce, et réduire beaucoup d'ouvriers à mourir de faim. La librairie de Paris est un poids assez considérable dans la balance du commerce pour avoir droit à des ménagements[47].»

Entre-temps, Villèle a travaillé dans l'ombre et, encouragé par un nouveau succès de la droite aux élections partielles, il a essayé d'obtenir pour Corbière et lui des portefeuilles. Le 26 juillet, il se croit arrivé à ses fins, Richelieu lui ayant promis la Marine. Corbière aurait les Cultes et le duc de Bellune la Guerre. Le 27, l'accord est rompu. Villèle et Corbière envoient aussitôt leur démission, et Chateaubriand, les suivant dans leur retraite ainsi qu'il le leur avait promis naguère, envoie la sienne au baron Pasquier le 30 juillet.

En l'annonçant à Frédéric Ancillon, l'homme politique et le savant berlinois, il se pose un peu en victime, écrivant qu'il a été forcé de se retirer alors que rien ne l'y obligeait réellement, car un poste diplomatique à l'étranger n'impliquait pas une aussi étroite union avec un ministère où d'ailleurs ses deux amis n'avaient pas de portefeuille. Le fait qu'on n'ait pas voulu leur en attribuer n'était pas un motif de rupture : «Je ne sais ni désirer des places, écrit-il, ni dissimuler mon mépris ; il me manque pour réussir une passion et un vice : l'ambition et l'hypocrisie[48].» Ce geste élégant de solidarité lui laisse un goût amer dans la bouche et il se répand volontiers en propos désabusés, voire assez violents, contre le gouvernement. L'espion attaché par la police à ses pas indique à ses chefs que «Chateaubriand ne peut plus le[49] sentir. On croit que le dénuement d'argent pourrait bien le détacher du parti et le rallier maintenant au gouvernement dans l'espoir d'avoir quelque chose : avant-hier, pour payer les gens de sa maison, il a emprunté à M. de Lapanouze un billet de 1 000 francs». Le lendemain, 3 août, l'espion note que «M. de Chateaubriand a parlé avec emportement du roi et de la famille royale, disant qu'ils étaient incapables de gouverner la France, que tous ceux qui, depuis la Restauration, s'étaient montrés leurs fidèles soutiens, avaient été victimes de leur dévouement»...

Après s'être immolé à ses principes, Chateaubriand s'enferme dans sa tour d'ivoire et s'y remet au travail avec son acharnement habituel. C'est seulement à la fin du mois de novembre qu'il part pour Fervacques où il arrive à l'improviste, à en croire ce qu'Astolphe de Custine écrit le 25 novembre à Frédéric de La Grange : «... M. de Chateaubriand est venu nous surprendre et nous donner huit jours, ce qui ne lui était pas arrivé depuis des années. Je l'ai trouvé comme je l'ai toujours vu, quand il est dégagé de l'influence des autres : simple, enfant, gai, triste, profond, léger, enfin poète et poète sublime[50].»

Ce sont des journées paisibles d'arrière-saison, toutes passions éteintes, car on ne parle pas de politique et Mme de Custine ne meurt plus d'amour ni de jalousie. Le soir, on fait la lecture à haute voix. Un jour, tandis que Chateaubriand déclame sa tragédie de *Moïse* enfin parvenue, croit-il, à son point de perfection, Mme de Custine esquisse au crayon son portrait, le montrant jeune encore, avec un profil intact, la chevelure abondante et l'attitude un peu guindée. Ce *Moïse* enchante Astolphe qui n'en voit pas les défauts, mais en trouve beaucoup en revanche dans *Les Natchez*, dont Chateaubriand leur lit également des chapitres.

Lorsqu'il regagne Paris, la Cour et la ville sont en ébullition. Après le discours du Trône, inaugurant la session parlementaire, les députés, mécontents de la politique du ministère, ont répondu au roi par une adresse significative : « Nous vous félicitons, Sire, de vos relations constamment amicales avec les puissances étrangères, dans la juste confiance que cette paix si précieuse n'est point achetée par des sacrifices incompatibles avec l'honneur de la nation et la dignité de la Couronne. » En effet, si la droite reprochait au gouvernement de n'être pas intervenu à Naples et au Piémont, on estimait, à gauche, qu'il s'était montré pusillanime en ne soutenant pas les mouvements insurrectionnels. Outré de cette insolence et de cette leçon, Louis XVIII rappelle avec dignité que, pendant l'exil, il a soutenu ses droits, l'honneur de sa race et celui du nom français : ce n'est pas maintenant qu'il va les sacrifier. Soumise au scrutin, l'adresse est adoptée par 186 voix contre 98. Sans la confiance de la Chambre, le ministère est condamné.

Acculé à des mesures extrêmes pour essayer de se maintenir, lâché par le frère du roi qui, prétextant que les temps ayant changé il ne peut tenir ses promesses antérieures, Richelieu, le 12 décembre 1821, démissionne et part dans l'indifférence générale, en dépit des immenses services qu'il a rendus, ne serait-ce que l'évacuation anticipée du territoire par les troupes alliées d'occupation.

La joie des *ultras* devant cette chute est indécente et plus choquante encore leur rancune en apprenant, quelques mois plus tard, la mort presque subite de Richelieu. A Frisell, l'ami de Chateaubriand, qui lui en parle, Vitrolles répondra : « Oui, je prie Dieu qu'il lui pardonne ! » Chateaubriand montrera plus de réserve, mais ne pourra retenir un mot. Ayant appris la nouvelle lors d'une réception chez le marquis de Londonderry, Marcellus la jugera suffisamment importante pour en avertir, malgré l'heure tardive, Chateaubriand, devenu ambassadeur à Londres. Il le trouvera couché mais ne dormant pas encore. Lorsqu'il lui dira que le duc vient de mourir, Chateaubriand laissera tomber avec flegme : « C'est l'étoile de Villèle qui l'a tué ! »

Trois jours après le départ de Richelieu, Villèle a été chargé de former le nouveau ministère, et le marché de dupes qui en avait écarté Chateaubriand à la fin de 1820 se reproduit. Alors que la droite a prévu un cabinet avec Chateaubriand aux Affaires étrangères, Villèle aux Finances, d'Herbouville à l'Intérieur et Vaublanc à la Marine, les anciens serviteurs du régime impérial, tenaces et influents, réussissent à imposer des modifications. Villèle est d'ailleurs le premier à penser qu'il mérite mieux que les Finances et, en succédant à Richelieu, il s'ingénie à écarter ceux auxquels il doit son succès. A son inséparable Corbière échoit l'Intérieur. A Chateaubriand, il proposa la présidence du conseil de l'Instruction publique sans entrée au Conseil du roi. Le lion, blessé dans son amour-propre, a des rugissements de fureur : « Moi ! Chef de division sous Corbière ! Les misérables ! » écrit-il à Mme de Duras, et chaque jour il la tient au courant de ses indignations, que Monsieur essaie vainement d'apaiser. Son irritation s'accroît de ce que le poste espéré lui ayant échappé il se demande de quoi sera fait pour lui le lendemain : « Vous savez que mes fins de mois sont toujours pénibles », écrit-il le 26 décembre à Mme de Duras, et, ulcéré, il termine ce court billet par une dernière protestation contre l'ingratitude des Bourbons en écrivant rageusement : « J'en ai assez de la race[51] ! »

Encore une fois, c'est une camarilla qui l'a emporté sur lui, car Sosthène de La Rochefoucauld, au mieux avec Mme du Cayla, la favorite en titre, sinon en exercice, a réussi à faire nommer son beau-père, Mathieu de Montmorency, aux Affaires étrangères, et son père, le duc de Doudeauville, directeur des Postes. Villèle et ses amis comprennent toutefois qu'on ne peut se moquer impunément de Chateaubriand et, vivement sollicités par Mme de Duras et Mme Récamier, ils lui proposent l'ambassade de Londres que Decazes vient de quitter. Il est piquant de succéder ainsi à son ennemi ; il est non moins piquant de penser que le traitement d'ambassadeur ayant été fortement augmenté pour consoler le favori déchu, c'est lui qui profitera de la faiblesse royale et sera l'ambassadeur le mieux traité, passant des quatre-vingt mille francs de Berlin à deux cent quarante mille francs.

15

Le magnifique ambassadeur
1822

A peine a-t-il accepté cette somptueuse ambassade, exil vraiment doré cette fois, que Chateaubriand se lamente. Sa nomination n'a pas encore été annoncée par *Le Moniteur*, et il n'a pas quitté Paris qu'il ne pense qu'à son retour. Mme de Duras et Mme Récamier, quand il finira par s'en aller, n'auront d'autre occupation que de circonvenir amis et relations pour hâter ce retour. Il ne peut, en effet, s'arracher à cette scène politique – où sa présence est si peu souhaitée –, attendant les premières difficultés, le premier faux pas des nouveaux ministres pour prodiguer conseils et critiques. Villèle qui, tout en gérant les Finances, préside le Conseil, a soin de ne pas se laisser déborder par la gauche, et encore moins par la droite où ses anciens alliés, avec lesquels il a pris ses distances, font alterner demandes et menaces. La Bourdonnaye avait offert de cesser toute opposition à condition qu'on lui donnât une ambassade, au minimum une légation, et la pairie pour son fils. Chargé par La Bourdonnaye de sonder Villèle, Chateaubriand avait essuyé un refus. Le nouveau président du Conseil ne veut pas de royalistes trop zélés dans la place et préfère les voir dans l'opposition, où il est plus facile de les surveiller.

Au mois de février 1822, deux lois sur la presse donnent à Chateaubriand l'occasion de jouer encore un rôle avant son départ. Pour lutter contre le mauvais esprit, le gouvernement veut instituer le délit de «tendance» qui permettrait de sévir contre les écrits subversifs, en ôtant d'ailleurs l'examen de ces délits aux jurys pour les déférer aux tribunaux correctionnels. L'autorisation préalable est désormais obligatoire pour tous les journaux créés à partir du 1er janvier 1822, et la censure peut être rétablie par simple ordonnance.

Le 24 février, Chateaubriand donne au *Journal des débats* un article louangeur sur le nouveau ministère, adhérant ainsi officiellement à la politique inaugurée par celui-ci, encore qu'il ait toujours été hostile aux restrictions à la liberté de la presse. Les débats parlementaires, une certaine agitation de la rue, entretenue par les étudiants, et les affaires internationales l'absorbent si bien qu'au mois de mars il est toujours à Paris. A la chambre des députés, le général Foy s'en étonne et lui reproche son peu d'empressement à rejoindre son poste. Le 21 mars, le *Journal des débats* riposte en annonçant que le nouvel ambassadeur a été reçu par le roi et qu'il ne pouvait partir plus tôt en raison des immenses préparatifs nécessités par l'installation de l'ambassade.

En le recevant, Louis XVIII lui a surtout parlé d'Elie Decazes avec, remarque-t-il, «une constance d'attachement rare chez les rois», et lui a demandé d'oublier ses griefs contre l'ancien favori. Après ces considérations sentimentales, le roi lui avait remis ses instructions qui pouvaient se résumer en une phrase : «Nous n'en avons aucune à vous donner pour le moment.» C'était lui montrer clairement que Londres était une sinécure, et il est de fait que Chateaubriand, en dépit d'une vie mondaine active, aura des loisirs et pourra, comme à Berlin, travailler à ses Mémoires dont il écrira la partie qui va de 1792 à 1800.

Les journées qui précèdent son départ, fixé au 1er avril 1822, sont fort occupées. Il fait expédier des caisses de vins, des tableaux, des bronzes, des cristaux, du linge et des livres, le tout acheté hâtivement, sans souci du prix, ce qui entame assez largement son budget. Il veut, dit-il à Mme de Duras, donner du lustre à son ambassade, et la duchesse, effrayée de ce goût subit du faste, le met en garde : «L'éclat qu'elle doit avoir, c'est de vous-même qu'elle doit le tirer, lui écrit-elle, et vous en avez assez, cher frère, pour lui en donner beaucoup. La simplicité, qui est votre goût, est aussi l'habileté et la convenance de votre situation, on vous saura gré d'être simple ; si vous tendez à être magnifique, vous serez dépassé par cent autres qui ont, dans le pays, des fortunes immenses. Il sied à un royaliste et à un homme de talent de ne briller que par lui-même[1].»

Les adieux sont éprouvants. Il faut promettre à Mme de Duras et à Mme Récamier de leur écrire à chaque courrier ; en échange, il les conjure de travailler sans relâche à son rappel. Le plus difficile a été de persuader Mme de Chateaubriand de ne pas l'accompagner. Il a invoqué les dangers de la traversée, les brouillards de Londres, si pernicieux, et lui a promis, comme aux deux autres, que son absence serait brève.

*

Il n'y a pas d'âge pour la vanité. A 54 ans, Chateaubriand savoure, au
fur et à mesure qu'il approche de Londres, les honneurs officiels dont
il est l'objet: fanfares, harangues et coups de canon à Douvres pour
saluer son débarquement. Il en a la tête tournée en songeant au chemin
parcouru depuis son inquiète jeunesse à Combourg. Déjà, de Calais,
il écrivait le 3 avril à Mme de Duras: «Vous ne sauriez croire ce que
j'éprouve en songeant à tout ce qui m'est arrivé depuis cette époque, et
à cette destinée qui me renvoie ambassadeur dans un pays d'où je suis
sorti pauvre émigré, bien obscur, bien malheureux. Pourtant je ne suis
pas sans quelque vanité d'avoir fait moi-même cette destinée. Je ne l'ai
due qu'à ce que je portais au-dedans de moi, lorsque j'ai passé par ici[2].»
    Il s'est montré fort gai pendant la traversée par gros temps, rééditant
les fantaisies de son voyage en Amérique, trente ans plus tôt, cherchant
à éblouir les marins, au risque de compromettre sa dignité, par son
agilité pour grimper aux mâts et se moquant des passagers malades.
    L'ambassade est installée dans un hôtel loué à lady Barbara Ponsonby,
fille de lord Shaftesbury, à l'angle de Weymouth Street et de Portland
Place. Il y est accueilli par le premier secrétaire, Charles de Marcellus, un
jeune homme à la fois beau, aimable et cultivé qui sera pour lui quelque
chose d'intermédiaire entre un disciple et un confident, un factotum
et un ami. Peu d'hommes lui seront aussi fidèles et aussi dévoués, tout
en conservant à son égard une grande liberté de parole et de jugement.
Mme de Montcalm, pour lui éviter une déception, l'avait mis en garde
contre son futur chef: «N'espérez pas vous l'attacher. Chez ces génies
qui expriment si bien le sentiment, le sentiment réside peu. Leur estime,
leur confiance même, ne mène pas à l'affection. Trop ardemment épris
des chimères qu'ils se créent en dedans d'eux-mêmes, ils n'aiment rien
au-dehors. Par une pénétration qui leur est propre, ils jugent de prime
abord ceux qui les approchent. Dès lors, quand ils se sont emparés de
vous, ils se mettent à l'aise, car ils savent que, pour vous garder à jamais,
ils n'ont pas même besoin de la réciprocité[3].»
    Marcellus a 27 ans. Issu d'une famille du Périgord, il ne descend pas
de la *gens* Marcellus, ainsi que l'affirme une légende flatteuse, mais il
est féru d'antiques et, lorsqu'il était secrétaire à Constantinople, il avait
enlevé la Vénus de Milo pour la rapporter en France. Homme d'une
vaste culture et d'un grand sens artistique, il épousera une fille de ce
comte de Forbin dont Chateaubriand avait tracé un portrait si moqueur
après leur rencontre au pied des Alpes en 1805.
    Les autres membres du personnel de l'ambassade sont le baron
Elizée Decazes, cousin de l'ancien ambassadeur et que Chateaubriand
croit resté là pour l'espionner; François-Adolphe de Bourqueney, qui

fera une belle carrière diplomatique et finira sénateur sous le second Empire ; le baron Billing ; le comte de Boissy, qui épousera plus tard une maîtresse de Byron ; Desmousseaux de Givré ; Duvivier et Delalot.

Dans ses Mémoires, Chateaubriand fera peu de cas de ce personnel, laissant entendre qu'il assumait à lui tout seul les multiples tâches dont il aurait pu se décharger sur ses collaborateurs. Marcellus dénoncera cette injustice en ces termes : « Qu'il me soit permis de venger une fois pour toutes, et en masse, mes anciens collègues de Berlin comme de Londres de l'indifférence dédaigneuse que leur témoigne ici l'écrivain. Ces officiers, choisis et nommés par le même roi qui avait choisi et nommé l'ambassadeur, méritaient plus de faveur et plus d'intérêt. Pleins de zèle, exacts à leurs devoirs, prompts à admirer leur chef, ils n'avaient à ses yeux d'autre tort que de posséder infiniment moins que lui de génie, ou d'être beaucoup plus jeunes. Or, M. de Chateaubriand, en parlant de ces apprentis diplomates, aurait pu se souvenir que lui-même, à son début, avait paru dans les mêmes rangs et partagé leur fortune ; il ne devait pas imiter le cardinal Fesch, dont il eut à se plaindre à Rome ; lequel, dit-on, haussait les épaules dès qu'il apercevait sa signature[4]. »

Chateaubriand a deux secrétaires particuliers, l'indispensable Hyacinthe Pilorge et le fils de son ami Bertin, Armand. Observateur malicieux, celui-ci laissera dans ses lettres à son père un tableau piquant de l'ambassade. En dehors du personnel diplomatique, il y a un médecin, un chirurgien, un apothicaire, et ce pour les nécessités du corps ; cinq prêtres, deux chantres, un organiste et un sacristain, pour les besoins de l'âme. Enfin l'équipe est complétée par le grand Montmirel, son cuisinier, inventeur du *Chateaubriand*, beefsteack cuit entre deux tranches d'aloyau, et du pudding du même nom, rebaptisé *diplomate* au Congrès de Paris en 1856. Il est si remarquable en sa spécialité que Chateaubriand déplore qu'il n'ait pas inventé aussi l'art de dîner deux fois...

Le train de maison est lourd, en dépit des émoluments de l'ambassadeur, mais Marcellus veille à la dépense et réussira même à économiser un peu, ce qui permettra pour la seule fois de sa vie à Chateaubriand de quitter un poste avec un excédent de quelque soixante mille francs. Les détails matériels ont pris, dès son arrivée, une grande importance à ses yeux, décidé qu'il est à éblouir, et, à peine installé, il entame avec le ministère une longue négociation pour obtenir, en plus de ce qu'il a emporté, un service de porcelaine, un mobilier de salon « digne du portrait du roi », des tapisseries que l'on pourrait, suggère-t-il, emprunter au garde-meuble royal.

S'il est amusant de le voir, au fil de cette correspondance, aussi soucieux de faire honneur à son pays, il est moins plaisant de constater qu'il n'a rien perdu de son enfantine vanité, qu'il laisse éclater sans vergogne en écrivant à Mme de Duras. Il n'y a pas quinze jours qu'il est à Londres et il n'a pas encore présenté ses lettres de créance qu'il chante victoire : « Je ne suis occupé ici que de faire mon chemin, je veux conquérir l'Angleterre royaliste, je commence à réussir et je vous avoue que j'en suis dans la joie ; mon importance politique augmente, tous les ambassadeurs me recherchent, et j'ai pu faire des dépêches importantes, dont je crois que l'on est content à Paris[5]. » Bien entendu, son prédécesseur était un sot qui avait tout laissé aller à vau-l'eau : « Je m'occupe de remettre de l'ordre dans les archives et dans les affaires. Je prouverai aux petites gens qu'un homme d'esprit peut avoir les talents d'un sot, et je veux défier au portefeuille les Guizot et les Molé[6]. »

Jamais il n'oublie sa gloire, insistant sur l'accueil flatteur que lui a réservé George IV le 19 avril, lors de la remise de ses lettres de créance ; jamais non plus il n'oublie ses ennemis, insinuant à Villèle que jusqu'alors l'ambassade avait été bien mal tenue. Il ne passera que six mois à Londres et, comme ambassadeur, n'y jouera pratiquement aucun rôle politique, étant beaucoup plus intéressé par ce qui se passe en France et à Vérone où va se tenir un nouveau congrès de la Sainte-Alliance. Il se plaint d'ailleurs d'avoir un travail peu intéressant, obligé de s'occuper, suivant son expression, de problèmes roturiers, c'est-à-dire de querelles entre pêcheurs ou marchands, d'arraisonnements de navires et autres bagatelles indignes d'un homme de sa sorte. Le courrier part deux fois par semaine avec ses dépêches auxquelles il apporte autant de soin qu'à Berlin, veillant à la forme et n'hésitant pas à les rédiger personnellement, même pour les sujets les plus insignifiants. Au témoignage du jeune Bertin, étonné de voir comment se traitent les grandes affaires, on travaille à l'ambassade environ deux jours par semaine et, le reste du temps, M. l'ambassadeur se promène ou va faire des visites.

Dès son arrivée, il a erré dans Londres à la recherche de sa jeunesse, éprouvant une mélancolique jouissance à la pensée que jadis famélique et obscur il est maintenant célèbre et recherché, mais il a vingt-cinq années en plus et beaucoup d'illusions en moins. Au retour d'un de ses premiers pèlerinages aux quartiers hantés pendant cette période, il confiait à Mme de Duras : « J'ai été au reste saisi de tristesse depuis que je suis ici, j'ai revu les rues que j'ai habitées, Kensington dont les arbres sont devenus énormes. L'épreuve est rude, que de temps écoulé ! Ma maudite mémoire est telle que j'ai reconnu jusqu'à des marques que j'avais vues sur des bornes, tout cela était pour moi comme hier, et de toutes les personnes que je connaissais alors, je ne sais s'il en existe encore deux ou trois[7].» Un des fantômes du passé lui apparaît un jour avec Charlotte Ives, devenue lady Sutton, mais il voit trop de jolies femmes, en reçoit trop d'invitations pour s'intéresser longtemps à une veuve de province, épaissie et plaintive. Il papillonne à travers les salons, respirant avec délices l'encens que l'on brûle en l'honneur de l'écrivain, de l'ambassadeur et de l'homme aussi, encore séduisant, comme le déclare miss Elliot en trouvant qu'il a bon air pour un génie.

Dans une situation aussi en vue que la sienne, il ne peut se compromettre en affichant une liaison, encore que la cour de George IV, l'ancien prince régent, soit loin d'être rigoriste. Aussi se montre-t-il discret, mais l'on murmure, à son propos, des noms de beautés célèbres : lady Fitz-Roy, miss Canning, lady Arbuthnot, maîtresse de Wellington, lady Louise Thynne… Sans doute ne s'agit-il que de coquetteries, parfois de simples politesses, hommages d'un homme de goût à la beauté de la race.

En revanche, il a des satisfactions charnelles qui n'échappent pas à Marcellus et Bourqueney. Pour agrémenter les réceptions de l'ambassade, il a fait venir un violoniste assez connu, Charles-Philippe Lafont, dont l'épouse, Emilie, bien qu'âgée de 38 ans, est encore fraîche et séduisante, avec de beaux yeux noirs. «Les attentions de M. de Chateaubriand ressemblent à plus que de l'amitié», note Bourqueney le 9 mai 1822, pour ajouter le 14 mai : «Nous avions Mme Lafont à dîner : je crois décidément que…» On peut remplacer les points de suspension par ce billet enflammé de l'ambassadeur : «Je promets toute ma vie à Emilie pour une heure de la sienne[8]», mais on ne sait si elle accorda vraiment cette heure, encore que Bourqueney le laisse entendre, écrivant le 19 mai : «Mme Lafont est venue faire de la musique. Le mari était au piano avec nous. M. de Chateaubriand est descendu avec elle ; et une demi-heure après, un valet de chambre est venu dire : "M. Lafont peut descendre[9]." »

Passe également à l'ambassade, et vraisemblablement succombe à l'ambassadeur, Emilie Leverd, ancienne danseuse à l'Opéra et actrice à la Comédie-Française, dont la brève liaison avec Chateaubriand, vite connue à Paris, excite la jalousie de Mme de Duras et de Mme Récamier. Chateaubriand est surveillé, pour le compte de sa «veuve», ainsi qu'il appelle Mme de Chateaubriand, par Pilorge, également chargé, lorsqu'il se rend à Paris, d'empêcher sa femme de venir, double tâche dont il s'acquitte à merveille en trahissant un peu l'un et l'autre. Par lui, on connaît exactement l'emploi du temps de l'ambassadeur, qui se lève aussi tard qu'il se couche, allant encore à un raout après un grand dîner, et cela presque chaque soir, sans se prétendre excédé par cette vie mondaine, alors que dans ses Mémoires il se décrira comme accablé par cette existence de perpétuelle représentation, si contraire à ses goûts de retraite et d'oubli : « Je passais à la lueur des flambeaux entre deux files de laquais, qui allaient aboutir à cinq ou six respectueux secrétaires. J'arrivais, tout criblé sur ma route des mots : Monseigneur, Mylord, Votre Excellence, Monsieur l'ambassadeur, à un salon tapissé d'or et de soie : Je vous en supplie, messieurs, laissez-moi ! Trêve de ces Mylords ! Que voulez-vous que je fasse de vous ? Allez rire à la Chancellerie, comme si je n'étais pas là. Prétendez-vous me faire prendre au sérieux cette mascarade ? Pensez-vous que je sois assez bête pour me croire changé de nature parce que j'ai changé d'habit ? Le marquis de Londonderry va venir, dites-vous ; le duc de Wellington m'a demandé ; M. Canning me cherche ; lady Jersey m'attend à dîner, avec M. Brougham ; lady Gwydir m'espère, à dix heures, dans sa loge à l'Opéra, lady Mansfield à minuit, à l'Almack's. Miséricorde ! où me fourrer ! Qui me délivrera ? qui m'arrachera à ces persécutions ? revenez, beaux jours de ma misère et de ma solitude ! Ressuscitez, compagnons de mon exil[10] ! »

Il y a certainement des jours où Chateaubriand aimerait se reposer un peu, mais on ne peut le croire de bonne foi lorsque, invité à déjeuner par George IV, il gémit comiquement : « Il était dans ma destinée d'être tourmenté par les princes... »

*

Loin de fuir ces grandeurs, il se désole au contraire de ne pas être invité au Congrès de Vérone – où se trouveront toutes celles de la terre –, et, pendant ces six mois passés à Londres, sa grande affaire sera d'aller représenter la France à Vérone. Il n'est pas de jour qu'il n'y pense et de courrier qui n'emporte une lettre à Mme de Duras et à Mme Récamier les suppliant d'y penser pour lui. C'est le douloureux refrain de sa correspondance avec elles, et le magnifique ambassadeur finit par se regarder comme victime d'une criante injustice parce qu'on n'a pas songé à lui pour Vérone. Il fait le siège de Villèle et, celui-ci ne paraissant pas l'entendre, il insiste en lui expliquant qu'il vaudrait mieux le choisir, lui, de préférence à tout autre : « Reste la question des hommes. Mathieu présentera sans doute encore son cousin Adrien[11]. Je n'en veux certes point à ce pauvre duc de Laval ; c'est un loyal chevalier, mais il me paraît difficile de le placer entre des hommes tels que Metternich, d'Hardenberg, Pozzo, Capo d'Istria : cependant, si on veut l'envoyer pour arranger Mathieu, qu'on m'adjoigne à lui… La perfection serait de nommer Blacas, moi et Rayneval, nommé à l'ambassade de Berlin. Rayneval appartient au corps diplomatique de Bonaparte. Il sait tout le matériel, sa nomination avec la mienne aurait l'air de l'impartialité et ferait taire les libéraux. Je crois, mon cher ami, par des considérations plus hautes, que si vous voulez un jour vous servir de moi, il faut que vous me placiez sur un grand théâtre, afin qu'ayant négocié avec les rois, il ne reste plus aucune objection ni aucun rival à m'opposer[12]. »

Il doit être humiliant pour lui de solliciter ainsi Villèle, et celui-ci, fin renard, doit bien penser que si Chateaubriand aspire à briller un jour sur un grand théâtre, il se hâtera de l'écarter de la scène. Il continue donc de faire la sourde oreille et Chateaubriand, de guerre lasse, écrit directement à Mathieu de Montmorency, le ministre des Affaires étrangères, en lui avouant tout franchement qu'il meurt d'envie d'aller au congrès, car il veut entrer en rapport direct avec les souverains européens : « Vous compléterez ainsi ma carrière, et vous m'aurez toujours sous la main pour vous faire des amis et pour repousser vos ennemis[13]. »

On ne peut s'adresser plus maladroitement à un grand seigneur, qui n'a pas besoin de se faire des amis et qui est censé n'avoir point d'ennemis, ou, s'il en a, ne tient pas à ce qu'on le lui rappelle. Avec une maladresse identique, il dénigre ses rivaux en soulignant que La Ferronnays a déplu au tsar lors du congrès de Laybach ; que M. de Blacas, l'ambassadeur à Naples, est un faible et que, s'il était à sa place, il ferait une politique moins obséquieuse ; enfin, il affirme que sa présence est inutile à Londres, où les affaires s'arrêtent pendant huit mois [*sic*], et qu'en y demeurant davantage il perd un temps qu'il emploierait mieux à Vérone. Enfin, dernier argument, le prince Esterhazy, ambassadeur d'Autriche à Londres, ira rejoindre son souverain à Vérone. Pourquoi pas lui ?

Il prie Mme Récamier d'insister encore auprès de Mathieu de Montmorency : « J'ai de l'espoir, car j'ai toujours réussi dans un plan suivi et vous savez que j'ai toujours cru que pour accomplir nos destinées, il fallait d'abord passer par l'Angleterre et ensuite par le Congrès. Alors j'aurai devant moi ou la retraite la plus honorable, ou le ministère le plus utile à la France. J'ai toujours pensé que je n'étais pas mûr pour les sots, tant que je n'avais pas occupé une grande place hors du ministère[14]. »

Son intervention directe auprès de Mathieu de Montmorency a indisposé Villèle et il faut apaiser celui-ci. Mme de Duras s'en charge. Une nouvelle idée lui est venue : si Mathieu de Montmorency représente la France au congrès, pourquoi ne lui confierait-on pas, en son absence, l'intérim des Affaires étrangères ? Il jure à Mme Récamier que, si Mathieu lui abandonnait son portefeuille, il le lui rendrait scrupuleusement à son retour. « Cette preuve d'amitié et de confiance de la part de Mathieu me toucherait sensiblement et il doit savoir quel ami politique je suis[15]. » C'est bien parce que Montmorency le connaît qu'il juge cette demande inadmissible.

Sur ces entrefaites, Blacas démissionne, ce qui lui enlève un rival, mais Mme Récamier lui paraît soudain moins zélée pour presser Mathieu de Montmorency de lui donner satisfaction. Elle a été mise au courant de sa liaison avec Emilie Leverd et, au lieu de nouvelles encourageantes, il en reçoit des reproches auxquels il répond sans grande conviction : « Et si j'avais été coupable, croiriez-vous que de telles fantaisies vous fissent la moindre injure et vous ôtassent rien de ce que je vous aie jamais donné ? Vous n'avez pas été ainsi punie, mais convenez qu'après quatre années de manque de paroles et de tromperies, vous mériteriez bien une légère infidélité. J'ai vu un temps où vous vouliez savoir si j'avais des maîtresses et vous paraissiez ne vous en soucier. Eh bien ! non, je n'en ai pas[16]. »

A la fin du mois de juillet, il paraît décidé que Mathieu de Montmorency ira lui-même au congrès, emmenant le marquis de Caraman, l'ambassadeur à Vienne. Chateaubriand se dit « choqué, blessé de ce choix ». Il est inconcevable, écrit-il amèrement à Mme Récamier, qu'on craigne plus de blesser un ennemi médiocre qu'un ami capable. S'il faut se résigner à voir partir Montmorency, aura-t-il au moins, pour se consoler, l'intérim de son portefeuille ? Il en reparle à Villèle et demande à Mme de Duras d'insister auprès de celui-ci. Sans réponse, il s'impatiente : « Vous n'avez pas pris plus de souci de mon affaire que du Grand Turc, gronde-t-il, le 6 août. Vous avez mis huit jours à parler à Villèle sur une demande de la dernière importance[17]. »

Il faut admirer le dévouement de Mme de Duras, prête à tout pour lui, mais de plus en plus acrimonieuse et chargeant ses lettres de reproches qui trahissent sa jalousie à l'égard de Mme Récamier. Elle a déjà perdu certaines de ses illusions sur Chateaubriand et continue d'en perdre en voyant qu'il n'est même pas capable de lui rendre un modeste service alors qu'elle s'épuise à lui faire obtenir son envoi à Vérone. Elle l'avait prié de lui acheter les Mémoires de Horace Walpole et, ne voyant rien venir, avait insisté : « Dans les temps où nous n'avions pas grand-chose, je vous ai prêté un peu d'argent ; à présent que vous êtes plus riche que moi, je vous prie de m'envoyer ce livre. » Comme Chateaubriand ne s'exécutait pas, elle était revenue à la charge, aigrement : « Puisque vous avez peur de dépenser à mon service cinq livres sterling, je vous ferai payer vos dettes[18]. » Bien qu'elle lui ait prêché l'économie, elle s'étonne un peu qu'il ne lui obéisse que pour lui refuser un plaisir. Au fil des jours et des courriers, la mélopée de la déception devient un long cri de désespoir : « Quand je sens tant de sincérité, tant de dévouement dans mon cœur pour vous, que je pense que depuis quinze ans, je préfère ce qui est à vous à ce qui est à moi, que vos intérêts et vos affaires passent mille fois avant les miennes, et cela tout naturellement, sans que j'y aie le moindre mérite, et que je pense que vous ne feriez pas le sacrifice le plus léger pour moi, je m'indigne, contre moi-même, de ma folie. Je me souviens que vous me disiez dans une de vos vieilles lettres : "Je veux bien être dupe, mais je veux savoir que je le suis." Une amitié comme la mienne n'admet pas de partage. Elle a les inconvénients de l'amour, et j'avoue qu'elle n'en a point les profits, mais nous sommes assez vieux pour que cela soit hors de question. Savoir que vous dites à d'autres tout ce que vous me dites, que vous les associez à vos affaires, à vos sentiments, m'est insupportable, et ce sera éternellement ainsi. Laissons ces pensées. Elles me font mal et je n'ai pas besoin d'ajouter de l'amertume au chagrin de votre absence[19]. »

À ces lettres éplorées, Chateaubriand répond parfois durement, lui écrivant par exemple : « Si le courrier de demain ne m'apporte pas une lettre d'excuses, je ne vous écrirai plus[20] », et lui assurant une autre fois qu'il ne reçoit le courrier de Paris qu'en tremblant, certain d'y trouver chaque fois une lettre extravagante et d'être obligé d'employer la moitié de sa réponse à « des justifications d'écolier » pour l'apaiser, sans d'ailleurs y parvenir. Mme de Duras se nourrit de sa douleur et y puise assez d'énergie pour souffrir davantage, encore qu'elle affirme le contraire : « Quand on est jeune, on aime sa douleur ; quand on est vieille, on en a peur. » Elle avoue pleurer parfois toute la journée en pensant à lui, à ses lettres trop rares ou trop dures : « Si j'avais un peu de fierté, reconnaît-elle, c'en serait fait de notre amitié ; mais aimer sincèrement donne les vices et les vertus de l'esclavage. J'ai passé ma vie à ne songer qu'à ce qui pouvait vous plaire, à vous compter bien avant moi dans toutes mes affaires. Il me semble que j'aurais voulu faire jouir celle qui a partagé les soucis de mon adversité d'un succès attendu et souhaité passionnément par elle ; au lieu de cela, votre insouciance sur la peine que vous me faites accuse votre indifférence. Relisez les lettres de la pauvre Lucile qui vous faisaient pleurer avec moi ! Dans ce temps-là, vous déchiriez son cœur, comme vous déchirez le mien, sans le faire exprès, ou plutôt ne le sentant pas[21]. »

La douleur égare et rend maladroit. Une autre fois, ayant renoncé à lui envoyer la lettre qu'elle lui avait écrite, elle ne peut s'empêcher de lui expliquer longuement pourquoi, obtenant ainsi le résultat qu'elle voulait éviter : « Vous m'avez frappée de terreur, se plaint-elle le 2 août 1822. Si je suis gaie et que je vous parle de la société, je suis légère ; si je montre de la tristesse, je suis injuste. A quoi bon se plaindre ! Je suis triste, et je vous accuse dans le fond de mon cœur. »

Comme beaucoup d'hommes à succès, Chateaubriand doit penser qu'il est déjà beau de consentir à se laisser aimer sans être obligé de payer ce sentiment de retour, et surtout, sur le même ton. Il est d'autant plus agacé qu'il se voit attaqué sur deux fronts à la fois. Quand Mme de Duras l'accusait de lui cacher quelque chose, elle avait raison, car il lui avait juré de ne pas entretenir de relations épistolaires avec Mme Récamier, mais du côté de celle-ci, il était l'objet des mêmes soupçons et des mêmes reproches : « Mon petit billet est glacé, mais le vôtre est-il plus aimable ? Oubliez-vous la contrainte où je suis en vous écrivant, et voulez-vous que je vous croie responsable de la même contrainte ? » lui écrivait-il le 25 avril[22].

Depuis longtemps les chastes amoureux de Mme Récamier, notamment Montmorency, Ampère et Ballanche, ont multiplié les mises en garde contre l'Enchanteur et ses artifices, mais rien n'y fait. Il y a deux femmes malheureuses à Paris qui se jalousent et s'efforcent de retenir ce cœur indifférent, tout rempli de seule ambition politique. En effet, Chateaubriand est plus résolu que jamais à se rendre à Vérone et piaffe avec l'impatience d'un enfant qui attend qu'on l'emmène en promenade. Un événement survient alors qui bouleverse les données de la situation et lui donne une chance imprévue : le 12 août 1822, dans sa maison de campagne à Northcray, lord Londonderry, marquis de Castlereagh se tranche la gorge. Il annonce la nouvelle à Mme de Duras avec une sécheresse qui trahit une satisfaction mal déguisée : « Lord Londonderry est mort ce matin. Cela peut arrêter Mathieu et m'envoyer au Congrès. Songez à cela[23]. » Choquée de ce sang-froid et de cette impudeur, Mme de Duras lui répond : « Je vous admire de ne penser qu'au Congrès et si vite ! Cela ressemble à ces joueurs qui, n'ayant plus de lumières, allaient prendre les cierges d'un mort, leur voisin. Qu'est devenu votre petit grain d'ambition ? Il est devenu un gros arbre, avec des branches à l'infini. Pauvre frère, je vous aimais bien mieux quand vous étiez proscrit et persécuté. Voilà votre élément et votre parure[24]. »

Effectivement, la disparition de Londonderry, dont lord Bathurst assure l'intérim au Foreign Office, change les plans du gouvernement britannique, et, pour battre le fer pendant qu'il est chaud, Chateaubriand expédie Pilorge à Paris, porteur d'une dépêche à Montmorency expliquant les conséquences de cette mort. Ne recevant aucune nouvelle en retour, il y expédie le 21 août Marcellus pour annoncer que Wellington représentera la Grande-Bretagne à Vérone et plaider une fois de plus sa cause. Il confie le même jour à Bertin que, si Marcellus ne revient pas avec un « oui », il reprendra son opposition systématique au gouvernement : « Si c'est comme cela que l'on compte me payer de ma loyauté, on n'est pas au bout… Je ne souffrirai pas qu'on se moque de moi[25]. »

Les derniers jours du mois d'août se passent pour lui dans une attente intolérable : il est anxieux, mécontent, et, tout à son projet, il s'en laisse distraire par des caprices de vanité, se plaignant de n'avoir pas reçu le cordon bleu pour la Saint-Louis, fête du roi. On le lui avait promis pour cette date : « Il est cependant ridicule et inconvenant… que je sois ici dans la première ambassade au milieu de tous mes collègues couverts des premiers ordres de leur pays, avec la simple croix de Saint-Louis, la croix des soldats de la Légion d'Honneur et la fleur de lys, comme votre portier, écrit-il à Mme de Duras. Si je n'avais aucun ordre, je m'arrangerais fort bien de mon habit tout nu, mais deux chétives croix et une première ambassade sont une anomalie et une sottise royaliste[26]. »

Dans cette course aux honneurs, si naïvement avouée, il a également le souci de compenser une blessure d'amour-propre causée par la publication à Londres du *Journal* de Barry O'Meara, chirurgien de marine à bord du *Bellerophon*, et qui avait suivi Napoléon à Sainte-Hélène. En 1817, il avait eu déjà l'ennui de voir paraître à Londres des *Lettres du cap de Bonne-Espérance*, publiées anonymement, mais que l'on disait écrites par Las Cases à lady Clavering. Il s'y trouvait sur sa personne un passage assez mortifiant. Une traduction française avait paru en 1819 et une seconde est publiée où le passage le concernant est un peu adouci. A Londres, on s'arrache le *Journal* d'O'Meara, assez dur pour le gouvernement anglais, mais non moins sévère à l'égard de Chateaubriand qui apprend ainsi ce que Napoléon pensait du *Génie du christianisme*, « du galimatias », et de son auteur : « C'est un fanfaron sans caractère, qui a l'âme rampante et qui a la fureur de faire des livres. » On comprend sa rage en se voyant ainsi exposé à la malignité publique et son désir de recevoir une preuve d'estime de son souverain pour effacer cette atteinte à son honneur.

Enfin Marcellus revient de Paris et, bien qu'il soit fort tard, il pénètre dans la chambre de l'ambassadeur pour lui annoncer le succès de sa mission. Ce qu'il ne lui dit pas, c'est que, ayant trouvé Montmorency hostile à son envoi à Vérone, il a eu pour le décider « une inspiration machiavélique » en lui déclarant : « S'il ne va pas avec vous à Vérone, attendez-vous en revenant à le voir assis à votre place ici[27].» Chateaubriand, qui lisait dans son lit, lui avait sauté au cou, mais dès le lendemain il est dégrisé, presque morose, étant comme ces hommes qui, désirant violemment une femme, à peine le plaisir obtenu, lui disent de déguerpir. Mme de Duras pavoise et lui écrit triomphalement : « Victoire ! Victoire ! Vous venez d'être nommé par le Conseil, Marcellus vous en porte la nouvelle. Villèle est adorable, vous devez l'aimer à la vie à la mort. Il a été dans tout ceci ferme, simple et votre ami autant qu'on peut l'être. Arrivez donc, mais sans vous hâter, sans air de triomphe ! Il faut être modeste dans le succès. Vous entendez cela mieux que personne[28].»

Avant de quitter Londres, il lui reste un devoir à remplir, que Mme de Duras l'a vivement pressé d'accomplir s'il veut être agréable au roi ; faire un pèlerinage à Hartwell, dernière résidence de Louis XVIII en émigration. Il s'y est longtemps refusé, mais s'y résout sur une ultime injonction de Mme de Duras : «Allez donc vous promener à Hartwell et écrivez au roi. Envoyez-moi votre lettre, M. de Duras la remettra, et vous aurez une réponse… Citez un peu de latin[29].» Chateaubriand obéit, promène un regard ennuyé sur cette bâtisse et se met à l'ouvrage. Sa lettre au roi semble adressée à Dieu lui-même, « J'arrive de mon second pèlerinage en Terre sainte… », et s'achève par l'espoir d'écrire un jour le règne de Louis le Désiré. Mme de Duras sera satisfaite.

Le 6 septembre 1822, il est reçu par George IV qui, l'année suivante, en souvenir de son ambassade, lui fera proposer par Marcellus un don de mille livres ou une boîte ornée de son portrait : Chateaubriand choisira la boîte, étonné qu'on eût osé lui offrir une gratification. Le 8, il quitte le pays, aussi léger qu'une alouette à la pensée de retrouver Mme Récamier, mais incertain de l'accueil que lui réservera Mme de Duras, surtout si elle apprend que sa première visite a été pour sa rivale dont il attend, à son passage à Calais, un billet lui fixant rendez-vous.

*

Chateaubriand passe environ trois semaines à Paris et en repart, de nuit selon son habitude, pour arriver à Vérone le 14 octobre, accueilli par le comte de Boissy, son secrétaire, qui était parti en avant pour lui chercher un logement et a loué la *casa* Lorenzi. La délégation française a pour chef Mathieu de Montmorency, pour le moment à Vienne où il est allé conférer avec Metternich ; elle se compose, en plus de Chateaubriand, du marquis de Caraman, du comte de La Ferronnays, de Boissy, du comte d'Aspremont et d'Henri de Chastellux, récemment créé duc de Rauzan, gendre de Mme de Duras. A ces messieurs s'ajoutent différents plénipotentiaires français auprès des cours européennes : le comte de Serra, ambassadeur à Naples, le marquis de La Maisonfort, ministre à Florence, le baron de Rayneval, qui a remplacé Chateaubriand à Berlin, et six autres diplomates mineurs.

On pourrait croire Chateaubriand satisfait d'être parvenu à ses fins, heureux de revoir le ciel d'Italie et de se retrouver parmi tant de grandioses vestiges de l'Antiquité. Point. Il se lamente auprès de Mme de Duras et de Mme Récamier en termes à peu près identiques. L'Italie le laisse insensible, écrit-il à l'une et l'autre. A Mme de Duras, il avoue se sentir vieux, ne plus souhaiter qu'un gîte et qu'une fosse. A Mme Récamier, il écrit qu'une petite chambre à un troisième étage à Paris vaut mieux qu'un palais à Naples et qu'un coin tranquille auprès d'elle est le seul souhait de sa vie. On ignore ce qu'il mande à sa femme, une fois de plus confiée aux bons soins de Le Moine, pour le matériel, et de Clausel de Coussergues, pour la vie de l'esprit.

Tant de sincérité plaintive ne doit pas tromper. Il n'est pas content d'être éclipsé par Mathieu de Montmorency, son rival auprès de Mme Récamier en même temps que son ministre, anomalie qui lui paraît une erreur de la nature à laquelle il aimerait promptement remédier. Mathieu de Montmorency n'est pourtant pas un rival dangereux, trop bien élevé d'ailleurs pour jamais nuire à quelqu'un.

La brillante et tumultueuse maison de Montmorency s'achève, ou presque, avec ces deux cousins qui ressemblent à leurs grands ancêtres comme deux figurines de porcelaine à des statues de Puget. Mathieu, le plus connu des deux, a été sceptique, libéral et même démocrate au début de la Révolution. Il est revenu à Dieu comme un jeune homme du monde, après une liaison ancillaire, épouse une fille de bonne maison ; il est revenu à l'aristocratie, foudroyé, comme saint Paul sur le chemin de Damas, par la mort de son frère sur l'échafaud. Ses erreurs de jeunesse lui ont donné l'auréole du pécheur repenti et il en tire un plus grand prestige que ceux qui n'ont jamais failli, en vertu de la parole de l'Evangile : « Il y aura plus de joie dans le ciel pour un seul pécheur qui se repent, que pour quatre-vingt-dix-neuf justes qui n'ont pas besoin de repentance. » Charles de Rémusat dira dans ses Mémoires que « sa dévotion était sincère, mais un peu rapetissée et même aigrie par son origine, la conversion du repentir... Sa figure, régulière et vénérable, aurait convenu à un prêtre, mais à l'onction du dévot il unissait, sans qu'il s'en doutât, une légèreté qui trahissait son origine. La fatuité du grand seigneur était mitigée par l'humilité du marguilier... », et, donnant raison à Chateaubriand, il terminera ce portrait par ces mots :

« Il n'avait nulle connaissance des affaires, ni de l'Europe, ni de la société diplomatique ou parlementaire[30]. »

Il joue auprès de Mme Récamier le rôle de directeur de conscience et d'eunuque amoureux, veillant à ce que personne n'obtienne ce qu'il n'a pas osé ou voulu demander. « Trop amant pour être pieux, trop pieux pour être amant », dira Lamartine, il veut tenir Mme Récamier à l'écart des passions, mais c'est un rôle ambigu, « un pied dans la sacristie, un pied dans le boudoir, qui inquiète la piété et ne satisfait pas la passion[31] ». Lorsque Villèle avait proposé à Louis XVIII de lui confier les Affaires étrangères, le roi n'avait guère approuvé ce choix : « Prenez garde, avait-il observé, c'est un bien petit esprit, doucement passionné et entêté ; il vous trahira sans le vouloir, par faiblesse ; quand il sera avec vous, il vous dira qu'il est de votre avis ; mais loin de vous, il agira selon son penchant, et au lieu d'être servi, vous serez compromis et contrarié[32]. »

Tel est l'homme auquel le hasard de sa naissance et le réseau de ses liens de famille ont permis d'occuper une place importante, au détriment de Chateaubriand qui se sent les capacités nécessaires pour la mieux remplir et songe aux moyens de le supplanter.

Le congrès de Vérone a été réuni pour trouver une solution aux problèmes posés par les insurrections d'Espagne et d'Italie, mais c'est la question espagnole, en raison des liens entre Bourbons et d'une frontière commune entre les deux pays, qui est la plus délicate. Au mois de juillet 1822, la révolution libérale avait abouti à la séquestration de Ferdinand VII et de sa famille, après le massacre d'une partie de la garde. Les Cortès insurrectionnelles tenaient une grande partie du royaume et une régence royaliste, dite régence d'Urgel, gouvernait le reste, en appelant à son secours les souverains européens dont elle attendait des troupes et de l'argent. Cette situation s'est compliquée par l'attitude du cabinet de Londres qui ne voit pas d'un mauvais œil les troubles d'Espagne, espérant qu'ils favoriseront l'indépendance des colonies espagnoles sud-américaines avec lesquelles la Grande-Bretagne a l'intention d'établir des rapports commerciaux. Jusque-là Madrid avait le monopole du commerce avec ses colonies.

Mathieu de Montmorency s'est toujours montré enclin à une intervention armée, tout en faisant de cette intervention une « affaire de famille », une aide d'un Bourbon à un autre. Laisser des troupes autrichiennes ou russes passer par la France pour entrer en Espagne, ou les y voir arriver par mer, provoquerait de vives réactions à Paris. Villèle est peu disposé à une intervention militaire qui viderait les caisses si péniblement remplies et indisposerait les alliés si elle avait lieu sans leur agrément. La Grande-Bretagne pourrait alors bloquer les ports français, ce qui serait désastreux pour l'économie. A cette menace, la rente a déjà fléchi. L'empereur de Russie, passé du libéralisme inculqué par son précepteur suisse au plus pur autocratisme, est prêt à laisser faire la France à condition qu'il puisse intervenir de son côté contre les Turcs, dans leurs différends avec les Grecs. L'Autriche enfin, placée entre les deux camps, ne veut voir ni la France affermie par une guerre victorieuse, ainsi que le souhaite Chateaubriand, ni les troupes russes s'approcher trop près de son territoire. Quant aux petites puissances, on ne leur demande leur avis que par politesse, et les grandes lignes du congrès ont déjà été définies lors d'une réunion préliminaire à Vienne, hors de leur présence. C'est de cette réunion qu'arrive Mathieu de Montmorency.

Le remplacement inopiné de lord Londonderry par le duc de Wellington a peu changé le plan convenu car, ayant rencontré Villèle à Paris, le duc rejoint son point de vue et, fort de son expérience militaire en Espagne, il déconseille une intervention française. Chateaubriand, lui, se montre assez modéré, partisan de l'intervention pour relever le prestige de la France après l'humiliation de 1815, mais conscient des risques qu'elle comporte.

La présence de Mathieu de Montmorency efface un peu celle de Chateaubriand, furieux de voir qu'il ne tient pas le premier rôle et s'imaginant en butte à une sorte d'ostracisme : «Quand M. de Montmorency sera parti, écrit-il le 31 octobre à Mme de Duras, et il doit partir dans huit jours, il est probable que les affaires se rapprocheront de moi. Je vois des symptômes de changement. On commence à avoir moins peur de ma réputation et les préventions, si longtemps entretenues par mes amis, peu à peu se dissipent[33].»

Metternich a fait un coup de maître en tenant cette réunion préliminaire à Vienne et, fort de l'autorité qu'il en retire, il dirige à peu près seul le congrès, ignorant superbement Chateaubriand qui en conçoit un vif dépit, qu'il épanche dans une longue lettre à Mme de Duras : «La conclusion de tout cela est, direz-vous, que je n'ai point de succès. Aucun absolument, mais point de non-succès. On me traite tout juste comme mes confrères. Le fait est que M. de Metternich a peur de moi. C'est un homme médiocre, sans fond, sans vues, dont tout le talent consiste à amoindrir tout, réduire à rien ce qui a l'apparence d'être quelque chose, et qui n'a d'empire que sur la faiblesse. Il est faux, cela est d'obligation, il est assez léger pour un Allemand ; il fut à Lovelace dans sa jeunesse ce qu'il est à Mazarin pour son âge mûr. Il cherche à séduire tout ce qui l'approche, et quand il ne réussit pas, il devient ennemi. J'ai joué la passion ; mais apparemment que mon accent était faux. Il doit avoir pour moi tout juste l'éloignement qu'ont eu tous les ministres de France depuis sept ans. Ses manières sont au reste assez agréables et il a retenu des airs et des intonations de M. de Talleyrand[34]. »

Après avoir fait de Metternich un fantoche, il exécute un collègue : « … Il y a au reste une chose hideuse à voir ici, c'est Caraman, poursuit-il. C'est le plus plat et le plus lâche valet de Metternich qu'on puisse rencontrer. Il est impossible, tant que cet homme sera là, qu'on sache jamais rien de l'Autriche. Aussi le duc de Richelieu, dans ses moments de bon sens, voulait-il le rappeler. Au moins, il y a de l'indépendance dans le caractère de La Ferronnays, et le Breton se fait sentir[35]. »

Habitué aux salons de Paris dont il est le pôle d'attraction, Chateaubriand s'ennuie à Vérone où la vie mondaine est analogue à celle des villes d'eaux. Il est un peu considéré comme un curiste parmi tant d'autres. Dans ses Mémoires, il aura beau écrire, avec une somptueuse simplicité : « Je fus présenté aux rois : je les connaissais presque tous[36] », ceux-ci l'ignorent. L'impératrice d'Autriche lui demande un jour s'il est quelque chose à ce M. de Chateaubriand qui écrit des brochures, et cette indifférence des grands le blessera cruellement. Il s'en vengera par des traits piquants, disant par exemple à propos de l'ex-impératrice Marie-Louise, remariée à M. de Neipperg : « L'univers s'était chargé de se souvenir de Napoléon, elle n'avait plus la peine d'y songer. »

Ses rapports avec Montmorency sont délicats, bien que l'un et l'autre se ménagent et s'efforcent de sauver les apparences, mais Montmorency n'est pas dupe et soupçonne Chateaubriand de se plaindre un peu de lui à Mme Récamier. A celle-ci d'ailleurs, il se plaint lui-même de « la roideur et de la sauvagerie » de Chateaubriand qui « mettent les autres mal à l'aise avec lui ». Heureusement Montmorency ne s'attarde pas, car il est menacé de voir arriver son épouse, une sainte femme qui a fait vœu de chasteté, mais devant la perspective de voir s'éteindre la maison de Montmorency, elle s'est fait relever de ce vœu et accourt, frémissante d'ardeur conjugale, pour essayer d'enfanter l'héritier nécessaire. Afin d'épargner au congrès le spectacle de cette bacchante chrétienne, et s'en épargner à soi-même le ridicule, il part précipitamment afin d'aller à sa rencontre et de rentrer avec elle à Paris.

Du coup, Chateaubriand passe au premier plan. Il est désormais maître du jeu, bien que les jeux soient pratiquement faits. Il a pris confiance en lui depuis qu'il s'est acquis la sympathie du tsar Alexandre Ier, cet empereur qui, selon le mot de Hyde de Neuville, a « la passion de paraître plus civilisé que son peuple ». Aussi le tsar bénéficiera-t-il dans les Mémoires d'un traitement de faveur. La comtesse Tolstoï, une amie de Mme de Duras, avait tenté de lui obtenir une audience privée, mais sans succès. C'est après le départ de Montmorency que le tsar et lui se rencontrent enfin, et aussitôt s'établit entre les deux hommes « une familiarité d'âmes » dont Chateaubriand s'autorise pour lui donner son sentiment sur quelques grandes questions du jour, comme le partage de la Pologne, l'indépendance de la Grèce ou l'iniquité des traités de Vienne. Le tsar écoute sans sourciller, peut-être parce qu'il est un peu sourd et ne saisit pas tout, mais il promet son appui à Chateaubriand pour déjouer « la malignité des Anglais ». Le jugement que Chateaubriand portera sur le tsar ressortit à ce prophétisme, assez fréquent chez l'écrivain : « Il était trop fort pour employer le despotisme, trop faible pour établir la liberté ; son hésitation ne créa point l'affranchissement national, mais elle enfanta l'indépendance individuelle, laquelle à son tour, au lieu de libérateurs, ne produisit que des assassins[37]. »

Le congrès s'éternise car, les grandes questions réglées, on se perd dans des minutes. Impatienté de ces lenteurs et pressé de regagner Paris, Chateaubriand dit un jour à l'un de ses collègues : « Si nous continuons ainsi, nous forcerons les peuples qui nous regardent à déraciner les bois pour en fabriquer des sifflets[38]. » Enfin, dans les derniers jours de novembre, toutes les questions en suspens trouvent une solution, parfois seulement de principe. On condamne avec solennité la traite des Noirs, mais on s'oppose à ce que les puissances alliées puissent exercer un droit de visite des navires, ce qui ferait la part trop belle à la Grande-Bretagne, et Chateaubriand s'oppose à son tour au boycott des pays de traite, car ce serait, comme l'écrit J.-A. de Sédouy, « une manière d'éliminer des concurrents dangereux pour les productions britanniques, notamment les textiles des Indes. Derrière les grands principes se cachent de sordides intérêts[39] ».

C'est le même intérêt mercantile qui pousse la Grande-Bretagne à favoriser l'émancipation des colonies espagnoles d'Amérique du Sud, et Chateaubriand intervient avec bon sens pour concilier « les droits de la légitimité et les nécessités de la politique », exposant un principe auquel il consacrera un grand développement dans son *Congrès de Vérone* : l'implantation dans ces colonies, si elles devenaient autonomes, de dynasties européennes, ce que Napoléon III tentera de réaliser au Mexique.

L'insurrection espagnole a été la question la plus difficile à régler. Avant de partir, Mathieu de Montmorency avait réuni Chateaubriand, Caraman et La Ferronnays pour recueillir leur avis personnel sur l'éventualité d'une intervention militaire française. Caraman s'y serait montré hostile, alors que, d'après Pasquier, Chateaubriand et La Ferronnays s'en seraient déclarés partisans. Toujours d'après Pasquier, Montmorency n'aurait rien dit de cette consultation à Villèle et celui-ci, qui ne voulait pas la guerre, aurait donc vu ses instructions outrepassées par Chateaubriand, devenu porte-parole officiel de la délégation française[40]. Ainsi donc, la France, à l'issue du congrès de Vérone, approuve l'envoi par les puissances alliées d'une note commune au gouvernement des Cortès, assortie d'une menace de retrait des quatre plénipotentiaires accrédités à Madrid. Caraman, demeuré sur la réserve, avait essayé d'obtenir de Metternich, mais sans succès, que l'envoi de cet ultimatum fût retardé pour laisser à Villèle le temps de la réflexion. Les dés sont jetés : comme le gouvernement insurrectionnel de Madrid n'acceptera jamais les termes de la note, il est à peu près certain que l'intervention militaire aura lieu, mais confiée à la France, avec l'appui seulement moral des trois autres puissances qui n'enverront pas de troupes.

*

Plus rien ne retenant Chateaubriand à Vérone, il en part le 13 décembre et arrive le 20 à Paris où il apprend que Montmorency, pour prix de ses services, a été créé duc par le roi. Le 21, il est reçu par Louis XVIII, qui n'a aucun duché pour lui, et voit sans doute aussi Villèle afin de lui rendre compte de sa mission – dont le résultat est évidemment contraire à ce que souhaitait le président du Conseil. Il lui faut donc persuader celui-ci du bien-fondé de la position prise et l'assurer, malgré tout, de son entière loyauté, qui paraît alors vraie, car il écrivait peu de temps avant à Mme de Duras : « Malgré les fautes et l'énorme entêtement de Villèle, je ne me séparerai pas de lui. C'est, après tout, le seul homme capable du ministère, et je l'aime cent fois mieux que la sottise envieuse, cafardière et tripotière de Mathieu [de Montmorency][41]… »

Le jour même où Chateaubriand est reçu par le roi, on apprend aux Affaires étrangères que Metternich, malgré la démarche effectuée par Caraman, maintient la décision des Alliés prise à Vérone et, tout en usant de formes extrêmement diplomatiques, il exige que la France tienne ses engagements. Villèle est mis au pied du mur. Aussi, le jour de Noël, se tient un conseil de crise au cours duquel la question est débattue. Villèle, ayant été désavoué, offre sa démission, mais Louis XVIII soutient son président du Conseil, et c'est Montmorency qui donnera la sienne. En attendant de lui trouver un successeur, Villèle assurera l'intérim du portefeuille, et il fait aussitôt publier au *Moniteur* les instructions qu'il envoie à l'ambassadeur de France à Madrid, plus nuancées que celles adressées par les autres puissances à leurs représentants, car elles ne prévoient pas pour le moment une rupture des relations diplomatiques.

En revanche, afin de rassurer les Alliés sur ce qu'ils pourraient considérer comme un manquement aux engagements pris, Villèle estime que Chateaubriand devrait remplacer Montmorency aux Affaires étrangères. Avec lui, la France aurait le soutien, ou du moins la neutralité bienveillante de la Russie.

Alors que Villèle, un an plus tôt, conseillait au duc de Richelieu de ne jamais laisser Chateaubriand entrer dans la place, insistant sur ses prétentions impossibles à satisfaire, son amour-propre intraitable et le peu de fiabilité de son commerce, influencé perpétuellement par sa vanité d'homme de lettres, il est surprenant de le voir soudain revenu de toutes ses préventions à son égard. Sur ce point, Pasquier est très net : « Villèle est obligé de subir la loi de son parti. Donner un portefeuille important à Chateaubriand, c'est s'assurer le concours des royalistes et désarmer l'opposition des plus enragés d'entre eux[42]. » C'est aussi ce que pense Mme de Duras qui a vivement insisté auprès de Villèle afin que celui-ci donne enfin à Chateaubriand l'occasion de montrer ses talents, lui écrivant le 27 décembre, alors que l'affaire n'est pas complètement décidée : « Non pas que je désire de voir M. de Chateaubriand devenir ministre. C'est une charge dont le poids est effrayant, même en la portant sous vous, mais je crois que dans la circonstance actuelle M. de Chateaubriand vous serait utile et voilà ce que je ne lui pardonnerais pas de refuser. Il est placé de manière à désorganiser un parti qui, croyez-moi, est bien plus votre ennemi que les libéraux. Il a la confiance d'un grand nombre d'entre eux ou du moins de quelques chefs qui, une fois écartés, laisseront dans le parti des lacunes qu'ils ne rempliront plus. Leurs efforts sont incroyables en ce moment pour empêcher cette union qu'ils redoutent comme leur mort, parce qu'elle le serait en effet. Ils usent de tous les moyens. Ils cherchent à vous isoler. Ils disent du bien de vous et cherchent en dessous à miner vos forces. Vous voyez tout cela peut-être aussi bien que moi. Ne les laissez donc pas faire, et sauvez-vous vous-même pour nous sauver. L'idée de la France livrée à ces extravagants fait frémir[43]. »

Bien qu'il estime n'avoir pas toujours eu à se louer de Montmorency, Chateaubriand hésite à lui succéder, car cela justifierait trop bien les bruits qui courent à Paris sur ce désir qu'on lui prête. Il n'accepterait, dit-il, que si le roi conférait à Montmorency une grande charge de cour dont le prestige éclipserait le titre de ministre des Affaires étrangères. En fait, maintenant que ce portefeuille ardemment convoité se trouve à portée de sa main, il se demande s'il ne vaudrait pas mieux pour lui rester en dehors du ministère afin de continuer à jouer un rôle modérateur auprès des enragés qui, s'il acceptait le portefeuille, le regarderaient comme un traître et lui retireraient leur confiance. Il expose à Villèle ses scrupules, ses hésitations, ses doutes. Aux nobles scrupules, il ne craint pas d'ajouter des menaces voilées : « Je dois vous dire aussi avec franchise qu'il y a tel ministre des Affaires étrangères que vous pourriez choisir, sous lequel je ne pourrais servir, et ma démission serait un grand mal en ce moment[44]. »

Sachant combien cette rivalité entre Mathieu de Montmorency et lui doit être pénible pour Mme Récamier, il lui écrit qu'il refuse le poste, moins par égard pour Mathieu que pour elle. En réalité, comme il l'avoue deux jours plus tard à Mme de Duras, il y a dans ce premier refus autant de coquetterie que de volupté, celle de se savoir désiré. Il ne peut retenir ce cri significatif : « Enfin, nous avons l'objet de tous nos vœux : un ministère refusé[45]... » Le même jour, Mathieu de Montmorency, devinant le jeu de Chateaubriand, montre en écrivant à Mme Récamier qu'il n'a pas d'illusions sur le prétendu désintéressement de son rival : « Je vous plains réellement de vous trouver ainsi placée entre un ministre sortant, et un ministre entrant à la même place ; outre l'ennui des pétitions qui ne feront que changer d'adresse, nos rapports gâtés, et nos deux dernières lettres en particulier vous causeront un sentiment pénible que je voudrais adoucir. Vous me reprocherez peut-être d'avoir été un peu sec. Il fallait l'être ou prendre la chose au sensible, ce qui était une véritable duperie. Que dites-vous de ce que dans sa lettre il me parlait de garder ma place pour me la remettre[46] ? Je n'aime pas de pareilles jongleries... »

La comédie s'achève le 28 décembre 1822, après une audience d'une heure et demie accordée par Louis XVIII à Chateaubriand. Le roi, après une allusion aimable aux *Aventures du dernier Abencerage*, insiste avec tellement d'art pour qu'il accepte les Affaires étrangères que Chateaubriand se laisse faire une douce violence afin de pouvoir ensuite se plaindre du fardeau dont Sa Majesté l'a chargé. Il a obéi par devoir, dira-t-il, par respect de la personne royale. « Je périrai dans le ministère ! » écrit-il au sortir de l'audience à Mme Récamier comme à Mme de Duras, et, le 31 décembre, il gémit derechef : « Je vais ce soir coucher dans un lit de ministre qui n'était pas fait pour moi, où l'on ne dort guère, et où l'on reste peu[47]. »

La plus grande ambition de son existence est réalisée : il est ministre, avec le plus prestigieux des portefeuilles, et il va pouvoir écrire son nom dans l'Histoire en ayant, comme Napoléon, sa guerre d'Espagne, et en faisant mieux que l'Empereur : en la gagnant.

16

Une guerre à soi

janvier 1823-juin 1824

La veille de son installation aux Affaires étrangères, boulevard des Capucines, Chateaubriand a passé une partie de la nuit à écrire une série de lettres pour notifier son « avènement » à diverses personnalités internationales, entre autres Metternich et son conseiller, le baron de Gentz. Ainsi qu'il le rappellera dans son *Histoire de la guerre d'Espagne*, il aime écrire et bénit le ciel d'avoir « placé dans un emploi éminent un homme ayant l'usage d'écrire[1] ». S'il apportait, comme ambassadeur, un soin particulier aux dépêches qu'il adressait à Paris, il en met davantage encore, une fois devenu ministre, aux lettres qu'il envoie aux souverains comme aux instructions données au personnel diplomatique. Toutes « sorties de notre tête, dira-t-il fièrement, nos lettres sont de notre main ».

Sa nomination a fait du bruit en France et en Europe. Elle a failli le brouiller avec son ami Hyde de Neuville qui, un soir, avait rappelé devant Mme de Chateaubriand que Montmorency avait le premier vaincu les répugnances de Villèle au sujet d'une intervention militaire en Espagne et que tout le mérite n'en revenait pas uniquement à son mari. Offusquée de cette réserve, Mme de Chateaubriand avait donné à l'incident une telle importance qu'un refroidissement soudain s'était produit entre eux. Navré, Chateaubriand invite Hyde de Neuville à dîner, terminant son billet par ces mots : « Embrassons-nous, et oublions des misères qui ne doivent pas compter entre des hommes comme nous. » Dès lors, rien ne troublera plus leur amitié.

Maintenant qu'il occupe un des plus grands postes de l'Etat, il lui faut rassurer les uns, retenir les autres et, avant d'agir à l'étranger, obtenir en France l'adhésion de la majorité des Français, car on ne peut gouverner contre l'opinion publique. La passation des pouvoirs entre Mathieu de Montmorency et lui s'est faite assez courtoisement, comme il se doit entre grands seigneurs, et Montmorency a supporté le sacrifice en chrétien. Cette résignation n'est pas entièrement partagée par certains courtisans influents, notamment son gendre, Sosthène de La Rochefoucauld qui, par Zoé du Cayla, fait monter son mécontentement jusqu'au roi. Villèle, obligé de faire contre mauvaise fortune bon cœur, ne cache pas son hostilité à l'intervention militaire. Une certaine fraction de la droite y est également hostile. A une réunion des *Chevaliers de la foi* chez Jules de Polignac, fraîchement princifié par le pape, Adrien de Rougé, organe officieux de Villèle, a émis des réserves sur le succès d'une telle opération, rappelant l'échec de Napoléon et soulignant qu'un succès vaudrait au gouvernement des difficultés avec la Grande-Bretagne. Pour impressionner les chevaliers, il exhibe un compte rendu préalablement rédigé, précisant que le Chapitre désapprouvait la guerre. Indigné de cette façon de vouloir leur forcer la main, Ferdinand de Bertier a plaidé avec brio pour l'intervention, si bien que les chevaliers ont fini par rendre un avis favorable, aussitôt communiqué aux députés royalistes.

En Grande-Bretagne, Canning craint que Chateaubriand ne se laisse emporter par une ardeur belliqueuse et il essaie de tempérer celle-ci, à quoi le nouveau ministre objecte : « La guerre, dites-vous, pourrait renverser nos institutions, encore mal affermies : cela peut être, mais il y a deux manières de périr pour un gouvernement : l'une par les revers, l'autre par le déshonneur. Si l'Espagne révolutionnaire peut se vanter d'avoir fait trembler la France monarchique, si la cocarde blanche se retire devant les *descamisados*, on se souviendra de la puissance de l'Empire et des triomphes de la cocarde tricolore ; or, calculez pour les Bourbons l'effet de ce souvenir... Vous ne sauriez croire tout ce qu'on peut faire parmi nous avec le mot « honneur » : le jour où nous serions obligés de peser sur ce grand ressort de la France, nous remuerions encore le monde ; personne ne profiterait impunément de nos dépouilles et de nos malheurs[2]. » Canning, sceptique, répond ironiquement : « Vous ne voulez sûrement pas propager la Charte, comme Mahomet l'Alcoran ou comme, dans les premiers temps de votre révolution, la France propageait les Droits de l'Homme. » Heureusement le tsar Alexandre laisse le gouvernement français libre d'agir à sa guise et cela suffit pour permettre à Chateaubriand d'ignorer les réserves de Canning.

Le 28 janvier 1823, dans le discours du Trône, écrit par Corbière et non par Chateaubriand, comme on s'y attendait, car le roi ne veut pas avoir l'air d'être l'écolier de l'écrivain[3], Louis XVIII annonce le rappel du comte de La Garde, ambassadeur à Madrid, et demande aux Chambres de voter un crédit exceptionnel de cent millions. La réponse à faire au roi suscite une assez vive discussion à la Chambre des pairs. Barante, Ségur et Daru proposent un amendement qui contiendrait un blâme des projets d'intervention armée du gouvernement. Villèle et Chateaubriand répondent avec fermeté, puis parviennent à clore le débat avant que Talleyrand, le duc de Broglie, le duc de Dalberg et Molé puissent prendre la parole. Ils se contenteront de faire imprimer les opinions qu'ils n'ont pu exprimer. Cela n'empêchera pas Chateaubriand d'affirmer dans ses Mémoires que, le 3 février, Talleyrand, hostile à la guerre, aurait prononcé un discours véhément, rappelant que seize ans plus tôt il avait combattu ce projet de Napoléon, ce qui avait causé sa disgrâce. Ce qu'il y a de certain, c'est que Louis XVIII ayant lu l'*Opinion de M. de Talleyrand sur le projet d'adresse en réponse au discours du Roi*, a convoqué l'auteur et lui a vanté les charmes de la campagne, allusion que le prince, en dépit de tout son esprit, n'a pas paru saisir. A la fin, le roi lui demanda quelle était la distance entre Paris et Valençay : « Sire, je ne sais pas au juste, avait répliqué Talleyrand, mais il doit y avoir à peu près la même distance que de Paris à Gand[4]. »

Le 25 février 1823, Chateaubriand fait à la Chambre des pairs un long discours, préparé avec d'autant plus de soin qu'il doit bientôt parler, comme ministre, à la Chambre des députés. Ce jour-là, refusant de s'inféoder à la Sainte-Alliance, il flatte l'amour-propre national en revendiquant pour la France le droit d'agir conformément à son intérêt. Manuel, député de gauche, escalade la tribune avec l'intention de provoquer un scandale. Il évoque le sort des Stuarts, puis celui de Louis XVI, exécuté lui aussi pour avoir fait appel à l'étranger ; à ce moment, il est interrompu par les clameurs de la droite, indignée de cette justification du régicide ; il faut suspendre la séance afin de rétablir le calme, et, le lendemain, La Bourdonnaye, qui n'avait pourtant pas épargné Chateaubriand, demande l'exclusion de Manuel. L'incident a fini par faire oublier le motif du débat. Lorsque Manuel, bien qu'exclu, viendra siéger à sa place, en disant qu'il ne cédera qu'à la force, il faudra envoyer chercher un piquet de gendarmerie pour l'expulser. « L'effet de mon discours dépasse ici toute croyance », écrit triomphalement Chateaubriand à Marcellus, toujours en poste à Londres, en lui recommandant de le faire traduire et de le répandre en Grande-Bretagne. Et il ajoute : « Vous ne sauriez croire quel mouvement j'ai imprimé à la France depuis que j'ai fixé les irrésolutions du Cabinet[5] ! »

Reste à dissiper les préventions de la Grande-Bretagne. En dépit de tout le travail qu'il assume, avec le soin que l'on sait, Chateaubriand entretient pendant cette période une correspondance personnelle avec Canning, déployant, pour l'amener à la résipiscence, une série d'arguments politiques, entremêlés de raisonnements quasi sentimentaux qui montrent toutes les ressources de sa coquetterie. Pour arriver à le convaincre, il finit par faire appel à la solidarité aristocratique en lui écrivant : « Et croyez-vous que l'Angleterre soit moins menacée que la France par les clubs de Madrid ? N'avez-vous pas vos radicaux comme nous avons nos jacobins ? Votre puissante aristocratie est-elle moins un sujet de haine pour les niveleurs modernes, que la forte prérogative de notre monarchie ? Nous avons là un ennemi commun ; des soldats législateurs peuvent, à Londres comme à Paris, déclarer un matin qu'il faut régénérer les institutions, détruire nos deux chambres, et établir la souveraineté du peuple par l'indépendance des baïonnettes[6]. »

*

Le principe de la guerre acquis, les budgets votés, il ne reste plus qu'à passer aux actes. Le duc d'Angoulême est désigné pour conduire l'expédition en qualité de généralissime, assisté du général Guilleminot, un bon soldat de l'Empire. Celui que Louis XVIII appelle « le trésor de nos Enfants » possède, à défaut de talents éminents, celui de ne pas s'offusquer des capacités d'autrui lorsqu'elles sont supérieures aux siennes. Sa modestie désarme les susceptibilités et son choix évite des rivalités entre maréchaux. Le corps expéditionnaire compte cent mille hommes, assez mal équipés. Avec cette fatale impéritie propre à tous les gouvernements français dès qu'il s'agit de faire la guerre, l'intendance a été complètement négligée, si bien que les problèmes de fourrage et de ravitaillement se posent de manière aiguë. On ne pourra vivre en effet sur l'indigène pour deux raisons : l'Espagnol est pauvre ; ensuite il a gardé un tel souvenir des exactions commises par les armées napoléoniennes que les soldats du roi doivent arriver en libérateurs, non en pillards. Il faut donc, à la dernière minute, en appeler aux talents, toujours onéreux, de l'affairiste Ouvrard qui opère – à bon prix – le miracle espéré. Les soldats seront nourris et, loin de rançonner les Espagnols, ils feront, par leurs largesses, bénir le nom de la France. En revanche, les services d'Ouvrard coûteront le double du budget prévu, soit deux cent sept millions !

Arrivé à Vittoria le 12 avril 1823, le duc d'Angoulême entre le 24 mai dans Madrid, d'où les Cortès se sont enfuies, emmenant Ferdinand VII et les siens. Après cette promenade militaire, les ennuis commencent. Honnête et même scrupuleux, le duc d'Angoulême est scandalisé de voir les royalistes espagnols se livrer à une sanglante répression. Pour eux, la vie, la mort, le respect de la personne humaine sont, comme pour les adversaires, des mots à peu près vides de sens, et ils s'abandonnent à leurs instincts avec une cruauté qui révolte le duc. Celui-ci, croyant bien faire, édicte l'*Ordonnance d'Andujar* interdisant les arrestations arbitraires et autres conséquences de l'esprit de vengeance. Les populations ne comprennent pas les sentiments du généralissime et voient dans sa décision une atteinte à leurs droits. Lors d'un conseil, Chateaubriand inspire les termes d'une dépêche au duc d'Angoulême pour lui demander de restreindre la portée de cette ordonnance afin de ménager les susceptibilités nationales, et le duc en voudra toujours à Chateaubriand d'avoir contrecarré son dessein généreux.

Personnellement, Chateaubriand apprécie peu le duc d'Angoulême, agacé de surcroît par les critiques que le prince adresse au gouvernement et par sa menace de « tout planter là » pour rentrer à Paris. Aussi multiplie-t-il les instructions au général Guilleminot pour que celui-ci calme son chef et le rende un peu plus raisonnable. Ayant pris l'affaire à cœur, Chateaubriand va même au-delà de sa fonction de ministre et s'improvise stratège. Après s'être réfugiées à Séville, les Cortès se sont enfermées dans Cadix, place réputée imprenable, à moins de pouvoir la bloquer complètement. Or, du côté de la mer, les insurgés peuvent être ravitaillés par la flotte anglaise. Aussi Chateaubriand se fait-il apporter cartes et atlas, plans et documents pour étudier la position de Cadix, ses fortifications, son port, s'aidant des souvenirs qu'il a gardés de son passage en 1807. Claires et pleines de bons sens, ses instructions au général Guilleminot se révéleront justifiées par la prise de Cadix suivant ses directives.

Une autre difficulté a surgi, qui requiert aussi son attention. Le roi de Naples, Ferdinand Iᵉʳ, un Bourbon d'une branche issue de la maison d'Espagne, a déclaré que, pendant la captivité de son cousin, il devenait régent du royaume et il a dépêché le prince Ruffo pour exercer cette régence en son nom. Or, il y a déjà la régence d'Urgel, soutenue par la France, et l'on ne peut accepter cette intrusion dans l'affaire espagnole. Chateaubriand mesure aussitôt le danger de cette prétention qui pourrait fournir aux Alliés un prétexte pour intervenir à leur tour, en même temps qu'elle ferait dire en France, aux ennemis de l'intervention, que la discorde a éclaté parmi les Alliés. Pour s'assurer l'appui du tsar, il charge La Ferronnays, l'ambassadeur à Saint-Pétersbourg, d'expliquer cette difficulté à l'empereur et d'empêcher que celui-ci accrédite un représentant auprès du prince Ruffo. Il écrit dans le même sens aux divers ministres de France auprès des autres cours, et l'on ne peut que s'émerveiller de cette dévorante activité qui l'occupe le jour et une grande partie de la nuit : « Vous voyez, monsieur le comte, que je n'épargne pas les lettres, écrit-il le 27 mai à La Ferronnays. Je me suis aperçu que les dépêches des bureaux rendaient mal mes idées… J'espère que vous vous accoutumerez à ma mauvaise écriture[7]. »

A côté de ces grandes questions, il en est de triviales, mais qu'il doit aussi régler, car sans cela de petites causes pourraient produire de fâcheux effets. Le roi veut donner le bâton de maréchal au marquis de Lauriston alors que celui-ci ne participe pas à la campagne : « Et que donnerait-on alors au général qui délivrerait Ferdinand VII ? » écrit-il, indigné, à Villèle, mais Lauriston n'en reçoit pas moins le bâton. Il faut alors faire admettre la chose à Guilleminot en lui laissant croire qu'il sera plus heureux la prochaine fois, surtout s'il parvient à libérer Ferdinand VII. Comme il l'avoue à La Ferronnays, « il faut une grande dose de patience quand on est ministre ».

Dans sa captivité, le souverain de toutes les Espagnes justifie par son comportement la piètre opinion qu'en avait Napoléon et que la postérité ratifiera. Il affiche des amours ancillaires, écrit des lettres folles dans lesquelles il fait l'apologie de ses geôliers, bref se conduit fort mal et déshonore le nom des Bourbons. Bien que défendant le principe de la légitimité, Chateaubriand se soucie fort peu de la personne du roi lorsqu'il recommande au général Guilleminot de bombarder Cadix : « Vous n'êtes pas sans doute effrayé par cette sotte idée qu'une bombe peut atteindre le roi, lui écrit-il le 25 juin. J'espère qu'il ne lui arrivera aucun malheur ; mais, après tout, il s'agit de la royauté ; un roi n'est qu'un général, en temps de guerre ; il doit payer de sa personne ; et l'on ne consent à mourir pour lui qu'à condition qu'il saura mourir pour le bien de ses sujets quand il le faut ; avec des craintes et des pusillanimités, on arrête tout[8]. »

Pour lui éviter de périr sous les bombes, Chateaubriand a eu un moment la pensée de le faire enlever par quelques gaillards spécialisés dans ce genre d'opération, écrivant à Marcellus : « Ne pourriez-vous pas trouver à Londres quelques-uns de ces hommes entreprenants si communs dans ce pays, qui l'enlèveraient pour un ou deux millions ? Songez à cela. »

Le siège de Cadix se prolonge, et une certaine irritation se manifeste en France, qui n'impressionne pas Chateaubriand, décidé à poursuivre la guerre aussi longtemps qu'il le faudra, car il s'agit pour lui d'obtenir une victoire, non seulement sur les rebelles espagnols, mais sur la Révolution elle-même. Après la prise du Trocadéro, fort qui défend Calix, celle-ci capitule et Ferdinand VII est délivré. Accueilli par le duc d'Angoulême, il n'a pas un mot de gratitude et se contente de dire à son cousin : « Vous m'avez fait plaisir… » Déçu, le duc se tourne vers le général Guilleminot qui lui rappelle la réponse de Jean Sobieski à Léopold Ier, après l'échec des Turcs devant Vienne : « Sire, je suis bien aise de vous avoir rendu ce petit service… »

L'ingratitude du Bourbon d'Espagne est égalée par celle de son cousin de France envers Chateaubriand, l'artisan de la victoire. En apprenant par une dépêche la libération du roi, Chateaubriand se précipite aux Tuileries, persuadé qu'il y sera chaudement félicité. Il reçoit, écrira-t-il, « un seau d'eau froide qui [le] fit rentrer dans l'humilité de [ses] habitudes[9] ». Enivrée du succès de son époux, la duchesse d'Angoulême n'a ni mot ni regard pour lui. Le roi et Monsieur ne paraissent pas le voir. Retournant le dimanche suivant faire sa cour à la famille royale, il est accueilli avec la même indifférence.

Et pourtant l'affaire espagnole est loin d'être terminée. A peine revenu à Madrid, Ferdinand VII laisse s'accomplir, et même encourage, une réaction d'une rare violence qui risque de lui valoir les mêmes ennuis que ceux dont il vient d'être tiré. Ce ne sont qu'arrestations, pillages, proscriptions, exactions de toute espèce, avec un parfait arbitraire. Ecœuré, Chateaubriand presse le nouvel ambassadeur à Madrid, le marquis de Talaru, de modérer, sinon par humanité, du moins par simple bon sens, cette folie meurtrière : « Enfin, faites cesser ces exils en masse. Si on veut des proscrits, qu'on dresse une liste nominative, que cette fatale liste assouvisse cette soif de vengeance qui tourmente cette sauvage nation ; mais que hors de cette liste tout soit à l'abri et puisse vivre en paix sous une loi d'amnistie scrupuleusement respectée. Entre ne pas se servir de ses ennemis ou les tuer, les bannir, les persécuter, les dépouiller, il y a une nuance[10]. » Il fait la même recommandation à Pozzo di Borgo, envoyé en mission à Madrid : « Prêchez la modération, et ne craignez pas que le génie espagnol abuse de ce mot ; et tâchez que l'on fasse à Madrid quelque chose qui ressemble aux actes d'un peuple civilisé[11]. »

Un roi qui, pour fêter son retour, danse et festoie tandis que le sang coule dans les rues, se soucie fort peu de ses possessions américaines, une des préoccupations constantes de Chateaubriand. La Grande-Bretagne est là, vigilante, et qui les guette. Il faudrait inspirer à Ferdinand VII de leur accorder une certaine autonomie qui permettrait de satisfaire leur désir de liberté, tout en leur ôtant celui d'une émancipation totale.

Afin d'être exactement renseigné sur l'état d'esprit dans les colonies espagnoles, il y envoie en mission officieuse Chassériau, le père du peintre, le lieutenant de vaisseau Samouël et le colonel Schnetz, tous trois connaissant bien les problèmes américains, notamment Samouël qui a vécu au Mexique. Un accommodement avec la Grande-Bretagne et les autres alliés permettrait de leur conférer un statut qui, sans humilier Madrid, établirait au moins la liberté de commerce avec l'Europe. Chateaubriand, qui sait le tsar acquis à ses vues, songe à une conférence internationale à Paris pour régler ce problème. Il se heurte alors à Canning, qui reprend à son compte la fameuse déclaration de Monroe : « L'Amérique aux Américains. » Devant la puissance maritime anglaise, il faut abandonner ce projet de conférence où, cette fois, il aurait pu jouer le rôle de Metternich à Vérone.

A la fin de l'année 1823, la situation est toujours aussi chaotique en Espagne. Il doit rappeler sans cesse à Talaru qu'il faut se montrer ferme, et même autoritaire : « Vous êtes un vrai roi, lui écrit-il, car vous disposez de quarante-cinq mille hommes, et en mêlant l'adresse à la force, vous vous ferez obéir[12]. » En se retirant, le duc d'Angoulême a laissé une armée d'occupation pour veiller au maintien de l'ordre et qui restera là-bas jusqu'en 1828. Malheureusement cette force est inefficace en raison du mauvais vouloir de Ferdinand VII, peu pressé de payer ses dettes envers la France, encore moins enclin à suivre les conseils de Louis XVIII, et ne voulant même pas signer avec le pays qui lui a rendu son trône un traité de commerce. La France et Chateaubriand ont vraiment obligé un ingrat.

*

Malgré ses responsabilités, la conscience avec laquelle il les assume, en leur sacrifiant ses nuits et parfois son amour-propre, Chateaubriand a néanmoins trouvé le temps de se ménager ces instants pudiquement appelés « le repos du guerrier ». A son retour de Londres, il avait repris le chemin de l'Abbaye-aux-Bois où Mme Récamier s'était installée en 1819, après ses revers de fortune, ainsi que celui du salon de Mme de Duras, essayant de les ménager l'une et l'autre et d'apaiser leur jalousie réciproque.

Mme de Duras, qui a remué ciel et terre pour le faire envoyer à Vérone, a cru s'être acquis un titre à sa reconnaissance ; elle est fort déçue de constater qu'il n'en est rien. Comme beaucoup de ses semblables, elle voit dans un ministre une espèce de factotum supérieur qui doit orner son salon et rendre ces divers services qu'on attend d'un ministre, notamment donner des places, des pensions et des décorations. A peine était-il installé aux Affaires étrangères qu'elle s'était étonnée qu'il eût tant à faire, et elle le relançait aigrement : « Véritablement, vous me feriez renoncer à vous voir, lui écrivait Chateaubriand, excédé, au mois de janvier 1823. Savez-vous que je me suis couché à minuit et levé à deux heures, que j'ai fait cette nuit toutes mes dépêches pour l'Espagne, l'Angleterre. Il y a trois jours que je fais ce métier, et vous me tracassez. Je suis mangé de fatigue au point d'alarmer mes amis… j'irai, si je puis, vous voir, mais songez que cette tyrannie n'est pas de l'amitié[13]. »

Pendant tout le printemps 1823, ce ne sont que plaintes et récriminations auxquelles Chateaubriand répond par de courts billets, entre les visites qu'il lui fait malgré tout, sans pouvoir s'engager à ce qu'elles soient quotidiennes comme naguère : « Eh bien, puisque vous le voulez, je serai demain chez vous à quatre heures et demie, mais Villèle n'arrive pas, et vous avez seulement voulu voir si j'étais à Passy. J'y suis, je travaille bien et beaucoup, et vos injustices ne me découragent de rien[14]. » Un peu plus tard, il proteste contre cette manie de le déranger sans cesse : « Il est bien inutile que je me retire pour travailler. Quand je ne fais rien, vous criez ; quand je m'occupe, vous ne voulez pas : voilà les amis[15]… » A la fin, n'en pouvant plus, il hausse le ton : « Oserai-je vous prier de n'être pas si folle ? »

Ce sont à peu près les mêmes reproches que lui fait Mme Récamier, bien que celle-ci les exprime avec moins de sécheresse et que Chateaubriand ait pour elle un attachement sensuel que ne lui inspire aucunement Mme de Duras. Mme Récamier le sait, elle en joue un peu et, pour lui montrer son mécontentement de sa conduite à Londres, elle prend quelque distance avec lui, faisant par exemple exprès de ne pas être chez elle à l'heure habituelle où Chateaubriand vient la voir. Etonné, désolé, il avait laissé un petit mot s'achevant ainsi : « Comment avez-vous pu sortir à notre heure ? Ne pouviez-vous m'attendre un peu ? Il vous est bien facile de vous passer de moi. Moi, j'avais tout quitté pour venir à vous[16]. »

Dans ce tout, on peut inclure, en plus du courrier, des importuns et de tout ce qui gravite autour d'un ministre, un certain nombre de femmes, ce que n'ignorent ni Mme de Chateaubriand, ni Mme de Duras, ni Mme Récamier. Ministre, il est encore plus sollicité que lorsqu'il était seulement un auteur célèbre et il a ainsi cédé aux avances de Mme Hamelin, une aimable créole, ancienne merveilleuse, et encore attirante à 47 ans. C'est d'ailleurs une bonne créature, au cœur généreux, qui était intervenue en sa faveur lors de ses démêlés avec la police impériale. En lui écrivant, au début de l'année, qu'elle lui avait sauvé la vie, qu'elle l'avait arraché au peloton d'exécution, Chateaubriand paraît s'être montré plus galant qu'exact, peut-être pour légitimer cette aventure en la plaçant sous le signe de la reconnaissance.

Mais ce n'est pas Mme Hamelin, ni une certaine Olympe Pélissier, qui peuvent inquiéter autant Mme Récamier, mieux informée que Chateaubriand ne le croit, de sa passion récente et bientôt connue de tout Paris pour Mme de Castellane.

Beauté blonde et fraîche, en dépit d'un accident qui l'a gravement brûlée, la comtesse de Castellane, alors âgée de 27 ans, est née Cordélia Greffulhe, issue des grands argentiers des stathouders des Provinces-Unies de Hollande. Avec un million et demi de dot, elle n'a épousé que Boniface de Castellane, colonel des gardes d'honneur, futur maréchal de France, que Charles de Rémusat décrit comme « laid, dégoûtant, maussade, taquin, un peu bossu ». Le mariage s'est vite révélé désastreux et Cordélia de Castellane, s'apercevant qu'elle a fait une sottise, « n'avait d'autres moyens de la réparer que d'en faire d'autres », poursuit obligeamment Rémusat[17].

Par certains traits de caractère, elle fait penser à Natalie de Noailles, avec beaucoup d'esprit, mais sans suite, l'originalité primant tout, habile à plaire, avec un mélange de calcul et de bonté sincère. « Elle ne peut pas donner un sou à un pauvre sans tâcher de le rendre amoureux d'elle », observe Delphine Gay. Elle a dans le regard de ses yeux bleus quelque chose qui trahit à la fois la mobilité de ses impressions et l'ardeur de ses sens, mal assouvis par son mari, d'ailleurs le plus souvent absent. Mariée en 1813, elle était en 1816 maîtresse officielle de Mathieu Molé, au grand scandale du faubourg Saint-Germain. Elle avait rompu avec Molé, lui donnant pour successeur Ferdinand de Rohan-Chabot, futur duc de Rohan, pour le quitter bientôt et revenir à Molé. C'est donc Molé qu'elle abandonne une seconde fois pour tomber dans les bras de Chateaubriand qui lui adresse pendant l'été 1823 des lettres passionnées, presque insensées, révélant chez lui un complet affolement des sens : « Mon ange, ma vie, je ne sais plus quoi encore, lui écrit-il le 12 septembre, je t'aime avec toute la folie de mes premières années. Je redeviens pour toi le frère d'Amélie ; j'oublie tout depuis que tu m'as permis de tomber à tes pieds. Oui, viens au bord de la mer, où tu voudras, bien loin du monde. J'ai enfin saisi ce rêve de bonheur que j'ai tant poursuivi. C'est toi que j'ai adorée si longtemps, sans te connaître. Tu sauras toute ma vie ; tu verras ce qu'on ne saura qu'après moi ; j'en ferai dépositaire celui qui doit nous survivre. Prends ici tout ce que j'y mets pour toi. Demain à deux heures j'irai te les [*sic*] redemander. Que le ciel ne m'ôte pas mon bonheur ! A toi pour la vie[18] ! »

Même dans le délire amoureux l'auteur subsiste, et le « frère d'Amélie » doit lire à l'aimée, pour achever sa conquête, des passages des *Mémoires*… Huit jours plus tard, la passion atteint son apogée ; c'est Hercule aux pieds d'Omphale : « Jamais je ne t'ai vue aussi belle et aussi jolie à la fois que tu l'étais hier au soir. J'aurais donné ma vie pour pouvoir te presser dans mes bras. Dis, était-ce ton amour pour moi qui t'embellissait ? était-ce la passion dont je brûle pour toi, qui te rendait à mes yeux si séduisante ? Tu l'as vu ; je ne pouvais cesser de te regarder, de baiser la petite chaîne d'or. Quand tu es sortie, j'aurais voulu me prosterner à tes pieds et t'adorer comme une divinité. Ah ! si tu m'aimais la moitié de ce que je t'aime ! ma pauvre tête est tournée ; répare en m'aimant le mal que tu m'as fait. A huit heures, je t'attendrai, le cœur palpitant[19]. »

Comme un collégien amoureux, il barbouille des vers, qu'il publiera dans ses *Œuvres complètes* en prétendant les avoir écrits à Londres pendant l'émigration, ce qui paraîtra plausible en raison de leur médiocrité, comme en témoignent les deux dernières strophes :

> Dédaigne, ô ma Beauté, cette gloire trompeuse !
> Il n'est qu'un bien : c'est le tendre plaisir.
> Quelle immortalité vaut une nuit heureuse ?
> Pour tes baisers, je vendrais l'avenir.
>
> Dans la Postérité, que m'importe ma vie ?
> Qu'importe un nom par la Mort publié ?
> Pour moi-même, un seul jour, aime-moi, ma Délie,
> Et que je sois à jamais oublié !

Alors qu'il ne peut la rejoindre à Dieppe, obligé d'attendre au ministère les nouvelles de Cadix, il exhale sa douleur de ne pas être auprès d'elle « à respirer sa vie et à lui donner la sienne » en de longs baisers, regrettant pour la première fois de n'avoir pas de fils et voyant en elle la femme qui pourrait lui en donner un. Il achève ce billet par une phrase qui fait plus honneur à l'amant qu'au ministre : « Au lieu de cela, je suis à attendre un événement qui ne m'apportera aucun bonheur. » Comme la chute de Cadix se fait attendre, il décide d'aller cacher ses amours à Fontainebleau pendant deux jours, mais la veille de leur départ on annonce enfin la reddition de Cadix. Il doit rester à Paris et remet ce voyage par un billet qui aurait bien amusé Louis XVIII si Decazes avait été encore là pour le lui montrer : « Tu vois mon malheur ! Je suis forcé de rester ici pour cet immense événement. Ainsi je perds cette nuit que j'aurais passée dans tes bras… Que m'importe le monde sans toi ? Tu es venue me ravir jusqu'au succès de cette guerre que j'avais seul déterminée et dont la gloire me trouvait sensible… Reviens vite… oh ! oui, dédommage-moi ; viens ; pardonne-moi cette délivrance de ce malheureux roi d'Espagne… » et, reprenant ce billet avant de l'envoyer, il ajoute ce post-scriptum : « Minuit ! la peur de gâter une vie qui est toute à toi, à qui je dois de la gloire pour me faire aimer, peut seule m'empêcher de tout jeter là et de t'emmener au bout de la terre[20]. »

Pour remplacer celui de Fontainebleau, un nouveau séjour à la campagne est prévu auquel, pour l'opinion, une visite à Fervacques servira de couverture : « Pars, bonheur et charme de ma vie, lui écrit-il le 24 octobre, mais pour me retrouver, pour m'enivrer de ton amour, pour me rendre le plus glorieux et le plus heureux des hommes. Dans quelques jours, je serai à tes pieds, je te presserai sur mon cœur ; tu seras seule et je pourrai te couvrir de mes baisers, respirer l'air que tu respires, et vivre de ta vie. Tu as vu comme je t'ai aimée aujourd'hui : tu verras comme je t'aimerai loin de la foule. Reçois toutes mes caresses et souviens-toi que tu es ma maîtresse adorée. Je baise tes pieds et tes cheveux[21]. »

Pendant ce temps, Mme Récamier, humiliée par cette liaison qu'il lui cache alors qu'elle est la fable de Paris, lassée d'entendre des protestations de fidélité qui sont à ses yeux autant de mensonges, déçue, malheureuse et presque malade, opère une retraite pleine de dignité en annonçant son départ pour l'Italie. Cette défection, aussi éclatante qu'a été l'injure, inquiète un peu Chateaubriand. Alors qu'il s'apprête à retrouver Mme de Castellane en Normandie, il écrit à Mme Récamier : « Non, vous n'avez pas dit adieu à toutes les joies de la terre ; si vous partez, vous reviendrez bientôt, et vous me retrouverez tel que j'ai été et tel que je serai toujours pour vous. Ne m'accusez pas de ce que vous faites vous-même. J'irai vous voir en sortant du Conseil… Je vous aime de toute mon âme, et rien ne pourra m'empêcher de vous aimer, ni votre parti, ni votre injustice[22]. »

Mme Récamier n'en part pas moins pour l'Italie, emmenant, outre sa nièce Amélie Cyvoct dont la santé sert de prétexte à ce voyage, un amoureux transi, Jean-Jacques Ampère, et le fidèle Ballanche. Chateaubriand lui écrit de manière à ce qu'à chaque étape elle trouve un témoignage de son intérêt, sinon de son repentir, car il se donne le beau rôle et joue l'amant trahi : « Craignant toujours de vous faire quelque peine, lorsque vous comptez pour rien les miennes, je vous écris ce mot sur les chemins, de peur de manquer votre passage à Lyon. Je

serai jeudi à Paris et vous n'y serez plus : vous l'avez voulu. Me retrou-
verez-vous à votre retour ? Apparemment, peu vous importe. Quand on
a le courage, comme vous, de tout briser, qu'importe en effet l'avenir ?
Pourtant je vous attendrai ; si j'y suis, vous me retrouverez tel que vous
m'avez laissé, plein de vous et n'ayant pas cessé de vous aimer[23]. »

Mme Récamier ne se laisse pas émouvoir et, de Chambéry, lui répond
en commençant sa lettre par un sec « Monsieur » qui, dira-t-il, lui glacera
le cœur, puis elle n'écrira plus, même lorsque Chateaubriand l'assurera
qu'il est au désespoir : « Depuis votre départ, mon travail s'est accru, je
n'ai trouvé que dans cette ennuyeuse occupation une triste distraction
à votre absence. Je n'ai pas passé une seule fois auprès de l'Abbaye ;
j'attends votre retour. Je suis devenu un poltron contre la peine ; je suis
trop vieux et j'ai trop souffert ; je dispute misérablement au chagrin
quelques années qui me restent ; ce vieux lambeau de vie ne vaut guère
le soin que je prends de lui[24]. »

Arrivée à Rome, au milieu du mois de décembre, elle loue un appartement près de la place d'Espagne et s'y installe avec sa nièce et le seul
Ballanche. Elle devient vite une attraction pour la société cosmopolite
et, bien qu'elle mène une existence assez retirée, elle reconstitue une
sorte de salon avec des familiers comme le duc de Laval, Desmousseaux
de Givré, Jean-Jacques Ampère, l'abbé Canova, frère du sculpteur,
Dugas-Montbel, Delécluze, les peintres Guérin, Léopold Robert et
Victor Schnetz.

*

Pour se consoler de ce départ, qui est pour lui un affront public,
Chateaubriand a Cordélia de Castellane et, comme il l'a écrit
à Mme Récamier, beaucoup de travail. Il suffit, pour s'en persuader,
de parcourir la volumineuse correspondance diplomatique échangée
entre Chateaubriand et le marquis de Talaru, l'ambassadeur de France
à Madrid, auquel il ne cesse de prêcher la fermeté, l'autorité, lui répétant
à satiété qu'il doit agir en maître : « Mettez-vous bien dans la tête que
vous êtes roi d'Espagne et que vous devez régner », lui écrit-il un jour.
« Tout ce que vous aurez fait sera bien fait et approuvé, lui dit-il une
autre fois, pourvu qu'il y ait action. » Il n'a aucune confiance dans
les Espagnols, peuple anarchique et ingrat, écrit-il un peu plus tard
à l'ambassadeur en le conjurant d'agir : « Peu importe qui gouverne,
pourvu qu'on gouverne. Le despotisme le plus aveugle vaut mieux que
l'anarchie ; mais en Espagne, il n'y a que l'arbitraire, ce qui est bien
différent du despotisme ; et avec l'arbitraire, on ne fait rien[25]. »

Le même jour, 29 janvier 1824, il prie le général de Bourmont de prêter main-forte à Talaru pour obtenir, *manu militari*, la signature des traités commerciaux. Devant l'inertie de Talaru, il songe à le remplacer par Marcellus qu'il a envoyé porter un ultimatum à Ferdinand VII. Talaru ne paraît pas, en effet, l'homme de la situation, et dans une lettre à Jules de Polignac, qu'il a nommé ambassadeur à Londres, il avoue être fatigué de lui et de sa femme. Celle-ci est une folle, extrêmement bien née, mais réputée pour ses excentricités. En l'absence de son mari, elle meurt de peur la nuit et fait coucher dans sa chambre un homme cousu dans un sac pour empêcher tout attentat contre sa vertu, alors qu'elle est si laide que personne n'y songerait.

Talaru réussit finalement à obtenir ce que l'on exigeait : la signature du traité commercial et du traité d'occupation militaire, la reconnaissance des dettes de l'Espagne envers la France et, ce à quoi Chateaubriand tient le plus, le décret instituant la liberté de commerce dans les colonies américaines. Ce résultat rassure un peu les Chambres, encore qu'on ne se fasse aucune illusion sur le paiement des trente-quatre millions de la dette – qui ne seront jamais remboursés.

Malgré les services qu'il vient de rendre à la France, en lui redonnant un éclat militaire, et à l'Europe, en résolvant le problème espagnol, Chateaubriand est de moins en moins apprécié de Villèle et du roi. Un incident réveille l'hostilité latente entre la Cour et lui. A l'occasion de l'heureuse issue de la guerre d'Espagne, Chateaubriand a reçu de la plupart des souverains alliés leurs plus hautes distinctions. Seule l'Autriche s'est abstenue, montrant ainsi le ressentiment de Metternich. Alexandre Ier avait également envoyé à Mathieu de Montmorency la grand-croix de l'ordre de Saint-André, mais il avait oublié Villèle. Ulcéré, celui-ci s'en plaint au roi qui, pour l'apaiser, lui donne le Saint-Esprit. Chateaubriand, qui n'a rien reçu de son propre souverain, s'estime à son tour lésé au point qu'il veut donner sa démission. L'affaire s'arrange grâce à une série de démarches diplomatiques. Chateaubriand fait réclamer par La Ferronnays l'ordre de Saint-André pour Villèle et, le tsar y ayant consenti, Louis XVIII lui accorde en retour le Saint-Esprit, mais ces vexations réciproques n'ont pas amélioré les rapports entre Villèle et lui.

Louis XVIII, de son côté, n'a jamais eu de sympathie pour Chateaubriand, bien que celui-ci, depuis qu'il participe au Conseil, s'efforce de se montrer gracieux avec le souverain, écoutant avec intérêt ses anecdotes, les réclamant au besoin, mais ces deux hommes de lettres, car le roi se pique d'en être un, appartiennent à des écoles trop diffé-rentes pour s'entendre. Le roi n'a d'ailleurs lu de Chateaubriand que ses écrits politiques, et, tout en lui faisant bon visage, il ne lui a pardonné ni *De la Monarchie selon la Charte*, ni ses attaques contre Decazes. « Cela faisait beaucoup de motifs de rancune, écrira le duc de Castries, et chez les grands la rancune est la forme la plus solide de la fidélité[26]. »

Entre Villèle et Chateaubriand, l'incompatibilité de caractères et de tempéraments s'est muée lentement, sourdement, au fur et à mesure que se multipliaient leurs divergences, en une aversion à peine déguisée par la politesse. Monsieur avait dit à Villèle, à propos du cordon de Saint-André : « Souvenez-vous que cet homme ne peut ni vous pardonner, ni surtout croire que vous lui pardonniez. Il est et sera toujours votre ennemi, *per fas et nefas*[27]. »

Enfin, le ressentiment du clan Montmorency-La Rochefoucauld ne s'est pas apaisé, surtout depuis le départ de Mme Récamier qui ne peut plus jouer les bons offices en modérant tantôt l'un, tantôt l'autre. Après la guerre d'Espagne, Sosthène de La Rochefoucauld n'a pas craint d'écrire à Mme Récamier : « Rendez, Madame, un immense service à votre pays et à votre ami ; décidez-le à donner sa démission[28]. » Il existe aux Tuileries une opposition croissante à Chateaubriand que celui-ci affecte de mépriser, se croyant invulnérable et, surtout, indispensable, étant trop apprécié des cours étrangères pour qu'on ose un jour se passer de lui. Solide effectivement à l'étranger, sa position l'est moins en France où, à propos du renouvellement de la Chambre, à la fin de l'année 1823, il avait damé le pion à Villèle en lui objectant que la Chambre élue ne pouvait se dissoudre elle-même et adopter le régime de la septennalité alors qu'elle avait été élue pour cinq ans. Il fallait attendre son renouvellement normal pour établir la septennalité. La dissolution avait été prononcée le 24 décembre 1823 et les élections sont prévues pour les 26 février et 6 mars 1824.

Pour préparer ces élections, Sosthène de La Rochefoucauld n'a rien trouvé de mieux que d'acheter, avec les fonds de la Cour, des journaux d'opposition, meilleur moyen de les censurer. Le scandale éclate à propos des *Tablettes universelles*, périodique auquel collaboraient Thiers et Mignet, deux journalistes d'opposition qui, indignés, avaient démissionné avec fracas. Chateaubriand n'est pas moins indigné de cette entrave à la liberté de la presse et condamne, dans un article anonyme, un procédé qui déshonore le gouvernement.

Celui-ci n'en est plus à de tels scrupules et se livre, avant les élections, à ses manœuvres habituelles, allant des pressions exercées sur les fonctionnaires jusqu'à des manipulations de listes électorales. Le résultat dépasse ses espérances : écrasés, les libéraux perdent quatre-vingt-dix sièges et n'en conservent que dix-neuf. La Fayette, Manuel, d'Argenson, malgré leur popularité, ne sont pas réélus. L'extrême droite a gagné des sièges et les impatients, devenus les pointus, sont maintenant soixante-dix, prêts à rompre des lances avec un gouvernement qu'ils accusent de tiédeur et suspectent de compromissions inavouables. Ces agissements douteux lors des élections n'ont pas laissé Chateaubriand indifférent, lui qui les avait si hautement dénoncés lorsqu'ils étaient inspirés, voire ordonnés par Decazes. Aussi prend-il ses distances avec Villèle, autant d'ailleurs que celui-ci avec lui, faisant de son département des Affaires étrangères un Etat dans l'Etat et ne doutant pas qu'entre Villèle et lui, le moment venu, le choix sera facile à faire. Il le sera, mais pas comme il le croit.

La rupture intervient au sujet d'une opération financière, celle de la conversion des rentes. Cette opération ressortit à ces procédés dont avait abusé l'Ancien Régime, auxquels avait excellé le Directoire et qu'envisage à son tour la Restauration, tentée par la canaillerie de ce tour de passe-passe et persuadée qu'une loi suffit pour légitimer une escroquerie.

Pour faire face aux dettes héritées de l'Empire ainsi qu'au paiement de lourdes indemnités de guerre et au paiement des frais d'occupation, le gouvernement avait beaucoup emprunté depuis 1814 et 1815. Une gestion sage avait permis d'honorer ces énormes engagements et la rente atteignait enfin le pair, c'est-à-dire que le titre émis à la valeur nominale de 100 francs était bien coté 100 francs à la Bourse. Or, l'Etat, qui a toujours pensé que toute opération financière offerte au public doit tourner à son propre avantage, s'étonne lorsque par hasard le public y gagne et, de voleur, se fait gendarme afin de rétablir le déséquilibre en sa faveur. Villèle estime donc qu'il faut ramener le taux d'intérêt de 5 pour cent à 3 seulement, ce qui ferait chuter le titre de 100 francs à 75. Cette conversion devrait permettre d'économiser environ 30 millions par an, soit un capital théorique d'un milliard de francs, mais elle coûtera aux rentiers à peu près vingt pour cent de leur revenu comme de leur capital. Il faut préciser que la conversion est facultative, mais à peine sera-t-elle annoncée que la rente baissera, alors qu'au mois de mars 1824 elle est au-dessus du pair, à 104 francs.

Dès le projet connu, c'est un tollé et, pour la première fois, royalistes et libéraux hurlent de concert. Le délai d'option, accordé aux seuls petits porteurs, est si court que ceux-ci se trouvent, suivant le mot de Casimir Périer, dans l'intervalle « entre l'éclair qui éblouit et la foudre qui écrase ». Au Théâtre-Français, on joue alors une tragédie, *Léonidas*, et aussitôt ce quatrain circule :

Entre Léonidas et M. de Villèle
On établit un parallèle :
L'un conduit ses Trois cents à l'immortalité,
L'autre ses trois pour cent à la mendicité.

Villèle a rendu le projet d'autant plus impopulaire aux yeux des libéraux qu'il a laissé entendre que le capital d'un milliard ainsi dégagé servirait à indemniser les émigrés des spoliations subies pendant la Révolution.

A la Chambre des députés, la loi est votée par 235 voix contre 145, dont, fait significatif, 120 voix royalistes. Le 3 juin 1824, la Chambre des pairs doit à son tour examiner le projet auquel Chateaubriand ne cache pas qu'il est profondément hostile. Les salons de Paris et les salles de rédactions répètent les amères critiques qu'il aurait faites du projet, prévoyant que la loi causerait la chute de Villèle et disant, ou passant pour avoir dit : « J'ai vu bien des gens qui se cassaient la tête contre un mur, mais des gens qui bâtissent eux-mêmes un mur pour se casser la tête contre, je n'avais jamais vu cela[29]. »

Villèle est furieux de cette opposition et, à son tour, se laisse aller à d'amers propos contre Chateaubriand qu'il accuse d'ameuter l'opinion publique en manœuvrant les journalistes. Ses plaintes arrivent jusqu'à Chateaubriand qui se rend chez lui, moins pour se disculper que lui demander raison de ses propos : « Je lui protestai ne pas croire un mot de ce qu'on me disait de lui, écrira Chateaubriand ; je lui déclarai que je ne désirais nullement sa place, et que si elle m'était offerte, je la refuserais[30]. » Dans cette démarche, Villèle ne voit qu'une invitation perfide à donner sa démission et prête à Chateaubriand le désir de lui succéder comme président du Conseil. C'est vraisemblable et c'est ce que Pasquier affirmera dans ses *Mémoires*[31].

A la Chambre des pairs, le 3 juin 1824, le débat suscite une sorte d'union sacrée entre les héritiers de l'Empire et les tenants de l'Ancien Régime. Du comte Roy, le plus riche propriétaire de France, à Mathieu de Montmorency, tous votent contre la loi, qui est rejetée par 135 voix contre 102. Beaucoup de pairs, entre autres Mgr de Quélen, défendant les petits rentiers de son diocèse, se sont exprimés avec indignation. En raison du grand nombre d'interventions, et de leur longueur, Chateaubriand, qui aurait dû parler après Pasquier, n'a pas pris la parole. En revanche, au témoignage de Ferdinand de Bertier, il aurait voté, par solidarité ministérielle, en faveur du projet[32]. Même s'il a voté pour la conversion, son silence a été aussitôt interprété comme un blâme implicite.

Après le vote, il s'approche de Villèle et lui répète que, s'il se retire, il le suivra dans sa retraite. Il est fort maladroit de souligner ainsi l'échec que vient d'essuyer le président du Conseil et de s'imaginer que celui-ci pourrait en abandonner son poste. Ulcéré, Villèle ne lui répond que par un regard noir. Telle est la version de Chateaubriand dans ses *Mémoires*, version peut-être à dessein dramatisée car, d'après Pasquier, cette offre de se retirer avec lui aurait été formulée deux jours plus tard, le 5 juin, lors d'une visite officielle à Villèle qui, dit Pasquier, « reçut ce compliment très froidement, n'y voulut voir qu'une insinuation très perfide et répondit à son collègue que ceux qui affectaient de lui supposer une pareille faiblesse se trompaient grossièrement et qu'il ne pensait en aucune façon à quitter son poste, et qu'il ne croyait pas avoir perdu l'estime et la confiance du roi[33] ». En politique, afficher de beaux sentiments passe pour une preuve de grande naïveté ou de profonde duplicité. Villèle est trop persuadé du machiavélisme de Chateaubriand pour ne pas croire à la seconde hypothèse.

Outré de cette impudence et convaincu que Chateaubriand lui a tendu un piège, Villèle conte la chose au roi et lui déclare qu'il ne peut entretenir de rapports confiants avec le ministre des Affaires étrangères. Monsieur et Zoé du Cayla sont du même avis, et Louis XVIII, trop souffrant déjà pour suivre attentivement les affaires, se laisse arracher le renvoi de Chateaubriand. La cause est vite entendue, l'exécution sans élégance, presque infamante. Sa perte est d'ailleurs décidée sans la moindre compensation, par exemple une charge honorifique ou une grande ambassade, encore que Monsieur ait recommandé d'user de certains ménagements à son égard.

En dépit du secret gardé sur cette décision, la rumeur de son renvoi prochain semble être connue de certains hauts personnages, tel l'ambassadeur britannique. Le 5 juin, à Saint-Germain-en-Laye où Mme de Duras a réuni quelques amis, la conversation étant venue à la politique, sir Charles Stuart évoque l'orage amassé sur la tête de Chateaubriand depuis son « fatal silence » et Mme de Duras s'étonne, sans voir dans les propos du diplomate un avertissement déguisé. M. de Rothschild, un des hommes les mieux informés de Paris, croisant Pilorge sur le boulevard, lui demande si son maître interviendra lors du débat sur la loi de la septennalité. « Sans doute », répond le secrétaire, à quoi Rothschild observe : « Il faut savoir si on lui en laissera le temps. »

*

Le 6 juin, dimanche de la Pentecôte, Chateaubriand se rend aux Tuileries pour assister à la messe royale et faire ensuite sa cour à Monsieur. Lorsqu'il pénètre dans le premier salon du pavillon de Marsan, il trouve aux rares personnes qu'il y rencontre un air embarrassé. A ce moment, un aide de camp du prince lui avoue son étonnement de le voir et lui demande s'il n'a rien reçu : «Non, que pouvais-je recevoir ?» lui répond Chateaubriand, surpris. «J'ai peur que vous ne le sachiez bientôt…», réplique l'aide de camp. N'ayant pas vu Monsieur, il retourne à la chapelle, où l'on exécute de la musique sacrée. Là, un huissier vient l'avertir qu'on le demande. Il le suit et trouve Pilorge, effaré, qui lui remet un pli en lui disant : «Monsieur n'est plus ministre.»

Il lit l'ordonnance qui le destitue et qui confie à Villèle l'intérim des Affaires étrangères. Avec sang-froid, sans un mot, il regagne le ministère où le chef de cabinet du chiffre lui exprime ses regrets : «Combien avez-vous fait de semblables compliments de condoléance ? lui demande Chateaubriand. – J'en suis à mon trente-troisième. – Eh bien, vous en aurez bientôt un trente-quatrième[34] !» Il accuse réception de la lettre de Villèle accompagnant l'ordonnance royale et lui dit seulement qu'il se conforme aux ordres en quittant aussitôt les lieux. Peu après, Clausel de Coussergues arrive et le trouve occupé à décommander un grand dîner qu'il offrait le soir même au corps diplomatique : «Quelques fragments de ce dîner arrivèrent chez lui, où je dînai en tiers avec M. et Mme de Chateaubriand», se rappellera Clausel. En abandonnant l'hôtel du boulevard des Capucines, Chateaubriand a le mot de la situation. Aux deux belles chattes, indolentes et fières, qui se prélassaient dans son bureau, il déclare avec gravité : «Le temps est passé de faire les grandes dames ; il faut songer maintenant à prendre des souris…»

Foudroyé, il verra plus tard dans son renvoi moins l'effet d'un complot que son incapacité à comprendre qu'il était trop grand pour les pygmées qu'il servait ; trop droit pour imaginer leurs machinations, il ne pouvait soupçonner la puissance de la médiocrité lorsqu'elle s'allie à la sottise et à la jalousie : «J'avais la simplicité de rester tel que le ciel m'avait fait, et, parce que je n'avais envie de rien, on crut que je voulais tout. Aujourd'hui, je comprends très bien que ma vie à part était une très grande faute[35].» En 1838, dans son *Congrès de Vérone*, il aura des mots fort durs pour la dynastie, que Charles X n'aurait guère appréciés mais que le comte de Chambord oubliera : «S'il se fût rencontré un prince qui, nous comprenant, nous eût retenus de force au travail, il avait peut-être quelque parti à tirer de nous : mais le ciel fait rarement naître ensemble l'homme qui veut et l'homme qui peut. En fin de compte, est-il aujourd'hui une chose pour laquelle on voulût se donner la peine de sortir de son lit ? On s'endort au bruit des royaumes tombés pendant la nuit, et que l'on balaie chaque matin devant nos portes[36]. »

En fait, Chateaubriand doit sa chute à sa propre faute, à la trop grande conscience qu'il a de ses talents, à la trop piètre idée qu'il se fait de ceux d'autrui. D'une grande intelligence en matière de politique générale, il n'a pas celle des petits moyens, des petites ruses qui permettent de biaiser, de tromper l'adversaire et d'arriver au but par des voies obscures ou tortueuses. Le chêne était tombé, là où le roseau, un moment ployé sous l'orage, se serait redressé.

Dans sa chute il a entraîné le duc de Rauzan, directeur des travaux politiques, dont les papiers sont aussitôt saisis par son remplaçant, procédé qui révolte le duc de Lévis, estimant qu'ainsi Villèle « satisfait ses deux aversions favorites : la haine des grands seigneurs et celle des génies supérieurs[37] ».

Un ministre renvoyé ressemble un peu à un mari trompé, en ce sens que de voir qui vous est préféré accroît votre infortune. Inspiré par Villèle, le roi choisit le baron de Damas pour succéder à Chateaubriand. Cet excellent homme est un médiocre général, qui n'a certes pas inventé la poudre. « Les vertus de ce brave officier lui avaient monté à la tête, écrira Chateaubriand ; une congestion religieuse lui embarrassait le cerveau. » Et le marquis de Villeneuve renchérit en disant que Damas trouvait dans la foi « l'énergie et les lumières que la nature lui refusait ». Il a au moins une qualité : ce n'est pas un arriviste, et quelqu'un le faisant remarquer à Ferdinand de Bertier, celui-ci répliquera : « Il n'a jamais eu le temps de l'être ; la fortune est toujours venue au-devant de lui. » Chateaubriand est donc médiocrement flatté de voir à qui son portefeuille a échu.

Ce renvoi si brutal est une maladresse et aura de lourdes conséquences à la fois pour Villèle et pour la monarchie bourbonienne. Même les adversaires de Chateaubriand sont scandalisés de la manière dont il a été chassé, car il n'y a pas d'autre mot. Pasquier, qui ne lui est jamais favorable, estime que Villèle a commis une grave imprudence en rompant avec un tel rival : « Il crut qu'il pouvait sans danger pousser aux dernières extrémités un caractère emporté, implacable, un homme qui avait tant de moyens de se venger ; il se trompa[38]. » L'opinion des salons, si puissante à l'époque, est tout entière dans celle de la duchesse de Maillé qui, jugeant que « M. de Chateaubriand vaut la peine qu'on compte avec lui », critique également la conduite de Villèle. Guéneau de Mussy, bien qu'ayant depuis longtemps cessé toute relation avec

Chateaubriand, s'émeut de son renvoi et s'écrie : «Je ne vois plus M. de Chateaubriand, mais je prends part à ce qui lui arrive et je vais m'écrire chez lui.»

Dans Paris, où la nouvelle a suscité une vive effervescence, on ne compte plus les personnalités qui, dans les jours suivant sa chute, sont allées s'inscrire chez lui. Comme le note finement Mme de Maillé, «l'éclat de sa retraite compense celui qu'il a perdu, et au-delà[39]». De toutes parts affluent et afflueront pendant un certain temps des témoignages de sympathie. Poètes, grands et petits, accordent leur lyre en déplorant l'événement. Dans ses *Odes et Ballades*, Victor Hugo reconnaîtra que sa défaite a de la grandeur :

> Chacun de tes revers pour ta gloire est compté.
> Quand le sort t'a frappé, tu dois lui rendre grâce.
> Toi qu'on voit à chaque disgrâce
> Tomber plus haut encore que tu n'étais monté.

Henri de Latouche, qui semble avoir deviné les sentiments personnels de Chateaubriand, lui adresse une *Epître* commençant par ce vers :

> Que faisais-tu, géant, au milieu de ces Pygmées ?

Lorsque les mois passeront, sans lui apporter le moindre dédommagement pour ce que l'Europe a considéré comme un affront, Chateaubriand ayant réfléchi aux raisons de sa disgrâce écrira au comte de Montlosier, cet ami des jours sombres de l'Emigration : «Le roi n'avait plus besoin de mes services, rien de plus naturel que de m'éloigner de ses conseils ; mais la manière est tout pour un galant homme, et comme je n'avais pas volé la montre du roi sur sa cheminée, je ne devais pas être chassé comme je l'ai été. J'avais fait seul la guerre d'Espagne et maintenu l'Europe en paix pendant cette période dangereuse ; j'avais par ce seul fait donné une armée à la légitimité, et, de tous les ministres de la Restauration, j'ai été le seul jeté hors de ma place sans aucune marque de souvenir de la Couronne, comme si j'avais trahi le prince et la patrie. J'ai été ami sincère, je resterai ennemi irréconciliable. Je suis malheureusement né : les blessures qu'on me fait ne se ferment jamais[40].»

Au début, Chateaubriand ne ruminait aucun projet de vengeance, étourdi qu'il était par le coup. «Il avait toujours ce malheureux faible pour un homme d'Etat de ressembler à un artiste besogneux, dira Charles de Rémusat. Il eut donc des amis qu'il laissa faire et qui demandèrent pour lui l'ambassade de Naples, que M. de Serre, en mourant, avait laissée vacante[41].» Mme de Castellane était allée voir la duchesse de Broglie pour la prier d'intervenir en faveur de Chateaubriand et lui obtenir une réparation quelconque. Frénilly, le sachant inquiet de savoir s'il conserverait son traitement de ministre d'Etat, en avait parlé à Villèle qui l'avait rassuré en lui disant que le roi n'aurait pas la vilenie de l'en priver[42]. Malgré cela, son traitement avait été supprimé. Au mois de septembre 1824, le nouveau roi, Charles X, voudra lui assurer un traitement de douze mille francs par an comme ministre d'Etat, générosité qu'il repoussera en disant qu'il ne voulait pas être pensionné par Villèle et ses complices.

De son côté, Bertin avait demandé à Villèle l'ambassade de Rome et le président du Conseil lui ayant répondu qu'il ne se hasarderait pas à en faire la proposition au roi, il lui avait déclaré : « En ce cas, souvenez-vous que les *Débats* ont déjà renversé les ministères Decazes et Richelieu ; ils sauront bien aussi renverser le ministère Villèle. » A quoi l'intéressé avait répondu, en reconduisant son visiteur : « Vous avez renversé Decazes et Richelieu en faisant du royalisme. Pour renverser le mien, il vous faudra faire une révolution[43]. »

Il ne croyait pas si bien dire et Chateaubriand ne sera pas moins bon prophète en écrivant le 19 juillet 1826 : « Ces révolutions arrivent ; elles sont à notre porte. Puisque nous refusons de prendre pour pilote le talent, la raison, le bon sens et l'expérience, il ne nous reste qu'à nous abandonner, les yeux fermés, à la tempête ; nous n'avons pas voulu conduire les événements ; nous serons conduits par eux[44]. »

17

L'anti-Villèle

juillet 1824-décembre 1827

Le lendemain de son renvoi, Chateaubriand avait écrit à Mme de Castellane pour lui annoncer sa chute et lui confirmer qu'il la verrait le jour suivant, comme ils en étaient convenus. Ayant perdu le pouvoir, il pensait conserver l'amour, mais celui-ci ne va pas tarder à l'abandonner. En effet, les journaux, aux gages de Villèle, ont commencé à répandre sur le ministre tombé des propos peu flatteurs, certains calomnieux, qui l'accusent d'avoir fait la guerre d'Espagne pour permettre à Mme de Castellane de récupérer des fonds importants investis là-bas. Pour échapper à ces rumeurs et aussi parce qu'elle est moins attachée à l'homme qu'elle ne l'était au ministre, Mme de Castellane part en voyage et donnera pour successeur provisoire à Chateaubriand le peintre Horace Vernet, un libéral, avant de revenir bientôt à Molé qu'elle ne quittera plus.

Pour Chateaubriand, il ne lui reste plus qu'à revenir, lui, à Mme Récamier, espérant qu'elle oubliera sa conduite et lui pardonnera, mais lorsqu'il lui écrit, il continue de donner le change et de se poser en victime : « Ne m'écrivez pas des billets si secs et si courts, se plaignait-il déjà le 28 janvier 1824, et pensez que vous me faites du mal sans justice. C'est une double peine que de souffrir sans avoir mérité le mal qu'on vous fait. A vous, à vous pour la vie[1]. » Bien que le même jour il terminât un billet pour Mme de Castellane en l'assurant qu'il était aussi à elle pour la vie, il n'entendait pas s'aliéner définitivement Mme Récamier et insistait pour qu'elle revînt à Paris. Hésitante et peu convaincue, Mme Récamier avouait sa perplexité à son neveu Paul David : « Je crains aussi d'y[2] retrouver des agitations qui me sont odieuses. Je reçois des lettres douces, on se plaint de mon absence, on demande mon retour, mais, avec une personne qui manque de vérité, on ne sait jamais vivre et je suis absolument déterminée à ne plus me remettre dans toutes ces agitations ; il faut du temps pour changer les termes d'une relation et, sous ce rapport, la prolongation de mon séjour ne peut qu'être favorable[3]. »

Avec aplomb, Chateaubriand continuait de dévider sa litanie d'humilité, répétant qu'il n'avait plus goût à rien ; que le pouvoir, loin de l'enivrer, l'assommait et que, s'il n'avait le devoir de concourir au bonheur de son pays, il y a longtemps qu'il aurait tout abandonné pour « aller mourir loin du bruit, en paix et oublié dans quelque coin du monde[4] ». A Rome, au milieu d'un cercle d'artistes et d'amis, Mme Récamier s'était organisée une existence agréable, un peu mélancolique en songeant au passé, à sa beauté encore célèbre et malgré tout déclinante. Elle était presque devenue l'un des monuments de Rome et se voyait visitée par tous les étrangers de distinction. La paix qu'elle goûtait ressemblait un peu à celle d'un tombeau prématuré où elle aurait enterré sa jeunesse et ses espoirs de bonheur. Chateaubriand n'était pas le seul à la conjurer de regagner Paris, mais elle ne pouvait s'y décider, craignant de perdre ce qui lui tenait lieu, non de bonheur, mais d'assurance contre le malheur : « Si je retournais à présent à Paris, confiait-elle à Paul David le 1er mai 1824, je retrouverais les agitations qui m'ont fait partir ; si M. de Chateaubriand était mal pour moi, j'en aurais un vif chagrin, s'il était bien, un trouble que je suis résolue à éviter désormais. Je trouve ici dans les arts une distraction et dans la religion un appui qui me sauveront de tous les orages. Il est triste de rester encore dix mois éloignée de ses amis, mais il vaut mieux faire le sacrifice et je vous avoue que je le sens nécessaire[5]... »

Elle attendra encore un an avant de se décider. Chateaubriand, privé de ses tête-à-tête quotidiens, abandonné par Cordélia de Castellane, est donc, en ce mois de juillet 1824, seul avec sa femme, encore plus aigrie que lui par sa chute et vomissant tous les hommes au pouvoir, à commencer par ces Bourbons qui ont payé le dévouement de son mari d'une si noire ingratitude. Sur ce sujet, elle ne tarira pas, laissant libre cours à sa rancœur dans ses Carnets : « Le nom de Chateaubriand semble être odieux aux Bourbons » écrit-elle, et, avec cette alacrité de plume aussi vive que celle de son époux, elle constate : « ... les premiers révolutionnaires furent placés par les Bourbons, parce qu'ils se firent craindre, les derniers parce qu'ils se firent saints ; ceux-ci furent les enfants de la congrégation dont le maréchal Soult fut l'écolier le plus distingué[6]. » Elle n'a qu'une consolation : voir le faubourg Saint-Germain leur apporter ses condoléances, autant par sympathie que par curiosité, pour savoir comment l'écrivain supporte sa disgrâce.

Pendant quelque temps, Chateaubriand accueille ces hommages réparateurs avec dignité, sans gémir, espérant que viendra peut-être une compensation, mais, comme rien ne vient, il commence à s'aigrir lui aussi. Puisque le gouvernement le néglige, il lui rappellera qu'il existe encore et qu'il vaut mieux l'avoir avec soi que contre soi. Le lendemain de son renvoi, et après sa démarche inutile auprès de Villèle, Bertin, sacrifiant à l'amitié la subvention mensuelle de six mille francs qu'il reçoit du ministère de l'Intérieur, a pris clairement position en sa faveur dans le *Journal des débats* : « Quant à nous, c'est avec le plus vif regret que nous rentrons dans une carrière de combats, dont nous espérions être à jamais sortis par l'union des royalistes ; mais l'honneur, la fidélité politique, le bien de la France, ne nous ont pas permis d'hésiter sur le parti que nous devons prendre[7]. »

Les articles que Chateaubriand inspire ou qu'il publie dans le *Journal des débats* passionnent le public mais font mauvais effet sur la société qui apprécie peu qu'un ministre tombé passe aussitôt dans l'opposition. Le duc de Doudeauville estime qu'il est le premier, depuis dix ans, à se conduire ainsi, et Laval-Montmorency fait remarquer à Mme Récamier que son cousin Mathieu, lorsqu'il a été supplanté par Chateaubriand, ne s'est pas vengé en attaquant son successeur.

La presse est une puissance avec laquelle il faut désormais compter, la liberté d'écrire, un droit que Chateaubriand s'applaudit d'avoir toujours si bien défendu puisqu'elle est son arme la plus efficace et sera l'instrument de sa revanche : « Sans doute, écrit-il le 21 juin 1824 dans le *Journal des débats*, les journaux ne sont rien en comparaison du pouvoir social, du trône, de la tribune... Personne n'a jamais songé à considérer un journal comme un pouvoir politique : c'est un écrit exprimant une opinion, et si cette opinion réunit à elle la pluralité des hommes éclairés et considérés, elle peut devenir un grand pouvoir. C'est le pouvoir de la vérité. » Quinze jours plus tard, il frappe un premier coup en déclarant, toujours dans le *Journal des débats* : « L'âge des fictions est passé en politique ; on ne peut plus avoir un gouvernement d'adoration, de culte et de mystère. »

Qu'ils appartiennent à la droite ou à la gauche, les contemporains reconnaissent que Chateaubriand, après sa chute, est devenu l'une des grandes figures de l'opposition, s'imposant à tous les partis par un art consommé de « démêler les instincts nationaux mécontents, et à les irriter de plus en plus contre le pouvoir en fournissant avec profusion à leur mécontentement de beaux motifs, vrais ou spécieux, toujours présentés avec éclat[8] ». Qu'il s'adresse aux pairs ou qu'il écrive dans les journaux, il a toujours l'image assez forte pour séduire, la formule qui frappe l'imagination, s'impose à l'esprit comme une vérité. Il faut être Villèle, intègre et croyant tout résoudre en équilibrant le budget, pour méconnaître ainsi le danger que constitue Chateaubriand donnant libre cours à sa verve, à son désir de briller, à son orgueil blessé, un Chateaubriand désormais attaché à lui comme une Némésis, guettant ses fautes, les soulignant lorsqu'il les commettra et justifiant le mot qu'il avait eu un jour en montrant à Berryer son écritoire : « Avec cela, j'écraserai le petit homme ! »

Les occasions ne lui manquent pas au cours de cet été 1824 pendant lequel meurt lentement Louis XVIII, rongé par la gangrène, alors que les partis délaissent le monarque agonisant pour porter leur attention sur le futur souverain. Poursuivant son action clandestine auprès des journaux, Sosthène de La Rochefoucauld avait eu un échec en essayant d'acheter *La Quotidienne* dont le directeur, Michaud, avait intenté un procès à son homme de paille. Afin d'avoir, ouvertement cette fois, un droit de regard sur les journaux, Villèle, le 26 août 1824, rétablit la censure. Chateaubriand riposte en publiant une brochure hâtivement rédigée, *De la censure qu'on vient d'établir*, qui connaît un vif succès.

*

Alors qu'à Paris la situation exige sa présence, il lui faut en partir pour répondre aux appels désespérés de sa femme, installée depuis le 31 juillet dans la principauté de Neuchâtel. On ignore à quel démon Mme de Chateaubriand a obéi en abandonnant son mari pour se réfugier au bord de ce lac, sans doute un accès de mauvaise humeur.

Elle est arrivée à Neuchâtel avec sa femme de chambre Joséphine et un négrillon, Morgan, qui, avec les deux chattes, égayait le bureau de Chateaubriand aux Affaires étrangères. Ce singulier trio a beaucoup étonné les populations et inquiété le maire, Charles-Louis de Pierre, persuadé que Mme de Chateaubriand a été envoyée par son mari pour fomenter quelque intrigue dans cette principauté réactionnaire où il est tenu pour un affreux libéral. Elle a élu domicile au 14, faubourg du Crêt, en face de la maison de Fauche-Borel, un des plus fameux agents royalistes, ce qui, pour le maire, accrédite ses soupçons. M. de Pierre, en tout cas, partage l'avis de Chateaubriand sur le caractère de la vicomtesse : « Elle ne sait ce qu'elle veut, se plaint de tout le monde », écrit-il le 12 août.

Harcelé de ses récriminations, Chateaubriand, qui lui a déjà envoyé Pilorge, arrive à son tour le 29 août, venu vraisemblablement tout exprès de Paris pour lui expliquer qu'il ne peut quitter Paris, car il repart presque aussitôt, ayant passé comme un météore, au grand dépit des Neuchâtelois curieux de le voir. Mme de Chateaubriand est furieuse de cette visite éclair : « Venir me voir pour trois jours ! Encore ne voulait-il pas me les donner ! » écrit-elle à Le Moine. « Il s'en retourne à Paris, Dieu sait pourquoi ; mais lui ni vous n'en savez rien !... Je ne dois attendre la paix que lorsqu'on voudra bien me permettre d'arranger ma vie comme bon me semblera, et la sienne aussi, car je m'y entends mieux que lui[9]. »

D'après M. de Pierre, et c'est certainement la véritable cause de cette précipitation, Chateaubriand veut se trouver à Paris pour la mort du roi, attendue d'un jour à l'autre, et voir de quel côté s'orientera le vent : « Il a dit à quelqu'un de qui je le tiens, écrit M. de Pierre : ils auront plus besoin de moi, que moi d'eux. »

Rentré à Paris, il compose un hymne en l'honneur du futur Charles X, intitulé *Le Roi est mort, vive le Roi !* et le remet à l'imprimeur pour que celui-ci puisse le vendre aussitôt connue la mort de Louis XVIII, qui se produit enfin le 24 septembre. Dix jours avant, il écrivait à Mme de Castellane : « Moi qui n'ai rien à faire qu'à remplir les devoirs d'un loyal sujet, je suis fort peu agité, mais réellement fort affligé, parce que j'aimais le roi quand même, et que je lui reconnaissais plusieurs qualités d'un grand souverain[10]. »

Chapitré par Mgr de Quélen, archevêque de Paris, le nouveau roi ne serait pas opposé à une réconciliation avec Chateaubriand qui a servi ses desseins au temps du *Conservateur* et qui n'a jamais pris position contre lui. Il avait recommandé qu'on le ménageât lors de son renvoi du ministère et n'avait pas été suivi. Il ne l'est pas davantage lorsqu'il demande à Villèle de tenter une réconciliation avec l'écrivain, comme le préconise Mgr de Quélen. Obstiné dans son antipathie, Villèle ne veut accepter la moindre compromission et consent tout juste à ce qu'on rende à son ennemi son traitement de ministre d'Etat, que Chateaubriand refuse, en disant hautement qu'il ne veut rien lui devoir. Avant même d'apprendre ce hautain refus, Mme de Chateaubriand lui répétait dans ses lettres qu'il n'était qu'une dupe et que sa sotte loyauté n'était plus de ce temps.

Dans ces conditions, il hésite à reprendre la route de Neuchâtel où il n'a aucune envie de partager l'amer exil de sa femme, et s'il finit par s'y résoudre, au moins veut-il être revenu à Paris pour assister aux funérailles de Louis XVIII : « Les rois ont besoin de moi à leur couronnement et à leur mort, et de valets pendant leur règne », écrit-il modestement à Mme de Castellane.

Cette fois, il passe huit jours dans la principauté pour ne pas donner l'impression d'être venu chercher sa femme, ainsi qu'un gendarme un voleur. Tout en regardant tomber la pluie, il commence un article sur l'abolition de la censure, puis il repart pour Paris, emportant la promesse que sa femme le rejoindra bientôt. Son départ fait grand plaisir à M. de Pierre qui note le 16 octobre que « l'individu » a quitté les lieux le matin même et s'avoue scandalisé que, dans sa hâte de regagner Paris, « l'individu » ait accepté de payer la lieue de poste 40 francs au lieu de 27.

Le 23 octobre, Mme de Chateaubriand et ses gens partent à leur tour et retrouvent leur seigneur et maître dans le nouvel appartement que Le Moine a trouvé pour eux au 7, rue du Regard, dans l'hôtel construit en 1719 par l'architecte Dailly pour l'ordre des Carmes, enrichi par son eau de mélisse et d'heureuses spéculations. Situé au fond de la cour et au premier étage, l'appartement donne sur un jardin, orné d'une pièce d'eau. Peut-être est-il commode et même agréable, mais l'atmosphère en est vite empoisonnée par les difficultés du couple, à en juger par le récit que fait d'une de ses visites une amie de jeunesse, Emilie de Langan, devenue Mme de Vaujuas : « J'y allai hier soir, raconte-t-elle à une amie, Mme Le Pays du Teilleul, les fauteuils toujours rangés en rond pour recevoir du monde étaient vides ; il était enfermé dans son cabinet avec un personnage important, et nous étions avec sa femme et M. Le Moine fort peu occupés d'une conversation languissante ; le noble pair arriva à la fin, mais dans un tel état d'abattement qu'il me fit de la peine ; on ne peut s'en faire une idée, il resta longtemps dans un silence morne, et reprit cependant avec contrainte la languissante conversation que nous faisions[11]. »

Chateaubriand n'a plus pour revenu que son traitement de pair et sa plume, alors qu'il doit faire face aux frais de cette nouvelle installation et aux dépenses considérables engagées par sa femme pour son Infirmerie Marie-Thérèse. Il peut méditer tristement sur ce mot de son ennemi Ginguené : « Ce qu'il y a souvent de plus heureux pour l'homme de lettres honnête homme, qui consent à se charger d'emplois publics, c'est de se retrouver, après les avoir perdus, avec les mêmes moyens d'exister qu'il avait avant de les prendre. »

A la fin de 1824, il publie *Lettre à un pair de France*, où, rendant hommage au nouveau monarque, il critique assez vivement ses ministres, déplorant le maintien de Villèle au pouvoir ; il y souligne qu'il existe un fait unique dans l'histoire des monarchies : « l'acquies-cement général et complet au nouveau règne, avec l'opposition générale et complète à l'administration ».

Après la clameur provoquée par la loi du 2 décembre 1824 annonçant la mise à la retraite d'officiers généraux, presque tous issus de l'ancienne armée impériale et n'étant plus employés activement depuis 1823, Charles X ne soulève pas moins d'indignation chez les libéraux en annonçant le 22 décembre, à l'occasion du discours du Trône, une loi relative à l'indemnisation des émigrés, grâce à des mesures qui seront proposées aux Chambres.

Dès l'ouverture de la session, Chateaubriand participe activement aux séances de la Chambre des pairs, préparant soigneusement ses interventions qu'il rode en marchant, «s'arrêtant de temps à autre et, le buste rejeté en arrière, les lèvres entrouvertes, bien qu'aucun son n'en sortît», donnant à Othenin d'Haussonville et ses camarades du collège Henri-IV qui le guettent au passage, comme la représentation anticipée d'un de ses importants discours[12].

Le 18 février 1825, il intervient dans la discussion de la loi sur le sacrilège, assortie de peines si lourdes, comme la mutilation du poing et la mort, qu'il s'élève contre des dispositions qui, dit-il, violent à la fois le Code civil, le Code criminel et la Charte. Son éloquence, étayée par des arguments solides, montre qu'il a mûri depuis le *Génie du christianisme* et qu'il a surtout bien amélioré son style, ainsi qu'en convenait, avant de mourir, l'abbé Morellet, jadis un de ses critiques les plus sévères.

La discussion de la loi de finances, prévoyant l'indemnisation des émigrés, lui permet d'intervenir avec d'autant plus d'autorité qu'il n'a rien à espérer du fameux milliard. Favorable au projet, il rappelle que c'est justement parce qu'on voulait s'emparer de leurs biens qu'on a forcé tant de propriétaires à s'enfuir et qu'il ne convient pas de faire un crime d'une émigration qui n'a été qu'un moyen de salut. La discussion est plus doctrinale que pratique, la gauche en profitant pour faire le procès de la religion. Ce débat voit les deux France s'affronter : la victoire reste à l'ancienne – et contre l'esprit nouveau – mais c'est une victoire à la Pyrrhus, consacrée par le couronnement de Charles X, dernière manifestation de la France monarchique, ultime éclat de ses fastes qui, d'ailleurs, paraîtront surannés, prêtant à la moquerie, voire à l'insulte.

*

Rien pourtant n'a été négligé pour faire de ce couronnement une réconciliation nationale en amnistiant nombre de condamnés, en distribuant avec prodigalité titres, pensions, décorations. En tant que pair de France et chevalier du Saint-Esprit, Chateaubriand se rend à Reims, mais il le fait sans joie et même contraint, si l'on en croit ses notes de voyage. Il se regarde comme un «proscrit» auquel «les gens qu'il a servis et placés tournent le dos». Cette cérémonie, qui a fait accourir à Reims une foule considérable de curieux, lui paraît moins un sacre «que la représentation d'un sacre», et il se demande «à qui cette parade... pourrait faire illusion». Pas à lui, certes, qui observe, sarcastique et amer, le déroulement de la cérémonie dont toute ferveur est absente, chacun étant trop bien préoccupé de s'admirer dans les regards des autres que de penser à Dieu, et même au roi.

Des incidents burlesques égaient l'assistance. Lors de la réception des chevaliers du Saint-Esprit, le 30 mai, le grand prévôt, le vieux M. d'Aguesseau qui n'a pas rempli cette fonction depuis le couronnement de Louis XVI, ne sait plus ce qu'il doit faire. Il faut rassembler les souvenirs des plus anciens chevaliers pour combler ses lacunes de mémoire. Les chevaliers doivent se présenter devant le roi deux par deux : le hasard accouple Villèle et Chateaubriand qui montent vers l'autel et qui, troublés, au lieu de s'incliner vers celui-ci, se font l'un à l'autre une profonde révérence, au milieu de l'hilarité générale, ajoute Mme de Maillé. Une certaine gaieté perçait déjà en voyant les chevaliers, affublés de manteaux bizarrement bariolés, se hâter, les uns en sautillant, les autres en traînant la jambe, et donnant un peu l'impression de figures de carnaval, surtout lorsqu'on se montrait tel pair ayant été, dans sa jeunesse, un bouillant révolutionnaire ou un athée militant.

Lorsque Chateaubriand arrive en présence de Charles X pour prêter serment, le roi, ayant quelque peine à ôter ses gants pour prendre sa main dans les siennes, lui dit en souriant : «Chat ganté ne prend pas de souris...» C'est pour de tels à-propos que le nouveau monarque est aimé de son entourage et sait se gagner les cœurs encore rétifs. Il est naturellement bienveillant, sans orgueil, mais, comme l'écrit Othenin d'Haussonville, «ayant conscience d'être irrésistible à force de bonne grâce et de pouvoir, à force de mots aimables, triompher de tous les obstacles[13]». Ce sont plus des talents d'homme du monde que des vertus de souverain. A Reims, par quelque mesure généreuse accompagnant ce mot aimable, il pourrait désarmer Chateaubriand, mais Villèle y répugne et, masquée par la fausse euphorie des fêtes du couronnement, la lutte entre la Couronne et Chateaubriand va continuer jusqu'à la chute de Villèle.

*

Une surprise attend Chateaubriand à son retour de Reims, le 31 mai. Mme Récamier vient de rentrer à l'Abbaye-aux-Bois après un an et demi d'absence. Elle et Chateaubriand n'avaient cessé de correspondre et, au début de l'année, Mme Récamier l'avait invité à venir le rejoindre à Rome. Il avait décliné cette offre avec une sorte de dignité attristée, usant toujours de ce « Madame » qui maintenait les distances et se plaignant de l'ingratitude des hommes de manière à lui laisser entendre qu'elle pouvait figurer au nombre des ingrats.

Pendant un séjour à Naples, Mme Récamier a relu *Les Martyrs*, et, revenue à Rome, elle a commandé au sculpteur danois Thorwaldsen un bas-relief représentant le martyre d'Eudore et de Cymodocée. Ce geste annonce une volonté de conciliation ou, du moins, laisse apparaître un intérêt pour l'œuvre qui ne peut que flatter son auteur. Mathieu de Montmorency a peut-être aussi joué les bons offices et sondé les sentiments du grand homme, encore que tous deux ne soient pas sur le pied de l'intimité, mais pendant cette période il a exercé une sorte de surveillance et tenu Mme Récamier au courant de ce que Chateaubriand ne lui disait pas dans ses lettres.

Quand, le 31 mai, les anciens amants se trouvent en face l'un de l'autre, la réconciliation s'opère avec un tact qui fait honneur à tous deux. Aucun reproche, aucun attendrissement ; en se revoyant un peu changés, un peu vieillis, ils restent silencieux, un sourire aux lèvres, puis, évitant les banalités, ils se mettent à parler aussi naturellement que s'ils s'étaient vus la veille, avec à peine quelque mélancolie en songeant à la fuite du temps, à leur liaison désormais raisonnable et à cette passion que l'habitude va changer en affection un peu cérémonieuse.

Deux jours après ces retrouvailles, Mme Récamier avouera dans une lettre à Mme Salvage, une redoutable amie qu'elle s'est faite à Rome, qu'il entre un certain scepticisme et non moins de résignation dans son attitude à l'égard de Chateaubriand qu'elle voit tous les jours comme autrefois : « Il me dit les mêmes choses, mais je ne le crois plus et, grâce à Dieu, j'ai d'autres pensées. Il m'est toujours fort doux de le compter au nombre de mes amis[14]. » Malgré tout, elle est à nouveau ensorcelée de Chateaubriand au point d'exciter la jalousie du prince Auguste de Prusse, éternel évincé au profit d'un rival beaucoup moins aimable, estime-t-il. A la fin de l'année 1825, exaspéré par une lettre de Mme Récamier, pleine des dits et faits de Chateaubriand, il lui dira rudement ce qu'il pense, avec une franchise toute militaire : « Vous me parlez de la peine que vous cause mon départ et que vous avez bien besoin de mes sermons et surtout de moi pour vous raccommoder avec votre sort. Mais en même temps vous m'assurez : que vous voyez tous les jours M. de C., que vous jouissez vivement de la supériorité de son esprit et de la grâce de sa conversation, et que vous voudriez le ramener à des principes plus sévères ; qu'il vous en laisse quelquefois l'espoir, et que ce n'est peut-être qu'une séduction de plus… Ayant trouvé un consolateur si aimable, je suis bien persuadé que votre tristesse ne durera pas longtemps, et après que vous aurez achevé la conversion de M. de C., vous obtiendrez une place très distinguée parmi les missionnaires. Il paraît même que vous aimez à braver les dangers, parce que malgré mes instantes prières vous voulez absolument vous exposer à ceux que vous pourriez facilement éviter. La manière que vous employez pour faire des conversions est sans doute nouvelle, mais je suis sûr qu'elle aura le plus grand succès. Je vous avoue cependant que, malgré que je ne sois qu'un malheureux hérétique, ce mélange d'idées religieuses et de sentiments très mondains ne peut se justifier, et ne trouve même pas d'excuse ni dans votre situation, ni dans les sentiments que vous avez montrés jusqu'à présent[15]… »

Le retour de Mme Récamier a pour Chateaubriand un double avantage : il guérit la blessure infligée à son amour-propre et l'aide à supporter sa femme, de plus en plus tracassière et qui paraît vouloir se venger de ses infidélités en lui coûtant plus cher que la plus folle des maîtresses. En proie au démon de la bienfaisance, elle ne connaît plus de limites à ses désirs, puisqu'ils sont inspirés par Dieu, ni de freins à ses dépenses, puisque celles-ci sont faites pour les pauvres. Elle est devenue un bourreau d'argent depuis qu'elle a fondé l'Infirmerie Marie-Thérèse, ainsi nommée en l'honneur de la duchesse d'Angoulême, et destinée à recueillir des vieux prêtres et des femmes de la société, ruinées par la Révolution, pour leur éviter la promiscuité dégradante des hospices.

En 1815, elle avait acquis un bâtiment en équerre, 86, rue d'Enfer, où elle avait établi une petite communauté de trois sœurs et de trois pensionnaires, avec une chapelle consacrée par Mgr de Courtois de Pressigny, l'ancien évêque de Saint-Malo. L'année suivante, les Chateaubriand avaient acheté le bâtiment et son terrain pour 60 000 francs, avec un versement immédat de 35 000 francs qu'ils n'avaient pu complètement régler.

Au mois d'août 1823, ils s'étaient rendus acquéreurs, toujours rue d'Enfer, d'une maison et d'un jardin, puis, en 1824, d'une propriété voisine où un entrepreneur de spectacles voulait installer des montagnes russes, ce qui aurait troublé la paix de l'Infirmerie. La maison et le jardin avaient coûté 15 000 francs, le terrain avoisinant, 180 000, prix fabuleux sur lequel Chateaubriand n'avait pu régler qu'un acompte de 18 901 francs. Il avait fallu emprunter 100 000 francs et donner en garantie une hypothèque sur cette nouvelle acquisition. On peut donc estimer à plus de 230 000 francs le prix d'achat de l'ensemble, auquel il convient d'ajouter d'importants frais de travaux, et, comme si cela ne suffisait pas, le 1er mai 1825, Chateaubriand achètera pour 14 000 francs un nouveau terrain, jouxtant le sien. Le 21 février 1826, il mandait fièrement à Mme de Castellane, en exagérant un peu : « Nous laisserons un bel ouvrage dans ce monde : c'est l'Infirmerie. Mme de Chateaubriand la laisse riche de 52 000 francs argent et valeurs, et de 440 000 francs, propriété foncière et mobilière ; n'est-ce pas bien, quand on a commencé cette retraite de vieux prêtres et de femmes ruinées pour la cause royale, avec 1 500 francs empruntés d'un voisin ? »

Pour faire vivre les religieuses et ses protégés, Mme de Chateaubriand fait appel à la charité mondaine, assaillant ses amies, et surtout celles de son mari, mises à contribution sans vergogne avec cette bonne conscience des honnêtes femmes vis-à-vis de celles qui le sont moins. Pour gouverner son petit monde, et mendier auprès du grand, Mme de Chateaubriand déploie une autorité sèche, un peu hargneuse et jamais attendrie. Une vieille dame se plaint-elle de quelque chose ? Qu'elle se taise et s'estime heureuse d'être là. La princesse de Berghes a-t-elle envoyé seulement cinquante francs lors du dernier appel fait à sa générosité ? Elle est riche et aurait pu donner dix fois plus.

Mme de Chateaubriand ne se contente pas de rançonner ses relations. Industrieuse autant que besogneuse, elle a créé une fabrique de chocolat qui, de 1822 à 1830, rapportera plus de quarante mille francs et sera remplacée en 1833 par une nouvelle fabrique, moins artisanale et dont la production sera plus importante. Pour écouler ses produits, elle a plusieurs dépôts dans Paris, dont l'un, rue Notre-Dame de Nazareth, est géré par Mme Bail, décidément fort utile au couple. Mme de Chateaubriand passe une partie de son temps à la correspondance commerciale et à la surveillance des expéditions, si absorbée par ses tâches que son mari prétend qu'un jour, par distraction, elle a signé « Vicomtesse de chocolat » une lettre à un client.

Lorsqu'en 1826 les Chateaubriand s'installeront au 84, rue d'Enfer, dans le pavillon voisin de l'Infirmerie, tous ceux qui voudront voir l'écrivain devront payer un droit de visite à sa femme en achetant du fameux chocolat. Victor Hugo a laissé un plaisant récit de cette formalité qui tient à la fois du viol moral et de l'octroi. Mme de Chateaubriand ne l'aimait pas car, écrira-t-il, elle « haïssait quiconque venait chez son mari autrement que par les portes qu'elle ouvrait ». Une seule fois elle le reçut bien alors que les Chateaubriand habitaient encore rue Saint-Dominique : « Mme de Chateaubriand était dans le salon qui précédait le cabinet de son mari. Il y avait un rayon de soleil sur le parquet et, ce qui m'éblouit et m'émerveilla bien plus que le rayon de soleil, un sourire sur le visage de Mme de Chateaubriand : "C'est vous, Monsieur Victor Hugo ?" me dit-elle. Je me crus en plein rêve des *Mille et Une Nuits* et Mme de Chateaubriand souriant, Mme de Chateaubriand sachant mon nom ! prononçant mon nom ! C'était la première fois qu'elle daignait paraître s'apercevoir que j'existais. Je saluai jusqu'à terre. Elle reprit : "Je suis charmée de vous voir." Je n'en croyais pas mes oreilles. Elle continua : "Je vous attendais ; il y avait longtemps que vous n'étiez venu." Pour le coup, je pensai sérieusement qu'il devait y avoir quelque chose de dérangé, soit en moi, soit en elle. Cependant, elle me montrait du doigt une pile quelconque assez haute, qu'elle avait sur une petite table, puis elle ajouta : "Je vous ai réservé ceci ; j'ai pensé que cela vous ferait plaisir. Vous savez ce que c'est ?" C'était un chocolat religieux qu'elle protégeait et dont la vente était destinée à ses bonnes œuvres. Je pris et je payai. C'était l'époque où je vivais quinze mois avec huit cents francs. Le chocolat catholique et le sourire de Mme de Chateaubriand me coûtèrent quinze francs, c'est-à-dire vingt jours de nourriture... C'est le sourire de femme le plus cher qui m'ait jamais été vendu[16]. »

*

Si avec les quêtes et le débit du chocolat l'Infirmerie vit honorablement, ses fondateurs ne peuvent en dire autant. Les intérêts des emprunts contractés par les Chateaubriand obèrent leurs revenus lourdement, au point qu'ils devraient être les premiers pensionnaires de leur établissement. Il faut diminuer le train de vie, rogner sur tout, se séparer de leur voiture et aller à pied. Ils ont aussi des cousins ou des neveux plus ou moins à leur charge et pour lesquels il faut trouver des emplois ou obtenir des pensions. Sur ses maigres ressources, Chateaubriand assume l'entretien du fils d'Armand, le fusillé. Cela représente soixante à quatre-vingts francs par mois, le montant de sa mensualité de l'Institut. Il paie aussi la pension d'un jeune Anglais, un certain Fallon, au lycée d'Amiens, jeune homme inconnu qui serait peut-être un fils né d'une liaison.

Pour trouver de l'argent, il lui faudrait publier un livre important, mais il est pris par la politique et chaque article envoyé au *Journal des débats*, pour les besoins de l'actualité, prend sur le temps qu'il voudrait consacrer à la révision des *Natchez*, cette épopée américaine dont il vient de récupérer le manuscrit : « C'est une chose assez intéressante pour moi, mais extrêmement pénible que de me retrouver dans ces manuscrits tel que j'étais il y a trente ans, écrit-il à Cordélia de Castellane. C'est un autre homme, mais je n'ai pourtant pas trouvé un seul sentiment que je puisse désavouer ou dont j'eusse à rougir aujourd'hui[17]. »

Ses articles de polémique dans les *Débats* sont brillants, amers, hautains ; ils trahissent le désenchantement de l'homme vieillissant et la déception du ministre éconduit. Un des plus remarquables est celui qu'il a publié le 24 octobre, à propos de la presse périodique dans laquelle il voit une des plus grandes découvertes de l'humanité, au même titre que la poudre à canon ou la machine à vapeur, affirmant, en se fondant sur l'exemple des Etats-Unis, que le monde ira tôt ou tard à la république et ajoutant que, pour la France, « ce crime de lèse-majesté est dû en grande partie au ministère actuel ». Il expose ainsi un de ses grands thèmes qu'il développera dans *L'Avenir du monde* et qui sera une vision prophétique de l'évolution de l'Europe.

En lisant cet article, Villèle s'est cru visé dans plusieurs passages et notamment dans la conclusion, mais il a pu voir également que Chateaubriand était prêt, pour sauver cette monarchie que le ministère conduit au désastre, à le remplacer : « Attaché à la famille royale par amour, fidélité, devoir, honneur, nous avons eu le bonheur de lui rendre quelques services, et nous sommes toujours prêts, s'il était nécessaire, à faire pour elle des sacrifices que ne feraient pas ceux dont les systèmes sont aujourd'hui écoutés. Partout où sera la Couronne, là nous serons : nous mourrons et nous vivrons pour sa cause sacrée. »

Ce sont ses incessants rappels de ce qu'il est, de ce qu'il a été, des services immenses qu'il a rendus, qui agacent certains lecteurs et lui aliènent les bonnes grâces royales. Lamennais, qui a jadis partagé ses idées, se hérisse en lisant cette prose un peu emphatique et en le voyant se prendre pour Jéhovah sur le Sinaï : « Chateaubriand lève la paille dans les articles dont il remplit les *Débats*, écrit-il le 20 novembre 1825 au comte de Senfft. A propos de la Saint-Charles, il nous en fit un où il n'était question que de lui et du roi, et du roi et de lui. C'était l'extrême du ridicule et de l'impertinence. Quelques jours auparavant, il nous avait entretenus des persécutions qu'il a subies sous la monarchie légitime, qu'il ne laissera pas de protéger, quoiqu'il pût fort bien s'accommoder de la République. » Et Lamennais, après d'autres réflexions piquantes, achève ainsi : « Je ne connais pas d'homme plus curieux : il est à lui seul toute une comédie[18]. »

Chateaubriand est trop occupé par ses soucis d'argent, trop passionné par le jeu politique et trop absorbé aussi par l'espoir de publier ses *Œuvres complètes* pour accepter d'écrire la vie de Mathieu de Montmorency foudroyé au pied de l'autel, à Saint-Thomas d'Aquin, le 24 mars 1826, précisément un vendredi saint. Mme Récamier s'est mis en tête de le charger de cette hagiographie et a même demandé au duc de Laval de lui communiquer les papiers de son cousin. Laval est enchanté à cette perspective : « Ce sera, écrit-il à Mme Récamier, Tacite écrivant la vie d'Agricola et ayant, j'ose le croire, les plus belles choses à raconter. » Il suffit de lire ce que Chateaubriand dit de son rival dans les *Mémoires d'outre-tombe*, le *Congrès de Vérone* et sa correspondance, pour se demander comment Mme Récamier a eu l'ingénuité de croire que l'illustre écrivain aurait pu condescendre à s'occuper de si peu de chose… Evidemment, Chateaubriand refusera d'écrire le panégyrique espéré, même pour être agréable à Mme Récamier.

Au mois de novembre 1825, il va pour la dernière fois à Fervacques puis revient à Paris, le cœur attristé. L'année s'achève assez mélancoliquement pour lui, en la seule compagnie de sa femme et du négrillon Morgan, ainsi qu'il l'écrit à Cordélia de Castellane : « Le pauvre garçon, qui n'a que moi ici-bas, mangera beaucoup, dormira longtemps, presque toute la journée ; il est tout nu, ou à peu près, car je ne suis pas bien riche et ses habits ne lui durent pas quinze jours. On lui mettra une de mes vieilles redingotes, un pantalon trop grand pour lui, un bonnet de Mme de Chateaubriand et des pantoufles de Joséphine, et il sera comme s'il était encore en Abyssinie, chez le roi son père. Quelle destinée encore pour ce malheureux petit nègre : être jeté dans mes bras du bout du monde, moi qui ne peux rien pour lui. Il y a dans ce dessein de la Providence quelque chose qui me touche : le pauvre orphelin est mal tombé[19]. »

L'année 1826 commence donc bien mal et, le soir du 1er janvier, pensant à tous les déjeuners, toutes les réceptions qui ont eu lieu à Paris, alors que sa femme et lui sont seuls, il écrit encore à Mme de Castellane que personne, ce jour-là, n'est venu rompre leur abandon et leur solitude. A elle aussi, il avoue qu'acculé par les échéances des emprunts, il devra prendre des mesures draconiennes, comme la vente de son mobilier ou celle d'une partie du terrain de la rue d'Enfer en attendant de trouver un éditeur assez courageux pour lui assurer, après le paiement de ses dettes, une indépendance financière sans laquelle il ne peut y avoir pour lui d'indépendance d'esprit.

Meubles et terrain ne paraissent pas avoir trouvé d'amateur car le 7 février il est pris à la gorge, et lui qui voulait demander quatre cent mille francs pour la cession de ses œuvres complètes, incluant des inédits importants, se contenterait de cent mille francs payés comptant : « Mais je ne veux absolument pas manger mon blé en herbe, écrit-il à Mme de Castellane. L'hôpital me fait peur sur mes vieux jours … Mme de Chateaubriand est courageuse comme un lion. La pauvre femme n'a guère pourtant à mettre à l'encan que les petites bouteilles de drogues qu'elle prend pour sa misérable santé[20].»

Malgré son courage, la vicomtesse n'en peut plus et fait de nouveau une fugue en quittant Paris pour se réfugier à La Seyne. Maussade et quinteuse, elle garde son humour pour donner de ses nouvelles – jamais bonnes –, sachant tracer d'un trait de plume un tableau charmant comme celui qu'elle fait de La Seyne à Clausel de Coussergues : « Du village, on a la vue de Toulon et de la rade, et si l'on monte un peu, celle de la pleine mer couverte de vaisseaux qui se croisent, et d'une quantité de petits bâtiments et de bateaux pêcheurs, montés les uns par d'honnêtes forçats, dont les habits rouges sont d'un effet très agréable tout au travers des voiles. »

En son absence, Chateaubriand essaie de négocier au mieux avec ses créanciers, sans vouloir accepter les prêts que lui offrent Cordélia de Castellane et Louis de Chateaubriand, venus généreusement à son secours : « Mon papier est encore assez haut sur la place, écrit-il le 28 février 1826 à Mme de Castellane, et aujourd'hui même je dois voir des libraires qui demanderont à l'acheter. » Ces libraires sont Ladvocat et son associé Dufey. Ils semblent prospères et acceptent le prix demandé par Chateaubriand, soit 550 000 francs. Le contrat, signé le 30 mars, prévoit la publication de vingt-sept volumes, dont sept inédits. Chateaubriand reçoit 40 000 francs à la signature et 110 000 francs le surlendemain, 1er avril. Le solde lui sera versé en treize paiements de 15 000 francs correspondant chacun à la remise d'un volume. Deux autres paiements de 155 000 francs et 50 000 francs lui seront faits à l'achèvement de la publication.

Le premier versement arrive à point, car Chateaubriand doit quitter la rue du Regard, dont le bail expire le 1er avril, pour emménager rue d'Enfer. Alors qu'il prépare le premier volume et rédige une importante préface à ce monument des lettres, il doit s'interrompre et courir à Lyon où sa femme, en revenant de La Seyne, est tombée gravement malade, au point que les médecins désespèrent de son cas. Tout en lui prodiguant ses soins, et surtout l'attention nécessaire à son réconfort, il se mêle à la vie lyonnaise, heureux de trouver un accueil chaleureux qui lui rappelle les beaux jours du *Génie du christianisme*. Délivré des soucis d'argent, la conscience apaisée par son empressement auprès de sa femme, il décide, afin de pouvoir travailler plus tranquillement, de passer quelques semaines à Lausanne en attendant que la remise en état de la maison de la rue d'Enfer soit achevée. C'est le fidèle Le Moine qui s'occupe de cette réfection et surveillera les corps de métiers.

Les Chateaubriand s'établissent à Lausanne au début du mois de mai 1826. Malgré les soins de ses médecins et ceux de son mari, Mme de Chateaubriand fait peine à voir : « C'est une ombre, une vapeur, écrit Rosalie de Constant à son frère. Un peu courbée de faiblesse, pâle, blanche, de petits traits réguliers, quelque chose de très doux. Lui me paraît français par les compliments, l'extrême et presque gênante discrétion, mais non pour l'abondance des paroles. Cela le fait d'autant mieux écouter. Il paraît bien mécontent de l'état actuel de la France. »

Rosalie de Constant, qui a connu Mme de Staël et la plupart des écrivains gravitant autour d'elle, est une vieille fille alerte et spirituelle, un peu bas-bleu, prompte à saisir les ridicules d'autrui et douée d'un bon sens qui s'exprime en boutades piquantes. Elle n'est pas dupe un instant de la mélancolie hautaine affectée par Chateaubriand et, tout en reconnaissant sa parfaite urbanité, elle estime qu'il joue la comédie pour impressionner son entourage. C'est sur les instances de Mme de Duras qu'elle avait cherché pour le couple une maison à loyer raisonnable. En lui demandant ce service, Mme de Duras l'avait mise en garde en lui disant que l'écrivain était d'une humeur sauvage et qu'elle ne devait pas chercher à l'exhiber dans la société vaudoise. Au bout de quelques jours, Rosalie de Constant revient de certaines de ses préventions contre Chateaubriand et s'apitoie sur le sort de sa femme : « L'idée que cette pauvre femme malade est tout le jour dans son donjon, sans autre ressource que d'y coudre des robes et lire quelques romans, m'y fait aller et mener ceux qui veulent y venir », écrit-elle à Mme de Duras le 26 mai 1826.

Alors qu'il est lui-même immobilisé par un rhumatisme, Chateaubriand apprend qu'un projet de loi sur la presse risque d'entraver la publication de ses *Œuvres complètes*, qui, d'ailleurs, n'avance pas à son gré. La première livraison n'a eu lieu que le 1er juin et le 3 juillet il n'a toujours pas reçu son propre exemplaire. Aussi charge-t-il Le Moine d'aller voir Ladvocat et de lui faire hâter la publication du deuxième volume avant que ne s'abatte sur le libraire et lui cette épée de Damoclès que serait le rétablissement de la censure : « Avec les lâches ennemis, lui dit-il, il ne faut attendre ni impartialité, ni générosité, ni justice. » Dans son inquiétude, il fait partir Mme de Chateaubriand pour Paris le 13 juillet, puis quitte Lausanne un peu plus tard pour arriver à Paris le 30, après avoir appris la disparition de Mme de Custine, venue mourir à Bex, près de Lausanne.

*

A Paris, la situation évolue avec les difficultés croissantes auxquelles se heurte Villèle. Un projet de loi sur les successions, conçu de manière à éviter le morcellement des propriétés foncières, a été repoussé par les députés comme par les pairs, en dépit des avantages qu'il offrait précisément à ceux-ci, la plupart grands propriétaires fonciers. L'idée de l'égalité de partage entre les enfants l'avait emporté sur le respect de la tradition. Un autre projet, sur la presse, agite l'opinion, bien que la teneur n'en soit pas connue, mais on sait que le gouvernement, sans cesse attaqué par les journaux, à gauche comme à droite, a l'intention de réagir avec vigueur, déplorant l'indulgence des magistrats envers les journalistes et les responsables de journaux qui sont la plupart du temps acquittés, aux applaudissements du public. Les traîner en justice équivaut à leur donner une plus large audience.

Aussi le gouvernement a-t-il élaboré une loi sévère; on en apprend bientôt le dispositif : pour les écrits non périodiques, le dépôt légal doit être effectué cinq jours avant leur sortie de chez l'imprimeur ; pour les écrits de moins de cinq feuilles, qui sont en général les pamphlets les plus violents, on institue une taxe d'un franc sur la première feuille et de dix centimes sur chacune des suivantes. Toute infraction entraînera, outre la saisie de la publication, une amende de trois mille francs. Le projet multiplie les entraves au fonctionnement de la presse périodique en exigeant la déclaration préalable des noms des propriétaires de journaux, avec rétroactivité pour ceux qui existent déjà, le relèvement des droits de timbre et de lourdes pénalités pour les infractions. Les poursuites seraient désormais exercées contre les propriétaires des publications et non plus seulement leurs gérants. Indigné de ce projet qui bâillonne à peu près complètement la presse, Casimir Périer propose de remplacer toutes ces dispositions par un seul article : «L'imprimerie est supprimée en France au profit de la Belgique.»

Non moins furieux, Chateaubriand adresse une *Lettre à M. le Rédacteur du Journal des débats sur le projet de loi relatif à la police de la presse*. Il s'y montre cinglant : «Je comprends que le timbre est ici principalement le cachet de la barbarie ; c'est le veto suspensif mis sur la publication de la pensée ; mais pourtant ce timbre est la levée d'un impôt ; je voudrais savoir, Messieurs, la destination des sommes qui proviennent de cet impôt. Iront-elles à des censeurs invisibles que j'ai jadis appelés un Saint-Office d'espions? Seront-elles tenues en réserve pour acheter des procès? Serviront-elles à augmenter les gages de la livrée ministérielle? Ou bien (ce qui serait le plus juste) seront-elles employées à payer des soupes économiques pour nourrir les auteurs et les libraires que le projet de loi, admis, aura réduits à la mendicité[21] ? »

Condamnant l'esprit qui a inspiré ce projet, il écrit un peu plus loin : « On sent que les partisans de cette loi anéantiraient l'imprimerie s'ils le pouvaient, qu'ils briseraient les presses, dresseraient des gibets et élèveraient des bûchers pour les écrivains ; ne pouvant rétablir le despotisme de l'homme, ils appellent de tous leurs vœux le despotisme de la loi[22]. »

Résolu à employer tous les moyens, il incite l'Académie française à envoyer directement au roi une protestation contre cette loi qu'il qualifie de « loi vandale ». Tous les imprimeurs parisiens, jusqu'à ceux du *Moniteur*, organe officiel du gouvernement, se réunissent pour adresser eux aussi une pétition au monarque, affirmant que la loi, en tuant l'édition, ruinerait cent mille familles. En voulant défendre le projet, le garde des Sceaux use d'une expression malheureuse et parle de « loi de justice et d'amour », ce qui porte l'indignation à son comble. Si les députés finissent par adopter le projet, les pairs se montrent plus réticents et nomment une commission chargée de l'amender. Sachant les membres de cette commission particulièrement opposés au projet, Villèle accepte de le retirer, ce qu'apprenant, Paris illumine.

Pour Villèle, cet échec est grave alors qu'aux yeux de Chateaubriand il est un signe encourageant, un espoir, sinon de rentrer en grâce auprès du roi, du moins de s'imposer à lui au nom de cette opinion publique qu'il gouverne. Son retour aux affaires l'aiderait d'ailleurs à résoudre un problème financier qui, malgré le contrat signé l'année précédente avec Ladvocat, reste toujours aussi aigu. Ladvocat s'est révélé moins fortuné qu'il ne l'avait cru et a fini par lui avouer de sérieux embarras d'argent qui le gêneront pour tenir ses engagements à son égard. Généreusement, sans hésiter ni même réfléchir, Chateaubriand accepte une réduction du capital primitif de 550 000 francs à 350 000, geste élégant qui lui coûte 200 000 francs. Le 24 février 1827, il signe un avenant de convention aux termes duquel il ne lui reste plus à toucher que 170 000 francs. Ses vieux jours lui paraissent moins assurés. En dépit de l'esprit d'économie de Mme de Chateaubriand, l'existence au pavillon de la rue d'Enfer est troublée par des soucis d'argent, les vieilles dettes étant là, comme un essaim de sorcières tourmentant un damné.

C'est pourtant une vie simple et presque monacale, elle aussi, que celle des époux dans cette maison sans luxe et presque sans confort, sobrement meublée, dont le seul charme est l'isolement, le cadre agreste et la proximité de Paris, d'un côté, tandis que de l'autre, en allant vers Issy, commence une campagne où les guinguettes se mêlent aux fermes. A défaut d'enfants pour égayer leur foyer, Chateaubriand a des chats, sa femme des oiseaux et tout ce monde, maîtres et bêtes, vit en état de paix armée, Chateaubriand opposant le silence et « un front d'airain » aux remontrances de sa femme, les oiseaux narguant les chats derrière le grillage de leur volière. Chateaubriand se lève tôt, été comme hiver, travaille toute la matinée, sort l'après-midi pour faire sa visite quotidienne à l'Abbaye-aux-Bois où il passe une heure seul avec Mme Récamier avant que les commensaux n'arrivent. Il rentre toujours pour dîner avec sa femme, à une heure qui est un compromis entre celle qu'il souhaitait et celle qu'elle voulait, ce qui fait qu'aucun des deux n'en est satisfait.

En comparaison du calme de la rue d'Enfer, où l'on n'entend que les cloches de l'Infirmerie Marie-Thérèse, Paris, suivant l'expression qu'emploiera trois ans plus tard M. de Salvandy, est déjà un volcan. Des grondements inquiètent les esprits lucides, qui redoutent une éruption. La manifestation de la Garde nationale, le 29 avril 1827, justifie leurs pronostics et renforce leur appréhension. Charles X doit, ce jour-là, passer en revue les gardes nationaux, recrutés pour la plupart dans la petite et moyenne bourgeoisie, libérale et volontiers frondeuse. Chateaubriand a pressenti le danger dont il avertit le roi par une lettre évidemment peu agréable à lire, encore que respectueuse dans sa forme. Qualifiée de « curieuse et violente contre nous » par Villèle, cette lettre est prémonitoire, en décrivant les événements tels qu'ils se passeront : « Votre Majesté va paraître à la revue ; elle y sera accueillie comme elle doit[23], mais il est possible qu'Elle entende au milieu des cris de *Vive le Roi !* d'autres cris qui lui feront connaître l'opinion publique sur ses ministres… » Aussi conseille-t-il au souverain de renvoyer le ministère, en raison de son impopularité, tout en conservant le comte de Chabrol et le duc de Doudeauville.

Impavide, et surtout inconscient, Charles X croit que sa bonne grâce et quelques mots heureux suffiront à calmer les esprits. D'abord accueilli au Champ-de-Mars par des cris de *Vive le Roi !* il en perçoit bientôt d'autres, nettement séditieux : *A bas les ministres ! Vive la liberté de presse !* Il montre alors du courage et, à un garde national sorti du rang pour vociférer sous son nez, il déclare sévèrement : « Je suis venu ici pour recevoir des hommages, et non des leçons. » Il se retire avec dignité, tandis que la duchesse d'Angoulême et la duchesse de Berry se font traiter de « jésuitesses » et qu'une légion de la Garde, en passant devant le ministère des Finances pour regagner ses quartiers, insulte Villèle.

Dès le lendemain, celui-ci obtient du roi un décret de dissolution de la Garde nationale, et Chateaubriand observe : « N'y avait-il d'autres moyens de punir quelques exclamations inconvenantes ? Le mode même du licenciement général était-il raisonnable ? Licencie-t-on trente mille hommes qui restent de fait réunis dans la même ville, presque sous le même toit, avec leurs armes ? » La Révolution de 1830 lui donnera raison.

Son opinion sur cet événement, Chateaubriand l'expose avec hardiesse en un long discours qu'il a préparé au cas où le gouvernement déposerait un nouveau projet de loi sur la presse. C'est donc un discours préventif et, à défaut de le prononcer, il le fait imprimer par Ladvocat. Chiffres et faits à l'appui, il démontre que le gouvernement dispose d'un arsenal suffisant de peines, allant de l'amende à l'emprisonnement – sans compter la suppression du journal –, pour réprimer tous les délits de presse sans avoir besoin d'établir une censure ou de supprimer cette liberté. Il rappelle que les plus grands forfaits ont été perpétrés à une époque où l'imprimerie n'existait pas et que, depuis la découverte de celle-ci, on compte en France trois années de liberté de la presse d'août 1789 à août 1793, trois autres années sous le Directoire, liberté qui a failli, grâce au mouvement d'opinion ainsi créé, provoquer la restauration des Bourbons, et enfin six années sous la Restauration. C'est peu pour un pays dont les citoyens sont si farouchement individualistes. Il remarque en passant que « le Consulat et l'usurpation impériale ne purent s'établir [que] par la servitude de la presse, mais [que] du moins Buonaparte donna la gloire pour censeur à la liberté : *c'était l'esclavage, moins la honte* ». Il combat l'argument invoqué par le gouvernement, c'est-à-dire la protection de la religion contre les attaques des journaux, en déclarant que le christianisme est au-dessus de cela, religion « fondée sur le libre exercice de la pensée et de la parole ». « Enfin, dit-il, cette loi ne peut convenir à l'état présent des esprits, car les idées sont devenues des intérêts sociaux… Nous sommes arrivés à l'âge de la raison politique ; cette raison éprouve le combat que la raison morale éprouva lorsque Jésus-Christ apporta celle-ci sur la terre avec la loi divine. Tout ce qui reste de la vieille société politique est en armes contre la raison politique, comme tout ce qui restait de la vieille société morale s'insurgea contre la raison morale de l'Evangile[24]. »

Résumant ses divers arguments, il conclut : « En donnant mon vote contre la loi en général, je ne renonce point au droit d'en combattre et d'en discuter les articles puisqu'il faut en venir à cette lamentable discussion. Je vote à présent contre l'ensemble d'un projet de loi qui met la religion en péril, parce qu'il fait calomnier cette religion ; je vote contre un projet de loi destructeur des lumières, et attentatoire aux droits de l'intelligence humaine ; je vote contre un projet de loi qui proscrit la plus précieuse de nos libertés ; je vote contre un projet de loi qui, en attaquant l'ouvrage du vénérable auteur de la Charte, ébranle le trône des Bourbons. Si j'avais mille votes à donner, je les donnerais tous, croyant remplir le premier de mes devoirs envers la civilisation, la religion et la légitimité[25]. »

Villèle, ainsi prévenu, passe outre, et, le 24 juin, deux jours après la fin de la session parlementaire, il rétablit la censure, achevant de déchaîner contre lui l'opinion. Alors que Bonald, partisan de cette mesure, est nommé président du Conseil de surveillance de la presse, Chateaubriand riposte en créant la Société des amis de la liberté de presse afin de regrouper toutes les bonnes volontés, quelles que soient leurs nuances politiques, pour défendre le droit d'écrire et de publier. Cette prise de position lui vaut un regain de popularité qu'il évoquera dans ses Mémoires avec cette affectation de dédain et d'ennui qui cache assez mal une jubilation trahie par certaines phrases : « La Jeune France était passée tout entière de mon côté et ne m'a pas quitté depuis. Dans plusieurs classes industrielles, les ouvriers étaient à mes ordres, et je ne pouvais plus faire un pas dans les rues sans être entouré. D'où me venait cette popularité ? de ce que j'avais connu le véritable esprit de la France. J'étais parti pour le combat avec un seul journal, et j'étais devenu le maître de presque tous les autres. Mon audace me venait de mon indifférence : comme il m'aurait été parfaitement égal d'échouer, j'allais au succès sans m'embarrasser de la chute[26]... »

Les amis de la liberté de presse ne restent pas inactifs pendant cet été 1827, et Chateaubriand déclenche la campagne contre Villèle en publiant le 30 juin une vigoureuse protestation contre le rétablissement de la censure. Il se déchaîne avec une verve et une férocité qui rappellent les beaux jours du *Conservateur* : « Quant à moi, écrit-il, je ne consentirai jamais à faire de la liberté avec licence des supérieurs : on n'entre au bagne qu'à aucune condition [*sic*]. Rompre des lances pour les libertés publiques, sous les yeux des hérauts de la censure ; danser la pyrrhique en présence des gardes-chiourme qui applaudissent à la dextérité des coups, à la grâce des acteurs, ce serait imiter ces esclaves qui faisaient des tours d'escrime et des sauts périlleux pour le divertissement de leurs maîtres. Passaient-ils les bornes prescrites, le fouet les avertissait qu'ils n'étaient que des baladins ou des gladiateurs. Les principes les plus utiles perdent leur efficacité lorsqu'ils sont timbrés du bureau d'un inspecteur des pensées. On ne croit point à un journal censuré : le bon sens enseigne que si l'on permet à un tel journal de dire une telle chose, c'est que le ministère y a un intérêt secret : la vérité devient mensonge en passant par la censure[27]. »

Accablé de tous côtés, soupçonné de pousser le roi à révoquer la Charte et de préparer un coup d'Etat, Villèle n'entend pas céder, ni composer avec Chateaubriand. Le 23 août 1827, Clausel de Coussergues, vraisemblablement de sa propre initiative, va voir Villèle et lui propose de désarmer l'opposition de droite en faisant entrer Jules de Polignac dans le ministère, au besoin sans portefeuille, et en restituant à Chateaubriand son traitement de ministre d'Etat, ce que Villèle, écrivant à sa femme, appellera «vendre au roi leur rentrée dans le devoir au prix de deux ministères et de quelques avantages d'argent pour les mangeurs du parti[28]».

Clausel de Coussergues n'est pas le seul à penser qu'un rapprochement serait nécessaire, et même urgent, afin d'éviter une aggravation de la crise. Ferdinand de Bertier effectue la même démarche auprès de certaines personnalités pour trouver un moyen de conciliation et, sa tournée achevée, il en apporte le résultat au roi qui ne veut rien céder, sous prétexte que Louis XVI, en cédant toujours, avait «consommé la chute du trône», et la sienne. Etonné de cette incompréhension, Bertier revient à la charge en adressant à Charles X une seconde lettre, écrivant que s'il ne veut pas remplacer Villèle «par des hommes ayant des principes plus arrêtés que les siens», et avec plus d'énergie, il valait mieux le conserver en le soutenant contre ses adversaires.

Ces diverses tractations, auxquelles Chateaubriand est plus ou moins mêlé, parfois à son insu, n'aboutissent pas. Pour renforcer sa majorité à la Chambre des pairs, Villèle y fait entrer soixante-seize personnalités diverses, dont quarante appartenant au «parti dévot», puis il dissout la Chambre des députés, suspendant la censure pendant la durée des élections. Celles-ci se déroulent les 17 et 24 novembre 1827 et n'apportent pas de modifications profondes, en dépit du succès des libéraux à Paris. Si le gouvernement dispose à la Chambre des députés d'une majorité de 285 sièges contre 147 aux libéraux, Chateaubriand influera sur les 80 *ultras* pour qu'ils votent avec les libéraux, contre Villèle. Ainsi la marge de manœuvre de celui-ci est-elle extrêmement réduite et sa position de plus en plus précaire, alors que celle de Chateaubriand s'affermit chaque jour davantage.

Si son opposition systématique au ministère lui a rallié une partie des libéraux, elle lui a, en revanche, aliéné des sympathies dans la société où certaines de ses idées, la violence avec laquelle il les exprime, ont choqué. Ce qu'on lui reproche est surtout son désir de vengeance, en dépit de ce qu'il vient d'écrire en préfaçant une réédition de *De la Monarchie selon la Charte* : «En me frappant, on n'a frappé qu'un dévoué serviteur du roi, et l'ingratitude est à l'aise avec la fidélité ; toutefois, il peut y avoir tels hommes moins soumis et telles circonstances dont il ne serait pas bon d'abuser, l'Histoire le prouve. Je ne suis ni le prince Eugène, ni Voltaire, ni Mirabeau ; et, quand je posséderais leur puissance, j'aurais horreur de les imiter dans leur ressentiment[29]... »

Dans son Journal, la duchesse de Maillé lui reproche son « opposition haineuse et son parti pris de tout désapprouver », prêt à sacrifier le ministère et au besoin la monarchie à l'assouvissement de sa vengeance, illustrant par sa pensée le mot d'un libéral : « M. de Chateaubriand est un homme qui brûlerait une maison pour faire cuire un œuf[30]. »

*

Alors que Chateaubriand peut enfin espérer son retour au pouvoir, meurt loin de lui une femme qui s'était donné tant de mal pour l'y pousser. En cette fin d'année 1827, Mme de Duras n'attend plus rien de l'existence, ayant perdu beaucoup de ses illusions, notamment celles que Chateaubriand lui avait données. Depuis quelques années, il la négligeait, espaçant ses visites et lui écrivant de moins en moins. L'année précédente il avait mis beaucoup de mauvaise volonté à lui porter un cadeau que Rosalie de Constant lui avait confié pour elle et qu'il oubliait chaque fois qu'il allait la voir : « Il faut l'aimer quand même, écrivait-elle à Rosalie de Constant, mais ne jamais compter sur ce qui exige un sacrifice. A Paris, il vient tous les jours, je suis sa promenade et son habitude ; ici[31], il lui faut une journée, et chaque jour, il dit : demain. Voilà l'homme ; et voilà ce qui fait que toutes les personnes qui l'ont aimé ont été malheureuses, quoiqu'il ait de l'amitié et beaucoup de bonté[32]. »

Ce qu'elle éprouvait pour Chateaubriand, elle l'avait discrètement exprimé dans son roman *Ourika*, histoire, selon le mot d'Etienne de Jouy, d'une « noire qui, de chagrin de ne pas être blanche, se fait sœur grise ». Charles, le jeune gentilhomme dont Ourika est éprise, est, dans certains passages, Chateaubriand, trop aimé sans le savoir et, avec l'égoïsme insouciant des hommes, se laissant aimer. « Depuis si longtemps il comptait pour moi, faisait-elle dire à Ourika, que mon amitié était pour lui comme sa vie ; il en jouissait sans la sentir ; il ne me demandait ni intérêt, ni attention ; il savait bien qu'en me parlant de lui, il me parlait de moi, et que j'étais plus lui que lui-même. Charme d'une telle confiance, vous pouvez tout remplacer, remplacer le bonheur même ! »

Une telle abnégation a été mal récompensée ; Mme de Duras, de sœur élective, était devenue un peu la mère de cet enfant gâté : « Une mère, en effet, disait Ourika, pouvait seule éprouver ce désir passionné de son bonheur, de ses succès ; j'aurais volontiers donné ma vie pour lui épargner un moment de peine. Je voyais bien avant lui l'impression qu'il produisait sur les autres, il était assez heureux pour ne s'en point soucier[33].» Souffrant d'une maladie de foie, elle avait vu avec tristesse Chateaubriand, lorsqu'elle se plaignait de son état, lui dire qu'elle exagérait, que ses souffrances étaient imaginaires : «M. de Chateaubriand ne me croira malade que lorsque je serai morte, écrivait-elle à Rosalie de Constant ; c'est sa manière ; elle m'épargne bien des inquiétudes, et si j'avais eu cette manière d'aimer, il est probable que je me porterais mieux.» A la fin de l'année 1827, le mal a si rapidement progressé qu'elle en a perdu toute volonté de vivre, acceptant son sort avec résignation. De Nice, où elle s'est installée sur le conseil des médecins, elle écrit mélancoliquement à Chateaubriand, le 14 novembre 1827 : «Je languis sur mon canapé toute la journée… Je rêve au passé ; ma vie a été si agitée, si variée, que je ne puis dire que j'éprouve un violent ennui… Ma vie présente est si éloignée de ma vie passée qu'il me semble que je lis des mémoires, ou que je regarde un spectacle[34].»

Son état empire à compter du 16 décembre et elle refait son testament léguant à Chateaubriand non plus l'usufruit de sa maison d'Andilly, vendue à Talleyrand, mais la copie par Mignard d'une vierge de Raphaël, une copie de son propre portrait, ainsi que la pendule de son cabinet, en souvenir de tant d'heures douloureuses passées à l'attendre.

Le 26 décembre, Chateaubriand lui écrit une longue lettre dont le début, en se voulant rassurant, doit sembler à sa destinataire d'une tragique ironie : «Cette lettre vous arrivera le 1er janvier pour vous souhaiter la bonne année. Elle sera bonne pour nous, car enfin vous reviendrez, vous cesserez d'avoir vos amis en antipathie, et comme le temps vous aura prouvé que votre maladie, pour avoir été longue, n'a cependant rien de grave, rassurée sur l'avenir, vous voudrez le passer au milieu de ceux qui vous aiment[35].» Le 16 janvier 1828, avant de s'éteindre, elle aura encore une pensée pour lui, murmurant : «Qu'il soit heureux ! Je ne serai plus là pour partager son bonheur…»

Aux regrets que Chateaubriand éprouve en apprenant la mort d'une si fidèle amie se mêle un peu de remords pour ne l'avoir pas aimée autant qu'elle l'aurait souhaité, mais il s'efforcera de réparer son ingratitude en lui élevant dans ses Mémoires un cénotaphe où il réussit à placer, en médaillon central, sa propre image : «Mme de Duras était ambitieuse pour moi ; elle seule a connu d'abord ce que je pouvais valoir en politique ; elle s'est toujours désolée de l'envie et de l'aveuglement qui m'écartaient des conseils du roi ; mais elle se désolait encore bien davantage des obstacles que mon caractère apportait à ma fortune ; elle me grondait, elle me voulait corriger de mon insouciance, de ma franchise, de mes naïvetés et me faire prendre des habitudes de courtisanerie qu'elle-même ne pouvait souffrir. Rien ne porte plus à l'attachement et à la reconnaissance que de se sentir sous le patronage d'une amitié supérieure qui, en vertu de son ascendant sur la société, fait passer vos défauts pour des qualités, vos imperfections pour un charme. Un homme vous protège par ce qu'il vaut, une femme par ce que vous valez[36]. »

18

Automne romain

janvier 1828-mai 1829

Dans sa dernière lettre à Mme de Duras, Chateaubriand, se faisant
l'écho de rumeurs annonçant le prochain départ de Villèle, écrivait :
« Ma position politique est complètement changée », puis il ajoutait :
« Quoi qu'il en soit de l'avenir, tous ceux qui veulent être ministres,
dans toutes les nuances de l'opposition, croient avoir besoin au moins
de ma non-opposition pour marcher[1]. »

Depuis le 6 décembre 1827, Charles X envisage un nouveau ministère,
mais les personnalités pressenties pour le composer y mettent comme
condition le départ de Villèle, élevé à la pairie en guise de consolation.
Après de nombreuses tractations, Villèle et ses collègues démissionnent
le 3 janvier 1828 et le roi charge le vicomte de Martignac de former le
cabinet. Evoquant cette chute dans ses Mémoires, Chateaubriand écrira :
« J'avais rugi en me retirant des affaires ; M. de Villèle se coucha ; il eut la
velléité de rester à la Chambre des députés, parti qu'il aurait dû prendre,
mais il n'avait ni une connaissance assez profonde du gouvernement
représentatif, ni une autorité assez grande sur l'opinion extérieure, pour
jouer un pareil rôle[2]. » A Cussy, Chateaubriand confiera, en se frottant
les mains : « Le coquin, il m'a coûté trois ans et demi de peine, mais
enfin il est tombé[3]. »

Bien que Villèle ait démissionné, Charles X n'en continue pas moins
de le consulter sur certains points délicats, entre autres la participation
de Chateaubriand au nouveau gouvernement sans laquelle il sera sans
doute impossible d'avoir une majorité stable à la Chambre. Hommes
de second plan pour la plupart, les nouveaux ministres sentent fort bien
que pour donner à leur équipe un peu d'éclat – et à l'opinion publique

un gage – il serait bon d'avoir parmi eux M. de Chateaubriand. Ils demandent au roi la permission de faire, en son nom, une ouverture à l'illustre opposant. Le souverain les y autorise et envoie par la suite une longue lettre à Villèle pour le prévenir qu'il est disposé à prendre Chateaubriand, La Bourdonnaye et Lalot : « Je lui ai fait de vives observations sur le premier choix, note Villèle dans son agenda, l'encourageant à ne le faire que contraint et contre mon avis[4]. »

Le nom de Chateaubriand fait peur. Lorsque Chabrol, pressenti avant Martignac pour former le nouveau ministère, avait inscrit sur la liste, sans désignation de portefeuille, le nom du vicomte, Charles X l'avait rayé en disant : « Mieux vaudrait M. Laffitte… Villèle avait raison. » Ce qui complique aussi les négociations, ce sont les exigences de l'intéressé qui ne veut participer au ministère que si l'on donne l'Instruction publique à Royer-Collard et la Marine à Hyde de Neuville, ainsi que divers avantages substantiels à des amis, entre autres les frères Bertin. Les pourparlers finissent par échouer, au grand dépit de Chateaubriand qui, si près du but, le voit encore une fois hors d'atteinte. En lisant la liste des nouveaux ministres dans *Le Moniteur*, « il fut si furieux, rapporte Mme de Boigne, qu'il en pensa étouffer ; il fallut lui mettre un collier de sangsues et, cela ne suffisant pas, on lui en posa d'autres aux tempes. Le lendemain, la bile était passée dans le sang, il était vert comme un lézard », et d'ajouter : « Je n'ai guère vu de spectacle plus triste que celui de cet homme, à qui on ne peut refuser une capacité peu ordinaire, et auquel sa profonde indifférence pour tout ce qui ne blesse pas son amour-propre donne l'air d'une profonde bonhomie, bouleversé et accablé à ce point par un revers d'ambition[5]. »

Mais le dernier mot n'est pas dit. Les ministres s'inquiètent de la réaction de Chateaubriand, persuadés que celui-ci, rejeté dans l'opposition, reprendra ses attaques avec une vigueur accrue. On le soupçonne déjà d'inspirer la campagne alors menée par le *Journal des débats* pour la mise en accusation de Villèle. Ferdinand de Bertier s'entremet à nouveau pour convaincre Polignac qu'on ne peut se passer de Chateaubriand et que, pour plus de sûreté, il faut d'abord s'assurer de sa femme en lui faisant miroiter une ambassade et même un titre de duc. Comme Polignac se récrie, Ferdinand de Bertier lui répond que ce n'est rien « quand on voit tant de gens sortis de la Révolution le porter[6]. »

Chateaubriand voit donc venir à lui divers émissaires chargés de le sonder tandis que dans l'entourage de Charles X on essaie de dissiper les préventions du roi contre lui. Il serait urgent de trouver une solution, car dès l'ouverture de la session, le 5 février 1828, une trentaine de députés royalistes, hostiles à Villèle, ont fait défection lors de l'élection du bureau de la Chambre. C'est l'annonce d'un effritement de la majorité. L'*Adresse au Roi*, en réponse au discours du Trône, est, elle aussi, un avertissement, car ses rédacteurs ont qualifié de « système déplorable » celui de Villèle, et, devant cette critique d'un cabinet auquel ils ont appartenu, deux des nouveaux ministres démissionnent.

Les portefeuilles qu'ils rendent, Chabrol celui de la Marine et Mgr Frayssinous celui de l'Instruction publique, pourraient être offerts à Chateaubriand. Hyde de Neuville est chargé de lui proposer la Marine, encore qu'il juge le poste insuffisant et voudrait que le roi y ajoute la présidence du Conseil. Hyde de Neuville se rend donc rue d'Enfer, et, trouvant au maître de maison la mine moins sombre, il commence à lui vanter les agréments de la Marine, mais son inter-locuteur l'interrompt en lui disant que c'est à lui, Hyde de Neuville, que ce portefeuille doit revenir et qu'il l'avait d'ailleurs fait demander au roi pour lui. Malgré l'insistance de Hyde, Chateaubriand demeure inflexible. Il veut, comme réparation de l'affront jadis subi, les Affaires étrangères ou rien. Or ce département est déjà donné à l'un de ses amis, le comte de La Ferronnays, parfaitement capable et que l'on ne peut déloger. Hyde de Neuville, après ce refus, se voit investi de la Marine et, fort ennuyé, plaide auprès du roi la cause de son ami, s'attirant cette réponse excédée : « Ah ! oui, Chateaubriand, toujours Chateaubriand ! » Le 15 mars 1828, celui-ci, ayant sans doute réfléchi, écrit à Hyde de Neuville en lui demandant de réclamer seulement son entrée au Conseil, sans portefeuille, promettant qu'on le trouvera « bon coucheur », mais il entend que la chose se fasse immédiatement, dit-il, sa position n'est plus tenable. Il est pris en effet entre ceux qui le croient ministre, en lui reprochant d'en faire mystère, et ceux qui l'accusent de se laisser berner.

Le lendemain, il revient à la charge, exigeant cette fois d'être seul à entrer au Conseil, car ce serait alors une distinction particulière. « Avec deux collègues sans portefeuille, je m'amoindris ; c'est un clan, un système ; ce que je peux valoir disparaît ; ce n'est pas moi qu'on a appelé, c'est trois personnes. » Ainsi, après avoir prodigué quelques conseils à Hyde pour placer au plus vite et au mieux quelques amis communs, il conclut par une menace à peine voilée : « J'ai contribué à vous mettre où vous êtes, je serais au désespoir de vous y voir périr. » Et, rappelant que les Chambres, « les journaux, l'opinion générale pressent les événements[7] », il laisse entendre qu'il peut, lui, par sa plume, accélérer le mouvement.

Comme rien ne vient, un peu refroidi, il baisse le ton et avoue à Hyde de Neuville qu'il ne désire plus entrer au Conseil mais que, par amour de lui, il accepterait d'en faire partie, même sans portefeuille et en même temps que les dernières recrues du cabinet : « C'est la dernière concession que je puisse faire, prévient-il, souvenez-vous bien qu'après lundi je ne suis plus maître de retenir personne et la guerre continuera malgré moi... » Il pourrait dire : « et surtout avec moi ». Prévoyant la chute du ministère, il conseille à son ami de le quitter avant le naufrage : « Votre démission isolée vous rendra maître de tout, ou vous sauvera du naufrage commun... Votre position politique reste ainsi admirable, et vous grandissez encore dans l'opinion publique[8]. »

Ne voulant pas l'admettre au Conseil, Charles X songe à lui donner l'ambassade de Rome, encore qu'elle soit occupée par le duc de Laval. Rome, aux yeux de Chateaubriand, c'est la vieillesse du monde et sa propre jeunesse, intimement mêlées ; c'est le souvenir de Mme de Beaumont, celui des humiliations subies au temps du cardinal Fesch et l'occasion d'une tardive revanche ; enfin, c'est la possibilité de jouer un rôle international dans cette ville d'où l'autorité du pape s'étend à toute la chrétienté. Séduit par cette perspective, il accepte en présentant son acquiescement comme un sacrifice à son souverain : « Il se peut qu'il fût utile à mon pays de se trouver débarrassé de moi ; par le poids dont je me sens, je devine le fardeau que je dois être pour les autres[9]. » A La Ferronnays, il déclare ne pouvoir accepter Rome que si le duc de Laval y consent. Il a déjà éliminé Mathieu de Montmorency des Affaires étrangères et le voilà maintenant poussant Laval hors de sa place : il était dans son destin de porter tort aux Montmorency !

Il faut d'abord obtenir d'Adrien de Laval qu'il échange l'ambassade de Rome contre celle de Vienne. Heureusement le duc n'est pas marié, sans femme pour jeter les hauts cris, lui monter la tête et multiplier les obstacles matériels pour retarder le départ. Fort liée avec Adrien de Laval, Mme Récamier intervient pour adoucir les froissements d'amour-propre et aplanir les difficultés. Tout se passe assez bien et le duc de Laval est annoncé à Vienne où Metternich le verrait arriver avec plaisir s'il ne cédait pas sa place à Chateaubriand, bête noire du Chancelier : « Il ne reste relativement à M. de Chateaubriand qu'un espoir, écrit Metternich : c'est qu'en aucun lieu le génie et le renégat du christianisme et de la royauté ne saurait être plus suspecté qu'à Rome. Si le fait devait se réaliser, il ne ferait que fournir à l'Europe une preuve nouvelle de l'abjection dans laquelle l'administration de la France est tombée[10]... » Plus tard, le prince exercera par l'intermédiaire de son ambassadeur à Rome une vigilante surveillance des opinions comme des activités de Chateaubriand.

A Paris sa nomination soulève une certaine opposition qui en retarde l'annonce officielle au *Moniteur*. Afin de libérer Vienne pour y envoyer Laval, on a rappelé le marquis de Caraman contre le gré de La Ferronnays qui a demandé pour lui, en compensation, le titre de duc. On a craint aussi de voir le Saint-Siège, instruit et dûment stylé par l'ambassadeur autrichien, élever des objections à l'envoi de Chateaubriand. Le nonce à Paris, Mgr Lambruschini, émet des réserves, craignant que Chateaubriand, avec ses idées sur la liberté de la presse et autres billevesées libérales, ne devienne à Rome un centre de ralliement pour les mécontents. Pour le rassurer, La Ferronnays lui a dépêché Chateaubriand lui-même : après un long entretien, le futur ambassadeur a convaincu le prélat de la pureté de ses intentions et lui a promis d'avoir une attitude en tout point conforme aux vœux de Sa Sainteté. Celle-ci, rassurée à son tour, déclare que, « bien loin de recevoir l'ambassadeur à contrecœur, Elle s'affirme contente de ce choix ».

Cette pieuse comédie a sauvé la face, mais il est malgré tout peu agréable pour Chateaubriand d'avoir vu sa personne ainsi discutée, comme d'avoir dû donner le nom de son confesseur qui a témoigné de la sincérité de ses sentiments religieux et de son assiduité aux offices. En contrepartie, le roi qui, selon Mme de Boigne, « ne trouvait aucun prix trop cher pour l'éloigner de ses conseils et de sa présence[11] », aurait fait verser au futur ambassadeur un rappel de cent cinquante mille francs correspondant à son traitement de ministre d'Etat.

La nomination paraît enfin au *Moniteur* le 3 juin 1828, mais, au lieu de partir aussitôt pour Rome, il s'attarde à Paris. Après avoir attendu trois mois ce poste, il peut bien en mettre autant à le rejoindre. Est-ce l'attrait de la religion, celui du climat ou seulement le souci de le surveiller ? Mme de Chateaubriand a décidé de l'accompagner à Rome alors que Chateaubriand, prévoyant un refus, avait déjà demandé à Mme Récamier de tenir l'ambassade. La séparation d'avec la dame de l'Abbaye-aux-Bois ne doit pas non plus déplaire à Mme de Chateaubriand qui aura enfin son mari entièrement à elle.

*

Ce volage époux, qu'elle croit complètement aux pieds de Mme Récamier, aime ailleurs, encore que d'une manière assez innocente, en cultivant par correspondance une liaison d'âme avec deux inconnues auxquelles il a prêté, l'imagination aidant, toutes les séductions de sa Sylphide.

La première de ces amantes idéales, la marquise de Vichet née d'Hauteville, pourvue d'un grand fils, officier de Chasseurs, a caché son âge et joué à l'ingénue en se faisant passer pour une jeune lectrice enthousiasmée par ses livres – qu'elle est d'ailleurs loin d'avoir tous lus, comme Chateaubriand s'en apercevra. Dans sa première lettre, elle lui disait qu'il se soucierait sans doute fort peu d'elle et ne lui répondrait même pas. Or Chateaubriand, toujours curieux de nouveau et assez homme de lettres pour savoir qu'il ne faut jamais décourager les admirateurs, encore moins les admiratrices, plutôt même les flatter, avait répondu. La marquise, éperdue, n'en avait pas cru ses yeux en voyant l'altière écriture du grand homme et s'était émue en lisant les choses délicates et charmantes qu'il lui écrivait. Elle s'était senti le cœur d'une pensionnaire à qui un jardinier complaisant a glissé dans la main le billet d'un galant : « Depuis que j'ai reçu votre lettre, lui écrivait-elle le 19 janvier 1828, deux mois après le début de leur correspondance, tout est encore changé autour de moi. J'ai remarqué plusieurs fois l'étonnement du peu de personnes qui me parlent. C'est que la joie brille sur mon visage, quoique je n'ai aucun sujet connu de contentement[12]. »

Essayant d'imaginer la personnalité cachée de son correspondant, elle lui prêtait avec « l'âme d'un ange, le caractère d'un héros, peut-être le cœur d'une femme, et quelquefois la gaieté franche et naïve d'un enfant ». Elle suivait passionnément sa carrière, ou plutôt ses efforts pour revenir au pouvoir, lisant dans le *Journal des débats* de brillants articles non signés qu'elle croyait de lui et qui étaient la plupart du temps de son « sosie littéraire », M. de Salvandy. Elle recopiait amoureusement les lettres qu'il lui adressait, un travail absorbant car leur correspondance allait bon train. Elle s'était vite exaltée, enivrée par l'attachement qu'il lui inspirait, affirmant avec candeur n'en avoir « pas vu de semblable, ni dans la vie, ni dans les livres », mais elle commençait à douter de sa constance et de sa sincérité. Il lui faut désormais plus que ce qu'elle ambitionnait modestement au début, ne serait-ce que pour lui faire oublier son ennuyeux mari, un ancien inspecteur des Douanes, dont elle est séparée. « Mais vous n'êtes pas curieux de votre Marie, s'étonne-t-elle, et ne songez pas à l'aimer. Vous lisez mes lettres comme on respire le parfum d'un bouquet de violettes, sans songer à cueillir dans le buisson la plante qui le produit... Non, cette fois encore, nous serons séparés ! Vous partirez encore sans emporter dans votre cœur l'image de celle qui vous aime et sans lui laisser la vôtre, écrit-elle le 20 février 1828. Bientôt sa pensée s'effacera de votre esprit. Seulement quelquefois peut-être, dans des jours d'abattement (puissent-ils être rares, ô mon maître trop aimé !) et de tristesse, vous vous rappellerez la pieuse tendresse de Marie : cette tendresse qui vivait de vos peines[13]. » Mme de Duras n'aurait pas mieux dit.

Si Mme de Vichet lui a caché son âge, entretenant dans son esprit l'illusion d'une jeune femme esseulée, tendre et romanesque, Léontine de Villeneuve, alors dans sa vingt-cinquième année, se rajeunit en ne se donnant que 16 ans. Cette nymphe habite un vieux château près de Castres, non loin de la propriété où Charles et Eugénie de Guérin se consument dans une ardente chasteté. Elle a commencé de lui écrire en grand mystère, usant d'un pseudonyme et le priant de lui répondre au nom et à l'adresse d'un intermédiaire, si bien que Chateaubriand a d'abord cru à une mystification, pensant même que cette admiratrice était peut-être un homme. Elle avait alors prié un de ses cousins, M. de Cambon, de révéler la vérité à l'écrivain. Depuis le début de l'année 1828, Chateaubriand lui écrivait à peu près aussi régulièrement qu'à Mme de Vichet, mais avec moins d'espoir, conscient des quelque quarante ans qui les séparent : « Je consens à n'être dans votre vie qu'un charme indéfinissable, si vous dites bien la vérité ; et je vous crois sincère, écrit-il le 8 mars 1828 ; ne donnons point de nom, comme vous le proposez, à notre sentiment. Vous me préférez à des amis, à de vieux parents ; je suis touché jusqu'aux larmes ; mais que me donnez-vous et que dois-je vous donner ? Je n'ai à offrir à votre jeune vie, à vos grâces, qu'une vie usée et les disgrâces du temps contre lesquelles il n'y a point de retour. Je ne radote pas assez pour avoir jamais songé à vous demander un sentiment que mon âge peut ressentir, mais qu'il n'inspire plus ; et, croyez-moi, quand j'aurais cette gloire que vous m'accordez, elle peut parer, mais elle n'embellit pas la vieillesse[14]. »

Un mois plus tard, il revient sur ce sujet douloureux, la différence des âges, et sur cette malédiction qu'il semble apporter à ceux qu'il aime : « … je ne puis vous donner que du malheur. Je ne parle pas du malheur que je porte en moi et que vous pourriez aimer ; je parle de celui que je donne. Toutes les personnes qui se sont attachées à moi s'en sont repenties ; toutes ont souffert ; toutes ont perdu plus ou moins la raison avant de mourir. Aussi suis-je saisi de terreur quand quelqu'un veut s'attacher à moi. Je vous en conjure, Léontine, songez bien à ce que vous faites. Que votre sentiment pour moi soit d'une espèce ou d'une autre, peu importe ; je vous rendrai malheureuse dans ce sentiment. Je ne dispose ni de ma vie intérieure, ni de ma vie extérieure, je ne puis ni régler mon cœur, ni ma destinée[15]. »

Malgré cette mise en garde, il semble que Léontine de Villeneuve, sensible à la séduction du malheur et persuadée qu'elle triomphera là où d'autres femmes ont échoué, ait persévéré dans ce sentiment dangereux. Elle veut lier son sort à celui de Chateaubriand ou, du moins, ne pas se marier avant de l'avoir rencontré, prête à vivre dans l'ombre, à ses côtés, sans rien demander de plus que la joie de respirer le même air que lui.

C'est précisément ce qu'aimerait Mme de Vichet qui, trouvant que les lettres de Chateaubriand manquent de passion, modère un peu la sienne. On ne peut se tenir éternellement sur les cimes : «J'ai trouvé dans votre correspondance de l'urbanité, de la franchise et de la bienveillance, mais rien de plus, se plaint-elle le 25 avril. Si j'étais aimée de vous, je crois que j'aimerais vous devoir jusqu'à l'air que je respire ; mais, dans l'état de notre relation, vous n'avez pas encore gagné le droit de me rendre ce service. Vous seriez sur le trône, que je ne vous répondrais pas autrement.» Lui rappelant une rencontre fortuite à Paris, vers 1815, dont il n'a gardé aucun souvenir, elle hésite à en prévoir une autre, craignant assez justement qu'en la voyant il ne l'aime plus assez alors qu'elle pourrait l'aimer encore davantage. Mieux vaut garder l'idée que chacun s'est faite de l'autre, en évitant une désillusion qui, pour elle, serait trop amère.

Comme jadis Mme de Duras, elle ne prétend désormais qu'au seul titre de sœur, mais apprenant que Chateaubriand va partir pour Rome, elle se met en tête d'aller le rejoindre là-bas : «Le cœur de Mme de Chateaubriand vous appartient. Dites-lui que vous avez une dernière sœur ! Priez-la de m'aimer, et elle m'aimera ! Alors je pourrai faire avec vous deux le voyage de Rome. Je ne serai au milieu de vous que lorsque vos cœurs m'y appelleront. Notre vie sera pleine de douceur et de charme. Vous deux, heureux par l'autre, vous trouverez le délassement de votre situation dans mon amitié pure et fidèle…» Et cette amitié ressemble à une passion dévorante, car Mme de Vichet précise : «Si ce projet de ma tendresse ne peut s'exécuter, quelque chose me dit que je ne vivrai pas jusqu'à votre retour[16].» Prudemment, Chateaubriand repousse cette extravagante suggestion : «Que ne puis-je disposer de ma vie ! lui répond-il le 13 juin. Quel bonheur j'aurais de vous voir avec nous ! Mais je ne puis rien, et je ne hasarderai pas même une proposition qui paraîtrait extraordinaire.» Avec bon sens, et pensant vraisemblablement à sa femme, il ajoute : «Beaucoup de vertus ne sont pas toujours des raisons de paix, de douceur et de bonheur[17].» Mme de Vichet se montre assez mortifiée de ce refus, lui écrivant sèchement : «Je croyais que vous aviez trouvé l'amour dans le mariage, la sérénité dans l'étude et le bonheur dans la vertu[18].» Elle le connaît décidément bien peu.

Il n'y a qu'une seule femme dont Chateaubriand souhaite la présence à Rome, c'est Mme Récamier : avant de quitter Paris, au début du mois de septembre, il lui adresse, au moment de monter en voiture, une invitation pressante à le rejoindre : «Je vous aimerai tant, toutes mes lettres vous le diront tant, je vous appellerai à moi avec tant de constance que vous n'aurez aucun prétexte à m'abandonner[19].» En attendant, il emmène Mme de Chateaubriand, comme un certificat de moralité.

*

Le voyage est jalonné d'étapes qui lui rappellent maints souvenirs, la plupart mélancoliques. A Villeneuve-sur-Yonne, il évoque celui de Joubert, mort en 1824, et de Mme de Beaumont. A Dijon, il se voit assiégé, à l'hôtel de la Galère où il est descendu, par des admirateurs attroupés dans la rue et embusqués jusque dans l'escalier. Il en paraît à la fois « avide et importuné », note Lamartine qui, en lui rendant visite, le trouve occupé à écrire à Mme Récamier sur la table où l'on a mis le couvert pour son dîner. A Lausanne, il songe à Mme de Custine et va voir Mme de Cottens, remuant avec celle-ci des souvenirs qui l'attristent au point qu'il regrette d'avoir accepté cette ambassade et se lamente en écrivant à Mme Récamier : « Je m'en vais chercher mes nouvelles destinées sans y prendre le moindre intérêt, et en n'aspirant qu'à finir le plus tôt possible dans cette vie errante… » Cela ne l'empêche pas, deux jours plus tard, de recommander à Hyde de Neuville, après avoir gémi sur son « triste départ », de s'employer à le faire envoyer au congrès qui se réunira peut-être à propos des affaires de la Grèce : « J'ai fait assez pour la Grèce, observe-t-il, pour désirer attacher mon nom au traité de sa liberté[20]. » Il a effectivement toujours plaidé la cause de l'indépendance des Grecs, notamment dans l'*Itinéraire* et dans sa *Note sur la Grèce*, en 1825, ainsi que dans une série d'articles, ce qui a fait de lui un des membres les plus actifs du *Comité grec*.

A peine entré en Italie, il déclare à Mme Récamier que ce pays a perdu pour lui tous ses charmes et, au fur et à mesure qu'il s'éloigne de Paris, son humeur s'assombrit. A Milan, contemplant de la fenêtre de sa chambre, à l'hôtel, le spectacle de la rue, il compte dix-sept bossus en un quart d'heure et en tire des conclusions pessimistes sur l'avenir de l'Italie. A Lorette, alors qu'il dormait profondément, il est réveillé par un inconnu, conduisant une femme voilée. Celle-ci soulève un peu son voile et révèle, à la lueur de la veilleuse, un visage adolescent. L'homme est un veuf qui veut marier sa fille et cherche à compléter sa dot. Connaissant les mœurs italiennes, Chateaubriand comprend que l'inconnu est tout prêt à laisser sa fille gagner avec lui ce petit complément. Imitant Scipion, il renvoie cette vierge et, pour faire honneur à la France, se montre généreux.

Arrivé à Rome le 10 octobre 1828, il s'installe à l'ambassade, un grand palais un peu sombre, avec des fenêtres bardées de grilles au rez-de-chaussée et un grand balcon au premier étage, soutenu par quatre colonnes. Bâti par le marquis de Carolis, acheté par les Jésuites qui l'ont revendu au marquis Simonetti dont il a gardé le nom, le palais se trouve sur le *Corso*, près de l'église Saint-Marcel et de la place de Venise. Des fenêtres, il voit passer des morts tout habillés qu'on mène à leur dernière demeure, et cette vision s'accorde assez bien avec son humeur qui lui fait tout voir sous un aspect funèbre : « Il semble que la mort soit née à Rome », écrira-t-il, et, trouvant que dans cette ville il y a plus de tombeaux que de morts, il imagine les défunts, s'ennuyant dans leur tombeau et se glissant dans un autre : « On croirait entendre les squelettes passer durant la nuit de cercueil en cercueil[21]. »

Chateaubriand n'a pas plutôt pris ses fonctions qu'il songe à les abandonner. C'est du moins ce qu'il affirme à ses correspondants : « Je m'ennuie fort et si bientôt on ne me rappelle, il faudra bien que je me rappelle moi-même », écrit-il dès le 21 octobre à Le Moine, et, huit jours plus tard, il le lui répète : « Si on ne me rappelle pas bientôt, je reviendrai moi-même au gîte. » Entre-temps, il a conjuré Mme Récamier de le faire revenir et déclaré à Hyde de Neuville qu'il « n'a plus rien à faire ici ».

Ce revirement trahit sa déconvenue d'avoir vu se régler sans lui un des principaux objets de son ambassade : l'affaire des petits séminaires. L'ordonnance du 16 juin 1828 avait interdit l'enseignement aux membres des congrégations non autorisées, ce qui visait surtout les Jésuites, en butte à de violentes attaques des anticléricaux et même de certains catholiques ; elle avait aussi limité à vingt mille le nombre des élèves des petits séminaires, mais ceux-ci recevaient en contrepartie une subvention de 1 200 000 francs par an. Ces mesures avaient soulevé des difficultés avec Rome, aplanies sans avoir recours à lui car ni le gouvernement ni surtout Charles X ne tenaient à ce qu'il s'en occupât et risquât, par ses impulsions, d'embrouiller les choses. Cela peut expliquer sa mauvaise humeur des premiers jours[22].

Cette mauvaise humeur est également due à celle de Mme de Chateaubriand, dépaysée dans cette grande bâtisse où elle ne trouve rien à sa convenance et secrètement offensée de ne pas y être l'objet de plus d'égards. Le personnel de l'ambassade s'est montré poli, voire empressé, mais il est composé de jeunes gens qui auraient certes préféré une jolie femme, même un peu sur le retour, à cette dévote acariâtre. Pendant toute cette période, les lettres de Chateaubriand reflètent une morosité à laquelle il s'abandonne avec complaisance. A Mme Récamier, il avoue que les monuments romains lui semblent grossiers, comparés à ceux d'Athènes. A Léontine de Villeneuve, il écrit que ces ruines lui paraissent de mauvais augure et semblent lui annoncer sa chute prochaine. A Mme de Vichet, il tient le même langage, et, à l'en croire, il est l'homme le plus malheureux du monde, immolé aux intérêts d'autrui. Dans une lettre à Villemain, il reconnaît pourtant qu'il a été bien reçu par la cour de Rome, mais il dit aussi ne songer « qu'à disparaître de la scène du monde », et ce singulier ambassadeur, qui écrit plusieurs lettres par jour afin que tout Paris soit au fait de ses états d'âme, a ce mot, étonnant dans sa bouche : « Il est bon de se faire précéder dans la tombe du silence que l'on y trouvera[23]. »

Ce *lamento* va continuer jusqu'à la fin de l'année, sans guère de variations. On pourrait croire que Chateaubriand n'est parti que pour trouver à Rome, au pied de quelque ruine grandiose, une tombe à son goût. Un de ses attachés, Othenin d'Haussonville, a deviné ce qu'il y a d'un peu forcé dans cette attitude, écrivant dans ses Souvenirs : « Notre chef avait, la plupart du temps, cet air profondément ennuyé de la vie dont il était coutumier, qui certainement lui était naturel, mais qu'il ne laissait pas que d'affecter un peu, comme seyant bien à l'auteur de *René*. Une attitude lui était familière : c'était de se poser tout droit devant la glace, les jambes écartées, le dos légèrement voûté… et les deux coudes appuyés sur le rebord de la cheminée, avec les mains passées dans ses cheveux et croisées sur son large front. Il n'était pas rare de le voir se regarder face à face pendant des quarts d'heure[24]. »

Honnêtement, d'Haussonville reconnaît dans ses lettres à sa mère que Chateaubriand est « à merveille » pour ses attachés. Tout le mal vient du caractère de Mme de Chateaubriand qui passe une grande partie de sa journée dans sa chambre, et même dans son lit, se plaignant de tout. Elle ne s'est pas faite à sa nouvelle position dont elle ne semble profiter que pour diminuer celle de son mari, s'ingéniant à le contredire ou le contrecarrer en tout, lui coupant ses effets oratoires, rectifiant d'une voix sèche une erreur lorsqu'il conte un souvenir, faisant ouvrir les fenêtres s'il a froid ou pousser le feu s'il dit avoir trop chaud, bref, menant contre lui une petite guerre intime et sournoise, à l'ébahissement des attachés ou des secrétaires qui admirent la patience de leur chef. Sans doute est-ce la présence de sa femme qui empêchera Chateaubriand de se montrer aussi paternel et libre avec eux qu'il l'avait été à Berlin et à Londres. Avec Mme de Chateaubriand une atmosphère de sacristie s'est abattue sur l'ambassade où, lorsqu'on ne reçoit pas, les soirées sont bien mornes. Ces jeunes diplomates l'intéressent peu et elle leur préfère une petite cour de prêtres et de *monsignori*. Même pour son mari, remarque Othenin d'Haussonville, « un attaché d'ambassade est… une personne tout aussi étrangère que les autres jeunes gens qui fourmillent à Rome ». De son propre aveu, les attachés n'ont pas grand-chose à faire et « les secrétaires eux-mêmes ont de la peine à faire semblant d'avoir de l'occupation[25] ».

Il y a deux attachés, Othenin d'Haussonville et Napoléon Lannes, futur duc de Montebello ; les secrétaires sont MM. Bellocq, Desmousseaux de Givré, de Sesmaisons. Pour ces jeunes gens, la vie à l'ambassade est peu distrayante en dépit des grandes réceptions données chaque semaine et qui sont, comme les *raouts* de Londres, des «cohues d'enfer». Même dans ces fêtes, Chateaubriand ne se départit pas de son air meurtri qui frappe une jeune Anglaise, assez hardie pour l'aborder en lui déclarant: «Monsieur de Chateaubriand, vous devez être bien malheureux!» Surpris, l'ambassadeur lui demande ce qu'elle veut dire, à quoi elle répond seulement: «Je vous plains!» avant de se perdre dans la foule[26].

Décidé à trouver tout mal et à gémir sur tout, Chateaubriand porte un regard peu bienveillant sur ses collègues, les ambassadeurs des autres puissances, et sur la société. Dans les grandes maisons romaines subsistent chichement les descendants de ceux qui les ont fait construire, économes par nécessité, sales par vertu. Ces palais sont mal éclairés, glaciaux en hiver, hantés par quelques domestiques aussi mal nourris que leurs maîtres. Les jours de grande réception, on affuble des *facchini* de livrées défraîchies et l'on exhibe une argenterie somptueuse au fond de laquelle flottent ou se recroquevillent des mets peu ragoûtants, accablant contraste avec les tables chargées de viandes et de fruits que des artistes célèbres ont peintes à fresque sur les murs ou les plafonds. Les portiers de ces nobles demeures augmentent leurs gages en montrant aux curieux les tableaux des galeries; pour le reste, ils sont fort négligents et laissent les passants user des porches, voire des escaliers d'honneur, pour leurs besoins les plus intimes. Chateaubriand, reçu dans quelques-uns de ces somptueux sépulcres, en a laissé une description pittoresque: «Au bout de ces salles, le laquais déguenillé qui vous mène vous introduit dans une espèce de gynécée: autour d'une table sont assises trois ou quatre vieilles ou jeunes femmes mal tenues, qui travaillent à la lueur d'une lampe à de petits ouvrages en échangeant quelques paroles avec un père, un frère, un mari à demi couchés obscurément en retrait, sur des fauteuils déchirés. Il y a pourtant je ne sais quoi de beau, de souverain, qui tient de la haute race, dans cette assemblée retranchée, derrière des chefs-d'œuvre et que vous avez prise d'abord pour un sabbat[27].»

Les autres ambassadeurs ne sont pas mieux traités que les patriciens romains. Les passant en revue, il a pour chacun une épithète peu gracieuse, un jugement sévère: le comte Fuscaldo, le Napolitain, craignant toujours de viser par erreur le passeport d'un suspect ou d'un indésirable; le comte de Celles, envoyé des Pays-Bas, qualifié de «tyranneau, recruteur et intendant»; M. de Funchal, le Portugais, «jaune comme une orange de son pays et vert comme un singe du Brésil, ragotin, agité, grimacier». Il se montre plus aimable avec le baron de Bunsen, le Prussien, un esprit distingué, s'intéressant aux arts et grand ami de l'historien Niebuhr, auteur d'une célèbre *Histoire romaine*. Il ménage aussi le prince Gagarine, ambassadeur de Russie, et ne dit rien du marquis de Labrador, envoyé d'Espagne, assez avisé pour peu parler, ce qui offre moins de prise à la critique.

De leur côté, les diplomates étrangers s'étonnent un peu de sa froideur à leur départ : « Il nous traite, dit le comte de Lützow, l'ambassadeur d'Autriche, avec la politesse la plus recherchée, mais comme les hommes que l'on rencontre pendant un voyage et que l'on est persuadé de perdre de vue sous peu. Son esprit n'a pas quitté Paris un seul instant. » C'est vrai, mais il faut ajouter que Chateaubriand, conscient de sa supériorité intellectuelle et de sa réputation, met tellement de soin à essayer de faire oublier l'une et l'autre que cette simplicité paraît une affectation de plus. Ses collègues du corps diplomatique ne l'aiment pas plus que ceux du cabinet lorsqu'il était ministre.

Entre les deux sociétés, le corps diplomatique et le monde romain, il existe une petite communauté d'artistes en apprentissage ou d'étrangers de distinction qui, suivant les ressources de leur fortune ou celles de leur esprit, fréquentent le grand monde ou restent entre eux. Chateaubriand voit défiler à l'ambassade un grand nombre d'Anglais, beaucoup recommandés par ses relations de Londres. Il doit les accueillir, les aider à bien visiter Rome et le fait consciencieusement, tout en simplifiant sa tâche. Il a mis au point, raconte Othenin d'Haussonville, deux monologues brillants, l'un sur le musée du Vatican, l'autre sur celui du Capitole, avec des considérations sur l'art, des parallèles entre la sculpture latine et la grecque, des évocations, brèves et saisissantes, de paysages découverts pendant son voyage à Jérusalem, des allusions au paradis terrestre, et termine en laissant à son interlocuteur ébloui l'impression que ce feu d'artifice a été tiré en son honneur. Il y a presque autant de Français qui passent par Rome et qu'il faut recevoir, comme Mme de Castries, née Maillé, follement éprise du prince Victor de Metternich et qui sera le modèle de la duchesse de Langeais dans le roman de Balzac. Chateaubriand reçoit aussi le roi Louis Ier de Bavière qui, bien que « passionné d'antiques », a l'esprit moderne et « comprend qu'on ne cloue pas le temps au passé ». C'est à Rome également qu'il voit pour la dernière fois son neveu Christian de Chateaubriand, rencontré d'abord menant une troupe de collégiens aux ruines du Colisée, si mal vêtu, si changé physiquement qu'il ne l'a pas reconnu. Ancien officier, aussi pieux que brave, il a démissionné de l'armée pour entrer chez les Jésuites et se trouve actuellement préfet des études à Tivoli, si bien adapté à son nouvel état et au pays qu'il s'exprime avec quelque difficulté en français.

Il ira voir son oncle à l'ambassade, et, lorsque celui-ci lui demandera s'il est heureux, il lui répondra : « J'ai souffert longtemps ; maintenant mon sacrifice est fait et je me trouve bien. » Usé par l'austérité, Christian de Chateaubriand mourra prématurément près de Turin en 1843.

Les artistes intéressent davantage Chateaubriand que les gens de passage et il se lie avec des pensionnaires de la villa Médicis comme Léopold Robert, le graveur Pinelli et Guérin son directeur, mais, faute de crédits suffisants, il ne peut jouer au mécène et se contentera de commander au jeune sculpteur Vaudoyer un bas-relief représentant les *Bergers d'Arcadie*, en hommage à Poussin, mort à Rome en 1665. Il envie, affirmera-t-il dans ses Mémoires, cette vie d'artiste, précaire et inspirée, mieux faite pour lui que cette existence de représentation à laquelle il se dit contraint : « La solitude, l'indépendance, le soleil parmi des ruines et des chefs-d'œuvre, me conviendraient. Je n'ai aucun besoin ; un morceau de pain, une cruche de l'*Acqua Felice* me suffiraient. Ma vie a été misérablement accrochée aux buissons de ma route ; heureux si j'avais été l'oiseau libre qui chante et qui fait son nid dans les buissons[28] ! »

A défaut de peindre ou de sculpter lui-même, il se fera bientôt antiquaire, au sens que l'on donne alors à ce terme, en faisant fouiller la terre aux environs de Rome pour y découvrir des antiques, et Othenon d'Haussonville donnera un piquant récit d'une de ses trouvailles sur le chantier de Torre Vagata, près du tombeau de Néron. L'Italien chargé par lui de diriger les fouilles a exhumé un squelette. A l'anneau et au collier trouvés sur celui-ci, on peut supposer qu'il s'agit d'un guerrier gaulois : « Bizarre coïncidence ! Etranges jeux de la destinée ! s'écrie Chateaubriand, un Gaulois tombe frappé dans les plaines de cette Rome qu'il venait de saccager, et c'est moi, l'ambassadeur de France, qui viens pieusement recueillir ici les os de nos ancêtres. Mais regardez, Monsieur d'Haussonville ! C'étaient des géants que nos aïeux ; ils avaient au moins sept pieds, nous sommes des pygmées en comparaison, nous ne leur arrivons pas au genou. Quels gens ! Et combien nous sommes dégénérés… »

Il tend la bague et le collier à d'Haussonville qui essaie vainement de passer la bague à son doigt et fait remarquer que celle-ci est trop étroite pour lui : « Méchant garçon que vous êtes ! réplique son chef, je ne vous amènerai plus ici avec moi : vous m'avez gâté toute ma tirade[29]. »

*

Trois mois après son installation à Rome, Chateaubriand affiche, avec encore davantage d'ostentation, son désenchantement, répétant à qui veut l'entendre qu'il est prêt à quitter son poste. Dans cette ville où tout rappelle la disparition des empires, il ne pense qu'à sa mort, écrivant à Mme de Vichet : « Au fond de tous les tableaux que je vois, j'aperçois toujours ma tombe ; elle ne m'effraie pas du tout ; mais, en même temps, elle m'ôte le goût de tout, l'intérêt de toute chose ; en face de la mort, les plus grandes affaires paraissent misérables. Les attachements resteraient encore, mais personne ne s'attache plus à ce qui s'en va et vieillit, et c'est lorsqu'on a le plus besoin d'être entouré qu'on se trouve le plus seul et le plus délaissé[30]. »

Déjà mécontents de l'espèce de dédain qu'il a pour eux, en dépit de formes polies, les autres ambassadeurs s'irritent de cette attitude, et le comte de Lützow écrit à Metternich que Chateaubriand, considérant sa mission « comme un noble exil », trouve les devoirs de la société… « tout aussi odieux et fastidieux que les affaires qu'il a à traiter » et ne cache pas son impatience « de quitter Rome et de reprendre sa place à la Chambre des pairs », disant partout qu'il regagnera Paris au mois d'avril prochain. Lützow reconnaît toutefois qu'il n'est pas l'élément perturbateur que l'on craignait. Il ne se fait pas le propagandiste des idées libérales et n'a pas transformé l'ambassade en rendez-vous des conspirateurs italiens désireux de secouer le joug du pape. Il se contente de donner des secours à quelques Italiens, des libéraux, certes, mais la plupart anciens soldats des armées napoléoniennes et plus ou moins tombés dans la misère.

En revanche, il a raison lorsqu'il soupçonne l'ambassadeur français d'ambitions politiques à Paris, et l'on ne peut croire à la bonne foi de Chateaubriand affirmant à Mme Récamier qu'il aspire au repos complet, sans rien faire, sans rien écrire, hormis ses Mémoires. En effet, si l'on reprend ses lettres depuis sa jeunesse, on l'a toujours vu souhaiter la solitude et l'obscurité, tout en se démenant pour faire son chemin dans le monde. Sachant que ses lettres à Mme Récamier sont lues par celle-ci à ses intimes et qu'elle en fait des copies ou des extraits pour certains de ses correspondants, on peut penser qu'il cherche à égarer l'opinion du gouvernement afin que celui-ci lui fasse violence en le conjurant d'accepter un portefeuille.

Altier avec les représentants des autres puissances, il ne l'est pas moins avec le gouvernement français, surtout depuis que La Ferronnays, malade, a dû abandonner les Affaires étrangères. Il trouve humiliant de recevoir des instructions d'un intérimaire, et ne le cache pas. Ses dépêches, empreintes de la même hauteur, ne font pas bon effet à Paris, indisposant les bureaux contre lui. Rayneval se plaint à Cussy « de l'esprit inquiet et dominateur de Chateaubriand », de sa façon de se mêler de ce qui ne le regarde pas et de fatiguer le roi « de ses conseils incessants et impérieux », prédisant que, si la monarchie s'écroule un jour, « M. de Chateaubriand aura été un des principaux auteurs de sa chute[31] ».

L'ami Bertin, de passage à Rome, a trouvé Chateaubriand « plein de foi en l'avenir » et fermement résolu à être à Paris au printemps pour l'ouverture de la session parlementaire, ainsi que l'écrivait Lützow à Metternich. Pour le moment, il soutient le ministère et compte bien, s'il le peut, y prendre pied prochainement. Pour cela, il serait bon que sa mission diplomatique le mette davantage en valeur. Or, jusqu'à présent, ses rapports avec le Saint-Siège, et même avec le pape, ont été réduits à de simples formalités protocolaires. Reçu peu après son arrivée par Léon XII, il avait trouvé Sa Sainteté fort édifiante et bien informée des affaires, mais, celles de la France étant pratiquement nulles, il n'a pas eu l'occasion de montrer ses talents.

Un miracle alors se produit qui va lui permettre de sortir de l'ombre et faire preuve d'entregent. Le 10 février 1829, Léon XII meurt. Lorsque les papes ne sont pas de fortes personnalités, leur mort est l'événement majeur de leur règne en réveillant aussitôt la cour pontificale et en inquiétant les souverains catholiques, intéressés au choix de son successeur. Leur disparition donne un éclat soudain à la vie de la cité, qui sort de sa routine pour toutes les cérémonies qu'entraîne un conclave et par toutes les intrigues qu'il suscite. Il n'est pas un Romain, en effet, qui ne se sente appelé à recueillir quelque chose, non du défunt mais de son successeur qui apportera fortune, honneurs ou places aux gens de sa famille et de sa clientèle.

*

Avant de songer à l'élection du nouveau pape, il faut faire des funérailles à l'ancien. Chateaubriand assiste à la mise en bière et décrit à Mme Récamier cette cérémonie qui ressemble à une scène de Füssli dans un décor du Piranèse. A voir les cardinaux commissaires quasi momifiés qui surveillent l'opération, il semble qu'on ait suivi le précepte de l'Evangile et laissé les morts enterrer les morts : « Le mélange de lumière des flambeaux et de la clarté de la lune ; le cercueil enfin enlevé par une poulie et suspendu dans les ombres afin de le déposer au-dessus d'une porte dans le sarcophage de Pie VII dont les cendres faisaient place à celles de Léon XII, vous figurez-vous tout cela, écrit-il à Mme Récamier, et les idées que cette scène fait naître[32] ? »

D'après lui, le pape laisse peu de regrets alors qu'il en mériterait davantage, et cela parce qu'il est mort au milieu du Carnaval, interrompant les festivités habituelles, forçant théâtres et boutiques à fermer pendant plusieurs jours. Il est, en tout cas, le premier à recueillir quelque chose du défunt, son chat Micetto, maigre à faire peur car la pauvre bête était nourrie jusqu'alors des bouillies de pois chiches dont vivait son maître. Il l'emmènera en quittant Rome, et Micetto finira ses jours à l'Infirmerie Marie-Thérèse, où les sœurs le vénéreront comme une relique.

Pour un conclave, il est fréquent que soit envoyé à Rome un ambassadeur extraordinaire et, bien que persuadé qu'on ne lui fera pas cet affront, Chateaubriand demande à son ministre des instructions pour savoir s'il sera, comme il l'espère, accrédité auprès du Sacré Collège. Il demande aussi une allocation supplémentaire de quarante à cinquante mille francs pour faire face à certaines dépenses occultes ou somptuaires. Le 3 mars, il n'a toujours pas reçu de réponse du comte Portalis qui exerce l'intérim des Affaires étrangères et s'impatiente. Jusqu'alors il a envoyé à Paris, comme autrefois de Berlin et de Londres, des lettres qui, par leur style, évoquaient celles de Bonaparte au Directoire. Avec la mort du pape et le conclave, leur ton monte au point que Portalis, traité en subalterne, les montre à Charles X qu'elles achèvent d'indisposer : « Chateaubriand est léger, dit-il, il veut commander tout le monde[33]. » En revanche, Chateaubriand s'offusque de la manière dont lui écrit, ou lui fait écrire, Portalis. Deux mois plus tard, furieux de n'avoir pas été honoré d'une lettre personnelle du ministre, il lui marquera en termes hautains son mécontentement : « Je reçois par MM. Desgranges et Franqueville votre dépêche n° 25. Cette dépêche dure, rédigée par quelque commis mal élevé des Affaires étrangères, n'était pas celle que je devais attendre après les services que j'avais eu le bonheur de rendre au roi pendant le Conclave, et surtout on aurait pu se souvenir de la personne à qui on l'adressait[34]... »

A défaut d'un ambassadeur extraordinaire, on lui annonce l'arrivée de cardinaux français pour se réunir à ceux du Sacré Collège. Il s'agit de prélats encombrants : Mgr Latil, ancien confesseur de Mme de Polastron, la maîtresse du comte d'Artois, et devenu pour le roi une espèce de directeur de conscience ; Mgr de La Fare, archevêque de Sens, un des représentants des frères de Louis XVI pendant l'Emigration ; Mgr d'Isoard, ami du cardinal Fesch et archevêque d'Auch ; le prince de Croÿ, archevêque de Rouen et Grand Aumônier de France, et enfin, le plus incommode de tous, le cardinal de Clermont-Tonnerre, archevêque de Toulouse, vieillard mondain et fastueux qui, avec Mgr Latil et Mgr de La Fare, va s'installer à l'ambassade et coûter fort

464 Chateaubriand

cher, car il traîne avec lui une suite de treize personnes, sans compter sa clientèle italienne et deux chirurgiens, ayant fait une chute en arrivant.

Comme la France a un droit d'exclusion, c'est-à-dire qu'elle peut s'opposer à l'élection d'un pape qu'elle estime contraire à ses intérêts, Chateaubriand se voit aussitôt en concurrence avec M. de Lützow qui dispose, au nom de l'Autriche, du même privilège. Lützow a pour candidat le cardinal Albani tandis que Chateaubriand, d'abord favorable au cardinal de Gregorio, se rallie au cardinal Castiglioni, préféré par le gouvernement français et appuyé par le duc de Blacas, l'ambassadeur à Naples. Chateaubriand redoutait fort l'arrivée des cardinaux français et leurs intrigues. Maintenant qu'ils sont là, il doit s'en accommoder, mais il espère avoir assez de poids pour obtenir l'élection de son candidat, convaincu que, s'il obtient ce résultat, le roi, reconnaissant, lui rendra les Affaires étrangères. C'est ce qu'il confie à Mme Récamier, le 8 mars 1829, montrant ainsi, une fois de plus, que malgré ses prétendus désirs de retraite et d'oubli dans la solitude, il ne songe qu'à revenir au pouvoir.

Chaque ambassadeur, avant les délibérations du Sacré Collège, adresse à celui-ci, par un trou percé dans le mur de la salle du conclave, un discours dans lequel il exprime son point de vue et les souhaits de sa cour. Chateaubriand a particulièrement soigné le sien, qu'il prononce le 10 mars, mêlant un grain de libéralisme à ses propos en disant que c'est la faculté d'adaptation de l'Eglise qui lui permet d'être éternelle, de voir passer les siècles sans passer elle-même et d'être « chez les peuples modernes le perfectionnement même de la société ». Stendhal, qui n'est pas à Rome à cette époque et a recueilli ses informations de ses correspondants italiens, écrit dans son Journal que le discours de Chateaubriand a eu un grand succès, encore qu'on y ait trouvé un peu trop de « je » et de « moi ». Le texte en a été lu dans tous les salons de Paris.

Ce devoir rempli, Chateaubriand n'a plus qu'à imiter ses collègues – et le peuple romain – en attendant le choix des cardinaux qui sera signalé à la foule par une fumée blanche, celle des bulletins de vote brûlés. Cela n'empêche pas les diplomates étrangers d'essayer d'influer sur les consciences par tous les moyens, allant de correspondances clandestines à des tentatives de corruption. Le Procureur général des Jésuites a installé dans un jardin en face du Monte Cavallo un télégraphe optique grâce auquel il correspond avec le cardinal Odescalchi ; des agents de Metternich seront trouvés porteurs de documents compromettants et jetés en prison. Tout cela est de bonne guerre, car le Sacré Collège, à son tour, fait espionner les ambassadeurs pour savoir ce qu'ils pensent des cardinaux. Chateaubriand, lui, paie un informateur qui lui fait la chronique au jour le jour du conclave.

Enfin le Sacré Collège élit le 21 mars le cardinal Castiglioni, le candidat de la France, qui prend le nom de Pie VIII. Fier de ce qu'il regarde comme un succès personnel, Chateaubriand l'annonce aussitôt à Paris, mais deux jours plus tard il déchante en apprenant que le nouveau pape, un personnage assez effacé, a choisi comme secrétaire d'Etat le cardinal Albani, favori de l'Autriche. Inquiet, il demande une audience à Pie VIII, qui la lui accorde le 28 avril. Après un échange de propos littéraires, le pape le rassure en lui disant que la nomination d'Albani n'a aucune signification politique et n'est pas un signe d'hostilité envers le gouvernement français, mais un simple acte de reconnaissance, en raison de services jadis rendus par Albani à sa famille et à lui-même. Afin d'en avoir le cœur net, Chateaubriand, peu après, rend visite au cardinal Albani et aborde la question en plaisantant : « Eh bien, vous voyez comme nos journaux vous arrangent ? Vous êtes autrichien ; vous détestez la France ; vous voulez lui jouer des mauvais tours : que dois-je croire de tout cela ? » Le secrétaire d'Etat lui répond que, devenu ministre du pape, il est avant tout l'homme de son pays, qui se montrera impartial et ne souhaite qu'être mis à l'épreuve pour montrer sa bonne foi. On se quitte sur ces bonnes paroles et Chateaubriand, malgré les critiques qu'il recevra de Paris pour cette nomination d'Albani, considère qu'il a bien rempli sa mission.

A l'occasion du conclave, il a pu apprécier une autre loyauté, celle du cardinal Fesch qui s'est bien conduit ; aussi, oubliant ses griefs à son encontre, il l'invite à déjeuner, invitation que le cardinal décline avec dignité, car sa situation lui commande, écrit-il en le remerciant, de « mener une vie tout à fait séparée de toute société étrangère à sa famille ». Il y a heureusement pour lui quelques Bonaparte à Rome : Madame Mère, sa demi-sœur, les deux fils de Louis, l'ancien roi de Hollande, une fille d'Elisa Bacciochi, assez extravagante, et l'ex-roi Jérôme, dont la ressemblance avec Napoléon inspire à Chateaubriand cette remarque : « Les membres d'une famille qui a produit un homme extraordinaire deviennent un peu fous par imitation : ils s'habillent comme lui, affectent ses paroles, ses manières, ses habitudes ; s'il fut guerrier, on dirait qu'ils vont conquérir le monde ; s'il fut poète, qu'ils vont faire *Athalie*[35]. »

L'heure de sa réconciliation avec l'Empereur n'a pas encore sonné mais il se montre plus équitable, et avec la reine Hortense, galant, car il autorise les jeunes diplomates de l'ambassade à fréquenter celle-ci. Indirectement, la reine est la cause d'un incident qu'il va régler en grand seigneur. Dans son entourage, la reine compte un militaire assez agité, le colonel Parquin qui, un soir, gagne une dizaine de milliers de francs à un jeune Français bien incapable évidemment de réunir une somme aussi importante, et plus incapable encore de rembourser celui qui la lui prêterait. Sur le conseil d'Othenin d'Haussonville, il va narrer sa mésaventure à Chateaubriand qui, par chance, a justement reçu son traitement d'ambassadeur et lui donne aussitôt une lettre de change sur son banquier, sans lui demander d'autre garantie que celle d'un vieil oncle dont il attend l'héritage. En rapportant ce trait d'une rare générosité, d'Haussonville ne dit pas si Chateaubriand fut jamais remboursé. L'argent ne compte guère à ses yeux, bien qu'il soit pour lui un souci permanent. A l'égard de ses attachés comme des solliciteurs, il est d'une grande largesse : on puise à pleines mains dans la caisse, en l'occurrence un grand sac rempli d'argent où chacun vient se servir, l'ambassadeur pour « ses goûts fort divers », explique d'Haussonville, Mme de Chateaubriand pour ses œuvres, Hyacinthe Pilorge pour ses menus plaisirs. « Quand le sac était vide, raconte Othenin d'Haussonville, c'était un jeûne général, Hyacinthe Pilorge criait misère, et je me souviens l'avoir ouï se vanter, par plaisanterie probablement, d'avoir tordu le cou au perroquet favori de Chateaubriand, afin de le vendre à un empailleur et d'en donner le prix à quelque joli modèle de la villa Médicis[36]. »

En réalité, les propres dépenses de Chateaubriand ne sont pas considérables car, si ses goûts sont divers, ils restent simples. Sans le rigoureux Marcellus, qui veillait à la dépense et avait même réussi à faire des économies, Chateaubriand, que les chiffres ennuient, laisse tout aller, se contentant de réclamer à Paris des suppléments d'indemnité quand il voit la caisse vide.

Avec la même désinvolture, et sans souci de sa femme, il a noué quelques intrigues amoureuses dont il ne dit rien dans ses Mémoires, courtisant la princesse del Drago, au su et au vu de ses attachés qui sourient de cette infatuation, puis, un jour d'avril 1829, il tombe éperdument amoureux aux pieds d'Hortense Allart.

*

Dans cet automne de sa vie, Hortense Allart apparaît comme une vision de printemps, un rayon de soleil, chaud et lumineux, qui va lui faire voir Rome et ses monuments sous un autre jour. Dans une des belles pages de ses Mémoires, il reconnaîtra que « c'est la jeunesse de la vie, [que] ce sont les personnes qui font les beaux sites. Les glaces de la baie de Baffin peuvent être riantes avec une société selon son cœur, les bords de l'Ohio et du Gange, lamentables en l'absence de toute affection ou en compagnie de gens insipides[37] ». Hortense Allart fait surgir à ses yeux une Rome inconnue.

C'est une jeune femme au ravissant visage, éclairé par des yeux d'un bleu très vif qui fait ressortir la fraîcheur de son teint et la blondeur de ses cheveux. Son type est celui de la beauté classique, avec des traits bien dessinés, un ovale allongé, de jolies dents, un sourire et un regard intelligents. Elle a bon air, avec des façons simples, franches, sans familiarité, comme sans la moindre mièvrerie. Ce n'est pas une jeune fille, avec la gaucherie d'une pensionnaire émancipée de son couvent, et ce n'est pas non plus une femme du monde, avec cette allure et ce ton que donnent une grande position et un grand nom. C'est une Muse, une artiste, un écrivain, sans l'affectation d'un bas-bleu.

Il est malaisé de la situer sur l'échelle sociale. Son père, Jean-Gabriel Allart, fils d'un greffier au Parlement de Paris, a été un homme d'affaires et de plaisir, mêlant joyeusement les deux, passionné de théâtre et grand ami de Talma. Il avait épousé en 1799 Marie-Françoise Gay, issue d'une vieille famille savoyarde anoblie à la fin du XVIIIᵉ siècle, et dont le frère aura pour fille la célèbre Delphine Gay, future Mme de Girardin. Allart est mort complètement ruiné en 1817, laissant deux filles. Hortense a été recueillie par la comtesse Bertrand et n'a pas tardé à faire ses débuts en littérature avec ses *Lettres sur Mme de Staël*, et dans la galanterie en s'éprenant d'un Portugais, le comte de Sampayo. Celui-ci, de mère irlandaise, était si bel homme, avec un tel pouvoir de séduction, dû sans doute au mélange des sangs, qu'elle n'avait pas résisté, mais lorsqu'elle s'était retrouvée enceinte, le séducteur s'était éclipsé ; elle s'était alors réfugiée à Florence, auprès d'un autre admirateur, Gino Capponi. Après la naissance d'un fils, elle avait repris sa vie d'artiste et séjournait présentement à Rome, auprès de sa sœur mariée à un négociant français, M. Gabriac.

C'est avec un mot de recommandation de Mme Hamelin qu'elle est venue voir Chateaubriand qui lui trouve aussitôt beaucoup de charme et de conversation, encore qu'elle lui parle davantage des livres qu'elle veut écrire que de ceux qu'il a écrits. Enchanté de cette radieuse apparition, il se rend dès le lendemain *via delle quatro Fontane* où elle a loué un petit appartement. Comme elle n'y est pas, il laisse un mot, en reçoit un autre, et ainsi s'ébauche une liaison qui durera longtemps pour se transformer, avec l'âge, en une solide amitié. Il est amoureux ; Hortense est ambitieuse et, tout en admirant l'écrivain – dont elle n'a lu que *Atala* – ne cache pas que l'homme aussi est à son goût, malgré les trente années qui les séparent. Elle a écrit un roman, *Jérôme*, histoire, de ses amours avec le beau Sampayo, et elle sollicite l'avis de Chateaubriand, moins pour en avoir des conseils de style que pour lui trouver un éditeur. Elle est femme de lettres avant tout, déjà fort liée avec Stendhal et Béranger, tandis que Gino Capponi lui a fait connaître les milieux littéraires italiens. Elle a une faculté d'enthousiasme assez vive pour donner un ton de sincérité à ses sentiments, mais elle est assez fine pour deviner que les compliments de Chateaubriand sur *Jérôme* s'adressent plus à l'auteur qu'à l'œuvre. «Il me rapporta le manuscrit en me disant que j'avais du génie, que c'était admirable», et «je voyais clairement qu'il était un flatteur», écrira-t-elle dans son autobiographie *Les Enchantements de Prudence.*

Bientôt Chateaubriand monopolise Hortense Allart, au vif désappointement des jeunes attachés qui pensent que ce morceau de choix conviendrait mieux à leur âge qu'à celui de leur chef : «Il venait à pied chez moi, dira Hortense Allart, une fleur à la boutonnière, très élégamment vêtu, d'un soin exquis dans sa personne ; ses dents étaient parfaitement belles ; il était léger, semblait heureux ; déjà on parlait dans Rome de sa gaieté nouvelle[38].» Effectivement on se divertit de cette liaison, devenue la fable de Rome. Le commandeur Visconti se scandalise de voir Chateaubriand réduit à l'état de *patito*, affirmant qu'Hortense agace l'ambassadeur par ses coquetteries, mais sans vouloir lui céder car, dit-elle aux jeunes gens qui lui font la cour, elle aime ailleurs.

La durée du séjour d'Hortense Allart à Rome influe sur les projets de départ de Chateaubriand dont sa correspondance avec ses amis, comme ses propos à d'Haussonville, enregistrent les variations. A Marcellus, il avoue, à la fin du mois d'avril 1829, qu'il commence à regretter Rome et qu'il envisage, après avoir renvoyé sa femme en France – on devine aisément pourquoi – de louer pour l'été la maison du baron de Bunsen au Capitole. A Othenin d'Haussonville, il déclare à peu près la même chose, un jour voulant partir pour Paris, le lendemain voulant rester un peu plus à Rome ou s'en aller à Naples, puis il renonce à ce voyage et parle de nouveau de finir ses jours à Rome en «se reposant de ses travaux dans la contemplation de ceux des anciens». Ses atermoiements trahissent sa perplexité. Il y met un terme en donnant une grande fête à la villa Médicis, réception qui sera son adieu à Rome. Il en fera un récit grandiose et un peu forcé car, d'après les témoins, elle n'a pas été aussi magnifique et réussie qu'il le prétendra. Othenin d'Haussonville ajoutera qu'en général il a toujours beaucoup exagéré l'importance et l'éclat de ses fêtes.

Pour cette ultime réception, destinée à éblouir Rome et impressionner le corps diplomatique, assez réticent à son égard, il n'a rien épargné, dépensant avec prodigalité pour que tout fût digne à la fois de son nom, de la France et du décor somptueux que constituent la villa et ses jardins. En principe, il reçoit en l'honneur de la grande-duchesse Michel de Russie, née princesse Hélène de Wurtemberg, mais c'est surtout pour son propre plaisir et pour sa plus grande gloire qu'il a conçu cette fête et déployé ce faste. La date en avait été fixée au 29 avril. Hélas ! ce jour-là, le temps change et le vent se lève, arrachant la tente à l'abri de laquelle on devait dîner. C'est une catastrophe, accueillie par le maître de maison le sourire aux lèvres, avec même une affectation d'indifférence en voyant le braver ces orages non désirés.

Malheureusement, ce n'est pas le seul contretemps : la plupart des cardinaux invités ne sont pas venus ou bien ne sont restés qu'un moment, choqués que leur nom, sur le billet d'invitation, n'ait pas été précédé de l'appellation d'« Eminence ». La mention « Vous êtes prié de présenter votre billet en entrant » leur a paru, avec raison, de mauvais goût. Alors que s'ouvre le bal, deux dames, la comtesse de Valence et la fille de l'ambassadeur des Pays-Bas, s'évanouissent. Il faut les emporter. Carle Vernet, lui, est choqué d'un certain désordre au moment du dîner. Au lieu de prendre place aux tables disposées dans la galerie des Antiques, beaucoup d'hommes s'asseyent cavalièrement sur les piédestaux des statues, des moulages il est vrai, mais à cause de cela fragiles et qu'ils auraient pu endommager. Le peintre a vu ainsi des invités festoyer autour d'une énorme galantine, « entre les jambes écartées du *Gladiateur*[39] ».

Mme Salvage, l'amie de Mme Récamier, fort mauvaise langue, résume ainsi son impression pour les fidèles de l'Abbaye-aux-Bois : « On s'attendait à beaucoup de surprise et de plaisir. Vaine attente, rien n'a réussi : désordres, poussière, vent, fatigue et ennui, grand appétit, voilà ce que chacun a rapporté chez soi malgré que, sans doute, rien n'ait été épargné et que la dépense, à ce qu'on assure, soit très forte. » La dépense a même été si forte que Chateaubriand prie Portalis, en vain d'ailleurs, d'augmenter le crédit qu'il lui avait alloué pour le conclave.

Enfin, après beaucoup de tergiversations, il se décide à quitter Rome, après avoir donné rendez-vous à Hortense Allart à Paris. Pour le moment, il ne s'agit que d'un congé ; il reviendra à l'automne, en passant par les Pyrénées car il veut faire une cure à Cauterets. Le départ a lieu le 16 mai. En le voyant monter en voiture avec sa femme, Othenin d'Haussonville murmure à l'oreille de Bellocq : « Avez-vous une idée que notre chef reviendra ? Pour moi, il me fait l'effet de partir de Rome comme Napoléon est parti d'Alexandrie et qu'il va, lui aussi, faire son Dix-huit Brumaire... » Et Bellocq de dire à Chateaubriand qu'ils ont escorté jusqu'au premier relais : « Est-il bien sûr que nous vous reverrons ? Voilà M. d'Haussonville qui prétend que vous allez faire à Paris un Dix-huit Brumaire, et qui d'ailleurs vous souhaite bonne chance. » Chateaubriand, selon d'Haussonville, aurait eu un fin sourire, montrant qu'il était charmé d'avoir été deviné[40].

19

Inutile Cassandre...

juin 1829-août 1830

Chateaubriand avait annoncé son retour à Mme Récamier en faisant de sa lettre un certificat de réussite : « arrivé au milieu de toutes les préventions », il avait tout vaincu et l'on paraissait le regretter. En revanche il s'inquiétait de ce qu'il allait trouver en France où, au lieu de le regarder comme un sauveur à qui l'on remettrait le pouvoir pour le salut de l'Etat, on prendrait « tout le monde avant lui » et on ne lui abandonnerait quelque poste obscur « qu'après avoir essuyé les refus de toutes les médiocrités de France ».

En roulant, il ressasse indéfiniment ses ambitions, ses dédains, voire ses haines, rêvant de se voir supplié à genoux de prendre en main la situation et refusant avec hauteur cette responsabilité jusqu'au moment où il se sacrifierait à la volonté du prince, aux vœux de la nation. Au lieu d'être assagi par l'expérience, il retombe une fois de plus dans l'illusion qu'un fier langage est préférable aux flatteries du courtisan. De Lyon, le 24 mai, il avertit Mme Récamier que, mécontent de tout le monde, il a de dures vérités à dire : « Je les dirai d'autant plus aisément que je ne demande et ne veux rien. Ma position est bonne. J'ai rendu un grand service ; j'ai fait, dans un lieu où l'on croyait au repos absolu, une campagne difficile et glorieuse. On voulait m'oublier, mais cela n'a pas été possible. Mon congé – qui me laisse dans une indépendance absolue, et qui m'a été accordé avant que M. Portalis fût ministre – me donne tout le temps de me prononcer à loisir et de prendre tel parti que je voudrai[1]. »

On n'est pas plus maladroit et c'est en vain que Mme Récamier essaiera de le raisonner. Alors qu'il se croit indispensable, Hyde de Neuville a, quelques jours plus tôt, essuyé un nouveau refus de Charles X qu'il suppliait d'accorder à Chateaubriand un portefeuille en ce moment critique où le trône avait besoin de rassembler autour de lui « ses vieux grenadiers ». En marge de la copie de sa lettre au roi, Hyde de Neuville a noté les propos du monarque en réponse à sa demande : « Je reconnais que M. de Chateaubriand a rendu de grands services, mais il a fait aussi beaucoup de fautes. Son imagination le trompe souvent ; au surplus je ne dis pas non, je lui suis attaché, je sais qu'il peut m'être fort utile… mais il n'est pas temps… allons, allons, mon cher Neuville, de la patience ; cela viendra… mais je vous le répète, il n'est pas temps[2]… »

A cet égard, le roi s'illusionne autant que Chateaubriand, car la situation politique est grave. Le ministère est à la recherche d'une majorité, essayant de rallier l'extrême droite, au prix de quelques places pour ses représentants les plus remuants, mais les transactions sont laborieuses. Peu intelligent, mais entêté, Charles X veut imposer un de ses fidèles, Jules de Polignac, dont Chateaubriand a favorisé la carrière en le faisant nommer ambassadeur à Londres. Là-bas, Polignac avait plu, et, somme toute, assez bien réussi. Lorsqu'au début de 1829 La Ferronnays, malade, avait dû abandonner les Affaires étrangères, les ministres avaient proposé de le faire remplacer par Chateaubriand, mais Charles X avait refusé, confiant l'intérim au comte Portalis et rappelant Polignac de Londres avec l'intention de le charger de former un nouveau cabinet. Après l'échec de cette combinaison, Polignac était reparti pour Londres et depuis le roi ne songeait qu'aux moyens de l'en faire revenir afin de lui confier le soin de mener une politique conforme à ses vues. Lorsque Charles X avait écarté une fois de plus Chateaubriand du ministère où Hyde de Neuville voulait le faire entrer, le projet d'un ministère exclusivement royaliste, avec Polignac à sa tête, était à l'examen. De l'aveu général, Polignac était impropre à ce rôle, et l'on pouvait se demander ce que donnerait un si grand seigneur au gouvernement.

Lorsque, arrivé rue d'Enfer, Chateaubriand est informé de ce qui se trame et entend nommer Polignac comme successeur éventuel de Martignac, il s'insurge à la pensée que cet homme « à l'esprit borné, fixe, ardent » et portant un nom impopulaire puisse lui être préféré. Néanmoins, il ne dira rien lorsqu'il sera reçu en audience, au mois de juillet, par Charles X qui, loin de songer à lui donner un portefeuille, l'accueillera sèchement et se contentera de lui demander à quelle date il regagnera Rome : « Sire, le plus tôt possible », répondra-t-il.

Cette déception viendra après deux autres. La première a été sa rencontre avec Mme de Vichet, le 30 mai. Attendant une femme jeune encore, ayant de la grâce et de l'esprit, il voit une dame épaisse et prude, n'ayant dans son visage, ses manières et sa conversation rien qui corresponde à l'idée qu'il s'en était faite. Elle-même est effarouchée par le ton de ses propos, par quelque privauté qu'il se serait permise avec elle, par charité, pour lui laisser quelques illusions. Il la retrouve une semaine plus tard avec le même ennui, récidive après laquelle ils renoncent, d'un commun accord, à toute autre rencontre. La désillusion a été trop vive de part et d'autre, encore que Mme de Vichet, qui a compris que son seul charme est dans son style, écrive après cette entrevue une longue lettre à laquelle il ne répondra pas, mettant ainsi un point final à ce roman épistolaire, un peu ridicule, et qu'il se gardera d'évoquer dans ses Mémoires.

La deuxième déception est une lecture de *Moïse* à l'Abbaye-aux-Bois devant une assemblée triée sur le volet : Prosper de Barante, Henri de Latouche, Mme de Boigne, le baron Pasquier, Lamartine, Victor Cousin, Mérimée, Villemain, etc. Chateaubriand a chargé l'acteur Lafond de lire le texte, qu'il ne lui a pas communiqué assez tôt pour qu'il puisse étudier les différents rôles et les interpréter avec les intonations convenables. Découvrant la pièce au fur et à mesure qu'il la lit, Lafond a des hésitations, des reprises qui impatientent Chateaubriand. Celui-ci finit par lui arracher le manuscrit et le lit, mais d'une voix monocorde : « Les vers, balbutiés par l'auteur lui-même, tombaient essoufflés dans l'oreille, écrit Lamartine. On souffrait de ce que devait souffrir le poète lui-même ; on assistait à un supplice d'amour-propre... M. de Chateaubriand, excédé de vains efforts, rejeta enfin le manuscrit à l'acteur, qui acheva la lecture au bruit des applaudissements... On se retira avec une émotion factice, mais un respect réel... On voulait un triomphe, on n'avait eu qu'un cérémonial d'enthousiasme[3]. »

Malgré ses visites quotidiennes à Mme Récamier et tout le mal que celle-ci se donne afin d'aplanir les difficultés que provoque son caractère hérissé, Chateaubriand s'ennuie, s'irrite et attend impatiemment de partir pour Cauterets où il va faire enfin la connaissance de son Occitanienne, Mlle de Villeneuve. De son côté, Mme de Chateaubriand est grincheuse, accablée de soucis avec son Infirmerie où, en son absence, les choses se sont gâtées. Il lui faut les remettre en ordre et, bien entendu, elle n'accompagnera pas son mari dans les Pyrénées.

Il presse donc son départ, négligeant le conseil d'un de ses amis qui lui aurait dit qu'à sa place il ne bougerait pas de Paris avant que Polignac ne fût envoyé lui succéder à Rome : « Et pourquoi cela ? » se serait exclamé Chateaubriand. « Dans la peur bien fondée que, si vous partez, vous trouviez le trône par terre à votre retour[4]. »

*

Pour égayer sa route, Chateaubriand retrouve Hortense Allart le 19 juillet à Etampes, où elle l'attendait. Elle a réservé deux chambres à l'auberge et, le soir, ils font dans celle d'Hortense un dîner d'amoureux : « Il était heureux, se souviendra-t-elle, riait, me disait des choses aimables et tendres, car sa manière d'être heureux, c'était d'admirer, de louer, de répéter sur tous les tons qu'il était enchanté et reconnaissant... » Pendant que Mme de Chateaubriand se morfond rue d'Enfer, que Mme Récamier songe à Rome où il lui a fait jurer de le rejoindre à l'automne et que Mme de Vichet pleure au fond de son château du Vivarais ses illusions perdues, Chateaubriand passe avec Hortense une nuit triomphale. Pas plus que jadis avec Natalie de Noailles, il ne s'attarde dans les délices de Capoue et repart le lendemain pour les Pyrénées. Il arrive à Cauterets le 28 juillet et y retrouve Clausel de Coussergues, venu lui aussi soigner ses maux de gorge.

Cauterets est une station thermale assez rustique, dans un cadre sauvage et boisé. Une société fort élégante y prend les eaux. Il y a notamment la duchesse de Broglie, fille de Mme de Staël, qui s'étonne un peu de voir le chef de l'école romantique tourner en ridicule les émotions causées par tant de beautés naturelles et surnommer les eaux bouillonnantes « la grande marmite de la Nature ». Elle, si bienveillante en général, ne l'est guère à l'égard de Chateaubriand qui lui paraît « gêné et guindé, la tête prise dans les épaules, s'écoutant parler ». Cette gêne est peut-être un peu due au fait que le duc de Broglie, assez guindé lui aussi, ne compte pas au nombre de ses amis, mais plutôt de ses adversaires politiques les plus déterminés. « Il se plaisait mieux, dira la duchesse, dans une société de jeunes femmes légitimistes, élégantes, qui lui faisaient la cour et se disputaient ses faveurs. Le soir, au clair de lune, elles se réunissaient, cachées dans un petit bois adossé à la montagne, et lui chantaient en chœur sa romance *Combien j'ai douce souvenance*, mais nous n'étions pas invitées à ces fêtes[5]. »

Parmi ces jeunes femmes, Léontine de Villeneuve est au premier rang, ainsi que son amie, Mlle Du Valès. Il est douteux que Chateaubriand l'ait rencontrée par hasard, en poétisant au bord du gave, ainsi qu'il l'écrira dans ses Mémoires. Ils ont vraisemblablement été présentés lors d'une de ces réunions mondaines qui donnent aux cures, sinon leurs vertus, du moins certains de leurs attraits. Peut-être aussi Chateaubriand lui a-t-il tout simplement rendu visite à son arrivée. En tout cas, ils se rencontrent fréquemment aux bains de la Raillère, se promènent aux environs, chaperonnés par Mlle Du Valès, et se retrouvent enfin le soir chez la duchesse de La Rochefoucauld. Ces entretiens familiers autorisent un certain marivaudage et, comme Ronsard avec Hélène de Surgères, il s'émeut de la voir si jeune alors qu'il est sur le déclin, s'attristant sur un avenir qu'il ne verra pas : « Vous vous marierez, soupire-t-il, et vous oublierez votre vieil ami… », ou bien « Vous ne ressemblez à personne ! Je n'avais rencontré que de fausses Léontines », affirme-t-il avec cette sincérité des amoureux qui croient que chaque nouvel amour est le premier.

Empressé, mais respectueux, voire un peu cérémonieux, il lui fait une cour si discrète que Léontine de Villeneuve aurait mauvaise grâce à s'en effaroucher. Elle est au contraire enchantée d'avoir un admirateur célèbre auprès d'elle et en tire une grande fierté. Tous deux se conduisent parfaitement ; personne ne peut trouver à y redire, encore que l'innocence ait des hardiesses et même des roueries inconnues de celles qui ont déjà l'expérience de l'amour. Toute à la joie d'avoir son grand homme à ses côtés, Léontine de Villeneuve coule des jours enchantés. Elle lui montre les poésies qu'elle a composées, d'ailleurs fort médiocres, lui raconte son enfance et lui confie son rêve d'avoir un rôle, même modeste, dans sa vie. A l'instar de Mme de Vichet, elle voudrait le rejoindre à Rome, y vivre dans son ombre, habitant dans un couvent pour ne pas prêter à la médisance. Et lorsqu'il devra quitter l'ambassade et rentrer à Paris, pourquoi n'irait-elle pas s'établir là-bas pour continuer de vivre auprès de lui ? Ainsi tous deux échafaudent-ils des projets, bien que Chateaubriand essaie de tempérer cette exaltation : « Vous croyez que je peux accepter ce que vous m'offrez avec la générosité, la hardiesse et la pureté de votre âme ? Mais ces sacrifices que vous n'hésitez pas à faire, vous les pleureriez bientôt avec des larmes qui retomberaient de tout leur poids sur votre cœur… » Et il lui conseille encore une fois de se marier ; il en est grand temps, car elle a déjà 26 ans, mais lui-même éprouve un certain regret de ne pouvoir accepter cette dévotion, écrivant dans *Amour et Vieillesse* : « Si tu te laissais aller au caprice où sombre quelquefois l'exaltation d'une jeune femme, le jour viendrait où le regard d'un jeune homme t'arracherait à ta fatale erreur[6]. » Est-ce pour fixer ce rêve et se donner une fois de plus le beau rôle qu'il écrira dans les *Mémoires d'outre-tombe* qu'un soir, alors qu'ils allaient se quitter, l'Occitanienne voulut le suivre : « Je fus obligé de la reporter chez elle dans mes bras. Jamais je n'ai été si honteux ; plus je pouvais être flatté de cette bizarrerie, plus j'en étais humilié, la prenant avec raison pour une moquerie. Je me serais volontiers caché de vergogne parmi les ours, nos voisins[7]. »

Après avoir lu ce passage, en remerciant le ciel que Chateaubriand ne l'eût pas nommément désignée, Léontine de Villeneuve, devenue comtesse de Castelbajac, fera ce commentaire : « Cependant il me donnait de sages conseils. Etaient-ils sincères ? N'importe, ils m'ont aidée à triompher de ces dernières et folles imaginations. La raison reprit tout son empire. C'est, je crois, ce qu'il ne m'a pas pardonné. Et c'est peut-être ce qui a dicté le récit fictif… Il m'a fallu lire cette page, vingt ans après, pour me douter que M. de Chateaubriand fût capable de l'écrire[8].» Elle sera profondément humiliée par cette allusion à un fait qu'elle niera toujours avec énergie, chargeant la postérité de la venger.

En attendant cette fâcheuse révélation, Léontine de Villeneuve envisage son avenir auprès de Chateaubriand tandis que celui-ci, plus prosaïque en dépit de sa fringale amoureuse, imagine le sien dans la conjoncture politique actuelle : il ne voit pour le moment d'autre solution que de regagner Rome où, comme il l'écrit cyniquement à son ami Frisell, il attendra la mort du roi en travaillant à son *Histoire de France* : « Je ne dis pas que je ne redevienne encore ministre, dans ma vieillesse peut-être, à l'avènement ou durant la minorité de Henri V. Car le Dauphin n'a pas plus de goût pour moi que Charles X. Je fais peur à leur médiocrité : et ils m'en voudront à jamais de la chute de Villèle. »

Un coup de théâtre alors se produit qui déjoue ses calculs et met un terme à ses projets. On apprend à Cauterets qu'après avoir accepté le 6 août la démission de Martignac, le roi, deux jours plus tard, a chargé Polignac de former le nouveau ministère, sans songer une seconde à faire appel à lui. De l'avis de Guizot, partagé d'ailleurs par beaucoup d'adversaires de Chateaubriand, celui-ci est avec Royer-Collard et Villèle un des trois hommes capables de gouverner en cette période critique ; aussi l'étonnement est-il grand de voir qu'on lui a préféré Polignac. Le prince a déjà fait deux choix qui inquiètent l'opinion publique en donnant la Guerre à Bourmont, odieux à l'armée depuis sa supposée défection à Waterloo, et l'Intérieur à La Bourdonnaye, un des plus enragés *ultras*. Parmi les autres ministres, Chateaubriand voit les noms de Chabrol, Montbel, Courvoisier, celui de l'amiral de Rigny, poussé par son oncle, le baron Louis, et enfin celui du baron d'Haussez, mais il n'y découvre pas le sien. Le *Journal des débats* salue ainsi la formation du nouveau ministère : « Malheureuse France ! Malheureux roi ! » et le rédacteur souligne la rupture entre la nation et la dynastie. « Un adolescent de cinquante ans – Polignac – sert un autre adolescent âgé, lui, de soixante-treize ans[9].» Toute la presse accable le nouveau ministère, et à travers lui le roi, de critiques, d'injures et de bons mots. Bien qu'il en eût fait un ambassadeur, Chateaubriand se méfiait de Polignac, et déjà en 1821 il avait dit à Cussy : « M. de Polignac sera un jour, vous le verrez, le canal de toutes les faveurs et de tout pouvoir en France. Ce sera un très grand malheur. C'est un esprit étroit et il ne connaît pas les Français[10].»

Au début du mois, Clausel de Coussergues avait écrit à Polignac pour lui rappeler de ne pas oublier Chateaubriand, mais sa lettre était arrivée trop tard. Pour Chateaubriand, il ne lui reste qu'à regagner son ambassade ou bien, en signe de protestation, démissionner avec fracas. Sa perplexité amuse les baigneurs qui devinent à son air sombre et à son mutisme qu'il ne sait encore à quel parti se résoudre. Avec bon sens, Léontine de Villeneuve lui conseille de garder son ambassade, «de ne pas faire au roi l'injure de jeter sa démission à la tête des honnêtes gens» et, surtout, de ne pas s'exposer à la tentation de le faire en retournant à Paris. «C'est en conservant votre indépendance que vous vous placerez sur tous les partis, lui dit-elle, et que vous n'aurez pas l'air d'obéir à un seul[11].» Compatissante et en même temps passionnée par ce conflit intérieur, elle en est le témoin fidèle, écoutant patiemment ses plaintes et sa révolte: «Oui, il ne s'appartenait plus, car ils l'accusaient de les avoir lâchés. Eh bien, il leur abandonnerait honneurs, fortune, jetant tout cela à la tête de ceux qui le dépouillaient dans leur intérêt propre. Il reprendrait, une fois de plus, le collier de misère et se remettrait à travailler. Son ambassade, si brusquement terminée, allait le laisser dans toutes sortes d'embarras. Il fallait bien qu'il reprît la plume pour payer ses dettes[12]…»

S'il regagne Rome et qu'il y reste en exil volontaire, qu'y fera-t-il? Quelques amis viendront le voir, au début, puis ils se lasseront et il mourra seul, oublié de tous… Léontine de Villeneuve ne le connaît pas assez pour savoir que c'est là son vœu le plus cher, du moins dans ses lettres, lorsqu'il se prétend dégoûté de tout pour mieux cacher ses ambitions politiques, et, lorsqu'il se plaint d'être sans famille, il oublie que sa femme lui est implacablement attachée.

*

Enfin, ce tumulte s'apaise et Chateaubriand quitte Cauterets pour Pau, puis Bordeaux. Il en repart le 22 août et arrive à Paris le 28. Il envoie aussitôt sa démission à Polignac par une lettre altière, en la terminant par ce trait: «Croyez, Prince, qu'il m'en coûte, au moment où vous arrivez au pouvoir, d'abandonner cette carrière diplomatique que j'ai eu le bonheur de vous ouvrir…» Cette lettre lui vaut un billet impersonnel du prince, l'invitant à passer au ministère le lendemain, à neuf heures précises. Furieux de ce ton cavalier, Chateaubriand lui répond, par retour du courrier, qu'il n'a rien à lui dire et qu'il n'attend d'audience que du roi. Du coup, Polignac lui écrit un petit mot à la première personne en retardant d'une heure le rendez-vous auquel il se rend, maussade et plus mécontent qu'exalté par son sacrifice dont l'inutilité doit déjà lui apparaître.

Sur cette entrevue, on ne possède que la version de Chateaubriand qui dit avoir été chaleureusement reçu par le prince, avoir arpenté son cabinet pendant une heure avec lui sans se laisser convaincre de reprendre sa démission : « Pourquoi, insistait Polignac, ne voulez-vous pas être dans les affaires avec moi comme La Ferronnays et Portalis ? Ne suis-je pas votre ami ? Je vous donnerai à Rome tout ce que vous voudrez ; en France, vous serez plus ministre que moi, j'écouterai vos conseils. Votre retraite peut faire naître de nouvelles divisions. Vous ne voulez pas nuire au gouvernement ? Le roi sera fort irrité si vous persistez à vouloir vous retirer. Je vous en supplie, cher vicomte, ne faites pas cette sottise[13]. »

Drapé dans sa dignité, la Charte aux lèvres et la rage au cœur, Chateaubriand maintient sa démission malgré les cajoleries de Polignac, et puisque le roi ne veut pas le recevoir s'il abandonne son poste, il ajoute : « Je ne me suis jamais rétracté dans la vie, et, puisqu'il ne convient pas au roi de voir son fidèle sujet, je n'insiste plus[14]. » Sa décision prise, il ne tardera pas à la regretter car, s'il se fait applaudir par les libéraux, il encourt la désapprobation de nombreux royalistes. A Marcellus, venu le voir quelques jours plus tard, il avoue son amertume et sa crainte de ne jamais parvenir à ce ministère, objet de tous ses vœux, que la Cour lui refuserait, même si la France entière l'y appelait. Néanmoins, il entend rester fidèle aux Bourbons, concluant sa tirade en disant : « S'ils ne m'entraînent bientôt avec eux dans une chute commune, le temps n'est pas loin où je pourrai couvrir encore de mon nom et de ma popularité ces ingrats qui m'oublient. On m'appellera au secours de la dynastie mourante, mais pourrai-je retarder son dernier soupir ? » Et ce disant, précise Marcellus[15], il essuie quelques larmes, lui qui ne pleurait alors devant personne.

Rendu à la vie privée, n'ayant plus de réserve à observer, il reprend la plume et donne – ou inspire – au *Journal des débats* quelques articles où, écrit Villemain, on reconnaît la griffe du lion, d'un lion particulièrement irrité, au point que Charles X commence à regretter de ne lui avoir pas accordé l'audience réclamée : « J'ai eu tort, reconnaît le roi, je ne lui aurais pas cédé d'une semelle, mais j'aurais exigé sa parole de gentilhomme qu'il n'écrirait pas un mot dans le *Journal des débats*, sauf à nous attaquer dans la Chambre des pairs, où Polignac lui aurait répondu[16]. » A Mme Récamier seule il a confié ses regrets de quitter la carrière. Avec son tact habituel, elle s'est efforcée d'adoucir sa rancœur et l'a encouragé à se remettre au travail, à reprendre ces *Etudes historiques* destinées à révéler un aspect presque inconnu de l'histoire de la France. Elle a fermé les yeux, comme Mme de Chateaubriand d'ailleurs, sur ses écarts et feint d'ignorer qu'il a trouvé auprès d'Hortense Allart des satisfactions qu'elle ne lui accorde plus depuis longtemps.

Hortense Allart a publié son *Jérôme* chez Ladvocat. C'est Chateaubriand qui l'a recommandée à l'éditeur ; c'est lui aussi qui a revu le texte et corrigé les épreuves. Cette liaison est connue de tout Paris, d'autant que les amants ne se cachent guère et flânent ensemble au Champ-de-Mars, y buvant du lait qu'une vieille femme, qui fait paître là ses vaches, vend aux promeneurs ; ils dînent tête-à-tête à l'Arc-en-ciel, un restaurant du Jardin des Plantes où on leur réserve une salle au premier étage, ou dans quelque guinguette au bord de la Seine. Si Hortense Allart oublie la différence d'âge, Chateaubriand en reste conscient ; il en parle sans cesse, à la fois émerveillé qu'une femme aussi jeune puisse lui donner l'illusion qu'elle est éprise de lui, et inquiet de voir cette illusion s'évanouir. Ainsi, lors de leurs dîners, hanté par la fragilité de cet amour qu'il sait être le dernier, il évoque avec mélancolie son futur tombeau tandis qu'Hortense Allart, plus près des réalités, ne pense qu'à l'instant qui passe et au lit qui les attend.

Vivant avec lucidité cette ultime aventure, il voudrait en conserver autre chose que des souvenirs destinés à périr avec lui. C'est du moins ce qu'affirme Hortense Allart dans les *Enchantements de Prudence* en disant que Chateaubriand songeait à un roman où il peindrait ce dernier amour, dont les incantations d'*Amour et Vieillesse* sont peut-être les notes prises pour l'écrire.

A l'occasion, Hortense Allart passe de l'emploi d'égérie à celui de collaboratrice, elle l'écoute lire des passages des *Etudes historiques*, copie pour lui des textes qu'il veut y insérer. Il prend par ailleurs plaisir à l'écouter, s'écouter, lorsqu'elle lit – fort bien – des pages des *Martyrs*, entre autres le récit du supplice d'Eudore et il s'émeut tant qu'oubliant qu'il en est l'auteur il en verse des larmes d'attendrissement. On ne peut tout le temps rire en buvant du vin de champagne à l'Arc-en-ciel ou pleurer en écoutant le martyre d'Eudore. Entre ces moments d'exaltation amoureuse ou littéraire, il y a de vastes périodes d'ennui, de désenchantement, auxquelles Chateaubriand s'abandonne avec délice, goûtant la volupté de la tristesse et y trouvant un âcre plaisir. Hortense Allart a compris ce côté de son caractère : « Son ennui, son indifférence ont de la grandeur. Son génie se montre tout entier dans cet ennui. Il m'a fait l'effet des aigles que je voyais le matin au Jardin des Plantes, les yeux fixés sur le soleil et battant de grandes ailes que leur cage ne peut contenir.»

L'aigle et l'ange, ainsi qu'il a surnommé Hortense Allart, poursuivent cette liaison pendant l'automne et l'hiver jusqu'à ce qu'Hortense, écoutant les conseils qu'imprudemment Chateaubriand lui a donnés, parte pour la Grande-Bretagne afin d'y découvrir une autre civilisation et de s'initier à la littérature anglaise. Elle y rencontrera Henry Bulwer-Lytton, un jeune diplomate de 25 ans, fils du général de ce nom et frère du futur romancier, auteur des *Derniers Jours de Pompéi*. Henry Bulwer-Lytton remplacera bientôt Chateaubriand dans le cœur d'Hortense Allart, mais celle-ci, bonne fille, n'en cessera pas pour autant ses relations avec lui, ayant trop d'esprit pour ne pas rester en bons termes avec ses anciens amants.

Une autre muse a fait défection quelques mois plus tôt : Léontine de Villeneuve a, elle aussi, suivi ses conseils en épousant le comte de Castelbajac, gentilhomme de grande maison qui sera pour elle un excellent mari. Chateaubriand éprouve une certaine tristesse en voyant ce lien se rompre ; il écrit à Léontine une lettre un peu mélancolique, propre à donner à l'Occitanienne quelque remords de sortir ainsi de son existence après lui avoir promis de la partager. Il faut se résigner à vieillir ; il le fait mal, si l'on en juge par les cris douloureux d'*Amour et Vieillesse*, inspiré par Léontine de Villeneuve et par Hortense Allart, peut-être aussi par des rencontres de hasard, éveillant de lancinants désirs.

Désormais, Mme Récamier va régner seule, ayant eu l'art de s'entendre avec Mme de Chateaubriand qui trouve en elle une aide efficace pour l'Infirmerie Marie-Thérèse et lui sait gré de sa générosité. Peut-être aussi lui est-elle secrètement reconnaissante de donner, par cet attachement officiel à son mari, une certaine respectabilité à celui-ci, car leur liaison, aux yeux de l'Europe, est devenue une institution, au même titre qu'un siège à la Chambre des pairs ou un fauteuil à l'Académie. Mme Récamier a maintenant le devoir d'entretenir la bonne humeur du grand homme et de la décharger ainsi de tout l'ennui qu'apporte dans une maison un mari mécontent.

Rue d'Enfer, l'existence est en effet singulièrement dépourvue de gaieté ; c'est Mme de Chateaubriand qui impose ses amis, plus que son mari les siens. Le soir, il n'y a chez eux qu'une petite société de sacristie, composée, dit Villemain, «de quelques familiers obscurs, de quelques anciens royalistes de 1815, assidus encore là où ils étaient inutiles, de quelques admirateurs plus récents du grand écrivain et du généreux publiciste, de quelques ecclésiastiques étonnés parfois de ce qu'ils entendaient, et inquiets pour la religion du bruit que faisait la politique. M. de Chateaubriand parlait peu, et n'essayait pas de concilier les dissidences dont il était entouré[17] ».

En revanche, à l'Abbaye-aux-Bois, où Mme Récamier occupe un autre appartement, beaucoup plus vaste, au premier étage, il se métamorphose, arrivant d'un pied léger, certain de trouver un auditoire attentif, une maîtresse de maison empressée à le faire valoir. Avec elle, en public, il n'affecte pas cet ennui qui le figera dans une attitude solennelle et guindée pour la postérité ; il a encore de l'agilité dans ses mouvements, du brillant dans sa conversation et de la bonne grâce envers les nouveaux venus, avant de se réfugier peu à peu dans un silence hautain qui plus tard glacera les visiteurs. Philarète Chasles avoue sa surprise en trouvant le grand homme infiniment plus fringant qu'on ne le lui avait dit, et il admire avec quel art Chateaubriand sait réunir en lui les contraires : « Chevalier démocrate, libéral royaliste, catholique libre-penseur ; le tout avec une sincérité parfaite[18]. » Ce jugement si favorable a peut-être sa source dans un geste généreux de Chateaubriand qui, étant ministre, avait exigé la libération du jeune homme, incarcéré à la Conciergerie pour ses opinions républicaines : « La voix de l'homme de génie et les larmes d'une jeune fille se liguèrent pour me libérer », écrira Chasles dans ses *Mémoires*, alors que Chateaubriand, dans les siens, ne se vantera pas de ce geste, tout à son honneur.

Le 29 mars 1830, Mme Récamier perd son mari qui, depuis longtemps, faisait maison à part tout en la voyant presque chaque jour. Sa disparition ne crée aucun vide puisqu'il ne tenait guère de place dans son existence, mais elle en est quand même affectée, car en le perdant elle a l'impression, selon le mot peut-être moins innocent qu'il ne le paraît de Mme Lenormant, de « perdre une seconde fois son père ». Le cénacle de l'Abbaye-aux-Bois et nombre d'amis assistent à l'enterrement. Au retour, dans le salon de Mme Récamier, David d'Angers remarque Chateaubriand, seul au milieu de la pièce, sans que personne ose s'approcher de lui, car on ne sait que lui dire. Faut-il lui faire des condoléances ou le féliciter d'être enfin débarrassé d'un rival bien discret ? « Tous les hommes debout, inquiets. Lui calme et triste, isolé, mais attirant tous les regards des hommes », note-t-il dans ses Carnets[19].

*

Avec les meilleures intentions du monde, étant loyal et bienveillant, Polignac a rapidement démontré son incapacité face à une opposition parlementaire et une opinion déchaînées contre lui. Bien que mûri par son séjour à Londres et se disant partisan de la Charte, il veut un pouvoir fort, un souverain respecté. Or, le pouvoir flotte au gré des tempêtes soulevées par les moindres mesures, aussitôt dénoncées comme arbitraires, et des campagnes de presse organisées par les journaux, devenus extrêmement combatifs. Depuis le début de l'année, il existe un nouveau journal, *Le National*, où Thiers, Armand Carrel et Mignet se révèlent de redoutables adversaires. Thiers a envoyé à Chateaubriand le premier numéro du *National* et veille à ce que le service lui en soit assuré. *Le Globe* s'est renouvelé, devenant lui aussi une feuille d'opposition, d'un ton souvent mordant : «Le ministère est très décidé, mais il ne sait pas à quoi», ironise un de ses rédacteurs.

Le discours du Trône, à l'ouverture de la session parlementaire, a inquiété par une phrase menaçante du roi : «Si de coupables manœuvres suscitaient à mon gouvernement des obstacles que je ne veux pas prévoir, je trouverais la force de les surmonter dans ma résolution de maintenir la paix publique, dans la juste confiance des Français, et dans l'amour qu'ils ont toujours montré pour leur roi.» Pensant flatter le patriotisme et rallier les opposants au drapeau, Charles X a profité de son discours pour annoncer l'expédition contre Alger, ce qui laisse beaucoup de parlementaires indifférents, voire hostiles. Le soir, Chateaubriand confie à des amis que ce projet le « ravit sans le rassurer », et il ajoute : «Qui connaît les abîmes de la Providence ? Elle peut du même coup abattre le vainqueur à côté du vaincu, agrandir un royaume et renverser une dynastie[20]. »

A la Chambre des pairs, il prononce un véhément discours, mais ses collègues se montrent plus timorés, car, selon la formule de Guizot, ayant peu de confiance en leur propre force pour conjurer le péril, ils craignent de l'aggraver en le signalant avec éclat. L'adresse de la Chambre des pairs est donc rédigée en termes mesurés, que Chateaubriand juge insuffisants. En revanche, les députés, indignés des réserves du roi et de ses menaces voilées, votent à la majorité de 221 une adresse insolente. Alors que le souverain a réclamé le concours de tous, les députés lui déclarent : «Sire, notre loyalisme, notre dévouement, nous condamnent à vous dire que ce concours n'existe pas. »

Il existe si peu que le mois suivant, lorsque Polignac songe à utiliser l'article 14 de la Charte afin d'assurer l'ordre public, deux ministres, Chabrol et Courvoisier, démissionnent. Il faudra quatre semaines pour leur trouver des successeurs, mais sans faire appel à Chateaubriand qui aurait certainement refusé ou bien exigé le départ de Polignac. Il y a longtemps qu'il a prévu le danger représenté par cet article, s'il est mal utilisé. Il l'avait signalé dès 1816 dans le post-scriptum de son livre *De la Monarchie selon la Charte*, en prévoyant qu'un beau matin la Charte elle-même pouvait être confisquée au profit de cet article 14[21].

Après avoir envisagé la dissolution de la Chambre, Polignac décide de la proroger jusqu'au 1er septembre, puis, revenant sur sa décision, il la dissout le 6 mai 1830, avec convocation des collèges électoraux les 23 juin et 3 juillet. Peu après il reporte ces élections aux 13 et 19 juillet dans dix-neuf départements où l'opposition est la plus vive, afin d'avoir le temps d'user des manœuvres et des expédients dont le régime est coutumier. On s'attend malgré tout à de mauvais résultats, mais Charles X rassure ses fidèles : « Nous n'avons rien à craindre, affirme-t-il, car j'ai adressé de vives prières à la châsse de Saint Vincent-de-Paul[22]. » Les chiffres confirment les craintes des esprits sensés : l'opposition triomphe avec 274 sièges contre 143 au ministère. Il est évident que celui-ci ne peut se maintenir contre un tel courant d'opinion, mais Charles X, toujours confiant, croit que l'expédition d'Alger constituera une diversion assez puissante pour calmer l'émotion populaire ou l'orienter différemment.

Pendant que la flotte vogue vers Alger, puis débarque un corps expéditionnaire confié au général de Bourmont, Chateaubriand se livre à une forme d'opposition assez particulière en se liant avec Béranger, l'un des ennemis les plus acharnés de la dynastie. Rien de plus surprenant que l'alliance insolite autant qu'imprévue de ces deux hommes si différents. Leur seul point commun, en dehors d'Hortense Allart qui les a rapprochés, c'est qu'ils ont tous deux bénéficié à leurs débuts de la protection de Lucien Bonaparte et que Fontanes, si obligeant pour Chateaubriand, ne l'a pas été moins pour Béranger en lui faisant donner un emploi dans les bureaux de l'Instruction publique. Rien de plus surprenant aussi que l'extraordinaire réputation de Béranger à cette époque où il brocarde avec férocité les Bourbons tout en exaltant le souvenir de Napoléon. Les plus grands esprits d'Europe admirent son génie, car ils n'hésitent pas à employer ce mot, et le sacrent premier des poètes, « le plus original, le plus vrai », dit Goethe[23]. Musset reconnaîtra humblement que Béranger est le meilleur poète dont la France puisse s'enorgueillir ; Lamartine et Vigny lui rendront les armes ; bref, c'est une adulation sans réserve, qui excuse un peu celle de Chateaubriand. Le chantre, on pourrait presque écrire le pitre, est universellement tenu pour un grand homme, un héros national, et cette réputation légendaire aura la vie dure. Maxime Du Camp racontera qu'un jour qu'on chantait chez lui *Le Vieux Caporal*, ses oncles, qui reprenaient en chœur le refrain, l'apostrophèrent violemment : « A genoux, petit ! C'est un chant sacré[24]. »

Lamartine est sans doute le plus intelligent dans son admiration, le plus réservé aussi, car il a parfaitement compris le phénomène auquel Béranger doit son incroyable célébrité : au mécontentement contre les Bourbons, «il fallait un porte-voix sonore et populaire qui multipliât l'écho de l'opposition... Ce porte-voix, c'était un chansonnier. Ce chansonnier devait réunir en lui, pour porter coup dans tous les rangs de la société française, l'élégance attique qui se fait entendre à demi-mot à l'homme lettré, l'accent martial qui fait frissonner le soldat, la bonhomie cordiale qui fait larmoyer dans son rire le bon et rude peuple des champs. Ces trois génies, le génie fin et classique du sous-entendu et du ridicule, le génie patriotique et martial du corps de garde, le génie élégiaque et pastoral de la chaumière étaient difficiles à rencontrer dans le même homme. Un Anacréon pour les amants, un Aristophane pour les malveillants, un Tyrtée pour les escouades, un Théocrite pour les paysans ; une lyre, un sifflet, un clairon, une flûte ou un flageolet dans la même main ! Quel prodige ! mais aussi quelle bonne fortune ! Ce prodige et cette bonne fortune se rencontrèrent, à l'heure où cela était nécessaire, dans Béranger[25].»

Celui-ci a le physique assez commun de l'homme de la rue, petit rentier ou artisan prospère, avec un visage bonasse et sans caractère particulier dans lequel seul le sourire révèle finesse et malice, où l'intelligence filtre à travers l'œil à fleur de front. Il y a chez lui une simplicité de manières et de ton qui désarme les préventions, une bonhomie un peu goguenarde de boutiquier qui sait attirer la clientèle et la retenir, amusant les dames d'un compliment, déridant les renfrognés par une gaillardise, plaisantant finement avec le curé, raillant, sans avoir l'air d'y toucher, le grand seigneur et payant à boire au soldat. Lamartine a laissé de lui un excellent portrait avec son pantalon retroussé pour le garantir de la boue, des bas de filoselle gris ou bleus, parfois tachés d'encre, des gros souliers ferrés noués par un cordon de cuir, une redingote en drap grisâtre et râpé dont les basques trop longues lui battent les jambes, une chemise ouverte sur la poitrine et enfin, couronnant le tout, un vieux chapeau à large bord, crânement enfoncé sur des cheveux incultes éparpillés autour de son cou épais[26]. Ce personnage, si plébéien d'aspect, bien qu'il se fasse appeler M. de Béranger, a peu pour plaire à Chateaubriand, mais celui-ci partage l'engouement de ses contemporains, séduits pour la plupart moins par l'auteur que par sa popularité. Les écrivains illustres qui l'encensent savent qu'ils n'ont eux-mêmes qu'un public restreint, alors que Béranger a ses chansons répétées par des centaines de milliers, voire des millions de voix partout en France.

La chanson n'est-elle pas, ainsi que l'écrit Lamartine, la littérature de ceux qui ne savent pas lire ? Et ceux-là sont les plus nombreux. Béranger, il faut le dire à sa décharge, a pris son rôle au sérieux et ne gâche pas le métier, avouant que tel de ses couplets lui a coûté des semaines de réflexion et de travail.

Pendant quelque temps, la voix publique a porté Béranger à l'Académie française et le chansonnier se défend d'un pareil honneur, mais ses admirateurs insistent. Hortense Allart en a parlé à Chateaubriand qui juge cette ambition normale, assurant Béranger qu'il peut compter sur sa voix. Le chansonnier, flatté, se croit quand même obligé de rappeler à Hortense Allart que Chateaubriand et lui appartiennent à deux mondes différents, et surtout deux partis, ce qui pourrait compromettre l'écrivain. Pour vaincre les hésitations de Béranger, Chateaubriand va le voir, le manque une première fois, car il est malade, et y retourne : « M. de Chateaubriand sort de chez moi, écrit Béranger à Hortense Allart ; en vérité c'est plus que je ne mérite, dussiez-vous me trouver trop humble ! Je ne sais comment reconnaître tant de bonté. Chargez-vous un peu d'être mon interprète, car je suis si bête que je crains qu'il n'ait pas compris les sentiments qu'il m'a inspirés. Mais, en même temps, aidez-moi à le détourner de l'idée qu'il a de faire de moi un académicien. Rien que le mot, qui jusque-là ne m'avait produit aucun effet, me donne aujourd'hui une horrible frayeur. Non, je ne veux pas être de l'Académie, quoi que M. de Chateaubriand en dira[27]. »

*

Depuis le 5 juillet 1830, le drapeau flotte sur la kasbah d'Alger, succès qui compense aux yeux du roi l'échec des élections. Polignac en profite pour mettre au point une série de mesures destinées à consolider le gouvernement : dissolution de cette Chambre hostile, élection d'une nouvelle après modification du système électoral, suspension de la liberté de presse. Malgré l'avis des ministres Guernon-Ranville et d'Haussez, les fameuses ordonnances sont soumises le 25 juillet à Charles X qui, persuadé qu'elles sauveront la monarchie, les signe. Afin de les justifier, Chantelauze, le garde des Sceaux, avait rédigé un préambule exposant les dangers qu'une presse à tendance démocratique et démagogique faisait courir au trône en compromettant la stabilité du gouvernement.

Ces ordonnances constituent un véritable coup d'Etat, bien que la référence à l'article 14 de la Charte leur donne une apparence de légalité ; aussi le secret de l'opération a-t-il été bien gardé pour que joue l'effet de surprise et que le pays, assommé, ne bouge pas. Malgré ses liens avec le monde politique et les journaux, Chateaubriand ne s'est douté de rien. Il est parti le 26 juillet pour Dieppe, où séjourne Mme Récamier, et il tombe des nues en lisant le lendemain dans *Le Moniteur*, que Pilorge est accouru lui apporter, le texte des ordonnances dont il comprend aussitôt la gravité. Sans hésiter, il repart le soir même pour Paris dans l'espoir de profiter des circonstances pour jouer un rôle d'arbitre et retrouver le pouvoir perdu. Il ne connaît pas encore l'ampleur du désastre et peut légitimement penser que le gouvernement saura calmer l'émotion populaire en attendant de nouvelles difficultés, provoquées par la modification du système électoral.

Il n'y avait plus une faute à commettre et le gouvernement les avait multipliées, comme à plaisir, mettant tous ses soins à n'en oublier aucune. Alors qu'on devait s'attendre à une insurrection générale ou, du moins, à de sérieuses échauffourées, on avait dégarni la capitale en faisant partir des régiments en province afin d'aider à combattre des incendies criminels et accordé de nombreux congés dans les régiments de la Garde royale. Polignac n'avait prévu aucune intendance et aucun plan de défense en cas de révolte. La faute la plus grave était d'avoir préparé ce coup d'Etat sans Bourmont, un homme à poigne. On comptait pour le remplacer sur Marmont, à la fidélité douteuse, et l'on n'avait tenu aucun compte de l'impéritie notoire du commandement militaire de Paris. Enfin, Polignac avait repoussé une tentative de négociation faite par le général Sébastiani et Ferdinand de Bertier qui aurait permis de rallier une certaine partie de l'opposition. Il était impossible d'avoir risqué le sort de la Couronne avec autant d'imprévoyance et de légèreté.

C'est en arrivant à Gisors que Chateaubriand apprend le soulè-vement de Paris dès le matin du 28 juillet aux cris mêlés de *Vive la République ! A bas les Bourbons ! Vive l'empereur !* Comme en 1789 le duc de Liancourt, Marmont a déclaré au roi que ce n'est pas une émeute mais une révolution, et Charles X, comme Louis XVI, a pris le parti d'ignorer ce qui se passe, manifestant à l'égard des troupes fidèles la même indifférence. Evitant Saint-Denis où, lui a-t-on dit, des barricades l'empêcheraient de passer, Chateaubriand, par Courbevoie, gagne la barrière du Trocadéro. En voyant flotter le drapeau tricolore, il partage l'avis de Marmont : « J'eus le pressentiment, écrira-t-il, que mon rôle allait changer ; qu'étant accouru pour défendre les libertés publiques, je serais obligé de défendre la royauté. Il s'élevait çà et là des nuages de fumées blanches parmi des groupes de maisons. J'entendis quelques coups de canon et des feux de mousqueterie mêlée au bourdonnement du tocsin. Il me semblait que je voyais tomber le vieux Louvre du haut du plateau désert destiné par Napoléon à l'emplacement du palais du roi de Rome. Le lieu de l'observation offrait une de ces consolations philosophiques qu'une ruine apporte à une autre ruine[28]. » Traversant Paris, il rejoint la rue d'Enfer où il trouve sa femme extrêmement agitée par ce qu'elle a vu et entendu. Grâce à Dieu, les émeutiers ont respecté l'Infirmerie où elle a recueilli quelques prêtres des Missions de France échappés à la mise à sac de leur maison.

Après avoir rassuré sa femme, qui revit ses souvenirs de la Terreur, il écrit à Charles X, chargeant Desmousseaux de Givré de porter sa lettre – dont il attendra vainement la réponse. Il écrit aussi à Mme Récamier : «... certainement M. de Polignac et son ministère est le plus grand coupable qui ait existé. Son incapacité est une mauvaise excuse. L'ambition dont on n'a pas les talents est un crime... Ma position est pénible, mais claire. Je ne puis reconnaître que le drapeau blanc. Je ne trahirai pas plus le roi que la Charte, mais pas plus le pouvoir légitime que la liberté. Je n'ai donc rien à dire et à faire, attendre et pleurer sur mon pays[29]. » Ce soir-là, 29 juillet, la capitale, à la suite de la défection des 5e et 53e régiments de ligne, est entièrement entre les mains des insurgés. Contemplant des fenêtres de son bel hôtel le spectacle de la rue, Talleyrand a déjà estimé que la branche aînée des Bourbons avait cessé de régner.

Le 30 au matin, averti que les pairs se réunissent au Luxembourg, Chateaubriand décide de s'y rendre en se promenant dans Paris pour juger de l'état des esprits. Il va jusqu'à la place Dauphine et, en revenant, il est reconnu par quelques jeunes gens qui l'acclament en criant : « Vive le défenseur de la liberté de presse ! » Les hommages sont toujours agréables, d'où qu'ils viennent, et il se laisse faire une douce violence par ces étudiants qui l'escortent jusqu'au Palais-Royal. Là, il les prie de le laisser aller, d'autant plus qu'un individu sinistre, aux mains noircies de poudre et à la mine d'assassin, s'efforce de se rapprocher de lui, animé certainement d'intentions moins pures que ces aimables jeunes gens. Il leur échappe et, suivi de Pilorge, il traverse le pont des Arts pour gagner le Luxembourg, mais ses admirateurs le rejoignent et l'un d'eux réussit à le jucher sur ses épaules pour le porter en triomphe. La foule et les curieux massés aux fenêtres applaudissent. On crie : « A bas les chapeaux ! Vive la Charte ! » et de son trône humain Chateaubriand s'époumone à répondre : « Oui, Messieurs, vive la Charte ! mais vive le Roi ! » Enfin le cortège arrive aux abords du Luxembourg où il excite le dépit de Benjamin Constant qui murmure : « Que nous restera-t-il donc, à nous autres ? » Chateaubriand se fait un malin plaisir de consigner cette réflexion dans le récit de son apothéose, en précisant : « J'avais été plus longtemps et plus constamment que lui le défenseur de la première des libertés publiques : la presse[30]. »

Au Luxembourg, une trentaine de pairs, mal à leur aise et inquiets, sont rassemblés dans une salle dont la pénombre et le silence offrent un saisissant contraste avec la lumière aveuglante et le fracas de la rue. On croirait voir des premiers chrétiens réfugiés dans les catacombes. Le duc de Mortemart, chargé par le roi de former un nouveau ministère, a eu toutes les peines du monde à franchir, à pied, la distance de Saint-Cloud à Paris. Il est épuisé par son errance à travers la ville et se plaint d'une blessure au talon. Chateaubriand n'attend rien de ce nouvel Achille, et moins encore de Broglie qui, lui, répète à satiété que l'on est sur un volcan, que les manufacturiers ne peuvent plus contenir leurs ouvriers, que si l'on prononce le nom de Charles X la foule attaquera le Luxembourg, comme en 1789 la Bastille. Aucun des pairs ne se sent la vocation du martyre, et le duc de Caraman approuve le duc de Broglie.

Profitant de l'entrée du général Sébastiani, suivi de quatre commissaires royaux, Chateaubriand essaie de combattre le découragement et oppose à ce qu'a vu le duc de Broglie les scènes dont il a été non seulement le témoin, mais l'objet : « La question n'est pas de considérer s'il y a péril ou non, leur dit-il, mais de garder les serments que nous avons prêtés au roi dont nous tenons nos dignités, et plusieurs d'entre nous leur fortune. Sa Majesté, en retirant les ordonnances et en changeant son ministère, a fait tout ce qu'Elle a dû ; faisons à notre tour ce que nous devons… Donnons à la France l'exemple de l'honneur et de la loyauté… » Cette exhortation se perd dans l'indifférence et surtout dans la hâte de quitter au plus tôt la salle où l'émeute, à tout instant, peut les surprendre. La séance est donc brusquement levée : « Il y avait une impatience de parjure dans cette assemblée que poussait une peur intrépide, écrira sarcastiquement Chateaubriand ; chacun voulait sauver sa guenille de vie, comme si le temps n'allait pas, dès demain, nous arracher nos vieilles peaux dont un juif bien avisé n'aurait pas donné une obole[31]. »

C'est un noble langage, mais Chateaubriand l'affaiblit en claironnant un peu partout son succès auprès des étudiants au point qu'il semble vouloir se faire passer pour un guerrier franc élevé sur le pavois. Il s'en vante auprès de Mme Récamier, de Mme de Boigne et de Pasquier qui réduira l'affaire dans ses propres mémoires à « une espèce d'ovation dont venaient de l'honorer une quinzaine de jeunes gens qui l'avaient aidé à passer une barricade au bas de la rue de Tournon ». D'après lui, ce que d'ailleurs le duc de Mortemart confirme dans ses Souvenirs,

Chateaubriand aurait pompeusement déclaré, pour rassurer les pairs sur le sort de la monarchie : « Soyez tranquille. Qu'on conserve la liberté de presse, qu'on me laisse ma plume, de l'encre et du papier ; si la légitimité est abattue, je l'aurai relevée au bout de trois mois[32]. »

Le soir même, une délégation de douze députés offre la lieutenance générale du royaume au duc d'Orléans qui représente un compromis entre la monarchie légitime et la république : « Sa situation est incomparable, estimait Mme de Rémusat, il est du sang des Bourbons et il en est couvert... » Le duc, qui suivait les événements de son château de Neuilly, se dispose à gagner Paris « pour enlever une vieille couronne au garde-meuble », ainsi que le dira Chateaubriand, aussi méprisant à l'égard de la branche aînée, trop sotte pour garder cette couronne, que vis-à-vis de la cadette, assez malhonnête pour s'en saisir. Cette révolution de trois journées aura eu finalement pour résultat de porter au pouvoir une bourgeoisie qui représente exactement ce qu'il déteste : « Une aristocratie bourgeoise s'est emparée du palais, note-t-il ; plutôt que de se voir humiliée par le retour de l'ancienne aristocratie, elle mettrait le feu aux quatre coins de la France ; un homme du peuple, un soldat souffrira un Montmorency ; un marchand de parapluies, jamais[33]. »

L'escamotage du trône au profit du « roi-citoyen » n'a été possible que par l'entêtement de Charles X, la médiocrité de ses ministres et l'impéritie absolue de tout ce qui, à Paris, devait représenter l'ordre public et le défendre. Cette cour cléricale et imbue de droit divin était gangrenée, non par le libéralisme, mais par l'idée, qui avait déjà coûté son trône et sa tête à Louis XVI, que se défendre est un crime, surtout lorsque l'assaillant n'est pas un soldat. Chateaubriand a fort bien vu que les plus hardis des fameux héros de Juillet ont été des enfants qui, « à l'abri de leur faiblesse, tiraient à bout portant sur les officiers », alors que ceux-ci « se seraient crus déshonorés en les repoussant... Singes laids et étiolés, libertins avant d'avoir le pouvoir de l'être, cruels et pervers, ces petits héros des trois journées se livraient à des assassinats avec tout l'abandon de l'innocence[34] ». Le marquis d'Hautpoul dira la même chose en constatant que depuis longtemps on avait établi « le principe qu'un soldat ne devait, en aucune circonstance, tirer sur le peuple, et on ne donnait le nom du peuple qu'aux hommes qui appartenaient à l'opposition, à ceux qui représentaient la révolte et l'insurrection contre l'autorité légitime. On avait si bien faussé toutes les idées reçues, qu'on était parvenu à mettre la révolte en honneur et à faire un crime du dévouement, de la fidélité et de la défense légale de l'autorité légitime[35] ».

*

Infiniment plus intelligent que son cousin, le duc d'Orléans estime qu'en des temps si troublés il faut rassembler toutes les bonnes volontés ou, du moins, neutraliser les mauvaises. Aussi, dès le 2 août, fait-il savoir à Chateaubriand, dont il sait l'influence sur l'opinion, qu'on serait charmé de le voir au Palais-Royal. Il a chargé de ce message Arago, puis Anatole de Montesquiou qui le transmet à Mme Récamier. La sœur du nouveau Lieutenant-général, Madame Adélaïde, en a également parlé à Mme de Boigne en lui disant qu'on tenait à M. de Chateaubriand et que, sans le faire entrer dans une formation ministérielle, on était tout prêt à lui être agréable en lui proposant, par exemple, de retourner à Rome.

Après avoir reçu cette ouverture, Mme de Boigne court chez Mme Récamier pour savoir comment procéder, connaissant les répugnances et les susceptibilités de l'intéressé. Mme Récamier ne lui cache pas que la négociation sera difficile car Chateaubriand est « outré contre Charles X qui n'avait pas répondu à sa lettre ; indigné contre les pairs qui ne l'avaient pas choisi pour diriger la Chambre ; furieux contre le Lieutenant-général qui n'avait pas déposé entre ses mains le pouvoir auquel les événements l'avaient appelé. De plus, il était censé être malade. C'est sa ressource ordinaire lorsque son ambition reçoit un échec considérable ; et peut-être au fond l'impression est-elle assez violente pour que le physique s'en ressente[36]. »

Elles se rendent rue d'Enfer et surprennent Chateaubriand écrivant sur un coin de table, en robe de chambre et pantoufles, un madras autour de la tête. Mme Récamier n'avait pas exagéré en disant qu'il était mécontent de tout le monde. En effet les visiteuses, quoique bien accueillies, le trouvent dans « une extrême âpreté ». Pour leur donner une idée de son humeur, il leur lit le discours qu'il est en train de composer pour la Chambre des pairs. Le duc d'Orléans y est violemment pris à partie. Mme de Boigne essaie de le raisonner en lui disant que cette attaque est indigne d'un bon citoyen : « Je n'ai pas la prétention d'être un bon citoyen ! » lui réplique l'auteur. Elle observe ensuite que cela n'est pas le bon moyen de faire revenir Charles X aux Tuileries : « Dieu nous en garde ! s'exclame-t-il. Je serais bien fâché de l'y revoir... » Mme Récamier intervient, raconte la visite de Mme de Boigne au Palais-Royal, évoque la possibilité de retrouver son poste d'ambassadeur à Rome : « Jamais ! », dit-il en se levant et en se mettant à marcher fiévreusement dans la pièce tandis que les deux dames énumèrent, pour son édification, les avantages qu'il retirerait d'un nouveau séjour à Rome. Après les avoir écoutées, il s'arrête et, leur désignant une rangée de livres, les siens, il leur dit : « Et ces trente volumes qui me regardent en face ? Que leur répondrai-je ? Non… non… ils me condamnent à attacher mon sort à celui de ces misérables ! Qui les connaît ? Qui les méprise ? Qui les hait plus que moi ? »

Puis, aux deux femmes étonnées, choquées, presque épouvantées, il déverse tout ce qu'il a sur le cœur contre ces ingrats Bourbons avant d'entamer, sur un ton plus calme, un éloge assez surprenant des trois journées révolutionnaires, décrivant avec lyrisme ce sursaut de fierté d'un peuple asservi, magnifiant les héros de Juillet pour soudain s'attrister à la pensée que le pays, après avoir goûté l'ivresse de la liberté, sera livré à « ces petits messieurs », c'est-à-dire les doctrinaires, qu'il exècre, alors qu'il faudrait des hommes nouveaux, animés par l'enthousiasme. Dans son exaltation, il allait s'oublier, lorsqu'il ajoute : « Tout au plus faudrait-il quelque vieux nautonier pour leur signaler les écueils, non dans l'intention de les arrêter, mais pour stimuler leur audace. » A ces mots, Mme de Boigne a compris et lui demande quelle réponse elle devra donner au Palais-Royal. Aucune, lui répond-il, sa décision étant déjà prise de ne pas se rallier au nouveau régime et de rester hargneusement fidèle à l'ancien[37].

Néanmoins, il finira par se rendre au Palais-Royal où il est reçu par Madame Adélaïde et la duchesse d'Orléans. Celle-ci entre aussitôt dans le vif du sujet : « Ah ! Monsieur de Chateaubriand, nous sommes bien malheureux. Si tous les partis voulaient se réunir, peut-être pourrait-on encore se sauver ! Que pensez-vous de tout cela ? » Chateaubriand lui fait observer que, par l'abdication de Charles X et de son fils, le duc d'Angoulême, le roi est maintenant le duc de Bordeaux, sous le nom d'Henri V. Que le duc d'Orléans soit régent pendant sa minorité, il n'y a rien d'autre à envisager.

Sincèrement attachée à Charles X et à sa nièce, la duchesse de Berry, la duchesse d'Orléans approuverait peut-être une telle solution, mais Madame Adélaïde, ambitieuse pour son frère, a un autre point de vue. Après un quart d'heure de conversation, le duc survient. Il répète à Chateaubriand qu'ils sont tous bien malheureux de cette situation, puis passe aux périls de l'heure et laisse entendre qu'il est seul à pouvoir empêcher de terribles règlements de comptes. Chateaubriand dira qu'il lut clairement sur son front « son désir d'être roi », et, persuadé qu'il ne réussirait pas à faire changer d'avis le prince, il se retire. Ainsi que l'écrira fort justement le duc de Castries : « L'adhésion de Chateaubriand à la royauté de Louis-Philippe eût été d'un grand poids. Le vicomte s'était révélé un des meilleurs techniciens du régime parlementaire ; il avait aiguisé sa plume de polémiste jusqu'à être le premier journaliste politique de son temps ; il valait mieux l'avoir avec soi que contre soi. On peut donc raisonnablement se demander ce qui se serait passé si le futur roi des Français avait proposé au vicomte de devenir Premier ministre[38]. »

Deux ou trois jours après cette entrevue, la duchesse d'Orléans revient à la charge, offrant de la part de son mari, soit le portefeuille des Affaires étrangères, soit l'ambassade de Rome. Avec bon sens, Chateaubriand répond que « cette puissance de l'opinion » à laquelle a fait allusion la duchesse, est fondée sur l'estime publique et qu'il perdrait cette estime en changeant de camp. « M. le duc d'Orléans aurait cru acquérir un appui, et il n'aurait eu à son service qu'un misérable faiseur de phrases, qu'un parjure dont la voix ne serait plus écoutée, qu'un renégat à qui chacun aurait le droit de jeter de la boue et de cracher au visage[39]. » Après ces paroles de Romain, il s'attendrit un peu et dit à la princesse : « Plaignez-moi, Madame, plaignez-moi. » A quoi celle-ci, jugeant sans doute impardonnable et maladroit qu'il ait laissé passer une telle occasion, réplique en le congédiant : « Je ne vous plains pas, Monsieur de Chateaubriand, je ne vous plains pas… »

*

Ce refus de servir un régime auquel il ne croit pas et dont il prévoit déjà l'effondrement, Chateaubriand va le proclamer publiquement dans un discours pathétique, un des plus beaux qu'il ait prononcés à la Chambre des pairs. La vacance du trône a été déclarée, mais les jeux sont faits : il ne s'agit plus que de ratifier la désignation du lieutenant général comme roi des Français. Les espoirs populaires ont été une nouvelle fois déçus et La Fayette lui-même a renoncé à sa chimère d'une république. Le 7 août 1830, Chateaubriand se rend à la Chambre des pairs, où ceux-ci sont assez nombreux, « à la fois affairés et abattus », mais pour la plupart résignés à voter en faveur du nouvel ordre des choses, autant par raison que par égoïsme. Beaucoup d'entre eux ont déjà prêté tant de serments qu'ils n'en sont plus à un près.

Un silence attentif se fait soudain lorsque Chateaubriand monte à la tribune. On s'attend à une déclaration fracassante, à une condamnation des derniers événements ; on s'attend à voir un nouveau Jéhovah tonnant des hauteurs du Sinaï. Or, non sans habileté, Chateaubriand surprend l'auditoire en commençant par examiner les formes de gouvernement qui s'offrent à la France et passe en revue les avantages respectifs d'une république « qui sera peut-être le futur état du monde, mais dont le temps n'est pas arrivé », et d'une monarchie nouvelle, en n'épargnant pas l'ancienne au passage. Il reste un espoir, et surtout un devoir impératif, dit-il, respecter le principe dynastique, incarné par un enfant de 10 ans : le duc de Bordeaux : «Ce n'est ni par un dévouement sentimental, ni par un attendrissement de nourrice, transmis de maillot en maillot depuis le berceau de Saint Louis jusqu'à celui du jeune Henri, que je plaide une cause où tout se tournerait de nouveau contre moi, si elle triomphait, dit-il. Je ne vise ni au roman, ni à la chevalerie, ni au martyre ; je ne crois pas au droit divin de la royauté, et je crois à la puissance des révolutions et des faits. Je n'invoque pas même la Charte, je prends mes idées plus haut ; je les tire de la sphère philosophique de l'époque où ma vie expire ; je propose le duc de Bordeaux tout simplement comme une nécessité de meilleur aloi que celle dont on argumente. Je sais qu'en éloignant cet enfant, on veut établir le principe de la souveraineté du peuple : niaiserie de l'ancienne école, qui prouve que, sous le rapport politique, nos vieux démocrates n'ont pas fait plus de progrès que les vétérans de la royauté. Il n'y a de souveraineté absolue nulle part ; la liberté ne découle pas du droit politique, comme on le supposait au XVIIIe siècle ; elle vient du droit naturel, ce qui fait qu'elle existe dans toutes les formes de gouvernement, et qu'une monarchie peut être libre, et beaucoup plus libre qu'une république ; mais ce n'est ni le temps ni le lieu de faire un cours de politique[40]…»

Calme au début de son intervention, Chateaubriand s'anime en parlant. Il passe de l'émotion à l'indignation sans d'ailleurs susciter dans la salle autre chose qu'une «attention religieuse» et «une admiration unanime», ainsi qu'en témoignera le procès-verbal de la séance. Il fait néanmoins entendre des vérités qui doivent heurter certains pairs, notamment lorsqu'il flétrit l'opportunisme en politique. «Inutile Cassandre, poursuit-il, j'ai assez fatigué le trône et la pairie[41] de mes avertissements dédaignés ; il ne me reste plus qu'à m'asseoir sur les débris d'un naufrage que j'ai tant de fois prédit. Je reconnais au malheur toutes les sortes de puissance, excepté celle de me délier de mes serments de fidélité. Je dois aussi rendre ma vie uniforme ; après tout ce que j'ai fait, dit, écrit pour les Bourbons, je serais le dernier des misérables si je les reniais au moment où, pour la troisième et dernière fois, ils s'acheminent vers l'exil[42].» Puis vient une volée de bois vert pour ses collègues qui voteront bientôt pour le duc d'Orléans : «Je laisse la peur à ces généreux royalistes qui n'ont jamais sacrifié une obole ou une place à leur loyauté ; à ces champions de l'autel et du trône, qui naguère me traitaient de renégat, d'apostat et de révolutionnaire. Pieux libellistes, le renégat vous appelle ! Venez donc balbutier un mot, un seul mot pour l'infortuné maître qui vous combla de ses dons et que vous avez perdu !

Provocateurs de coup d'Etat, prédicateurs du pouvoir constituant, où êtes-vous ? Vous vous cachez dans la boue au fond de laquelle vous leviez vaillamment la tête pour calomnier les vrais serviteurs du roi ; votre silence d'aujourd'hui est digne de votre langue d'hier. Que tous ces preux, dont les exploits projetés ont fait chasser les descendants d'Henri IV à coups de fourche tremblent maintenant accroupis sous la cocarde tricolore : c'est tout naturel. Les nobles couleurs dont ils se parent protégeront leur personne, et ne couvriront pas leur lâcheté[43]... »

Tout en se défendant d'avoir fait acte d'héroïsme en parlant avec autant de franchise, ajoutant que pour «ne pas jeter des semences de division dans la France», il a refusé à son discours l'«accent des passions [*sic*]», il réaffirme avant de conclure sa fidélité au duc de Bordeaux, par respect du principe. Et il vote contre le projet.

Cette altière leçon, bien qu'écoutée attentivement, laisse les pairs, sinon indifférents, du moins peu disposés à l'imiter. Il faut vivre, et même les plus âgés ne veulent pas se solidariser avec ce redresseur de torts qui n'a ménagé personne et jeté des pierres dans tous les jardins. Quatre-vingt-neuf pairs votent pour la déclaration, et six seulement contre ; quatorze déposent dans l'urne un bulletin blanc. Lorsqu'il faut prêter serment au nouveau roi, Louis-Philippe Ier, cent soixante-douze pairs s'exécutent ; cinquante environ refusent. Seuls sont assez courageux pour motiver leur refus Auguste de Talleyrand, le marquis de La Rochejaquelein, les ducs de Blacas, d'Harcourt, d'Havré, de Laval-Montmorency et le marquis de Pérignon.

En quittant la tribune, il a aussitôt gagné le vestiaire, ôté son habit de pair, son épée, son chapeau, dont il a détaché la cocarde blanche, et endossé sa redingote en disant à son domestique d'emporter sa défroque de pair. Celle-ci, vendue à un fripier, lui rapportera sept cents francs. Ainsi dépouillé de ses grandeurs, il abandonne ce «palais des trahisons» et, suivi de Hyde de Neuville, il remonte à travers le jardin du Luxembourg jusqu'à la rue d'Enfer où Mme de Chateaubriand, résignée, approuve sa décision, bien qu'elle n'en dise rien dans ses *Cahiers*.

Pris d'une frénésie de dépouillement, il écrit simultanément au baron Pasquier, président de la Chambre des pairs, pour lui envoyer sa démission, au baron Louis, ministre des Finances, pour renoncer aux douze mille francs de son traitement, à Dupont de l'Eure, ministre de la Justice, pour l'aviser de sa démission du rang de ministre d'Etat, et, pour terminer, au Grand Référendaire, M. de Sémonville, pour lui adresser la copie de ces différentes lettres... Il voudrait aussi démissionner de l'Académie française, mais le cas n'est pas prévu par les statuts de la

Compagnie ; il propose alors d'affecter son traitement d'académicien à plus pauvre que lui et, à la fin de l'année suivante, il saisira la presse de ce problème, écrivant au rédacteur en chef du *National* : « Je supplie MM. les Ministres de venir à mon secours, en me retirant cet argent, qui m'est extrêmement désagréable ; c'est la seule faveur que je sollicite et que j'accepterai du gouvernement. »

Il reste, ainsi qu'il l'écrit, « nu comme un petit Saint-Jean », mais il goûte avec orgueil l'amertume du sacrifice en faveur de cette dynastie tombée qui « l'éloignerait encore si elle revenait », dit-il dans ses lettres à Fraser Frisell et Mme de Cottens. Désormais, il poursuivra les Bourbons d'une fidélité implacable, essayant de leur inspirer des remords qu'ils n'éprouvent guère, et il jouera auprès de la monarchie déchue le rôle d'ordonnateur de sa pompe funèbre, y trouvant la volupté qu'il ressentait à Rome en méditant sur le destin des empires disparus.

20

L'émigré de l'intérieur

septembre 1830-février 1833

Encore une fois, Chateaubriand se trouve réduit à vivre uniquement de sa plume. Depuis 1826, la publication de ses *Œuvres complètes* se poursuit régulièrement, mais Ladvocat, dont les embarras financiers se sont aggravés, est acculé à la faillite et ne peut plus tenir ses engagements. A cette déconvenue s'en ajoute une autre : les *Œuvres complètes* se vendent mal. Les royalistes qui applaudissent ses discours, lisent avidement ses articles, achètent ses pamphlets, montrent peu d'empressement pour souscrire à l'édition d'ouvrages dont l'intérêt leur paraît négligeable en cette période où foisonnent les *Histoires*, notamment celles de la Révolution dont les divers auteurs se copient consciencieusement les uns les autres, et que de tous côtés paraissent des *Mémoires* ou des *Souvenirs* dans lesquels les auteurs de la Révolution ou les courtisans de Napoléon essaient de justifier leurs crimes ou de faire excuser leur platitude. A leur égard, Chateaubriand est impitoyable, les fustigeant dans sa préface au tome IV des *Œuvres complètes* : « Il n'y a personne qui ne soit devenu, au moins pendant vingt-quatre heures, un personnage, et qui ne se croie obligé de rendre compte au monde de l'influence qu'il a exercée sur l'univers. Tous ceux qui ont sauté de la loge du portier dans l'antichambre, qui se sont glissés de l'antichambre dans le salon, qui ont rampé du salon dans le cabinet du ministre ; tous ceux qui ont écouté aux portes, ont à dire comment ils ont reçu dans l'estomac l'outrage qui avait un autre but. Les administrations à la suite, les mendicités dorées, les vertueuses trahisons, les égalités portant Plaque, Ordres ou couleurs de laquais, les libertés attachées au cordon de la sonnette, ont à faire resplendir leur loyauté, leur bonheur, leur indépendance. Celui-ci se croit obligé de raconter comment tout pénétré des marques de la confiance de son maître, tout chaud de ses embrassements, il a juré obéissance à un autre maître, il vous fera entendre qu'il n'a trahi que pour pouvoir trahir mieux ; celui-là vous expliquera comment il approuvait tout haut ce qu'il détestait tout bas, ou comment il poussait aux ruines sous lesquelles il n'a pas eu le courage de se faire écraser. A ces Mémoires tristement véritables, viennent se joindre les Mémoires plus tristement faux ; fabrique où la vie d'un homme est vendue à l'aune, où l'ouvrier, pour le prix d'un dîner frugal, jette de la boue au visage de la renommée qu'on a livrée à sa faim[1]. »

C'est à ses propres Mémoires, qui le vengeront de l'injustice des hommes et de l'ingratitude des princes, que l'écrivain entend désormais se consacrer, mais il veut d'abord achever ces *Etudes historiques*, écrites hâtivement, au prix d'un labeur acharné, entre son départ de Rome et ce printemps 1831 qui voit, le 20 avril, la parution des quatre derniers volumes des *Œuvres complètes*. Pendant sept mois, il a travaillé sans relâche à compléter ces *Etudes historiques*, enfermé dix à quinze heures par jour dans son cabinet, loin du bruit du monde et plongé dans un passé qui lui fait oublier ce présent misérable, où les boutiquiers occupent le devant de la scène. Il ne se fait guère d'illusion sur la valeur d'un travail achevé seulement pour ne pas manquer de parole à son éditeur et il connaît les lacunes de cette œuvre : « Les *Etudes ou discours historiques* montrent par la profondeur des fondements l'intention où j'étais d'élever un grand édifice ; le temps m'a manqué ; je n'ai pu bâtir sur les masses que j'avais enfoncées dans la terre qu'une espèce de baraque en planches, ou en toile peinte à la grosse brosse, représentant tant bien que mal le monument projeté, et entremêlée de quelques membres d'architecture sculptés à part sur mes premiers dessins[2]... »

Disparates et brillantes, pleines d'aperçus heureux, de formules à la Tacite et de réflexions sur le passé pouvant s'appliquer au présent, ces *Etudes* renouvellent un genre anémié que Voltaire avait tenté de sauver avec son *Siècle de Louis XIV* et qu'Edward Gibbon avait rénové avec son *Histoire de la décadence et de la chute de l'Empire romain*. Les *Etudes historiques* ont cela de particulier que Chateaubriand, passionné par le Moyen Age, y a sacrifié les temps dits modernes en réduisant les règnes de Louis XIV, Louis XV et Louis XVI à des chapitres de plus en plus minces. Pour lui, les Valois sont les derniers grands souverains de France et les Bourbons leurs indignes successeurs. N'a-t-il pas déjà dit que le siècle de Louis XIV « fut le superbe catafalque de nos libertés, éclairé par mille flambeaux de la gloire qu'élevait à l'entour un collège de grands hommes » ?

Pour lui, incontestablement, ce sont les grands hommes – et surtout les grands écrivains – qui donnent du lustre à un règne. En s'attachant implacablement à Charles X, il va conférer à celui-ci une grandeur que le souverain n'avait pas et se souciait peu d'avoir. Il va se faire le paladin d'une cause à laquelle il ne croit plus et, en rompant des lances en l'honneur du roi déchu, il va empêcher qu'on l'oublie.

*

Une première occasion d'entrer en lice lui est donnée par les articles, certains particulièrement malveillants, suscités par sa démission de toutes ses fonctions. Il y répond le 24 mars 1831 par un pamphlet, *De la Restauration et de la monarchie élective*. Il commence évidemment par une critique de la nouvelle monarchie, placée « dans une condition absolue de gloire ou de lois d'exception… Sans gloire, elle sera dévorée par la liberté ; si elle attaque cette liberté, elle périra ». Les formules abondent, comme autant de flèches enfoncées dans le corps ministériel : « On a voulu les libertés tant qu'elles ont été en opposition à un pouvoir qu'on n'aimait pas… ce pouvoir abattu, ces libertés obtenues, qui se soucie d'elles, si ce n'est moi et une centaine de béats de mon espèce ? » Ce que l'on veut, « c'est la liberté à livrée ministérielle, chaîne et plaque au cou, transformée en huissier de la chambre[3] ».

Mieux qu'il ne l'a fait dans son dernier discours à la Chambre des pairs, il règle leur compte aux renégats maintenant qu'il n'a plus de ménagements à garder : « Il y a des hommes, écrit-il, qui après avoir prêté serment à une République une et indivisible, au Directoire en cinq personnes, au Consulat en trois, à l'Empire en une seule, à la première Restauration, à l'Acte additionnel aux constitutions de l'Empire, ont encore à prêter quelque chose à Louis-Philippe ; je ne suis pas si riche… » Puis c'est à la fortune et à l'égoïsme des anciens sénateurs qu'il s'attaque avec férocité : « Il y a des grands seigneurs de l'Empire unis à leurs pensions par des liens sacrés et indissolubles, quelle que soit la main dont elle tombe ; une pension est à leurs yeux un sacrement ; elle imprime un caractère comme la prêtrise et le mariage ; toute tête pensionnée ne peut cesser de l'être ; les pensions étant demeurées à la charge du Trésor, ils sont restés à la charge du Trésor ; moi, j'ai l'habitude du divorce avec la fortune ; trop vieux pour elle, je l'abandonne de peur qu'elle ne me quitte[4]. »

Pour l'essentiel, ce pamphlet reprend et développe les arguments en faveur de la légitimité qu'il avait exposés dans son discours du 7 août 1830, et un journaliste de *La Quotidienne* en conclut qu'il n'y a pas plus de différence entre cette brochure et ce discours qu'entre un acte de naissance et une oraison funèbre. Ce qu'il pense réellement de Louis-Philippe, il le réserve pour ses Mémoires, car il est certain qu'il aurait été arrêté et condamné s'il avait donné dans son pamphlet sa véritable opinion sur le nouveau souverain, le «grand sergent de ville de la royauté à qui l'Europe crache au visage», ajoutant : «Le délateur patenté s'essuie et remercie, pourvu qu'on le maintienne dans sa place.» Et il parachève ce portrait en écrivant : «Nous obéissons à un pouvoir que nous croyons avoir le droit d'insulter ; c'est tout ce qu'il nous faut de liberté : nation à genoux nous souffletons notre maître, rétablissant le privilège à ses pieds, l'égalité sur sa joue[5].»

Le succès de cette violente diatribe en fait l'homme du jour. On lui écrit de tous côtés, on lui demande son avis sur des sujets tout autres que la politique, et rien n'est plus curieux que sa réponse au directeur de *L'Artiste* qui l'avait interrogé sur les améliorations qu'il apporterait, s'il était le maître, à l'urbanisme parisien. Comme souvent, ses idées sont prophétiques : il dégagerait le château des Tuileries, dont il ferait un musée, en démolissant les pavillons de Flore et de Marsan et il en supprimerait les toits massifs pour les remplacer par des terrasses avec balustrades à l'italienne ; il dégagerait aussi le jardin des Tuileries des constructions parasites qui l'étouffent, comme il détruirait toutes les masures qui encombrent les abords de Saint-Germain-l'Auxerrois. Pour la place de la Concorde, il aimerait, à l'endroit où bientôt sera érigé l'obélisque, une grande fontaine, avec quatre fontaines plus petites à chaque angle de la place. Il ferait placer l'obélisque au rond-point des Champs-Elysées qui recevraient, de chaque côté de l'avenue, une double colonnade…

D'un point de vue pratique, *De la Restauration et de la monarchie élective*, dont quinze mille exemplaires ont été vendus en trois jours, renfloue un peu ses finances et lui procure un répit. Il songe à quitter la France, en signe de protestation, comme l'ont fait, l'année précédente, un certain nombre de légitimistes qui ont gagné la Grande-Bretagne, la Suisse, l'Autriche ou l'Italie, autant par fidélité à la branche aînée que par prudence. En effet, les émeutes se succèdent à Paris. Les vainqueurs de Juillet saisissent n'importe quel prétexte pour descendre dans la rue et s'y livrer à des violences auxquelles la Garde nationale n'ose pas s'opposer. Le sac de Saint-Germain-l'Auxerrois, le 14 février 1831, et celui de l'Archevêché, le lendemain, ont achevé d'effrayer le faubourg Saint-Germain dont la plupart des hôtels sont fermés, leurs propriétaires à la campagne ou à l'étranger.

Chateaubriand souhaiterait vendre sa maison de la rue d'Enfer pour se débarrasser des hypothèques qui la grèvent et, avec le reliquat de la vente, en acheter une en Suisse, où la vie est beaucoup moins chère. Ses ennuis d'argent ne sont un secret pour personne et, le 9 mai, *La Quotidienne* annonce ce projet d'exil volontaire : « Il est… dans une affreuse détresse d'argent : comme il se dit exilé pour passer l'été en Suisse, il pourra aussi se dire ruiné par le gouvernement parce qu'il a fait des dettes. »

A la fin du mois de mai, il arrive avec sa femme à Genève et descend à l'hôtel des Etrangers. La dévouée Rosalie de Constant s'est mise en quête d'un logis et leur en a trouvé un aux Pâquis, pour un loyer annuel de quinze cents francs. A peine installé, il écrit à Mme Récamier pour savoir si elle serait disposée à le rejoindre : « L'exil est mon partage. Mais cet exil dépend de vous ; si vous demeurez en France, comme je ne peux pas vivre sans vous, j'irai présenter à un gouvernement que je n'estime pas des mains que vous aurez enchaînées… Voyez donc si vous pouvez vous associer à cette vie errante, vous détacher de vos habitudes, de vos amis, de cette société dont vous êtes l'âme et le charme. Ce n'est pas à vous de tout quitter pour moi ; c'est à moi à surmonter tous les dégoûts et les obstacles de ma vie pour aller à vous[6]. » En dehors de cet appel sentimental, Chateaubriand fait dans cette lettre une intéressante analyse de la situation en France et du nouveau mal du siècle : le mercantilisme, l'amour des richesses aux dépens des valeurs morales, l'absence d'élévation d'esprit, la médiocrité de pensée, le conformisme étroit. La Bourse est devenue le baromètre de l'opinion, commandant le patriotisme et subordonnant la liberté à la prospérité.

Peut-être ces réflexions désabusées lui sont-elles inspirées par les fastes de la villa Bartholoni, dont il est le voisin, par le luxe insolent qu'étalent sous ses yeux deux anciens commis du banquier La Panouze, « pour avoir favorisé la conversion des rentes » à laquelle il avait été hostile. Il sait que l'argent est un mal nécessaire et il fera dans ses Mémoires une aigre dissertation sur son utilité, obligé qu'il est, faute d'en avoir, de vivre avec sa femme dans une pauvreté qui ne les a rapprochés que pour rendre chacun plus insupportable à l'autre : « Deux créatures qui ne se conviennent pas, pourraient aller chacune de son côté ; eh bien, faute de quelques pistoles, il faut qu'elles restent là en face l'une de l'autre à se bouder, à maugréer, à s'aigrir l'humeur, à s'avaler la langue d'ennui, à se manger l'âme et le blanc des yeux, à se faire, en enrageant, le sacrifice mutuel de leurs goûts, de leurs penchants, de leurs façons naturelles de vivre : la misère les serre l'une contre l'autre, et dans ces liens de gueux, au lieu de s'embrasser, elles se mordent[7]. »

Son humeur s'assombrit un peu plus chaque jour et s'il ne songe pas au suicide, allant chercher une mort spectaculaire au sommet du Mont-Blanc, comme Sainte-Beuve l'écrira, du moins commence-t-il à regretter d'avoir quitté Paris. Il ne peut vivre avec le monde, ni sans lui ; il a besoin d'un auditoire, d'un cercle admiratif qu'il éblouit et méprise ; il aime être applaudi et se moquer des nigauds qui se laissent prendre à ses belles phrases. Bref, il s'ennuie à Genève, en dépit de ses Mémoires auxquels il travaille avec une espèce de rage. Le syndic Rigaud, qu'il honore de ses confidences, et surtout de ses vues pessimistes sur l'avenir de l'Europe, s'étonne de l'entendre affirmer que, s'il vit assez longtemps pour voir une république en France, il n'hésitera pas à la servir : « Dans cette phrase, observe Rigaud, j'ai cru entrevoir déjà un regret de ce qu'il s'était mis hors de tout[8]. »

Flattés de sa présence, les Genevois font de leur mieux pour lui rendre agréable son séjour. A défaut de Mme Récamier il a, pour meubler ses soirées, Rosalie de Constant qui ne s'en laisse pas conter par lui, percevant fort bien que sa galanterie est plus un effet de sa courtoisie qu'un élan du cœur. Cette vieille fille un peu bossue, ironique et sagace, a perdu depuis longtemps ses illusions et, en cela, elle rejoint Mme de Chateaubriand avec qui elle s'entend fort bien. Ces deux femmes également déçues, l'une par les hommes, l'autre par un seul, communient dans une même défiance à l'égard du sexe fort et se montrent complices encore plus qu'amies. Henriette Amey, autre vieille fille, n'a ni les mêmes susceptibilités, ni les mêmes réserves. Cette ancienne institutrice est une belle âme, assoiffée de dévouement ; elle voue un culte à ce vieil enfant gâté, culte allant jusqu'au fétichisme : en effet, elle recueille avec piété, comme des reliques, des morceaux de vêtements portés par son idole.

D'un esprit supérieur à celui de ces deux femmes, Albertine Necker de Saussure, cousine par alliance de Mme de Staël, résiste à la séduction de Chateaubriand. D'un calvinisme un peu glacé, elle s'était effarouchée de bien des passages du *Génie du christianisme* ; aussi se roidit-elle en présence de l'auteur, critiquant son esprit sans méthode, son érudition sans scrupules et son style, aussi déréglé que son imagination. Leur rencontre n'est pas un succès, comme ne l'a pas été non plus celle avec Sismondi, que Chateaubriand tient pour un élève mal émancipé de Mme de Staël, « toujours un peu trop sur le banc de l'école ». Dans ses Mémoires, il clouera d'un seul mot cette chauve-souris savante : « un niais ».

La religion de Chateaubriand paraît doublement suspecte à tous ces protestants qui doutent de la sincérité de sa foi. Le pasteur Amy Bost, regrettant qu'un si grand écrivain soit dans l'erreur, essaie de le convertir en lui prouvant « qu'il a passé sa vie à badiner avec le christianisme et à n'y voir que de la poésie ». Il lui adresse des lettres édifiantes, « comme d'un chrétien à un homme… qui désire l'être ». Chateaubriand se moque un peu de ces bons apôtres, mais il écoute toujours poliment ses interlocuteurs, et, dans les cérémonies auxquelles il est invité, il se conduit en parfait diplomate, étouffant ses bâillements d'ennui. Ainsi, le 13 juin 1831, il assiste au temple de Saint-Pierre à une distribution de prix, après laquelle il retrouve à l'hôtel de ville les corps constitués. Dans son discours, le recteur Auguste-Pyrame de Candolle a eu une phrase élogieuse à son égard, saluant non seulement l'historien, mais « un homme historique ».

Le mois suivant, lors de la fête de la Navigation, il est reconnu comme « un héros de la fidélité politique », et pendant le banquet le syndic Rigaud porte un toast « à l'un des plus beaux génies qui honorent l'humanité ». Le soir, un autre Genevois, Petit-Senn, qui laissera un amusant portrait de Chateaubriand, entonne une chanson en son honneur. Chateaubriand veut y répondre et, après quelques phrases, il s'arrête, ému, ne trouvant plus ses mots. Son silence est néanmoins vigoureusement applaudi. Il commence à manifester une certaine émotivité qui le fait s'attendrir plus facilement que jadis. Il pleure après avoir écouté Candolle, et récidive après les vers, pourtant médiocres, de Petit-Senn.

Ces festivités ne suffisent pas à retenir Chateaubriand qui, sous prétexte de presser la vente de sa maison, rentre à Paris au début de septembre. Il semble en réalité avoir regagné Paris, non pour s'occuper d'affaires, mais pour arracher à Béranger la chanson que celui-ci lui avait promise et dont il accouchait trop lentement à son gré.

*

Comme lui, le chansonnier avait estimé que la chute des Bourbons marquait la fin de sa carrière et qu'il n'avait plus rien à dire. Sans Charles X et le parti dévot, son inspiration s'est tarie. Il n'en a pas moins commencé de rimer quelques couplets, engageant l'illustre écrivain à ne pas priver la France et ses amis de sa présence, encore qu'il éprouve un certain scrupule à célébrer un adversaire politique. N'est-ce pas trahir son parti, risquer inutilement sa popularité ? Henri de Latouche le rassure et l'incite à se hâter. Béranger, docile, obéit et lit une première version de sa chanson devant Arago, Pouqueville et Armand Carrel. Puis Latouche revoit cette version et l'améliore un peu, car Béranger craint de n'avoir pas trouvé le juste ton, qui ménage à la fois ses convictions et celles de Chateaubriand. Il en a d'ailleurs assez et confie à Latouche qu'il en est « saoul ».

Lorsque Chateaubriand va le voir, Béranger lui lit quelques couplets mais se refuse à lui en donner le texte intégral qu'il veut soumettre encore à Latouche, et Chateaubriand s'impatiente. En quittant Paris, le 14 septembre, pour regagner Genève, il lui écrit : « Eh ! bien, Monsieur, ma chanson ?... Hyacinthe est chargé de vous faire mes sommations respectueuses et de réclamer mon trésor. » Enfin, le 24 septembre, la chanson est achevée, publiée deux jours plus tard dans presque tous les journaux d'opposition. Elle comporte quinze couplets, ou plutôt quatorze, puisque le quinzième est la reprise du premier :

> Chateaubriand, pourquoi fuir ta patrie,
> Fuir notre amour, notre encens et nos soins ?
> N'entends-tu pas la France qui s'écrie :
> Mon beau ciel pleure une étoile de moins ?

Le reste est à l'avenant et ne fait pas plus honneur à Béranger qu'à Chateaubriand qui en est pourtant ravi. Il remercie l'auteur en termes dithyrambiques, dans une lettre publiée cinq jours plus tard par *Le National* : « Votre éloquence, prodigue fée, vient à son tour orner de fleurs de diamants non pas mon vieux trône, je n'en ai point, mais mon vieux bâton de pèlerin ; comment serais-je invulnérable à la flatterie d'une muse qui a dédaigné de flatter des rois ? Quand cette muse me somme d'un prompt retour, je me sens très disposé à la suivre dans son temple, c'est-à-dire dans ma patrie[9]. »

Comment résister à cet appel, repris par tous les journaux ? Chateaubriand n'y songe pas et se prépare allègrement à rentrer en France, où il est si flatteusement appelé. Pour un peu, il dirait qu'il s'immole au vœu, non des rois, mais du peuple. Le 13 octobre, il quitte Genève et débarque à Paris où Pilorge l'a précédé avec le manuscrit de son nouveau pamphlet, *De la nouvelle proposition relative au bannissement de Charles X et de sa famille*, qui paraîtra le 31 octobre sous forme d'une brochure d'environ cent cinquante pages.

Le 15 mars 1831, le député Baude avait déposé à la Chambre une proposition dont l'article Ier prévoyait le bannissement de Charles X, de ses descendants et de ses alliés du territoire français, ainsi que l'interdiction d'y acquérir aucun bien, même à titre gratuit, ou d'y jouir d'aucune rente ou pension. Combattue par Berryer, la loi avait été adoptée par les députés puis envoyée à la Chambre des pairs pour revenir devant la nouvelle Chambre des députés, car avaient eu lieu, entre-temps, des élections générales. Le comte de Briqueville, député de Valognes, vient de reprendre la proposition Baude en l'aggravant puisqu'il veut y ajouter la peine de mort pour toute infraction à cette loi. La proposition est maladroite et déshonore le régime. Les honnêtes gens sont indignés. On comprend que Chateaubriand ait décidé d'intervenir en donnant son avis sur la question.

Fidèle à son habitude, il parle un peu de tout dans cette brochure, et surtout de lui-même, ouvrant ce plaidoyer par une lettre à M. de Béranger pour lui prodiguer ces compliments dont les hommes de lettres ne sont pas avares envers leurs confrères lorsqu'ils n'ont pas les mêmes opinions et que chacun veut convertir l'adversaire à la sienne. Après cet hommage à un républicain, il en rend un autre à la République en disant que son premier avantage est d'assigner « aux intelligences leur rang naturel ». Emporté par cette illusion, il prévoit qu'un jour viendra où « la royauté abaissant ce qu'elle avait encore de trop haut, [se transformera] en une espèce de présidence royale ». Puis, estimant que la monarchie légitime est le meilleur garant de la propriété, il craint que l'usurpation du trône ait pour premier effet de saper la base de celle-ci : « Pourquoi serait-elle sacrée alors qu'on porte une grave atteinte au principe en s'appropriant le trône et en interdisant à une certaine catégorie de personnes de posséder un bien en France ? »

De cette monarchie usurpatrice, il fait une cinglante charge : « Elle est arrivée piteuse, les mains vides, n'ayant rien à donner, tout à recevoir, se faisant pauvrette, demandant grâce à chacun et cependant hargneuse, déclamant contre la légitimité et singeant la légitimité, contre le républicanisme et tremblant devant lui. Ce système pansu ne voit d'ennemi que dans deux oppositions qu'il menace. Pour se soutenir, il s'est composé une phalange de vétérans réengagistes ; s'ils portaient autant de chevrons qu'ils ont fait de serments, ils auraient la manche plus bariolée que la livrée des Montmorency[10]. » Après quelques autres gracieusetés de ce genre sur la monarchie de Juillet, il déplore en celle-ci un abaissement général de la France, une pusillanimité nouvelle à l'égard des puissances étrangères, une neutralité qui n'est pour lui qu'un « de ces mots nébuleux ajouté au dictionnaire des non-sens diplomatiques, une de ces balivernes importantes, moquerie pour l'habile, admiration pour le sot, excuse pour le lâche ». Après avoir évoqué les Stuarts et leur destin, il en vient au but, puis soudain s'en écarte en rappelant les services qu'il a rendus aux Bonaparte à Rome, cite leurs lettres de remerciements, et confond leur cause avec celle des Bourbons en réclamant pour les deux dynasties l'abrogation de ces lois iniques, ce qui serait, affirme-t-il, le meilleur moyen de rendre Bourbons et Bonaparte également inoffensifs. En les laissant redevenir de simples citoyens, mêlés à la foule, ils ne penseront plus à ce trône qu'ils ont perdu : «Quand ils verront d'en bas ce qu'ils ne voyaient que d'en haut, rois tombant ou tombés, il est douteux qu'ils s'empressent de ramasser le sceptre, dût la fortune le jeter à leurs pieds. »

Il est douteux également que ce passage plaise à Charles X, plus douteux encore que l'ancien monarque lise avec plaisir que «la légitimité est une religion dont la foi est morte» et qu'il apprécie le plan d'éducation préconisé par Chateaubriand pour le futur Henri V : une éducation moderne, comme celle des enfants de l'usurpateur Philippe, en le mêlant à la jeunesse des écoles, en le faisant voyager à l'étranger, y servir au besoin pour s'habituer à risquer sa vie dans les combats, et surtout en se gardant de «le nourrir dans les idées du droit invincible ; loin de le flatter de remonter au rang de ses pères, préparez-le à n'y remonter jamais ; élevez-le pour être un homme, non pour être un roi : là sont ses meilleures chances».

Langage sévère et peu agréable à entendre. Il termine ce plaidoyer en faveur des deux dynasties par ce conseil, véritable atteinte au principe de la légitimité : «Je voudrais que le peuple fût consulté, que le suffrage universel remît la couronne à l'enfant de Robert le Fort ; espèce de sacre politique qui précéderait, sans l'exclure, le sacre religieux.» Conseil sacrilège et avisé que le prince Louis Bonaparte, qui va bientôt succéder comme prétendant à son cousin le duc de Reichstadt, suivra vingt ans plus tard.

Ce nouveau pamphlet, si virulent, connaît un succès immédiat et provoque des remous dans l'opinion autant par ses prises de position que par les réponses qu'il suscite. Le faubourg Saint-Germain s'inquiète et voit dans Chateaubriand un démolisseur. Casimir Périer s'étonne : «M. de Chateaubriand nous apprend dans sa brochure qu'il a les poches vides ; veut-il que nous les lui remplissions[11] ? » Cet écrit vengeur, s'il déplaît à certains, enthousiasme en revanche des lecteurs qui, jusque-là partisans de la monarchie de Juillet, commencent à déchanter. *Le Corsaire* se fait leur interprète en déclarant qu'il préfère un Chateaubriand légiti-miste à un Casimir Périer qui, tout en affichant son libéralisme, a déjà montré qu'il a la main ferme, et parfois lourde.

Une des réactions les plus importantes est celle de Barthélemy, alors au sommet de sa réputation, qui consacre à cette brochure une de ses *Némésis*, diatribes en vers sur des sujets d'actualité. Après un bref hommage à l'auteur des *Martyrs*, il attaque si bassement la monarchie déchue que Chateaubriand, révolté de cette partialité, riposte en défendant l'Ancien Régime : « Les fragilités de Louis XIV et de Louis XV ont-elles envoyé les pères et les époux au gibet, après avoir déshonoré les filles et les épouses ? Les bains de sang ont-ils rendu l'impudicité d'un révolutionnaire plus chaste que les bains de lait ne rendaient virginale la souillure d'une Poppée ? Quand les regrattiers de Robespierre auraient détaillé au peuple de Paris le sang des baignoires de Danton, comme les esclaves de Néron vendaient aux habitants de Rome le lait des thermes de sa courtisane, pensez-vous que quelque vertu se fût trouvée dans la lavure des obscènes bourreaux de la Terreur[12] ? »

Un autre effet de sa brochure est de lui valoir une invitation de la reine Hortense à rallier le parti napoléonien. L'ex-souveraine a chargé Mme Salvage de cette démarche en soulignant que le caractère et les sentiments vraiment français de Chateaubriand en faisaient « l'antagoniste de son parti » et qu'« il était républicain plutôt que royaliste ». Il demeure sourd au chant de cette sirène, bien que son comportement envers les Bonaparte ait changé. Proscrits, ils acquièrent à ses yeux, par l'exil et les persécutions dont ils sont l'objet, une manière de légitimité.

Le principal effet de la brochure est de passionner les débats lorsque la proposition Baude-Briqueville revient devant les Chambres le 16 novembre. Viennet attaque Chateaubriand sans le nommer, l'accusant de n'avoir fait tant de bruit que pour rappeler l'attention du public sur sa personne et le taxant d'hypocrisie lorsqu'il célèbre une liberté qu'il a étouffée en Espagne. Il ne voit en lui qu'un « renégat de la Révolution ». Berryer se lève et défend Chateaubriand en observant que Viennet, au lieu de réfuter la brochure, attaque son auteur, utilisant contre lui des calomnies qu'il lui reproche justement d'employer contre la monarchie de Juillet. Si la proposition Baude-Briqueville est finalement abandonnée, la loi du 12 janvier 1816, bannissant les Bonaparte, est étendue à la branche aînée des Bourbons. Amusé de cette effervescence, Barante en tire une conclusion pratique : « Il [Chateaubriand] a cru tout enflammer, tout remuer, se faire prophète et martyr. Son libraire aura fait une bonne affaire, voilà tout[13]. »

Barante est injuste ; par cette brochure, Chateaubriand a réussi sa rentrée politique en se posant moins en défenseur de la Légitimité qu'en chef de l'opposition à Louis-Philippe. Il en aura bientôt la confirmation en recevant des propositions des deux camps, les royalistes et les républicains, en accord au moins sur un point : la lutte contre le régime.

*

Les conspirations républicaines se sont multipliées depuis l'avènement de Louis-Philippe et toutes ont échoué, autant par l'immaturité de leurs chefs que par la vigilance de la police dont les agents infiltrent nombre de sociétés secrètes, plus ou moins affiliées à la Charbonnerie. Dans ses Mémoires, Chateaubriand raconte qu'au début de l'année 1832 un club républicain lui demanda s'il accepterait, en cas de succès du complot ourdi contre le roi, la présidence de la République. Il avait répondu qu'il laissait la place à La Fayette, un peu gâteux d'ailleurs et qui, dans sa chimère de la meilleure des républiques, était devenu une sorte de père bénisseur, embrassant avec des sanglots dans la voix tout visiteur qui se présentait chez lui au nom de la Liberté.

Aussi peu sérieuse est la proposition de quelques têtes chaudes, anciens officiers de la Garde royale, qui, forts de quelque trois mille partisans, lui délèguent un soir deux d'entre eux pour lui offrir de prendre, deux heures plus tard, au nom d'Henri V, la tête d'un gouvernement provisoire. Arrivés au début de la nuit, les deux conspirateurs lui expliquent qu'il y a, ce soir-là, grand bal aux Tuileries et qu'on va en profiter pour enlever le roi, en proclamant Henri V à sa place. Chateaubriand leur montre la folie d'une telle entreprise et refuse évidemment de s'y joindre, assurant qu'en cas de réussite elle risquait de déclencher une guerre civile et de provoquer une intervention de l'étranger. Passé dans l'histoire sous le nom de « Conspiration de la rue des Prouvaires », ce complot avorte et ses auteurs seront déférés au mois de juillet 1832 devant la cour d'assises de la Seine.

Il existe cependant un contre-gouvernement clandestin légitimiste, intitulé Conseil de régence ou, plus modestement, Conseil de famille, et comprenant le duc de Fitz-James, le maréchal Victor, duc de Bellune, le chancelier Pastoret, Hyde de Neuville et Berryer. Chateaubriand a été nommé d'office membre de ce conseil par la duchesse de Berry qui ne lui a pas demandé son accord. Il n'est pas prêt à le donner. Le 30 janvier 1832, il écrivait à sa sœur, Mme de Marigny : « On a besoin de moi et l'on me caresse. Que le bonheur revienne et l'on oubliera mes derniers services, comme l'on avait oublié les premiers. L'ingratitude est la caractéristique dominante de cette race, et de cette troupe d'imbéciles courtisans qui l'ont perdue. » Pour ne pas éveiller l'attention de la police, les membres du Conseil ont renoncé à se réunir. Le secrétaire, le comte de Floirac, est chargé, raconte Ferdinand de Bertier, de faire le lien entre eux, courant de l'un à l'autre pour exposer les opinions, rapporter les observations, distribuer les instructions, ce qui oblige le malheureux à courir sans cesse à travers Paris sans d'ailleurs parvenir à mettre les conseillers d'accord. Il est cependant un point sur lequel le Conseil est unanime : empêcher la duchesse de Berry, qui est en Italie, de débarquer en France et d'y soulever les populations en faveur de son fils. L'état d'esprit desdites populations n'est pas ce qu'elle imagine et une telle équipée pourrait compromettre toute chance de restauration. Naturellement, le Conseil estime que Chateaubriand saura, mieux qu'aucun d'entre eux, raisonner la duchesse de Berry qui, depuis qu'elle s'est fait donner par Charles X la régence pendant la minorité de son fils, se croit un grand homme de guerre en même temps qu'un politique avisé. Chateaubriand lui écrit donc une longue lettre – environ quatre mille mots – dans laquelle il analyse avec lucidité la situation et tente de faire partager son pessimisme à la régente, incapable – il le lui laisse entendre – de juger de l'état réel des esprits en France où l'on aspire, après quarante années de luttes, au repos dans l'aisance : « Il est difficile, Madame, que vous connaissiez de loin ce qu'on appelle ici le juste milieu ; que Son Altesse Royale se figure une absence complète d'élévation d'âme, de noblesse de cœur, de dignité de caractère ; qu'elle se repré-sente des gens gonflés de leur importance, ensorcelés de leurs emplois, affolés de leur argent, décidés à se faire tuer pour leurs pensions : rien ne les en détachera ; c'est à la vie à la mort ; ils y sont mariés comme les Gaulois à leurs épées, les Chevaliers à l'Oriflamme, les huguenots au panache blanc de Henri IV, les soldats de Napoléon au drapeau tricolore ; ils ne mourront qu'épuisés de serments à tous les régimes… » Emporté par sa verve, il laisse courir sa plume allègrement, clouant au pilori ces « eunuques de la quasi-légitimité » qui « se prélassent tout guindés de liberté et tout crottés de gloire ». Il examine ensuite les chances de réussite, les pèse et termine en déclarant forfait, car il veut achever ses jours dans la retraite : « Mes idées ne peuvent convenir aux personnes qui ont la confiance des nobles exilés de Holyrood. » Cette dernière phrase vise le duc de Blacas et le baron de Damas, ses deux bêtes noires, et peut s'interpréter ainsi : « Que l'on me donne leur place et je suis l'homme du roi. »

Il ne paraît pas que cette lettre, dont il a gardé copie[14], soit parvenue à la duchesse de Berry qui, de toute façon, n'en aurait pas compris les allusions ni suivi les conseils.

Alors qu'elle prépare son équipée, le choléra éclate à Paris et y fait chaque jour des centaines de victimes, inspirant à ceux qui ne sont pas encore atteints du fléau un désir effréné de vivre, et à d'autres de saisissantes descriptions. Ainsi Chateaubriand en laissera-t-il une, haute en couleur, insistant sur le contraste entre la pureté presque minérale de ce ciel de printemps et les scènes d'horreur qu'il éclaire d'un jour cru: «Dans la rue du Cherche-Midi des fourgons du dépôt d'artillerie faisaient le service des cadavres. Dans la rue de Sèvres, complètement dévastée, surtout d'un côté, les corbillards allaient et venaient de porte en porte. Ils ne pouvaient suffire aux demandes, on leur criait par les fenêtres: Corbillard, ici!... Le Pont-Neuf était encombré de brancards chargés de malades pour les hôpitaux ou de morts expirés pendant le trajet... On rencontrait des voitures enveloppées d'une banne précédées d'un corbeau ayant en tête un officier de l'état civil, tenant une liste à la main... Ailleurs, les corbillards étaient encombrés de cinq ou six cercueils retenus par des cordes. Des omnibus et des fiacres servaient au même usage; il n'était pas rare de voir un cabriolet orné d'un mort couché sur sa devantière[15].» Un soir, Chateaubriand ressent soudain dans ses membres un froid mortel et, comme jadis à Londres, il entasse sur son lit tout ce qu'il peut trouver pour se réchauffer. Il transpire et, le lendemain, se réveille guéri, persuadé qu'il a échappé au choléra bien qu'il n'ait eu vraisemblablement qu'un début de grippe.

En apprenant que le fléau a fait à Paris des milliers de victimes, surtout dans les quartiers pauvres, la duchesse de Berry lui fait parvenir douze mille francs pour les distribuer aux plus démunis. Chateaubriand transmet la somme au préfet de la Seine, M. de Bondy, qui la refuse, y voyant «une combinaison politique contre laquelle la population parisienne protesterait tout entière par son refus». Il décide alors de répartir la somme entre les douze arrondissements de Paris, dont trois refusent tandis que les autres encaissent sans aller jusqu'à se compromettre en remerciant. A peine cette générosité est-elle connue que Chateaubriand se voit assiéger par toute une horde de pauvres diables, attirés par l'aubaine et en réclamant leur part: «Si j'avais eu un million, il eût été distribué en quelques heures», dira-t-il. Le plus drôle est l'effarade, suivant son expression, du gouvernement: «On eût dit que ce perfide argent légitimiste allait soulever les cholériques, exciter dans les hôpitaux une insurrection d'agonisants pour marcher à l'assaut des Tuileries, cercueil battant, glas tintant, suaire déployé sous le commandement de la Mort[16].»

Cette affaire lui vaut critiques acerbes et actions de grâces. Des lettres anonymes pleuvent, vitupérant son rôle et le menaçant des pires représailles; certains correspondants ornent leur lettre du dessin d'une potence, à laquelle il sera pendu, espèrent-ils; d'autres regrettent qu'il n'ait pas été emporté, lui aussi, par le choléra; enfin d'autres encore souhaitent le voir enfermé à la Force, à Sainte-Pélagie, prison des débiteurs récalcitrants, ou tout bonnement noyé dans la Seine. Indifférent à ces injures, Chateaubriand les classe dans ses archives, comme preuves de la véracité de ses Mémoires.

*

Persévérant dans ses projets, la duchesse de Berry s'est embarquée le 24 avril 1832 à Massa sur le vapeur *Carlo-Alberto* pour aller reconquérir la France et, quelques jours plus tard, elle débarque avec une petite suite aux environs de Marseille. Elle essaie vainement d'en soulever la garnison, qui reste inerte à la vue du drapeau blanc dont elle espérait un effet magique. En dépit de cet échec, la régente, obstinée, annonce qu'elle va gagner la Vendée où elle peut espérer une insurrection des légitimistes en faveur de son fils. En apprenant cette orientation, le Conseil s'inquiète et veut arrêter le mouvement pendant qu'il en est temps encore. Une note est aussitôt rédigée par Chateaubriand, au nom des membres du Conseil, pour expliquer à la régente qu'elle ne peut espérer un soulèvement de la Vendée, ni une insurrection de Paris. La conclusion est impérative : Madame doit se rembarquer au plus vite afin d'éviter toute effusion de sang. On pouvait d'ailleurs compter sur la demi-complicité du gouvernement pour faciliter cette retraite, qui lui éviterait l'inconvénient d'une arrestation.

Berryer quitte aussitôt Paris et, après avoir perdu quelques jours à Nantes, déniche la duchesse en plein bocage, aux Mesliers, dans la nuit du 22 au 23 mai. En lisant cette note péremptoire, Madame s'emporte, puis, peu à peu convaincue par l'éloquence et les arguments du grand avocat, elle finit par céder. Elle décommande l'opération prévue pour le lendemain et se prépare à rebrousser chemin lorsque des nouvelles arrivant du Midi raniment ses espoirs. Du coup, elle veut rester, livrer bataille. Berryer, sur le point de regagner Paris, lui envoie un dernier message, l'adjurant de s'embarquer à La Rochelle avant que les argousins de Louis-Philippe ne l'arrêtent, et ne se saisissent de lui par la même occasion car il vient d'être informé qu'un mandat d'amener a été lancé contre lui. A ce message, il joint une note reçue de Paris, écrite par Pilorge et contresignée par Chateaubriand, note insistant pour un départ immédiat de la régente. Celle-ci ne veut rien entendre et Berryer s'en va, fort inquiet. Ses appréhensions sont rapidement justifiées ; il est arrêté le 7 juin aux portes d'Angoulême et renvoyé sur Nantes.

Habitué à ne voir les prisons que du bon côté, celui de l'avocat, Berryer s'affole en se trouvant cette fois du mauvais, surprenant le procureur royal par son désarroi. Sur-le-champ, il écrit à Chateaubriand pour le prier d'intervenir auprès du ministre de l'Intérieur, Montalivet, mais sans réfléchir qu'il compromet l'écrivain en évoquant dans cet appel au secours la note à la régente ainsi que le but de son voyage en Vendée. Il aurait aussi, dans son affolement, adressé une lettre circulaire à tous les membres du Conseil en leur demandant de se déclarer solidaires de sa démarche, mais d'après M.-J. Durry, cette lettre n'aurait pas été envoyée.

En réalité, c'est en arrêtant le comte de Floirac que la police a découvert chez lui des papiers compromettants ainsi que la liste des membres du Conseil de régence. Le résultat de cette imprudence est l'arrestation de tous les membres du Conseil le 16 juin, à l'aube.

Chateaubriand dormait lorsque, à quatre heures du matin, il est réveillé par son valet de chambre qui lui dit, tout effaré, que la cour est pleine d'hommes, surveillant les issues, et que trois messieurs veulent lui parler. Les messieurs sont porteurs d'un mandat d'amener et d'un mandat de perquisition. Réveillée à son tour, Mme de Chateaubriand croit d'abord que les gendarmes sont là pour arrêter des voleurs et s'inquiète plus encore en apprenant qu'ils vont appréhender son mari. Celui-ci doit la calmer, puis monte en fiacre en lui promettant qu'il sera revenu pour le déjeuner.

Lorsqu'il arrive à la préfecture de police, il faut réveiller le gardien pour le conduire à sa cellule. En attendant, il entame avec son cerbère, un certain Léotaud, un plaisant dialogue :

« Monsieur le Vicomte, j'ai bien l'honneur de vous remettre ; je vous ai présenté les armes plusieurs fois lorsque vous étiez ministre et que vous veniez chez le roi ; je servais dans les gardes du corps ; mais, que voulez-vous ! On a une femme, des enfants : il faut vivre !

— Vous avez raison, Monsieur Léotaud ; combien ça vous rapporte-t-il ?

— Ah ! Monsieur le Vicomte, c'est selon les captures... Il y a des gratifications... tantôt bien, tantôt mal... comme à la guerre[17]. »

La cellule est moins plaisante : petite et contenant le mobilier réglementaire, en l'état normal de délabrement propre aux grandes administrations. Les murs sont barbouillés de graffitis et la fenêtre grillagée se trouve si haut qu'il doit monter sur la table pour apercevoir une cour sombre comme un puits. On lui apporte des draps propres, de l'eau et du linge envoyé par sa femme. A peine encagé, il profite de son isolement pour composer des stances à la mémoire de la fille de son ami Frisell, enterrée de la veille. Il cherche un mot, doute de son sens précis, voudrait le vérifier dans le *Gradus*, dictionnaire latin-français. Il en réclame un à grands cris, ce qui fait accourir le geôlier, puis les gendarmes, persuadés qu'il voulait révéler le nom d'un de ses complices. Après ce tapage et ce quiproquo, on finit par accepter d'envoyer quelqu'un lui acheter l'ouvrage.

Alors qu'il est la proie de l'Inspiration, M. Gisquet, le préfet de Police, entre dans sa cellule et, cérémonieusement, l'invite à la quitter pour passer chez lui, où il pourra s'installer où il voudra. Sensible à cette attention, Chateaubriand ne se le fait pas dire deux fois. Il choisit une petite chambre, donnant sur le jardin, qui sert de cabinet de toilette à Mlle Gisquet. Son valet de chambre couchera sur un matelas, devant sa porte, et l'on place une sentinelle à la grille séparant le jardin du quai.

Cette arrestation fait grand bruit à Paris, provoquant deux sortes de réactions : les honnêtes gens lui témoignent leur sympathie, mais prudemment, de crainte de nuire à leur carrière, alors que d'autres, et surtout les médiocres, sont bien aises de voir le sort les venger d'un homme qui les a toujours ignorés. Chez M. Gisquet, Chateaubriand n'a pas le temps de s'ennuyer car les visiteurs affluent. Sa femme est venue la première et a piqué une crise de nerfs, car elle est convaincue que Philippe, ainsi qu'elle appelle le roi, veut le faire empoisonner. Mme Récamier n'a pas tardé, suivie de l'ami Bertin, puis ce sont Ampère, Le Normant, Béranger qui conte ses visites à Hortense Allart avec une certaine ironie : « J'ai été voir notre ami deux fois dans sa prétendue prison, il me paraît bon enfant. Bon Dieu ! qu'il a besoin de gloire et de bruit ! Du reste, il est fort spirituel et fort aimable. Mais il ne devrait pas écrire si souvent dans les journaux. Sa première lettre, datée de la prison, le met dans la nécessité, pour être conséquent, de sortir de France, à présent que le voilà libre. Heureusement, les inconséquences ne lui coûtent pas[18]... »

Villemain ayant protesté avec indignation, dans le *Journal des débats*, contre son arrestation, Chateaubriand l'en avait remercié par une longue lettre, publiée le 21 juin dans le même journal, lettre dans laquelle il reprenait la distinction, qui lui est chère, entre l'ordre social et l'ordre politique. C'est cette distinction qu'il invoque avec passion lorsque le juge d'instruction, M. Desmortiers, lui notifie les chefs d'inculpation relevés à son encontre et veut l'interroger. Comme cela se doit, Desmortiers lui demande son nom que Chateaubriand, fidèle à sa ligne de conduite, refuse d'indiquer en disant qu'il ne reconnaît pas l'ordre politique actuel. Pendant quinze jours, Desmortiers revient à la charge : « Vous ne voulez pas me dire votre illustre nom », et Chateaubriand s'entête dans son refus. Cela tourne au vaudeville et tout Paris s'égaie aux dépens du magistrat.

Interrogé de son côté, Berryer, qui a retrouvé ses esprits, se montre discret, se contentant de répéter qu'il n'a eu qu'un seul but: empêcher la duchesse de Berry de déclencher une guerre civile. Finalement, devant la faiblesse des preuves et les remous provoqués dans l'opinion par l'emprisonnement de si hautes personnalités, une ordonnance de non-lieu est rendue le 30 juin pour tous les membres du Conseil, sauf Berryer, renvoyé devant le tribunal de Blois, qui l'acquittera. Mme de Chateaubriand vient chercher son mari en fiacre. Il y monte «lestement avec son petit bagage», et tous deux regagnent la rue d'Enfer avec, écrit Chateaubriand, «ce je-ne-sais-quoi d'achevé que donne la vertu[19]».

*

Après cette expérience, Chateaubriand est résolu à quitter un pays où l'on est exposé à coucher en prison, même si son incarcération n'a été que symbolique, et il claironne une nouvelle fois son intention d'aller vivre à l'étranger, en Suisse ou en Italie. Malgré le succès de ses derniers écrits polémiques, il est toujours accablé de soucis financiers au point qu'il a dû vendre son argenterie. En l'apprenant, le duc de Lévis, qui lui avait déjà proposé, de la part de Charles X, une rente équivalant à son traitement de pair, lui apporte un secours de vingt mille francs. Louis de Chateaubriand lui en donne autant et, avec quarante mille francs, il peut envisager de partir, mais il hésite à quitter la France alors que la duchesse de Berry s'y trouve encore, courant le risque à tout moment d'y être arrêtée. Un peu froissée qu'il n'ait pas voulu faire partie du Conseil de régence, elle lui a écrit un mot pour lui rendre sa liberté. En vérité, déjà dégoûté des princes, il l'est aussi des princesses et s'exprime assez librement sur leur compte. Un jour que Mme de Boigne fait allusion à un bruit selon lequel il serait choisi comme gouverneur d'Henri V, il s'écrit: «Moi! et qu'irais-je faire, bon Dieu, entre cette mangeuse de reliques d'Edimbourg et cette danseuse de corde d'Italie[20]?»

Il voudrait s'exiler à Lugano, y installer une presse et pouvoir ainsi imprimer lui-même ses œuvres. C'est dans cette intention qu'il part le 8 août 1832, gagnant d'abord Vesoul, où il rend visite à Augustin Thierry, un de ses admirateurs et disciples. Depuis qu'il a pris la route, il tient un Journal dans lequel il ne fera grâce de rien au futur lecteur, s'étendant longuement sur l'histoire des lieux qu'il traverse et cherchant toujours à trouver dans le destin des personnages qui l'y ont précédé des rapprochements à faire avec le sien. Aux descriptions des sites, à celles parfois fastidieuses des monuments, s'ajouteront des réflexions philosophiques, inspirées par l'inconstance humaine et la fuite du temps.

Le 12 août, il est à Bâle où la fameuse *Danse de la Mort*, de Holbein, lui fournit un thème approprié à son humeur, et le 14 août à Lucerne, où le monument commémoratif du massacre des gardes suisses, le 10 août 1792, lui inspire d'amères pensées sur l'ingratitude des rois. Le ton est ainsi donné, qu'il gardera pendant tout ce voyage. A Lucerne aussi, pendant qu'il jette du pain aux poules d'eau, il rencontre Alexandre Dumas. Altorf, où tout est consacré à Guillaume Tell, le voit passer, voyageur halluciné, lyrique et plaintif, mêlant à ses descriptions une érudition d'emprunt et, tout en s'attendrissant sur le sort des hommes, s'apitoyant surtout sur le sien. Hanté par la pensée de la mort, attiré par le néant, il philosophe avec un feint détachement, prenant prétexte du moindre incident. Par exemple, après avoir échangé quelques mots avec un jeune écolier d'Amsteg, il note : « Encore une ombre évanouie. L'écolier ignore mon nom ; il m'aura rencontré et ne le saura jamais : je suis dans la joie de cette idée ; j'aspire à l'obscurité avec plus d'ardeur que je souhaitais autrefois la lumière : celle-ci m'importune ou comme éclairant mes misères, ou comme me montrant du doigt des objets dont je ne peux plus jouir ; j'ai hâte de passer le flambeau à mon voisin[21]. »

La veille, à l'auberge, il a longuement médité, la plume à la main, sur la singularité de sa destinée, revoyant sa vie telle qu'il l'a vécue et goûtant dans cette solitude qui lui rappelle sa jeunesse à Combourg une liberté qu'il n'avait pas connue depuis longtemps. Et c'est ce rappel de sa jeunesse qui fait surgir soudain dans sa mémoire, émouvante et floue, la Sylphide imaginée dans les bois de Combourg : « Viens-tu me retrouver, charmant fantôme de ma jeunesse ? As-tu pitié de ton vieil ami ? Tu le vois, il n'est pas changé : toujours chimérique, triste et passionné, hélas ! aussi, toujours triste et solitaire et malheureux à la fin comme au commencement de sa vie[22]. »

A cette mélancolie, il y a une cause, et qu'il ne peut mentionner dans ses Mémoires : la défection d'Hortense Allart qui a refusé de le rejoindre en Suisse et de partager cette romantique errance. Elle est toujours éprise de Bulwer-Lytton qui exerce sur elle un curieux pouvoir de fascination. Au mois de juin, de passage à Paris, elle a revu Chateaubriand qui s'est montré compréhensif, prêt, confie-t-elle à une amie, à tout lui pardonner si elle abandonne Bulwer-Lytton. Après leur entrevue, il lui a écrit une lettre passionnée : « Ma cruauté est devenue folle de votre infidélité, lui disait-il le 7 août. Vous avez vu votre puissance ; vous avez rendu leur charme à tous ces lieux où je ne passais plus. Que je suis bête et insensé ! J'ai honte de ma faiblesse, mais j'y succombe de trop bonne grâce. » Et il achevait ce billet en écrivant : « Adieu ! magicienne, volage, trompeuse et toujours aimée. » Le lendemain, à la suite d'un fait mal connu, il lui adressait un second billet : « Déjà changée ? Toute cette tendresse évanouie sur un billet ? Ecoutez, vous me torturez… Je vous laisse libre de votre avenir ; si vous me le donnez, il fera mon tourment et mes délices. Vous voyez si je suis faible, et si je vous aime. Si vous voulez me reprendre pour rendre à vos sentiments leur vraie nature, à votre talent son langage, si vous me placez hors de la loi vulgaire, vous m'annoncerez votre visite comme une fée… »

La fée se dérobe et, le 21 août, Chateaubriand, déçu, constate : « Il n'a tenu qu'à vous de voir avec moi ces solitudes du Saint-Gothard qui vous auraient inspirée… » La jeunesse de Bulwer-Lytton l'a emporté sur la célébrité de Chateaubriand qui écrira le 31 août à Hortense Allart : « Oui, vous avez perdu une partie de votre gloire en me quittant ; il fallait m'aimer, ne fût-ce que par amour de votre talent, et intérêt de votre renommée[23]. » Quand on est jeune, belle, aimée, on ne pense pas assez à la postérité…

Solitaire et ennuyé, remâchant cet échec, il arrive enfin à Lugano, songe à y louer une villa naguère occupée par la princesse Belgiojoso, en trouve le loyer trop cher et revient à Lucerne. Il en repart pour Constance, ancienne ville libre et bien déchue de sa splendeur, triste comme une église abandonnée où l'on voit plus de cénotaphes et de tombeaux que de fidèles. Descendu à l'hôtel de l'Aigle d'or, il y retrouve Mme Récamier venue du Wolfsberg, propriété du prince Eugène, où elle a passé une partie du mois d'août avec la reine Hortense. Mme Récamier apaise son inquiétude et satisfait son besoin d'être écouté, loué, encouragé. Il lui lit sa description du Saint-Gothard et, rasséréné par son admiration, attendri par sa fidélité, ému par son dévouement, il écrit sur son album quelques lignes qui sont à la fois un hommage et un pacte, un engagement pris devant le lac et les montagnes comme témoins : « Ce que je voulais sur le lac de Lucerne, je l'ai trouvé sur le lac de Constance, le charme et l'intelligence de la beauté. Je ne veux point mourir comme Rousseau ; je veux voir encore longtemps le soleil. Si c'est avec vous que je dois achever ma vie, je veux que mes jours expirent à vos pieds, comme ces vagues doucement agitées dont vous aimez le murmure. 28 août 1832[24]. »

Le lendemain, il écrit une page historique en relatant sa visite à la reine Hortense, au château d'Arenenberg où elle s'est établie depuis que son fils Louis sert comme officier dans l'armée fédérale. La reine et le prince Louis se montrent sans rancune à l'égard de l'auteur de *De Buonaparte et des Bourbons*. Il est vrai que dix-huit années se sont écoulées, que l'avènement d'une autre dynastie a diminué les griefs réciproques des deux précédentes. La reine Hortense a le cœur généreux, prompt à pardonner. De plus, elle aime les lettres et les arts. Des relations épistolaires s'étaient même nouées entre ces Bonaparte et Chateaubriand. Après l'intervention de celui-ci lors de la proposition Baude et Briqueville, Louis Bonaparte lui avait adressé une lettre de félicitations, lui disant qu'il enviait les Bourbons d'avoir un soutien tel que lui qui, par son talent, avait rendu la vieille royauté nationale. Avec finesse, le prince observait aussi qu'il relevait «la cause» avec les armes qui avaient servi à l'abattre. A l'offensant «Monsieur le comte[25]», employé par Chateaubriand pour montrer au prince, en le remerciant de sa lettre, qu'il ne le reconnaissait pas comme dynastique, il était bientôt passé à «Prince», ce qui convenait mieux.

Bien qu'amadoué par les frais que lui font la reine et son fils, Chateaubriand est trop imbu de sa réputation pour porter sur cette petite cour en exil un jugement impartial. Certes, il est sensible à la bonne grâce et à la courtoisie avec lesquelles il est accueilli, mais tout ce qui lui rappelle Napoléon l'irrite. Il n'en laisse rien paraître, pour le moment, et répond à ce qu'on attend de lui. Dans son Journal, Valérie Mazuyer, lectrice de la reine, délivre à chacun des protagonistes de cette scène historique un certificat de bonne conduite : «La Reine et le Prince semblaient lui avoir plu comme il leur a plu lui-même. D'ailleurs chacun de ces trois personnages s'est montré comme il était et c'est à leur éloge à tous de n'avoir fait que les concessions de forme de gens parfaitement élevés qui désirent se comprendre, s'entendre même, sans pour cela rien abdiquer de leurs sentiments ni de leur dignité[26].»

Valérie Mazuyer trouve à Chateaubriand «la taille peu avantageuse», mais reconnaît qu'il «produit une forte impression», malgré une espèce de comédie d'humilité qu'il joue à merveille en tenant «trop à laisser croire qu'il ignore sa valeur». L'assistance a été réduite à quelques familiers : l'inévitable Mme Salvage, qui tente sans succès de placer son mot dans la conversation, M. Vieillard, le précepteur du prince, et Cottereau, un rapin qui déplaît à Chateaubriand, moins par le débraillé de sa mise ou la familiarité de ses manières que par sa façon de laisser entendre qu'il est l'enfant gâté de la maison, pouvant tout se permettre, et que la renommée de Chateaubriand ne l'impressionne absolument pas.

Après le déjeuner, la reine lit des passages de ses Mémoires qui laissent Chateaubriand sans voix tandis que Mme Récamier, charmée, saisit les mains de l'ex-souveraine et les baise avec ferveur. Après cette lecture, on passe à l'exploration des vitrines, corvée dont Chateaubriand fera un récit sarcastique et mesquin : « Elle m'a montré un cabinet rempli des dépouilles de Bonaparte. Je me suis demandé pourquoi ce vestiaire me laissait froid, pourquoi ce petit chapeau à trois cornes qui fait le bonheur des bourgeois de Paris, pourquoi cette ceinture, cet uniforme porté à telle bataille, me trouvaient si indifférent. Je n'étais pas plus ému qu'à l'aspect de ces habits de généraux pendillant aux boutiques des revendeurs dans la rue du Bac... Que Mme de Saint-Leu s'enthousiasme pour cette friperie, c'est tout simple ; mais les autres spectateurs ont besoin de se rappeler les manteaux royaux déchirés par l'ongle napoléonien, pour tolérer la vue de cette défroque napoléonienne. Il n'y a que les siècles qui ont donné le parfum de l'ambre à la sueur d'Alexandre ; attendons : d'un conquérant il ne faut montrer que l'épée[27]. »

Chateaubriand ne sera pas le seul à se montrer aussi méprisant. Trois ans plus tard, la duchesse de Dino, qui n'oublie jamais qu'elle est princesse de Courlande et vit dans les splendeurs de Valençay, promènera le même regard sur « quelques reliques précieuses mêlées à d'insignifiantes babioles », et s'étonnera de voir des souvenirs historiques « réunis là avec de mauvais petits scarabées et mille petites nippes sans valeur et sans mérite[28] ».

Au sortir de ce musée, on va dans le parc. Pour retenir Chateaubriand plus longtemps, la reine ne lui fait grâce de rien. Il faut inspecter les communs, jeter un coup d'œil à l'Ermitage, admirer les orangers en caisse et les roses en bosquet, puis regarder les atlas, les cartes et les armes du prince Louis. Le soir, la reine chante, accompagnée au piano par Valérie Mazuyer, puis l'on se livre au jeu des taches d'encre, auquel Chateaubriand se plie avec complaisance en abandonnant ses compositions, en souvenir, aux jeunes filles de la maison. Enfin, il est temps de partir : « Les adieux, note Valérie Mazuyer, ont été ceux que l'on échange entre gens qui désirent se revoir. En somme, j'ai été très fière de ma reine et de mon prince. Ils ont dignement représenté l'Empire aux yeux du défenseur de la Royauté[29]. »

Qu'aurait dit la pauvre reine, heureuse, croit-elle, d'avoir conquis Chateaubriand, si elle avait pu lire ce que celui-ci a retenu de cette visite ? Qu'en a pensé Napoléon III en lisant dans les *Mémoires d'outre-tombe*, à propos justement de cette visite, ce parallèle entre les Bonaparte et les Bourbons : « La famille Bonaparte ne peut se persuader qu'elle n'est rien ; aux Bonapartes, il manque une race ; aux Bourbons, un homme. Il y aurait plus de chances de Restauration pour les derniers, car un homme peut brusquement survenir et l'on ne crée pas une race. Tout est mort pour la famille de Napoléon ; il n'a pour héritier que sa renommée… » Puis, comparant les bonapartistes aux légitimistes, il voit dans les premiers autant « de divinités d'opéra descendues de leurs chars de carton doré, de fournisseurs en banqueroute par suite d'une mauvaise spéculation ou d'une bataille perdue, de joueurs ruinés qui conservent encore un reste de magnificence d'emprunt[30] »…

En attendant cette révélation de ses sentiments, Chateaubriand écrira poliment, bien qu'avec beaucoup de retard, à la reine Hortense pour la remercier de l'accueil bienveillant qu'elle a fait à un « ennemi », ajoutant que les grandes dames ont toujours eu l'art de panser les blessures de leurs adversaires quand la Fortune inconstante les faisait tomber entre leurs mains.

*

Tandis que Mme Récamier retourne au Wolfsberg, Chateaubriand regagne Lucerne où il s'ennuie et accueille sans plaisir sa femme, évidemment mécontente de tout, à commencer de la ville, trop humide pour sa santé. Il faut en partir et s'installer à Genève où Chateaubriand loue pour un an, au 25, rue de la Cité, un appartement dont les fenêtres ouvrent sur les remparts et un arrière-plan de montagnes. En dépit de la mauvaise humeur de Céleste, il peut y travailler à ses Mémoires, réfléchir à la situation, envisager un avenir qu'il n'imagine pas sans Mme Récamier, au point qu'il a renoncé à partir pour la Russie comme précepteur du tsarévitch, futur Alexandre II. Comme il ne peut exister sans chimères, il continue de rêver à un exil doré dans une Arcadie à la manière de Poussin, à une fin de vie qui aurait la splendeur et la sérénité de celle d'un beau jour d'automne, et il entretient ses correspondants de ses rêveries et de ses aversions, inextricablement mêlées. Il veut fuir une France qui « s'est mise en boutique », ainsi qu'il l'écrit à Mme Hamelin, pour achever sa vie en Sicile ou dans le sud de l'Italie, au soleil, loin du bruit et des hommes qu'il n'a jamais tant méprisés : « Je ne veux point courber la tête sous l'ignoble joug qui pèse sur la France, écrit-il le 31 août 1832 à Hortense Allart ; les honteuses médiocrités qui ont osé me salir de leur main en me touchant, ne disposeront plus de ma vie et de ma liberté ; j'écarte tout ce qui veut me suivre ; c'est un duel entre moi et mes dernières années ; il faut que celles-ci me rendent compte des premières… »

Sincères lorsqu'il crie son dégoût du régime et des hommes en général, ses aveux le sont moins lorsqu'il parle de ses sentiments. Après s'être lié à Mme Récamier par un engagement solennel, il ne craint pas d'écrire à Hortense Allart qu'il garde pour lui seul « le reste d'une vie dont personne ne voudrait» et qu'il ne veut donner à personne. Mme Récamier est venue le rejoindre à Genève et tous deux font, un après-midi d'octobre, un pèlerinage à Coppet dont le gardien les laisse errer dans les appartements. Chaque pièce, chaque meuble évoque un souvenir pour Mme Récamier qui a le sentiment de se survivre et de flotter comme un fantôme à travers ces pièces silencieuses où il s'est jadis dépensé tant d'esprit. Ils se rendent ensuite au mausolée dans lequel reposent Necker, son épouse et leur fille, mais Mme Récamier pénètre seule dans l'enclos sacré tandis que Chateaubriand l'attend à l'extérieur, méditant sur la gloire et la mort, sur son premier maître à penser, le spécieux Rousseau, qu'il a maintenant renié. Mme Récamier reparaît alors, «pâle et en larmes…» elle-même comme une ombre «émergeant de cet asile funèbre».

Mme Récamier quitte Genève le 25 octobre et Chateaubriand s'apprête à y passer l'hiver avec sa femme lorsque survient l'événement qui lui donne un prétexte honorable pour regagner Paris, car après avoir annoncé partout qu'il s'exilait volontairement, il ne pouvait décemment rentrer en tapinois, révélant ainsi son inconstance ou son ennui de vivre à l'étranger.

*

Le 12 novembre, en effet, il apprend par Berryer accouru le prévenir que la duchesse de Berry a été arrêtée à Nantes, dans des circonstances dramatiques et sordides. Comme immanquablement la duchesse sera traduite devant les tribunaux, Chateaubriand lui écrit aussitôt pour se mettre à son service et demande à Barthe, le nouveau ministre de l'Intérieur, l'honneur de défendre la prisonnière, en échange de laquelle le chevaleresque La Ferronnays s'était offert comme otage. Dès son arrivée à Paris, le 17 novembre, il adresse aux journaux une lettre-circulaire pour protester contre le refus du président du Conseil, le maréchal Soult, de le laisser défendre la duchesse et même d'aller la voir dans la citadelle de Blaye où elle a été mise au secret.

Que faire d'autre, sinon écrire encore une brochure ? Il rédige avec tant d'ardeur et de concentration d'esprit un *Mémoire sur la captivité de Madame la duchesse de Berry* qu'il est à deux doigts d'une attaque de nerfs. Pour juger de l'effet qu'elle doit avoir, il en lit des passages à Mme de Boigne et à Mme Récamier, lecture qui l'émeut tout le premier au point que, parvenu à l'éloge de la duchesse d'Angoulême, il fond en larmes, à l'étonnement de Mme de Boigne qui se souvient de l'épithète de «mangeuse de reliques» appliquée à l'auguste princesse.

« Cependant, dira Mme de Boigne, M. de Chateaubriand était sincère en ce moment aussi bien que dans l'autre ; mais il possède cette mobilité d'impression, dont il est convenu en ce siècle que se fabrique le génie. Eminemment artiste, il s'enflammait de son œuvre ; et c'était à l'agencement de ses propres paroles qu'il offrait l'hommage de ses pleurs[31]. »

Ce qui agace un peu Chateaubriand, c'est qu'il n'est pas le seul à se faire l'avocat de la captive et il le déplore : « En France, pays de vanité, aussitôt qu'une occasion de faire du bruit se présente, une foule de gens le saisissent ; les uns agissent par bon cœur, les autres par conscience qu'ils ont de leur mérite. J'eus donc beaucoup de concurrents[32]. » Pas un instant il ne semble avoir douté d'agir par pur dévouement, ni pensé que d'autres pouvaient le soupçonner de vouloir tout bonnement faire parler de lui. Au nombre de ses concurrents figurent les avocats Pardessus et Hennequin, ce dernier nommé par la duchesse. Heureusement, son mémoire l'emporte, et de loin, sur les écrits de ses rivaux.

Publié le 29 décembre par Le Normant, il connaît un tel succès que, tiré à quinze mille exemplaires, il atteint en quelques jours les trente mille. Une de ses phrases a fait mouche : « MADAME, VOTRE FILS EST MON ROI. » Cet acte de foi devient le cri de ralliement du parti légitimiste. Un jour que Chateaubriand reçoit chez lui des étudiants qui s'égosillent à crier *Vive le Roi !* un élève de médecine, Joseph Martin, qui s'est mêlé à eux, se met à crier *Vive la République !* Cela fait un beau tapage et Ferdinand de Bertier intervient pour empêcher que l'on fasse un mauvais parti au faux-frère.

Chaque médaille a son revers. Avant la parution de la brochure, Béranger en redoutait des suites fâcheuses pour son auteur : « Il vise trop à se faire persécuter ; il passera les bornes », écrivait-il le 16 décembre à Hortense Allart. Dans son *Journal d'un poète*, Alfred de Vigny reproche à Chateaubriand de se montrer, par souci de popularité, un peu républicain, alors que « le moindre écrivain républicain ne se croit nullement obligé d'être un peu monarchique », et il conclut : « Marque certaine que le mouvement des esprits est démocratique, puisque le plus ardent monarchiste fait le démocrate[33]. »

Malgré le bruit fait autour de ce plaidoyer pour la duchesse de Berry, Louis-Philippe a préféré ne pas lui donner une publicité supplémentaire en le faisant saisir. L'importance des manifestations légitimistes inquiète cependant le ministère. Le 13 janvier 1833, treize cents jeunes gens acclament Chateaubriand rue d'Enfer et lui offrent une médaille en or avec le motto *Votre fils est mon roi*. Chateaubriand les remercie avec calme et dignité, sans tenir de propos séditieux. Toutefois, pour empêcher la multiplication de ces manifestations, le gouvernement fait saisir le lendemain six journaux légitimistes qui ont rendu compte de cette ovation. En province, on poursuit également des journaux qui ont publié des articles inspirés par la brochure, mais on laisse à l'écart l'auteur, encore qu'après la saisie des six feuilles légitimistes Chateaubriand ait protesté en adressant une lettre officielle à leurs rédacteurs.

C'est seulement le 25 janvier 1833 que le gouvernement fait décréter contre lui des poursuites qui, vraisemblablement, aboutiront à une peine d'emprisonnement. Béranger voit ainsi confirmées les craintes qu'il exprimait à Hortense Allart et s'inquiète : « Comment fera-t-il pour passer trois mois entre quatre murailles ? Je crains pour sa santé. Il ne tient pas assez aux témoignages d'attachement et d'intérêt pour qu'ils soient une compensation suffisante… Je voudrais qu'on pût se donner un remplaçant en prison, je serais son homme… La captivité aura bien vite dissipé tout ce qu'il aura eu de plaisir à glorifier Henri V devant le tribunal[34]. »

Sentant l'épée de Damoclès au-dessus de sa tête, Chateaubriand ne prend aucun engagement et attend chez lui la suite des événements : « Mon amie, écrit-il le 28 janvier à Hortense Allart, ne comptez pas sur ma visite aujourd'hui : je suis cloué chez moi dans l'attente de l'huissier ; les uns disent qu'il viendra me signifier les ordres de la cour royale, les autres qu'il ne viendra pas et qu'on veut me tenir sous le coup de la menace pour me laisser le temps de la fuite. C'est bien mal me connaître. Il faut que je sache un peu où j'en suis pour fixer le jour de notre dîner. Si je dois finir mes jours en prison, je veux vous dire adieu avant[35]… »

Il doit comparaître en cour d'assises le 27 février 1833 et c'est la veille, en lisant *Le Moniteur*, qu'il apprend la déclaration de grossesse de la régente, incapable de cacher davantage un état dont on ignore le responsable. Il ne pouvait rien arriver de pire en un tel moment. C'est le déshonneur dans le ridicule. Furieux, Chateaubriand se serait écrié : « Catin ! » Il songe à ne pas se présenter devant la cour : « Voulez-vous que je me montre pour me faire appeler le Georges Dandin de la Légitimité ? » écrit-il à Mme Récamier. Il n'est pas seul embarqué dans cette galère et s'y retrouve avec le vicomte Walsh, directeur de *La Mode*, défendu par Alfred du Fougerais, les gérants de *La Gazette de France* et de *La Quotidienne*, ayant Berryer pour avocat, le gérant de *L'Echo français*, défendu par Ledru, qui voudrait se charger aussi de ses intérêts, mais il veut se défendre seul et refuse son concours. Néanmoins, lorsque s'ouvre l'audience, Ledru le réclame comme client sous prétexte que sa cause est solidaire de celles des autres prévenus. Chateaubriand sort de son mutisme hautain pour déclarer qu'il ne se défendra pas et qu'il laisse à Ledru le soin d'assurer la défense commune. Ledru s'évanouit en cours d'audience et s'efface au profit de Berryer qui prononce alors une des plus belles plaidoiries de sa carrière. Lorsque le procureur général Persil reproche à Berryer de n'être là que pour sa popularité mais qu'il se garderait bien de se montrer au peuple car celui-ci le mettrait en pièces, l'avocat, maîtrisant son indignation devant une telle injure assortie d'une aussi monstrueuse menace, lui réplique: «L'ai-je bien entendu? Quoi! Je suis dans le palais de Saint Louis qu'on appelait le grand justicier de son royaume. Nous avons, prétendez-vous, marché de siècle en siècle vers la justice et la liberté, et aujourd'hui, quand des hommes de conviction et d'honneur sont devant vous, vous, magistrat, vous vous levez et vous leur dites: Descendez dans la rue, il y a des meurtriers pour vous répondre!»

A ces mots, la salle éclate en applaudissements, et l'effet de cette apostrophe est si grand que Chateaubriand, lorsque vient son tour, n'a plus grand-chose à dire, éclipsé qu'il a été par Berryer. Il remporte malgré tout un petit succès lorsque le procureur général Persil lui dit, à propos de son pamphlet: «Sentez-vous, Monsieur, ce qu'il y a de méprisant dans ce paragraphe: Il est difficile d'écraser ce qui s'aplatit sous les pieds?» Et, ce disant, le procureur illustre sa citation en improvisant une espèce de pas iroquois qui déclenche l'hilarité de la salle. Pour bien se faire entendre, il reprend sa démonstration faisant voltiger sa toge, et lorsque le président demande à Chateaubriand s'il a quelque chose à ajouter, l'auteur persécuté met les rieurs de son côté en déclarant: «Je souhaite avoir le plaisir d'entendre encore une fois le ministère public...»

Acquittés, les prévenus sont l'objet d'une ovation à laquelle Chateaubriand se dérobe en s'accrochant au bras d'un jeune avocat, ou qu'il croit en être un: Frédéric de Falloux, qui avait emprunté une robe afin de pouvoir assister au procès: «Je n'aime pas le train, je n'aime pas le train...» lui répète-t-il, pressé d'échapper à cette cohue. «Je vous en prie, Monsieur, emmenez-moi bien vite jusqu'à ma voiture.» A peine y est-il monté qu'il est entouré de jeunes gens qui crient son nom et veulent dételer ses chevaux pour le reconduire en le portant triomphalement. Il doit négocier sa retraite avec ses admirateurs en leur disant qu'il habite beaucoup trop loin. Enfin, la foule, en s'écartant, permet au cocher de partir pour la rue d'Enfer, tandis que le jeune Falloux s'en retourne à pied chez lui, oubliant qu'il a gardé le portefeuille de Chateaubriand contenant les pièces du procès. Il repart pour la rue d'Enfer et, introduit auprès de l'écrivain, il est présenté par celui-ci à Mme de Chateaubriand comme son sauveur : « Voilà le jeune avocat dont je vous parlais tout à l'heure et qui m'a rendu de si grands services dans la bagarre[36] ! »

Sans doute un peu vexé d'avoir dû son acquittement à la seule éloquence de Berryer, il minimisera l'intervention de celui-ci dans ses Mémoires et réservera ses remerciements aux membres du jury, qu'il avait flatté en l'appelant « la pairie universelle », jury dans lequel figurait Chevet, le célèbre traiteur du Palais-Royal.

Berryer, de son côté, a deviné que Chateaubriand, loin de lui être reconnaissant, lui en veut de s'être taillé la part du lion : « Ma plaidoirie eut un tel succès, dira-t-il plus tard, que M. le Vicomte refusa net de prendre la parole, disant, avec une vive émotion, qu'il ne voyait pas un mot à y ajouter. Mais dans ses *Mémoires*, je sais pertinemment qu'il raconte au contraire qu'après avoir entendu son plaidoyer à lui, le jury vota sans hésiter. Or, j'ai précisément une lettre qui rétablit le fait dans sa véracité, et je pourrais bien lui jouer le tour de la publier quelque part[37]. »

De cette aventure, Chateaubriand tire une morale assez amère et bien propre à décevoir ses admirateurs : « La popularité m'a trouvé indifférent, parce que, dans la Révolution, j'ai trop vu d'hommes entourés de ces masses qui, après les avoir élevés sur le pavois, les précipitaient dans l'égout. Démocrate par nature, aristocrate par mœurs, je ferais très volontiers l'abandon de ma fortune et de ma vie au peuple, pourvu que j'eusse peu de rapports avec la foule… Cette autre popularité que je viens d'acquérir dans mon propre parti ne m'a pas causé d'émotion ; entre les royalistes et moi, il y a quelque chose de glacé : nous désirons le même roi ; à cela près, la plupart de nos vœux sont opposés[38]. »

21

La légitimité fantôme

mars 1833-décembre 1834

L'échec de l'insurrection vendéenne a navré les royalistes dont certains rendent responsable une coterie légitimiste, intrigante et pusillanime. « Si l'appel à la France a rencontré si peu d'échos, dit le comte O'Mahony, c'est que la coterie avait pris ses mesures pour l'empêcher de répondre… La coterie a tout rompu, tout paralysé… L'Ouest aurait proclamé Henri V sans brochure et sans l'agrément de M. de Chateaubriand ! Ah ! peut-on seulement en supporter la pensée ! » Le petit groupe de légitimistes réfugiés à Fribourg, en Suisse, en veut à Chateaubriand et, pour se venger, l'un d'eux, Jacques de Saint-Victor, écrit dans *L'Invariable*, sous le pseudonyme de Roger de Mersenne, deux lettres contestant l'exactitude géographique d'*Atala* et du *Voyage en Amérique*. La duchesse de Berry elle-même, en dépit des preuves de dévouement qu'il lui a données, se méfie un peu de Chateaubriand, ainsi qu'en témoigne une note émanant d'un de ses conseillers : « Chateaubriand, fantasque, plein de contrastes, accoutumé à la flatterie, trop plein de la pensée que sa plume seule suffit à rétablir un trône, comme elle a pu suffire à le renverser. Néanmoins, homme de grande renommée dont les services, s'il veut les engager franchement, peuvent, selon l'occurrence, être heureusement employés[1]. »

C'est effectivement le seul grand nom que les royalistes puissent opposer à Louis-Philippe et le seul qui puisse en imposer à Charles X pour essayer de lui faire accepter l'affaire de la régente, en mal d'enfant. Chateaubriand a des lecteurs, alors que le roi n'a plus de sujets. Dans leurs royautés fictives, les deux hommes peuvent désormais traiter d'égal à égal.

En révélant son état, la duchesse a désorienté les Français, affligé les honnêtes gens, affaibli le parti légitimiste et donné à son oncle une merveilleuse occasion de régler l'affaire en la déshonorant. Afin de limiter le scandale, il faudrait au moins trouver pour l'enfant à naître un père avouable – et qui puisse faire un mari complaisant. On soupçonne le vieux comte de Mesnard, son chevalier servant, d'être le coupable ; on parle aussi de Guibourg, un de ses fidèles, et de beaucoup d'autres. On avancera même le nom de l'excellent Simon Deutz, celui qui, pour cent mille francs l'a livrée à la police et à qui le ministre de l'Intérieur remettra l'argent de sa trahison avec des pincettes.

Assez curieusement, c'est Mme du Cayla, l'ancienne favorite de Louis XVIII, qui s'est chargée de la négociation. Elle a pressenti le prince Ruffo, fils de l'ambassadeur de Naples à Paris, qui a décliné cet honneur. Elle s'adresse alors au comte Hector Lucchesi-Palli, un de ses anciens amants, bel homme et de bonne naissance, issu de la maison des princes de Campofranco. Elle fait appel à son loyalisme envers les Bourbons, et à son bon cœur. Il se laisse faire et poussera même la conscience jusqu'à « fabriquer les lettres que son épouse devait attendre de lui[2] ». Mme du Cayla annonce la bonne nouvelle à la captive de Blaye qui « accepte avec la plus vive reconnaissance » et promet de se consacrer à son bonheur. Il est décidé que le mariage a été célébré naguère en Italie, mais qu'elle ne le révélera officiellement qu'une fois en liberté. Lorsque la naissance d'une petite Rosalie sera claironnée le 11 mai par *Le Moniteur*, tout Paris doutera de la paternité du comte Hector, et à Mme de Boigne qui lui demandera qui est vraiment le père, Chateaubriand répondra, bougon : « Comment voulez-vous qu'on le dise, elle-même ne le sait pas ! »

Quelques jours avant d'accoucher, la duchesse lui a écrit pour le charger d'une mission délicate : aller à Prague et faire reconnaître son mariage par Charles X. « Il est temps, avouait-elle ingénument, de donner à ma famille et à l'Europe entière une explication qui puisse prévenir des suppositions injurieuses. » A cette lettre était jointe une note confidentielle avec ses instructions : obtenir de son beau-père, après lui avoir révélé le nom de son mari, l'autorisation de garder son titre et son rang de princesse française afin de pouvoir reprendre sa place à Prague et s'occuper de l'éducation de son fils. A l'appui de cette demande, elle invoquait le précédent de l'impératrice Marie-Louise, remariée au comte Neipperg, et de la reine douairière de Piémont-Sardaigne, unie morganatiquement à M. de Montléar. C'est beaucoup exiger du vieux roi et de la duchesse d'Angoulême, que Chateaubriand doit essayer de voir avant le roi pour recueillir son avis sur la meilleure façon d'aborder la question.

Il lui faut donc partir sur-le-champ et se trouver à Prague avant qu'y arrive la nouvelle du mariage secret. Après avoir fait hâtivement radouber, suivant sa propre expression, une vieille voiture ayant appartenu à Talleyrand, Chateaubriand, le 14 mai au soir, y monte avec Pilorge et prend la route de Bâle. Afin de bien disposer la cour de Prague en faveur du messager, le marquis de Latour-Maubourg a prévenu le duc de Blacas en le priant de préparer le roi ; de son côté, le duc de Noailles est intervenu auprès du comte Apponyi, ambassadeur d'Autriche à Paris, pour que celui-ci demande à Metternich de faciliter le passage de Chateaubriand sur le territoire autrichien.

Au début, tout va bien. Chateaubriand avouera trois jours plus tard à Mme Récamier : « Les voyages me rendent toujours force, sentiment et pensée ; je suis fort en train d'écrire le prologue d'un nouveau livre. » En passant la frontière, il est reconnu par les douaniers qui lui prodiguent « ces marques de déférence et de respect » grâce auxquelles les voyageurs prennent bonne opinion des pays qu'ils traversent. A Bâle, il descend à l'hôtel des Trois-Rois, une des plus célèbres auberges d'Europe, et y embauche un certain Schwartz pour lui servir d'interprète. Le 17 mai, il est à Schaffhouse, jette un coup d'œil un peu dédaigneux à la chute du Rhin, modeste en comparaison de celle de Niagara, passe par Möskirch le 18, en repart le soir pour Ulm où il arrive le matin du 19, traverse Ratisbonne et atteint le 21 Waldmünchen, où les ennuis commencent. Ce village est le dernier avant Hasselbach, le poste frontière entre la Bavière et l'Autriche. Il s'y heurte à un douanier mal embouché qui refuse de le laisser entrer car son passeport, bien que délivré par le ministère des Affaires étrangères, n'a pas été visé par l'ambassadeur d'Autriche à Paris. Il a beau énumérer ses titres, rappeler ses grandeurs, évoquer ses relations personnelles avec l'empereur François Ier et le chancelier de Metternich, le cerbère demeure inflexible, enchanté, semble-t-il, d'avoir un grand homme à sa merci. Il consent tout juste à ce que Chateaubriand fasse envoyer une estafette au comte Chotek, gouverneur de Bohême, pour solliciter sa libre entrée sur le territoire. Chateaubriand, suivi de Pilorge, revient à Waldmünchen attendre le retour de l'estafette et ruminer sa déconvenue. Pour tuer le temps, il fait l'inventaire de sa chambre d'auberge et adresse une lettre éplorée à Mme Récamier : « Ce qu'il y a de plus sûr, c'est que je ne veux plus quitter mes amis, et qu'en voilà assez et trop de voyages. Je ne songe qu'à vous revoir. Je compte les heures[3]. »

Waldmünchen est pour lui une étrange expérience, car les grands hommes en voyage éprouvent une double impression de dépaysement : dans des lieux inconnus d'eux, ils se retrouvent eux-mêmes des inconnus, et c'est ce qui les surprend le plus, d'être ainsi revenus à la simple condition humaine. Ce sentiment d'irréalité, délicieux au début, devient vite angoissant, comme si l'on flottait dans des limbes, entre un passé subitement aboli et un avenir obscur qui, en l'occurrence, est livré à la merci d'un fonctionnaire abruti. Aussi est-ce avec soulagement qu'il aperçoit, comme un naufragé découvre une voile à l'horizon, ses *Œuvres complètes* sur la cheminée de l'hôtelier. Du coup, il retrouve un peu son identité.

Même s'il a lu Pascal, un homme d'esprit ne peut se tenir longtemps en repos dans une chambre. Après avoir fait sa toilette à la pompe, dans la cour, Chateaubriand s'en va inventorier le village, avec le vague espoir d'y faire une aimable rencontre, et doit se contenter d'une vieillarde ânonnant des *Pater* dans l'église. Il y a des jeunes femmes aussi, mais absorbées dans leurs prières elles ne remarquent pas le noble étranger. Enfin la réponse du gouverneur arrive, «convenable et polie»: il peut pénétrer en Autriche.

Le 23 mai, toujours le soir pour rouler de nuit, il reprend la route avec un peu de mélancolie car pendant ces trois jours d'attente il s'est accoutumé à ces braves gens, comme eux se sont habitués à le voir errer dans le village, et la dernière vision qu'il emporte est celle d'une jeune fille, à laquelle il trouve l'air d'une Madone de Raphaël, qui lui fait un signe de main pour lui souhaiter bon voyage. En repassant par Hasselbach, il renonce à narguer le fonctionnaire qui l'a si grossièrement traité, se contentant de l'ignorer. Le 24, il est à Pilsen où il évoque, en le comparant au sien, le destin de Wallenstein. Le 24 mai, à sept heures du soir, il arrive à Prague et, après s'être logé à l'hôtel des Bains, il avertit de sa présence le duc de Blacas. Celui-ci lui fait savoir aussitôt que Charles X le recevra le soir même ou, s'il est trop fatigué, le lendemain matin.

*

Chateaubriand ne veut pas remettre au lendemain sa mission et il entreprend après le dîner l'ascension du Hradschin, sinistre et grandiose comme un burg dessiné par Victor Hugo. Tout d'ailleurs paraît triste dans cette capitale abandonnée par les Habsbourg et devenue l'asile d'un monarque exilé. Ces deux grandeurs déchues, la ville et le roi de France, au lieu de se compléter, semblent au contraire mieux faire ressortir ce qui manque à l'une et à l'autre. Une impression funèbre se dégage de cette ville au crépuscule et le Hradschin paraît comme un vaste tombeau de la monarchie où les princes et leurs serviteurs ne sont plus que les desservants d'un culte aboli.

Introduit auprès de Charles X, Chateaubriand est gracieusement reçu par le roi qui lui demande des nouvelles de sa femme et le prie de s'asseoir. Ces paroles aimables brisent le cœur de Chateaubriand qui se met, avoue-t-il, à pleurer comme un enfant et se trouve sans voix : « Toutes les choses hardies que je m'étais promis de dire, toute la vaine et impitoyable philosophie dont je comptais armer mes discours, manqua[4]... », écrira-t-il. En raison de l'heure tardive, il n'est pas question d'un long entretien, mais il s'aperçoit rapidement que sa mission sera difficile et que Blacas avait raison lorsqu'en le conduisant chez le roi il lui avait dit : « Une faute aurait pu s'oublier, un mariage retranche Mme de Berry de la famille royale. »

Le 25, au matin, Chateaubriand remonte au Hradschin pour en voir les différents membres. Le duc d'Angoulême a beaucoup vieilli. Bien qu'il ait régné quelques minutes sous le nom de Louis XIX, il ne tire aucune vanité de ce titre éphémère et ne songe qu'à la santé comme au salut de son père. Il est vêtu d'un habit bleu râpé qui semble avoir été acheté chez le fripier. Simple dans son habillement, il l'est aussi dans sa conversation, que Chateaubriand ne cherche pas à prolonger. Il se fait conduire ensuite auprès des Enfants de France, Henri et sa sœur aînée, Mademoiselle. Intimidés, ceux-ci règlent leur attitude sur celle du baron de Damas et de la duchesse de Gontaut, chargés de leur éducation. En saluant son jeune roi, Chateaubriand fait une imprudente allusion à la duchesse de Berry, ce qui jette un froid : « Monsieur le baron, dit-il en se tournant vers Damas, mes paroles semblent étonner le roi. Je vois qu'il ne sait rien de sa courageuse mère et qu'il ignore ce que ses serviteurs ont quelquefois le bonheur de faire pour la cause de la Royauté légitime... » Craignant des révélations intempestives, Damas se hâte d'annoncer que l'heure des leçons a sonné ; il sort, emmenant son élève, comme une mère poule arrachant son poussin des serres d'un vautour. Mademoiselle, étant plus âgée, se montre plus mondaine et fait quelques frais. Chateaubriand, toujours ému par la jeunesse en fleur, en laissera une charmante évocation en écrivant que « toute sa personne est un mélange de l'enfant, de la jeune fille et de la princesse... On ne sait si on doit lui dire des contes de fées, lui faire une déclaration d'amour, ou lui parler avec respect comme à une reine[5] ».

Enfin, l'on en vient aux choses sérieuses avec le roi à qui Chateaubriand remet la lettre de sa belle-fille et la note confidentielle, en résumant oralement les termes de celle-ci. Sans vouloir la lire, Charles X lui fait la réponse qu'il redoutait, précisant même : « J'en sais plus que vous sur le mariage secret. » Il se montre inflexible : la mère de son petit-fils, en devenant Mme Lucchesi-Palli, a perdu la régence et même tout droit à s'occuper de l'éducation de ses enfants. Il est hors de question de la recevoir à Prague : « Mon cher Chateaubriand, il m'irait mal d'être sévère pour ces sortes de fautes, lui dit-il, j'en ai trop commis dans ma jeunesse pour n'avoir pas appris à les excuser ; mais je suis vieux, je suis roi, je suis tuteur, je dois veiller aux exemples qui peuvent frapper une fille de 14 ans, placée sous la protection de mes cheveux blancs. Madame la duchesse de Berry arrivant à Prague, portant dans ses bras une sœur de Mademoiselle ? Cela ne se peut pas. Qu'elle aille en Sicile et qu'elle y reste. Il faut laisser grandir les enfants[6]. »

Chateaubriand plaide en vain la cause de la princesse, invoquant son courage et son énergie, faisant appel à l'indulgence et à la charité du roi. Celui-ci demeure inébranlable, acceptant tout au plus qu'après un temps de pénitence en Italie elle vienne un jour voir ses enfants, mais sans être autorisée à rester. Il n'est pas plus heureux lorsqu'il aborde le sujet de l'éducation d'Henri V, confiée par Damas aux Jésuites. Cette longue controverse s'achève sur des considérations financières. Le roi lui avoue qu'il vit sur son capital, réglant sa dépense sur le temps qu'il croit lui rester à vivre. A son tour, Chateaubriand confesse ses propres embarras d'argent, et Charles X lui rappelle qu'il tient à sa disposition les douze mille francs annuels de son traitement de pair. En songeant à cet entretien, quelques jours plus tard, il regrettera que le souverain, qui a un certain bon sens, de la douceur de caractère et de mœurs, de la générosité comme il le lui a prouvé en renouvelant son offre, puisse manquer à ce point d'intelligence politique et persiste à penser qu'il a perdu son trône, non par sa faute, mais parce que telle était la volonté de Dieu. C'est aussi l'avis de Falloux qui dira dans ses Souvenirs : « On sentait que les événements qui l'avaient atteint ne l'avaient point modifié, et qu'il pensait qu'on n'aurait pu faire ni mieux ni autrement… et l'on pouvait se demander si l'on avait sous les yeux un admirable modèle de résignation religieuse ou un caractère un peu trop enclin à l'indifférence[7]. »

Indifférent ou résigné, Charles X ne l'est pas au point de tout accepter de Chateaubriand. D'après Custine, alors que son visiteur lui prêchait la clémence, en cas de Restauration, Charles X l'aurait sèchement interrompu : « C'est inutile, vous savez bien que je pardonne à tout le monde, Monsieur de Chateaubriand, et même à vous[8]. »

Gardé à dîner, Chateaubriand fait un morne repas pendant lequel on ne parle que de religion. Les valets en noir qui font le service ont l'air, dit-il, de frères lais dans un réfectoire. La soirée s'achève dans un salon où chacun s'assied à sa guise et lit les journaux «comme dans un café». L'apparition des Enfants de France anime un peu l'assemblée. Peut-être chapitré par Mme de Gontaut, le jeune roi interroge Chateaubriand sur ses voyages et sa sœur le prie de lui faire passer un petit examen d'histoire. Après leur départ, commence une partie de whist, éclairée par deux bougies, entre le roi, le duc d'Angoulême, le duc de Blacas et Mgr Latil. Chateaubriand et l'écuyer O'Hegerty comptent les coups. La partie terminée, le roi congédie Chateaubriand qui, après une telle journée, a bien besoin de repos, mais à peine est-il couché qu'il voit accourir son voisin d'étage, le baron Capelle, ancien geôlier de Mme de Staël lorsqu'il était préfet à Genève, et il doit soutenir encore une conversation.

Le lendemain, 26 mai, des visites matinales – le baron de Damas et d'autres fâcheux – l'empêchent d'assister à l'office de la Pentecôte à la cathédrale et l'obligent à se contenter d'une messe à l'église voisine de l'hôtel. L'après-midi, il rend visite à la comtesse Choteck, femme du gouverneur, et le soir il va chez la duchesse de Gontaut où le général Skrynecki et sa femme l'étouffent d'embrassements, lui par amour de la liberté de presse, elle, du *Génie du christianisme.*

Le 27 mai, il était prévu qu'il s'entretiendrait avec Henri V pour juger des principes dans lesquels on l'élevait, mais Damas, se défiant de cette inquisition, a trouvé un prétexte pour annuler l'audience : «On voulait me cacher l'enfant», conclura Chateaubriand, dépité. Le soir, il dîne chez le comte Choteck et s'y ennuie, peut-être parce qu'il ne connaît personne, observe un invité, le comte de Montbel, «et que, plus que tout autre, il a besoin d'être excité». En sortant de cette réception, il va au Hradschin où Charles X lui reproche de n'être pas venu dîner la veille au soir. Il lui répond qu'il a été prévenu trop tard et que, de toute façon, il ne lui était pas permis de voir le roi le jour de la Pentecôte, car c'est ce jour-là, neuf ans plus tôt, qu'il a été renvoyé du ministère. «On ne vous chassera pas du château de Prague», observe Charles X. – Non, Sire, réplique-t-il, car je ne vois pas ici ces bons serviteurs qui m'éconduisirent au jour de la prospérité.»

Parmi ces «bons serviteurs», il en est un au moins qui s'est montré fidèle dans l'adversité, mais que Chateaubriand déteste entre tous, peut-être parce qu'il est un peu sa caricature, avec des défauts et des qualités qui sont aussi les siens, mais sans la contrepartie de l'intelligence et du talent. Cette bête noire est le duc de Blacas, l'ancien favori de Louis XVIII. Comme lui, Blacas est bien né, mais dans une maison appauvrie ; comme lui, il a du courage et le sens de l'honneur, du dévouement et de la fidélité, mais il est trop attaché à l'étiquette et d'un rigorisme étroit qui a transformé la cour de Prague en une sorte de muséum où la forme est préférée au fond. «L'inflexibilité de l'armure tient un corps qui tomberait», remarque Chateaubriand qui voit en lui un «grand seigneur avorté», complétant son portrait par ces lignes plus féroces encore : «Ainsi la Révolution qui a élevé et perdu Bonaparte aura enrichi M. de Blacas : cela fait compensation. M. de Blacas, avec sa longue figure immobile et décolorée, est l'entrepreneur des pompes funèbres de la Monarchie ; il l'a enterrée à Hartwell, il l'a enterrée à Gand, il l'a réenterrée à Edimbourg et il la réenterrera à Prague, toujours veillant à la dépouille des hauts et puissants défunts, comme ces paysans des côtes qui recueillent les objets naufragés que la mer rejette sur ses bords[9].»

*

Chateaubriand ne peut se dissimuler qu'il a échoué, mais il lui reste à voir la duchesse d'Angoulême, en séjour à Carlsbad où elle prend les eaux. Il ne se fait aucune illusion sur les sentiments de cette princesse à l'égard de sa belle-sœur, mais il ne peut négliger cette dernière chance et, de plus la Reine, ainsi que l'appellent ses familiers, prendrait mal qu'il ne lui fît pas une visite de courtoisie. Roulant de nuit selon son habitude, il arrive à Carlsbad le 31 mai, à sept heures du matin, et descend à l'hôtel de l'Ecu d'or, où il retrouve quelques légitimistes.

Sollicitée par la comtesse Esterhazy de recevoir convenablement Chateaubriand, la duchesse d'Angoulême avait répondu : «Vous avez parfaitement raison. Je ferai pour M. de Chateaubriand ce qu'on m'accuse de ne jamais faire pour ceux qui me contrarient ou que je n'aime pas ; je l'écouterai tant qu'il voudra parler…»

La duchesse habite un peu à l'écart de la ville. Introduit auprès d'elle, Chateaubriand la trouve occupée à un ouvrage de broderie. Pour l'amadouer, il l'appelle «Votre Majesté» et lui remet la lettre écrite à son intention par la duchesse de Berry. Elle la pose à côté d'elle, sur le canapé, sans l'ouvrir. Un lourd silence s'installe et la duchesse, après avoir essuyé quelques larmes, s'enquiert de la santé de sa belle-sœur, affirme qu'elle la plaint, mais se montre sceptique sur la réalité du mariage. Chateaubriand y croit-il vraiment ? «Je le crois, je dois le croire, puisque Mme la duchesse de Berry me l'a écrit : cette lettre est son acte de foi.» La duchesse d'Angoulême ne semble pas convaincue : «C'est très bien, Monsieur de Chateaubriand, très bien. Il faut donc la croire. Je plains réellement ma belle-sœur : vous le lui direz.»

Chateaubriand pense que le mieux serait de lire la lettre, écrite avec du jus de citron, et la duchesse s'y résout. Pour révéler le texte, il faut l'exposer à une flamme, et les voilà comme deux alchimistes penchés au-dessus d'un réchaud. L'entretien se poursuit pendant deux heures et semble dissiper un peu les préventions de la duchesse à l'égard, sinon de sa belle-sœur, du moins de Chateaubriand qu'elle finit par garder à dîner. Il retrouve autour de la table quelques curistes de haute volée comme la comtesse Nicolas Esterhazy et sa fille, et des courtisans du malheur, la comtesse d'Agoult, les O'Hegerty, père et fils, le comte de Trogoff. La chère est aussi piètre à Carlsbad qu'au Hradschin, et Chateaubriand sort de table, affamé. Ce n'est pas fait pour stimuler la conversation, d'une rare insignifiance. Après le cercle, on se promène un peu et l'on revient à cinq heures pour la soirée qui réunit à peu près les mêmes commensaux, augmentés de « quelques buveuses d'eau racolées aux sources ». La Reine fait des efforts touchants, mais visibles, pour être aimable, « mais entre chaque phrase elle retombait dans une distraction ; son aiguille multipliait ses mouvements ; son visage se rapprochait de la broderie. J'apercevais la princesse de profil et je fus frappé, dira Chateaubriand, d'une ressemblance sinistre : Madame, en vieillissant, a pris l'air de son père ; ses traits se sont prononcés ; quand je voyais sa tête baissée comme sous le glaive de la douleur, je croyais voir celle de Louis XVI attendant la chute du fer[10] ».

C'est avec un sentiment de libération qu'il échappe enfin à cette lugubre assemblée pour aller respirer en ville un air plus vif. Le médecin de la station, le chevalier Jean de Carro, lui en fait ce soir-là, ou le lendemain, les honneurs, très fier d'exhiber le grand écrivain français. A un moment, il le désigne à un marchand sur le pas de sa porte alors que Chateaubriand vient d'entrer dans un magasin de verrerie : « Eh ! répond l'homme, que m'importe M. de Chateaubriand quand il est dans la boutique d'un autre ! »

Le 1er juin, avant de quitter Carlsbad, il revoit la duchesse d'Angoulême et en reçoit, pour la duchesse de Berry, une lettre « dont quelques expressions vagues d'attachement couvraient mal la séche-resse du fond ». Un peu surpris, il essaie de l'attendrir, mais elle lui répond que c'est au roi d'en décider. Sentant le sujet trop irritant pour cette femme éminemment vertueuse, il revient à celui de l'éducation d'Henri V, qui sera majeur bientôt et qui devrait alors être assisté d'un conseil de sages[11]. Il recommande à cet effet Villèle, Lainé, Royer-Collard, mais sans succès. La duchesse est au-delà de ces considérations, plus attachée au passé que soucieuse de l'avenir, revenant sans cesse aux mêmes préoccupations, notamment au rôle joué jadis par son mari et s'inquiétant de savoir si on se souvient de lui en France. En prenant congé, Chateaubriand est si ému qu'il doit s'arrêter dans l'escalier pour essuyer ses larmes et il pleurera de nouveau en faisant à Paris le récit de cette entrevue, mais le mot de la situation il le trouve en roulant vers Bayreuth, et ce mot fait douter de son attendrissement passager : « Ne viens-je pas de contempler les trois larves royales au château de Prague et la fille de Marie-Antoinette à Carlsbad[12] ? »

Pendant qu'il regagne hâtivement Paris, roulant jour et nuit, dans la capitale on se hâte également de faire embarquer la duchesse de Berry pour la Sicile. Le 2 juin, le comte d'Argout, ministre de l'Intérieur, écrit à Bugeaud, le geôlier de la princesse, en lui recommandant de n'accorder aucun délai à celle-ci – qui voudrait retarder son départ pour connaître le résultat de la mission de Chateaubriand. Rentré le 5 juin rue d'Enfer, ce dernier lui annonce aussitôt son échec, mais sa lettre, portée par le comte de Choulot, arrivera quelques jours après l'embarquement de la mère coupable portant l'enfant du péché dans ses bras.

Il attend le 30 juin pour adresser à la duchesse d'Angoulême une longue lettre, véritable manifeste et peu fait pour plaire à une femme incapable de grandes vues politiques ou même d'une certaine compréhension de l'esprit du siècle. Il faut en citer quelques passages qui rendent parfaitement les idées de Chateaubriand sur l'évolution des mœurs et les chances de succès d'une restauration : « Ainsi, Madame, si je vous disais que la Légitimité a des chances de revenir par l'aristocratie de la noblesse et du clergé, par la cour avec ses distinctions, je vous tromperais. La Légitimité en France n'est plus un sentiment ; elle est un principe en tant qu'elle garantit les propriétés et les intérêts, les droits et les libertés ; mais s'il demeurait prouvé qu'elle ne veut pas défendre ou qu'elle est impuissante à protéger ces propriétés et ces intérêts, ces droits et ces libertés, elle cesserait même d'être un principe... Les rois croient qu'en faisant sentinelle autour de leurs trônes, ils arrêteront les mouvements de l'intelligence ; ils s'imaginent qu'en donnant le signalement des principes, ils les feront saisir aux frontières ; ils se persuadent qu'en multipliant les douanes, les gendarmes, les espions de police, les commissions militaires, ils les empêcheront de circuler ; mais ces idées ne cheminent pas à pied, elles sont dans l'air ; elles volent, on les respire. Les gouvernements absolus qui établissent des télégraphes, des chemins de fer, des bateaux à vapeur et qui veulent en même temps retenir les esprits au niveau des dogmes politiques du XIVe siècle, sont inconséquents ; à la fois progressifs et rétrogrades, ils se perdent dans la confusion résultant d'une théorie et d'une pratique contradictoires. On ne peut séparer le principe industriel du principe de liberté ; force est de les étouffer tous les deux, ou de les admettre l'un et l'autre. Partout où la langue française est entendue, les idées arrivent avec les passeports du siècle... »

Il passe ensuite à un sujet qui lui est cher, celui de l'éducation de l'enfant-roi, et sur lequel il reviendra dans ses Mémoires, expliquant que, s'il avait été gouverneur de celui-ci, au lieu de Damas, il l'aurait formé de manière à devenir un jour le précepteur des Français, puis sa tâche accomplie, ses sujets convenablement éduqués, le souverain aurait abdiqué, en les déliant de tous leurs serments. On conçoit la réaction de la duchesse d'Angoulême, et de l'intéressé, devant un tel programme. En attendant, il insiste pour que cette éducation soit confiée à des hommes « dont les noms soient populaires en France » et souhaiterait qu'elle soit publique, afin de désarmer la critique. Louis XIV, souligne-t-il, « a fait grand mal à la race en isolant les fils de France dans les barrières d'une éducation orientale ». Enfin, il rappelle une vérité désagréable en écrivant que « depuis quarante ans les gouvernements n'ont péri en France que par leur faute ; Louis XVI a pu vingt fois sauver sa couronne et sa vie ; la République n'a succombé qu'à l'excès de ses fureurs ; Bonaparte pouvait établir sa dynastie, et il s'est jeté en bas du haut de sa gloire ; sans les Ordonnances de Juillet, le trône légitime serait encore debout. Le chef du gouvernement actuel ne commettra aucune de ces fautes qui tuent ; son pouvoir ne sera jamais suicide ; toute son habileté est uniquement employée à sa conservation ; il est trop intelligent pour mourir d'une sottise, et il n'a pas en lui de quoi se rendre coupable des méprises du génie, ou des faiblesses de l'honneur et de la vertu ».

Ce langage est celui de l'intelligence et de la sagesse ; il n'est pas celui d'un courtisan. La duchesse a dû médiocrement apprécier les allusions aux fautes de son père, à l'aveuglement de son oncle et beau-père. Il lui est difficile aussi de comprendre le nouvel esprit du temps, de suivre l'exemple de Chateaubriand dont la force vient justement de sa faculté d'adaptation : « C'est par là, fait-il remarquer, que je touche à des hommes de divers partis et que je les ramène à la cause royale. Si j'avais répudié les opinions du siècle, je n'aurais aucune prise sur mon temps. Je cherche à rallier auprès du trône antique ces idées modernes qui, d'adverses qu'elles sont, deviendront amies en passant par ma fidélité[13]. »

*

Après cette course au clocher qu'a été son voyage à Prague et Carlsbad, Chateaubriand reprend ces « longues habitudes d'aimer, si nécessaires à la vie » en allant chaque après-midi à l'Abbaye-aux-Bois, ce temple où il trouve à la fois l'encens de ses admirateurs et l'amour de Mme Récamier, tous deux indispensables à son bonheur.

Hortense Allart a provisoirement disparu de la scène. Il se sait supplanté par Bulwer-Lytton, mais il ignore que la jeune femme, afin d'exciter la jalousie de son amant, le tient au courant de ses relations épisodiques avec lui. Quand Bulwer-Lytton vient à Paris, il peut voir les lettres de Chateaubriand qu'elle laisse exprès traîner, sachant qu'il ne pourra s'empêcher de les lire. « Henry, explique-t-elle à son amie Anna Woodcock, instruit de cela, n'en est que plus épris, selon son habitude ; il me reproche ma coquetterie, mais je lui plais avec ces choses-là et il se fie à ma probité. » En fait, cette chaîne commence à lui peser ; elle voudrait rompre avec Bulwer-Lytton, mais n'en a pas le courage, ou l'occasion.

Alors que Chateaubriand croit en avoir terminé avec la duchesse de Berry, celle-ci revient à la charge et, de Naples où elle a trouvé asile, elle lui dépêche un messager, porteur d'une lettre assez confuse. Elle n'entend pas renoncer à ses enfants et voudrait qu'il l'accompagne à Prague, espérant que sa présence empêchera Charles X de lui interdire les portes du Hradschin. Elle lui propose un rendez-vous à Venise au début du mois de septembre. Il n'hésite pas à répondre à cet appel, moitié par dévouement, moitié par curiosité des scènes certainement pittoresques dont il sera le témoin et qui lui fourniront pour ses Mémoires des pages piquantes.

On sort à nouveau la vieille berline du prince de Talleyrand, on la remplit de livres pour se distraire en route et, Pilorge dans les bagages, Chateaubriand prend le 3 septembre le chemin de l'Italie. A le voir rouler aussi vite, on croirait Bonaparte allant rejoindre son armée. A Brigg, il constate qu'il franchit les Alpes pour la dixième fois, et à Vérone il se livre à un grandiloquent appel de tous les hauts personnages disparus qu'il a rencontrés au congrès, dix ans plus tôt, ce qui lui procure une étrange exaltation, comme s'il avait mis toute son intelligence à leur survivre. A Fusina, le 10 septembre, il espère avoir des nouvelles de la duchesse de Berry ou d'un des membres de sa petite cour, mais rien ne l'y attend. Il se résigne donc à séjourner à Venise et il en profite pour visiter un peu mieux la ville, occupée, comme toute la Vénétie, par l'Autriche.

Venise, qui lui rappelle à la fois Corinthe, Athènes et Carthage, est alors ensevelie dans son passé avant de sombrer dans sa lagune. Elle n'est plus la cité magique, émergeant des flots, triomphante et pavoisée en signe de perpétuelle alliance entre le ciel et l'eau, l'Orient et l'Occident, les arts et la religion, le commerce et l'amour ; elle n'est plus la vaste scène où se jouait la plus brillante des comédies humaines, défiant le pinceau des peintres et la plume des écrivains dont les œuvres qu'elle inspirait restaient toujours inférieures au modèle.

Cet assoupissement de la cité, Chateaubriand le déplore en visitant l'Arsenal, jadis le moteur de cette prodigieuse activité qui avait étendu la puissance maritime de Venise aux confins du monde civilisé. Désert et silencieux, l'Arsenal ressemble à une gigantesque machinerie théâtrale après l'incendie d'un opéra. Quant aux palais, la plupart sont abandonnés par leurs propriétaires ; ils sommeillent au bord des canaux où les gondoliers, privés de leurs clients, se font rares. Les marches des embarcadères se disloquent et paraissent annoncer l'écroulement prochain de ces résidences patriciennes. La ville entière est un vaste mausolée où quelques survivants des splendeurs de la Sérénissime accueillent dans leurs salons aux volets clos leurs derniers fidèles ou de rares visiteurs.

Parmi ces survivants, il y a la comtesse Mocenigo, quasi momifiée dans la pénombre de son salon où trône un beau portrait d'elle en sa jeunesse, ce qui permet aux visiteurs, en le comparant au modèle, de mesurer l'effet des ravages du temps. Chateaubriand lui rend visite, ainsi qu'au comte Cicognara, autre gloire à peu près moribonde et qui murmure en le voyant : « Je vous aurais donc vu avant de mourir ! » Il se rend également chez la comtesse Albrizzi, bien changée depuis que Mme Vigée-Lebrun avait fait son portrait au temps où elle accueillait dans son salon la haute émigration française. Cette Grecque de Corfou, née Isabelle Theotoki, et chez laquelle on retrouve « la finesse grecque, la passion italienne, l'amabilité française », est le type achevé de la grande dame internationale. On parle chez elle toutes les langues et elle peut elle-même converser en plusieurs. Chateaubriand achève cette revue de fantômes par la comtesse Benzoni, née Marina Quirini, aussi célèbre pour avoir dansé la carmagnole, déguisée en bacchante, lors de l'entrée des Français à Venise en 1797, que pour avoir inspiré la romance *La Biondina in Gondoletta*.

On peut s'étonner que Chateaubriand se prête avec autant de complaisance à ces mondanités, mais il existe une raison qu'il avoue à Mme Récamier : « Mon secret est que je n'ai pas voulu garder ici ma sauvagerie, quand j'ai appris celle de Lord Byron. Je n'ai pas voulu passer pour la copie de l'homme dont je suis l'original. Je me suis refait ambassadeur[14]. »

La renommée de lord Byron l'obsède et l'agace au point que, s'il cherche à Venise les traces de ses différents séjours, c'est en se réjouissant de les trouver déjà presque effacées, ce qui, en lui montrant la fragilité de toute gloire, l'inquiète aussi pour la sienne. Il va même en pèlerinage au Lido, île inculte où Byron aimait à galoper en longeant la mer. Mort depuis bientôt dix ans, Byron lui paraît toujours un rival dangereux et surtout un ingrat, ou, pire, un indifférent qui ne s'est jamais soucié de lui, un auteur dont le fameux *Childe Harold* doit pourtant quelque chose à *René*, mais qui ne l'a jamais cité dans aucun de ses livres, un paladin qui, en allant mourir de la fièvre en Grèce, a fait plus pour ce pays, aux yeux de l'opinion, que lui, Chateaubriand, malgré toutes ses interventions en faveur des Grecs opprimés. Byron, né riche et portant un nom déjà connu, désinvolte, hautain, ne cachant rien de ses amours, même les moins orthodoxes, aimant le faste et se moquant de la morale, a pour Chateaubriand tout l'éclat d'un nouveau Lucifer qui, dans sa vie, a tout réussi, même sa mort. C'est un romantique de l'action alors que le héros de *René* reste un romantique passif, condamné par sa nature à gémir sans agir.

Comme il fait ces visites sépulcrales le soir, Chateaubriand dispose de ses journées pour flâner dans Venise. Il a emporté pour guide le sixième tome, entièrement consacré à Venise, de *L'Indicateur italien*, un gros ouvrage écrit par un érudit, Valeri, souvent rencontré chez Mme Récamier. Armé de ce livre, il erre dans la nef des *Frari*, ce Westminster vénitien où dorment tant d'hommes illustres de la Sérénissime, hante l'Accademia, visite avec deux bibliothécaires de la Marciana le palais des Doges, puis les célèbres *plombs* avec l'abbé Betio. Ce qui l'intéresse aussi, et là il est un des premiers voyageurs à sortir des sentiers battus, ce sont les endroits dédaignés, les quartiers populaires, tout ce qui, en cette ville exsangue, garde encore un peu de vie : les boutiques, les cafés, certaines guinguettes, comme celle où il voit de « lourds soldats autrichiens, en sarraux et souliers gras, valser ensemble, pipe contre pipe et moustache contre moustache[15] ». Fièrement, il écrit à Mme Récamier : « J'ai pris Venise autrement que mes devanciers ; j'ai cherché les choses que les voyageurs, qui se copient tous les uns les autres – et il parle en orfèvre –, ne cherchent point. Personne, par exemple, ne parle du cimetière de Venise, personne n'a remarqué les tombes des juifs au Lido, personne n'est entré dans les habitudes des gondoliers[16]. »

Malheureusement, il gâte un peu ce journal de voyage en le remplissant de citations d'auteurs défunts appelés à la rescousse : Montaigne, Rousseau, Goethe, Otway, Byron et Mme de Staël, trouvant à chaque pas le moyen de tout rapporter à soi et de philosopher sur son destin. Voit-il, au cimetière Saint-Christophe, un crâne ayant conservé quelques cheveux de la couleur des siens, il s'exclame : « Pauvre gondolier, as-tu au moins conduit ta barque mieux que j'ai conduit la mienne ? » et, devant la statue de saint Christophe avec l'Enfant-Jésus dans les bras, il s'imagine portant le jeune Henri V, mais succombant sous le poids des dix siècles d'histoire qu'il représente.

Le plus curieux de ces quelques jours à Venise est son aventure avec la Zanze. Cette histoire étrange ouvre des aperçus plus étranges encore sur sa psychologie. Déjà son souci de retrouver les traces de lord Byron pour disputer au poète un peu de sa gloire a quelque chose de suspect. Avec la Zanze et Silvio Pellico, l'épisode est encore plus singulier, presque morbide. Ecrivain piémontais, disciple d'Alfieri, Silvio Pellico, longtemps incarcéré par l'autorité autrichienne, a publié le récit de ses malheurs dans un livre aussitôt traduit en français, *Mes prisons*. Le succès a été foudroyant, au point que toute l'Europe a versé des larmes sur son sort et le tient pour un héros. En apprenant qu'il partait pour Venise, Mme Récamier avait prié Chateaubriand de vérifier là-bas certaines assertions de Silvio Pellico, comme son emprisonnement sous les plombs et son idylle avec la fille de son geôlier. En visitant les plombs avec l'abbé Betio, il a pu constater que Silvio Pellico n'avait pas été enfermé dans ces affreux *piombi* où l'on manquait si cruellement d'air et de jour, mais à l'autre extrémité du bâtiment, dans une pièce aérée d'où l'on jouit d'une vue dégagée sur la place Saint-Marc et même au-delà, jusqu'aux montagnes surplombant Padoue.

Il lui reste à retrouver la fille du geôlier, alors adolescente et qui doit avoir aujourd'hui 26 ou 27 ans. Pilorge est envoyé à sa recherche et finit par la dénicher au palais Cicognara où sa mère, veuve depuis quelque temps, a loué un appartement dont elle sous-loue des chambres à des artistes, des employés ou des officiers autrichiens. La Zanze, comme on l'appelle, a épousé un brave garçon qui travaille dans l'administration, et tous deux habitent là, au milieu des autres pensionnaires. Chateaubriand se rend donc chez la veuve Brollo, fort étonnée de son intrusion dans son logis. D'un premier mari, soldat français mort en Egypte, elle a gardé quelques rudiments de la langue, ce qui facilite un peu l'entretien.

Emue de l'intérêt que le visiteur porte à ses enfants, la bonne femme entre dans de laborieuses explications qu'interrompt l'entrée de la Zanze. Hélas ! l'Ange des prisons, idéalisé à travers le récit de Silvio Pellico et l'imagination de Chateaubriand, est une petite femme assez grasse, et même un peu boulotte, avec, malgré tout, un joli visage et un sourire charmant. De plus l'Ange est au dernier stade d'une grossesse ! Avidement, Chateaubriand l'interroge sur Silvio Pellico : ce nom n'éveille aucun écho chez elle. Il insiste et finit par lui avouer que s'il est là c'est parce que M. Silvio Pellico vient d'écrire un livre où il parle d'elle en termes attendris. Antonio, le cicerone qui l'a conduit chez la veuve, intervient dans la conversation et assure qu'elle a même été un peu amoureuse du prisonnier. La voilà furieuse et s'écriant qu'elle avait à peine 12 ans et allait encore à l'école. Sa mère, moins prude, lui fait observer qu'elle en avait 14 et qu'à cet âge on peut être amoureuse. Mais la Zanze proteste et change de conversation, parlant des ouvrages en mosaïque qu'elle fabrique pour aider sa famille. Elle prend alors la main de Chateaubriand dans les siennes pour le persuader d'acheter une de ses compositions. Chateaubriand ne se laisse pas faire et promet de revenir, promesse qu'il ne tiendra pas, car il devra partir subitement pour Padoue. Il se fera excuser par Pilorge, qui trouvera la Zanze éplorée après une lecture hâtive de *Mie Prigoni* et furieuse contre Silvio Pellico qu'elle veut poursuivre devant les tribunaux pour des propos qu'elle estime calomnieux. Elle a déjà préparé une réfutation, en deux feuillets et demi, que Pilorge lui demande pour son maître qui, dit-il, la vengera dans ses Mémoires des insinuations mensongères de Silvio Pellico.

Quelque temps après cette visite de Chateaubriand qui a bouleversé sa plate existence, la jeune femme, ayant réfléchi, se montrera plutôt flattée de la gloire ainsi conférée par Silvio Pellico et, au lieu d'attaquer celui-ci, elle se fera femme de lettres. Le choléra de 1836 l'emportera en pleine ascension sociale. On peut s'interroger sur les motifs qui ont poussé Chateaubriand à consacrer non seulement son temps, mais plusieurs pages de ses Mémoires à cette jeune femme insignifiante. A-t-il espéré, en son automne, avoir une aventure avec cette fille du peuple, ennoblie par la littérature, ou bien a-t-il voulu, célèbre et jamais rassasié de gloire, au point que tout succès d'autrui lui paraît pris à ses dépens, tirer un peu à lui la couverture de prisonnier de Silvio Pellico pour l'ajouter à son manteau de pair et s'en draper devant la postérité ?

*

Pendant ce temps, la duchesse de Berry est arrivée dans le voisinage. Il avait été fort désappointé, puis vexé, de n'avoir reçu d'elle aucun signe de vie et il avait chargé Falloux, venu le voir à son hôtel, d'aller au-devant de la princesse et de lui faire comprendre qu'on ne lanternait pas ainsi M. de Chateaubriand. Falloux avait trouvé la duchesse à Ferrare et lui avait délivré le message. A son tour, elle avait envoyé à Chateaubriand une messagère, la princesse de Bauffremont, pour l'avertir qu'elle l'attendait à Ferrare.

A l'instar de Venise, Ferrare est une ville abandonnée, aux maisons délabrées, aux rues désertes. Il y reste heureusement assez de monde pour que la duchesse y fasse une entrée triomphale et soit reçue avec des honneurs «inespérés». Elle donne le bras au comte Hector et avance allègrement, précédée de Chateaubriand que les curieux prennent pour le majordome. Habillée comme l'As de pique, l'air d'une pensionnaire échappée de son couvent, la princesse offre un piquant contraste avec son mari, bel homme à favoris noirs, sourire éclatant, «l'aire noble ou commun à volonté», précise Chateaubriand qui reconnaîtra que ses manières avec sa femme sont un chef-d'œuvre de convenance, «ni humbles, ni arrogantes, mélange respectueux de l'autorité du mari et de la soumission du sujet». Malgré tout, il ne réussit pas à modérer l'agitation de sa femme qui va de-ci, de-là, «comme un hanneton», sans se préoccuper des officiels venus l'accueillir. C'est Chateaubriand qui, prenant son rôle au sérieux, les lui nomme en tirant sur sa robe afin d'attirer son attention: «Madame, voilà le commandant autrichien, l'officier en blanc; Madame, voilà le commandant des troupes pontificales, l'officier en bleu; Madame, voilà le prolégat, le grand jeune abbé en noir...» Et la duchesse salue, rit, plaisante, répond un peu à tort et à travers aux compliments, mais avec tant de rondeur et d'enjouement que tout le monde est enchanté. Lorsque la foule envahit l'hôtel des Trois-Couronnes de plaisantes méprises se produisent. Des gens félicitent la duchesse d'avoir écrit le *Génie du christianisme* alors que d'autres donnent à Chateaubriand de l'Altesse royale. Tout cela tient un peu de la farce et l'écrivain, sarcastique, a l'impression de faire partie d'«une troupe ambulante de comédiens français jouant à Ferrare, par la permission de messieurs les Magistrats de la ville, une représentation de *La Princesse fugitive* ou de *La Mère persécutée...* Cette royauté sans royaume, ces querelles de famille à propos d'un trône imaginaire, ces émois d'une cour renfermée dans deux calèches errantes, ces conseils d'Etat dans une chambre d'auberge, tout cela complétait, dira-t-il, la diversité des scènes de ma fortune et parachevait les bizarreries de ma vie[17]».

La troupe ne s'attarde pas à Ferrare et gagne Padoue. Là, on délibère afin de savoir comment tirer d'embarras la princesse qui a eu l'imprudence, quelques jours plus tôt, de recevoir à Florence le comte de Montbel, envoyé par Charles X, et de lui donner un document, signé du cardinal Zurla, établissant qu'elle a été mariée à Rome, le 14 décembre 1831, au comte Hector Lucchesi-Palli. Montbel, jugeant la pièce insuffisante, avait demandé aux époux l'autorisation d'obtenir de Rome une copie légalisée de leur acte de mariage, d'après les registres officiels. Chateaubriand fait redemander à Montbel ce document qui, s'il était faux, comme il le suppose, achèverait de la perdre dans l'esprit de la famille royale. En dépit de la faiblesse de ses preuves, Madame veut absolument se rendre à Prague, exhiber ce certificat et réclamer ses enfants. Chateaubriand n'a aucune illusion sur l'accueil qu'elle y recevra et préférerait éviter cette corvée. Heureusement, le gouverneur autrichien de Lombardie-Vénétie, obéissant vraisemblablement aux vœux du Hradschin, devenus des ordres en passant par Vienne, interdit à la princesse de poursuivre son chemin vers Prague. Pour veiller au respect de cet ordre, il a pris soin de venir en personne à Padoue. Chateaubriand plaide auprès de lui la cause de la mère de son roi, mais le gouverneur reste sourd à ses arguments. Il a été vexé de la façon désinvolte dont Madame l'a traité en lui disant qu'elle ferait ce qu'il lui plairait. Aussi lui refuse-t-il un passeport, se contentant de viser celui de Chateaubriand qui pourra seul arranger avec Charles X cette affaire de famille. En revanche, Chateaubriand doit s'engager par écrit à ce que la princesse ne dépasse pas Trieste et s'y fixe en attendant la réponse de Prague.

A dix heures du soir, le 20 septembre, il prend congé de la duchesse de Berry qui, en lui tendant ses mains à baiser, lui confie solennellement son sort et celui de son fils. Il lui dit qu'il n'obtiendra rien à Prague, mais la duchesse ne veut pas l'entendre et le pousse vers la porte en lui lançant : « Partez ! Vous pouvez tout ; vous seul pouvez tout ! »

En six jours, il atteint Prague où il ne trouve que la duchesse d'Angoulême, car les trois « larves royales » séjournent à Butschirad, villa du grand-duc de Toscane à six lieues de là, sur la route de Carlsbad. La duchesse d'Angoulême ne lui cache pas que la famille royale a l'intention de se rendre à Léoben, moins pour y accueillir sa belle-sœur que pour lui barrer la route de Prague et l'obliger à reprendre celle de l'Italie. De toute manière, la Cour ne restera pas à Prague, où elle redoute l'arrivée de jeunes légitimistes venus de France assister à la cérémonie de majorité d'Henri V. Chateaubriand les a d'ailleurs dépassés sur la route. Allant saluer ensuite la duchesse de Gontaut, il la trouve en pleins préparatifs de départ. Elle le supplie de « sauver les enfants royaux ». Mademoiselle, au lit parce qu'elle est malade, lui crie de sa chambre qu'il faut « les sauver tous ». A Ferrare, on était en pleine comédie ; ici, on semble en plein drame.

A neuf heures du soir, sans avoir pris un instant de repos, Chateaubriand se présente à Butschirad où il apprend de M. de Blacas que Charles X, qui a la fièvre, est lui aussi alité. Comme il insiste, Blacas, de mauvaise grâce, l'introduit dans la chambre du souverain qui dort et ne s'éveille point. Il explique alors à Blacas le but de son voyage : la déclaration de majorité, dont les termes sont d'une grande importance politique, et la levée de l'interdit retenant la duchesse à Trieste.

D'abord réticent, Blacas se laisse à demi convaincre, mais la décision n'appartient qu'à Charles X. Le lendemain, après une nuit réparatrice à l'hôtel des Bains, il retourne à Butschirad où le souverain, toujours au lit, le reçoit dans sa chambre et s'oppose avec fermeté à la venue de sa belle-fille à Prague. Il est moins ferme en ce qui concerne la déclaration de majorité, sensible aux arguments de son interlocuteur : « Eh bien, lui dit-il, vous m'en parlez d'une manière assez séduisante. Faites-moi un brouillon de l'acte ; causez avec Blacas, et puis nous verrons. »

En lisant la lettre que Chateaubriand a été chargé de lui remettre, il s'emporte et tient sur la duchesse de Berry des propos que Chateaubriand ne craindra pas de rapporter à celle-ci : « De quel droit Madame la duchesse de Berry prétend-elle me dicter ce que j'ai à faire ? Quelle autorité a-t-elle pour parler ? Elle n'est plus rien ; elle n'est plus que Mme Lucchesi-Palli, une femme étrangère à ma famille. Elle n'a plus aucun empire sur ses enfants ; le code français ne reconnaît pas le mariage secret, le code la dépossède de sa tutelle comme mariée en secondes noces[18]. » Chateaubriand prend sa défense, évoquant, comme il l'a déjà fait, ses sacrifices pour la cause monarchique, les dangers qu'elle a courus, les injustices dont elle a été victime. Il fait valoir que l'opinion publique lui reste favorable, en dépit de son remariage, et qu'il faut ménager l'avenir. Rien n'y fait ; le roi ne veut pas céder. Il serait malséant d'insister davantage et il rédige le projet de déclaration de majorité que Blacas communique au roi qui l'approuve. On l'enverra le lendemain à Vienne, car rien ne se fait sans la permission de Metternich. Bien que comblé d'égards et retenu à dîner, Chateaubriand, comme il le pensait, a échoué.

Le 25 septembre, enfermé dans sa chambre de l'hôtel des Bains, il fait un long compte rendu de sa mission dans une lettre à la duchesse de Berry, lettre que Pilorge emporte le soir même. Le lendemain, l'hôtel retentit des toasts portés par les jeunes légitimistes à la santé d'Henri V, bien qu'on ait refusé de les recevoir à Butschirad. Le soir, Chateaubriand quitte Prague et, par Carlsbad, Bamberg, gagne la frontière. Il est à Paris le 6 octobre ; bien que brisé de fatigue, il écrit aussitôt à Mme Récamier : « Si je pouvais faire un pas au-delà de mes quinze cents lieues, je le ferais pour vous et j'irais à Passy[19], mais je suis au bout de mes forces. Le voyage a fixé mes incertitudes. Je ne puis rien pour ces gens-là. Prague proscrit Blaye, et moi, pauvre serviteur, je suis obligé d'employer ma petite autorité pour faire lever des ordres odieux[20]. »

Il n'y a pas qu'à Mme Récamier qu'il doit confier ses impressions désabusées, car, quelques jours plus tard, le baron Hügel, de l'ambassade d'Autriche à Paris, écrit à Metternich : « M. de Chateaubriand dit bien du mal des hôtes de Butschirad et de ceux qui les y ont accueillis ; il prétend que les premiers sont incorrigibles et que les autres n'offrent aucune chance d'en tirer parti ou de les faire dévier de leur marche à eux. Il affirme que le duc de Bordeaux ne s'occupe que de chiens et de chevaux et que son éducation est détestable[21]. »

Dans ses Mémoires, Chateaubriand brossera des portraits sans complaisance des trois rois sans couronne et de leur entourage, encore qu'il nuancera un peu son jugement à l'égard de Charles X, louant l'homme privé, qui l'émeut, écrira-t-il, blâmant le souverain qui le blesse. Il sera sévère pour la duchesse d'Angoulême, en reconnaissant que, fille de Louis XVI et captive du Temple, il lui était difficile de s'adapter à une autre société, à une autre époque, et il se montrera sans pitié pour le duc d'Angoulême en rapportant soigneusement les propos indigents que Louis XIX tient à ses commensaux. Lamartine se fera l'interprète du sentiment général en se disant choqué d'entendre l'ambassadeur de la Légitimité, affichant son loyalisme et son dévouement, démentir son attitude en ridiculisant les princes qui l'avaient reçu. Sensible à la verve et au talent de ces portraits, il jugera, dans son *Cours familier de littérature*, qu'« il ne faut pas fondre en bronze des caricatures, même royales ». Bien des légitimistes lui reprocheront ces peintures cruelles de la cour de Prague et les regarderont comme une trahison. Un bon serviteur doit taire les défauts de ses maîtres, mais Chateaubriand n'a jamais résisté au plaisir de faire la leçon aux rois et, lorsque ceux-ci ne veulent pas l'écouter, de s'en venger. Il faudra l'habileté d'Henri V, dix ans plus tard, pour désarmer certaines de ses préventions et le réconcilier avec ces Bourbons auxquels il commence à préférer les Bonaparte ou, du moins Napoléon.

En attendant ces « journées de Londres » en 1843, qui scelleront la réconciliation, il prend congé de la duchesse de Berry, l'avertissant qu'il se retire de la lutte : « Je resterai fidèle, écrit-il le 10 novembre 1833, car je ne puis cesser de l'être, mais je ne servirai plus. Vous seule, Madame, me pourriez déterminer à m'occuper encore d'un avenir qui, malheureusement, a peu de chances, et que l'on gâte à plaisir par un incroyable mélange de folie et de stupidité. Je veux bien appartenir à une opinion vaincue, mais non pas à une coterie imbécile et caduque, qui prétend rentrer en France précédée d'*Oremus* et suivie d'armées étrangères, entre des chantres et des Cosaques[22]. »

*

Il n'en a pas pour autant fini avec la race, ainsi qu'il le dit dédaigneusement, car en cette année 1833 un Bourbon imprévu a surgi avec Naundorff, cet horloger prussien qui se prétend Louis XVII et a quitté la Silésie pour se faire reconnaître à Paris où il a convaincu quelques royalistes naïfs. Un magistrat de Rodez, Albouys, révoqué pour refus de serment à Louis-Philippe, a pris fait et cause pour lui mais réclamé des preuves et, dans son incertitude, il a demandé l'avis de Chateaubriand. Celui-ci, sans être persuadé que Louis XVII soit mort au Temple, a engagé le magistrat à garder son argent – car Naundorff en réclame à ses partisans – et à se méfier des fripons, terminant sa lettre par ces mots : « Les rois ne nous manqueront pas, et il semble que nous en avons déjà un de trop. »

Alors qu'il faisait à Prague son premier voyage, Albouys, qui avait enfin vu Naundorff, écrivait à sa femme : « Il ressemble beaucoup aussi à Napoléon, tant la Providence s'est plu à rassembler sur cette figure des traits caractéristiques [*sic*]. » Ces mots, s'il avait pu les lire, auraient fait sourire Chateaubriand en lui montrant la puissance de l'illusion chez ceux qui veulent croire à tout prix.

Le 28 août, quelques jours avant son départ pour Venise, Naundorff lui avait écrit pour le mettre en garde contre « les démarches intempestives » qu'il pourrait faire. Il lui annonçait que, bien qu'ayant des enfants, il avait adopté pour fils aîné le duc de Bordeaux, mais s'opposait à toute déclaration de majorité qui le priverait de ses droits légitimes. Cette lettre insensée se terminait de façon comminatoire : « Je vous rends responsable dès ce jour de vos autres démarches au nom de notre patrie, et je vous somme de faire parvenir les communications nécessaires à la famille de Prague, et de rappeler à Charles X que le mal nécessaire, la nécessité de me supprimer, a disparu[23]. »

Au mois de septembre, Albouys, venu à Paris, se fait l'écho des opinions du faubourg Saint-Germain et des légitimistes en écrivant à son épouse : « Ici, les plus grands personnages, même M. de Chateaubriand, croient qu'il [Louis XVII] a été enlevé, mais ils le supposent ou mort après son évasion ou dans l'impossibilité de se faire reconnaître. » Lorsqu'en 1840 Gruau de La Barre interrogera Chateaubriand sur la possibilité d'une survivance, il s'entendra répondre : « Je n'ai pas la certitude qu'il n'est pas le Dauphin, ni celle qu'il l'est ; mais je suis convaincu que le Dauphin n'est pas mort au Temple[24]. »

22

Un républicain de ressentiment
janvier 1834-octobre 1837

En donnant avec fracas sa démission de pair, Chateaubriand pensait avoir mis un point final à sa carrière politique, mais de nombreux légitimistes n'en jugent pas ainsi, qui en font leur candidat lors d'élections législatives partielles, notamment à Quimperlé pour remplacer M. de Kermorial, mort pendant son mandat. Comme Chateaubriand a maintes fois répété qu'il ne prêterait jamais serment à Louis-Philippe, il ne peut se dédire afin d'hériter d'un siège à la Chambre. Malgré tout, cette candidature involontaire embarrasse le gouvernement qui lui suscite un rival au nom typiquement louis-philippard de Tupinier, et qui est élu. Chateaubriand n'en remercie pas moins ses électeurs par une lettre ouverte à ceux-ci, affirmant qu'il serait républicain s'il n'était légitimiste.

Après cet échec de Quimperlé, il recueillera des voix dans différentes villes de France à l'occasion des élections générales de 1834, sans jamais en avoir suffisamment pour être élu, mais ces manifestations donnent la mesure de sa popularité. Le gouvernement le sait qui, au lieu de le ménager, le traduit au mois de juillet 1834 devant le juge d'instruction à la suite d'une perquisition chez M. Jauge, banquier du comité légitimiste, à qui, dans une lettre, il avait écrit : « Vous voyez que les rois s'en vont… » Le crime est faible et il sera relaxé.

Pour rappeler solennellement qu'il est un émigré de l'intérieur, il adresse au directeur de la *Gazette de France*, après les élections générales de juin, une lettre altière et mordante : « Je n'ai changé ni de position ni de principes. D'heureuses mitraillades, d'innocents égorgements, de persuasives assommades, de petits budgets d'un milliard et demi dextrement escamotés, ne m'ont point converti. Le succès est souvent une mauvaise raison ; jamais je n'irai à lui ; je n'attendrai jamais la victoire pour m'engager dans un parti. Comme, grâce au ciel, je ne suis pas roi, rien ne m'oblige à reconnaître ce que je méprise[1]. »

Ce qui lui vaut également un regain de popularité, c'est la publication dans la *Revue des Deux Mondes*, le 15 avril 1834, d'un texte étonnant, la conclusion des *Mémoires d'outre-tombe*, texte intitulé prophétiquement *L'Avenir du monde*.

Au mois de février, Mme Récamier avait organisé chez elle une série de lectures des Mémoires en composant habilement l'auditoire. A de grands noms représentant le faubourg Saint-Germain, comme Sosthène de La Rochefoucauld, les ducs de Laval et de Noailles, elle avait joint des gens de lettres – Edgar Quinet, l'abbé Gerbet, Mme Amable Tastu –, et enfin des fidèles : Jean-Jacques Ampère, Ballanche, Charles Lenormant. Un nouveau venu avait été admis : Sainte-Beuve, adroit flatteur qui, après avoir naguère écrit deux ou trois articles un peu désagréables sur Chateaubriand[2], avait su rentrer en grâce. Les deux plus importantes lectures ont eu lieu les 23 et 24 février, consacrées aux souvenirs d'enfance et de jeunesse. Pour chacun, l'auteur était arrivé ponctuellement à deux heures et demie, portant son manuscrit enveloppé dans un grand mouchoir de soie ; il l'avait posé sur un guéridon près de lui et avait commencé de lire au milieu d'un recueillement attentif. S'il faut croire Sainte-Beuve, les impressions favorables de l'auditoire « étaient jusqu'à un certain point commandées et adoucies par une influence aimable, à laquelle on n'était pas accoutumé de résister. Mme Récamier nous demandait d'être gracieux, et, en vous le demandant, elle vous prêtait de sa grâce[3]... ». Ainsi que le remarque M.-J. Durry, les *Mémoires d'outre-tombe* commencent leur carrière comme les grandes épopées primitives : « On ne les lit pas, on les écoute[4]. »

Sur le moment, l'enthousiasme a été si grand que Jules Janin a donné le 1er mars 1834, dans la *Revue des Deux Mondes*, un article dithyrambique, citant, de mémoire, certains passages dans lesquels il voyait moins l'histoire personnelle de l'auteur que celle même du siècle. A peine a-t-il entonné la trompette de la Renommée que ses confrères, flairant l'aubaine, ont accouru pour réclamer leur part des Mémoires. Pichot réussit à se faire donner pour la *Revue de Paris* un fragment du *Voyage en Amérique* et Buloz, furieux d'avoir été devancé, obtient par Mme Récamier, pour la *Revue des Deux Mondes*, le plus gros morceau : la préface testamentaire à laquelle il devait joindre, en guise de présentation, un article de Sainte-Beuve, autorisé pour la circonstance à consulter le manuscrit. A défaut de citer cette préface, un des textes les plus étonnants, et les plus célèbres aussi, de Chateaubriand, il suffit de rappeler son immense succès auprès du public et la diversité des réactions qu'il suscita. Choqués dans leurs convictions par l'annonce de républiques succédant un peu partout aux vieilles dynasties, les anciens *ultras* n'applaudissent guère à ce chef-d'œuvre, y voyant une folie destructrice, un appel au chaos et à la confusion des classes sociales en une seule. La duchesse de Dino le traite « d'apocalypse jacobine » et en frémit d'indignation. Le comte Molé confie à Barante : « Il aura mis son talent au service de toutes les folies, les fureurs et les caprices de son temps. » Le plus navré, car il lui est fort attaché, c'est Hyde de Neuville qui déplore cette « inconséquence dans ses écrits... Il ressemble à ces grognards de l'Empire, qui se seraient fait tuer pour Napoléon en se plaignant de lui ».

En revanche, les républicains pavoisent et saluent en lui, sinon un des leurs, du moins un allié potentiel. Dans *Le National* du 5 mai 1834, Armand Carrel écrit qu'il voit en Chateaubriand « un républicain de pressentiment » ; il aurait pu dire aussi « de ressentiment ». *Le Corsaire*, un périodique assez à gauche, se réjouit de voir Chateaubriand devenu démocrate, alors que peu de temps avant il lui décochait des traits comme ceux-ci : « M. de Chateaubriand a choisi le cimetière du Père-Lachaise pour cabinet de travail », ou bien : « M. de Chateaubriand, enveloppé dans son linceul, voulait se draper en empereur ; il s'est déguisé en *Gille*. » Sensible aux compliments d'Armand Carrel, Chateaubriand lui répond sans ménager les siens, voyant en lui le premier des écrivains politiques du jour et lui prédisant qu'il s'élèvera beaucoup plus haut encore.

Il a été non moins flatté des louanges contenues dans l'article de Sainte-Beuve et a pris son parti de négliger certaines réserves, trop élégamment formulées pour choquer, mais qui révèlent chez le jeune critique une tête froide et plus d'esprit que de sensibilité. La bonne éducation, la prudence et le désir d'être admis dans le salon de Mme Récamier ont tempéré chez Sainte-Beuve l'impertinence de la jeunesse ; le souci bien entendu de sa carrière a freiné l'impatience de faire éclater son talent. Si Chateaubriand a compris certaines de ses réticences, il n'en laisse rien paraître et, sachant que les critiques supportent mal la critique, il complimente Sainte-Beuve : « Votre analyse de mes Mémoires, Monsieur, est un véritable chef-d'œuvre, où vous parez ma vieillerie de tout l'éclat de votre talent et de votre jeunesse. Croyez que l'amour-propre flatté de l'auteur n'entre pour rien, Monsieur, dans les sentiments de reconnaissance et d'admiration que je m'empresse de vous offrir[5]. »

Ravi du succès, Buloz annonce un second article, mais Sainte-Beuve ne l'écrira pas, se réservant pour l'époque où, le vieux lion trépassé, il pourra s'exprimer plus librement, sans craindre un coup de patte vengeur. D'autres revues encore sollicitent des extraits des Mémoires. Pour ménager tout le monde et tenir la balance égale entre les rivaux, Chateaubriand distribue sa prose avec discernement : la *Revue de Paris*, qui a déjà obtenu sa traversée vers l'Amérique, aura de plus une étude introductive d'Edgar Quinet qui, mieux encore que Jules Janin, soulignera le caractère universel des *Mémoires d'outre-tombe*, « véritable poème héroïque des cinquante dernières années qu'il aura fallu à la Révolution française pour enterrer ses morts » ; il donne quelques pages à *L'Echo de Paris*, autant à la *Revue du Midi* et au *Journal des femmes*, ainsi qu'une évocation de Combourg dans la *Chronique de la jeunesse des deux sexes* ; enfin la description du *Printemps en Bretagne* fera le bonheur du *Panorama littéraire de l'Europe*.

Si journaux et revues se disputent les *Mémoires d'outre-tombe*, les éditeurs paraissent moins avides, sans doute parce qu'ils savent que Chateaubriand exigera pour ses Mémoires une somme considérable. Pourrat, qui avait repris après la faillite de Ladvocat la publication des *Œuvres complètes*, lui fait une offre, jugée insuffisante. Chateaubriand envisage d'ailleurs une publication fragmentaire afin de satisfaire des lecteurs venus trop tard pour se procurer les exemplaires des revues qui ont publié ses textes ; il pense aussi, par ce moyen, allécher des éditeurs qui pourraient juger, sur extraits, de l'intérêt de l'ouvrage. Hyacinthe Pilorge entreprend de réunir les fragments publiés, d'y joindre les meilleurs articles qui leur ont été consacrés, puis de publier le tout en recueil « pour suppléer un peu, dit l'auteur, au défaut de publicité des revues ». C'est l'éditeur Lefèvre, 6, rue de l'Eperon, qui publie au mois de juillet 1834 un volume in-8° : *Lecture des Mémoires de M. de Chateaubriand*. Un tout jeune critique, Désiré Nisard, l'a préfacé par un bel hommage au maître incontesté de la jeune génération. Une note ajoutée au texte, et due vraisemblablement à Chateaubriand lui-même, avertit les lecteurs que « différentes compagnies concurrentes » s'intéressent à l'acquisition des Mémoires. Comme si cela ne suffisait pas, la fameuse préface testamentaire est suivie de la lettre d'un abonné de *L'Echo du Vaucluse* au rédacteur de ce journal, exhortant tous les admirateurs de Chateaubriand à souscrire aux Mémoires : « Cet hommage spontané de tous les Français répandra un baume consolateur sur les dernières années du grand écrivain ; cet hommage prolongera le cours de sa carrière. Oui, souscrivons pour qu'il puisse encore en santé, dans tout l'éclat de ce talent progressif qui rajeunit et qui s'épure au contact du temps, pour qu'il puisse compter le nombre de ses souscripteurs, et connaître d'avance l'immense popularité qui attend son livre d'adieu[6].»

Cet appel, qui ressemble à une réclame pour un élixir de longue vie, n'éveille aucun écho, du moins pour le moment. Les volumes de *Lecture des Mémoires* sont distribués gratuitement aux souscripteurs des *Œuvres complètes* pour compenser les lenteurs et les aléas de cette publication qui a duré bien plus longtemps que Ladvocat ne l'avait promis.

Si quelques articles grinçants et quelques pamphlets troublent un peu l'atmosphère d'adulation générale, l'opération, à défaut d'être rentable, est une réussite auprès de l'opinion. On ne parle, à Paris et même ailleurs, que des *Mémoires d'outre-tombe*; on voudrait en lire un peu plus, mais sans payer le prix demandé. Les souscripteurs espérés ne se présentent pas; les éditeurs se tiennent cois. Seul un entrepreneur de spectacles, Carmouche, offre de faire jouer *Moïse* à Versailles et, faute de mieux, Chateaubriand, qui nourrit une étrange tendresse pour ce faible enfant de sa plume, accepte imprudemment l'épreuve de la scène, espérant qu'un succès au théâtre emplira un peu sa bourse.

Assez perfidement, Mme Ancelot, qui tient salon rue de Bourgogne et connaît bien Chateaubriand, raconte comment il s'est décidé à faire jouer *Moïse* en prenant les précautions lui permettant de dire, en cas d'échec, que sa bonne foi a été surprise : «Il en est du spectacle comme des élections. Chateaubriand veut tout en ne voulant pas, se défend et se laisse faire violence.» Après quoi, il publie les pièces du débat, prouvant qu'il a élevé toutes les résistances convenables comme auteur, qu'on l'a fait descendre sur le champ de bataille, qu'il s'est désintéressé de toute l'affaire. La tragédie de Moïse est annoncée comme un drame à grand spectacle, *Moïse au Sinaï, ou la Première Idolâtrie*. Il n'a point de part à ce changement. Il ne connaît pas les acteurs choisis, il n'a assisté à aucune répétition; marque suprême de son indifférence, le 2 octobre, jour de la première, il reste chez lui : «Entre les sifflets et les applaudissements, dit-il, je me réserve les premiers, j'abandonne les seconds à M. Carmouche[7].»

Le 2 octobre 1834, la pièce a un certain succès, mais fort différent de celui que Chateaubriand escomptait. Beau joueur, il prend le parti d'en rire et en fait à Mme Ancelot un récit piquant, inspiré de celui que son valet de chambre, envoyé là-bas, lui a fait à son retour. L'homme avait avoué qu'on avait essayé de faire un peu de bruit, mais qu'après quelques minutes la gaieté était revenue. Ce terme avait étonné l'auteur : «Oh! oui, M. le Vicomte, je vous réponds qu'ils étaient contents au parterre où j'étais placé, car ils n'ont plus cessé de rire jusqu'à la fin en disant des mots si drôles que j'ai joliment ri aussi…»

La pièce, hélas! prête en effet beaucoup à rire, ne serait-ce que par le parti pris d'antiquité de l'auteur. Tout y est antique: les palmiers, la gloire, la montagne, les discordes, les usages, les foyers, une querelle, etc. On y voit avec quelque étonnement des «ossements muets» et des «rocs silencieux». Quelques vers, qui échappent à la malignité du public, sont dignes de remarque en ce sens qu'ils s'appliquent parfaitement à Chateaubriand lui-même:

> Je hais le Pharaon que l'éclat environne,
> Mais s'il tombe, à l'instant j'honore sa couronne,
> Il devient à mes yeux roi par l'adversité.
> Des pleurs, je reconnais l'auguste autorité,
> Courtisan du malheur, flatteur de l'infortune,
> Telle est de mon esprit la pente peu commune…

Ce que Chateaubriand ne dit pas à Mme Ancelot, c'est que Mme Récamier, attendant sa voiture à la sortie du théâtre, n'a manqué aucune des réflexions que les spectateurs, goguenards, ont échangées sur cette pièce injouable. Un officier aurait dit: «On ne m'y reprendra pas. C'est ennuyeux comme *Esther*.» Elle est partie en larmes.

Dans le *Courrier français*, Mennechet ironise en écrivant: «C'était bien à Versailles que la tragédie classique méritait un tombeau.» Jules Janin, croyant bien faire, assassine la pièce en disant que Talma, seul, aurait pu en faire une tragédie. La presse, dans son ensemble, enterre la pièce qu'après cinq représentations Carmouche est obligé de retirer. Une tentative à l'Odéon, le 24 octobre, se révélera plus désastreuse encore qu'à Versailles. C'est un coup dur pour l'amour-propre de Chateaubriand, et aussi pour ses finances dont le déficit va le conduire, ainsi qu'il le dit, à «hypothéquer sa tombe».

*

Avant de se résoudre à céder ses Mémoires, Chateaubriand effectue un travail mercenaire, une traduction du *Paradis perdu*, bien qu'il en existe une, faite par Louis Racine. Il a déjà traduit partiellement Milton pendant l'émigration et se lance à nouveau dans cette entreprise avec son énergie coutumière et sans autre distraction que ses visites à Mme Récamier.

Malgré ses sympathies de plus en plus vives pour les jeunes républicains, notamment Armand Carrel, il ne se laisse pas détourner de sa tâche et refuse leurs invitations à des banquets qui sont autant de manifestations contre le régime, mais il ne manque pas, chaque fois, de réaffirmer ses convictions : « Jamais invitation, Monsieur, ne m'a fait plus de plaisir et plus de peine, écrit-il en déclinant l'offre de dîner avec deux condamnés après les émeutes de Lyon ; j'aurais été si heureux de passer quelques moments avec vous, MM. Carrel et Béranger, et les prisonniers ! Vous savez que je suis toujours du côté du malheur, du talent et de la liberté contre la force, la sottise et l'oppression. Vous savez que tout légitimiste que je suis j'ai prédit le monde à la république. J'aurais donc eu le plus grand plaisir à dîner avec cette reine de l'avenir : elle doit estimer le devoir et l'honneur et ne repousser que les apostats. Malheureusement je suis malade d'excès de travail ; et, pour m'achever, Mme de Chateaubriand a, depuis trois jours, des vomissements de sang. Je ne puis donc sortir… Si les deux accusés le désirent, je m'empresserai d'aller les voir en prison[8]. »

Entre Milton et le mauvais état de Céleste, il passe un triste hiver ; pendant l'été de 1835, il consent malgré tout à quitter Paris pour retrouver à Dieppe Ballanche, Ampère et Mme Récamier, ainsi que le duc de Noailles qui essaie d'entrer dans le cénacle de l'Abbaye-aux-Bois. Il y réussit d'ailleurs à force de politesse infinie, de complaisance et de petits soins qui déguisent ses ambitions littéraires. Mme Récamier séjourne à l'hôtel d'Albion, Chateaubriand à celui de l'Europe où les Dieppois lui donnent des sérénades sous ses fenêtres. Le matin, il traduit Milton, l'après-midi, il travaille à ses Mémoires dont il lit le soir des passages à Mme Récamier. Tous les jours, on va processionnellement admirer le coucher du soleil qui est chaque fois pour Chateaubriand comme une répétition de la fin du monde et l'avertissement de sa propre fin. Un jour arrive le père Lacordaire, inquiétante personnalité, ravagé par les feux d'une sensualité qui se transforme en une ardente spiritualité, à laquelle se brûlent bien des âmes.

Le 28 juillet, Chateaubriand quitte Dieppe et, dès qu'il retrouve Paris, il déplore son éloignement de Mme Récamier : « Je soigne Mme de Chateaubriand qui est malade, et je me couche, et je ne dors point, et puis je fais du Milton… le cher voyage à Dieppe me restera à jamais comme un charme sur qui [sic] nous bâtirons notre avenir ; notre petite société va très bien ensemble, il faut la fonder à jamais, la perpétuer n'importe où[9]. »

C'est bien ce que veut le duc de Noailles qui a vivement insisté pour que le cénacle aille passer quelque temps chez lui, à Maintenon, pour ajouter ainsi des pages à l'histoire de cette demeure, encore que la duchesse de Dino trouve qu'en fréquentant des gens de lettres il s'encanaille et quitte «une route large pour entrer dans un étroit sentier». Les Noailles ont été consternés par la publication des *Mémoires* de Saint-Simon, particulièrement sévère à l'égard de Mme de Maintenon. Aussi le duc veut-il venger celle-ci par un autre grand écrivain et depuis qu'il est reçu à l'Abbaye-aux-Bois il fait patiemment le siège de Chateaubriand pour l'attirer à Maintenon et l'engager à réhabiliter l'épouse morganatique de Louis XIV. Longtemps Chateaubriand a résisté, d'abord parce qu'il déteste la veuve Scarron, ensuite parce qu'il en veut au duc d'avoir, comme pair, prêté serment à Louis-Philippe.

Cette fois, il cède pour faire plaisir à Mme Récamier. Arrivé le 10 août à Maintenon, il en repart le 13 après avoir promené un regard ennuyé sur le château, ses jardins et son aqueduc. Il a d'autres préoccupations, sans parler de Milton, que Mme de Maintenon, car la politique, une fois de plus, l'arrache à son travail quotidien. Après l'attentat de Fieschi, le 28 juillet 1835, Duvergier de Hauranne a protesté à la Chambre contre le laxisme du gouvernement en matière de répression et, à propos de la liberté de presse, il a reproché à Chateaubriand d'avoir, en 1816 et 1827, été plus rigoureux que tout autre, au point d'avoir envisagé une sauvegarde annulant pratiquement la liberté de la presse. Piqué au vif, Chateaubriand se défend, le 23 août, dans une lettre au journal *La Quotidienne*. Il rappelle qu'en 1816 il s'agissait de faire abolir la censure et qu'il fallait, en contrepartie de cette réforme à laquelle s'opposaient les *ultras*, prévoir une concession pour faire adopter le projet. Ce libéralisme lui avait valu la saisie de *De la Monarchie selon la Charte* et la perte de sa qualité de ministre d'Etat : «Loin d'avoir été l'homme des souvenirs, j'ai été l'homme de mon temps», souligne-t-il, et s'il a évolué, c'est qu'il a su, contrairement à Charles X, suivre le mouvement de son époque. Ses accusateurs ont-ils la conscience aussi tranquille que la sienne? «Sortis d'une insurrection faite au nom de la liberté de la presse, vous poignardez votre mère, écrit-il ; sortis de la souveraineté du peuple, vous condamnez à la déportation le libre examen des principes des gouvernements. Pourquoi avez-vous donc renversé Charles X ? Et qui êtes-vous pour vous jeter ainsi sur toutes les libertés, car elles sont toutes atteintes par vos lois sur le droit d'association et sur la presse ?» Et il achève cette philippique en visionnaire, annonçant à ces imprudents que leur entreprise aura pour résultat la chute de cette monarchie qu'ils prétendent protéger. Le coup final est asséné par *La Mode* dont le rédacteur écrit : «Le discours de M. de Hauranne nous a valu une lettre de M. de Chateaubriand : c'est la première fois qu'un discours de M. de Hauranne vaut quelque chose...»

Louis-Philippe, échappé à la machine infernale de Fieschi, ne se laisse pas intimider par Chateaubriand et lui répond indirectement lorsqu'il se déclare implanté solidement sur son trône. Tout en admirant la vigueur d'expression du polémiste, certaines personnes lui reprochent de n'avoir pas flétri, dans cette lettre, les auteurs d'attentats, quelles que soient les personnalités visées.

A la fin du mois de septembre, il abandonne sa traduction de Milton et constate, épuisé : « L'obligation de gagner mon pain m'a presque tué ; j'ai trop travaillé. » Sa situation financière est détestable ; il vit à la petite semaine et a dû emprunter dix mille francs à un fervent royaliste, un certain Bayard, dont la femme a été l'éphémère nourrice d'Henri V. Aussi accueille-t-il favorablement les propositions de l'éditeur Delloye qui lui offre, au début de l'année 1836, un versement comptant de cent cinquante mille francs et une rente viagère de douze mille contre la cession des *Mémoires d'outre-tombe* et celle d'un ouvrage intitulé *La Guerre d'Espagne*, livrable en 1840, date à laquelle la rente viagère sera portée à vingt mille francs. Chateaubriand se réserve le droit de modifier ses Mémoires à son gré, avec la possibilité, en cas de publication anticipée de certains fragments, de recevoir des droits d'un montant à fixer. De son côté, Delloye peut acquérir tous les ouvrages qu'il viendrait à écrire et publier tous ceux existant à sa mort.

Tel est, succinctement, le traité signé le 22 mars 1836 chez Me Cahouet, notaire, et devant Hyde de Neuville, le duc de Lévis, le banquier Jauge, Me Bouju, notaire à Franconville, et Hyacinthe Pilorge. Ainsi assure-t-il enfin ses vieux jours et ceux de sa femme en faveur de qui est prévue, s'il mourait avant elle, une réversibilité de la rente viagère. Un manuscrit des Mémoires, en leur état, est remis, scellé, à Me Cahouet ; une copie devra en être remise à Delloye le 15 avril 1837 ; enfin l'auteur conserve un exemplaire chez lui pour y travailler, l'augmenter ou le réviser comme il le jugera bon.

Au lieu de se montrer soulagé, Chateaubriand semble accablé par ce dépôt chez le notaire, équivalent pour lui à une mise anticipée au tombeau, il se lamente auprès de qui veut l'entendre : « Quoique je n'aie pas le cœur aux mémoires... je ferai une ou deux pages par jour tant que je vivrai, pour remplir les conditions de mon triste marché... » A Feuillet de Conches, il écrit le 28 septembre 1836 : « La misère, Monsieur, est une triste chose, j'ai vendu ma tombe pour vivre. Et ce n'est pas tout, j'ai aussi vendu ma vie, je ne puis écrire une ligne aujourd'hui qui n'appartienne aux propriétaires de mes Mémoires. » Le faubourg Saint-Germain recueille ses plaintes, et la duchesse de Dino constate :

« On dit qu'il est tout dérouté depuis qu'il a payé sa dette ; son avenir, arrêté et limité d'avance, lui paraît un poids… Il dit que ses pensées ont été mises en prison pour dettes, à sa place[10]. »

Delloye s'aperçoit vite qu'il ne peut assumer seul le poids financier d'un pareil traité ; aussi crée-t-il une société en participation, transformée bientôt en société en commandite, avec deux gérants, Sala, un ancien officier dans la Garde royale, et lui. La société doit réunir un capital de huit cent mille francs, réparti en mille six cents actions de cinq cents francs, dont le revenu permettra de payer la rente. A ce revenu s'ajoutera le produit des contrats passés avec des libraires étrangers. Delloye touchera quatre pour cent des intérêts ainsi que mille francs par an de frais de bureau. Il serait fastidieux d'entrer dans le détail de cette organisation complexe où tout est prévu, hors le manque de zèle ou d'empressement des futurs actionnaires dont beaucoup spéculeront sur la durée de vie de Chateaubriand et de sa femme. La société a été constituée le 21 avril 1836 et une campagne lancée dans la presse afin de susciter des actionnaires.

Pourrat, qui conserve ses droits sur les ouvrages déjà publiés, représente un dangereux concurrent car il a entrepris, l'année précédente, une nouvelle édition, illustrée, des *Œuvres complètes* en trente-deux volumes au prix de huit francs chacun. Pour allécher le public, il a prévu une répartition par tirage au sort entre les souscripteurs, à la fin de la publication, d'une somme de cent quatre-vingt mille francs avec un gros lot de cent mille, et il s'est même engagé à ce qu'il y ait un gagnant par tranche de quatre-vingt-dix souscripteurs. En dépit de la loi du 21 mai 1836 réglementant assez étroitement le système des loteries, Pourrat, au mois d'octobre 1837, annoncera une nouvelle loterie pour un capital de cent cinquante à deux cent mille francs, payable en rente à cinq pour cent. Le secrétaire général du Conseil d'Etat, Claude Hochet, dénoncera cette infraction au garde des Sceaux ; Pourrat se défendra en disant que cette loterie a été annoncée avant la promulgation de la loi, mais il se verra néanmoins interdire, sous peine de poursuites, d'honorer ses engagements vis-à-vis de ses souscripteurs.

*

L'année passée, Chateaubriand avait déploré la mort de Natalie de Noailles, duchesse de Mouchy, persuadé qu'il portait malheur à ceux qu'il aimait. Il en a une preuve nouvelle avec la disparition tragique, le 24 juillet 1836, d'Armand Carrel, grièvement blessé dans un duel avec Emile de Girardin.

Armand Carrel est un curieux épisode dans la vie sentimentale de Chateaubriand qui a sans doute aimé en lui, non seulement le fils qu'il aurait peut-être voulu avoir, mais aussi l'homme qu'il aurait pu devenir lui-même en suivant une autre voie. Entre Carrel et lui existait depuis longtemps une espèce de coquetterie, celle dont bien des hommes politiques usent à l'égard de leurs adversaires, puis la coquetterie s'était faite complicité. Tous deux, venus de bords différents, fraternisaient dans leur mépris de Louis-Philippe et de la monarchie pansue.

Pour comprendre l'estime et l'affection que Chateaubriand éprouve à son endroit, il faut rappeler qu'Armand Carrel constitue une exception dans cette catégorie de journalistes affairés – voire affairistes – qui cherchent surtout à se faire une place au soleil, prêts à renier leurs opinions pour l'obtenir. Personnage «intrépide et inachevé», comme l'écrit justement Sainte-Beuve, Armand Carrel, ombrageux, facilement révolté contre les hommes plutôt que contre les institutions, bien que républicain par goût, est par tempérament un gentilhomme. Il est chevaleresque et a l'esprit militaire, écrivant après les émeutes de décembre 1830 à Paris : «Je voudrais être préfet de police vingt-quatre heures pour mettre tout ce monde à la raison.» Alors que Chateaubriand se lançait dans sa guerre d'Espagne, Carrel avait quitté l'armée pour se mettre au service des Cortès et, revenu en France, avait de justesse échappé au peloton d'exécution. Secrétaire d'Augustin Thierry lorsque celui-ci composait son *Histoire de la conquête de l'Angleterre par les Normands*, il avait été en 1830 un des fondateurs du *National*, et depuis il entretenait avec Chateaubriand des rapports de plus en plus cordiaux, s'inclinant devant le talent de l'écrivain et, sans rien sacrifier de ses convictions, le louant avec tact.

Lorsqu'il avait été enfermé, à Sainte-Pélagie, en 1834, pour délit de presse, Chateaubriand lui avait écrit : «Je n'ai que peu de temps à vivre. Je ne verrai pas se réaliser vos rêves. Ils sont près d'éclore, je le sais, je le sens. La République, la plus belle de vos chimères, apparaît déjà à l'horizon, mais je ne serai pas là pour la voir, quand elle posera son pied sur notre sol. Saluez pour moi cette reine de l'avenir.» Il était allé le voir régulièrement dans sa cellule, au grand émoi des bien-pensants, et il fera dans ses Mémoires une excellente évocation de ces visites, notamment de la cour de la prison où, en se promenant avec Carrel, il croisait «d'autres républicains… révolutionnaires de vingt ans, à moustaches, à barbe, à cheveux longs, au bonnet teuton ou grec, au visage pâle, au regard âpre, à l'aspect menaçant, [qui] avaient l'air de ces âmes préexistantes au Tartare avant d'être parvenues à la lumière;

ils se disposaient à faire irruption dans la vie. Leur costume agissait sur eux comme l'uniforme du soldat, comme la chemise sanglante de Nessus sur Hercule : c'était un monde vengeur caché derrière la société actuelle et qui faisait frémir[11] ».

Evoquant cette intimité d'esprit entre Carrel et Chateaubriand, Sainte-Beuve écrira, non sans perfidie : « … on peut croire que Chateaubriand eût moins loué Carrel si celui-ci eût eu dans le talent quelque chose de cet éclat particulier qui, de loin, signalait aux yeux l'épée de Roland dès qu'elle apparaissait dans la mêlée[12]. » L'insinuation, vraie lorsque Chateaubriand accable de compliments des auteurs de province qui lui adressent leurs œuvres, paraît injuste en ce qui concerne Carrel. C'est son caractère et le courage avec lequel il va jusqu'au bout de ses idées qui ont séduit Chateaubriand, même s'il y a chez celui-ci le besoin, peut-être inconscient, de réchauffer sa vieille gloire à la jeune popularité de Carrel. Tous deux mènent un combat identique contre la sottise et la vulgarité, la bassesse et la médiocrité ; il aurait été curieux de savoir comment aurait évolué cette amitié si Carrel n'était pas mort prématurément, mais sans doute aurait-elle duré. Armand Carrel était une figure attachante et, comme l'écrira Nisard dans ses Souvenirs, il y avait « une extrême douceur à l'aimer ».

Prévenu trop tard du duel au cours duquel il a été blessé, Chateaubriand ne se rend que le lendemain, 23 juillet, à Saint-Mandé où habite Carrel, dont l'état est désespéré. On ne lui permet pas d'entrer dans la chambre de l'agonisant, qui expire dans la nuit. Il assiste à l'enterrement, le 26 juillet, navré qu'Armand Carrel n'ait pas reçu les derniers sacrements et déplorant le convoi civil. « Silencieux, il priait et pleurait », dira l'avocat Charles Ledru. En apprenant son émotion pendant la cérémonie, la duchesse de Dino juge cela de la comédie : « La mort de Carrel jette aussi du lugubre, écrit-elle le 27 juillet ; il avait de grandes erreurs dans l'esprit, mais cet esprit était distingué, et son talent remarquable. Conçoit-on, pourtant, M. de Chateaubriand, l'auteur du *Génie du christianisme*, fondant en larmes au convoi d'un homme qui a refusé de voir un prêtre, et qui a défendu qu'on le présente à l'église ? Le besoin de faire de l'effet est ce qui fait le plus souvent et le plus essentiellement manquer de goût et de convenance[13]. »

Il est impossible de mettre en doute sa sincérité, dont il donnera la preuve en allant, quelques jours plus tard, faire une visite à la jeune femme qui partageait la vie de Carrel : « Rien n'était dérangé dans ces lieux, dira-t-il ; j'avais le cœur serré en contemplant ces livres, cette table que j'ai achetée, cette plume, ces mots insignifiants écrits au hasard sur quelques chiffons de papier ; partout les traces de la vie, et la mort partout[14]. » Le beau portrait qu'Ary Scheffer a peint du journaliste est si vivant que la jeune femme l'a voilé. Elle lui demande ensuite une lettre pour ses parents : « Ils seront contents si vous m'estimez ; je me défendrai avec cela[15]. »

Il demeurera toujours fidèle au souvenir d'Armand Carrel, allant chaque année sur sa tombe et assumant les frais d'entretien de celle-ci que la famille néglige. Il aura le seul tort de joindre à ses Mémoires, comme justificatifs, les reçus du jardinier-fossoyeur.

*

Un mois avant sa mort, Armand Carrel avait salué dans *Le National* du 23 juin la parution de l'*Essai sur la littérature anglaise*, accompagnant la traduction du *Paradis perdu*, de Milton. Dans son article, il mettait l'accent sur les dernières pages de l'*Essai*, qui annonçaient une révolution sociale : « La tâche est si grande, écrivait-il, que l'imagination la plus hardie s'en effraie, et nous ne sommes pas étonnés de l'espèce d'incrédulité que rencontrent, dans M. de Chateaubriand, ses propres prédictions. La révolution que M. de Chateaubriand aperçoit dans un avenir très reculé est moins éloignée du gouvernement bourgeois de ce temps-ci, que ce gouvernement lui-même ne l'est des pompes aristocratiques et du bon plaisir royal de Versailles. C'est ce qui doit nous donner du courage, à nous fils des destructeurs de la monarchie des quatorze siècles. »

On est surpris qu'un *Essai sur la littérature anglaise* et une traduction de Milton puissent donner lieu à de telles considérations politiques, mais Chateaubriand avait traité la chose à sa guise, en sortant souvent du sujet. Ce *Paradis perdu* était rapidement devenu pour lui un enfer, car il avait dû abattre un travail au-dessus des forces d'un homme de son âge. Il le reconnaissait lui-même, avouant qu'il faisait du Milton « à l'aune », ayant traduit plus de dix mille vers en quelques mois, d'une manière, il est vrai, assez désinvolte. En effet, malgré l'aide apportée par l'ami Frisell, il avait esquivé, en faisant de sérieux contresens, les difficultés de certains passages et s'était souvent laissé prendre au piège de ce que les professeurs appellent de « faux amis », traduisant ainsi « *attempt* » par « attente », « *grim idol* » par « idole grimée », croyant que « *path* » veut dire « pas » ou que « *a dungeon horrible on all sides around* » signifie « un donjon horrible arrondi de toutes parts ». En plus de ces confusions fâcheuses, il ne s'était pas montré suffisamment attentif aux tournures grammaticales anglaises et à la conjugaison des verbes, erreurs qui persistèrent en dépit de trois révisions sur manuscrit et premières épreuves[16]. Villemain sera sans pitié pour cette traduction bâclée : « Par la plus trompeuse des imitations, il substitue à la hardiesse inspirée le mot à mot systématique ; et, cette lave corinthienne encore toute brûlante qui, dans les vers du poète anglais, roule, sous un ruisseau de flammes, les trésors confondus de l'art antique, n'est plus qu'un amas de scories inégales et glacées. Çà et là, seulement, la main du poète a reparu ; et quelques accidents heureux se détachent, comme ces jeux admirables de la nature et du hasard qui se rencontrent parfois sous des ruines[17]. »

Dans l'*Essai* lui-même, il réserve une place infiniment plus importante aux anciens auteurs qu'à ceux du XVIIIe siècle et aux contemporains, à peine mentionnés. Le livre ressemble à ces réceptions que des maîtresses de maison vieillies organisent encore, par habitude, en y conviant tout ce qu'elles peuvent glaner dans les salons de leurs rivales, avec le seul souci de remplir le leur. Lorsque la conversation défaille, elles essaient courageusement de la ranimer en se mettant elles-mêmes en scène, évoquant leurs beaux jours et flattant exagérément des jeunes gens qui, reconnaissants, diront un peu de bien de ces dernières fêtes, pâles reflets de celles d'autrefois.

Ainsi Chateaubriand procède-t-il en parlant à bâtons rompus de tout ce qui lui vient à l'esprit. De la littérature anglaise, il n'est question qu'après une longue dissertation sur le latin et les mœurs du Moyen Age. A peine a-t-il enfin abordé son sujet qu'il s'en écarte en discourant sur Luther pour en venir enfin à Shakespeare, utilisant largement la notice écrite en 1821 par Guizot pour la traduction des œuvres du dramaturge faite par Le Tourneur. C'est d'ailleurs bien suffisant pour cet Anglais inférieur à Racine : « Que sont enfin toutes ces filles de Shakespeare auprès d'*Esther* ? » écrit-il[18]. En deux lignes, et sur le même ton, il expédie les publicistes de la Révolution de 1649, affirmant qu'aucun n'approche de « Sieyès, de Mirabeau, de M. Benjamin Constant, encore moins de M. Carrel », sans préciser d'ailleurs pourquoi et sans donner au lecteur le moindre exemple. Le premier tome de l'*Essai* se termine par un hommage inattendu à Lamennais pour son livre *Paroles d'un croyant* qui l'a rendu célèbre.

Cette désinvolture est encore plus visible dans le second tome. L'effort qu'il a fait pour évoquer Milton, ce grand républicain, l'a épuisé. Pour achever sa tâche, il emprunte à ses propres Mémoires, contant des souvenirs sur la Révolution française et traçant des portraits d'hommes du temps, de Mirabeau à Danton, en passant par le paysan de Vendée faisant antichambre à Londres chez le comte d'Artois et sautant de là au récit de son incarcération à la préfecture de Police en 1832. A propos de relations laissées par tant d'explorateurs anglais, il traduit un long passage de celle du capitaine Ross, perdu dans les glaces polaires, s'attendrit sur la mort aux Indes, en 1832, du jeune et charmant Victor Jacquemont, puis rend à Lamartine la politesse que celui-ci lui avait faite en le louant dans son *Voyage en Orient*. Enfin, il en vient à Byron, mais pour lui régler encore une fois son compte. Après avoir établi un parallèle entre lord Byron et lui, tous deux chefs d'une nouvelle école, tous deux pairs du royaume et tous deux grands voyageurs, l'Anglais ayant, dit-il, pillé l'*Itinéraire* et *Les Martyrs* pour certaines descriptions de *Childe Harold*, il s'indigne que son rival l'ait à ce point ignoré : « S'il est vrai que *René* entrât pour quelque chose dans le fond du personnage unique mis en scène sous des noms divers dans *Childe Harold*, Conrad, Lara, Manfred, le Giaour ; si par hasard Lord Byron m'avait fait vivre de sa vie, il aurait donc eu la faiblesse de ne jamais me nommer ? J'étais donc un de ses pères qu'on renie quand on est arrivé au pouvoir ? Lord Byron peut-il m'avoir complètement ignoré, lui qui cite presque tous les auteurs français, ses contemporains ? N'a-t-il jamais entendu parler de moi, quand les journaux anglais, comme les journaux français, ont retenti vingt ans auprès de lui de la controverse de mes ouvrages, lorsque le *New Times* a fait un parallèle de l'auteur du *Génie du christianisme* et de l'auteur de *Childe Harold*[19] ? »

Cette superbe indifférence à son égard l'affecte plus que ne le ferait l'infidélité d'une maîtresse, et ce sont des cris de dépit amoureux que Byron lui arrache. Il voit d'ailleurs d'autant mieux les défauts de son rival que ce sont également les siens : « En suivant pas à pas le grand poète anglais, on est forcé de reconnaître qu'il vise à l'effet, qu'il se perd rarement de vue, qu'il est presque toujours en attitude, qu'il pose complaisamment devant lui[20]... »

Après avoir exhalé son amertume à l'égard de Byron, il en montre autant vis-à-vis de Walter Scott dont les livres ont enflammé la romanesque imagination de la duchesse de Berry : « L'illustre peintre de l'Ecosse me semble avoir créé un genre faux ; il a, selon moi, perverti le roman et l'histoire ; le romancier s'est mis à faire des romans histo-riques et l'historien des histoires romanesques. J'en parle avec un peu d'humeur, convient-il, parce que moi qui tant décrivis, aimai, chantai, vantai les vieux temples chrétiens, il me restait pour dernière illusion une cathédrale ; on me la fait prendre en grippe[21]. »

On peut se demander quel démon a poussé Chateaubriand à montrer dans cet *Essai sur la littérature anglaise* une partialité aussi flagrante.

Avec chauvinisme, il n'oppose certains écrivains français à leurs confrères anglais que pour proclamer la supériorité des premiers sur les seconds. Si on peut concevoir qu'il place Lamartine au-dessus de Byron, alors qu'en privé il tient l'auteur des *Méditations* pour « un grand dadais », il est impossible de le suivre lorsqu'il affirme les ballades de Burns inférieures aux couplets de Désaugiers et surtout aux chansons de Béranger, dont il cite une quarantaine de vers. Il célèbre Beattie, déjà bien oublié, mais signale seulement Chatterton. Emporté par le patriotisme, il néglige des auteurs anglais dont il fallait parler pour saluer nombre d'écrivaillons français, sans doute une façon de les remercier de lui avoir envoyé leurs ouvrages : le serrurier Jouvenot, le boulanger Reboul, un facteur de Poligny, dans le Jura…

Dans ce mélange étonnant de jugements, d'impressions, de développements absurdes et de considérations bizarres, on trouve de belles pages descriptives, des aperçus ingénieux, des réflexions de bon sens, des souvenirs intéressants, mais qui auraient été mieux à leur place dans les mémoires, et parfois des moralités dont il n'a malheureusement pas songé à faire un usage personnel : « Le Goût est le bon sens du Génie ; sans le goût, le génie n'est qu'une sublime folie[22]. » Plus loin, il écrit aussi : « La gloire est pour un vieil homme ce que sont les diamants pour une vieille femme ; ils la parent et ne peuvent l'embellir[23]. »

Hanté par sa fin, dans laquelle il voit celle d'une époque et même d'une civilisation, il multiplie les verdicts pessimistes sur la littérature moderne et les disciples qu'on lui attribue, caricatures de son René. Le second tome de l'*Essai* s'achève en Jugement dernier. En décrivant l'avenir qu'il entrevoit pour la société, il ne craint pas de se contredire : alors qu'il a toujours défendu la liberté de la presse, il déplore en celle-ci, atteignant désormais le fond des campagnes, un ferment de révolte, car elle éclaire le pauvre sur ses droits ; champion de la monarchie et de la Légitimité, il compare les rois à ces pauvres auxquels on fait l'aumône dans les ruines du Colisée, ajoutant que bientôt ces ruines elles-mêmes leur manqueront ; enfin, contempteur de Bonaparte et dénonciateur acharné de son despotisme, il voit désormais dans l'Empereur « la barre inflexible » opposée aux notions de liberté et d'égalité qui sapent la société : « Bonaparte sera la dernière existence isolée de ce monde ancien qui s'évanouit ; rien ne s'élèvera plus dans les sociétés nivelées, et la grandeur de l'individu sera désormais remplacée par la grandeur de l'espèce[24]. » Admirant les progrès de l'industrie qui ont transformé la Grande-Bretagne, améliorant les conditions de vie d'une partie de la population et ouvrant le pays à l'aventure coloniale, il déplore « le manque d'énergie» de son époque, «l'absence de capacités, la nullité ou la dégradation des caractères trop souvent étrangers à l'honneur et voués à l'intérêt».

Apocalyptique est la conclusion qui prévoit un avenir industriel, un siècle de vapeur et de fer, de machine et de démocratie, mythe au nom duquel s'exercera la pire tyrannie : «Avant de toucher au but, avant d'atteindre l'unité des peuples, la démocratie naturelle, il faudra traverser la décomposition sociale, temps d'anarchie, de sang peut-être, d'infirmités certainement : cette décomposition est commencée ; elle n'est pas prête à reproduire, de ses germes non encore fermentés, le monde nouveau[25]. »

Le public est mal préparé à recevoir et une aussi terrible leçon, et l'ouvrage dans lequel on peut la trouver. Chateaubriand comptait sur un certain succès, qui se fait attendre. Sainte-Beuve, effrayé, refuse d'en parler, dans la presse française du moins, car il collabore à des revues étrangères où il peut se montrer plus libre. Dans ses *Portraits contemporains*, il écrira : «Cet essai me semblait incomplet, trop classique, ne rendant pas justice aux derniers grands poètes de l'Angleterre que M. de Chateaubriand ne semblait pas connaître. Le livre passa donc sans que je le saluasse d'un article. J'en écrivis mes raisons détaillées à M. Ampère et M. de Chateaubriand eut le bon goût de ne point m'en vouloir[26]. »

Optimiste, Chateaubriand avait écrit dans l'*Essai sur la littérature anglaise* : «S'il y a des livres qui font vivre le nom de leur auteur, il y a des auteurs dont le nom fait vivre leurs livres.» Il en était si persuadé qu'il l'avait même dit deux fois[27]. Hélas ! son nom ne fait pas vendre l'*Essai*, qui n'ajoutera rien à son nom. Il s'aperçoit peu à peu que, s'il a un vaste public personnellement, celui de ses livres est plus restreint. Il suffit, pour le savoir, de consulter les listes des souscripteurs…

*

Libéré de son infernal *Paradis* miltonien, Chateaubriand s'accorde un peu de repos en acceptant l'invitation d'Hyde de Neuville à passer le temps qu'il voudra dans son château de Létang, près de Sancerre. Il n'y restera guère, expliquant pourquoi à Mme Récamier, dès le jour de son arrivée, le 27 juillet : «Ce lieu-ci est très beau, et je m'y plairais assez avec les excellentes personnes qui l'habitent, si je pouvais me plaire où vous n'êtes pas. Je ne suis en train que de m'ennuyer ; bien certainement nous serons à Paris du 10 au 15 du mois prochain. Revenez près de moi. Vous me manquez trop. Je ne veux plus voyager[28]… »

Dès son retour à Paris, le 7 août, il veut rejoindre à Dieppe Mme Récamier, mais il lui faut obtenir un congé de sa femme qui ne le lui accorde qu'à compter du 16 août, car il doit assister à la fête de l'Assomption à l'Infirmerie Marie-Thérèse. Il réussit à lui fausser compagnie le 16, mais Mme Récamier n'est plus à Dieppe et il la rejoint à la Chapelle-Saint-Eloi, chez sa nièce Mme Lenormant. Ce tête-à-tête est un peu gâté par la pensée d'un autre séjour à Maintenon que le duc de Noailles n'a pas renoncé à voir figurer tout entier, demeure, arbres, bassins, galerie de tableaux et veuve Scarron incluse, dans les *Mémoires d'outre-tombe*. Il n'avait rien promis l'année précédente, ou fait des promesses si vagues qu'elles n'avaient pas satisfait le duc, plus impatient que jamais : « Veuillez, écrit-il à Mme Récamier le 17 septembre 1836, ajouter à vos bontés celle de décider M. de Chateaubriand à rester quelque temps ici et à amener son secrétaire auquel je tiens beaucoup », et le duc ne cache pas à Mme Récamier que l'illustre invité sera mis à contribution. Il devra, cette fois, faire la tête de chapitre sur Maintenon. Pour plus de sûreté, le duc lui prépare le travail en rédigeant une note sur le passage de Charles X à Maintenon en 1830, note qu'il attribue modestement à sa nièce, Mme de Chalais-Périgord, et comme celle-ci vient de mourir dans la fleur de l'âge, il espère que Chateaubriand voudra bien évoquer sa mémoire. En vérité, c'est prendre l'écrivain pour un peintre de cour et Chateaubriand refusera de se laisser forcer la main, abandonnant la note ducale et l'éloge de Mme de Chalais-Périgord dans ses cartons sans vouloir les inclure dans le texte définitif des Mémoires.

Arrivé le 12 octobre à Maintenon, Chateaubriand, que décidément site et demeure ennuient, repart le surlendemain après avoir fait deux lectures des Mémoires devant une élégante assemblée convoquée par son hôte. Il fera remercier Noailles par Mme Récamier en se disant « charmé de ce bref séjour » et en ajoutant qu'il a pris des vues du château. Se défiant de ce que Chateaubriand, qu'il devine impatienté, peut écrire sur Mme de Maintenon, le duc, sans vergogne, explique à Mme Récamier comment tracer le portrait qu'il veut voir figurer dans les Mémoires, ce qui est le meilleur moyen de s'aliéner définitivement la bonne volonté de Chateaubriand. Les louanges que Mme Récamier finira par lui arracher sont froides ; la personnalité de Mme de Montespan l'intéresse beaucoup plus que celle de Mme de Maintenon dont la piété austère et l'emprise conjugale doivent lui rappeler fâcheusement sa femme.

Le duc de Noailles n'aura donc pas la satisfaction de voir Maintenon magnifié dans les *Mémoires d'outre-tombe*; en revanche, il aura celle de succéder à Chateaubriand à l'Académie française, préféré à Balzac, au grand scandale de Victor Hugo.

*

Tout en rédigeant son *Congrès de Vérone*, auquel il travaille depuis qu'il a terminé sa traduction du *Paradis perdu*, Chateaubriand se consacre à un pieux devoir d'amitié : une préface en tête d'une édition des *Œuvres* de Fontanes. Pour l'écrire, il s'est fait communiquer les papiers de son vieil ami et un jour, rentrant chez lui, lorsqu'il veut se remettre à l'ouvrage, il trouve vides les tiroirs où il les avait rangés. En revanche, la corbeille à papiers déborde... Il se penche, en retire des feuillets coupés en quatre et constate avec horreur que ce sont les écrits de Fontanes. Le coupable est un singe, offert par son neveu Pierre du Plessis-Parscau au vif mécontentement de Mme de Chateaubriand, choquée par les manières impudentes, voire impudiques, de l'animal qu'il protège avec affectation, ravi d'une occasion de faire pièce à sa femme. En son absence, le singe avait joué à l'écrivain et déchiré soigneusement les papiers en quatre, ainsi qu'il le voyait faire à son maître pour les brouillons. Il a également vidé les tiroirs où sont rangées ses décorations que le domestique découvrira, quelques jours plus tard, symétriquement suspendues à la corniche de la pièce.

Cette édition des *Œuvres complètes* de Fontanes a été entreprise par Sainte-Beuve et Roger. Le premier, qui a rédigé une notice biographique, la lit à Chateaubriand et celui-ci, ému, l'embrasse en lui déclarant : « Vous avez payé notre dette ; c'est un remords que j'avais... » En relatant la scène à Christine de Fontanes, fille de l'écrivain, Sainte-Beuve ajoute : « M. de Chateaubriand lui-même, je n'en fais nul doute, achèvera de la payer. » Sainte-Beuve prépare aussi une étude sur Fontanes pour la *Revue des Deux Mondes* afin d'assurer la publicité de l'ouvrage. Pour glaner des renseignements, il va fréquemment voir Chateaubriand qui a dû lui communiquer les lettres jadis échangées avec Fontanes, car il écrit à sa fille : « En entendant l'usage assez abondant que j'ai fait de ses lettres et de ses propres paroles, il a bien voulu se reconnaître sans s'inquiéter de la source[29]. »

La comtesse de Fontanes – elle appartient à un chapitre noble de Bavière – a certainement critiqué la notice, car Sainte-Beuve défend son point de vue avec pertinence et soumet le différend à Chateaubriand qui rend un jugement de Salomon : il devra tenir compte des observations de la comtesse pour la notice incluse dans l'édition des œuvres et gardera sa liberté d'expression pour l'étude à publier dans la *Revue des Deux Mondes*. L'inconvénient d'avoir deux versions de la même notice « n'a pas paru fort grand à M. de Chateaubriand » qui, pour les passages où il est question de lui, « a fait de la modestie... Un peu d'ennui et de respect humain à l'égard des *Débats* s'y mêle ; il consent bien à être loué et cité, mais il ne se soucie pas d'être trop directement prévenu. Il faut savoir faire aux gens quelque plaisir, même malgré eux », conclut Sainte-Beuve[30].

Ces querelles doivent agacer Chateaubriand, fatigué par un travail trop intense et qui, au mois de juin 1837, tombe assez gravement malade pour estimer devoir faire son testament. Il nomme sa femme légataire universelle et prévoit des souvenirs pour la plupart de ses amis, notamment la copie de la *Sainte Famille* de Raphaël pour Mme Récamier, mais son principal souci est d'assurer la publication de ses Mémoires sans altérations importantes. Aussi autorise-t-il Jean-Jacques Ampère et Pilorge, chargés d'en surveiller l'impression, à supprimer, quitte à les rétablir plus tard, les passages qui pourraient déclencher les foudres de la censure et justifier la saisie de l'édition tout entière.

Bien qu'il se soit retranché du monde, il reste un drapeau que l'on brandit à l'occasion : aux élections qui suivent la dissolution de la Chambre, en octobre 1837, il se voit candidat malgré lui à Saint-Malo, à Tours, à Bordeaux, mais, comme il l'écrit le 17 octobre au rédacteur du *Siècle*, il n'a pas refusé de prêter serment en 1830 pour le faire en 1837 : « Le temps peut modifier mes opinions, mais il ne saurait changer mes principes. »

Pour achever en paix son *Congrès de Vérone*, il s'est installé le 20 octobre à Chantilly, mais l'éloignement de Mme Récamier lui pèse et nourrit chez lui des pensées mélancoliques : « J'ai le cœur navré au milieu de cette belle forêt, de ces eaux, des jardins abandonnés remplis du souvenir du Grand Condé et de Bossuet, lui écrit-il. Je n'ai eu qu'une pensée en me promenant dans ces bois, en voyant de longues percées traversant arbres après arbres, c'était vous. Pourquoi ma vie est-elle si entravée ? Que deviendrai-je ? Que ferons-nous ? Je ne veux plus m'appesantir là-dessus, car j'en crèverais. J'ai pourtant travaillé aujourd'hui, et je vais travailler encore une huitaine de jours pour lever, si je puis dire, les obstacles matériels ; mais reste Mme de C[31]... »

Celle qu'il désigne pudiquement par cette initiale est une constante épreuve à laquelle il se soustrait par de courtes absences. Elle tient de l'ange et du démon : de l'ange, en veillant sur lui comme une gouvernante sur un enfant et en donnant à son existence, ainsi qu'il le reconnaît, une dignité qui, sans elle, en manquerait un peu ; du démon, en faisant de cette existence un enfer quotidien ou, du moins, une vie sans joie, sans charme et même sans intérêt. D'une certaine manière, elle est son mauvais génie en aigrissant ses déplaisirs et en attisant ses haines. Elle ressasse impitoyablement ses griefs contre les Bourbons et ne manque pas une occasion de lui rappeler qu'il a été leur dupe. Un jour qu'un ami lui parle de « cette bonne Mme de Chateaubriand », il l'interrompt : « Dites une excellente femme et non pas une bonne femme... » Puis, après un instant de réflexion, il ajoute : « Eh bien, si Mme de Chateaubriand, au lieu d'être une excellente femme n'avait été qu'une bonne femme, les Bourbons seraient encore aux Tuileries[32]... » C'est lui attribuer plus d'influence qu'elle n'en a, ou, plus précisément, s'en attribuer soi-même une plus grande qu'en réalité, mais il est certain qu'elle exerce sur lui une espèce de tutelle incommode. Elle prend un malin plaisir à le rabrouer, le contredire et railler l'image qu'il veut laisser de lui à la postérité : « On prétend que tu es un grand homme, je ne suis pas une grande femme ; ce ne sont pas de belles phrases que je veux, c'est un raisonnement. Je raisonne bien, moi... » Et Chateaubriand s'incline en convenant, pour l'apaiser, que personne n'a d'esprit comme elle et ne raisonne aussi bien. Dans ses Souvenirs, le baron de Frénilly écrira d'elle avec drôlerie : « ... sa femme, j'aime mieux dire sa femelle, car... elle était certainement sortie du même nid, sinon du même œuf que lui », et il ajoutera : « Cet assortiment parfait de deux caractères les plus désassortissants que j'aie connus, fait aisément concevoir comment ils s'étaient fougueusement épousés, impérieusement quittés, et étourdiment repris[33]. »

23

Retour au roi

novembre 1837-mars 1844

Au prix d'un effort soutenu, presque surhumain, Chateaubriand avait achevé son *Congrès de Vérone*, énorme compilation en quatre volumes qu'il est obligé de réduire à deux pour apaiser les inquiétudes de ses amis. Ceux-ci se sont alarmés à la pensée de voir livrés au public, sinon des secrets d'Etat, du moins des documents qui ne devraient pas être révélés avant un certain délai. Comme Chateaubriand rédigeait lui-même une grande partie de sa correspondance diplomatique, il s'estimait propriétaire de ses lettres, mais, en l'occurrence, l'écrivain devait s'effacer devant l'ambassadeur ou le ministre et il ne pouvait disposer à son gré de pièces constituant les archives des Affaires étrangères. C'est ce que Marcellus lui fait observer, ajoutant qu'il risquait de compromettre des personnalités dont il n'a pas demandé l'avis pour les faire figurer dans son ouvrage et citer leurs lettres ou leurs propos : « Bah ! lui répond Chateaubriand, La Ferronnays m'a déjà raconté ses scrupules et les vôtres. Rassurez-vous ; j'ai beaucoup retranché pour vous plaire. Vous me coûtez tous deux quarante mille francs[1]. » A quoi Marcellus lui réplique qu'il vaut mieux perdre quarante mille francs que d'avoir, trop tard, des regrets.

En effet, aux termes de son traité avec Delloye, il doit toucher vingt mille francs par nouveau volume, et en réduisant le *Congrès de Vérone* à deux seulement, il reçoit quarante mille au lieu de quatre-vingt mille francs. C'est aussi une lourde perte pour Delloye qui est obligé d'envoyer au pilon les quatre volumes déjà imprimés et de recommencer la composition.

Marcellus et La Ferronnays n'ont pas été les seuls à s'émouvoir de révélations désagréables que Chateaubriand pouvait faire, ou de jugements acides sur des personnages encore vivants. Villèle, inquiet, avait dépêché à Delloye un de ses cousins, Jules Desbassyns, rédacteur et administrateur de la *Gazette de France*, pour savoir comment il allait être accommodé. Delloye avait dû le renvoyer à l'auteur lui-même, car Desbassyns avait rassuré Villèle : « Il est impossible d'être mieux qu'il n'a été… Chateaubriand m'a beaucoup parlé du regret que lui causait ce qui était advenu dans le temps entre vous et lui ; du mal qui en était résulté[2]. » Et Chateaubriand, pour montrer sa bonne volonté, avait inséré dans son texte une page entière de Villèle pour rétablir la vérité contre des affirmations mensongères des libéraux.

Compte tenu des pièces supprimées, le *Congrès de Vérone* tient donc en deux volumes, mis en vente au mois d'avril 1838. Prudemment, Delloye avait prévu un tirage à cinq mille exemplaires. Il n'en vendra que trois mille, en raison de l'indifférence du public et de l'hostilité de la critique, choquée de cette façon de battre monnaie avec des archives officielles et heurtée par le ton du livre où l'auteur ne cesse de se glorifier de ce qu'il a pensé, écrit ou fait, parlant avec un dédain non déguisé des Bourbons, de ceux de France comme de ceux d'Espagne. L'ouvrage est merveilleusement fait pour déplaire à tout le monde :

- Aux Espagnols, par la critique de leur caractère et de leurs mœurs.
- A leur dynastie, par le mépris de l'auteur pour Ferdinand VII.
- A la maison de France, par des considérations peu flatteuses sur certains de ses membres.
- A Louis-Philippe, par l'éloge de la légitimité.
- Aux puissances étrangères, par la critique constante de leur politique.
- A la nouvelle bourgeoisie, par la condamnation du matérialisme du siècle.
- Aux Bonaparte, aussi mal traités que les Bourbons.
- Et, enfin, à beaucoup d'autres gens, par toutes sortes de réflexions piquantes et de propos pessimistes sur la nature humaine.

L'opinion des royalistes est parfaitement rendue par celle du comte de Bruges, exprimée dans *La France* du 2 mai 1838 : « Le mécompte a tué chez lui la reconnaissance » et puisqu'il « n'a plus que des paroles de fiel pour une grande et imméritée infortune », « qu'il garde le silence ; c'est ce que nous lui conseillons ». Chateaubriand est fort surpris de cette réaction, persuadé qu'il était d'avoir fait œuvre pie en réhabilitant le régime qu'il avait servi : « Je voulais venger la Restauration des calomnies de ses ennemis ; j'ai réussi, écrit-il le 20 juin 1838 à F. L. Collombet : l'administration extérieure de la légitimité est maintenant reconnue pour avoir été vigoureuse et indépendante ; la guerre d'Espagne, avec ses périls et sa victoire, me reste comme le *René* de ma politique ; on ne me conteste plus mon succès. Comment, Monsieur, pouvais-je éviter de parler de moi dans le *Congrès de Vérone* ? Ses transactions sont-elles autre chose que des mémoires personnels ? »

La plus indignée de ses lectrices est la duchesse d'Angoulême, ulcérée par cette réflexion sur son mari qu'un boulet avait failli tuer au siège de Cadix : « Pourquoi le manqua-t-il ? » avait écrit Chateaubriand qui entendait par là que si le prince avait trouvé ce jour-là une mort glorieuse il n'aurait pas vu l'écroulement de la monarchie, connu la tristesse de l'exil ; mais la phrase est évidemment malheureuse. Il y en a une autre, et qui ne l'est pas moins, lorsqu'il écrit, à propos de celui qu'on appelle aussi le dauphin : « Personne n'est assez stupide pour comparer le dauphin à Napoléon, une goutte d'eau à la mer[3]... » Sur les souverains, qu'il était si impatient de rencontrer lorsqu'il remuait ciel et terre pour se faire envoyer à Vérone, il porte un jugement olympien : « Le pouvoir permanent les enivre ; ils perdent les notions de la terre ; tout ce qui n'est pas à leurs autels, prières prosternées, humbles vœux, abaissements profonds, est impiété. Leur propre malheur ne leur apprend rien ; l'adversité n'est qu'une plébéienne grossière qui leur manque de respect, et les catastrophes ne sont pour eux que des insolences. Ces hommes, par le laps du temps, deviennent des choses ; ils ne sont plus que des monuments, les pyramides, de fameux tombeaux[4]. »

En revanche, sans aller jusqu'à faire l'éloge de Napoléon, il explique comment la postérité révisera le jugement des contemporains, bien qu'elle ne soit pas « aussi équitable dans ses arrêts qu'on le dit : il y a des passions, des engouements, des erreurs de proximité. Quand la postérité admire sans restrictions, elle est toute scandalisée que les contemporains de l'homme admiré n'eussent pas de cet homme l'idée qu'elle en a. Cela s'explique pourtant ; on n'entend plus les imprécations, les cris de douleur et de détresse des victimes ; on ne voit plus couler le sang et les larmes. La gloire faite avec du malheur reste, et l'on n'a pas senti ce malheur. Les choses qui blessaient dans le grand personnage sont passées ; ses infirmités sont mortes avec sa partie mortelle ; il ne lui survit que sa renommée impérissable[5] ».

*

Une des conséquences les plus fâcheuses de l'échec total du livre est que la rente viagère, qui devait passer à vingt-cinq mille francs après la remise des quatre volumes prévus, est ramenée à dix-huit mille, puisqu'il n'y a que deux tomes. D'ailleurs, Delloye fera faillite l'année suivante et Adolphe Sala, resté seul gérant, réduira, le 4 mai 1839, la rente à seize mille francs. Tout va décidément mal pour Chateaubriand qui n'a d'autre satisfaction, en ce printemps 1838, que de voir passer par la barrière d'Enfer, la bien nommée en la circonstance, le cadavre de son ennemi, le prince de Talleyrand, l'homme aux innombrables serments, ce qui lui permettra de décocher au mort la plus féroce des oraisons funèbres, car il ne lui avait jamais pardonné de s'être rallié à lui, au retour de Gand, et d'avoir joué ainsi une mauvaise carte. On ne doit aux morts que la vérité. Chateaubriand remplira pieusement ce devoir par une belle exécution du renégat dont la « momie avant de descendre dans sa crypte, a été exposée un moment à Londres, comme représentant de la Royauté cadavre qui nous régit[6] ».

Tandis que Talleyrand gagne sa dernière demeure, les Chateaubriand se préoccupent de quitter la leur dont l'entretien est trop onéreux pour leurs ressources. Ils avaient donné l'Infirmerie Marie-Thérèse à l'archevêché de Paris, cadeau somptueux puisque l'ensemble des terrains, bâtiments et meubles avait été estimé, dans l'acte de donation des 25 et 26 avril 1828, à quatre cent soixante-deux mille francs. Chateaubriand et sa femme avaient conservé la propriété du pavillon que depuis quelques années ils cherchaient à vendre afin de se rapprocher du centre de Paris. Une première tentative de mise en vente avait, comme jadis celle de la Vallée-aux-Loups, rencontré une indifférence absolue. Pas un amateur ne s'était présenté pour acquérir cette maison quasiment historique. Indigné, Victor Hugo avait entretenu Bertin d'une idée de souscription nationale, envisageant même l'érection d'une statue de Chateaubriand devant la maison. Lorsque Bertin en avait parlé à l'intéressé, celui-ci s'était offensé de cette espèce d'aumône et avait refusé que le *Journal des débats* publiât la lettre de Victor Hugo faisant appel à la reconnaissance et à la solidarité des Français envers l'un de leurs plus grands écrivains.

Pour agrandir l'Infirmerie, l'archevêché souhaitait acquérir le pavillon ainsi que son jardin. L'affaire se réalise enfin le 2 juillet 1838. Des deux cent mille francs qu'ils reçoivent, il faut déduire aussitôt soixante-dix-huit mille francs d'emprunts divers contractés pour l'achat en 1825. Si Chateaubriand est ravi de quitter ce lointain quartier pour se rapprocher de l'Abbaye-aux-Bois, Mme de Chateaubriand se sent dépossédée de son œuvre et, trois jours après la vente, elle en éprouve des regrets qu'elle exprime acrimonieusement à Mgr de Quélen : « On a trop rapidement signé ce contrat, lui écrit-elle ; ce n'est pas de gaîté de cœur que l'on quitte une œuvre en pleine prospérité et à laquelle on s'est voué corps et âme vingt ans durant ; les hommes d'affaires ne s'intéressent qu'aux affaires, sans aucun égard pour autrui[7].»

Habitué à l'aigreur de Mme de Chateaubriand, Mgr de Quélen lui propose de revoir les conditions du contrat dès le retour de son mari, qui fait alors dans le Midi une tournée triomphale. Il lui rappelle que c'est elle qui a voulu partir pour raison de santé, mais qu'elle sera toujours bienvenue à l'Infirmerie lorsqu'elle voudra y aller. Au fil du temps, les choses se gâteront, car il semble que l'archevêque ait fini par exiger la démission de Mme de Chateaubriand en arguant du fait que cette démission était entraînée, *ipso facto*, par la vente du pavillon. La vicomtesse en voudra toujours à Mgr de Quélen de ses procédés, qu'elle estimera déloyaux, et huit ans plus tard, dans une lettre à la comtesse Auguste Caffarelli, elle exhalera sa rancune en termes que ne désavouerait pas son mari : «J'arrive de l'Infirmerie, que je ne revois jamais sans un serrement de cœur en songeant à ce que cette maison a été, à ce qu'elle est, à ce qu'elle pourrait être ! Les femmes chassées, le très petit nombre de prêtres reçus, obligés de payer leur bien ou mal venue [*sic*] ! Michel-Ange a, dans son *Jugement dernier*, mis quelques cardinaux en Enfer ; moi, je ne me fais pas de scrupule de donner un peu de purgatoire à deux bons évêques qui, au mépris de la foi d'un traité, ont privé d'une paisible retraite tant d'honorables infortunes. Voilà, Madame, quelques lignes que je devrais effacer ; car aujourd'hui, 1er novembre [1846], j'ai prié pour tous les morts[8].»

C'est 120, rue du Bac, dans un hôtel Clermont-Tonnerre édifié, comme l'hôtel voisin, pour deux évêques des Missions étrangères dont les bâtiments s'élèvent à côté, que les Chateaubriand trouvent leur dernier asile. L'hôtel a été construit à la fin du XVIIe siècle et, sur ses portes d'entrée, on peut admirer deux médaillons, inspirés de la décoration de César Ripa pour la chapelle de Versailles et représentant, l'un l'Amérique, l'autre l'Afrique. Les Chateaubriand ont loué l'appartement du rez-de-chaussée donnant sur un jardin qui jouxte celui des Missions étrangères, plus vaste et s'étendant jusqu'aux jardins des hôtels du boulevard des Invalides. Après le pavillon de la rue d'Enfer, cet appartement semble étroit. Entre la chambre de Chateaubriand et celle de sa femme, il y a un salon d'où, par un perron, on accède au jardin où Mme de Chateaubriand fait construire une volière, avec un calorifère et un petit bassin. A l'intérieur y voltigent linottes, cardinaux de Virginie, serins, roitelets et perruches que guette avidement une chatte, Minette, qui a remplacé Micetto, le chat du pape. Le vestibule sert de salle à manger ; il existe également une petite chapelle pour les dévotions de la maîtresse de maison, et une chambre d'ami pour quelques intimes comme Clausel de Coussergues et l'abbé de Bonnevie. A peine emménagé, Chateaubriand offre cette chambre à Lamennais, ruiné par la faillite de son éditeur et en butte aux persécutions du clergé. Un tel appartement n'est guère fait pour y mettre beaucoup de livres, mais Mme de Chateaubriand soutient que son mari en est enchanté : « Vous connaissez l'horreur du patron pour ce nid à rats qu'on nomme bibliothèque », écrit-elle à l'abbé de Bonnevie, en prenant un peu ses désirs pour ceux de son mari.

Profitant de la rentrée d'argent que lui a procurée la vente du pavillon et fuyant les tracas d'une nouvelle installation, Chateaubriand est parti le 10 juillet pour un voyage à travers le midi de la France, allant de réceptions solennelles en ovations, de festivités mondaines en banquets officiels. Partout, à Bourges, à Clermont-Ferrand, à Rodez, à Albi, on se presse autour du grand homme et l'on met à profit son passage pour organiser des manifestations légitimistes qui inquiètent les autorités. A Toulouse, il retrouve avec émotion un ancien compagnon de sa jeunesse à Londres, Lecomte de Latresne, et surtout Léontine de Villeneuve, devenue comtesse de Castelbajac. Le couple lui rend visite à son hôtel, puis l'invite à un grand dîner réunissant les notabilités locales. Chateaubriand juge M. de Castelbajac fort bien et approuve le choix de l'Occitanienne, sans faire aucune allusion au passé.

Le 22 juillet, il part pour Aigues-Mortes, épave abandonnée sur le sable « où l'ont laissée Saint Louis, le temps et la mer », puis il gagne Nîmes où il rend visite à Jean Reboul, le boulanger inspiré qui pétrit sa prose avec assez de vigueur pour en faire des vers. Il ne serait pas boulanger, rimaillant au milieu de ses sacs de farine, que l'on n'aurait pas une telle complaisance à l'égard de ce médiocre poète. A Marseille, il monte à Notre-Dame de la Garde et s'incline ensuite devant le tombeau d'André-Marie Ampère auquel il fait ajouter une croix que son fils Jean-Jacques avait négligé de prévoir. Descendu à l'hôtel Paradis, il y oublie, en partant, trois boîtes contenant ses décorations, parmi lesquelles le collier de la Toison d'or. Honnête, l'hôtelier lui fait expédier le tout à Cannes[9].

De Cannes, il se rend à Golfe Juan, où Napoléon a débarqué en 1815, et, après maintes réflexions sur la singularité de leurs destinées, car il se confond de plus en plus avec son rival dans le même souci de grandeur, il prend la route de Lyon, embrasse dans cette ville l'abbé de Bonnevie, puis, toujours en courant la poste, il arrive à Paris le 4 août. Rarement un si long voyage a été si vite accompli, si l'on tient compte des arrêts dans les villes et des réceptions données en son honneur. Il n'a pas pris, en treize jours, seulement une demi-journée de repos.

Chez lui, il se remet aux Mémoires, véritable toile de Pénélope, y travaillant le matin, puis allant l'après-midi en lire des passages aux fidèles de l'Abbaye-aux-Bois dont la constante admiration l'incite à persévérer : « Nous sommes en ce moment dans une série de lectures des Mémoires de M. de Chateaubriand, écrit Mme Lenormant à Jean-Jacques Ampère, toute cette partie [l'époque de l'émigration] est charmante, aussi variée, aussi amusante, aussi pleine de génie, de choses intimes, de portraits excellents que tout ce que nous avons entendu déjà de ces admirables mémoires. Cela se passe le dimanche matin. Ma tante a pris deux jours par semaine pour recevoir le soir, le jeudi et le dimanche[10]. »

Il s'est un instant arraché à ce travail pour écrire une préface à un *Recueil de pensées de M. Joubert*, pieux devoir, analogue à celui qu'il a rempli pour Fontanes, mais cette préface est confidentielle puisque Le Normant a tiré ce recueil à cinquante exemplaires seulement. Il avait regretté la disparition de Joubert, en 1824, mais n'avait pas eu le loisir de s'attarder sur cette mort qui lui rappelait le souvenir de Mme de Beaumont. Avec l'âge, il est devenu plus sensible ou, du moins, il cède plus facilement à l'émotion, et la mort de Mme Joubert, au printemps 1839, l'affecte vivement. Il est allé la voir assez souvent dans les semaines précédant sa fin et il est là le jour où elle reçoit les derniers sacrements : « Mon pauvre Chateaubriand, lui dit-elle, vous voulez donc être témoin lorsque je vais rendre le dernier soupir ? » Il y retourne le lendemain, mais, pour leur éviter à tous deux une trop forte émotion, on ne le laisse entrer qu'un bref instant dans la chambre de la mourante. Lorsqu'il en sort, il fond en larmes[11].

Après l'hommage à Joseph Joubert, il aimerait écrire une vie du tsar Alexandre Ier, le seul souverain qui ait eu de la considération pour lui, mais après s'être renseigné auprès d'A. T. Tourgueniev, il renonce à un travail qui l'absorberait trop. De ce projet ne subsiste que l'éloge du tsar dans *Note sur la Grèce*, et l'allusion qu'il y fait à une conversion d'Alexandre Ier au catholicisme étonnera, scandalisera même une partie de l'opinion en Russie.

Ce sont les réactions du public devant certaines révélations ou devant certains jugements, même portés de bonne foi, qui lui font sans cesse reprendre ses Mémoires et demander l'avis des commensaux de l'Abbaye. Au mois de juin 1839 un aréopage est ainsi réuni pour examiner la partie consacrée à Mme Récamier, qui ne souhaite pas la voir publiée un jour. Trop accoutumés au texte, à force de le relire, les Sages ont l'idée de le soumettre à un tiers qui porterait sur ces pages un regard neuf. Ballanche suggère un nom, celui de la comtesse d'Haute-feuille, une femme de goût et d'esprit, elle-même auteur. Ballanche lui envoie à Saint-Vrin, où elle habite, une centaine de pages concernant Mme Récamier en précisant que celle-ci « mettrait un très grand prix à connaître [ses] impressions », car elle représente « ce public d'élite auquel seul on doit songer, et parmi ce public d'élite, les femmes d'élite ». On consulte aussi Mme Letissier, une habituée de l'Abbaye, qui tient un salon où l'on voit Lamartine. On lui confie quelques cahiers, en la priant de marquer les passages à supprimer. Embarrassée, Mme Letissier prend à son tour conseil d'un ami, M. de Ronchaud, et propose de supprimer le récit de la première entrevue de l'auteur avec Mme Récamier, ainsi que l'évocation de promenades nocturnes à Chantilly.

De corrections en suppressions, il risque de ne pas rester grand-chose du livre consacré à Mme Récamier, livre où déjà Chateaubriand s'était censuré lui-même, et finalement cette hagiographie de Mme Récamier, omise lors de la première édition des *Mémoires d'outre-tombe*, ne verra le jour qu'au siècle suivant.

*

Quelques mois après avoir touché le prix de vente du pavillon de la rue d'Enfer, Chateaubriand se trouve une fois de plus en sérieuses difficultés financières. Non seulement sa rente viagère a été réduite à seize mille francs, mais il semble qu'elle n'ait jamais été vraiment versée, Chateaubriand ne touchant que celle de douze mille prévue à l'origine, qui correspond au traitement d'un conseiller d'Etat. Or, malgré la relative exiguïté de leur appartement, les Chateaubriand ont un train de vie assez lourd avec valet de chambre, femme de chambre, valet de pied, factotum, un certain Baptiste, et un cuisinier, Oudot, qui a succédé à Montmirel, mais sans l'égaler, bien au contraire. A ce personnel s'ajoute une dame de compagnie, un ou deux secrétaires suivant les circonstances et de nombreux copistes, qu'il faut bien rétribuer.

La rente annuelle de douze mille francs est donc insuffisante et, de plus, elle paraît compromise en ce sens que les actionnaires de la société créée par Delloye, passés de l'espérance au pessimisme, essaient de sauver leurs fonds et voudraient faire accepter à Chateaubriand une rente hypothécaire à la place de celle versée jusqu'à présent par la société, ce qui libérerait celle-ci de ses engagements à son égard. Chateaubriand sent bien que l'on spécule sur la durée de sa vie, en s'impatientant de la voir se prolonger sans signe apparent de déclin. Désabusé, il dit un jour à l'un des actionnaires : « Enfin, je mourrai le plus tôt qu'il me sera possible : voilà de quoi rassurer tout le monde... »

Malgré de si pressants besoins d'argent, il continue de se montrer désintéressé, refusant par exemple la pension de neuf cents francs que Michaud, l'auteur de l'*Histoire des Croisades*, a laissée en mourant à l'académicien le plus ancien par date d'élection. Chateaubriand ne veut pas, dit-il, profiter des dépouilles d'un mort et refuse. Ses ennuis sont venus jusqu'aux oreilles de Béranger, logé à peu près à la même enseigne et qui, néanmoins, lui offre un prêt, qu'il refuse également ; mais, touché par cette générosité, il lui écrit le 16 août 1839 : « Il me semble que nous veillons l'un sur l'autre. J'ai eu peur de votre pauvreté, voilà que vous avez peur de la mienne ; mais la vôtre est toute ronde, d'une marche uniforme et d'un bon caractère ; la mienne est quinteuse, elle a quelquefois l'air de dégringoler par mon escalier et de me laisser avec des écus ; puis elle rentre soudain par la fenêtre ; j'aimerais bien mieux un lit assuré dans quelque grenier d'un hôpital... Pourtant, je vous remercie de grand cœur[12]. »

Au lieu d'un lit dans un hôpital, c'est d'un tombeau qu'il se préoccupe ; il voudrait reposer à Saint-Malo et, non sans peine, il a obtenu de l'administration militaire, car il s'agit d'un terrain de l'armée, un carré de terre au sommet du Grand-Bé, surplombant la mer. La municipalité s'est chargée de l'édification du tombeau, qu'elle veut trop superbe au gré de son futur occupant qui insiste sur l'anonymat, encore qu'il ait écrit dans le projet de conclusion de ses Mémoires : « Hommes qui aimez la gloire, soignez votre tombeau ; couchez-vous y bien ; tâchez d'y faire bonne figure, car vous y resterez. » A son conci- toyen, M. de La Morvonnais, qui a effectué toutes les démarches, il écrit le 4 septembre 1838 : « Tout devait être difficile dans ma vie, même mon tombeau. Je suis presque affligé de la croix massive de granit ; j'aurais préféré une petite croix de fer, un peu épaisse seulement, pour qu'elle résiste mieux à la rouille ; mais enfin, si cette croix de pierre n'est pas trop élevée, je ne serai pas aperçu de loin, et je resterai dans l'obscurité de ma fosse de sable, ce qui est surtout mon but. J'espère aussi que la grille de fer n'aura que la hauteur nécessaire pour empêcher les chiens de venir gratter et de ronger mes os[13]. »

En attendant de rejoindre cette ultime demeure, il continue de travailler à ce monument dont il attend précisément le contraire de l'anonymat qu'il réclame à grands cris : ses Mémoires, qui le sauveront de l'oubli et le montreront à la postérité tel qu'il s'imagine avoir été.

Il y travaille trop, d'ailleurs, ne cessant de remodeler, de modifier, d'ajouter, les chargeant d'une érudition qui étouffe un peu le texte original en cherchant toujours, lorsqu'il évoque un lieu par lequel il est passé, à y découvrir des signes prémonitoires de son passage ou des antécédents historiques lui permettant de se comparer à tel savant, tel monarque ou tel écrivain qui l'y a précédé. « Mon rêve, note Ballanche en 1840, serait qu'il s'arrangeât pour publier ses Mémoires ; j'avoue que je crains qu'il n'y retravaille trop. » En fait, les Mémoires sont achevés, mais il ne peut se résoudre à en convenir. Lui qui a toujours été si douloureusement conscient du rapide envol des jours et du peu de temps laissé à l'homme pour accomplir son destin, lui qui s'est donné tant de mal pour façonner le sien, il se voit, son œuvre achevée, accablé d'un surcroît de temps dont il n'a plus l'emploi.

Comme certains peintres qui retouchent perpétuellement leurs toiles, il modifie ses Mémoires en croyant les améliorer, les truffant de documents qui les alourdissent, y joignant des lettres assez banales à l'appui de ses dires, ajoutant des portraits de femmes-auteurs, tel celui de George Sand, pour rendre hommage à des écrivains dont il se soucie fort peu, mais dont il tient à se concilier les suffrages.

A l'égard de ses contemporains les plus célèbres, son ignorance n'a d'égale que son indifférence. Il n'apprécie plus guère Victor Hugo, dont il avait encouragé les débuts de dramaturge en le présentant au baron Taylor, administrateur de la Comédie-Française, et en le recevant assez fréquemment ; il feint d'ignorer Lamartine, en dépit des efforts de Marcellus pour lui faire lire les *Méditations*, et lorsqu'il les a lues, il y a trouvé justement ses propres défauts, que ses admirateurs s'empressent d'imiter. Lamartine en concevra de l'amertume, écrivant dans son *Cours familier de littérature* : « Il m'avait proscrit de la faveur des cours pendant qu'il était ministre et que j'étais, moi, relégué dans les rangs subalternes de la diplomatie ; s'il avait pu me proscrire de la scène du monde, il l'aurait fait, je n'en doute pas[14]. » Il n'accorde aucune attention à Vigny et Balzac, répétant volontiers que la littérature française est en pleine décadence et laissant entendre qu'elle mourra sans doute avec lui. « Je loue tous les talents particuliers de l'école romantique, dont je suis un des fauteurs, écrit-il à Combet ; mais je suis sévère pour l'école elle-même, car elle nous mène à la barbarie par une rêvasserie ennuyeuse et par l'extravagance[15]. » A ces disciples, pâles enfants de *René*, il reproche de n'imiter que ses défauts et ne fait même pas d'exception pour l'*Obermann* de Sénancour, frère plutôt qu'enfant de René. A Marcellus aussi, il avoue que les auteurs classiques lui suffisent et que, s'il en était privé, il ne chercherait pas à se consoler avec les modernes. A cet égard, il partage, sans le savoir, l'aversion de Talleyrand pour la nouvelle littérature, le vague de ses idées et l'incorrection de son langage, disant un jour : « Je veux bien admirer, mais comprendre, non ! »

Malgré cette souveraine indifférence, il se montre extrêmement courtois avec les auteurs débutants qui lui écrivent ou viennent le voir. A l'un de ceux-ci qui, conscient de l'avoir dérangé, lui promet de ne pas revenir de sitôt, il déclare aimablement : « Ce serait mal à vous, car vous êtes une des personnes avec lesquelles je perds le plus volontiers une heure de mon pain. » Il remercie lui-même des envois de livres, qu'il ne lit pas et dont il arrache les pages pour allumer son feu. Aux livres s'ajoutent les poèmes, et Dieu sait s'il en reçoit, certains fort ridicules comme ces *Effusions catholiques* dues à un sieur Péladan, père du Sâr Péladan, ou cette élégie, *Découragement et Espérance*, de Léon Barbey d'Aurevilly, frère du futur connétable des Lettres. Il en arrive de partout, de Russie et même d'Amérique… Un jour qu'un débutant lui apporte sa première œuvre, dédiée au vicomte de Chateaubrillant, et dans laquelle il le compare à un aigle, il observe : « Vous êtes vraiment trop bon, Monsieur, de me donner deux ailes quand il me reste à peine une plume[16]… » Parfois il prend la peine de lire l'ouvrage et de risquer des conseils, comme ceux qu'il adresse à M. Pharou, futur directeur du collège des Jésuites de Vannes : « J'ai lu vos vers, Monsieur ; ils sont doux et harmonieux ; mais permettez-moi de vous faire observer qu'à seize ans on n'a point de passé, qu'on ne peut parler des malheurs de sa vie, et que cette réflexion qui se présente naturellement à l'esprit en lisant vos vers, détruit une partie de leur charme. Défiez-vous, Monsieur, de cette rêvasserie de la jeunesse moderne. A vingt ans, j'étais fort gai, je n'avais d'ennui au collège que celui que me causait ma leçon, bien que j'aie été un insigne songe-creux. Hélas ! Monsieur, il y a trop de vraies souffrances dans la vie, pour s'en créer de factices : vous saurez cela plus tard et, croyez-moi, attendez le temps des larmes. Il vient assez tôt[17]. »

La plupart du temps ses lettres sont trop polies pour être sincères. Encore qu'il en varie un peu la forme, elles disent toutes à peu près la même chose à ces admirateurs ingénus qui attendent de lui une consécration de leur petit talent : « Il n'est plus rien, il aspire au silence et à l'oubli, laissant volontiers la place à cette jeune génération pleine de force et de génie. Il souhaite à celle-ci des succès qu'il ne verra pas… Pour lui, il n'y a plus que la tombe et Dieu, etc. » Lamartine observera que s'il avait « simulé une mélancolie trompeuse dans sa jeunesse, une mélancolie vraie et découragée le rongeait désormais ». Lorsqu'il reçoit des étudiants, voire des collégiens, il fait bonne figure et se montre gracieux. Ainsi Edouard Dentu, le futur éditeur, lui rend régulièrement visite, apportant chaque fois des fleurs et amenant parfois des camarades qui lui récitent des vers. Alors, il s'émeut, non sur leur jeunesse et leurs illusions, mais sur la sienne et ses rêves irréalisés. Il s'attendrit, verse une larme ou deux et congédie la bande en disant : « Courage, Messieurs, beaucoup de succès dans vos études, bien du bonheur dans votre vie ! »

Des visiteurs plus âgés perçoivent, sous l'apparente bonhomie, l'amertume et la jalousie des succès d'autrui. A. de Pontmartin, qui commence à se faire connaître comme critique, lui apporte un article qu'il vient d'écrire sur lui et Chateaubriand, flatté, l'interroge : « Ainsi donc, il ne vous semble pas que le vieux *Sachem* soit tout à fait démodé ? » Les protestations de Pontmartin ne le rassurent pas car il se plaint du succès de Walter Scott, devenu l'auteur à la mode, et conclut tristement : « Il est évident que Atala, Cymodocée, Amélie, Bianca, Velleda, Céluta ne sont pas jacobites… elles n'ont pas le mérite de l'à-propos… » Et songeant à sa vieillesse besogneuse, il ajoute en le congédiant : « Si vous persistez, si vous êtes fidèle à la littérature royaliste, tâchez d'avoir préalablement vingt-cinq mille livres de rente[18] ! »

Maxime Du Camp, venu le contempler comme une des curiosités du siècle, est déçu de trouver, sinon un vieillard, du moins un homme indifférent à tout : « Ah ! qu'il répondait peu à l'idée que je m'en faisais ! écrira-t-il. Je m'étais imaginé une sorte d'Apollon, la tête tournée vers le ciel et touchant à peine la terre du pied. Je vis un homme de taille courte et peu régulière, avec une tête trop longue, couverte de cheveux voltigeants. Les yeux seuls étaient splendides. Il marchait incliné, l'épaule droite plus proéminente qu'il n'aurait souhaité, le front penché, la main ballante, comme écrasé par une insupportable lassitude. J'aurais à peindre l'ennui, que je ne choisirais pas une autre figure[19]. »

En fait, si Chateaubriand reste, aux yeux de Mme Récamier, le plus jeune de ses amis, comme elle le dit volontiers, il n'en vieillit pas moins et en souffre au point de voir dans la jeunesse un rappel douloureux de ce qu'il n'est plus. « Humilié et indigné de vieillir, non moins que s'il eût été un demi-dieu, il avait, dira Saint-Beuve, un certain regard de colère, de douleur, de jalouse fierté, qu'il lançait à la jeunesse[20]… » Il reproche à celle-ci non seulement d'exister, mais de reprendre les thèmes qui ont été les siens, d'écrire à sa manière et de lui offrir une image déformée, pour ne pas dire une caricature, de ce qu'il a été, de ce qu'il doit être encore. Il aurait pu être un véritable chef d'école, à condition d'accueillir généreusement les plus doués de la génération qui le suivait au lieu d'en flatter les plus médiocres, et Sainte-Beuve regrettera qu'il ait dédaigné de jouer ce rôle, en écartant ceux qui précisément se rapprochaient le plus de lui. «Un créateur qui a réformé l'esthétique, écrira M.-J. Durry, même lorsqu'il ne reste pas tout entier celui qu'il était au début de sa réforme, tolère mal que, chez les autres, elle se développe en lui offrant un visage qu'à la fois il reconnaît trop et ne reconnaît plus[21].»

*

En dépit de cette indifférence au monde extérieur, il ne peut ignorer certains événements. Ainsi, autant par sympathie que pour faire pièce au régime, il va visiter dans sa prison le prince Louis Bonaparte, incarcéré après sa tentative de soulèvement à Boulogne. Depuis la journée passée au château d'Arenenberg, il est resté en relations, par Mme Récamier et Mme Salvage, avec la reine Hortense et, après la mort de celle-ci en 1837, avec son fils. Au mois de février 1838, le prince lui avait demandé la permission de citer dans une de ses brochures un extrait de la lettre que Chateaubriand lui avait naguère adressée, passage de nature à servir la cause bonapartiste: «Vous savez, Prince, écrivait-il, que mon jeune roi est en Ecosse, que tant qu'il vivra il ne peut y avoir d'autre roi de France que lui. Mais si Dieu, dans ses impénétrables desseins, avait rejeté la race de Saint Louis, si notre patrie devait en même temps briser le joug qui la déshonore, et si les mœurs de notre patrie ne lui rendaient pas l'état républicain possible, il n'y a pas de nom qui aille mieux à la gloire de la France que le vôtre[22].»

Louis-Philippe est le premier persuadé que le nom de l'Empereur est un talisman, propre à rehausser son prestige, et il a imprudemment organisé ce retour des Cendres, oubliant les avertissements prophétiques de Chateaubriand qui, en 1831, dans sa brochure à propos de la loi de bannissement de Charles X, écrivait que ces cendres illustres étaient bien plus à craindre pour la monarchie nouvelle que la présence des Bonaparte: «Elles s'agiteront à chaque anniversaire de leurs victoires; tous les jours sous leur colonne[23], elles diront à la quasi-légitimité passante: "Qu'as-tu fait de l'honneur français?"» Effectivement, cette consécration de la légende créée par Béranger, loin de profiter au régime, lui sera nuisible en réveillant les nostalgies.

Chateaubriand n'assiste pas aux cérémonies, bien qu'il soit revenu de ses préventions contre son ancien ennemi et reconnaisse à présent qu'il était le seul grand homme de ce siècle dégénéré. Bonaparte est désormais pour lui l'Empereur, et il lui donne enfin son titre à l'occasion de la mort du maréchal Victor. Sachant le vieux soldat mourant, il est allé le voir et a été heureux de le trouver un peu mieux après avoir reçu l'extrême-onction : « Monsieur le Maréchal, voyez, nous serons encore ministres ensemble », lui dit-il pour le ragaillardir. « Que le bon Dieu vous entende, lui répond le maréchal, au moins, en ce qui vous regarde, la France ne serait pas plus malheureuse ! » Après ce mieux passager, le maréchal expire et lors de l'enterrement, aux Invalides, Chateaubriand tient un des cordons du poêle avec Molitor et Oudinot. Pour célébrer sa mémoire, il adresse à *La Quotidienne* une lettre qu'il termine ainsi : « Fidèle à la nouvelle comme à l'ancienne France, le maréchal Victor reposera, dit-on, près de l'Empereur, sous ce dôme que le grand roi éleva à ses guerriers fatigués… »

En rappelant les campagnes napoléoniennes et leur malheureuse issue, le retour des Cendres a provoqué une fièvre belliqueuse et inspiré, pour défendre Paris en cas d'invasion, un projet de fortification qui a autant de partisans que de détracteurs. Chateaubriand est de ces derniers : il s'indigne à la pensée que le régime, au nom d'intérêts stratégiques, encercle Paris comme on l'avait fait jadis, mais pour des raisons fiscales, avec la barrière des fermiers généraux. Il ne veut pas finir ses jours dans un camp retranché. Aussi rassemble-t-il des notes pour un article qui ne sera jamais publié, mais ces notes montrent qu'il a conservé sa verve de polémiste et qu'il a, comme souvent, la prescience de l'avenir. Il s'insurge contre cet embastillement de la capitale : « Pendant cinquante ans nous avons accablé notre patrie de tous les maux au nom de l'indépendance, et aujourd'hui les partisans les plus ardents de la liberté la livrent pieds et poings liés. En 1789, nous avons renversé la Bastille ; en 1840, nous en élevons quatre de nos propres mains. Le despotisme que Bonaparte a laissé dans l'air après lui, descend et se condense autour de nous en forteresses. » Le visionnaire a prévu les événements de la Commune en écrivant : « Voulez-vous mieux ? Que les camps prétoriens ne reconnaissent plus leurs officiers ou qu'ils s'insurgent sous un chef de leur choix, voilà Paris livré à une milice révoltée : elle ne manquera pas d'appeler au partage du pillage cette foule sans aveu, déposée comme la lie au fond des grandes cités[24]. » Enfin, comme il le fait justement remarquer, Paris n'est pas toute la France, et que fera-t-on pour les principales villes du royaume, Marseille ou Lyon, Lille ou Bordeaux ?

Son autorité morale est encore assez importante pour qu'on cherche son appui et que le parti légitimiste essaie de dissiper les malentendus qui l'ont éloigné de la famille royale après la publication du *Congrès de Vérone*. Mme Bayart, l'ancienne nourrice de l'enfant du miracle et toujours vaillante, a persuadé Mme de Chateaubriand de l'accompagner à Brunnsee, en Styrie, où se trouve alors la duchesse de Berry. Malgré l'ostracisme dont elle est l'objet de la part des siens, elle pourrait aider Chateaubriand à rentrer en grâce auprès de la duchesse d'Angoulême, encore meurtrie du fameux boulet qui a manqué son mari. Ce complot de femmes aboutit et la vicomtesse, en dépit de sa santé chancelante, accepte d'accompagner Mme Bayart. Elles partent, escortées de François, le valet de chambre de Chateaubriand, et pendant tout le trajet se font mille cajoleries, rivalisant réciproquement de petits soins. Le miracle est qu'elles reviennent sans être brouillées, convaincues que leur démarche a réconcilié l'écrivain avec la duchesse-reine. Mme Bayart avait aussi un autre but, ou plutôt un autre espoir : celui que ses descendants liraient plus tard le récit de cette équipée dans les *Mémoires d'outre-tombe*. Hélas ! Chateaubriand, qui ne doit pas apprécier ces intrigues féminines, n'y fera pas la moindre allusion.

Reçues à bras ouverts par la duchesse de Berry, ces dames ont trouvé fermées les portes de Goritz où s'est cloîtrée la duchesse d'Angoulême. C'est en vain que les comités royalistes et Mme Bayart ont assuré à l'altesse offensée que « si Bonaparte dans les camps valait une armée, Chateaubriand à la tête de la jeune France assurera la victoire ». Finalement, la duchesse a cédé, mais ne voulant pas écrire elle-même, elle a chargé le duc de Lévis de faire connaître au coupable ses conditions : il faudrait qu'il supprime, en rééditant le livre, le passage incriminé ou, à défaut, en donne une explication réparatrice. Elle est même étonnée, ajoute Lévis, que Chateaubriand n'ait pas cru bon d'opérer cette rectification qui aurait permis de « détruire la barrière qui s'était malheureusement élevée entre [lui] et la Famille royale ». Cette hauteur et cette façon de le punir en refusant de lui écrire personnellement semblent à Chateaubriand non seulement de mauvais goût, mais de mauvaise politique. Il accède au désir de la duchesse en lui adressant un exemplaire de son livre avec des cartons masquant le passage litigieux pour y substituer cette phrase : « Mieux eût valu pour M. le duc d'Angoulême qu'il mourût au Trocadéro que d'être témoin, etc. » Cette amende honorable est jugée insuffisante par la princesse qui aurait préféré une réparation publique, estimant qu'en l'occurrence il a limité sa soumission au strict nécessaire.

Après sept mois de résistance, la fille de Louis XVI se laissera fléchir et lui écrira, mais elle le fera de si mauvaise grâce, et avec tant de roideur, que sa lettre, presque cinglante, ajoutera un grief de plus à ceux que Chateaubriand nourrit contre les Bourbons : « J'admets, dira-t-elle, les explications que vous m'avez adressées, d'autant que je n'oublie pas les services que vos talents ont rendus aux lettres, à la religion et à la monarchie, et les circonstances pénibles qui rendent votre fidélité plus méritoire. Depuis bien des années, avec la grâce de Dieu, j'ai appris à l'exemple de mes parents, à pardonner les malheurs de ma famille à ceux qui se sont faits ses constants ennemis. Il m'est bien plus facile de remettre à de fidèles serviteurs des torts reconnus et réparés[25]. »

Elle n'aurait pas écrit autrement à un régicide et Mme de Chateaubriand fera savoir en haut lieu que cette lettre « avait causé plus de mal que de bien ». Sans doute, est-ce alors que Chateaubriand, dans un mouvement de mauvaise humeur, a ce mot cruel, en parlant avec Lamennais, converti à la démocratie : « Je pense comme vous, mais, que voulez-vous ? Je n'ai pu me séparer de cette charogne… », entendant par ce mot la légitimité[26].

*

Au mois d'août 1841, Chateaubriand part à son tour en voyage, allant prendre les eaux à Néris, petite station du Bourbonnais, assez rustique mais à la mode puisqu'il s'y trouve avec environ sept cents curistes qu'il ne veut d'ailleurs pas fréquenter. Il s'enferme à l'hôtel, à la grande déception des curieux, certains venus de loin pour le voir. Il a vite pris le pays en horreur, écrivant le 27 juillet à Hyde de Neuville : « Les eaux et les médecins me sont odieux. Cette grande chaudière, que le diable fait perpétuellement bouillir et où l'on puise de l'eau chaude pour les remèdes et la cuisine, me gâte tout. Il semble que nous avons pour cuisinier un pharmacien. Je souffre comme un enragé ; je passe les nuits à tousser, et je me lève brisé pour me jeter sur un vieux sofa[27]… »

L'année précédente, il a décliné une invitation de Hyde à passer quelque temps chez lui, avouant qu'il n'avait pas un sou vaillant, et son vieil ami, touché de cette détresse, lui avait spontanément offert de venir s'installer chez lui avec sa femme et d'y demeurer autant qu'il le voudrait pour écrire tranquillement et faire des économies. Chateaubriand n'avait pas accepté, trop attaché à Paris comme à ses deux heures quotidiennes auprès de Mme Récamier. C'est ce manque d'argent qui motive également, au mois de septembre 1841, le refus de Mme de Chateaubriand d'aller passer quelque temps chez Clausel de Coussergues. La vicomtesse enrage de cette pénurie chronique, écrivant à Clausel : « Ceux qui disent que l'argent ne fait pas le bonheur radotent ; car, mon cher ami, si nous avions seulement, comme le juif errant, cinq sous dans notre poche, nous irions vous faire une visite. En général, les richards sont fort prôneurs de la pauvreté, mais sans jamais songer à se débarrasser de leurs richesses[28]. »

Au mois de décembre, leur situation s'est aggravée au point que Chateaubriand envisage un moment de quitter Paris pour Versailles où la vie est moins chère. Il a mis le 16 novembre un point final à ses Mémoires, encore qu'il ait affirmé à Hortense Allart, six mois plus tôt, qu'il les avait achevés.

Le 16 novembre 1841, il aurait donc écrit cette ultime page où les précisions qu'il donne sont contredites par les relevés météorologiques, ainsi que le fait remarquer le duc de Castries. Le soleil, en effet, s'est levé à sept heures et seize minutes, et non à six heures, et depuis le 12 novembre, on est en nouvelle lune et non en pleine lune, infimes détails, certes, mais qui prouvent un besoin de tout plier à son imagination, jusqu'à la course des astres. L'achèvement de cette œuvre gigantesque, dans laquelle il s'est peint tel qu'il veut passer à la postérité, lui laisse un sentiment de vide et d'inutilité. Il n'a plus de goût pour l'existence, ainsi qu'il l'avoue à Hortense Allart, mais il est moins sincère en affirmant qu'il ne croit plus à la gloire et à l'avenir puisque ses Mémoires sont justement un acte de foi en sa propre gloire et en cet avenir qui la consacrera. De cette gloire future, il a un avant-goût lors des lectures qu'il continue de faire à l'Abbaye-aux-Bois. Assistant à l'une d'elles, Astolphe de Custine note qu'en lisant le récit de son voyage à Prague l'auteur était tellement ému que non seulement il avait été obligé de s'arrêter, mais qu'il avait dû quitter la pièce afin de cacher ses larmes[29].

Bien qu'il répète à satiété qu'il ne croit plus « ni aux rois, ni aux peuples », il s'est laissé persuader par le duc de Valmy, un fervent légitimiste en dépit de son nom, de faire partie du comité pour la défense des chrétiens en Orient et même d'en accepter la présidence. Le docteur Barrachin qui a eu l'idée de ce comité, furieux de n'avoir pas été nommé à ce poste honorifique, accable Chateaubriand de lettres fort amères, auxquelles celui-ci ne répond pas. Ce comité se compose de trois légitimistes – Berryer, Valmy et Pastoret –, trois politiciens d'extrême gauche – Arago, Manguin et Barrot –, et d'une dizaine de journalistes, unissant ainsi, comme le souligne Valmy, « toutes les oppositions dans un combat commun ».

Personne n'est plus qualifié que Chateaubriand pour présider ce comité, lui qui a toujours milité pour l'affranchissement des Grecs du joug ottoman et s'est vigoureusement élevé, après son voyage à Jérusalem, contre le sort misérable des petites communautés chrétiennes éparpillées en Palestine, en Syrie, au Liban, en butte à l'arbitraire et aux vexations perpétuelles des Turcs. C'est l'occasion pour lui de rappeler son mémoire sur la question d'Orient, écrit à Rome en 1829, et qui faisait le point, avec bon sens et lucidité, sur ce problème épineux. La cause de l'indépendance de la Grèce divisait alors l'Europe en deux camps, et même en trois. La Russie, protectrice naturelle des orthodoxes, où qu'ils fussent, soutenait pieusement les Grecs dans leurs efforts pour se libérer des Turcs, mais songeait surtout à prendre Constantinople et à s'assurer la maîtrise de la Méditerranée orientale. Inquiète pour sa suprématie maritime et hostile à toute expansion russe au Proche-Orient, la Grande-Bretagne était prête à défendre la Turquie. Quant à l'Autriche, elle aussi redoutait les Russes, et Metternich entendait maintenir l'équilibre européen tel qu'il l'avait établi en 1815, se méfiant autant des Russes que des Français dont il craignait toujours un réveil militariste. La France, elle, hésitait, partagée entre son aversion naturelle pour la Grande-Bretagne, sa rivale sur mer, et celle qu'inspirait aux libéraux le tsar Nicolas Ier, autocrate affirmé. Mais comment concilier, pour ces mêmes libéraux à nostalgies bonapartistes, la cause sacrée de l'indépendance de la Grèce avec leur horreur de l'autocratisme russe quand les Grecs étaient soutenus par les soldats russes et que la libérale Angleterre prenait parti pour un autre autocrate, pire que le tsar, le sultan de Constantinople ? Embarrassé, le ministère avait demandé l'avis de Chateaubriand qui s'était empressé de le donner, conseillant de se ranger du côté de la Russie et d'envisager même une alliance franco-russe qui permettrait peut-être un jour de réviser les traités de Vienne et de rendre à la France, en plus de son rang de grande puissance, la rive gauche du Rhin pour la protéger de la Prusse. C'était, en 1829, contrecarrer la Sainte-Alliance et risquer un conflit avec la Grande-Bretagne, mais en même temps s'opposer à la barbarie turque et débarrasser l'Europe de cette colonisation musulmane des Balkans. Chateaubriand ne croyait pas à une guerre possible avec la Grande-Bretagne et pensait que la France était assez forte pour jouer un rôle d'arbitre entre la Russie, l'Autriche et l'Angleterre. Il pouvait, à juste titre, considérer ce mémoire comme un de ses meilleurs ouvrages et ne se faisait d'ailleurs pas faute de le dire, ou de le rappeler.

*

Les jours, les semaines et les mois s'écoulent tandis qu'il vieillit douloureusement, éprouvant, dit-il, « le supplice de conserver intact son être intellectuel dans une enveloppe matérielle usée », mais il sait pratiquer l'art de mourir tous les jours, entretenant ses familiers de sa fin prochaine, ressuscitant le lendemain. Il ne tient guère à ce qu'on lui rappelle son âge et apprécie peu que de vieilles femmes minaudent en lui demandant s'il les reconnaît, lui renvoyant ainsi une image effrayante de sa jeunesse enfuie.

Seule Mme Récamier ne vieillit pas, ou bien, parce qu'il la voit tous les jours, il ne s'aperçoit pas de légers changements. Elle a désormais des cheveux gris, elle a renoncé au blanc pour porter des couleurs sombres, plus discrètes, mais elle demeure étonnamment alerte et gracieuse, justifiant ce mot d'un admirateur : « Elle n'est pas vieille ; elle est jeune depuis très longtemps… » Comme autrefois Mme de Maintenon, elle a le devoir d'amuser un homme qui n'est guère amusable et elle doit faire appel à toutes les ressources de son cœur, comme à celles de son imagination, pour lui donner l'illusion qu'il est toujours le même. Dans cette tâche, elle est véritablement héroïque, ayant toujours le souci de le mettre en valeur, de le rendre aimable avec les visiteurs, inventant au besoin des mots bienveillants que Chateaubriand aurait eus sur ceux-ci, s'efforçant de mêler aux anciens familiers de nouveaux venus capables de le distraire ou de l'intéresser. Témoin de ce perpétuel sacrifice aux goûts et aux humeurs, de plus en plus moroses de Chateaubriand, Custine écrit à sa correspondante attitrée, Rahel Varnhagen von Ense : « M. de Chateaubriand emploie la force qui lui reste à se désespérer de celle qu'il a perdue. Il empoisonne la vie de sa fidèle amie, Mme Récamier, qui s'épuise à imaginer des distractions insuffisantes, car on ne distrait pas la décrépitude toute précoce qu'est celle-ci. M. de Chateaubriand n'a pas soixante-quinze ans accomplis : et tout lui manque, mais surtout il se manque à lui-même. Tous les soirs, il fait à cette pauvre femme ses derniers adieux, se servant de l'éloquence qui lui reste pour aggraver les coups qu'il porte. On la trouve pleurant comme une jeune personne : elle se dessèche, se désole, et ni elle ni leurs amis ne peuvent rien contre ce vieux enfant gâté… Ce ne sont pas les facultés sublimes qui aident l'homme à vieillir tranquillement[30]. »

Pour soigner les rhumatismes qui lui déforment les mains et l'empêchent d'écrire, il retourne au mois de juillet 1842 à Néris où il barbote dans la piscine avec un major anglais qui pousse des cris d'orfraie lorsqu'on le plonge dans l'eau, puis, leur bain pris, tous deux conversent en anglais. Ce séjour est pour lui aussi ennuyeux que le précédent, écourté d'ailleurs par un accident qui lui arrive en sortant de la poste ; il glisse sur le pavé, tombe et se heurte la tête à un mur de clôture, excellente raison de regagner Paris, guetté au passage à Maintenon par le duc de Noailles qui parvient à le garder vingt-quatre heures.

Rentré rue du Bac, il y trouve, envoyé par le modèle, un buste du comte de Chambord, titre adopté par Henri V pour ne pas susciter de complications diplomatiques avec la France aux pays qui l'accueillent. Le mois précédent, Chambord lui avait écrit, s'inquiétant de l'état de ses finances et lui offrant son aide. Le geste avait touché Chateaubriand, qui n'avait pas voulu l'accepter, justifiant son refus en ces termes :

« ... Vous m'imposez le devoir, Monseigneur, de conserver dans votre estime la place que j'ai ambitionnée dans ce que je n'ose plus appeler ma patrie depuis que vous en êtes banni : n'ayant à me reprocher ni un serment ni une faiblesse, je pourrai m'avouer hautement votre serviteur. Quelle admirable raison ne trouvez-vous pas pour me forcer d'accepter votre munificence, moi qui rachèterais vos peines au prix de mon sang. Prince, vous daignez me parler de fortune et de gloire : la fortune, je n'y ai jamais songé ; la gloire, je vous la devrais encore, puisqu'elle me viendrait de ma fidélité à vos malheurs[31]. »

Le 24 août, veille de la Saint-Louis, le buste est l'objet d'une cérémonie organisée par Berryer chez Chateaubriand et regroupant quelques dizaines de légitimistes, ragaillardis à la pensée que leur roi commence à se dégager de son entourage pour prendre son indépendance. En dépit des nouvelles relations qui s'établissent entre le prince et lui, Chateaubriand conserve sa rancune à l'égard des Bourbons qui n'ont pas reconnu ses mérites. Custine en donne un curieux exemple, un soir que l'on s'étonnait, à propos d'un écrit du prince Dolgorouki, qu'on ne pût raconter en Russie comment les Romanov s'étaient emparés du trône : « De quoi vous étonnez-vous ? avait grommelé Chateaubriand. Pendant la Restauration était-il permis de parler en France de ce qui se passait sous François Ier ? » Et Custine d'ajouter : « En prononçant cette parole si injuste et passionnée, le beau vieillard homérique portait sur son visage l'expression d'une haine infernale ; je n'ai pu m'empêcher de lui demander où était la Sibérie de Louis XVIII et de Charles X[32]. »

Le rapprochement de Chateaubriand et du comte de Chambord inquiète certains royalistes qui craignent l'influence de l'écrivain sur le prétendant et voudraient alors au moins la diriger. Ainsi Sosthène de La Rochefoucauld reproche-t-il à Villèle de n'avoir pas oublié sa propre rancœur pour essayer de manœuvrer l'écrivain dans un sens favorable à leurs intérêts : « O mon ami, lui écrit-il le 7 octobre 1842, pourquoi ne croyez-vous pas celui qui connaît parfaitement le terrain ? Vous vous en seriez emparé et nous aurions fait de Chateaubriand ce que nous aurions voulu en nous servant de sa plume et de son influence, qui est grande malgré tout[33] ... »

Au mois de juillet 1843, Chateaubriand, dégoûté de Néris, se rend à Bourbonne où il rêve à son projet de quitter définitivement la France et d'aller finir ses jours à Venise. Il lui faut, pour cela, décider non seulement sa femme, mais Mme Récamier, toutes deux mal disposées à cet exode et peu faites pour vivre ensemble, encore que Mme de Chateaubriand, mitigée par les bons procédés de Mme Récamier, sache gré à celle-ci d'écarter les autres femmes, toujours à l'affût de son mari dont les infirmités ne les découragent pas : « Quand il ne pourra plus marcher que sur des béquilles, dit la vicomtesse, elles viendront les lui apporter ! » De Bourbonne, il rappelle impérieusement à Mme Récamier sa volonté d'abandonner son ingrate patrie : « Je reçois ce matin une lettre de Mme de Chateaubriand ; vous lui avez parlé trop tôt de Venise et comme si vous vouliez y consentir. Je veux quitter la France pour TOUJOURS ; cela ne s'exécute pas dans les vingt-quatre heures. Le temps a mis des réflexions dans ma vie ; je ne puis être prêt ni décider ma femme, pourtant très consentante, avant l'année prochaine. Il faut que l'hiver passe encore sur nous. Nous nous envolerons à travers les Alpes au retour du rossignol[34]. »

Bourbonne est aussi ennuyeux que Néris, avec les mêmes distractions : des visites d'admirateurs, depuis des adolescents s'échappant de leur collège pour le voir à des curés qui lui envoient des framboises. Les eaux ne lui font aucun effet. Au mois d'octobre, il se sentira si mal qu'il craint, s'il accepte l'invitation du comte de Chambord à le rejoindre à Londres, de mourir là-bas.

*

Le prétendant a décidé de se faire connaître aux légitimistes, ainsi qu'à ceux qui voudraient se rallier à lui, toutes classes sociales confondues, en recevant à Londres une série de délégations venues de France. Il désire auprès de lui, comme symbole de cette légitimité, l'homme qui en a si longuement défendu le principe, et il a insisté pour avoir la présence de Chateaubriand pendant ces journées. Il a fini par lui faire accepter une rente annuelle de douze mille francs, pour compenser la perte de son traitement de pair, et Chateaubriand aurait mauvaise grâce à se dérober. Il est néanmoins un peu froissé d'avoir été d'abord invité par le comte de Shrewsbury qui, recevant le prince en Ecosse, l'a engagé à venir le retrouver chez lui. Il a répondu qu'il ne pouvait quitter la France sans avoir reçu l'ordre de son souverain, alléguant, pour ménager l'amour-propre de Shrewsbury, ses infirmités.

L'invitation officielle a suivi, rédigée en termes suffisamment flatteurs pour que Chateaubriand, négligeant sa goutte et ses rhumatismes, se mette en route, tout en pestant contre cette corvée. « Je vais à Londres, mais comme un chien qu'on fouette », soupire-t-il en répétant : « Ces gens-là ne veulent donc pas me laisser mourir tranquille ! » Ce départ fait sensation à Paris. Selon l'humeur des uns ou les opinions des autres, on le blâme, on l'approuve, mais tous admirent le courage et la fidélité de ce vieillard perclus allant rendre hommage à son roi, encore, estiment certains, «qu'il eût mieux valu former un homme que d'illustrer le cortège d'un prince». Est-ce sa faute s'il n'a pas été choisi comme gouverneur de l'enfant-roi? Dans sa correspondance, Béranger reconnaît que «moins il y avait de convenance dans cette équipée de la part du jeune prétendant, plus ce glorieux vieillard devait, lui, impotent, désillusionné, aller jeter quelque éclat sur ces levers royaux tenus dans un garni».

Parti de Paris le 6 novembre 1843, il doit attendre deux jours à Boulogne une accalmie pour s'embarquer. De son hôtel, il contemple la mer démontée, puis, pour passer le temps, il va voir la colonne élevée en souvenir de l'expédition manquée contre l'Angleterre et recueille les souvenirs du gardien, un vétéran de la Grande Armée. A bord du paquebot, il retrouve une trentaine de jeunes légitimistes qui lui constituent une garde d'honneur et s'étonnent de le voir refuser une couchette pour passer la nuit sur le plancher, avec son sac en guise d'oreiller. La vapeur de la machine et la fumée du foyer pénètrent dans les cabines à chaque rafale et leur soulèvent le cœur. Chateaubriand est très fier de ne pas avoir le mal de mer. A un jeune homme qui observe, en le voyant étendu sur le plancher : «Monsieur le Vicomte, vous voilà comme Chactas !» il répond : «A l'Atala près…»

Lorsqu'il arrive à Londres, le 24 novembre, le comte de Chambord n'y est pas encore. Débarqué à Hull le 6 octobre, il a multiplié les visites en Ecosse, de château en château, pour laisser au duc et à la duchesse de Nemours, en visite officielle à Londres, le temps d'achever celle-ci. Les Nemours s'en vont le 25 novembre et Chambord retrouve Chateaubriand le surlendemain au 35, Belgrave Square, une demeure assez modeste, mais qui n'est pas un garni comme le pensait Béranger. Elle manque un peu de cette grandeur qui eût convenu à un souverain, même sans trône. Le comte de Chambord occupe le premier étage et, chaque matin, descend voir Chateaubriand, logé au rez-de-chaussée, s'asseyant sans façon au pied de son lit pour converser familièrement avec lui. L'entente a été immédiate et, semble-t-il, sincère de part et d'autre : «J'ai trouvé ici, écrit le comte de Chambord au duc d'Angoulême, M. de Chateaubriand extrêmement vieilli et affaibli, mais revenu de beaucoup d'erreurs, fort raisonnable, et dans nos idées sur les questions d'avenir[35].»

Le 29 novembre, le prétendant donne une grande réception où, selon l'étiquette, tous les invités restent debout en sa présence, mais lorsque Chateaubriand paraît, il lui prend les mains et lui dit d'une voix forte, afin d'être entendu de tous : «De grâce, Monsieur de Chateaubriand, veuillez vous asseoir, que je puisse m'appuyer sur vous.» Par ce jeu de mots, Chambord signifie clairement qu'il reconnaît «les sentiments et les principes» de l'écrivain comme siens, donnant un caractère historique à cette réunion. Toutefois, en acceptant officiellement les idées de celui qu'il se plaît à nommer «la plus haute intelligence de notre époque», il compromet le principe même dont il est le représentant. La royauté du talent prime incontestablement celle du prétendant et certains légitimistes déplorent l'erreur d'avoir ainsi abdiqué des droits héréditaires au profit de ceux de l'esprit, livrant la monarchie au hasard d'un «accident heureux».

Alors que le comte de Chambord s'efface un peu derrière Chateaubriand, celui-ci, flatté par cette déférence et cette bonne volonté, sent se ranimer son loyalisme et s'émeut à tout instant, lui, l'homme du passé, devant ce jeune prince qui incarne l'avenir. L'émotion lui fait verser des larmes, et il n'est pas le seul, imité par beaucoup de légitimistes, rescapés des deux guerres de Vendée, qui passent leur temps à s'essuyer les yeux. A Paris, *Le National* se moque de cette émotion collective : «On pleure quand le prince parle, on pleure quand il se tait, on pleure toujours», mais le plus féroce devant cet attendrissement général sera Cuvillier-Fleury, tout dévoué à la monarchie de Juillet : «Chateaubriand a été pitoyable, écrit-il, et n'a su que pleurer ; il sait bien que son rôle est fini, et qu'on ne se sert de lui que comme d'un vieux chiffon pour couvrir les passions réactionnaires du parti sous le souvenir des services qu'il a rendus à la liberté de presse, et sous la gloire littéraire de son nom. Aussi a-t-il joué son rôle de façon misérable. Il avait plutôt l'air de ces pleureurs qui suivent les convois que d'un précurseur convaincu de la renaissance légitimiste et ses larmes ont désespéré ses amis[36].» Moins cruel, Corbière, dont le fils est allé à Belgrave Square, confirmera dans une lettre à Villèle la décrépitude de l'écrivain à qui «les paroles ne semblaient venir qu'avec effort ; une sorte d'attendrissement, devenu habituel, y suppléait[37]»…

Relatant cette réception à Mme Récamier, Chateaubriand avoue cette émotion qui a fait fondre ses vieilles rancunes : «Je viens de recevoir la récompense de toute ma vie, lui écrit-il le soir du 29 novembre. Si je savais raconter, je vous raconterais cela ; mais je suis là à pleurer comme une bête… Je m'en vais ravi et plein d'espoir, si à mon âge on pouvait encore être à l'espérance[38].» Le comte de Chambord l'a presque traité en membre de la famille, en vieil oncle auquel on fait la cour pour qu'il ne vous oublie pas dans son testament. L'après-midi, le prince le promène en voiture et lui fait revoir les lieux de sa jeunesse, nouvelle occasion d'attendrissements, de regrets, de mélancolie.

Le triomphe de Chateaubriand a servi les desseins du prince et de ses conseillers en renouvelant l'image du parti légitimiste, en donnant l'illusion de sa force, puisque cette réunion a déplu à la reine Victoria autant qu'à Louis-Philippe. Le comte de Chambord est sorti de l'ombre, éclairé par l'astre déclinant de Chateaubriand : les dissensions et les rivalités paraissent oubliées, de nouveaux principes sont définis. Bref, tout est à merveille et il ne manque en vérité qu'une chose pour que tout soit parfait : le royaume.

Cette effervescence retomberait assez rapidement si le gouvernement n'avait la maladresse de s'en émouvoir et de proposer à la Chambre des députés, au mois de janvier 1844, un projet d'adresse dont le dernier paragraphe est ainsi conçu : « La conscience publique flétrit de coupables manifestations ; notre révolution de juillet, en punissant la violation de la foi jurée, a consacré la sainteté du serment. » Cette disposition vise les membres de la Chambre et les fonctionnaires qui, bien qu'ayant prêté serment au roi des Français, se sont rendus à Londres auprès du souverain légitime.

La discussion de l'adresse commence le 15 janvier, avec les explications des parlementaires attaqués qui, d'ailleurs, se défendent mal. Seul Blin de Bourdon trouve la parade : « Si nous sommes innocents, laissez-nous tranquilles ; si nous sommes coupables, poursuivez-nous ! » « Le duc de Valmy, dit P. de Luz, disserte sur la bataille dont il porte le nom » ; La Rochejaquelein larmoie ; le marquis de Vérac rappelle le courage avec lequel Chateaubriand a défendu les libertés publiques. Berryer prend à son tour la parole et Guizot lui succède, achevant son discours par la condamnation, au nom du destin, de la branche aînée des Bourbons. Les débats, de plus en plus passionnés, se prolongent jusqu'au 27 janvier, et ce jour-là, par deux cent vingt voix contre cent quatre-vingt-dix, la flétrissure est votée. Les tribunaux correctionnels condamneront plusieurs journaux légitimistes qui avaient rendu compte des journées de Belgrave Square à de lourdes amendes, ainsi qu'à des peines de prison pour leurs gérants.

Les mots « flétrissure » et « flétri » connaissent une fortune imprévue. Les journaux s'indignent que le gouvernement use à l'égard de citoyens honorables d'un terme appliqué jusqu'alors aux forçats. Quatre cents jeunes gens se rendent rue du Bac pour acclamer Chateaubriand qui leur déclare qu'aucune flétrissure ne saurait les atteindre, ses amis et lui. Mme de Chateaubriand juge avec bon sens la situation lorsqu'elle écrit le 10 février 1844 à Clausel de Coussergues : « Il [son mari] souffre surtout depuis le voyage de Londres qui l'a extrêmement fatigué. Nous n'avons eu d'autre résultat que celui de diviser un peu plus un parti qui l'était déjà passablement. Du reste, on parle encore de ce voyage ; mais c'est presque une vieillerie, et si la flétrissure ne nous était venue en aide, Belgrave serait déjà abandonné à l'histoire, si toutefois l'histoire en parle. Cependant, comme tout est, ici, de mode, les flétris font en ce moment fureur ; ils remplacent les lions avec avantage, et sans que nos quelque dix mille repris de justice, qui circulent, dit-on, dans Paris, se formalisent le moins du monde d'un titre auquel jusqu'à présent ils avaient eu un droit exclusif[39]. »

La flétrissure n'est pas la seule conséquence du voyage à Londres. Les attentions du comte de Chambord pour le vieil écrivain, les succès personnels remportés par celui-ci, malgré ses défaillances physiques, ont montré aux légitimistes qu'il est encore un allié à ménager, et surtout une réclame utile. Aussi des intrigues se nouent-elles à son insu pour se servir de sa gloire ou exploiter son nom. Une lettre saisie par la police chez le duc d'Escars, lors d'un procès intenté à des légitimistes, révèle ainsi le vilain rôle assumé par l'abbé Serre, premier vicaire à Saint-Thomas d'Aquin, qui écrivait au comte de Chambord, lorsque Chateaubriand était à Londres : « Gardez-le tant que vous pourrez, ne fît-il que dormir, gardez-le le plus longtemps possible, et faites que l'on sache qu'il est près de vous. » Chateaubriand rentré à Paris, l'abbé va le voir assez souvent pour entretenir son zèle et lui suggère de « faire fructifier ce voyage » par une publication dans le style du *Conservateur*. Cette démarche est mal accueillie : « C'est ici que je l'ai trouvé rebelle et presque révolté », avoue l'abbé Serre. En dépit de cette rebuffade, le vicaire ne renonce pas. Ambitieux et sans scrupules, il est décidé à tirer le maximum du vieil homme, à le produire comme une relique, à l'exhiber comme un drapeau chaque fois que cela pourrait être utile à la cause. « Il est désormais à [vos] ordres, écrit-il au prétendant, il ira partout où on l'appellera, et quand on l'appellera. Ce sera le moyen de le tenir en laisse par une correspondance suivie et qui soit de nature à pouvoir être publiée dans les journaux, afin qu'il soit presque toujours en scène[40]. » Pour être plus certain du concours de Chateaubriand, il serait prudent, poursuit l'abbé, de s'assurer celui de sa femme en flattant son amour-propre. Ainsi le prince devrait-il lui adresser une lettre autographe et lui faire tenir par la duchesse de Lévis, experte en ce genre de commissions, un petit cadeau : « Par ce moyen, conclut le machiavélique abbé, nous fixerions l'inconstance de notre homme ; et nous aurions en main un aiguillon qui le tiendrait toujours en haleine[41]. »

De tels procédés sont dénoncés par Sainte-Beuve dans un article heureusement publié en Suisse, intitulé « Le génie et la ficelle », mais ils sont inutiles, car Chateaubriand est résolu, depuis Londres, à soutenir l'action du prétendant. Rentré à Goritz, celui-ci lui écrit le 2 février 1844 : «Comme je pense que ce qu'il y a toujours de mieux est de suivre avec persévérance et fermeté la ligne qui a été adoptée, je désire que les points dont nous sommes convenus reçoivent leur exécution. Veuillez bien vous en entendre avec le duc de Lévis, ainsi que de tout ce que vous jugerez utile de faire, non pas dans mon intérêt, mais dans celui de la France, car vous savez, vous qui me connaissez, que je ne veux rien pour moi, mais tout pour elle.»

S'il est sincère dans son allégeance au comte de Chambord, Chateaubriand ne l'est certainement pas lorsqu'il écrit le 13 février 1844 à Jules Janin : «Je vais bientôt quitter le monde et je n'ai nul désir d'y laisser mon nom.» En effet, pour empêcher qu'on oublie ce nom, il va publier au mois de mai un livre où il est autant question de lui que de son héros et consacrer la fin de l'année 1844, ainsi que toute la suivante, à une minutieuse révision de ses mémoires pour polir une dernière fois la statue dont il veut orner sa tombe anonyme.

24

Chant du crépuscule
avril 1844-juillet 1848

Au mois de mars 1843, M. de Corcelles, député de l'Orne, avertissait Dom Jean-Marie Hercelin, père abbé de la Trappe, qu'il allait recevoir un visiteur de marque : en effet, Chateaubriand songeait à écrire une vie de l'abbé de Rancé, réformateur de la Trappe, et projetait de s'y rendre afin de « prendre des vues », comme il l'avait fait pour Maintenon. M. de Corcelles invitait le père abbé à bien recevoir l'écrivain et, connaissant celui-ci, au moins sa vanité, il conseillait même à Dom Hercelin de solliciter cette visite : « Permettez-moi donc, mon Révérend Père, de vous demander un peu de diplomatie trappiste, c'est-à-dire selon les vues de Dieu et à bonne fin. Si vous vouliez bien me mander à ce sujet quelque réponse exprimant votre désir de posséder M. de Chateaubriand, de lui voir consacrer dignement son génie à la biographie du réformateur de la Trappe, je la lui montrerais et il pourrait en résulter un encouragement utile. »

Dom Hercelin s'était exécuté, adressant à M. de Corcelles « une lettre si touchante » que l'écrivain avait promis sa visite aux beaux jours. Il s'était rendu à la Trappe le 7 août 1843 et en était reparti le lendemain à l'aube, ayant suffisamment vu ce qu'il désirait voir ; avec la même hâte, il était allé à Blois le mois suivant pour jeter un coup d'œil au château de Chambord, dont il voulait parler dans ce nouveau livre.

Ce n'est pas de gaieté de cœur qu'il a entrepris cette *Vie de l'abbé de Rancé*, mais comme un exercice spirituel pour se préparer à la mort, comme une pénitence imposée par son confesseur, l'abbé Seguin. Il lui dédiera d'ailleurs cette biographie, si l'on peut appeler ainsi un ouvrage où il mêle hardiment le profane au sacré, en s'écartant beaucoup de son sujet.

L'abbé Seguin est un très vieux prêtre, ami des cousines de sa femme, les demoiselles d'Acosta. Chateaubriand l'a connu vers 1820 et lui a toujours été fort attaché, admirant son caractère éminemment évangélique et sa belle conduite pendant la Révolution. L'abbé Seguin avait plusieurs fois risqué sa vie pour sauver celle de suspects. Il s'était même engagé dans la Garde nationale et, sous l'uniforme, il avait pu continuer son ministère, allant de cachette en cachette pour dire la messe ou administrer les sacrements. Chateaubriand avait pris pour confesseur ce saint homme, et celui-ci, ayant deviné les orages intérieurs de son pénitent, ses passions mal apaisées, ses rancunes impitoyables, lui avait suggéré que ce travail aurait sur son esprit une influence bienfaisante en lui apportant la paix du cœur.

Un tel sujet, à la fois historique et religieux, plairait à Chateaubriand s'il n'éprouvait pour le modèle ainsi proposé une « répugnance » instinctive et compréhensible. En effet, l'abbé de Rancé semble avoir été suscité par le Ciel pour montrer aux chrétiens que Satan, afin de mieux séduire, emprunte à l'occasion le masque de la sainteté. Cet homme étrange, inquiétant, qui a réussi à duper Saint-Simon et tant d'autres, apparaît comme une préfiguration des grands destructeurs de l'époque révolutionnaire, imbus de leur mission et prêts à tous les massacres pour régénérer la nature humaine. S'étant jeté dans l'expiation avec la même ardeur que dans la débauche, il veut, dira l'abbé Brémond « et comme pénitent, et comme pécheur, avoir été le premier en tout ». En fait d'orgueil, Chateaubriand, à côté de M. de la Trappe, est un enfant de chœur. A peine entré dans ce monastère, il y fait aussitôt un bruit du diable et y déploie une triomphante humilité, claironnée dans tout le royaume et même au-delà. S'il impose le silence à ses moines, c'est pour mieux parler, sans être contredit. Tout doit plier devant son autorité, d'autant plus terrible qu'il n'a jamais été novice, n'a jamais su ce qu'était l'obéissance et s'est trouvé « maître avant que d'avoir été apprenti », comme l'écrit un de ses confrères, Dom Le Masson. Son règne inaugure un régime de mortification de la chair qui fait des bien-portants des malades, et de ceux-ci des mourants dont il recueille le dernier soupir comme une récompense personnelle de ses efforts. Ayant le sens et le goût de la réclame, il publie ces agonies pour l'édification du monde, en des récits bien troussés. A sa fureur de gouverner, de contraindre et d'abaisser s'ajoute en effet chez lui la fureur d'écrire, avec, en plus, l'art de laisser faire violence à sa modestie, alors que la plume lui démange. Ayant apporté dans sa communauté les passions qu'il avait dans le monde et qui étaient contenues par la bienséance et surtout les lois civiles, il est devenu à la Trappe un monarque absolu, bien plus que Louis XIV, poussant sa frénésie d'autorité jusqu'à la tyrannie, l'austérité jusqu'à l'épuisement, l'humilité jusqu'au masochisme, ennemi déclaré des sciences et des lettres pour les moines et paraissant vouloir faire de ceux-ci des automates dont le ressort, en se brisant, libérerait un ange. Après avoir réformé la Trappe, il a estimé que cette réorganisation ne serait parfaite qu'après avoir désorganisé les couvents des autres ordres, et il s'emploie à décrier les communautés rivales pour mieux exalter la sienne, attaquant par tous les moyens Jésuites, Chartreux, Bénédictins, et généralement tout ce qui ne pense pas comme lui, notamment Fénelon, usant pour cela de l'espionnage et de la délation, du mensonge et de la calomnie, multipliant ouvrages et libelles, puis criant à la persécution dès que ses victimes essaient de lui montrer, preuves à l'appui, qu'il se trompe. «On demande à cet auteur, écrit Dom Le Masson, en vertu de quoi il prend la liberté de se rendre maître absolu de la réputation du prochain[1].» Bref, un personnage hautement déplaisant qui a fait longtemps illusion, et qui, chose curieuse, était totalement gouverné par un secrétaire laïque, un certain Maine, véritable Tartufe auprès duquel celui de Molière apparaît bien pâle.

Chateaubriand ne cachera pas que cet abbé n'est pas son homme : «Ce qui domine chez lui, écrira-t-il, est une haine passionnée de la vie»; et à propos de sa fameuse réforme, il précisera : «Il enseigne aux hommes une brutalité de conduite à garder envers les hommes ; nulle pitié pour les maux. Ne vous plaignez pas, vous êtes fait pour la Croix, vous y êtes attachés, vous n'en descendrez pas ; allez à la mort, tâchez seulement que votre patience vous fasse trouver grâce aux yeux de l'Eternel. Rien de plus désespérant que cette doctrine, mélange de stoïcisme et de fatalité, qui n'est attendrie que par quelques accents de miséricorde qui s'échappent de la religion chrétienne. On sent comment Rancé vit mourir tant de ses frères sans être ému, comment il regardait le moindre soulagement offert aux souffrances comme une insigne faiblesse et presque comme un crime[2].»

Plus qu'à l'abbé de Rancé, d'une pureté tranchante et d'une inflexibilité qui font de lui un Robespierre avant la lettre, c'est à l'époque, celle de la Fronde et la partie brillante du règne de Louis XIV, que s'est intéressé Chateaubriand ; mais la fresque est trop vaste à tracer, car le temps lui est compté, son pouvoir créateur s'affaiblit et cet ultime ouvrage, au lieu d'être un beau chant du cygne, est, suivant l'expression de Sainte-Beuve, un véritable bric-à-brac.

N'ayant ni le goût ni le loisir de se livrer à des recherches sérieuses, il s'est procuré une demi-douzaine de biographies de l'abbé, livres dont les auteurs se sont pillés les uns les autres ; sans vergogne, il les a tous démarqués, empruntant un passage à Pierre de Maupeou, un autre à l'abbé Marsollier, un autre encore à Dom Lenain, trois panégyristes qui ont tiré un voile sur la jeunesse de leur héros. L'abbé Gervaise, successeur de Rancé à la Trappe, et qui les a réfutés tous les trois, apporte aussi sa contribution. Quant aux œuvres de Rancé, il paraît avoir été impressionné par leur masse au point de ne pas les avoir entièrement lues.

Ses secrétaires, Daniélo, un Breton qui vient de remplacer Pilorge, chassé pour un motif resté inconnu, et Vial de Lussan, lui ont rabattu des documents trouvés à la Bibliothèque royale ; des collectionneurs d'autographes comme Victor Cousin et Monmerqué lui ont communiqué des lettres inédites. Pour l'histoire de l'époque, il s'est servi des *Mémoires* du cardinal de Retz, qu'il n'aime pas et qu'il utilise avec férocité contre leur auteur. Il consulte aussi ceux, récemment exhumés, de Saint-Simon, les *Historiettes* de Tallemant des Réaux, la *Biographie universelle* de Michaud, et pioche également dans ses propres œuvres, ne serait-ce que pour en rappeler l'existence aux lecteurs de la *Vie de Rancé*. Le passage sur les lettres d'amour, incongru dans ce genre de livre, a déjà figuré dans l'*Essai sur la littérature anglaise*.

D'un point de vue psychologique et même psychiatrique, on pouvait écrire un curieux livre sur ce personnage hors du commun, passé sans transition des plaisirs de la chair aux délices de la macération, expiant ses plaisirs sous le cilice et faisant d'un christianisme exacerbé jusqu'à l'inhumanité sa dernière et orgueilleuse volupté. Or, tout en essayant de retracer le destin de Rancé, Chateaubriand ne peut, comme il le reproche ingénument à Saint-Simon, « s'occuper d'autre chose que de soi ». Il ne laisse jamais oublier au lecteur qu'il a non seulement beaucoup lu, notamment les auteurs grecs et latins, mais qu'il a beaucoup voyagé, qu'il a souffert, aimé, ressenti bien des tentations, jusqu'à celle de la solitude et de la sainteté. A dessein, il choisit dans la vie de l'abbé des périodes ou des épisodes offrant des similitudes avec certaines circonstances de sa propre vie et leur consacre un plus long développement, allant parfois jusqu'à perdre de vue son sujet auquel il revient en sollicitant l'indulgence du lecteur : « Rancé va quitter Chambord. Il faut donc que je quitte aussi cet asile où je crains de m'être trop oublié... »

Du ciel, où il est peut-être allé, l'abbé de Rancé a dû s'étonner de voir évoquer à son propos : Mme Sand, dont le talent descend sur l'âme comme la rosée sur la mer Morte[3] ; le duc de Noailles, pour son admirable restauration de Maintenon ; le pèlerinage légitimiste à Belgrave Square et les souvenirs de Chateaubriand sur sa jeunesse à Londres ; Paul-Louis Courier, dont il conte l'assassinat[4] ; Talleyrand, dont le cardinal de Retz tient quelque chose d'arrogant[5] ; l'abbé de Lamennais et Béranger, «notre grand chansonnier», sans compter d'autres connaissances ou amis. Ainsi qu'il l'a fait dans son *Essai sur les révolutions*, il procède en tirant à lui les textes ; parfois il les démarque en faisant du complément le sujet ou bien en transcrivant à la troisième personne un propos tenu à la première, et vice-versa ; parfois il résume le texte original en quelques lignes nerveuses, sèches, ou bien encore il introduit dans ses emprunts un commentaire, une réflexion qui portent sa marque, comme le poinçon d'un grand orfèvre sur une argenterie médiocre.

A travers ces nombreuses pages transformées pour les faire siennes, sonne un glas, celui de sa jeunesse enfuie et de ses illusions perdues, un rappel constant des vanités de ce monde en même temps qu'un lancinant regret d'avoir à quitter bientôt celui-ci. Persuadé de son immense supériorité littéraire, il ne lui vient pas à l'idée qu'en mutilant des textes originaux il viole les règles de l'histoire, et croit certainement faire beaucoup d'honneur à ces obscurs écrivains en remodelant leur prose. Hélas ! ses contemporains, formés à d'autres disciplines et plus soucieux que lui d'exactitude, remarquent ces arrangements et les critiqueront. Comme l'écrit Fernand Letessier : «Dans la crainte de ne pouvoir achever son œuvre, ou peut-être désireux de finir à la hâte une tâche qui l'ennuie, il nous donne l'impression de transcrire telles quelles les notes qu'il a prises au cours de ses lectures… Sa recherche à lui, c'est la rapidité : il écrit comme on parle, quand on est pressé. Mais la conversation d'un homme de génie ne saurait être insignifiante[6].» Chateaubriand l'a reconnu en avouant, à propos des lettres écrites dans sa jeunesse par Rancé à Mme de Montbazon, qu'il n'a plus le temps de s'occuper de ces erreurs : «Pour m'enquérir des printemps, il faudrait en avoir. Viendront des jeunes gens qui auront le loisir de chercher ce que j'indique. Le temps a pris mes mains dans les siennes ; il n'y a plus rien à cueillir dans ses jours défleuris[7].»

Lorsque paraît *La Vie de Rancé*, le 1er mai 1844, l'abbé Seguin est mort le mois précédent, à 95 ans, sans avoir pu lire ce singulier ouvrage, à moins que Chateaubriand ne lui en ait soumis certains chapitres, ce qui est douteux. Le livre est diversement accueilli, mais le sentiment général est celui d'une grande déception. Lamennais, reconnaissant à Chateaubriand de son soutien moral dans ses démêlés avec l'Eglise, lui écrit une lettre enthousiaste à laquelle l'auteur répond sur le même ton, en lui disant qu'il voudrait le voir pape ou du moins cardinal.

Sainte-Beuve, atterré, mais secrètement ravi, renonce à en parler dans la *Revue des Deux Mondes* et, sous un pseudonyme, donne son opinion dans la *Revue suisse* qui a peu de chance d'être lue par Chateaubriand : « Ce livre, que l'on concevait si simple et si austère, est devenu, par manque de sérieux et négligence, un véritable bric-à-brac ; l'auteur jette tout, brouille tout, vide toutes ses armoires. » A l'exception de Mme Hamelin qui, en vieille coquine, trouve à Chateaubriand « une virilité de gaieté », la plupart de ses amis ne cachent pas leur consternation. Les plus déçus sont les pères de la Trappe, effarouchés par le lyrisme de certaines évocations et navrés de ne trouver dans l'ouvrage « aucun plaidoyer en faveur des ordres monastiques[8] ». En 1852, le père Bellanger écrira dans sa *Chronique* : « Mais il nous est permis aujourd'hui de douter du sérieux intérêt que M. de Chateaubriand attachait à cette biographie. Le romantisme en est la forme, et la téméraire croyance à certains contes calomnieux et invraisemblables en compose le fond. » Les grands critiques littéraires du XIXᵉ siècle n'en jugeront pas autrement, et l'on ne peut, sans parti pris, porter au pinacle, ainsi qu'on le fait aujourd'hui, une œuvre aussi bizarre et décousue que quelques hardiesses de style ou quelques brillantes formules ne suffisent pas à sauver.

*

Chateaubriand ne paraît guère affecté par cet échec, car il a d'autres soucis en tête, et surtout celui du sort de ses Mémoires. En effet, les actionnaires aux abois ont vendu pour quatre-vingt mille francs à Emile de Girardin, un des maîtres du nouveau journalisme, le droit de publier les *Mémoires d'outre-tombe* en feuilleton dans *La Presse*, le journal qu'il a fondé, aussitôt après la mort de l'auteur et avant la publication en volumes. Le 29 novembre 1844, l'assemblée générale a ratifié le traité passé le 27 août 1844 avec Girardin, et, le 1ᵉʳ décembre, *La Presse* annonce en gros titre cette acquisition. Comme une bonne nouvelle n'arrive jamais seule, Girardin annonce également que son journal va diminuer de prix et augmenter de format.

A la pensée que ses Mémoires passeront par « l'ignoble filière du feuilleton » qui les dénaturera puisque le lecteur ne pourra juger de l'architecture de l'œuvre et de sa composition, Chateaubriand élève aussitôt, par le biais des journaux légitimistes, une vigoureuse protestation : « Je suis maître de mes cendres, je ne permettrai pas qu'on les jette au vent », dit-il à *La Mode*. *La Presse* tire argument de la validité du contrat passé avec les actionnaires et se prévaut même d'un accord tacite de Chateaubriand. Indigné, celui-ci demande une consultation juridique à Me Mandaroux-Vertamy, avocat à la Cour de cassation. L'affaire est délicate : la publication en feuilleton, formule inventée par Emile de Girardin, et qui connaît un grand succès avec Alexandre Dumas et Eugène Sue, ne se pratiquait pas avant la conclusion du traité définitif. Craignant que, même sans rien recevoir de plus, le simple fait de toucher sa rente soit pris pour une acceptation, Chateaubriand refuse sa mensualité du 1er janvier 1845, ce qui n'améliore pas sa situation financière. Il ne cédera qu'après six mois de ruineuse résistance, en renouvelant, sur chaque quittance, avant de la signer, son opposition formelle à la publication en feuilleton.

Pour se protéger de ces détrousseurs de cadavres qui n'hésiteraient pas, s'ils le pouvaient, à le dépouiller de son vivant, il ajoute un codicille à son testament, chargeant son neveu, Louis de Chateaubriand, le duc de Lévis, Hyde de Neuville et Me Mandaroux-Vertamy de veiller au respect de ses volontés lors de l'impression des Mémoires. Il faudra vérifier que la copie qu'il a conservée et qui servira pour l'impression porte bien, en tête et à la fin de chacun des livres, la date du 22 février 1845, les autres copies devant être brûlées en présence des exécuteurs testamentaires, sans avoir été lues.

Par mesure de rétorsion envers Girardin, il envisage un moment de publier lui-même une partie de ses Mémoires, mais il se heurte à l'opposition de la société des actionnaires comme à celle d'Emile de Girardin qui n'entend pas perdre ainsi une part du bénéfice espéré de la publication en feuilleton. Craignant une issue peu favorable en cas de procès, Me Mandaroux-Vertamy lui conseille de renoncer à ce projet. Il ne lui reste plus qu'à entreprendre une dernière révision des Mémoires, qui lui demandera un an. Il relit soigneusement le texte, supprimant là une phrase inutile, ailleurs une autre que des lecteurs prudes pourraient trouver inconvenante ; il supprime des textes tirés de certains de ses ouvrages, apporte des précisions sur un événement relaté ou bien adoucit un portrait trop cruel, mais surtout il procède à une nouvelle répartition de cette masse énorme en la divisant en quatre parties, chacune divisée à son tour en livres, et ceux-ci en chapitres. Ce travail achevé, Daniélo numérote chaque page, recto et verso, pour empêcher, lors de la publication, toute altération du texte. Il dénombre ainsi quatre mille soixante-quatorze pages, chacune portant de surcroît l'indication du livre et du chapitre dont elle fait partie. Une lecture de ce texte définitif est organisée devant les fidèles, c'est-à-dire Ballanche, Ampère, Paul David, le neveu et factotum de Mme Récamier, les

Lenormant, invités à donner leur avis sur certains passages. Les critiques et les suggestions sont suffisamment nombreuses et pertinentes pour inciter Chateaubriand à supprimer encore d'autres pages.

Ainsi que l'a souligné Maurice Levaillant, l'auditoire est de moins en moins réceptif et de plus en plus facilement alarmé : « A mesure que les hôtes de l'Abbaye vieillissaient, écrit-il, une brume tissue de menus préjugés, de délicatesses raffinées, mais souvent excessives, d'appréhensions et de craintes mondaines, s'interposait entre eux et le siècle[9]. » Mme Récamier est devenue prude au point de demander qu'on enlève les deux seins au buste que Chinard a fait d'elle. Ces gens au déclin de leur existence et soucieux de leur image auprès de la postérité craignent de passer, encore vivants, dans le feuilleton de Girardin dès leur illustre ami enterré ; ils redoutent également d'être traités par une nouvelle génération de mémorialistes comme Chateaubriand a traité ses contemporains. Le duc de Noailles s'émeut d'une allusion à sa cousine Natalie, puis se plaint auprès de Mme Récamier que le portrait tant attendu de Mme de Maintenon n'apparaisse pas au chapitre dans lequel Chateaubriand évoque – avec trop de détachement – Maintenon et ses jardins. On trouve aussi que trop de place est donnée au congrès de Vérone alors que le sujet, dangereux car certains participants vivent encore, a été un échec en librairie.

Chateaubriand, qui a toujours accepté avec une rare humilité chez un auteur les observations, se soumet à celles de son entourage. Il réduit le livre sur Venise et renonce à y parler des fameuses courtisanes. Il réduit également ses souvenirs du Congrès de Vérone et enlève à certains portraits d'adversaires politiques, notamment Louis-Philippe, Thiers et tous ceux que l'on appelle les doctrinaires, des traits trop mordants.

Contente, et inquiète aussi, de son propre portrait, Mme Récamier en communique des pages à nombre d'amis dont les observations la rendent moins contente et plus inquiète au point qu'elle s'en remet, décision fatale, au jugement de Louise Colet. Celle-ci est une redoutable intrigante et une quémandeuse avide, frottée de littérature et surtout d'écrivains qui tombent successivement dans ses filets, mais ne lui échappent pas sans lui avoir fourni matière à un nouveau livre qu'elle charge son nouvel amant de revoir et de corriger. Elle va bientôt mettre la main sur Gustave Flaubert qui sera une de ses plus belles prises. En 1835, déjà, elle avait tenté de s'insinuer auprès de Chateaubriand avec un poème, *Chateaubriand et Lamartine*, après avoir supprimé du texte original le nom de Lamartine et les vers concernant celui-ci. Poliment, Chateaubriand l'avait remerciée, mais il ne s'en était pas tiré à si bon compte. Enhardie par cette réponse elle avait demandé une entrevue, puis, au cours de celle-ci, une préface à son recueil *Les Fleurs du Midi*. Il avait refusé, par une lettre dans laquelle il lui conseillait de s'adresser à meilleur poète que lui, mais Louise Colet, faisant feu de tout bois, avait inclus cette lettre dans l'avant-propos de son recueil[10].

Flairant dans le cénacle de l'Abbaye-aux-Bois une source de gloire propre à rehausser la sienne, elle avait résolu d'en forcer les portes, et, pour mieux en faire le siège, elle avait loué un appartement rue de Sèvres. Touchée par les prévenances de la dame et flattée de l'intérêt qu'elle montre pour ses papiers, Mme Récamier finit par lui prêter les lettres qu'elle a reçues de Benjamin Constant, ainsi qu'une partie du livre écrit sur elle par Chateaubriand. Calculant que tout ce qu'elle ferait supprimer resterait inédit et qu'elle pourrait ensuite en tirer parti, Louise Colet encourage les scrupules de Mme Récamier qui obtient de Chateaubriand la suppression d'une partie du livre X. Un an après la mort de celui-ci, alors que le feuilleton des *Mémoires d'outretombe* sera momentanément suspendu, l'intrigante en profitera pour mêler sa prose à celle de Chateaubriand en publiant une *Introduction aux Lettres de Benjamin Constant*, qui devra beaucoup au livre X consacré à Mme Récamier. Après des semaines de querelles et de procédure, un compromis sera trouvé, sous les auspices de Noailles et de Pasquier. Des passages de lettres de Benjamin Constant, que Louise Colet affirme lui avoir été données par Mme Récamier, seront incorporés au livre consacré à celle-ci lors de sa publication.

En 1845, un certain Maujard a remplacé Daniélo devenu à son tour *persona non grata*, sans que l'on ait su le motif de cette disgrâce. Il est possible que Daniélo, assez susceptible, aigri par ce rôle subalterne alors qu'il se croit lui-même un certain talent, ait fini par dire au maître ses vérités. Sans travail, il tombera dans une telle détresse que Chateaubriand interviendra en sa faveur auprès du ministre de l'Instruction publique pour lui obtenir une pension, qui ne sera pas accordée. Peut-être à cause de ce geste, Daniélo défendra toujours la mémoire de l'écrivain. Il publiera en 1864 des *Conversations de M. de Chateaubriand*, écrira quelques autres livres et mourra dans la misère. C'est donc Maujard qui travaillera sur les mémoires jusqu'à la mort de Chateaubriand et veillera sur leur publication.

A la fin de l'année 1846, la révision générale sera terminée, laissant certains chapitres semblables à des ruines romaines. Cela créera un déséquilibre auquel on remédiera par une nouvelle répartition qui substituera aux quatre parties primitives quarante-deux livres. Le texte ainsi remanié sera déposé dans une caisse fermée par deux cadenas.

*

Depuis les journées de Belgrave Square, Chateaubriand est demeuré en relations épistolaires avec le comte de Chambord qui, au printemps 1845, l'invite à le rejoindre à Venise. Il hésite d'autant moins à répondre à cet appel que la pensée de revoir l'Italie agit sur lui comme un stimulant, plus vif encore que la fidélité dynastique. Malgré le délabrement de sa santé, il quitte Paris le 26 mai 1845. En le voyant partir en si mauvais état, ses amis se demandent s'ils le reverront et déplorent cette imprudence ; d'autres s'indignent qu'il se laisse exploiter par des fanatiques qui l'enverraient à la mort si cela servait leurs intérêts. Dans *Le Siècle*, Barthélemy, l'auteur abondant des *Némésis*, stigmatise ces manœuvres autour de sa personne :

> Tu ne le vois donc pas, leur pauvreté notoire,
> Pour attirer les yeux, se couvre de ta gloire.
> Un calcul intrigant (comment le souffres-tu ?)
> De la foi monarchique exploite la vertu :
> Dès qu'il s'agit de faire un saint pèlerinage
> On t'appelle, on te croit toujours dans ton jeune âge,
> Lorsque tu visitais la hutte du Sachem,
> Ou que tes pieds dévots foulaient Jérusalem
> Pour voir le prétendant que leur rêve intronise
> De la place Belgrave on t'envoie à Venise…

Le 7 juin, après avoir roulé pendant treize jours, Chateaubriand arrive à Venise et descend au Danieli où le comte de Chambord lui a fait réserver un appartement à côté du sien. La duchesse de Berry est là. Il dîne avec elle et quelques archiducs qui le traitent avec des égards auxquels il est sensible : « J'ai été reçu beaucoup mieux que je ne le méritais, écrit-il à sa femme. Le jeune prince l'a emporté sur tout le monde. Tu sais que je suis difficile en fait de prince[11]… » Et lorsque celui-ci insiste pour le garder auprès de lui, il cède une première fois, mais quand il veut enfin rentrer à Paris et que le prince essaie encore de le retenir, il ne fléchit pas : « Je plaide aujourd'hui pour mon départ, écrit-il à Mme de Chateaubriand ; je trouve beaucoup de résistance : il faut bien qu'on fasse quelque chose pour moi après ce que j'ai fait pour eux[12]. »

Avec Mme Récamier, le ton est un peu différent. Il avait projeté de finir ses jours avec elle dans cette ville où la mort paraît plus facile qu'ailleurs, encore que la cité condamnée revive avec le réveil du port et un afflux croissant de visiteurs : « Que vous écrire de Venise ? Quand je regarde la mer si triste, je pense à vous et à tout ce que ces lieux ont vu de plus charmant dans ma vie… Comme tout change ! Hélas ! Nous-mêmes ne changeons-nous pas ? Suis-je ce que j'étais quand je vous ai connue ? Il n'y a que vous, Juliette, que je ne puis consentir à quitter… J'ai chargé hier soir le plus beau soleil couchant de vous dire tous mes adieux et de vous faire tous mes amours[13]. » Il note avec satisfaction, en allant au Lido, que l'écriteau rappelant le souvenir de Byron a disparu : « Il n'est pas plus question du grand voyageur insulaire que d'un pauvre pêcheur des lagunes[14]. »

Le retour s'effectue encore mieux que l'aller. Traversant l'Italie du Nord, il prend à Gênes un vaisseau qui le débarque à Marseille où il retrouve Ampère, revenant lui-même d'un voyage en Egypte. Il est charmé des agrandissements et des embellissements de Marseille qu'il compare à Constantinople. En dépit de réceptions officielles qui le retardent un peu en chemin, il est le 25 juin à Paris, rajeuni plutôt que fatigué par ces huit cents lieues faites, dit-il, « comme un courrier ». C'est sa femme qui est fatiguée, souffrant des jambes au point de ne pouvoir marcher ; quant à Mme Récamier, elle est attristée, ayant appris la mort du prince Auguste qui, par amour pour elle, avait renoncé à se marier, mais avait laissé quelques dizaines d'enfants naturels.

Son rival le plus dangereux disparu, Chateaubriand est sûr de régner seul sur le cœur de Mme Récamier. Au mois d'août, il l'accompagne à Maintenon pour répondre à une pressante invitation de Noailles, prêt à tout, même à ne pas imposer sa présence, pour plaire à l'écrivain et l'amadouer : « Quant à M. de Chateaubriand, écrivait-il le 19 juillet à Mme Récamier pour organiser ce séjour, il ne faut pas qu'il s'embarrasse de venir tous les matins déjeuner avec nous, si cela le dérange. Il déjeunera dans sa chambre, ainsi que vous dans la vôtre si cela vous convient ; il aura tous les jours une petite voiture basse à sa porte avec laquelle il ira se promener où il voudra, choisissant les personnes auxquelles il accordera l'entrée de ses carrosses[15]… »

Après quelques jours à Maintenon, Mme Récamier rejoint sa nièce, Amélie Lenormant, et son mari en Normandie. Son absence est intolérable à Chateaubriand privé de ses deux heures quotidiennes à l'Abbaye et réduit à la société de sa femme. Il s'impatiente en voyant le séjour en Normandie se prolonger et lui adresse un appel au secours trahissant sa détresse : « Votre lettre, ou plutôt votre billet de ce matin me consterne ; j'ai plus besoin de vous voir que vous n'en avez ; je vais bientôt quitter la terre, il est temps que je mette à profit mes derniers moments ; ces moments sont à vous et je voudrais vous les donner. Je ne vous dis pas : revenez ; à quoi bon revoir un homme qui n'a plus que quelques instants de vie ? Mais enfin, ces instants sont à vous, et tant que j'aurai quelque battement de cœur, vous pouvez les compter comme des restes de vie qui vous appartiennent[16]. »

Cet amour possessif n'exclut pas Hortense Allart qui reste chère à son cœur, d'une manière différente, il est vrai, mais tout aussi sincère.

Après avoir rompu avec Bulwer-Lytton, Hortense a cru faire une fin honorable en épousant un architecte au nom sonore et insolite. A Sainte-Beuve intrigué par sa nouvelle identité, elle expliquait en 1843 : « Je suis Méritens de Malvézie de Marcignac l'Asclaves de Saman et l'Esbatx. Je date de Charlemagne et nous avons fait les Croisades. Mon beau-père, le baron de Méritens de Malvézie, dit pourtant que j'étais plutôt faite pour être reine que femme d'un architecte… » Tout cela n'est que du roman et, vite déçue, elle a quitté Montauban et son mari, un an plus tard, pour s'établir à Herblay. Quand elle vient à Paris, elle descend à l'hôtel du Rhône où elle reçoit Thiers, Mignet, Béranger, Sainte-Beuve, Pierre Leroux…

Chateaubriand s'y rend parfois, fidèle au souvenir de cette passion d'automne à laquelle il a substitué une tendre amitié. Hortense Allart y trouve son compte, ainsi qu'elle l'avoue naïvement à Capponi : « M. de Chateaubriand m'a été cher, il est resté mon ami ; il m'enseigne à écrire ma langue… » Elle a un autre professeur de français en Sainte-Beuve avec qui elle a eu brièvement une liaison, expliquant qu'elle y a mis fin après avoir lu ce que Sainte-Beuve avait écrit sur ces Messieurs de Port-Royal qu'il était loin de valoir : « Allez, une femme qui honore la vérité ne pouvait être à vous et à M. de Chateaubriand qu'en passant. Il m'était doux d'être à vous deux, mais on n'aurait voulu avouer vos idées jamais. Vous n'êtes pas des hommes sérieux, ni convaincus, ni pieux, ni sûrs. Vous êtes de son école et c'est une fausse école[17]. »

Pour Chateaubriand, Hortense Allart fut un été de la Saint-Martin, dont le souvenir le réchauffe en cet hiver qui le glace un peu plus chaque jour. Il lui suffit de penser à elle pour oublier ses maux, la morosité de sa femme et son immense ennui de vivre dans un monde où il n'a plus rien à espérer : « Aimez-moi toujours, lui écrit-il le 21 mai 1845. Je ne devrais pas me fier beaucoup au temps qui m'a toujours trompé ; mais je lui pardonne comme à vous. Je suis si heureux que vous me portiez encore un peu d'intérêt qu'il faut que je vous en remercie à genoux. Aimez-moi toujours un peu. Laissez-moi appuyer, ne fût-ce qu'en rêve, ma vie contre la vôtre. Peut-être il viendra quelque jour où je pourrai vous revoir, mais aujourd'hui je ne suis pas maître de moi : je serais trop troublé en vous voyant… Ecrivez-moi toujours. C'est le moyen de me tenir en vie le peu de temps que j'ai à passer dans ce monde. Bonjour, chère et très chère[18]… »

La gloire est encore la meilleure consolation, mais la gloire est parfois rétive, en dépit des efforts de Mme Récamier pour en attirer les rayons au-dessus de l'Abbaye et en éclairer le visage morne et pensif du vieil homme assis au coin de la cheminée, dans une immobilité marmoréenne. Elle fait ce qu'elle peut, mais ses efforts ne sont pas toujours couronnés de succès. Ainsi, lorsqu'en 1841 elle avait essayé de transformer une soirée de charité au profit des sinistrés de Lyon en une apothéose de Chateaubriand qui, exceptionnellement, était resté jusqu'à minuit, le grand homme avait été éclipsé par Rachel, venue réciter des vers. Custine avait cyniquement observé que les sinistrés de Lyon n'étaient pas les seuls auxquels il fallait faire la charité...

Malgré quelques échecs de ce genre, elle a persévéré. Au début de l'année 1845, elle a prié la cantatrice Pauline Viardot de venir chanter à l'Abbaye l'air final de Velleda et le duo de Cymodocée, extraits chacun d'un opéra tiré des *Martyrs*, l'un d'Eugène du Fresne, l'autre de Pitre-Chevalier. L'exécution n'obtient qu'un succès d'estime. Elle récidivera le 6 juin 1846 sans que les auditeurs manifestent autre chose qu'une approbation polie. Les journaux se montreront moins courtois. Le chroniqueur de la *Silhouette* sera sans pitié : « Lorsque le livret a appris au petit nombre d'auditeurs qui restaient que les chrétiens allaient être livrés aux bêtes... tous ont saisi leurs chaises, leurs cannes, leurs parapluies. M. Sainte-Beuve a pris ses socques comme pour se défendre, au moins on l'a cru d'abord, mais on s'est aperçu que c'était tout simplement pour s'en aller. Quand fut annoncée Cymodocée, M. de Chateaubriand, trouvant sans doute qu'il en avait assez comme ça des *Martyrs*, s'est esquivé sans mot dire, et beaucoup d'autres, bien avisés, en ont fait autant ! »

*

Les amis de Chateaubriand n'avaient pas eu tort en insistant auprès de lui pour qu'il supprimât une partie de ses souvenirs du congrès de Vérone. En effet le sujet prête à controverse. Au mois de février 1844, *Le National*, reprenant un article du *Morning Chronicle*, avait accusé Chateaubriand d'avoir signé à Vérone un traité secret avec l'Autriche, la Prusse et la Russie, traité aux termes duquel les quatre puissances s'engageaient à combattre la liberté de presse et les gouvernements constitutionnels. Indigné de cette accusation que n'étayait aucune preuve, Chateaubriand avait protesté auprès du *National* qui s'était contenté de lui donner acte de sa lettre.

Le 12 avril 1846, *Le National* reprend l'accusation portée deux ans plus tôt, mais cette fois il cite un texte, extrait du Code diplomatique américain. Bien que son authenticité paraisse douteuse, le journaliste accable Chateaubriand, disant que son génie d'écrivain ne doit pas servir d'excuse à ses crimes politiques, et il conclut : «Non ! Notre respect ne va pas jusque-là. Nous regrettons de troubler la solitude d'un vieillard, mais le jour de la justice vient pour tout le monde.» Dans sa solitude, le vieillard outragé garde le silence. Il faut Marcellus, venu le voir, pour le décider à protester, à défendre son honneur, car ce prétendu traité, assure-t-il, n'est qu'un faux, vraisemblablement forgé à Londres. D'ailleurs il aurait été signé le 22 novembre 1822, alors qu'il n'était pas encore question de porter la guerre en Espagne. Marcellus a surpris Chateaubriand, «habillé à demi, affaissé sur lui-même, assis sur une chaise à côté de son feu». Il sort de son apathie, se redresse et va jusqu'à la table où se trouvent les cartons de ses Mémoires pour y chercher celui qui concerne Vérone, et comme Marcellus insiste pour qu'il riposte, il soupire : «S'ils m'accusaient d'avoir assassiné mon père, je n'essaierais pas de le nier aujourd'hui parce que demain ils démontreraient de quelque façon que je me suis défait de ma mère aussi, et sur ma seconde protestation, ils feraient entrevoir que j'ai bien un peu guillotiné M. de Malesherbes[19].»

Chateaubriand est désormais revenu de tout, ne croyant plus en rien, sauf en Dieu. Ses infirmités l'humilient et le figent dans une morne indifférence. Il écoute les conversations sans intervenir, «épargnant pour ainsi dire à son esprit le mouvement refusé à son corps», comme le note Villemain. Ses jambes lui refusant tout service, il se fait porter chaque jour chez Mme Récamier où il trône, sombre et muet, tandis que les familiers entretiennent dévotement la flamme de l'admiration. Dans ses *Salons de Paris*, Mme Ancelot décrit l'atmosphère un peu sépulcrale de l'Abbaye-aux-Bois dans ces dernières années du cénacle, Chateaubriand posé auprès de la cheminée, immobile et somnolent. Quand il s'éveille, il a ce regard tragique admirablement rendu par le peintre Etex dans ce portrait fait en 1847, un regard perdu dans une sorte de contemplation intérieure et où l'on devine, avec l'appréhension de la mort, une totale indifférence à ce qui l'entoure, excepté un petit chat, pelotonné sur une chaise basse à côté de lui. Il a parfois des sursauts d'impatience, lorsqu'une conversation l'ennuie ou qu'un visage lui est antipathique ; il prend alors son foulard, en met un bout entre ses dents et tire l'autre avec sa main, ce que l'entourage appelle «sonner la cloche» ; il peut aussi agiter le gland d'une sonnette. A ce signal, Mme Récamier comprend qu'il faut interrompre avec tact le causeur malencontreux. Il parle lui-même de moins en moins et, lorsqu'il ouvre la bouche, c'est souvent pour dire ce que jusqu'alors il taisait, au grand effroi de Mme Récamier qui essaie d'adoucir l'oracle ainsi délivré ou bien d'ajouter un compliment à la critique émise.

Il a perdu l'usage de sa main droite: «Je meurs par morceaux...» dit-il à J. W. Croker. Il dicte ses lettres à son secrétaire, même celles à Mme Récamier auxquelles il ajoute, d'une grosse écriture tremblée, un mot ou deux avant sa signature. Allant solliciter sa voix pour l'Académie, Alfred de Vigny a été frappé de «son attitude infirme» et a noté que pour remuer son bras droit il est obligé de le prendre avec le gauche. «En ce moment, notait-il déjà le 3 mai 1844, avec son dos voûté et son air morose, il me rappela Kean lorsqu'il jouait cette scène de Shakespeare où Richard III gémit de ce qu'une sorcière a jeté un sort sur son bras.» Il ne se rend plus à l'Académie, sauf lorsqu'il s'agit de voter pour un ami. A la réception de Molé, le 30 décembre 1840, il avait obtenu un triomphe personnel et avait été longuement applaudi à son entrée. Pour l'élection de Jean-Jacques Ampère, le 22 avril 1846, il se fait porter sous la coupole avant l'heure afin de ne pas être pris «en flagrant délit d'infirmité», comme l'écrit Alfred de Vigny.

En dehors de l'aréopage de l'Abbaye et des pieux commensaux de Mme de Chateaubriand, les seules personnes qu'il voit encore avec un certain plaisir sont Béranger et Lamennais. Il se fait parfois conduire à Passy, chez Béranger, où il retrouve Lamennais: «Le malin chansonnier fait son métier du diable, comme il dit, en les conviant chez lui sur son terrain. Ils s'y plaisent et s'y sentent à l'aise, écrit Sainte-Beuve à Juste Olivier: le chevalier et le prêtre rendent les armes au siècle. On fera un jour un curieux livre avec le titre d'*Entretien* de ces trois hommes; un futur philosophe y fera rentrer tout ce qu'il voudra[20].»

Béranger, qui a renoncé à la chanson, joue au sage et pontifie un peu, évoquant les conseils qu'il donnait jadis aux hommes politiques et se prononçant avec autorité sur les problèmes du jour, mais il a conservé sa malice et a souvent des mots justes. Un jour qu'il rend visite à Chateaubriand, celui-ci se plaint devant lui du fardeau de la vie et lui avoue qu'il s'est toujours ennuyé: «C'est que vous ne vous êtes pas occupé des autres!» lui décoche Béranger. «Vous avez bien raison! s'écrie Mme de Chateaubriand, vous avez bien raison!»

Il y a cependant un être auquel il s'intéresse avec une persévérance et un esprit de charité dignes d'éloges, c'est Lamennais, ce fils réprouvé de l'Eglise. Il s'apitoie sur le sort de ce malheureux qui, persuadé de détenir la vérité, s'est fait le martyr de ses erreurs, a tâté de la prison pour ses écrits subversifs et mène une existence misérable. Charles du Boishamon, un petit-neveu de Chateaubriand, s'étonne de se trouver un jour chez son oncle avec «un pauvre diable... redingote ultra-râpée... cravate jaune sale, gilet de même couleur, pantalon... descendant à peine au-dessous du genou, chapeau assez graisseux aux renfoncements multiples». C'est l'ex-abbé de Lamennais. Après son départ, Boishamon fait part de sa surprise et Chateaubriand lui répond : « Il y aurait quelques personnes qui pourraient se scandaliser de me voir recevoir encore chez moi M. de Lamennais, mais il vient assez fréquemment. J'ai eu de l'espoir de le ramener dans la bonne voie qu'il a si malheureusement quittée, mais je commence à penser que mon espoir a été vain[21]. »

Lamennais s'est trop engagé dans la voie qu'il a choisie pour revenir en arrière. Il est de ces illuminés tellement certains de parler au nom de Dieu qu'ils finissent par se prendre pour Dieu, réputant sacrilèges ou impies ceux qui n'acceptent pas leurs vaticinations comme paroles d'Evangile. Lorsqu'il était allé à Rome en 1824, le pape avait bien vu en lui « un esprit absolu... prêt à bouleverser le monde pour avoir raison et poursuivre ses propres idées[22] ». Certaines de ces idées rejoignent celles de Chateaubriand, ce qui explique, avec leur communauté d'origine et de terroir, la complicité dont s'étonnent les amis de l'écrivain. Celui-ci a toujours été fidèle au prêtre en rébellion, surtout, comme le remarque Sainte-Beuve, lorsque Lamennais, en quittant le parti légitimiste, a cessé de lui faire concurrence. Il n'y a qu'un point sur lequel Chateaubriand demeure intraitable, c'est la religion elle-même, et chaque fois que Lamennais l'attaque, il se dérobe : « Ah ! de grâce, mon cher ami, lui dit-il un jour, en l'interrompant vivement, n'engageons point de discussion théologique. Je m'en tiens à mon *Credo*, et j'y trouve ma consolation[23]. » Pour sa part, Sainte-Beuve estime que Chateaubriand « n'était pas assez sûr de sa foi pour en laisser discuter l'objet ».

Cette fidélité à son vieil ami, Chateaubriand en a donné la preuve après que Lamennais, au mois de novembre 1840, eut été condamné pour son pamphlet *Le Pays et le Gouvernement* à deux ans de prison et incarcéré à Sainte-Pélagie, dans une cellule au dernier étage. Chateaubriand a gravi chaque mois les cent cinq marches de l'escalier pour aller le réconforter. Comme lui, Lamennais a dû vendre sa bibliothèque et, autre point commun, tous deux ont en horreur les saint-simoniens, fouriéristes et autres rêveurs. Ils ont tous deux aussi le même sens de l'avenir et du prophétisme, politique chez l'un, religieux chez l'autre. Appartenant à cette race inquiète et tourmentée des convertis qui, après s'être donnés à Dieu, veulent convertir Dieu à leurs idées, Lamennais, « ce petit homme écrivant de petits livres pour de petits gens », suivant sa propre expression, est un peu la caricature de Chateaubriand. Peut-être est-ce pour cela qu'il l'aime, par gratitude envers le ciel d'avoir échappé à pareil destin. Rien ne marquera mieux la différence de caractère entre les deux Malouins que le sort qu'ils réserveront à leur dépouille : l'un dormira dans l'orgueilleux isolement de son tombeau, face au large ; l'autre ira s'anéantir dans l'anonymat de la fosse commune.

*

Le 16 août 1846, en descendant de voiture, Chateaubriand tombe et se casse la clavicule. Il lui faut porter son bras en écharpe et, à partir de ce moment, son déclin s'accélère. Il cesse complètement de marcher et doit se faire rouler dans un fauteuil pour aller à l'Abbaye-aux-Bois. Pour lui épargner ce déplacement, Mme Récamier se rend parfois rue du Bac, où le cénacle se transporte alors. Mme Lenormant dira : « Lorsque Mme de Chateaubriand venait, avec sa politesse enjouée, faire une apparition dans ce cercle, elle y semblait en visite[24]. »

Depuis quelques années, Mme Récamier est affligée d'une double cataracte et perd lentement la vue. Elle, presque aveugle, et lui, sourd, tous deux immobiles de chaque côté de la cheminée, ils ressemblent à leurs bustes dans un musée où les visiteurs, de plus en plus rares, parlent de plus en plus bas. Eploré de voir vieillir ainsi ses idoles, Ballanche observe : « Ce n'est pas la mort qui déplaît, c'est la décadence ; je la sens bien dans Mme Récamier, dans M. de Chateaubriand, c'est-à-dire que je sens combien cette triste impression existe pour eux. » Sainte-Beuve aussi le déplore et prend des notes pour ses futurs *Portraits* dans lesquels il se vengera d'avoir été si longtemps courtisan. Déjà il s'exprime en toute liberté dans ses lettres à Hortense Allart : « Chateaubriand est bien malheureux, il ne peut plus sortir de sa chambre, écrit-il. Mme Récamier va l'y voir tous les jours, mais elle ne le voit que sous le feu des regards de Mme de Chateaubriand qui se venge enfin des cinquante années de délaissement. Elle a le dernier mot sur le sublime volage… Cette femme est spirituelle, dévote, ironique, c'est-à-dire méchante… C'est vous, Hortense, qui aurez donné à M. de Chateaubriand ses dernières joies, ses derniers souvenirs de René… pour vous, il retrouve des restes de souffle et des bruits lointains de Germanie et de Gaule sauvage… Il disait l'autre soir à une personne de mes amis : "Je ne peux plus suivre une idée deux minutes de suite." Sentant cela, il se tait. Je lui rends le dernier hommage de respect en ne le voyant pas. C'est ainsi que moi-même je voudrais être traité[25]. »

Béranger prétend que lorsqu'il va voir Chateaubriand il réussit à le faire parler pendant un quart d'heure ou vingt minutes, mais, comme le remarque Thiers, quand Béranger a parlé à quelqu'un, il s'imagine volontiers que ce quelqu'un a parlé. Même Lamennais ne parvient plus à l'arracher à sa mélancolie et confie à Vitrolles au retour de la rue du Bac : « Il semble être tombé dans une prostration complète et je reviens toujours affligé quand je l'ai vu. » Il réussit pourtant, un jour, à le tirer de cette torpeur. Faute de pouvoir parler avec le maître de maison, il converse avec un de ses neveux qui lui dit son espoir de voir revenir le comte de Chambord. Entendant cela, Chateaubriand secoue la tête et, comme la conversation se poursuit sur ce thème, il profère : « Cela ira comme tout le reste, l'avenir est au peuple[26]... »

Un jour que ses petits-neveux, le marquis et la marquise d'Espeuilles, sont venus le voir avec leur jeune fils, ils prient l'enfant de chanter la romance de l'*Abencérage*. La voix du jeune d'Espeuilles fait rire Chateaubriand au point qu'il renverse sa tasse de café sur ses genoux.

Lorsqu'il répète que le monde change et que l'ancienne société s'en va, c'est lui, comme il le reconnaît parfois, qui meurt lentement au monde en ne cessant d'ailleurs de désirer ce qu'il n'a pas et de regretter ce qu'il n'a plus. Ainsi qu'il l'écrivait au début de ses Mémoires : « La mort est belle, elle est notre amie ; néanmoins nous ne la reconnaissons pas, parce qu'elle se présente à nous masquée et que son masque nous épouvante[27]. » Comme pour beaucoup de vieillards, chaque disparition d'un contemporain, même si elle emporte un peu de son passé, représente une victoire éphémère sur la mort. Celle de Mme de Chateaubriand, le 8 février 1847, ne lui cause aucune émotion visible, encore qu'il avoue à l'abbé Deguerry : « Je viens de sentir la vie atteinte et tarie dans sa source ; ce n'est plus qu'une question de quelques mois... »

La vicomtesse avait exprimé le vœu d'être enterrée dans la chapelle de l'Infirmerie Marie-Thérèse. En revenant du service où il s'est fait porter, Chateaubriand affiche un air joyeux, et Victor Hugo écrira qu'il riait aux éclats[28]. Pilorge, apparu pour la circonstance, y voit une réaction nerveuse et la preuve de l'affaiblissement du cerveau, à quoi Edouard Bertin rétorque, jovial : « Preuve de raison ! »

Le bruit se répand rapidement que l'illustre veuf ne tardera pas à épouser Mme Récamier. Hortense Allart lui écrit pour savoir si cette rumeur est fondée. Chateaubriand lui répond qu'il « n'a pas fait une si longue épreuve du mariage pour être tenté de recommencer », mais, en réalité, il aimerait donner son nom à Mme Récamier qui, sagement, refuse. Mme de Staël ne voulait pas avouer son second mariage avec John Rocca pour ne pas « désorienter l'Europe » en changeant de nom. Ce n'est pas cela qui motive le refus de Mme Récamier, mais plutôt ce bon goût dont elle a fait une des règles de sa vie. Un mariage, alors que tous deux touchent à la fin de leur existence, aurait quelque chose de ridicule et offenserait la mémoire de Mme de Chateaubriand : « Un mariage, pourquoi ? A quoi bon ? lui dit-elle. A nos âges, quelle convenance peut s'opposer aux soins que je vous rends ? Si la solitude vous est une tristesse, je suis toute prête à m'établir dans la même maison que vous. Le monde, j'en suis certaine, rendra justice à la pureté de notre liaison, et on m'approuverait de tout ce qui me rendrait plus facile la tâche d'entourer votre vieillesse de bonheur, de repos, de tendresse. Si nous étions plus jeunes, je n'hésiterais pas, j'accepterais avec joie le droit de vous consacrer ma vie. Ce droit, les années, la cécité me l'ont donné ; ne changeons rien à une affection parfaite[29]. »

Chateaubriand ne s'avouera pas battu et reviendra à la charge, au témoignage de Mme Lenormant qui, le 30 août 1847, écrit à sa tante : « On me dit aussi qu'il insiste opiniâtrement dans ses projets de mariage. Vous savez que je suis en général plus son auxiliaire que quelques autres de vos amis, mais je ne crois pourtant pas que ces projets d'union puissent vous convenir. Mais je lui en sais gré[30]. »

Ce qui paraît curieux, c'est que Chateaubriand, tout en persistant dans cette idée de remariage, ait pris, dès le 17 mars 1847, des dispositions testamentaires nouvelles inspirées, dit encore Mme Lenormant, par l'autorité que sa femme avait toujours exercée sur lui et qui s'était accrue dans les dernières années. Elle avait eu soin, avant de mourir, de remettre à Me Mandaroux-Vertamy ses dernières volontés, draconiennes si l'on juge par celles que Chateaubriand a prises. Révoquant ses dispositions testamentaires antérieures, il a rayé le nom de Mme Récamier, peut-être parce qu'il est persuadé de lui survivre, et légué sa copie de la *Sainte Famille* à Me Mandaroux-Vertamy. Il a destiné son buste par David d'Angers à son neveu Louis de Chateaubriand et quelques livres, annotés de sa main, au comte de Chambord. A Me Mandaroux-Vertamy, il envoie les quarante-deux livres de ses Mémoires qui remplacent dans la caisse en dépôt chez le notaire Cahouet les dix-huit portefeuilles enfermés là depuis 1836. Dans une caisse en bois blanc, il conserve la copie destinée à l'impression. C'est cette boîte que Victor Hugo apercevra lorsqu'il ira s'incliner devant sa dépouille.

Le 8 avril 1847, Mme de Castellane disparaît à son tour, emportée en quelques minutes alors qu'arrivent les premiers invités d'un dîner qu'elle donnait chez elle. Depuis longtemps elle était retournée à Mathieu Molé chez qui tout Paris va s'inscrire : « Personne ne parle de s'inscrire chez M. de Castellane », observe philosophiquement Victor Hugo.

Alors que Mme Récamier vient de se faire opérer de sa double cataracte, Ballanche tombe malade et meurt le 12 juin, assisté dans ses derniers moments par Victor de Laprade, Amélie Lenormant et Mme Récamier. Celle-ci, en s'agitant pour le soigner, en pleurant à la pensée de le perdre, a compromis le bon résultat de l'opération qui exigeait un repos complet. Elle restera définitivement aveugle, en dépit d'une seconde intervention qui échouera.

Chateaubriand va faire alors un bref séjour à Malesherbes, chez Louis de Chateaubriand, en compagnie de Mᵉ Mandaroux-Vertamy devenu son tuteur moral et physique. Il s'y ennuie tant qu'il préfère rentrer à Paris. Il repart néanmoins au mois de juillet 1847 pour Dieppe, où il s'installe à l'hôtel Royal, toujours flanqué de Mᵉ Mandaroux-Vertamy. Il est accueilli avec tous les honneurs officiels, mais il est si fatigué qu'il renonce à s'adresser aux autorités que Mandaroux-Vertamy remercie de sa part. Nullement découragés, ces braves gens reviennent le lendemain, et cette fois il peut leur dire quelques mots : « Il est à Dieppe l'objet d'un saint enthousiasme, écrit le 19 juillet Mandaroux-Vertamy à Mme Récamier. C'est à qui aura l'honneur de l'approcher. Visites d'hommes et de femmes, de prêtres et de laïques, députations, enfin rien ne manque. Je fais de mon mieux pour ménager ses forces et pour le préserver de quelques fatigues. Cependant, je ne voudrais pas me faire lapider[31]. »

Malgré quelques excursions aux environs, Chateaubriand s'ennuie vite. Il presse donc le retour à Paris et reprend ses chères habitudes à l'Abbaye-aux-Bois. Ni lui ni Mme Récamier ne parlent, mais chacun sait que l'autre est là : « Cela était touchant et triste, écrira Victor Hugo. La femme qui ne voyait plus cherchait l'homme qui ne sentait plus. Leurs deux mains se rencontraient. Que Dieu soit béni ! On va cesser de vivre et on s'aime encore[32]. » Rue du Bac, les fidèles lui rendent visite, et aussi des étrangers voulant contempler ce témoin d'une autre époque et cet écrivain qui n'écrit plus mais dont l'œuvre posthume, impatiemment attendue, sera pour lui une seconde carrière. Alexandre de Saint-Priest, venu l'entretenir de sa candidature à l'Académie, est frappé par le triste état dans lequel il le trouve, à peu près complètement paralysé : « Sa tête seule vit, dit-il à la duchesse de Dino, mais sa parole est embarrassée. » Saint-Priest n'a pu saisir que cette phrase, énoncée à grand-peine : « L'Académie... Monsieur... ne vous sera pas... difficile... j'espère. »

Tous les témoignages confirment hélas ! celui de Saint-Priest. Louis Beau de Loménie, qui épousera une des filles de Mme Lenormant, le trouve un jour affaissé sur une chaise et contemplant d'un air morne son jardin : « Il paraît, d'après ce qu'il m'a dit, que c'est dans cette situation qu'il passe la plus grande partie de sa journée, absorbé en lui-même, ne lisant rien et n'ayant d'autre distraction que de promener ses regards sur ce petit jardin fort négligé et qui lui convient ainsi, m'a-t-il dit, parce qu'il ressemble à un cimetière. Ce pauvre grand homme s'ennuie affreusement ; rien ne le touche plus, rien ne le distrait. »

Au mois d'octobre 1847, il accepte une invitation d'Hyde de Neuville et, toujours flanqué de Mᵉ Mandaroux-Vertamy, il va passer quelques jours dans le Berry. Le goût des voyages, ou plutôt celui du déplacement, est le seul qu'il ait gardé, comme si le mouvement de la voiture remplaçait pour lui l'activité du corps et, par le défilé des paysages, stimulait celle de l'esprit. Il ne s'attarde guère au château de Létang, malgré le chaleureux accueil qu'il y reçoit, et repart pour la Bretagne afin d'y revoir une dernière fois les lieux de sa jeunesse. Il ne semble pas être allé à Combourg et a seulement revu Fougères, interrompant d'ailleurs ce voyage en raison de sa santé, pour regagner Paris au début de novembre.

Avant de partir pour Létang, il avait revu la comtesse de Castelbajac, en séjour à Paris avec son mari. Prévenu de son arrivée, il avait voulu se faire conduire à son hôtel pour l'y saluer, puis il avait dû y renoncer. Lorsque l'Occitanienne était entrée dans sa chambre, il s'était écrié, en tendant les mains vers elle : « C'est vous ! » « Tout le passé remontait dans ce mot », dira-t-elle en faisant le récit de ses dernières entrevues avec lui car, après cette visite, accompagnée de son mari, elle était revenue seule à deux reprises. En la voyant partir, la dernière fois, il avait soupiré : « Je vous ai bien aimée… » Puis, après un silence, et levant les yeux vers elle, il avait ajouté : « Je vous aime toujours ! » Léontine de Castelbajac, sachant bien qu'elle ne le reverrait plus, était sortie en pleurant[33].

Dès son retour à Paris, Chateaubriand sombre dans une apathie généralisée à laquelle rien ne pourra l'arracher. Ses idées se brouillent, sa parole est inaudible et les amis qui viennent encore le voir se retirent au bout de quelques minutes avec le sentiment d'être indiscrets en le surprenant dans un état voisin de l'hébétude.

*

Peu avant sa fin, il éprouve une dernière joie : la chute de Louis-Philippe, qu'il avait si souvent prédite et qui survient à temps pour lui donner la satisfaction d'avoir été bon prophète. Lorsque le 24 février 1848, Louis de Loménie lui annonce la proclamation de la République, il sourit sans répondre, mais à Béranger venu le voir, il décoche : « Eh bien ! vous l'avez, votre République ! » Quand on lui apprend la fuite du souverain, en fiacre, il murmure : « C'est bien fait ! » Les troubles de Paris ne l'empêchent pas de se faire porter à l'Abbaye-aux-Bois où

Mme Récamier, à cause de ses yeux, vit dans une semi-obscurité qui ne permet pas aux visiteurs de distinguer les meubles et les fait s'avancer à tâtons, guidés par le son des voix. Le comte d'Estourmel, qui lui rend visite le 26 février, tombe au milieu d'une assemblée de spectres et note que Chateaubriand « reste enveloppé dans une immuable taciturnité ».

Il ne s'intéresse aucunement à ce qui se passe à la Chambre ou à l'Hôtel de Ville et demeure indifférent à « cette mauvaise tragédie jouée par des histrions de province », ainsi que Tocqueville a défini cette révolution dans laquelle Bulwer-Lytton, l'ancien amant d'Hortense Allart, voit « une invasion de barbares conduits par Orphée ». Si cette révolution était survenue quelques années plus tôt, il aurait pu en tirer pour ses Mémoires des pages vengeresses et laisser à la postérité un tableau à la Juvénal de cette période où par ambition, lâcheté, sottise et cupidité, les hommes qui se sont emparés du pouvoir croient rappeler leurs prédécesseurs de la Convention alors qu'ils ne sont que des coquins, des illuminés ou des imbéciles, avec quelques belles âmes égarées dans leurs rangs pour leur servir de caution devant l'Histoire. Alexis de Tocqueville, le cousin de Louis de Chateaubriand, saura peindre, ainsi que l'aurait fait le grand écrivain, certaines scènes de ce carnaval révolutionnaire et stigmatiser la grande peur des bien-pensants qui, pour se sauver, s'abaissent à la plus basse démagogie[34].

Aux élections législatives de mars 1848, treize candidats se présentent à Nantes, et le nom de « Chateaubriand, ancien ministre », est porté sur la liste officielle, avec ceux du général de Lamoricière, de Lanjuinais – qui a fait partie de la Chambre – et de l'avocat Waldeck-Rousseau. Son nom apparaît aussi sur les listes électorales parisiennes. On ne sait si cet ultime hommage est venu jusqu'à lui. En plus de ses maux habituels, il souffre d'une inflammation de la vessie et doit rester alité. Au mois de mai, il va mieux et peut retourner à l'Abbaye-aux-Bois où le comte d'Estourmel le voit une dernière fois, le 24 mai, dans une disposition d'esprit plus vive que naguère. Il parle un peu, mais c'est pour se montrer désagréable. Ainsi, lorsque Mme Récamier hasarde : « M. de Chateaubriand me disait tout à l'heure… » il l'interrompt d'un sec : « Madame, je n'ai rien dit… » On parle ensuite de littérature, à propos de la découverte d'inédits de Mme de Sévigné : « Oh ! mon Dieu, bougonne-t-il, est-ce qu'on va encore imprimer de nouvelles lettres de cette femme ? » Gênée de cette réflexion, Mme Récamier essaie d'en atténuer la portée.

A partir du mois de juin, Chateaubriand ne sort plus de chez lui et c'est Mme Récamier qui se rend quotidiennement rue du Bac.

Mme Lenormant, qui ne l'avait pas vu depuis un mois, s'effraie du changement intervenu : il a beaucoup maigri, est atteint d'une toux chronique et continue de souffrir de douleurs lancinantes à la vessie. Assez curieusement, ces douleurs, « au lieu de l'abattre, ont plutôt réveillé ses facultés morales », remarque Amélie Lenormant. Lorsque le bruit des combats de rue, pendant les journées de Juin, s'entend rue du Bac, il demande ce qui se passe. On lui dit que c'est le canon. Il se soulève un peu et déclare : « Je veux y aller… », puis s'affaisse. Pour ne pas le quitter, Mme Récamier accepte l'hospitalité de Mrs. Clarke, qui habite l'appartement du premier étage, au-dessus de celui de Chateaubriand. Elle passe ses journées à son chevet. Un jour, « suffoquée de douleur », écrit sa nièce, elle est obligée de sortir de la pièce ; il la suit des yeux sans rien dire, « mais avec une angoisse où se peignait l'effroi de ne plus la revoir[35] ».

Pendant cette longue agonie, les milieux littéraires célèbrent sa fin prochaine avec autant de satisfaction que les royalistes légitimistes la chute de Louis-Philippe. « Le cercle où l'on raconte les détails de sa maladie, rapporte Xavier Marmier, se compose de plusieurs de ses collègues de l'Académie et de plusieurs de ses amis, et on traite fort mal cette vieille gloire littéraire. L'un dit qu'il meurt bien mal à propos pour la satisfaction de sa vanité ; un autre déclare qu'il n'a jamais aimé au monde que sa propre personne ; un troisième, pour confirmer ce blâme, raconte qu'à l'époque où M. de Chateaubriand était le plus vivement épris de Mme de Castellane, il appliquait son orgueil à lui faire voir qu'il avait d'autres maîtresses[36]. »

Le 2 juillet, il est si mal qu'on envoie chercher l'abbé Deguerry. Un peu avant, il a dicté à Louis de Chateaubriand, peut-être à la demande de celui-ci, fort dévot, une rétractation de « tout ce qu'il peut y avoir dans ses écrits de contraire à la foi, aux mœurs et généralement aux principes conservateurs du bien ». Après avoir reçu de l'abbé Deguerry les derniers sacrements, il sombre dans un état somnolent dont il ne sortira plus.

A huit heures un quart du matin, le 4 juillet 1848, alors que veillent à son chevet l'abbé Deguerry, Mme Récamier, Louis de Chateaubriand et la Supérieure de l'Infirmerie Marie-Thérèse, il rend le dernier soupir. Cette disparition, qui aurait fait grand bruit en temps normal, passe presque inaperçue en raison des graves émeutes qui viennent d'ensanglanter la capitale, où l'ordre est à peine rétabli. Un service funéraire est célébré le 8 juillet à la chapelle des Missions étrangères. D'anciens amis, devenus indifférents, d'anciens ennemis, ayant oublié leurs griefs, s'y retrouvent, mêlés à ceux qui veulent se faire voir ou ambitionnent la succession, tel le duc de Noailles, accouru de Maintenon. «Je viens du service funéraire de Chateaubriand, note Sainte-Beuve; il y avait foule. Béranger y était; il n'a cessé durant l'office de causer avec son voisin, M. de Vitrolles. Ils étaient tous les deux en coquetterie. Voilà donc la fin de tout, ô néant! Soyez Chateaubriand, c'est-à-dire royaliste et catholique, faites le *Génie du christianisme*, et *La Monarchie selon la Charte*, pour qu'à vos funérailles, toutes convictions étant usées comme l'ont été les vôtres, Béranger et M. de Vitrolles se rencontrent et ne se quittent plus[37]!» Victor Hugo regrette une aussi modeste cérémonie alors qu'il aurait souhaité des funérailles nationales, avec troupes et canon, ou bien le corbillard des pauvres, ainsi qu'il le demandera pour son propre enterrement.

L'inhumation a lieu au Grand-Bé, le 19 juillet, avec cette fois tous les fastes militaires et toutes les pompes religieuses, sans compter d'innombrables discours. Aucun des éloges prononcés alors et depuis ne vaudra celui que Chateaubriand a passé presque un demi-siècle à composer, cet hymne à sa louange que sont les *Mémoires d'outre-tombe* et qui le montre à la postérité tel qu'il s'est voulu, superbe, inspiré, génial, dominant les peuples et les rois auxquels, comme Jéhovah sur le Sinaï, il a donné des conseils qu'ils n'ont pas suivis et des leçons qu'ils n'ont pas comprises.

Notes

Esquisse d'un portrait

1. J. Guillemin, *L'Homme des Mémoires d'outre-tombe*, p. 281.
2. Lamartine, *Cours familier de littérature*, tome IX, p. 33.
3. Comtesse de Boigne, *Mémoires*, tome III. p. 414.
4. Chateaubriand, *Correspondance générale*, tome V, p. 327.
5. Baron de Barante, *Souvenirs*, tome III, p. 99.
6. Guizot, *Mémoires*, tome I, p. 260.
7. Sainte-Beuve, *Mes poisons*, p. 27.
8. Chateaubriand, *Mémoires d'outre-tombe (M.O.T.)*, Ed. Pléiade, tome I, p. 630.
9. Prince de Metternich, *Mémoires et Documents*, tome I, p. 309.
10. Comte de Marcellus, *Chateaubriand et son temps*, p. 23.
11. *M.O.T.*, Pléiade, tome I, p. 1022.
12. Chateaubriand, *Œuvres complètes, (O.C.)*, Ed. Ladvocat, tome XXII, p. 288.
13. Villemain, *M. de Chateaubriand*, p. 550.
14. *M.O.T.,* Pléiade, tome II, p. 620.
15. Contrairement à mon habitude, je n'ai pas, pour chaque somme énoncée en monnaie de l'époque, indiqué son équivalent aujourd'hui. La hausse considérable du coût des services depuis plus d'un demi-siècle et la baisse, non moins importante, du prix de la plupart des biens, sauf dans le domaine immobilier, empêchent une estimation, même approximative. En effet, le traitement annuel de 12 000 francs que Chateaubriand recevait en sa qualité de pair de France équivaudrait à environ 350 000 francs de 1995, mais avec une telle somme il pouvait disposer de cinq à six domestiques qui, eux, représenteraient actuellement, par leurs salaires et les charges afférentes à ceux-ci, une dépense de plus d'un million par an.
16. Marcellus, *Chateaubriand et son temps*, p. 85.
17. J. J. Ampère, *Journal*, 2 juillet 1824.
18. Marcellus, *Chateaubriand et son temps*, p. 94.
19. *Ibid.,* p. 383.
20. Chateaubriand, *Le Congrès de Vérone*, tome I, p. 205.
21. *O.C.*, tome XXI, p. 347.
22. Daniélo, *Conversations de M. de Chateaubriand*, p. 217.
23. G. Matzneff, *Maîtres et Complices*, p. 160.

1. Un cadet sans importance
1768-1783

1. *Œuvres complètes (O.C.)*, tome V *bis*, p. 306-307.
2. Arthur Young, *Voyage en France, en Espagne et en Italie*, p. 87.
3. *Mémoires d'outre-tombe (M.O.T.)*, Pléiade, tome I, p. 19.
4. *M.O.T.*, Pléiade, tome II, p. 621.
5. Marcellus, *Chateaubriand et son temps*, p. 430.
6. *M.O.T.*, Pléiade, tome II, p. 916.
7. *M.O.T.*, Pléiade, tome I, p. 20.
8. *M.O.T.*, Pléiade, tome I, p. 25.
9. *M.O.T.*, Pléiade, tome I, p. 36.
10. *M.O.T.*, Pléiade, tome I, p. 48.
11. *La Vie de Rancé*, tome I, p. 19.
12. *M.O.T.*, Pléiade, tome I, p. 57.
13. *Ibid.*, p. 66.
14. *Ibid.*, p. 57.
15. *Ibid.*, p. 66.
16. *M.O.T.*, Pléiade, tome I, p. 70.
17. *M.O.T.*, Pléiade, tome I, p. 54.
18. *Mémoires de ma vie*, p. 132.
19. *M.O.T.*, Pléiade, tome I, p. 56.

2. Le puits de solitude
1784-1788

1. *Mémoires de ma vie*, p. 149.
2. *M.O.T.*, Pléiade, tome I, p. 101.
3. *M.O.T.*, Pléiade, tome I, p. 104.
4. Personnage non identifié, qui n'a aucun rapport avec la chanoinesse Victorine de Chastenay, égérie du comte Réal et auteur d'intéressants Mémoires.
5. Etienne Aubrée, *Lucile et René de Chateaubriand... à Fougères*, p. 102.
6. *Essai sur les révolutions*, Pléiade, p. 267.
7. *M.O.T.*, Pléiade, tome I, p. 133.
8. Marcellus, *Chateaubriand et son temps*, p. 85.
9. *M.O.T.*, Pléiade, tome I, p. 117.
10. P. Riberette, «Le Secret de Julie de Farcy», *Bulletin de la Société Chateaubriand (B.S.C.)*, n° 31, 1988.
11. *M.O.T.*, Pléiade, tome I, p. 164.
12. *Correspondance générale*, tome I, p. 45.
13. Etienne Aubrée, *Lucile et René de Chateaubriand*, p. 102.
14. *Cor. gén.*, tome I, p. 46.

3. Le rêve américain

1789-1791

1. *M.O.T.*, Pléiade, tome I, p. 145.
2. *Ibid.*, p. 143.
3. *M.O.T.*, Pléiade, tome I, p. 174.
4. *Ibid.*, p. 150.
5. *Les Martyrs*, in *Œuvres romanesques*, Pléiade, tome II, p. 236.
6. *M.O.T.*, Pléiade, tome I, p. 183.
7. *M.O.T.*, Pléiade, tome I, p. 179.
8. *M.O.T.*, Pléiade, tome I, p. 334.
9. *M.O.T.*, Pléiade, tome I, p. 187. En réalité, c'est le 13 mars 1791 que Chateaubriand sera officiellement mis en demi-solde en vertu du décret de septembre 1790 sur la réorganisation de l'armée.
10. Villemain, *M. de Chateaubriand*, p. 36.
11. Chateaubriand avait choisi de voyager sous ce nom.
12. George D. Painter, *Chateaubriand*, p. 230.
13. *Relation de l'abbé de Mondésir*, Appendice XIV aux *Mémoires d'outre-tombe*, édition du Centenaire, tome I, p. 600.
14. *M.O.T.*, Pléiade, tome I, p. 221.
15. *Voyage en Amérique*, Pléiade, *Œuvres romanesques et Voyages*, tome I, p. 703.
16. *Essai sur les révolutions*, Pléiade, p. 185.
17. Voltaire.
18. *Cor. gén.*, tome I, p. 62.
19. Victor Giraud, *Chateaubriand*, p. 181.
20. Villemain, *M. de Chateaubriand*, p. 55.
21. *M.O.T.*, Pléiade, tome I, p. 318.
22. *Ibid.*, p. 280.
23. *M.O.T.*, Pléiade, tome I, p. 281.
24. *Ibid.*, p. 283.

4. Les traverses de l'exil

1792-1795

1. *M.O.T.*, Pléiade, tome I, p. 292.
2. *M.O.T.*, Pléiade, tome I, p. 297.
3. Voir Pierre Riberette, «Erreurs et Vérités dans les Mémoires d'outre-tombe», *B.S.C.*, n° 31, 1988.
4. *M.O.T.*, Pléiade, tome I, p. 314.
5. *M.O.T.*, Pléiade, tome I, p. 318.
6. *M.O.T.*, Pléiade, tome I, p. 336.
7. *Ibid.*, p. 339.
8. *Ibid.*, p. 342.
9. *De l'Angleterre et des Anglais*, in *Mercure de France*, juin 1805, repris dans les *O.C.*, tome XXI, p. 22.
10. *M.O.T.*, Pléiade, tome I, p. 359.
11. Littéralement «cerveau fêlé».

12. « Je veux me tuer ! Que personne ne me sauve ! »

13. Passage supprimé d'ailleurs lors de la réédition de l'*Essai* dans les *O.C.,* sans doute en raison d'un différend sur une dette contractée par Chateaubriand et que celui-ci avait tardé à rembourser.

14. *M.O.T.*, Pléiade, tome I, p. 370.

15. En marge de son exemplaire de l'*Essai sur les révolutions*, il revient sur cette nostalgie d'une chaumière, à l'abri des hommes. Voir Pailhès, *Chateaubriand, sa femme et ses amis*, p. 305.

16. *M.O.T.*, Pléiade, tome I, p. 376.

5. Eveil d'un écrivain

1796-1799

1. *M.O.T.*, Pléiade, tome I, p. 426.

2. *Essai sur la littérature anglaise*, tome II, p. 207.

3. *Essai sur les révolutions*, Pléiade, p. 61.

4. *Essai sur les révolutions*, Pléiade, p. 149.

5. *Ibid.*, p. 312.

6. *Ibid.*, p. 336.

7. *Ibid.*, p. 381.

8. *Essai sur les révolutions*, Pléiade, p. 290.

9. *Essai sur les révolutions*, Pléiade, p. 224.

10. Philarète Chasles, *Mémoires*, tome I, p. 174.

11. *Cor. gén.*, tome I, p. 80.

12. *Les Natchez*, Pléiade, p. 263.

13. *Les Natchez*, Pléiade, p. 310.

14. *Les Natchez*, Pléiade, p. 493.

15. Gilbert Chinard, *L'Exotisme américain dans l'œuvre de Chateaubriand*, p. 187.

16. Bernard Mallet, *Mallet Du Pan and the French Revolution*, p. 201.

17. *Essai sur les révolutions*, Pléiade, p. 102.

18. Aileen Wilson, *Fontanes*, p. 121.

19. P. Riberette, « Le Séjour en Angleterre, doutes et certitudes », *B.S.C.*

20. *Cor. gén.*, tome I, p. 85.

21. Yves Lévy, *B.S.C*, n° 8, 1964.

22. *Cor. gén.*, tome I, p. 104.

23. *Ibid.*

24. *Ibid.*, p. 105.

6. La bataille d'Atala

1800-1801

1. *M.O.T.*, Pléiade, tome I, p. 443.

2. *M.O.T.*, Pléiade, tome I, p. 439.

3. *Ibid.*

4. *M.O.T.*, Pléiade, tome I, p. 449.

5. A dessein, je n'ai donné aucune référence des citations d'*Atala* dont j'ai consulté plusieurs éditions.

6. Villemain, *M. de Chateaubriand*, p. 88.

7. Sainte-Beuve, *Chateaubriand et son groupe littéraire*, tome I, p. 149.

8. 6 avril 1801.

9. *O.C.*, tome XVI, p. 298.

10. David d'Angers, *Carnets*, p. 226.

11. *Revue de Paris*, avril 1834.

12. Pour « Quartier latin ».

13. *M.O.T.*, Pléiade, tome I, p. 445.

14. *Cor. gén.*, tome I, p. 136.

15. Mathieu Molé, *Souvenirs sur la Révolution et l'Empire*, p. 127.

16. Beau de Loménie, *Les Demeures de Chateaubriand*, p. 54.

17. Paul de Raynal, *Les Correspondants de Joubert*, p. 65.

7. « *Via Sacra* »

1803

1. A. Wilson, *Fontanes*, p. 179.

2. Comte d'Estourmel, *Souvenirs de France et d'Italie*, p. 65.

3. *Cor. gén.*, tome I, p. 154.

4. *Mercure de France* du 5 mai 1802.

5. *B.S.C.*, n° 6, 1937.

6. *Génie du christianisme*, Pléiade, p. 1095.

7. *Ibid.*, p. 1113.

8. Sainte-Beuve, *Chateaubriand et son groupe littéraire*, tome I, p. 335.

9. Mathieu Molé, *Souvenirs d'un témoin de Ici Révolution et de l'Empire*, p. 318.

10. *Cor. gén.*, tome I, p. 173.

11. F. Letessier, « Chateaubriand en Avignon », *B.S.C.*, n° 27, 1984.

12. Repas où tous les services sont confondus en un seul.

13. Lila Maurice Amour, « La Jeune Céleste de Chateaubriand », *B.S.C.*, n° 19, 1976.

14. *M.O.T.*, Pléiade, tome I, p. 491.

15. *Cor. gén.*, tome I, p. 156.

16. Marquis de Custine, *Souvenirs et Portraits*, p. 107.

17. *Cor. gén.*, tome I, p. 211. Les Ballanche, père et fils, qui voulaient depuis plusieurs mois devenir les éditeurs de l'ouvrage, avaient fait à Chateaubriand des propositions auxquelles celui-ci avait répondu par des contre-propositions exorbitantes. L'accord s'est donc fait plus facilement de vive voix pour cette édition en neuf volumes qui paraîtra au mois de décembre 1804.

18. *Ibid.*, p. 213.

19. Bien que Rome soit seulement une légation, le cardinal Fesch a été nommé ambassadeur à titre personnel.

20. *Cor gén.*, tome I, p. 227.

21. *Cor. gén.*, tome I, p. 229.

22. *M.O.T.*, Pléiade, tome I, p. 500.

23. *O.C.*, tome XIV, p. 152.

24. Dupaty, *Lettres sur l'Italie*, tome II, p. 151.

25. *Cor. gén.*, tome I, p. 231-232.

26. Lettre du cardinal Fesch au Premier consul, 10 août 1803.

27. Lettre du cardinal Fesch au Premier consul, 10 août 1803.
28. Villemain, *M. de Chateaubriand*, p. 124.
29. *Cor. gén.*, tome I, p. 249.
30. *Cor. gén.*, tome I, p. 279.
31. *Ibid.*, p. 281.
32. Le futur tsar Nicolas Iᵉʳ.
33. *Cor. gén.*, tome I, p. 284.
34. *Ibid.*, p. 290.
35. *Ibid.*, p. 296.
36. B. d'Andlau, *Chateaubriand et «Les Martyrs»*, p. 67.
37. *Cor. gén.*, tome I, p. 300.
38. Marcellus, *Chateaubriand et son temps*, p. 301.

8. Franchir le Rubicon

1804-juin 1807

1. *M.O.T.*, Pléiade, tome I, p. 533.
2. Général de Rumigny, *Souvenirs*, p. 159.
3. L'opinion publique, que Fouché lui reprochait d'avoir égarée.
4. H. Welschinger, *La Censure sous le Premier Empire*, p. 89.
5. *M.O.T.*, Pléiade, tome I, p. 747.
6. *B.S.C.*, n° 34, 1991, p. 113.
7. Souvenirs inédits, cités par B. d'Andlau, in *Chateaubriand et «Les Martyrs»*, p. 101.
8. *Cor. gén.*, tome I, p. 331.
9. *Cor. gén.*, tome I, p. 332.
10. A. Chédieu de Robethon, *Chateaubriand et Mme de Custine*, p. 104.
11. *Notice historique*, de Joubert-Laffont, citée par l'abbé Pailhès, in *Chateaubriand, sa femme et ses amis*, p. 306.
12. P. Raynal, *Les Correspondants de Joubert*, p. 198-199.
13. H. Guillemin, *L'Homme des Mémoires d'outre-tombe*, p. 39.
14. *M.O.T.*, Pléiade, tome I, p. 595.
15. *Cor. gén.*, tome I, p. 348.
16. *M.O.T.*, Pléiade, tome I, p. 599.
17. E. Faguet, *Dix-Neuvième Siècle*, p. 22.
18. *Œuvres romanesques et Voyages*, Pléiade, tome I, p. 144.
19. Marquis de Custine, *Souvenirs et Portraits*, p. 123.
20. Baronne du Montet, *Souvenirs*, p. 432.
21. *Cor. gén.*, tome I, p. 368.
22. *M.O.T.*, Pléiade, tome I, p. 584.
23. M. Levaillant, *Chateaubriand, prince des songes*, p. 49.
24. *Ibid.*, p. 50.
25. Comte Molé, *Mémoires*, tome I, p. 44.
26. *Cor. gén.*, tome I, p. 373.
27. *O.C.*, tome XXI, p. 283-304.
28. C'est ce qui lui arrivera lorsque, ministre des Affaires étrangères, il ne devinera rien des intrigues menées pour obtenir son renvoi.

29. *O.C.*, tome XXI, p. 294.

30. *Cor. gén.*, tome I, p. 381.

31. Maison Charavay, catalogue d'autographes, lettre du 24 juin 1806.

32. Cité par Etienne Malakis, *B.S.C.*, n° 4, 1934.

33. Abbé Pailhès, *Chateaubriand, sa femme et ses amis*, p. 346.

9. Le pèlerin amoureux

juillet 1806-mai 1807

1. P. de Raynal, *Les Correspondants de Joubert*, p. 210.

2. P. de Raynal, *Les Correspondants de Joubert*, p. 217.

3. Père Garabed der Sahaghian, *Chateaubriand en Orient*, p. 108.

4. *Itinéraire*, Pléiade, *Œuvres romanesques et Voyages*, tome II, p. 822.

5. Cité par le P. Garabed der Sahaghian, *Chateaubriand en Orient*, p. 125.

6. *Ibid.*, p. 126.

7. *Itinéraire*, Pléiade, tome II, p. 837.

8. P. Garabed der Sahaghian, *Chateaubriand en Orient*, p. 136.

9. *Itinéraire*, Pléiade, tome II. p. 804-805.

10. *Itinéraire*, Pléiade, tome II, p. 874.

11. *Ibid.*, p. 877.

12. *Ibid.*, p. 876.

13. *Itinéraire*, Pléiade, tome II, p. 942.

14. *Cor. gén.*, tome I, p. 396.

15. Lamartine, *Cours familier de littérature*, tome XXXVIII, p. 132.

16. Emile Malakis, «Documents inédits sur le voyage de Chateaubriand en Orient», *B.S.C.*, n° 4, 1934.

17. *Itinéraire*, Pléiade, tome II, p. 1143.

18. Mme de Chateaubriand, *Mémoires*, p. 60.

19. Cité par B. d'Andlau, in *Chateaubriand et «Les Martyrs»*, p. 123.

20. Hyde de Neuville, *Mémoires*, tome I, p. 444.

21. *Cor. gén.*, tome I, p. 405.

22. Misérable bourgade où était née la Dulcinée de don Quichotte.

23. Archives de Coppet, cité par B. d'Andlau in *Chateaubriand et «Les Martyrs»*, p. 126.

24. Abbé Pailhès, *Chateaubriand, sa femme et ses amis*, p. 378.

25. *M.O.T.*, Pléiade, tome I, p. 630.

10. Les palmes du martyre

1. P. Riberette, «Chateaubriand nègre d'Alexandre de Laborde», *B.S.C.*, n° 15, 1972.

2. *O.C.*, tome XXI, p. 306.

3. *O.C.*, tome XXI, p. 318.

4. *M.O.T.*, Pléiade, tome I, p. 630.

5. Villemain, *M. de Chateaubriand*, p. 361.

6. Mme de Chateaubriand, *Mémoires*, p. 62.

7. *Ibid.*, p. 63.

8. Marquise de La Tour du Pin, *Journal d'une femme de cinquante ans*, tome II, p. 303.

9. Marquise de La Tour du Pin, *Journal d'une femme de cinquante ans*, tome II, p. 191.

10. *B.S.C.*, n° 1, 1931.

11. Comtesse de Boigne, *Mémoires*, tome I, p. 296.

12. *Ibid.*, p. 395.

13. Villemain, *M. de Chateaubriand*, p. 163.

14. *Cor. gén.*, tome II, p. 38.

15. L. Martin-Chauffier, *Chateaubriand*, p. 145.

16. C'est-à-dire de ne pas s'être adressé d'abord à lui. L'impératrice Joséphine lui avait montré la lettre qu'elle avait reçue. D'après la reine Hortense, agacé par une phrase qui lui aurait déplu, il aurait jeté la lettre au feu.

17. Mme de Rémusat, *Mémoires*, tome II, p. 392 à 394.

18. Comte de Sémallé, *Souvenirs*, p. 121.

19. *Ibid.*, p. 122.

20. Mme de Rémusat, *Mémoires*, tome II, p. 294-295.

21. B. d'Andlau, *Chateaubriand et « Les Martyrs »*, p. 182-183.

22. *Les Martyrs*, Pléiade, *Œuvres romanesques et Voyages*, tome II, p. 272.

23. *Ibid.*, p. 24.

24. B. d'Andlau, *Chateaubriand et « Les Martyrs »*, p. 270.

25. *Ibid.*, p. 271.

26. B. d'Andlau, « Un billet inédit de Chateaubriand à Sismondi », *B.S.C.*, n° 17, 1974.

27. B. d'Andlau, *Chateaubriand et « Les Martyrs »*, p. 277.

28. *Cor. gén.*, tome II, p. 402.

29. M.L. Pailleron, *La Vicomtesse de Chateaubriand*, p. 108.

30. E. Delécluze, *Souvenirs de soixante années*, p. 70.

31. *Ibid.*, p. 201.

32. *Les Martyrs*, Pléiade, tome II, p. 483.

11. Déboires d'un académicien

janvier 1811-mars 1814

1. *O.C.*, tome IV, p. 137.

2. Mme de Chateaubriand, *Mémoires*, p. 69.

3. Comte Ferrand, *Mémoires*, p. 178.

4. Baron de Barante, *Souvenirs*, p. 441.

5. *M.O.T.*, Pléiade, tome I, p. 646.

6. *Cor. gén.*, tome II, p. 95.

7. Les satires de Chénier.

8. *M.O.T.*, Pléiade, tome I, p. 655.

9. P. Riberette, « Chateaubriand et Sophie Gay, lettres inédites », *B.S.C.*, n° 13, 1970.

10. *Cor. gén.*, tome II, p. 80.

11. *Ibid.*, p. 87.

12. *Ibid.*, p. 63.

13. *Cor. gén.*, tome II, p. 90.

14. *Cor. gén.*, tome II, p. 77.

15. *Ibid.*, p. 78.

16. Cité par H. Welschinger, *La Censure sous le Premier Empire*, p. 196.

17. *Cor. gén.*, tome II, p. 84.

18. *Ibid.*, p. 285.

19. *Ibid.*

20. René Perrin, *Itinéraire de Pantin au Mont Calvaire*, p. 82.

21. *Cor. gén.*, tome II. p. 127.

22. *Ibid.*, p. 129.

23. *Cor. gén.*, tome II, p. 147.

24. *Ibid.*, p. 140.

25. P. de Raynal, *Les Correspondants de Joubert*, p. 227.

26. G. Pailhès, *La Duchesse de Duras et Chateaubriand*, p. 89.

27. G. Pailhès, *La Duchesse de Duras et Chateaubriand*, p. 89.

28. *Cor. gén.*, tome II, p. 150.

29. G. Pailhès, *La Duchesse de Duras et Chateaubriand*, p. 103.

30. Pie VII, enlevé de Rome, était retenu prisonnier à Fontainebleau.

31. Villemain, *M. de Chateaubriand*, p. 190.

32. Mme de Chateaubriand, *Mémoires*, p. 70-71.

33. Jean Tulard, *Joseph Fiévée, conseiller secret de Napoléon*, p. 150.

34. Comte Beugnot, *Mémoires*, tome II. p. 18.

35. *Cor. gén.*, tome II, p. 195.

36. *Cor. gén.*, tome II, p. 198.

37. M.J. Durry, *En marge des Mémoires d'outre-tombe*, p. 24.

38. Mme de Chateaubriand, *Mémoires*, p. 77.

39. Brienne, où il avait été boursier du roi à l'Ecole militaire.

40. Citations faites d'après l'édition originale de ce pamphlet dont les rééditions porteront certaines corrections, notamment lors de la publication dans les *Œuvres complètes*. Le passage sur les talents militaires de l'Empereur figure à la page 28.

41. *Ibid.*, p. 63.

42. E. Lamy, *Nicolas Bergasse*, p. 251.

12. La danse autour du trône

avril 1814-décembre 1815

1. *M.O.T.*, Pléiade, tome I, p. 859.

2. *Ibid.*, tome II, p. 852.

3. *M.O.T.*, Pléiade, tome I. p. 869.

4. Comtesse de Boigne, *Mémoires*, tome I, p. 348.

5. Chancelier Pasquier, *Mémoires*, 1re partie, tome II, p. 272.

6. *M.O.T.*, Pléiade, tome I, p. 868.

7. Mme de Chateaubriand, *Mémoires*, p. 82.

8. Comte de Marcellus, *Chateaubriand et son temps*, p. 211. Voir aussi le curieux témoignage de Mme de Rémusat dans une lettre à son fils Charles et citée par celui-ci dans ses *Mémoires de ma vie*, tome I, p. 144.

9. Comtesse de Boigne, *Mémoires*, tome I, p. 348.

10. *Cor. gén.*, tome II, p. 217.

11. Duc de Castries, *Chateaubriand*, p. 250.

12. *Cor. gén.*, tome II. p. 218.

13. *O.C.*, tome XXIV, p. 103.

14. *O.C.*, tome XXIV, p. 220.

15. Les royalistes *purs* voulant le retour intégral à l'Ancien Régime. Ce seront les *ultras* ou *ultracistes*.

16. *O.C.*, tome XX, p. 122.

17. *M.O.T.*, Pléiade, tome I, p. 922.

18. Chancelier Pasquier, *Mémoires*, 1re partie, tome III, p. 299.

19. *O.C.*, tome XXIV, p. 275.

20. *Ibid.*, p. 309.

21. Guizot, *Mémoires*, tome I, p. 88.

22. P. Clarac, *A la recherche de Chateaubriand*, p. 327-328.

23. *M.O.T.*, Pléiade, tome I, p. 974.

24. *Ibid.*, p. 976.

25. *M.O.T.*, Pléiade, tome I, p. 973.

26. Comte Beugnot, *Mémoires*, p. 613.

27. *M.O.T.*, Pléiade, tome I, p. 984.

28. *O.C.*, tome III, p. 133.

29. *Cor. gén.*, tome III, p. 47.

30. Francis Ley, *Madame de Krüdener*, p. 318.

31. C'est-à-dire son frère et Chateaubriand.

32. Marquise de Montcalm, *Mon journal*, etc., p. 93.

33. Comte Molé, *Mémoires*, tome IV, p. 278-279.

34. *M.O.T.*, Pléiade, tome I, p. 898.

35. Guizot, *Mémoires*, tome I, p. 113.

36. *Ibid.*, p. 108.

37. B. Combes de Patris, *Le Comte de Serre*, p. 53.

38. Hyde de Neuville, *Mémoires*, tome II, p. 260.

39. Catherine Decours, *Zoé du Cayla*, p. 209.

40. *O.C.*, tome XXIII, p. 194.

13. Un royaliste outré

janvier 1816-septembre 1819

1. J. Fourcassié, *Villèle*, p. 117.

2. Baron de Barante, *Mémoires*, tome II, p. 221.

3. *De la Monarchie selon la Charte*, éd. 1816, chapitre XXVIII, p. 22.

4. Marquise de Montcalm, *Mon journal*, etc., p. 149.

5. J. Lemaître, *Chateaubriand*, p. 252.

6. *Cor. gén.*, tome III. p. 81.

7. Marquise de Montcalm, *Mon journal*, etc., p. 174 à 177 pour le texte de cette curieuse lettre.

8. *De la Monarchie selon la Charte*, éd. 1816, p. 85.

9. Le duc d'Angoulême.

10. Cité par E. Beau de Loménie, *La Carrière politique de Chateaubriand*, tome I, p. 122.

11. *Cor. gén.*, tome III, p. 85.

12. Cité par E. Beau de Loménie, *La Carrière diplomatique de Chateaubriand*, tome I, p. 131.

13. E. de Waresquiel, *Le Duc de Richelieu*, p. 308.

14. Baron de Vitrolles, *Mémoires*, tome III, p. 251.

15. E. Herriot, *Madame Récamier*, p. 226.

16. *O.C.*, tome XXIII, p. 161.

17. *Correspondance de M. de Rémusat*, tome II, p. 284.

18. J.-A. de Sédouy, *Le Comte Molé*, p. 115.

19. *Cor. gén.*, tome III, p. 145.

20. Comte Molé, *Mémoires*, tome III, p. 355.

21. *O.C.*, tome XXIII, p. 206.

22. *O.C.*, tome XXIII, p. 233.

23. *Cor. gén.*, tome III, p. 108.

24. Marquise de Montcalm, *Mon journal*, etc., p. 258.

25. Comte de Marcellus, *Chateaubriand et son temps*, p. 327.

26. E. Delécluze, *Souvenirs de soixante ans*, p. 282.

27. *Cor. gén.*, tome III, p. 124.

28. *Ibid.*, p. 125.

29. Comte de Falloux, *Madame Swetchine*, tome I, p. 213.

30. Le n° 45 à la fin du siècle et aujourd'hui démoli.

31. Baron de Vitrolles, *Mémoires*, tome III, p. 259-260.

32. Le duc de Broglie, bien que libéral, aura lui aussi le désagrément de surprendre, en train de fouiller dans ses papiers, deux de ses domestiques qui lui avoueront être aux gages de la police. Il écrira au préfet de police afin de le féliciter du zèle de ses agents, « dignes des secours du gouvernement ». La pratique, héritée de Fouché, est courante à l'époque.

33. Chancelier Pasquier, *Mémoires*, tome IV, p. 244.

34. Comte de Falloux, *Lettres de Mme Swetchine*. C'est Mme de Duras qui a souligné les phrases en italique.

35. Cité par Jean Tulard, *Joseph Fiévée*, p. 194.

36. Baron Hyde de Neuville, *Mémoires et Souvenirs*, tome II, p. 289.

37. Cité par P. Reboul, *Chateaubriand et « Le Conservateur »*, p. 156.

38. *Cor. gén.*, tome III, p. 183.

39. *Ibid.*, p. 199.

40. *Ibid.*

41. Cité par P. Reboul, *Chateaubriand et « Le Conservateur »*, p. 288.

42. *Ibid.*, p. 132.

43. *O.C.*, tome IV, p. 137.

14. Duel contre Decazes
octobre 1819-décembre 1821

1. Ch. Léger, *Madame Récamier, la reine Hortense…* p. 169.

2. Marquis de Custine, *Lettres inédites au marquis de La Grange*, p. 123.

3. P. de Raynal, *Les Correspondants de Joubert*, p. 255.

4. Duc de Castries, *Madame Récamier*, p. 199.

5. M. Levaillant, *Chateaubriand, Madame Récamier*, etc., p. 18.

6. Wagener, *Madame Récamier*, p. 302.

7. C'est-à-dire Mme de Duras.

8. P. Riberette, «Quatre Lettres inédites de Chateaubriand», *B.S.C.*, n° 16, 1973, p. 28.

9. Cité par Beau de Loménie, *La Carrière politique de Chateaubriand*, tome II, p. 253.

10. Cité par P. Reboul, *Chateaubriand et «Le Conservateur»*, p. 239.

11. *Le Conservateur*, 29 octobre 1819.

12. *M.O.T.*, Pléiade, tome II, p. 24.

13. *Cor. gén.*, tome III, p. 251.

14. Chateaubriand orthographiait ainsi le nom du comte Decazes, peut-être pour souligner ce qui lui manquait en noblesse héréditaire.

15. *Le Conservateur*, 18 février 1820.

16. Duc de Castries, *Chateaubriand*, p. 290.

17. Louis XVI, Marie-Antoinette, Louis XVII, Madame Elisabeth, le duc d'Enghien, le duc de Berry.

18. Comte de Marcellus, *Chateaubriand et son temps*, p. 243.

19. Ch. de Rémusat, *Mémoires*, tome I, p. 420.

20. Bertier de Sauvigny, *Histoire de la Restauration*, p. 225.

21. Cité par P. Reboul, *Chateaubriand et «Le Conservateur»*, p. 279.

22. Baron de Frénilly, *Souvenirs*, p. 435.

23. *Mémoires, lettres et pièces authentiques touchant à la vie et la mort de S.A.R. Monseigneur Charles-Ferdinand d'Artois, fils de France, duc de Berry*, publication des *Œuvres complètes*, tome III, p. 238.

24. Maréchal de Castellane, *Journal*, 12 mai 1820.

25. Combes de Patris, *Le Comte de Serre*, p. 179.

26. J. Fourcassié, *Villèle*, p. 185.

27. Comte Molé, *Mémoires*, tome VI, p. 390.

28. Comtesse de Boigne, *Mémoires*, tome III, p. 48.

29. E. Herriot, *Madame Récamier*, p. 327.

30. H. Guillemin, *L'Homme des Mémoires d'outre-tombe*, p. 280.

31. *Cor. gén.*, tome III, p. 291.

32. *Cor. gén.*, tome IV, p. 200.

33. *Cor. gén.*, tome IV, p. 172.

34. Commandant Rouch, «Chateaubriand et Adalbert de Chamisso», *B.S.C.*, n° 7, 1963, p. 30.

35. Chevalier de Cussy, *Souvenirs*, tome I, p. 232.

36. *Cor. gén.*, tome IV, p. 44.

37. *Cor. gén.*, tome IV, p. 68.

38. *Ibid.*, p. 86.

39. *Ibid.*, p. 136.

40. *Ibid.*, p. 80.

41. *Ibid.*, p. 91.

42. *Cor. gén.*, tome IV, p. 98.

43. *Ibid.*, p. 139.

44. J. Janin, *Histoire de la littérature dramatique*, tome III, p. 136.

45. *Essai sur la littérature anglaise*, tome II, p. 266.

46. Comte Ferrand, *Mémoires*, p. 259.

47. *O.C.*, tome XXIII, p. 354.

48. *Cor. gén.*, tome IV, p. 198.

49. Il s'agit de Villèle.

50. Marquis de Custine, *Lettres au marquis de La Grange*, p. 137.

51. *Cor. gén.*, tome IV, p. 232.

15. Le magnifique ambassadeur

1822

1. A. Bardoux, *La Duchesse de Duras*, p. 293.

2. *Cor. gén.*, tome V, p. 30.

3. Comte de Marcellus, *Chateaubriand et son temps*, p. 215.

4. Comte de Marcellus, *Chateaubriand et son temps*, p. 47.

5. *Cor. gén.*, tome V, p. 54.

6. *Ibid.*, p. 55.

7. *Ibid.*, p. 33.

8. *Cor. gén.*, tome V, p. 121.

9. F. Letessier, « François et ses deux Emilie », *B.S.C.*, n° 21, 1978.

10. *M.O.T.*, Pléiade, tome I, p. 196.

11. Adrien de Montmorency, duc de Laval, alors ambassadeur à Rome.

12. *Cor. gén.*, tome V, p. 135.

13. *Cor. gén.*, tome V, p. 143.

14. *Ibid.*, p. 147.

15. *Cor. gén.*, tome V, p. 207.

16. *Ibid.*, p. 191.

17. *Ibid.*, p. 228.

18. A. Bardoux, *La Duchesse de Duras*, p. 367.

19. A. Bardoux, *La Duchesse de Duras*, p. 290.

20. *Cor. gén.*, tome V. p. 93.

21. A. Bardoux, *La Duchesse de Duras*, p. 358.

22. *Cor. gén.*, tome V, p. 65.

23. *Ibid.*, p. 236.

24. A. Bardoux, *La Duchesse de Duras*, p. 370.

25. *Cor. gén.*, tome V, p. 261.

26. *Ibid.*, p. 270.

27. Comte de Marcellus, *Chateaubriand et son temps*, p. 285.

28. A. Bardoux, *La Duchesse de Duras*, p. 393.

29. *Ibid.*, p. 377.

30. Ch. de Rémusat, *Mémoires*, tome II, p. 49.

31. Lamartine, *Cours familier de littérature*, tome IX, p. 90.

32. Guizot, *Mémoires*, tome I, p. 249.

33. *Cor. gén.*, tome V, p. 306.

34. *Ibid.*, p. 312.

35. *Cor. gén.*, tome V. p. 313.

36. *Congrès de Vérone*, tome II, p. 137.

37. *M.O.T.*, Edition du Centenaire, tome III, p. 159.

38. Comte de Marcellus, *Souvenirs diplomatiques*, p. 80.

39. J.-A. de Sédouy, *Chateaubriand diplomate*, p. 133.

40. Chancelier Pasquier, *Mémoires*, tome V, p. 258.

41. *Cor. gén.*, tome V. p. 334.

42. Chancelier Pasquier, *Mémoires*, tome V, p. 462.

43. J. Fourcassié, *Villèle*, p. 241.

44. *Cor. gén.*, tome V, p. 346.

45. *Cor. gén.*, tome V, p. 437.

46. Lorsque Chateaubriand, à défaut d'être envoyé à Vérone, voulait avoir l'intérim des Affaires étrangères pendant l'absence de Montmorency.

47. *Cor. gén.*, tome V, p. 352.

16. Une guerre à soi

janvier 1823-juin 1824

1. *Congrès de Vérone*, tome I, p. 360.

2. *Cor. Thomas*, tome IV, p. 38.

3. «Souvenirs inédits du comte de Corbière», *B.S.C.*, n° 35, 1992.

4. Lacour-Gayet, *Talleyrand*, tome III, p. 193-142.

5. *Cor. Thomas*, tome V, p. 76.

6. *Cor. Thomas*, tome V, p. 65.

7. *Cor. Thomas*, tome IV, p. 245.

8. *Cor. Thomas*, tome IV, p. 299.

9. *M.O.T.*, Pléiade, tome II, p. 104.

10. *Cor. Thomas*, tome V, p. 43.

11. *Ibid.*, p. 46.

12. *Cor. Thomas*, tome V, p. 96.

13. *Ibid.*, p. 16.

14. *Cor. Thomas*, tome V, p. 278.

15. *Ibid.*, p. 213.

16. *Ibid.*, p. 268.

17. Ch. de Rémusat. *Mémoires*, tome II, p. 110.

18. *Cor. Thomas*, tome V, p. 6.

19. *Cor. Thomas*, tome V, p. 16.

20. *Ibid.*, p. 25.

21. *Cor. Thomas*, tome V, p. 48.

22. *Ibid.*, p. 49.

23. *Ibid.*, p. 64.

24. *Cor. Thomas*, tome V, p. 82.

25. *Congrès de Vérone*, tome II, p. 342.

26. Duc de Castries, *Chateaubriand*, p. 328.

27. J. Fourcassié, *Villèle*, p. 283.

28. La Rochefoucauld, *Mémoires*, tome VI, p. 525.

29. Guizot, *Mémoires*, tome I, p, 264.

30. *M.O.T.*, Ed. du Centenaire, tome III, p. 235.

31. Chancelier Pasquier, *Mémoires*, tome V, p. 558-559.

32. F. de Bertier, *Souvenirs d'un ultra-royaliste*, p. 168.

33. Chancelier Pasquier, *Mémoires*, tome V, p. 558-559.
34. Comte A. de Rougé, *Le Marquis de Vérac et ses amis*, p. 255.
35. *M.O.T.*, Pléiade, tome II, p. 105.
36. *Congrès de Vérone*, tome II, p. 409.
37. P. Clarac, *A la recherche de Chateaubriand*, p. 141.
38. Chancelier Pasquier, *Mémoires*, tome V, p. 560.
39. Duchesse de Maillé, *Mémoires*, p. 110.
40. *M.O.T.*, Pléiade, tome II, p. 131.
41. Ch. de Rémusat, *Mémoires*, tome II, p. 108.
42. Guizot, *Mémoires*, tome I, p. 268.
43. J. Fourcassié, *Villèle*, p. 285.
44. *O.C.*, tome XXVI, p. 539.

17. L'anti-Villèle

juillet 1824-décembre 1827

1. *Cor. Thomas*, tome V, 153.
2. A l'Abbaye-aux-Bois.
3. E. Herriot, *Madame Récamier*, p. 378.
4. *Cor. Thomas*, tome V, p. 204.
5. E. Herriot, *Madame Récamier*, p. 365.
6. Mme de Chateaubriand, *Mémoires*, p. 67.
7. Cité dans le *Congrès de Vérone*, tome II, p. 397.
8. F. de Bertier, *Souvenirs d'un ultra-royaliste*, p. 263.
9. Le Gras, *Mémoires et Lettres de Madame de Chateaubriand*, p. 238.
10. *Lettres de Chateaubriand à la comtesse de Castellane*, p. 2.
11. M.-L. Pailleron, *La Vicomtesse de Chateaubriand*, p. 219.
12. Comte d'Haussonville, *Ma jeunesse*, p. 120.
13. *Ibid.*, p. 130.
14. M. Levaillant, *Chateaubriand et les Mémoires d'outre-tombe*, p. 29.
15. R. Lebègue, «Les Lettres du prince Auguste de Prusse à Mme Récamier», *B.S.C.*, n° 21, 1976.
16. P. Gautier, «Véritable version du récit de Victor Hugo dans ses visites à Chateaubriand», *B.S.C.*, n° 4, 1943.
17. M. Levaillant, *Splendeurs et Misères de M. de Chateaubriand*, p. 222.
18. L. Le Guillou, «Trois Lettres inédites de Chateaubriand», *B.S.C.*, n° 13.
19. *Lettres de Chateaubriand à la comtesse de Castellane*, p. 83.
20. *Ibid.*, p. 117.
21. *O.C.*, tome XVII, p. 62.
22. *Ibid.*, p. 66.
23. Sans doute Chateaubriand veut-il dire «comme elle doit l'être». Voir le texte intégral dans les *M.O.T.*, Pléiade, tome II, p. 141.
24. *O.C.*, tome XXVII, p. 226.
25. *O.C.*, tome XXVII, p. 234.
26. *M.O.T.*, Pléiade, tome II, p. 138.
27. *O.C.*, tome XXVIII, p. 113.
28. J. Fourcassié, *Villèle*, p. 263.

29. *O.C.*, tome XXV.

30. Duchesse de Maillé, *Mémoires*, p. 205.

31. A Saint-Germain-en-Laye.

32. G. Pailhès, *La Duchesse de Duras et Chateaubriand*, p. 495.

33. G. Pailhès, *La Duchesse de Duras et Chateaubriand*, p. 314.

34. *Ibid.*, p. 512.

35. *Ibid.*, p. 515.

36. *M.O.T.*, Pléiade, tome I, p. 931.

18. Automne romain

janvier 1828-mai 1829

1. G. Pailhès, *La Duchesse de Duras et Chateaubriand*, p. 515.

2. *M.O.T.*, Pléiade, tome II, p. 145.

3. Ch. de Cussy, *Souvenirs*, tome II, p. 79.

4. J. Fourcassié, *Villèle*, p. 372.

5. Comtesse de Boigne, *Mémoires*, tome III, p. 226.

6. F. de Bertier, *Souvenirs d'un ultra-royaliste*, p. 330.

7. M.-J. Durry, *Chateaubriand et Hyde de Neuville*, p. 58.

8. M.-J. Durry, *Chateaubriand et Hyde de Neuville*, p. 60-61.

9. *M.O.T.*, Pléiade, tome II, p. 147.

10. Bertier de Sauvigny, «Metternich et l'Ambassade romaine de Chateaubriand», *B.S.C.*, 1958, p. 13.

11. Comtesse de Boigne, *Mémoires*, tome III. p. 228.

12. *Correspondance avec la Marquise de V...*, p. 35.

13. *Ibid.*, p. 66.

14. Comtesse de Saint-Roman, *Le Roman de l'Occitanienne*, p. 87.

15. *Ibid.*, p. 91.

16. *Correspondance avec la marquise de V...*, p. 118-119.

17. *Ibid.*, p. 120.

18. *Ibid.*, p. 134.

19. Cité par le duc de Castries, *Madame Récamier*, p. 255.

20. M.-J. Durry, *Chateaubriand et Hyde de Neuville*, p. 65.

21. *M.O.T.*, Pléiade, tome II, p. 365.

22. Dans une lettre du 3 août 1828 à La Ferronnays, Charles X s'oppose à ce que l'on donne à cet égard des instructions à Chateaubriand, qu'il qualifie d'«ignoble ami» (P. Clarac, *A la recherche de Chateaubriand*, p. 179).

23. *M.O.T.*, Pléiade, tome II, p. 257.

24. Comte d'Haussonville, *Ma jeunesse*, p. 184-185.

25. Comtesse d'Andlau, «Souvenirs inédits d'un jeune attaché», *B.S.C.*, n° 4, 1960.

26. *Lettres de Chateaubriand à Madame Récamier*, p. 57.

27. *M.O.T.*, Pléiade, tome II. p. 253.

28. *M.O.T.*, Pléiade, tome II, p. 242.

29. Comte d'Haussonville, *Ma jeunesse*, p. 205.

30. *Correspondance avec la marquise de V...*, p. 182.

31. Ch. de Cussy, *Souvenirs*, tome II, p. 99.

32. *Lettres de Chateaubriand à Madame Récamier*, p. 89.

33. Villemain. *M. de Chateaubriand*, p. 421.
34. *M.O.T.*, Pléiade, tome II, p. 353.
35. *M.O.T.*, Pléiade, tome II, p. 351.
36. Comte d'Haussonville, *Ma jeunesse*, p. 201-202.
37. *M.O.T.*, Pléiade, tome II, p. 593.
38. Cité par Sainte-Beuve, *Chateaubriand et son groupe littéraire*, tome II, p. 443.
39. J. Suffel, «La fête de la villa Médicis», *B.S.C.*, n° 9, 1965-1966.
40. Comte d'Haussonville, *Ma jeunesse*, p. 219.

19. Inutile Cassandre...

juin 1829-août 1830

1. *Lettres de Chateaubriand à Mme Récamier pendant son ambassade...*, p. 139.
2. Baron Hyde de Neuville, *Mémoires*, tome III, p. 439.
3. Lamartine, *Cours familier de littérature*, tome IX, p. 60-63.
4. Villemain, *M. de Chateaubriand*, p. 429.
5. Comtesse d'Andlau, «Souvenirs inédits d'un jeune attaché, etc.», *B.S.C.*, n° 4, 1960.
6. *Amour et Vieillesse*, Ed. Champion, p. 14.
7. *M.O.T.*, Pléiade, tome II, p. 376.
8. Comtesse de Saint-Roman, *Le Roman de l'Occitanienne*, p. 44.
9. J.-F. Chiappe, *La France et le Roi*, p. 217.
10. Ch. de Cussy, *Souvenirs*, tome I, p. 72.
11. Comtesse de Saint-Roman, *Le Roman de l'Occitanienne*, p. 30.
12. *Ibid.*, p. 36.
13. *M.O.T.*, Pléiade, tome II, p. 381.
14. *Ibid.*, p. 382.
15. Comte de Marcellus, *Chateaubriand et son temps*, p. 383.
16. Villemain, *M. de Chateaubriand*, p. 439.
17. Villemain, *M. de Chateaubriand*, p. 439.
18. Ph. Chasles, *Mémoires*, tome I, p. 174 et 183.
19. David d'Angers, *Carnets*, tome I, p. 94.
20. Villemain, *M. de Chateaubriand*, p. 447.
21. *O.C.*, tome XV, p. 259.
22. Général de Rumigny, *Mémoires*, p. 225.
23. David d'Angers, *Carnets*, tome I, p. 297.
24. M. Du Camp, *Souvenirs littéraires*, tome I, p. 25.
25. Lamartine, *Cours familier de littérature*, tome IV, p. 190.
26. *Ibid.*, p. 166-167.
27. L. Séché, *Hortense Allart de Méritens*, p. 122.
28. *M.O.T.*, Pléiade, tome II, p. 395.
29. *Ibid.*, p. 396.
30. *M.O.T.*, Ed. du Centenaire, tome III, p. 618.
31. *M.O.T.*, Pléiade, tome II, p. 426.
32. Chancelier Pasquier, *Mémoires*, tome VI, p. 291.
33. M.-J. Durry, *En marge des Mémoires d'outre-tombe*, p. 119.
34. *M.O.T.*, Pléiade, tome II, p. 430.

35. Marquis d'Hautpoul, *Souvenirs*, p. 419.

36. Comtesse de Boigne, *Mémoires*, tome III, p. 428.

37. Ce récit est fait d'après celui de Mme de Boigne, *ibid.*, p. 428 à 433.

38. Duc de Castries, *Chateaubriand*, p. 403.

39. *M.O.T.*, Pléiade, tome II, p. 461.

40. *M.O.T.*, Pléiade, tome II, p. 470.

41. Et non «la patrie» comme écrit fautivement dans les *Mémoires d'outre-tombe*.

42. *M.O.T.*, Pléiade, tome II, p. 471.

43. *Ibid.*, p. 472.

20. L'émigré de l'intérieur

septembre 1830-février 1833

1. *O.C.*, tome IV, p. XXLIV.

2. *Ibid.*

3. *De la Restauration…*, p. 10.

4. *Ibid.*, etc., p. 45.

5. *M.O.T.*, Pléiade, tome II, p. 864-865.

6. Lettre intégralement citée par E. Herriot, *Madame Récamier*, p. 454-456.

7. *M.O.T.*, Pléiade, tome II, p. 506.

8. Cité par M.-J. Durry, *En marge des Mémoires d'outre-tombe*, p. 66.

9. P. Riberette, «Latouche, Chateaubriand et Mme Récamier», *B.S.C.*, n° 28, 1985.

10. *De la proposition de bannissement*, etc., p. 53.

11. Comte Apponyi, *Journal*, tome II, p. 82.

12. Lettre du 9 novembre 1831, citée par E. Biré, *Les Dernières Années de Chateaubriand*, p. 84.

13. Baron de Barante, *Souvenirs*, tome IV, p. 387.

14. *M.O.T.*, Pléiade, tome II, p. 523 à 532.

15. *Ibid.*, p. 536.

16. *M.O.T.*, Pléiade, tome II, p. 540.

17. *M.O.T.*, Pléiade, tome II, p. 553.

18. Cité par L. Séché, *Hortense Allart de Méritens*, p. 149.

19. *M.O.T.*, Pléiade, tome II, p. 566.

20. Comtesse de Boigne, *Mémoires*, tome IV, p. 40.

21. *M.O.T.*, Pléiade, tome II, p. 583.

22. *M.O.T.*, Edition du Centenaire, Appendice VI, p. 726.

23. Lettre citée par M.-L. Pailleron, *La Vicomtesse de Chateaubriand*, p. 357.

24. Cité par le duc de Castries, *Chateaubriand*, p. 441.

25. Le prince portait alors le titre de comte de Saint-Leu.

26. *Journal* de Valérie Mazuyer, cité par Ferdinand Bac dans *Napoléon III inconnu*, p. 165.

27. *M.O.T.*, Pléiade, tome II, p. 603.

28. Duchesse de Dino, *Chronique*, tome I, p. 231.

29. Ferdinand Bac, *Napoléon III inconnu*, p. 165

30. *M.O.T.*, Pléiade, tome II, p. 603-604.

31. Comtesse de Boigne, *Mémoires*, tome IV, p. 103.

32. *M.O.T.*, Pléiade, tome II, p. 611.

33. A. de Vigny, *Journal d'un poète*, Pléiade, p. 78.
34. Béranger, *Correspondance*, tome II, p. 144.
35. Cité par L. Séché, *Hortense Allart de Méritens*, p. 152.
36. Comte de Falloux, *Souvenirs*, tome I, p. 58 à 61.
37. C. Jaubert, *Souvenirs*, p. 10.
38. *M.O.T.*, Pléiade, tome II, p. 618.

21. La légitimité fantôme
mars 1833-décembre 1834

1. Thirria, *La Duchesse de Berry*, p. 129.
2. C. Decours, *Madame du Cayla*, p. 373.
3. *Souvenirs et Correspondance de Madame Récamier*, p. 424.
4. *M.O.T.*, Pléiade, tome II, p. 665.
5. *M.O.T.*, Pléiade, tome II, p. 669.
6. *M.O.T.*, Ed. du Centenaire, tome IV, p. 225.
7. Comte de Falloux, *Mémoires*, tome I, p. 70.
8. Marquis de Custine, *Souvenirs et Portraits*, p. 224.
9. *M.O.T.*, Pléiade, tome II, p. 690.
10. *M.O.T.*, Pléiade, tome II, p. 715.
11. D'après les lois dynastiques, la majorité d'un fils de France est fixée à treize ans.
12. M.O.T., Pléiade, tome II, p. 730.
13. Cette lettre est intégralement donnée par Chateaubriand dans ses *Mémoires d'outre-tombe*, Pléiade, tome II, p. 753 à 760.
14. *Souvenirs et Correspondance de Madame Récamier*, tome II, p. 431.
15. *M.O.T.*, Ed. du Centenaire, tome IV, p. 398.
16. *Souvenirs et Correspondance de Madame Récamier*, tome II, p. 431.
17. M.O.T., Pléiade, tome II, p. 817.
18. *M.O.T.*, Ed. du Centenaire, tome IV, p. 468.
19. Où Mme Récamier passait l'été.
20. *Souvenirs et Correspondance de Madame Récamier*, tome II, p. 436.
21. Cité par M.-J. Durry, *La Vieillesse de Chateaubriand*, p. 158.
22. *M.O.T.*, Ed. du Centenaire, tome IV, p. 501.
23. P. Riberette, «Chateaubriand et Louis XVII», *B.S.C.*, n° 18, 1975.
24. Sur cette question, voir l'ouvrage de Marina Grey, *Enquête sur la mort de Louis XVII*, Perrin, 1989.

22. Un républicain de ressentiment
janvier 1834-octobre 1837

1. M.-J. Durry, *La Vieillesse de Chateaubriand*, tome I, p. 189.
2. Notamment celui du 25 septembre 1831 dans lequel il doutait de la survie de l'œuvre, excepté pour *René*.
3. Sainte-Beuve, *Causeries du lundi*, tome I, p. 406-407.
4. M.-J. Durry, *La Vieillesse de Chateaubriand*, tome I, p. 403.
5. Cité par M. Levaillant, *Chateaubriand, Madame Récamier*, etc., p. 230.
6. Cité par M. Levaillant, *Chateaubriand, Madame Récamier*, etc., p. 234.

7. Mme Ancelot, *Les Salons de Paris*, p. 195-196.

8. Lettre citée par M. Riberette, *Chateaubriand et l'avocat Ledru*, B.S.C. n° 8, 1964.

9. *Souvenirs et Correspondance de Madame Récamier*, tome II, p. 413.

10. Duchesse de Dino, *Chronique*, 29 mars 1837.

11. *M.O.T.*, Pléiade, tome II, p. 882.

12. Sainte-Beuve, *Causeries du lundi*, tome VI, p. 110.

13. Duchesse de Dino, *Chronique*, tome II, p. 72.

14. *M.O.T.*, Pléiade, tome II, p. 886.

15. *Ibid.*

16. Voir à ce sujet l'article de Kathleen O'Flaherty, *Ebauche d'une étude de Chateaubriand angliciste*. B.S.C. n° 24, 1918.

17. Villemain, *M. de Chateaubriand*, p. 545.

18. *Essai sur la littérature anglaise*, tome I, p. 273.

19. *Ibid.*, tome II, p. 345 à 349.

20. *Essai sur la littérature anglaise*, tome II, p. 356.

21. *Ibid.*, p. 312.

22. *Ibid.*, tome I, p. 275.

23. *Ibid.*, p. 303.

24. *Essai sur la littérature anglaise*, tome II, p. 242.

25. *Ibid.*, p. 374.

26. Sainte-Beuve, *Portraits contemporains*, tome I, p. 80.

27. *Essai sur la littérature anglaise*, tome I, p. 314 et p. 380.

28. E. Herriot, *Madame Récamier*, p. 495.

29. Sainte-Beuve, *Correspondance*, tome I, p. 68.

30. *Ibid.*, p. 90.

31. Duc de Castries, *Madame Récamier*, p. 294.

32. Mme Swetchine, *Lettres*, tome I, p. 327.

33. Baron de Frénilly, *Souvenirs*, p. 314.

23. Retour au roi

novembre 1837-mars 1844

1. Comte de Marcellus, *Souvenirs diplomatiques*, p. 495.

2. J. Fourcassié, *Villèle*, p. 411.

3. *Congrès de Vérone*, tome II, p. 428.

4. *Ibid.*, p. 440.

5. *Ibid.*, tome I, p. 194.

6. *M.O.T.*, Pléiade, tome II, p. 904.

7. N. Richard, *Chateaubriand, le Paradis de la rue d'Enfer*, p. 127.

8. N. Richard, *Chateaubriand, le Paradis de la rue d'Enfer*.

9. J. Cabanis, *La Toison d'or perdue et retrouvée*, B.S.C. n° 23, 1980.

10. M. Levaillant, *Chateaubriand, Madame Récamier*, etc., p. 273.

11. Lettre d'Alexandre de Vaudouard, citée par M.-L. Pailleron, *La Vicomtesse de Chateaubriand*, p. 267.

12. Cité par L. Séché, *Hortense Allart de Méritens*, p. 169.

13. E. Biré, *Les Dernières Années de Chateaubriand*, p. 269.

14. Lamartine, *Cours familier de littérature*, tome IX, p. 30.

15. Comte de Marcellus, *Chateaubriand et son temps*, p. 54.
16. *Ibid.*, p. 127.
17. M.-J. Durry, *La Vieillesse de Chateaubriand*, tome I, p. 437.
18. A. de Pontmartin, *Mes Mémoires*, tome I, p. 274.
19. M. Du Camp, *Souvenirs littéraires*, tome I, p. 65.
20. Sainte-Beuve, *Chateaubriand et son groupe littéraire*, tome I, p. 102.
21. M.-J. Durry, *La Vieillesse de Chateaubriand*, tome I, p. 441.
22. *M.O.T.*, Pléiade, tome II, p. 608.
23. Il était alors question de les déposer sous le socle de la colonne Vendôme.
24. M.-J. Durry, *En marge des Mémoires d'outre-tombe*, p. 138 à 143.
25. M.-J. Dury, *La Vieillesse de Chateaubriand*, p. 283.
26. Sainte-Beuve, *Mes poisons*, p. 26.
27. M.-J. Durry, *La Vieillesse de Chateaubriand*, tome I, p. 473.
28. *Mémoires et Lettres de Madame de Chateaubriand*, Ed. J. Legras, p. 279.
29. Marquis de Custine, *Souvenirs et Portraits*, p. 218.
30. Marquis de Custine, *Lettres à Rachel Varnhagen von Ense*, 24 décembre 1842.
31. Lettre publiée dans le B.S.C., n° 9, 1965-1966, p. 86.
32. Marquis de Custine, *Souvenirs et Portraits*, p. 223.
33. J. Fourcassié, *Villèle*, p. 422.
34. *Souvenirs et Correspondance de Madame Récamier*, tome II, p. 520.
35. P. de Luz, *Henri V*, p. 102.
36. M.-J. Durry, *La Vieillesse de Chateaubriand*, p. 296.
37. J. Fourcassié, *Villèle*, p. 426.
38. M.-J. Durry, *La Vieillesse de Chateaubriand*, p. 298.
39. *Mémoires et Lettres de Madame de Chateaubriand*, Ed. J. Legras, p. 285.
40. M.-J. Durry, *La Vieillesse de Chateaubriand*, tome I, p. 300.
41. M.-J. Durry, *La Vieillesse de Chateaubriand*, tome I, p. 301.

24. Chant du crépuscule
avril 1844-juillet 1848

1. Cité par l'abbé H. Brémond, auteur d'une remarquable biographie de Rancé, *L'Abbé Tempête*, Hachette, 1929.
2. *Vie de Rancé*, édition critique de F. Letessier, p. 274-275.
3. *Vie de Rancé*, édition critique de F. Letessier, p. 34.
4. *Ibid.*, p. 114.
5. *Ibid.*, p. 151. La phrase est la suivante : « Dans l'air du visage il a quelque chose d'arrogant de M. de Talleyrand, mais de plus intelligent et de plus décidé que l'évêque d'Autun. »
6. *Vie de Rancé*, édition critique de F. Letessier, Introduction, p. XLIII.
7. *Ibid.*, p. 273.
8. P. Clarac, *A la recherche de Chateaubriand*, p. 208.
9. M. Levaillant, *Chateaubriand, Madame Récamier*, etc., p. 369.
10. M.-J. Durry, *Deux lettres et un billet inédit de Chateaubriand à Louise Colet*, B.S.C. n° 9, 1965-1966.
11. Cité par M.-J. Durry, *La Vieillesse de Chateaubriand*, p. 304.
12. *Ibid.*

13. Cité par le duc de Castries, *Chateaubriand*, p. 523.

14. *Souvenirs et Correspondance de Madame Récamier*, tome II, p. 545.

15. Cité par E. Herriot, *Madame Récamier*, p. 517.

16. *Souvenirs et Correspondance de Madame Récamier*, tome II, p. 550.

17. Cité par L. Séché, *Hortense Allart de Méritens*, p. 234.

18. R. Lebègue, *Sur de nouvelles lettres d'Hortense Allart*, B.S.C. n° 6, 1962.

19. Comte de Marcellus, *Souvenirs diplomatiques*, p. 58 à 75.

20. Cité par L. Séché, *Hortense Allart de Méritens*, p. 170.

21. B.S.C., 1959, p. 19.

22. B.S.C., 1959, p. 19.

23. Comte de Marcellus, *Chateaubriand et son temps*, p. 110.

24. *Souvenirs et Correspondance de Madame Récamier*, tome II, p. 554.

25. B.S.C. n° 30, 1987, p. 98.

26. Bertier de Sauvigny, *Un témoignage américain (Henry Wikoff) sur les derniers jours de Chateaubriand*, B.S.C. n° 14, 1971.

27. *M.O.T.*, Pléiade, tome I. p. 62.

28. Victor Hugo, *Choses vues*, p. 205.

29. *Souvenirs et Correspondance de Madame Récamier*, tome II, p. 558.

30. Cité par F. Wagener, *Madame Récamier*, p. 468.

31. P. Riberette, *Chateaubriand à Dieppe*, B.S.C. n° 16, 1973.

32. Victor Hugo, *Choses vues*, p. 208.

33. Comtesse de Saint-Roman. *Le Roman de l'Occitanienne*, p. 55.

34. A. de Tocqueville, *Souvenirs*, p. 115.

35. *Souvenirs et Correspondance de Madame Récamier*, tome II, p. 563.

36. X. Marmier, *Journal*, tome I, p. 118.

37. Sainte-Beuve, *Mes poisons*, p. 138.

Bibliographie

Pour écrire une vie de Chateaubriand, l'abondance des sources est moins une aide qu'un embarras. L'ampleur de son œuvre et les nombreux mémoires dans lesquels il occupe une place importante obligent à faire un choix. On est souvent tenté de citer intégralement une lettre ou un portrait laissé par un contemporain, d'en multiplier les occasions, mais cette méthode aboutirait à une mosaïque de textes empruntés, défaut justement reproché à Chateaubriand.

Son œuvre est considérable. La seule édition de ses *Œuvres complètes*, publiée par Ladvocat de 1826 à 1831, comporte vingt-huit volumes en trente et un tomes, soit environ treize mille pages. En dépit de son titre, elle est incomplète ; il faut y ajouter les ouvrages et pamphlets parus sous la monarchie de Juillet, sans compter les *Mémoires d'outre-tombe*. Bien qu'ayant travaillé sur les *Œuvres complètes* et parfois sur les éditions originales, j'ai indiqué, pour la commodité du lecteur, des références au texte de la Pléiade pour des livres édités dans cette collection, comme l'*Essai sur les révolutions* ou *Les Natchez*. Pour les *Mémoires d'outre-tombe*, j'ai utilisé l'édition dite du Centenaire et celle de la Pléiade, qui présentent des différences, bien qu'établies toutes deux par Maurice Levaillant.

Pour la *Correspondance*, la savante édition critique de Gallimard s'arrêtant avec le cinquième volume au 31 décembre 1822, j'ai dû me servir aussi de l'édition, assez incomplète, publiée par L. Thomas de 1912 à 1924, ainsi que des publications fragmentaires comme les *Lettres* à Mme Récamier, la comtesse de Castellane, Hyde de Neuville, etc.

A ces sources indispensables s'ajoute le *Bulletin de la Société Chateaubriand* qui constitue, par la qualité de ses études, une documentation d'un exceptionnel intérêt. J'y ai largement puisé, bénissant chaque fois le nom du collaborateur qui facilitait ma tâche en apportant du nouveau sur un sujet rebattu, car les biographies de Chateaubriand ne manquent pas.

Celle de Louis Martin-Chauffier est un remarquable portrait psychologique de l'écrivain ; *René ou la Vie de Chateaubriand*, d'André Maurois, a, comme toutes les biographies de ce maître incontesté du genre, un très grand charme et en donne au modèle un peu plus qu'il n'en possédait. Le duc de

Castries, dans son *Chateaubriand ou la Puissance du songe*, a tracé un portrait moins indulgent, mais plus fouillé, révélant beaucoup de détails jusqu'alors peu connus et montrant l'homme au naturel, avec «ses splendeurs, misères et chimères» déjà décrites par Maurice Levaillant, l'un des grands spécialistes de Chateaubriand. Connaissant admirablement la période 1770-1870, le duc de Castries est, pour la carrière politique de Chateaubriand, analysée également par Beau de Loménie, un guide infiniment plus sûr que Chateaubriand lui-même, habile à prouver qu'il a eu toujours raison, envers et contre tous. Pour la fin de cette existence agitée, *La Vieillesse de Chateaubriand*, de Marie-Jeanne Durry, est un maître livre, une des études les plus exhaustives en même temps qu'une des plus élégamment écrites et des plus perspicaces sur cette période. Enfin, Jean d'Ormesson a si bien évoqué dans *Mon dernier rêve sera pour vous* la carrière sentimentale de Chateaubriand que je n'aurais guère fait de place à celle-ci dans cet ouvrage si la plupart des femmes liées à Chateaubriand n'avaient été pour lui autant d'agents zélés, employés à servir ses ambitions politiques et jouant à ce titre un rôle, à côté du sien.

Parmi les contemporains, ceux qui ont le mieux parlé de Chateaubriand sont ceux qui en ont dit le plus de mal, mais avec tant de verve et d'acuité qu'ils contribuent, souvent malgré eux, à sa réputation. Chateaubriand partage avec Mme de Staël le privilège d'inspirer ses ennemis et de leur donner, pour l'attaquer, plus d'esprit qu'ils n'en ont habituellement. L'amitié ou l'hostilité se mesure à la coloration plus ou moins sombre du portrait, mais les témoignages des amis complètent, plutôt qu'ils ne les combattent, ceux des adversaires, les uns et les autres étant d'accord sur l'essentiel.

Leurs lettres, mémoires ou souvenirs sont devenus rares et parfois difficiles à trouver. Je remercie donc ceux qui m'ont aidé à me les procurer : en premier lieu, l'Institut catholique de Paris qui possède un des fonds Chateaubriand les plus importants ; M. Gaston d'Angélis ; le comte d'Haussonville, qui a bien voulu me prêter nombre d'ouvrages réunis par la comtesse d'Andlau, une des fondatrices de la Société des amis de Chateaubriand, dont elle fut la vice-présidente, et auteur d'une remarquable étude sur *Les Martyrs*.

Je remercie également tous ceux qui m'ont aidé à divers titres en m'apportant documents ou précisions : Mlle Bernadette de Castelbajac, MM. Jean-Loup Champion, Jean-François Chiappe ; le docteur Denis ; MM. Pascal Equinoxe, Jean-Claude Lachnitt ; le comte de Malestroit ; Mme J. de La Martinière ; Mlle Françoise Marchand ; M. Philippe Michel-Thiriet (†) ; le général O'Mahony ; le comte et la comtesse Hugues d'Orglandes ; M. Marc Rauffet ; le vicomte de Rohan ; M. Benoît Yvert ; S. Exc. Monsieur François de Ziegler.

ANCELOT Mme, *Les Salons de Paris éteints*, P. Tardieu, Paris, 1858.

—, *Un salon de Paris de 1824 à 1864*, E. Dentu, Paris, 1864.

ANDLAU B. d', *Chateaubriand et «Les Martyrs» – Naissance d'une épopée*, J. Corti, Paris, 1952.

ANTIOCHE comte d', *Chateaubriand ambassadeur à Londres*, Perrin, Paris, 1912.

APPONYI comte Rodolphe, *Journal 1826-1850*, 2 vol., Plon, Paris, 1913.

AUBRÉE Etienne, *Lucile et René de Chateaubriand chez leurs sœurs à Fougères*, Librairie ancienne Honoré Champion, Paris, 1929.

—, *Le Chevalier de Caud, époux de Lucile de Chateaubriand*, Perrin, Paris, 1937.

BALDENSPERGER Fernand, *Le Mouvement des idées dans l'Emigration française*, 2 vol., Plon, Paris, 1924.

BARANTE baron de, *Souvenirs*, 8 vol., Calmann-Lévy, Paris, 1894-1901.

BARDOUX Agénor, *La Comtesse de Beaumont*, Calmann-Lévy, Paris, 1884.

—, *Madame de Custine*, Calmann-Lévy, Paris, 1888.

—, *La Duchesse de Duras*, Calmann-Lévy, Paris, 1898.

BASSAN Fernande, *Chateaubriand et la Terre sainte*, PUF, Paris, 1969.

BAZIN Christian, *Chateaubriand en Amérique*, La Table Ronde, Paris, 1969.

BEAU DE LOMÉNIE Emmanuel, *Les Demeures de Chateaubriand*, Edition des Portiques, Paris, 1930.

—, *La Carrière politique de Chateaubriand de 1815 à 1830*, 2 vol., Plon, Paris, 1929.

BEAULAINCOURT comtesse de, *Boniface-Louis-André de Castellane*, Plon, Paris, 1901.

BÉDIER Joseph, *Chateaubriand en Amérique*, Colin, Paris, 1901.

BERCHET Jean-Claude, *Chateaubriand*, Paris, Gallimard, 2012.

BÉRENGER Henri, *Chateaubriand, héros de l'aventure romantique*, Hachette, Paris, 1931.

BERTAUT Jules, *La Vie privée de Chateaubriand*, Hachette, Paris, 1952.

BERTIER Ferdinand de, *Souvenirs d'un ultra-royaliste*, Tallandier, Paris, 1993.

BERTIER DE SAUVIGNY, *La Restauration*, Flammarion, Paris, 1955.

BERTHIER Philippe, *Chateaubriand, chemin faisant*, Paris, Classiques Garnier, 2016.

BEUGNOT comte, *Mémoires*, E. Dentu, Paris, 1889.

BIRÉ Edmond, *Les Dernières Années de Chateaubriand, 1830-1848*, Garnier, Paris, 1905.

BOIGNE comtesse de, *Mémoires*, 4 vol., Plon, Paris 1907-1908.

BROGLIE Gabriel de, *Guizot*, Perrin, Paris, 1990.

BURON Pierre-Emile, *Le Cœur et l'esprit de Madame Récamier*, Atimco, Combourg, 1981.

CARNOT L'-G^{al}, *Mémoire au roi*, Latour, Paris, 1815.

CARS Jean des, *Malesherbes, gentilhomme des Lumières*, Ed. de Fallois, Paris, 1994.

CASANOVA Nicole, *Sainte-Beuve*, Mercure de France, Paris, 1995.

CASSAGNE Albert, *La Vie politique de François de Chateaubriand*, Plon, Paris, 1911.

CASTELBAJAC Brigitte de, « Un Gascon dans la politique, Barthélemy de Castelbajac, 1776-1868 », *Chroniques de la maison de Castelbajac*, n° 7.

CASTELOT André, *Charles X, la fin d'un monde*, Perrin, Paris, 1988.

CASTRIES duc de, *Le Testament de la monarchie*, t. IV, Fayard, Paris, 1965.

—, *Chateaubriand ou la Puissance du songe*, Perrin, Paris, 1974.

—, *Madame Récamier*, Hachette, Paris, 1971.

CATEL Olivier, *Peinture et esthétique religieuse dans l'œuvre de Chateaubriand*, Paris, Honoré Champion, 2016.

CHASLES Philarète, *Mémoires*, 2 vol., Charpentier, Paris, 1876.

CHASTENAY Mme de, *Mémoires*, 2 vol., Plon, Paris, 1896.

CHATEAUTERNE M. de, *Itinéraire de Pantin au Mont Calvaire, etc., ou Lettres inédites de Chactas à Atala, etc.*, J.G. Dentu, Paris, 1811.

CHÉDIEU DE ROBETHON E., *Chateaubriand et Mme de Custine*, Plon, Paris, 1893.

CHIAPPE Jean-François, *Le Comte de Chambord*, Perrin, Paris, 1990.

—, *La France et le Roi, de la Restauration à nos jours*, Perrin, Paris, 1994.

CHATEAUBRIAND, *Œuvres complètes de M. le Vicomte de Chateaubriand, pair de France, membre de l'Académie française*, 28 volumes, publiés de 1826 à 1831 par Charles Ladvocat.

—, *Correspondance générale*, publiée par L. Thomas, 5 vol., Librairie ancienne Honoré et Edouard Champion, Paris, de 1912 à 1924.

—, *Correspondance générale*, textes établis et annotés par Béatrice d'Andlau, Pierre Christophorov et Pierre Riberette pour le premier volume, par P. Riberette seul pour les quatre autres :

— Tome I 1789-1807, Gallimard, 1977.

— Tome II 1808-1814, 1979.

— Tome III 1815-1820, 1982.

— Tome IV 1821-31 mars 1822, 1983.

— Tome V 1er avril 1822-31 décembre 1822, 1986.

—, *Lettres à la comtesse de Castellane*, Plon, Paris, 1927.

—, *Correspondance avec la marquise de Vichet*, Perrin, Paris, 1903.

—, *Lettres à Hyde de Neuville*, Le Divan, Paris, 1929.

—, *Lettres à Mme Récamier*, publiées par Beau de Loménie, Plon, Paris, 1929.

—, *Mémoires de ma vie*, Le Livre de poche, Paris, 1993.

—, *Mémoires d'outre-tombe*, Edition du Centenaire établie par Maurice Levaillant, 4 vol., Flammarion, Paris, 1948.

—, *Mémoires d'outre-tombe*, 2 vol., Gallimard, Pléiade, Paris, 1951.

—, *Essai sur les Révolutions, Génie du christianisme*, Gallimard, Pléiade, Paris, 1978.

—, *Œuvres romanesques*, 2 vol., Gallimard, Paris, Pléiade, 1969.

—, *Chateaubriand politique*, écrits politiques présentés et annotés par Jean-Paul Clément, 2 vol., Hachette, 1987.

—, *Grands écrits politiques*, présentation et notes de Jean-Paul Clément, 2 vol., Imprimerie nationale, Paris, 1993.

—, *Réflexions et aphorismes*, choisis et présentés par Jean-Paul Clément, Ed. de Fallois, Paris, 1993.

—, *Voyage en Amérique*, édition critique par Richard Switzer, 2 vol., Librairie Marcel Didier, Paris, 1954.

—, *Atala*, édition critique par Armand Weil, José Corti, Paris, 1960.

—, *Moïse*, Bibliothèque introuvable, Minard, Paris, 1982.

—, *Le Paradis perdu*, traduction nouvelle par M. de Chateaubriand, Furne et Charles Gosselin, Paris, 1836.

—, *Essai sur la littérature anglaise et considérations sur le génie des hommes, des temps et des révolutions*, 2 vol., Charles Gosselin et Cie Furne, Paris, 1836.

—, *Congrès de Vérone, Guerre d'Espagne, Négociations, Colonies espagnoles*, 2 vol., Delloye, Paris, 1838.

—, *Vie de Rancé*, édition critique de Fernand Letessier, Librairie Marcel Didier, Paris, 1955.

—, *Amour et Vieillesse*, Edouard Champion, Paris, 1922.

CHATEAUBRIAND Mme de, *Mémoires et Lettres*, Edition de Joseph Le Gras, Henri Jonquières, Paris, 1929.

—, *Mémoires, cahier rouge et cahier vert*, édition de Jean-Paul Clément, Perrin, Paris, 1990.

CHINARD Gilbert, *L'Exotisme américain dans l'œuvre de Chateaubriand*, Hachette, Paris, 1918.

CHRISTOPHOROV Pierre, *Sur les pas de Chateaubriand en exil*, Les Editions de Minuit, Paris, 1960.

CLARAC Pierre, *A la recherche de Chateaubriand*, A.-G. Nizet, Paris, 1975.

CLERGEAU abbé, *Chateaubriand, sa vie publique et intime, ses œuvres*, Dufour, Mulet et Boulanger, Paris, 1860.

COLLAS Georges, *Un cadet de Bretagne au XVIIIᵉ siècle, René-Auguste de Chateaubriand, comte de Combourg*, A.-G. Nizet, Paris, 1949.

COMBES DE PATRIS B., *Un homme d'Etat de la Restauration : le comte de Serre*, Auguste Picard, Paris, 1932.

CONTADES comte de, *Emigrés et Chouans*, Perrin, Paris, 1895.

CUSSY chevalier de, *Souvenirs*, 2 vol., Plon, Paris, 1909.

CUSTINE marquis de, *Lettres inédites au marquis de Lagrange*, Les Presses françaises, Paris, 1925.

—, *Souvenirs et Portraits*, Ed. du Rocher, Monaco, 1956.

—, *Aloys*, avant-propos de Philippe Sénart, 10/18, Paris, 1971.

DAMAS baron de, *Mémoires*, 2 vol., Plon, Paris 1923.

DAVID D'ANGERS, *Carnets*, 2 vol., Plon, Paris, 1958.

DECOURS Catherine, *La Dernière Favorite : Zoé du Cayla*, Perrin, Paris, 1993.

DEDEYAN Charles, *Chateaubriand et Rousseau*, Société d'édition d'enseignement supérieur, 1973.

—, *Lorelei, ou l'Enchanteur enchanté*, Librairie Nizet, Paris, 1993.

DEGOUT Bernard, *Je suis plus que le temps. Essai sur Chateaubriand*, Paris, Fayard, 2015.

DELÉCLUZE E., *Souvenirs de soixante années*, Michel Lévy Frères, Paris, 1862.

DERENNE Marie-France, «Le dernier jardin de Chateaubriand», *L'Eventail*, n° 40, novembre, 1991.

DINO duchesse de, *Chronique de 1831 à 1862*, 4 vol., Plon, Paris, 1909-1910.

DUBÉ Pierre H. et Ann, *Bibliothèque de la critique sur François-René de Chateaubriand 1801-1986*, A.-G. Nizet, Paris, 1988.

Du CAMP Maxime, *Souvenirs littéraires*, Hachette, Paris, 1892.

DUCHEMIN Marcel, *Chateaubriand, Essai de critique et d'histoire littéraire*, Librairie philosophique J. Vrin, Paris, 1938.

DUMAS Alexandre, *Impressions de voyage en Suisse*, Calmann-Lévy, Paris, 1891.

DURRY Marie-Jeanne, *L'Ambassade romaine de Chateaubriand*, Honoré Champion, Paris, 1927.

—, *En marge des Mémoires d'outre-tombe*, Le Divan, Paris, 1933.

—, *La Vieillesse de Chateaubriand*, 2 vol., Le Divan, Paris 1933.

DUVAL-STALLA Alexandre, *François-René de Chateaubriand-Napoléon Bonaparte : une histoire, deux gloires*, Paris, Gallimard, 2015.

ESTOURMEL comte d', *Derniers Souvenirs*, E. Dentu, Paris, 1860.

ETEX Antoine, *Souvenirs d'un artiste*, E. Dentu, Paris, 1877.

FAGUET Emile, *Etudes littéraires*, Lecène, Oudin, Paris, 1980.

FALLOUX comte de, *Mémoires d'un royaliste*, 2 vol., Perrin, Paris, 1888.

FERRAND comte, *Mémoires*, Alphonse Picard, Paris, 1897.

FOURCASSIÉ Jean, *Villèle*, Arthème Fayard, Paris, 1954.

FRANCE Anatole, *Lucile de Chateaubriand*, Pierre Charavay, Frères, Paris, 1879.

FRÉNILLY baron de, *Souvenirs*, Plon, Paris, 1908.

GAYOT André, *Une ancienne muscadine : Fortunée Hamelin*, Emile-Paul, Paris, 1911.

GIGNOUX C.J., *La Vie du baron Louis*, Gallimard, Paris, 1928.

GINGUENÉ Pierre-Louis, *Coup d'œil rapide sur le Génie du christianisme*, etc., Imprimerie de la Décade philosophique, littéraire et politique, Paris, an X.

GIRAUD Victor, *Chateaubriand, Etudes littéraires*, Hachette, Paris, 1904.

—, *Le Christianisme de Chateaubriand*, 2 vol., Hachette, Paris, 1928.

GONTAUT duchesse de, *Mémoires*, Plon, Nourrit, Paris, 1892.

GRACQ Julien, *Préférences*, José Corti, Paris, 1989.

GUILLEMIN Henri, *L'Homme des Mémoires d'outre-tombe*, Gallimard, Paris, 1968.

GUIZOT François, *Mémoires pour servir à l'histoire de mon temps*, t. I, Calmann-Lévy, Paris, 1872.

HAUSSONVILLE comte d', *Ma jeunesse*, Calmann-Lévy, Paris, 1885.

HAUTPOUL G^{al} Mis d', *Souvenirs sur la Révolution, l'Empire et la Restauration*, Emile-Paul, Paris, 1904.

HERRIOT Edouard, *Madame Récamier et ses amis*, Gallimard, Paris, 1934.

HOURDIN Georges, *Lamennais, prophète et combattant de la liberté*, Perrin, Paris, 1982.

HUGO Victor, *Pierres*, Editions du Milieu du monde, Genève, 1951.

—, *Choses vues*, Calmann-Lévy, Paris, 1900.

HYDE DE NEUVILLE Baron, *Mémoires et Souvenirs*, 3 vol., Plon, Paris, 1890.

JOUBERT Joseph, *Pensées, essais, maximes et correspondance*, publiés par Paul de Raynal, 2 vol., Librairie Vve Le Normant, Paris, 1850.

LACOUR-GAYET G., *Talleyrand*, 3 vol., Payot, Paris, 1933.

LAMARTINE A. de, *Cours familier de littérature*, 28 vol., chez l'auteur, Paris, 1856-1869.

LAMY Etienne, *Nicolas Bergasse*, Perrin, Paris, 1890.

LA TOUR DU PIN marquise, de *Journal d'une femme de cinquante ans*, 2 vol., Librairie Chapelot, Paris, 1913.

LA TOUR DU PIN Geoffroy, *Chateaubriand, lequel?* La Table Ronde, Paris, 1973.

LAUDET Fernand, *Les Semeurs : Joubert, Mme de Chateaubriand, etc.*, Perrin, Paris, 1917.

LEBÈGUE Raymond, *Aspect de Chateaubriand – Vie, Voyage en Amérique, Œuvres*, A.-G. Nizet, Paris, 1979.

LE BRAZ Anatole, *Au pays d'exil de Chateaubriand*, Honoré Champion, Paris, 1909.

LÉGER Charles, *Madame Récamier, la reine Hortense et quelques autres, d'après les Souvenirs de Jean-François Lambinet*, Mercure de France, Paris, 1941.

LELIÈVRE Michel, *Chateaubriand polémiste*, vol. 1, *L'écrivain de combat : l'émigré sous le Consulat et l'Empire*, Paris, PUF, 2016.

LEMAÎTRE Jules, *Chateaubriand*, Calmann-Lévy, Paris, 1912.

LE SAVOUREUX Dr, *Chateaubriand*, Editions Rieder, Paris, 1930.

LEVAILLANT Maurice, *Chateaubriand, Madame Récamier et les Mémoires d'outre-tombe*, Librairie Delagrave, Paris, 1936.

—, *Splendeurs, misères et chimères de Monsieur de Chateaubriand*, Albin Michel, Paris, 1948.

—, *Chateaubriand, prince des songes*, Hachette, Paris, 1960.

LEY Francis, *Madame de Krüdener. Romantisme et Sainte-Alliance*, Honoré Champion, Paris, 1994.

Luz Pierre de, *Henri V*, Plon, Paris, 1931.

MAILLE duchesse de, *Souvenirs des deux Restaurations*, Perrin, Paris, 1984.

—, *Mémoires 1832-1851*, Perrin, Paris, 1989.

MALOUET baron, *Mémoires*, 2 vol., Didier et Cie, Paris, 1868.

MARCELLUS comte de, *Souvenirs diplomatiques, Correspondance intime avec M. le Vicomte de Chateaubriand*, Michel Lévy, Paris, 1858.

—, *Chateaubriand et son temps*, Michel Lévy, Paris, 1859.

MARTIN-CHAUFFIER Louis, *Chateaubriand ou l'obsession de la pureté*, Gallimard, Paris, 1943.

MASPÉRO-CLERC Hélène, *Un journaliste contre-révolutionnaire : Jean-Gabriel Peltier 1760–1825*, Société des études robespierristes, Paris, 1973.

MAUROIS André, *René ou la Vie de Chateaubriand*, Grasset, Paris, 1937.

MAURRAS Charles, *Chateaubriand, Michelet, Sainte-Beuve*, Librairie Champion, Paris, 1912.

MEYER Jean, *La Noblesse bretonne*, Flammarion, Paris, 1972.

MICHEL Dr Evariste, *Chateaubriand, Interprétation médico-psychologique de son caractère*, Perrin, Paris, 1911.

MOLÉ comte, *Mémoires*, 6 vol., Plon, Paris, 1922-1930.

MOLÉ Mathieu, *Souvenirs d'un témoin de la Révolution et de l'Empire*, Editions du Milieu du monde, Genève, 1942.

MONTCALM marquise de, *Mon journal pendant le premier ministère de mon frère*, Grasset, Paris, 1936.

MONTET baronne du, *Souvenirs*, Plon, Paris, 1914.

MOREAU Pierre, *La Conversion de Chateaubriand*, Félix Alcan, Paris, 1933.

NISARD Désiré, *Souvenirs et notes biographiques*, 2 vol. Calmann-Lévy, Paris, 1888.

ORMESSON Jean d', *Mon dernier rêve sera pour vous, une biographie sentimentale de Chateaubriand*, Jean-Claude Lattès, Paris, 1992.

—, *Album Chateaubriand*, Gallimard, Paris.

—, *Mon dernier rêve sera pour vous. Biographie sentimentale de Chateaubriand*, Paris, Le Livre de poche, 2010.

PAILHÈS G., *Chateaubriand, sa femme et ses amis*, Féret, Bordeaux, 1888.

—, *Madame de Chateaubriand, lettres inédites à Clausel de Coussergues*, Féret et fils, Bordeaux, et Champion, Paris 1888.

—, *La Duchesse de Duras et Chateaubriand*, Perrin, Paris, 1910.

PAILLERON Marie-Louise, *La Vicomtesse de Chateaubriand*, Editions des Portiques, Paris, 1934.

PAINTER George D., *Chateaubriand*, tome I : *Les Orages désirés*, seul paru, Gallimard, Paris, 1979.

PASQUIER chancelier, *Mémoires*, 6 vol., Plon, Paris 1893-1895.

PINGAUD Léonce, *Bernadotte, Napoléon et les Bourbons*, Plon, Paris, 1901.

PLANCHE Gustave, *Portraits littéraires*, 2 vol., Charpentier, Paris, 1853.

PONTMARTIN A. de, *Mes mémoires*, 2 vol., E. Dentu, Paris, 1882.

PORTALIS baron, *Henri-Pierre Danloux et son Journal durant l'Emigration*, Société des bibliophiles, Paris, 1910.

RAYNAL Paul de, *Les Correspondants de Joubert*, Calmann-Lévy, Paris, 1883.

REBOUL Pierre, *Chateaubriand et « Le Conservateur »*, Editions universitaires, Paris, 1973.

RÉCAMIER Mme, *Souvenirs et Correspondance, tirés des papiers de Madame Récamier, par Mme Ch. Lenormant*, 2 vol., Michel Lévy, Paris, 1860.

RÉMUSAT Mme de, *Mémoires*, 3 vol., Calmann-Lévy, Paris, 1880.

RÉMUSAT M. de, *Correspondance pendant les premières années de la Restauration*, 3 vol., Calmann-Lévy, Paris 1883-1884.

RÉMUSAT Charles de, *Mémoires de ma vie*, 5 vol., Plon, Paris, 1958-1967.

RICHARD Noël, *Chateaubriand, le Paradis de la rue d'Enfer*, chez l'auteur, Albi, 1985.

ROSANBO marquis de, *Combourg*, Emile Grimaud, Nantes, 1899.

ROUGÉ comte A. de, *Le Marquis de Vérac et ses amis*, Plon, Paris, 1890.

RUMIGNY G^al C^tc de, *Souvenirs*, Emile-Paul, Paris, 1921.

SABRAN Elzéar de, *Notes critiques, remarques et réflexions sur le Génie du christianisme*, Pelletier, Paris, an XI.

SAHAGHIAN P. Garabed der, *Chateaubriand en Orient*, Imprimerie arménienne, Saint-Lazarre, Venise, 1914.

SAINT-ROMAN comtesse de, *Le Roman de l'Occitanienne et de Chateaubriand, avec 70 lettres inédites de Chateaubriand*, Plon, Paris, 1928.

SAINTE-BEUVE C.-A., *Causeries du Lundi*, 15 vol., Garnier Frères, Paris, 1851-1870.

—, *Chateaubriand et son groupe littéraire sous l'Empire*, 2 vol., Garnier Frères, Paris, 1861.

—, *Correspondance 1822-1869*, 2 vol., Calmann-Lévy, Paris, 1877.

—, *Portraits littéraires*, 3 vol., Garnier Frères, 1862-1864.

—, *Mes poisons*, Union générale d'éditions, 10/18, Paris, 1965.

SÉCHÉ Léon, *Hortense Allart de Méritens*, Mercure de France, Paris, 1908.

SÉDOUY Jean-Alain de, *Chateaubriand, un diplomate insolite*, Perrin, Paris, 1992.

—, *Le Comte Molé ou la séduction du pouvoir*, Perrin, Paris, 1994.

SÉMALLÉ comte de, *Souvenirs*, Alphonse Picard et fils, Paris, 1898.

STENDHAL, *Voyages en Italie*, Pléiade, Gallimard, Paris, 1973.

STENGER Gilbert, *Le Retour des Bourbons, le règne des Emigrés 1814-1815*, Plon, Paris, 1908.

SWETCHINE Mme, *Lettres, publiées par le Cte de Falloux*, 2 vol., Didier et Cie, Paris, 1862.

TEISSIER Georges, *Canning et Chateaubriand*, Imprimerie Louis Jean, Gap, 1934.

TISIGAKOU Fani-Maria, *La Grèce retrouvée, artistes et voyageurs des années romantiques*, Seghers, Paris, 1984.

TOCQUEVILLE A. de, *Souvenirs*, Calmann-Lévy, Paris, 1893.

TULARD Jean, *Joseph Fiévée, conseiller secret de Napoléon*, Fayard, Paris, 1985.

VIAL André, *La Dialectique de Chateaubriand*, Société d'édition d'enseignement supérieur, 1978.

VIGNY Alfred de, *Journal d'un poète*, t. II des *Œuvres complètes*, Pléiade, Gallimard, Paris, 1948.

VILLÈLE comte de, *Mémoires et correspondance*, 5 vol., Perrin, Paris, 1888-1890.

VILLEMAIN, *Souvenirs contemporains d'histoire et de littérature*, 2 vol., Didier, Paris, 1854-1855.

—, M. *de Chateaubriand, La Tribune moderne*, Première partie, Michel Lévy, Paris, 1858.

VITROLLES baron de, *Mémoires et Relations politiques*, 3 vol., G. Charpentier, Paris, 1884.

Vogué E.M. de, *Heures d'Histoire*, Armand Colin, Paris, 1898.

Volney C.F., *Voyage en Syrie et en Egypte*, 2 vol., Dugour et Durand, Paris, an VII.

Wagener Françoise, *Madame Récamier*, J.-C. Lattès, Paris, 1986.

Waresquiel Emmanuel de, *Le Duc de Richelieu*, Perrin, Paris, 1990.

Welschinger Henri, *La Censure sous le Premier Empire*, Charavay, Paris, 1882.

Wilson Aileen, *Fontanes, Essai biographique et littéraire*, E. de Boccard, Paris, 1928.

Young Arthur, *Voyages en France 1787-1790*, Les Œuvres représentatives, Paris, 1930.

Zurich comte Pierre de, *Madame de la Briche*, Editions de Boccard, Paris, 1934.

Index

M

N

Table

Achevé d'imprimer en mai 2018
dans les ateliers de Normandie Roto Impression s.a.s.
61250 Lonrai
N° d'impression : 1802000

Imprimé en France

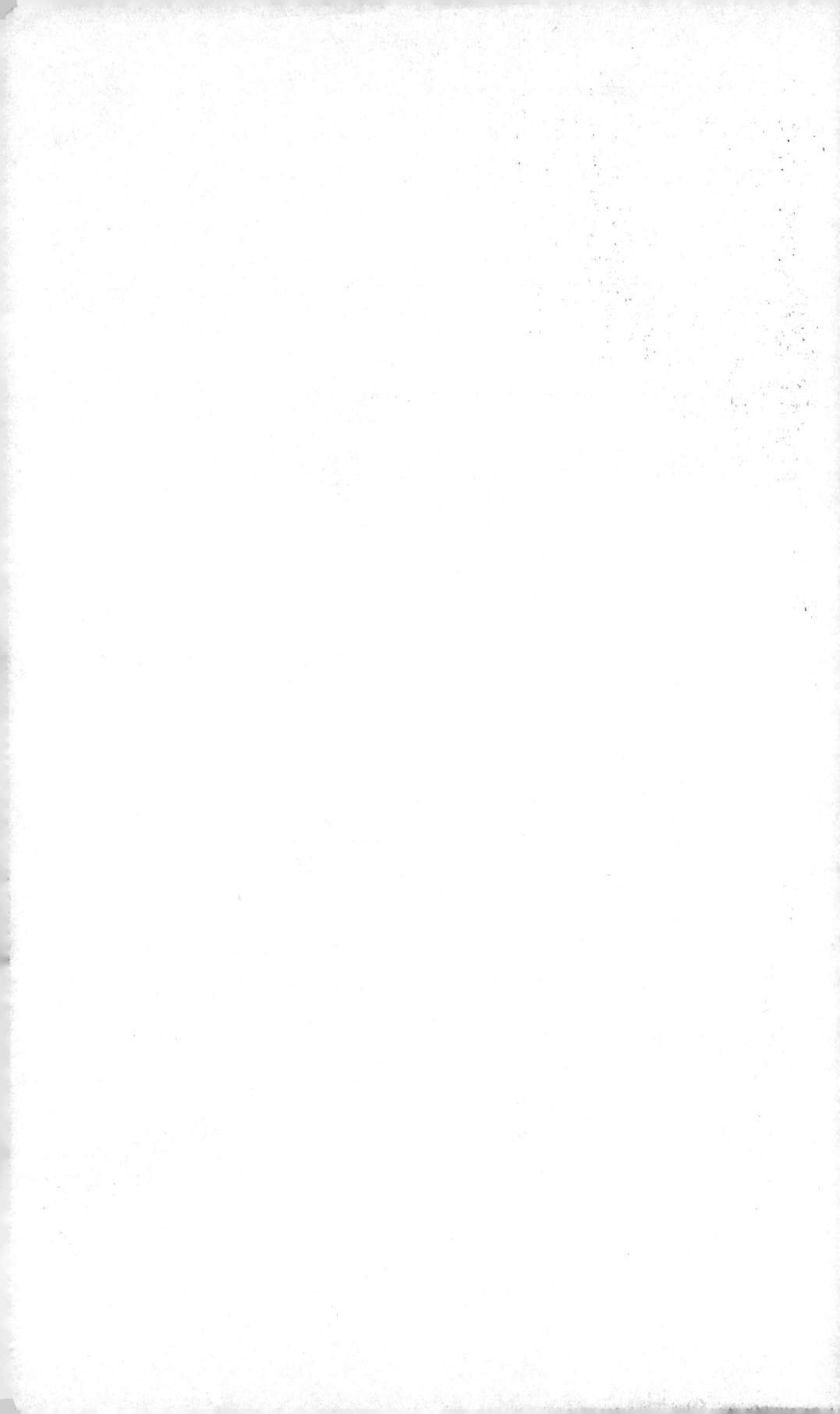